Das Jazz Theorie Buch

DAS JAZZ THEORIE BUCH

MARK LEVINE

Metronome All Stars 1949 (Billy Bauer – Gitarre, Eddie Safranski – Baß, Charlie Parker – Altsaxophon, Lennie Tristano – Piano)
© Herman Leonard. Alle Rechte vorbehalten.

für Deborra und Si

© 1996 by Advance Music
All Rights Reserved

Alle Rechte, auch das der fotomechanischen Wiedergabe (einschließlich Fotokopie und Speicherung auf digitalen Datenträgern) vorbehalten.

Aus dem Amerikanischen von Hermann Martlreiter

Umschlaggestaltung: Hans Gruber, unter Verwendung einer Graphik von Joseph Holston »Jazz At Takoma Station«, © Holston Originals
Notensatz: Chuck Gee
Layout: Gypsy Zaboroskie, Hans Gruber und Thomas M. Zentawer

ISBN 3-89221-046-2

Copyright der amerikanischen Originalausgabe
© 1995, Sher Music Co., Petaluma, California, U.S.A.

für Deborra und Si

Bestell-Nr. 11205

ISBN 3-89221-046-2

INHALT
DAS JAZZ THEORIE BUCH VON MARK LEVINE

	Danksagung	VI
	Anmerkung des Verfassers	VII
	Einleitung	VIII
	Terminologie und Akkordsymbole	X
	Glossar	XI
TEIL I	*Theorie: Akkorde und Skalen*	1
KAPITEL EINS	Theoretische Grundlagen	3
KAPITEL ZWEI	Die Durskala und die II-V-I Verbindung	13
KAPITEL DREI	Akkord/Skalentheorie	29
	• Die Harmonik der Durskala	31
	• Die Harmonik der melodischen Mollskala	50
	• Die Harmonik der verminderten Skala	73
	• Die Harmonik der Ganztonskala	84
KAPITEL VIER	Das Üben von Skalen	89
KAPITEL FÜNF	Slash-Akkorde	96
TEIL II	*Improvisation: Das Spielen über Changes*	105
KAPITEL SECHS	Von den Skalen zur Musik	107
KAPITEL SIEBEN	Die Bebopskalen	157
KAPITEL ACHT	›Outside‹ spielen	169
KAPITEL NEUN	Pentatonische Skalen	177
KAPITEL ZEHN	Blues	202
KAPITEL ELF	Rhythm Changes	217
KAPITEL ZWÖLF	Üben, üben, üben	223
TEIL III	*Reharmonisation*	235
KAPITEL DREIZEHN	Grundlagen der Reharmonisation	237
KAPITEL VIERZEHN	Reharmonisation für Fortgeschrittene	279
KAPITEL FÜNFZEHN	Coltrane Changes	327
KAPITEL SECHZEHN	Drei Reharmonisationen	347
	• John Coltranes Reharmonisation von »Spring Is Here«	347
	• Kenny Barrons Reharmonisation von »Spring Is Here«	350
	• John Coltranes Reharmonisation von »Body And Soul«	352
TEIL IV	*Das Repertoire*	357
KAPITEL SIEBZEHN	Songform und Komposition	358
KAPITEL ACHTZEHN	Ein Lead Sheet lesen	375
KAPITEL NEUNZEHN	Ein Stück auswendig lernen	383
KAPITEL ZWANZIG	Heads	387
KAPITEL EINUNDZWANZIG	Das Repertoire	391
TEIL V	*Sonstiges*	419
KAPITEL ZWEIUNDZWANZIG	Salsa und Latin Jazz	420
KAPITEL DREIUNDZWANZIG	›Loose Ends‹	431
KAPITEL VIERUNDZWANZIG	Hörtips	443
	Register	457

Danksagung

Obwohl nur dem Autor die ganze Anerkennung zuteil wird, entstehen Bücher meist in Teamwork. Was dieses Buch betrifft, so ist das eher noch eine Untertreibung. Ich möchte daher an dieser Stelle den vielen Freunden und Kollegen, die mir bei diesem Projekt so enorme Hilfe geleistet haben, danken.

Dank an Chuck Sher, meinem Verleger, für seine Unterstützung und seinen Enthusiasmus, den er von Anfang bis Ende gezeigt hat. An Gypsy Zaboroskie, die für Layout und Design zuständig ist und dieses Buch so freundlich aussehen läßt. Ihre gute Laune war auch durch Katastrophen wie Erdbeben und dem Baseballstreik nicht zu erschüttern. Deborah Craig, Chefeditorin, die wie immer pingelig und doch flexibel, aber auch stets vergnügt war. An Chuck Gee, dem Musikeditor, dem die Konvertierung von DMCS zu Finale keinerlei Probleme bereitete, und der für mich wie ein zweites Augenpaar war.

Dank an Harry Likas, dem technischen Herausgeber, und die Korrekturleser – Bruce Williamson, John Halle, Jack Sayres, Greg Aldridge, Sigi Busch, Claudia Gruber und Walter Gruber – für ihre Ehrlichkeit und ihren Witz. An Graham Bruce für sein Adlerauge und enzyklopädisches Wissen in Musikfragen. Ganz besonderen Dank an Bruce Klickstein, nicht nur, weil er der weltbeste Computerexperte ist, sondern immer für mich da war, wenn ich ihn brauchte.

Außerdem danke ich den Fotografen – Lee Tanner, Tom Copi, Herman Leonard, Bruce Polonksy, K. Gypsy Zaboroskie, David Belove und Michael Handler – für ihre hervorragenden Beiträge. An Tom Madden, Besitzer von Jazz Quarter, dem hipsten Schallplattenladen in San Francisco, für seine unschätzbare Hilfe. Und Dank an Michael McIntosh, Harvey Wainapel, Bud Spangler, David Belove, Carol Bach-Y-Rita, Dave Matthews, Robbie Kwock, John Worley, George Hughes und John Santos für das Aufstöbern vergriffener Plattenaufnahmen für die Diskographie.

Ganz besonderen Dank an Hans Gruber von Advance Music für seine Ermutigung und Unterstützung.

Dank an meine Lehrer – Joe Pace, Jaki Byard, Herb Pomeroy und Hall Overton – daß sie mich auf den richtigen Weg brachten.

Und nicht zu vergessen Deborra und Si, die mich ertragen mußten, während ich dieses Buch schrieb.

Anmerkung des Verfassers

Ich hatte zum Glück einige großartige Lehrer. Ein New Yorker Jazzpianist, Joe Pace zeigte mir, wie gut eine II-V-I Verbindung klingt. Ich studierte zwei Jahre bei dem phantastischen Jaki Byard, und anschließend ein Jahr bei Hal Overton[1], der für die damalige Zeit die Musik von Thelonious Monk wie kein anderer kannte und ein gewissenhafter und sorgfältiger Lehrer war. Bei Herb Pomeroy, einem der großartigsten Jazzdozenten aller Zeiten, studierte ich ungefähr ein Jahr. Bei Barry Harris lernte ich an einem einzigen Nachmittag mehr, als in den meisten Harmonielehrebüchern steht. Das meiste lernte ich jedoch von den Meistern selbst, indem ich von Plattenaufnahmen transkribierte. Der beste Teil der Ausbildung zu einem guten Jazzmusiker ist noch immer das Transkribieren. Fangen Sie früh damit an, dann werden Sie schnell große Geschicklichkeit darin entwickeln.

Ich hatte das große Glück, mit Woody Shaw, Joe Henderson, Bobby Hutcherson, Dave Liebman, Sonny Stitt, Milt Jackson, Art Farmer, Blue Mitchell, Harold Land, Cal Tjader, Carmen McRae, Art Pepper, Charlie Rouse, Johnny Griffin, Chet Baker, Mongo Santamaria und Luis Gasca arbeiten und von ihnen lernen zu können.

Ich bin für jede Anregung zu diesem Buch dankbar. Sie können mir jederzeit über meinen Verlag – Advance Music – schreiben.

Mark Levine macht Aufnahmen für Concord Jazz und ist sowohl mit seinem eigenen Trio als auch als Sideman in vielen Bands in der Jazzszene San Franciscos äußerst aktiv. Momentan gehört er den Fakultäten des San Francisco Conservatory of Music und des Mills College an und übt eine Lehrtätigkeit bei den folgenden Sommerkursen aus: Jamey Aebersold, The Stanford Jazz Workshop, Jazz Camp West, und dem Jazz Studio Camp in Brügge, Belgien.

---

1 Hall Overton half Monk bei den Big Band Arrangements für Monks Album *At Town Hall*, Fantasy Records, 1959

Einleitung

Ein gutes Jazzsolo besteht aus:

1 % Magie

99 % Material, das
- erklärbar,
- analysierbar,
- kategorisierbar,
- machbar ist.

In diesem Buch geht es in erster Linie um die 99 % Material.

Es existiert keine einzige, alles umfaßende ›Jazztheorie‹. Deshalb nennt man dieses Gebiet eben auch Jazztheorie und nicht Jazzwahrheit. Die einzige Wahrheit ist die Musik selbst. Die ›Theorie‹ ist der intellektuelle Versuch, Regeln aufzustellen, die es uns ermöglichen, den individuellen Klang eines Charlie Parker oder John Coltrane zu verstehen. Genau genommen gibt es fast so viele ›Jazztheorien‹ wie Jazzmusiker.

Aber kehren wir zur Realität zurück. Tatsächlich gibt es einen gemeinsamen Faden, der sich durch die Entwicklung der Jazztheorie hindurchzieht, einen Faden, der sich auf logische Weise seit den frühesten Tagen des Jazz von Louis Armstrong über James P. Johnson, Duke Ellington, Art Tatum, Lester Young, Charlie Parker, Thelonious Monk, John Coltrane, Bobby Hutcherson, Wayne Shorter, McCoy Tyner, Joe Henderson bis zu Mulgrew Miller und noch weiter entwickelte. All diese Musiker hätten ohne weiteres miteinander spielen und sich verstehen können, auch wenn ihre Terminologien bisweilen auseinandergingen. Louis Armstrong nahm eine Schallplatte mit Duke Ellington[1] auf, und Duke Ellington mit John Coltrane,[2] und alle drei klangen so, als hätte ihnen die jeweilige Begegnung Spaß gemacht.

Charlie Parker sagte einmal: »Lerne die ›Changes‹ und vergiß Sie dann«. Dieser Ausspruch soll Sie daran erinnern, was beim Studium der Jazztheorie Ihr höchstes Ziel sein muß: über die Theorie hinauszuwachsen.

Wenn Sie ein gutes Jazzsolo hören, dann denkt der Musiker nicht ›II-V-I‹, ›Blues Lick‹, ›AABA‹, ›alterierte Skala‹ usw. Er oder sie hat das bereits getan, und zwar vor vielen, vielen Jahren. Erfahrene Musiker haben diese Information bereits so weit verinnerlicht, daß sie nicht mehr besonders viel darüber nachdenken müssen, wenn überhaupt. Ebenso haben die großen Musiker gelernt, wie die Akkorde und Skalen auf ihren Instrumenten aussehen bzw. wie sie sich anfühlen. Achten Sie beim Spielen darauf, was Ihre Augen sehen und Ihre Hände fühlen, und zwar in demselben Maß, wie Sie Ihre Gedanken auf die mentalen Dinge konzentrieren, und Sie werden über die Theorie hinauswachsen – und eins mit der Musik werden. Streben Sie nach der Tugend, nicht mehr über die Theorie nachdenken zu müssen, und es wird Ihnen leichter fallen, das magische 1 % für sich zu erschließen.

Um eine derartige Meisterschaft zu erreichen, müssen Sie jedoch viel über Theorie nachdenken – und sie üben. Und dieser Teil macht 99 % aus.

---

[1] Louis Armstrong und Duke Ellington *The Great Reunion*, Vogue, 1961
[2] *Duke Ellington and John Coltrane*, MCA/Impulse, 1962

Das Piano

Viele der Beispiele in diesem Buch sind für das Piano geschrieben. Sie brauchen für dieses Buch aber keine ›Klaviertechnik‹. Sie müssen lediglich die Noten lesen können. Da viele der Leser wahrscheinlich keine Pianisten sind, wurde ein Großteil der Klaviertranskriptionen vereinfacht und mit einem entsprechenden Vermerk versehen. Falls das eine oder andere Pianobeispiel für Sie zu schwierig zu entziffern ist, lassen Sie es sich von Ihrem Lehrer oder einem klavierspielenden Freund vorspielen.

Im Unterschied zu anderen Instrumenten kann man auf dem Piano das, was man spielt, ›sehen‹, was das Zusammenfügen der einzelnen Teile wesentlich erleichtert. Fast alle großen Jazzmusiker spielen (bzw. spielten) als Nebeninstrument ein bißchen Piano, darunter Max Roach, Woody Shaw, Clifford Brown, Kenny Dorham, Joe Henderson, Art Blakey, Sonny Rollins, Hank Mobley, Benny Carter, Coleman Hawkins, Freddie Hubbard, Kenny Clarke, Dizzy Gillespie, Miles Davis, Philly Joe Jones, Carmen McRae und Fats Navarro, um nur einige zu nennen. Einige von ihnen sogar so gut, daß sie Aufnahmen mit dem Piano machten, z.B. der Bassist Charles Mingus[1] oder die Schlagzeuger Jack DeJohnette[2] und Joe Chambers[3].

Wie gut wollen Sie sein?

Es gibt gewisse Voraussetzungen, um ein guter Jazzmusiker zu werden. Dazu gehören:

- Talent (Gehör, Timing, ein Sinn für Form)
- Orientierung (Hören der für Sie richtigen Musik)
- Ausbildung (Lehrer, Ratgeber)
- Ehrgeiz

Nummer 4 – Ehrgeiz – ist die vielleicht wichtigste Voraussetzung. Damit meine ich aber nicht den Ehrgeiz, ein Star werden zu wollen, sondern den Willen, das Verlangen und die Zähigkeit, zu üben. Wenn Ihnen diese Eigenschaft fehlt, dann können Sie noch so viel Talent haben, es wird Ihnen nichts nützen.

Beim Durcharbeiten dieses Buchs werden viele Fragen auftauchen, und vielleicht haben Sie ja einen Lehrer oder Ratgeber, der sie für Sie beantwortet. Vergessen Sie aber nicht, daß sich die Antwort auf all Ihre Fragen in Ihrem Wohnzimmer befindet. Ihre CD- oder Plattensammlung enthält Geschichte, Theorie und Praxis des Jazz. Fast alle großen Jazzmusiker der Moderne brachten sich einen Großteil ihrer ›Licks‹ und ihres theoretischen Wissens durch Hören, Transkribieren und Analysieren von Stücken und Soli auf CDs bei. Lernen Sie gleich jetzt, wie man transkribiert. Das mag zunächst etwas schwierig erscheinen, aber je öfter Sie es tun, desto leichter wird es.

Viel Glück, und vergessen Sie nicht, heute noch zu üben.

---

1 Charles Mingus, *Mingus Plays Piano*, Mobile Fidelity, 1964
2 Jack DeJohnette, *The Piano Album*, Landmark, 1985
3 Joe Chambers and Larry Young, *Double Exposure*, Muse, 1977

Terminologie und Akkordsymbole

Die meisten aktiven Jazzmusiker gebrauchen leicht zu lesende, abkürzende Symbole. Sowohl G7alt als auch

$$G7\begin{pmatrix}\flat13\\ \sharp11\\ \sharp9\\ \flat9\end{pmatrix}$$

haben dieselbe Bedeutung. Welches davon würden Sie lieber lesen?

Jazzmusik stellt den Anfänger vor eine verwirrende Zahl von Akkordsymbolen. Sie werden jedoch schnell herausfinden, daß es sich dabei lediglich um verschiedene Schreibweisen derselben Akkorde handelt. Eine Reihe standardisierter Akkordsymbole gibt es nicht. Das Fehlen einer universal akzeptierten Serie von Symbolen ist aber gar nicht so schlimm. Jazz ist eben eine lebendige, atmende, wachsende und sich ständig weiterentwickelnde Kunstform, was sich unter anderem in einer veränderlichen Terminologie niederschlägt.

Ein C Durakkord mit großer Septime kann als Cmaj7, CM7, C6, C6^9 oder C∆ notiert werden, was alles so ziemlich dasselbe bedeutet. Viele Jazzmusiker notieren auch einfach nur ein C. In diesem Buch wird das Symbol C∆ verwendet.

Ein D Mollakkord mit kleiner Septime kann als D–7, Dm7 oder Dmi7 notiert werden. Ich selbst benutze gerne das Minuszeichen, also D–7.

Das Plus (+) (C7^{+11}) und das Kreuz (♯) (C7$^{\sharp11}$) bedeuten dasselbe: das Erhöhen eines Tons (in diesem Fall der Undezime) um einen Halbton. In diesem Buch verwende ich das ♯.

Das ›♭‹ (C7$^{\flat9}$) und das Minus (–) (C7^{-9}) bedeuten ebenfalls dasselbe, nämlich das Erniedrigen eines Tons (in diesem Fall der None) um einen Halbton. Ich selbst bevorzuge das ›♭‹.

Quarte und Undezime sind in einem Akkord dieselben Töne. Für Dur- und sus Akkorde verwende ich die Quarte (C∆$^{\sharp4}$, Csus4), für Dominant- und Mollakorde das Symbol der Undezime (C7$^{\sharp11}$, C–11).

Ebenso sind die Sexte und die Terzdezime (Tredezime) die gleichen Töne in einem Akkord. Ich folge in diesem Fall der üblichen Praxis und verwende für Dur- und Mollakorde das Symbol der Sexte (C6, C–6) und für Dominantakkorde das Symbol der Terzdezime (C7$^{\flat13}$).

Viele Piano- und Gitarrenvoicings des Durakkords mit der großen Septime enthalten gar nicht die große Septime. Auch in diesem Buch taucht bisweilen ein ›C∆‹ Akkord auf, dessen Voicing keine große Septime enthält.

Für die meisten Jazzmusiker bedeuten die Begriffe ›Skala‹ und ›Modus‹ dasselbe, und ich werde mich dem anschließen. Ich mache nur dann einen Unterschied, wenn ein Modus in einer direkten Beziehung zu seiner entsprechenden Ursprungsskala steht, wie zum Beispiel D dorisch zur C Durskala.

Alle Beispiele in diesem Buch sind klingend notiert. B♭- und E♭-Instrumente müssen daher beim Mitspielen mit der Originalaufnahme transponieren. Beispiele, die ursprünglich von im Baßschlüssel notierten Instrumenten (wie Posaune und Baß) gespielt wurden, werden auch im Baßschlüssel wiedergegeben. Zur Vermeidung allzu vieler Hilfslinien haben wir einige Pianobeispiele eine Oktave abwärts transponiert.

Glossar
Begriffe, Fachjargon, Spitznamen von Musikern

Äolisch - der sechste Modus der Durskala, auch reines oder natürlich Moll genannt.

Alteration (auch alterierte Note) - die ♭9, ♯9, ♯11, ♭5, ♯5, ♭13 eines Akkords.

Alterierter Modus - der siebte Modus der melodischen Mollskala.

Avoid-Ton - wörtlich: Vermeid-Ton; ein Ton einer Akkordskala, der über dem Akkord ausgehalten, dissonant klingt.

Bag (auch bag of tricks) - das Repertoire aus Licks, Patterns etc. eines Jazzmusikers, oft auch in Besitzform wie in »Jackie's Bag« verwendet.

Ballade - Langsames Stück.

Bebop - der revolutionäre Jazzstil, der sich in den vierziger Jahren entwickelte.

Bird - Charlie Parker.

Blowing Choruses - die improvisierten Chorusse eines Stücks.

Break - Breaks werden typischerweise zu Beginn eines Solos gespielt. Der Solist spielt normalerweise zwei, vier oder acht Takte allein, während der Rest der Band zu spielen aufhört. Einer der großartigsten ist Lee Morgans Break zu Beginn seines Solos über John Coltranes »Locomotion« auf Coltranes Album *Blue Train*.

Bridge - der ›B‹-Teil eines Stücks, normalerweise, wenn dieses eine AABA- oder ABA-Form besitzt. Manchmal auch Mittelteil (engl. channel) genannt.

Changes - die Akkorde eines Stücks.

Channel - siehe Bridge.

Chart - Arrangement, Lead Sheet.

Chops - Technik, technische Fähigkeiten.

Chorus - einmal durch ein Stück hindurch.

Clave - ein zweitaktiges, rhythmisches Pattern, das die Grundlage für fast die gesamte, afrokubanische Musik bildet.

Cycle Of Fifths (dt. Quintenzirkel) - kreisförmige Anordnung aller zwölf Töne der chromatischen Skala. Gegen den Uhrzeigersinn betrachtet ist jede Note eine Quinte höher als die vorhergehende. Im Uhrzeigersinn betrachtet ist jede Note eine Quinte tiefer als die vorhergehende. Siehe auch ›Cycle Of Fourths‹ (Quartenzirkel).

Cycle Of Fourths (dt. Quartenzirkel) - kreisförmige Anordnung aller zwölf Töne der chromatischen Skala. Gegen den Uhrzeigersinn betrachtet ist jede Note eine Quarte höher als die vorhergehende. Im Uhrzeigersinn betrachtet ist jede Note eine Quarte tiefer als die vorhergehende. Siehe auch ›Cycle Of Fifths‹ (Quintenzirkel).

Deceptive Cadence (›Scheinkadenz‹) - ein Dominantakkord, der sich nicht eine Quinte nach unten auflöst.

Diatonisch - tonleitereigene Akkorde: C∆, D–7, Esus♭9, F∆♯4, G7 und Gsus sind diatonisch zur Tonart C–Dur.

Diz - Dizzy Gillespie.

Dorischer Modus - der zweite Modus der Durskala; auch der von diesem Modus abgeleitete Akkord.

Doppeltverminderter Akkord - zwei vom Pianisten gleichzeitig gespielte, verminderte Septakkorde, ein Akkord aus acht Tönen, der sämtliche Noten einer verminderten Skala enthält.

Double Time - Verdopplung des Tempos, wobei sich auch die Changes doppelt so schnell bewegen.

Double Time Feeling - Verdopplung des Tempos, wobei die Changes jedoch die Geschwindigkeit des Originaltempos beibehalten.

Eighth (oder ›trade eighth‹) - zwei oder mehr Musiker spielen nach den regulären Soli einen oder mehrere Chorusse lang abwechselnd achttaktige Improvisationen.

Einsteigen - wenn ein Musiker, der kein reguläres Bandmitglied ist, mit der Band spielt.

Enharmonisch - zwei gleiche Töne, die mit verschiedenen Vorzeichen notiert wurden, wie z. B. C♭ und B, D♯ und E♭ oder F♯ und G♭.

Erweiterungen (Extensions) - None, Undezime und Terzdezime (auch Sexte genannt) eines Akkords.

Fake Book - ein Buch mit Standards und Originalkompositionen, deren Melodie und Akkordsymbole notiert sind. Der Name kommt daher, daß Improvisieren ›Faking‹ genannt wurde.

Fingergedächtnis - die Muskeln der Finger haben das Gefühl für bestimmte Akkorde, Licks, Phrasen, Patterns usw. verinnerlicht (der Ausdruck wird hauptsächlich von Pianisten benutzt, ist aber auf alle Instrumente anwendbar.)

Form - siehe Songform.

Fours (bzw. ›trading fours‹) - zwei oder mehr Musiker spielen nach den regulären Soli ein oder mehrere Chorusse lang abwechselnd viertaktige Improvisationen.

Free (bzw. ›frei spielen‹) - das Improvisieren ohne Akkordsymbole oder ohne vorher festgelegte Form.

From The Top - das Stück von Anfang an spielen.

Funky - erdig, nicht intellektuell, aus dem Bauch heraus.

Ganztonskala - eine Skala, die ausschließlich aus Ganztonschritten besteht.

Gemeinsame Töne - Töne, die in den Akkorden und/oder Skalen zweier oder mehrerer aufeinanderfolgender Akkorde enthalten sind.

Gerade Achtel (Straight 8ths) - mit einem rhythmisch geraden Feeling spielen, ohne im traditionellen Sinn zu swingen. Ein Großteil der lateinamerikanischen Musik wird so gespielt.

Gig - ein Musikjob, sei es in einem Club, auf einer Party, auf einem Festival oder im Aufnahmestudio.

Great American Songbook, The - Sammelbegriff für die Kompositionen von George Gershwin, Cole Porter, Irving Berlin, Duke Ellington, Billy Strayhorn, Jimmy Van Heusen, Jimmy McHugh, Hoagy Carmichael usw.

Groove - entsteht zwischen den Mitgliedern einer Rhythmusgruppe, die ›zusammen‹ ist.

Halbvermindert - (1) ein Mollakkord mit kleiner Septime und verminderter Quinte; (2) ein Akkord, der aus dem sechsten Modus der melodischen Mollskala gebildet wird; (3) ein Akkord, der aus dem siebten Modus der Durskala gebildet wird.

Head - (1) der komponierte Melodieteil eines Stückes, mit Akkordfolge; (2) von einem Jazzmusiker komponierte neue Melodie über die Akkordfolge eines Standards; (3) der Melodieteil vor den improvisierten Soli.

Interlude - Teil eines Stücks, der normalerweise zwischen dem Thema und den Soli oder zwischen den Solisten gespielt wird.

Intervall - der Abstand zwischen zwei Tönen.

In The Pocket - wenn die Musik rhythmisch in einer Groove abläuft.

Intro - Einleitung zu einem Stück. Sie kann auch improvisiert sein.

Ionischer Modus - der erste Modus der Durskala.

Jam Session (auch ›jammen‹) - zwanglose Zusammenkunft von Jazzmusikern, um miteinander zu spielen.

Kadenz - ein improvisierter Rubato-Schluß unbestimmter Länge, vom Solisten gespielt, während die Rhythmusgruppe zu spielen aufhört.

Kicks - spezifische rhythmische Akzente der Rhythmusgruppe.

Latin Jazz - eine Mischung aus Jazz und südamerikanischer Musik.

Lay Back - hinter dem Beat spielen.

Lay Out - nicht spielen.

Lead Sheet - ein Notenblatt mit der Melodie und den Akkordsymbolen eines Stücks.

Left-Hand Voicings - grundtonlose Voicings für die linke Hand, von den Pianisten Red Garland, Bill Evans und Wynton Kelly entwickelt.

Lick - improvisierte Phrase, die in die Alltagssprache des Jazz eingegangen ist; oft mit einem beschreibenden Zusatz wie ›ein Joe Henderson Lick‹ versehen.

Lokrischer Modus - der siebte Modus der Durskala.

Lydisch-übermäßig - der dritte Modus der melodischen Mollskala sowie der daraus abgeleitete Akkord.

Lydisch-dominant - der vierte Modus der melodischen Mollskala sowie der daraus abgeleitete Akkord.

Lydischer Modus - der vierte Modus der Durskala sowie der daraus abgeleitete Akkord.

Minor-major (Moll mit großer Septime) - der erste Modus der melodischen Mollskala sowie der daraus abgeleitete Akkord.

Moll II-V-I - II-V-I Verbindung einer Molltonart, z. B. Dø, G7alt, C–Δ.

Mixolydischer Modus - fünfter Modus der Durskala sowie der daraus abgeleitete Akkord.

Modus - Siebentonskala, die man erhält, indem man auf einem der sieben Töne der Dur- oder melodischen Mollskala beginnt.

Molltonika - ein Mollakkord, der nicht als II Akkord, sondern als ›Moll I‹ fungiert.

Natürliche Mollskala - siehe äolisch.

Original - Stück, das von einem Bandmitglied geschrieben wurde und oft entsprechend angekündigt wird (»we'd like to play an original tune by...«).

Out Chorus (oder ›Out Head‹) - das letzte Mal durch die Melodie eines Stücks.

Outside - das Spielen von Tönen, die nicht in der Akkordfolge enthalten sind (man geht aber davon aus, daß sie gut klingen und nicht etwa ›falsche Töne‹ sind).

Parallelbewegung - Akkorde oder Akkordvoicings in Parallelbewegung.

Pedalton - eine normalerweise im Baß liegende Note, die unverändert bleibt, während ein Akkord oder eine Reihe von Akkorden darüber gespielt wird.

Phrygischer Modus - dritter Modus der Durskala sowie der daraus abgeleitete Akkord.

Polychord - zwei oder mehrere, gleichzeitig gespielte Akkorde.

Polytonalität - zur selben Zeit in mehr als einer Tonart spielen.

Quartenzirkel - siehe ›Cycle Of Fourths‹.

Quintenzirkel - siehe ›Cycle Of Fifths‹.

Rhythm Changes - bestimmte Akkordfolge, basierend auf den Harmonien des George Gershwin Stücks »I've Got Rhythm«.

Riff - sich wiederholende Bläserfigur, oft als Background zu einem Solo gespielt.

›Right On It‹ - keine Intro; es wird gleich mit dem Thema begonnen.

Rubato - freie Gestaltung des Tempos.

Schluß - der letzte Teil eines Stücks, der oft speziell arrangiert ist.

Sequenz - Phrase oder Motiv, die/das auf einer anderen Stufe wiederholt wird. Die wiederholte Phrase muß nicht unbedingt dieselbe Intervallstruktur aufweisen, besitzt aber im allgemeinen die gleiche Form wie das Originalmotiv.

'shed - siehe Woodshed.

Scheinkadenz - siehe ›Deceptive Cadence‹.

Shout Chorus - besonders arrangierter Chorus, der normalerweise zwischen dem letzten Solo und dem Out Chorus gespielt wird.

Slash-Akkord - (1) ein Dreiklang über einer Baßnote, die nicht der Grundton ist; (2) ein Septakkord über einer Baßnote, die nicht im Akkord enthalten ist; (3) ein Dreiklang über einem anderen Dreiklang. Siehe Polychord.

Solo, ein Solo spielen - über das Stück improvisieren.

Songform - die Anordnung der verschiedene Teile eines Stücks (normalerweise achttaktige Segmente), die mit Buchstaben gekennzeichnet werden, z. B. ›A A B A‹, ›A B C‹ usw.

Standard - ein bei Jazzmusikern beliebtes Stück, das für gewöhnlich, aber nicht immer, von einem nicht vom Jazz kommenden Komponisten geschrieben wurde (George Gershwin, Cole Porter usw.). Viele Stücke von Duke Ellington und Billy Strayhorn gelten ebenfalls als Standards.

Stop Time - während eines Solos spielt die Rhythmusgruppe alle zwei oder vier Takte nur auf die Eins. Es kommt nur gelegentlich vor, daß eine Stop-Time Figur zwei oder mehrere Kicks hat. Eines der großartigsten Stop-Time Solos spielte Sonny Rollins über »I Know That You Know« von Vincent Youman auf dem Dizzy Gillespie – Sonny Stitt – Sonny Rollins Album »Sonny Side Up«.

Straight Ahead - mit einem Swingfeeling spielen.

Straight 8ths - siehe ›Gerade Achtel‹.

Stroll - Teil eines Solos, in dem auf Zeichen des Solisten der Pianist oder die gesamte Rhythmusgruppe zu spielen aufhört. Siehe auch ›Lay Out‹.

Substitutakkord - der Akkord, der den ursprünglichen Akkord ersetzt.

Sus Akkord - ein Dominantseptakkord, in dem die Quarte nicht als Avoid-Ton angesehen wird.

Sus ♭9 Akkord - ein sus Akkord, der sich entweder aus dem phrygischen Modus der Durskala oder dem zweiten Modus der melodischen Mollskala ableitet.

Swing-Ära - der Jazz der dreißiger Jahre.

Tag (dt. Anhang) - improvisierter Teil am Ende des Out Chorus, oft beliebig wiederholt.

Take it out - das Signal des Bandleaders, den Out Chorus zu spielen.

Thema - (1) die komponierte Melodie und die Akkordfolgen eines Stücks; (2) von einem Jazzmusiker komponiertes Stück, dessen Akkordfolgen auf einem Standard basieren; (3) das erste Mal durch die Melodie eines Stücks, bevor die Soli anfangen.

Top - der Anfang eines Stücks.

Train Wreck - wenn alles danebengeht (aus dem Gleis läuft); jemand vergißt eine Wiederholung, läßt den Mittelteil aus oder stellt die Time auf den Kopf usw.

'Trane - John Coltrane.

Tritonus - Intervall aus drei Ganztonschritten. Am bedeutendsten im Dominantseptakkord zwischen Terz und Septime.

Tritonussubstitution - ein Dominantseptakkord ersetzt einen anderen Dominantseptakkord im Abstand eines Tritonus. Die Terz des einen Akkords wird dabei zur Septime des anderen und umgekehrt.

II-V Stellvertreter (Substitut) - eine II-V Verbindung ersetzt einen Dominantseptakkord oder eine II-V Verbindung im Abstand eines Tritonus.

Turnaround - (1) eine Akkordverbindung am Ende eines wiederholten Formteils, die zum Anfang dieses Teils zurückführt; (2) am Ende eines Stücks, die zum Anfang zurückführt.

Up-Tempo (auch ›up‹) - (sehr) schnelles Tempo.

Ursprungsskala - die Skala, aus der sich ein Modus ableitet.

Vamp - (1) eine Ostinatofigur der Rhythmusgruppe; (2) eine kurze, sich wiederholende Akkordfolge.

›Vamp 'til cue‹ - Vamp wird wiederholt, bis der Cue zum Weiterspielen kommt.

Verminderte Skala - eine Skala, bei der sich Halb- und Ganztonschritte abwechseln (oder umgekehrt).

Verse - komponierte Einleitung, die häufig *rubato* gespielt oder gesungen wird. Das Paradebeispiel ist der Verse zu Billy Strayhorns »Lush Life«.

Voicing - Anordnung der Töne eines Akkords für Piano oder Gitarre, meistens nicht in Grundstellung.

Woodshed (auch 'shed') - sich von der Außenwelt abschirmen und lang und intensiv üben, wie in »going into the woodshed (dt. Holzschuppen)«.

»You'll hear it« - das sagt der Musiker, der ein Stück ankündigt, zu einem Musiker, der die Changes nicht genau kennt.

Teil I
Theorie: Akkorde und Skalen

Kapitel 1 **Theoretische Grundlagen**
  Intervalle 3
  Intervallumkehrungen 10
  Dreiklänge 11

Kapitel 2 **Die Durskala und die II-V-I Verbindung**
  Die Modi der Durskala 14
  • Der ionische Modus und der Durseptakkord 15
  • Der dorische Modus und der Mollseptakkord 16
  • Der mixolydische Modus und der Dominantseptakkord 16
  Die II-V-I Verbindung 18
  Stimmführung 20
  Der Quintenzirkel 21
  Weitere gängige Akkordverbindungen 22
  • V von V 22
  • I-VI-II-V 23
  • III-VI-II-V 24
  • I-II-III-IV und der lydische Modus 25
  • I-IV 26
  Der lokrische Modus und der halbverminderte Akkord 27
  Modaler Jazz 27

Kapitel 3 **Akkord/Skalentheorie**
  Wozu Skalen? 29
  Die Harmonik der Durskala 31
  • Der ionische Modus und der Durseptakkord 32
  • Der dorische Modus und der Mollseptakkord 33
  • Der mixolydische Modus und der Dominantseptakkord 33
  • Avoid-Töne 33
  • Der lydische Modus und der $\Delta^{\sharp 4}$ Akkord 35
  • Der mixolydische Modus und der sus Akkord 38
  • Der phrygische Modus und der sus$^{\flat 9}$ Akkord 43
  • Der äolische Modus 48
  • Der lokrische Modus und der halbverminderte Akkord 49
  • Das Beherrschen der II-V-I Verbindung 50
  Die Harmonik der melodischen Mollskala 50
  • Der Minor-Major Akkord 53

- Der sus♭9 Akkord 55
- Der lydisch-übermäßige Akkord 58
- Der lydische Dominantseptakkord 59
- Der fünfte Modus der melodischen Mollskala 60
- Der halbverminderte Akkord 62
- Der alterierte Dominantseptakkord 65
- Die Austauschbarkeit von melodischen Mollakkorden 67
- Das Piano ist ein Instrument mit Kennfarben 69
- II-V-I und II-V Verbindungen in Moll 70
- ›Charakteristische‹ Töne der melodischen Mollskala 72

Die Harmonik der verminderten Skala 73
- Was versteht man unter einer verminderten Skala? 73
- Die verminderte Halbton/Ganztonskala und der V7♭9 Akkord 76
- Die verminderte Ganzton/Halbton Skala und der verminderte Akkord ... 79
- Übe-Tips 83

Die Harmonik der Ganztonskala 84

KAPITEL 4 **Das Üben von Skalen** 89

KAPITEL 5 **Slash-Akkorde**
Was versteht man unter Slash-Akkorden? 96
- Slash-Akkorde und Skalen 104

Kapitel Eins
Theoretische Grundlagen

> ▶ *Intervalle*
> ▶ *Intervallumkehrungen*
> ▶ *Dreiklänge*

Intervalle

Entsprechend den Atomen – den Bausteinen der Materie – sind Intervalle die Bausteine der Melodik und der Harmonik. Ein Intervall läßt sich am besten als ›Abstand zwischen zwei Tönen‹ definieren. **Beispiel 1.1** zeigt die Intervalle von einer kleinen Sekunde (Halbton) bis zur Oktave; alle auf dem eingestrichenen C aufgebaut. Über jedem Intervall steht der gängigste Begriff, zusammen mit alternativen Bezeichnungen.

Beispiel 1.1

| kleine Sekunde (Halbtonschritt) | große Sekunde (Ganztonschritt) | kleine Terz | große Terz |

| reine Quarte | übermäßige Quarte | verminderte Quinte | reine Quinte | kleine Sexte | übermäßige Quinte |

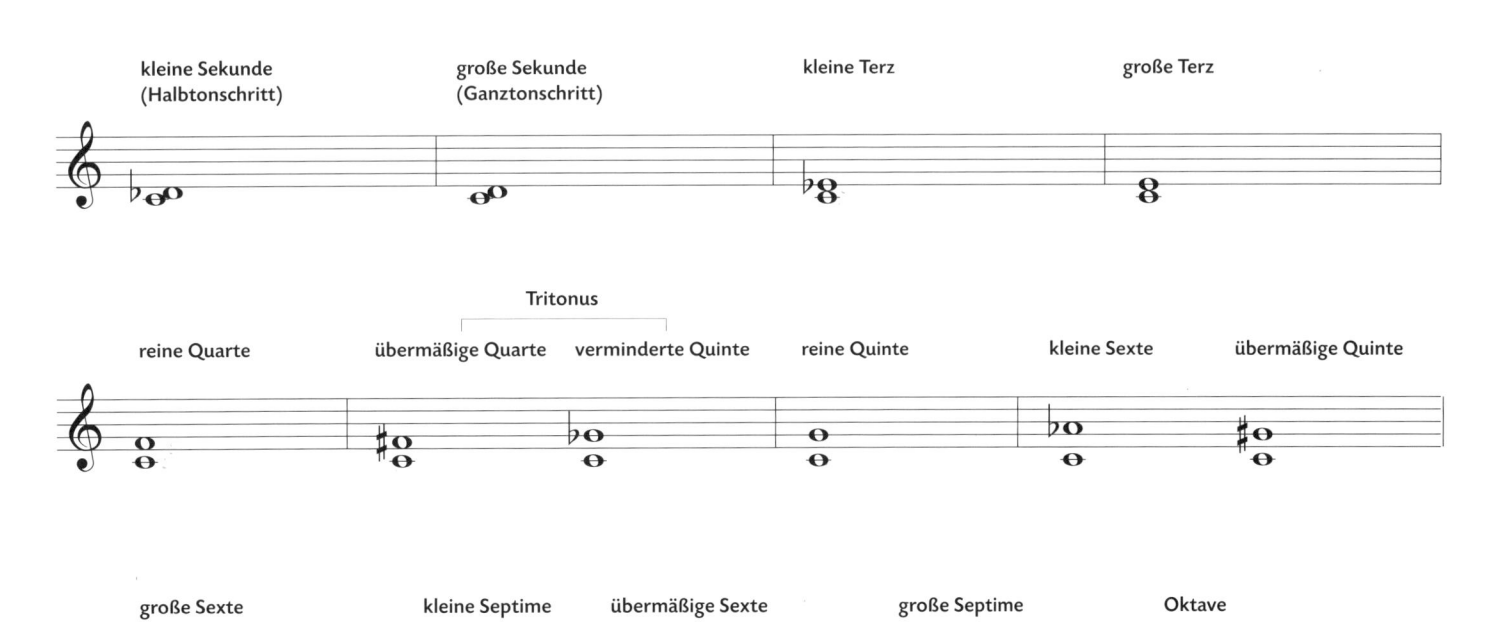

Tritonus: übermäßige Quarte – verminderte Quinte

| große Sexte | kleine Septime | übermäßige Sexte | große Septime | Oktave |

Im nachfolgenden Verzeichnis sind die einzelnen Intervalle anhand von Stücken aus dem Standard-Jazzrepertoire aufgelistet, sowohl aufsteigend als auch absteigend. Das fragliche Intervall befindet sich, falls nicht anders vermerkt, jeweils zwischen den ersten beiden Melodietönen. *Singen* Sie jedes Beispiel und spielen Sie es anschließend auf Ihrem Instrument. Sie können ein Intervall beim Spielen leichter hören, wenn Sie es vorher exakt singen können. In einer Fußnote finden Sie Hinweise auf eine hervorragende Aufnahme des jeweiligen Titels – in vielen Fällen ist es die Originalaufnahme.

Verzeichnis der Intervalle

▲ Kleine Sekunde, aufwärts
Thelonious Monk: »Blue Monk«[1]

▼ Kleine Sekunde, abwärts
Cedar Walton: »Bolivia«[2]

▲ Große Sekunde, aufwärts
Miles Davis: »Four«[3]

▼ Große Sekunde, abwärts
Miles Davis: »Tune-Up«[4]

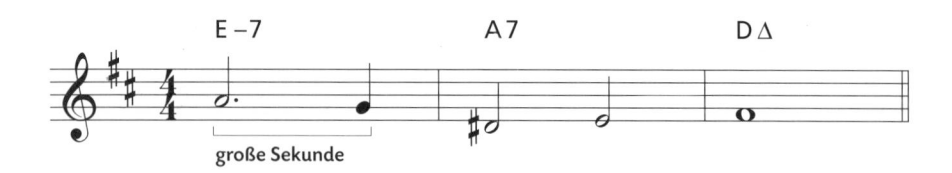

▲ Kleine Terz, aufwärts
Charlie Parker: »Confirmation«[5]

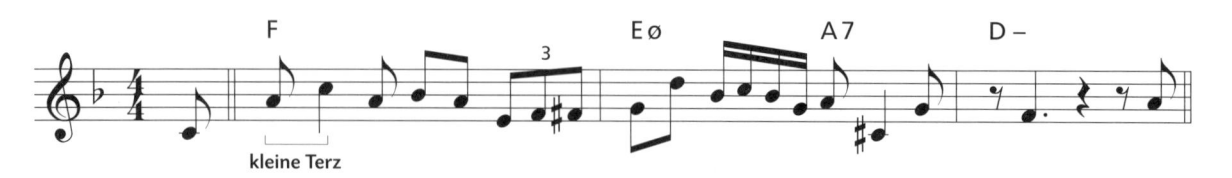

---

[1] Thelonious Monk, *Thelonious Monk In Action,* Fantasy, 1958
[2] Cedar Walton, *Eastern Rebellion,* Impulse, 1975
[3] Miles Davis, *Workin',* Prestige, 1956
[4] Miles Davis, *Cookin',* Prestige, 1956
[5] Charlie Parker, *Bird At The Roost,* Savoy, 1949

THEORETISCHE GRUNDLAGEN

▼ *Kleine Terz, abwärts*
Dizzy Gillespie: »Groovin' High«[6]

▲ *Große Terz, aufwärts*
Thelonious Monk: »Monk's Dream«[7]

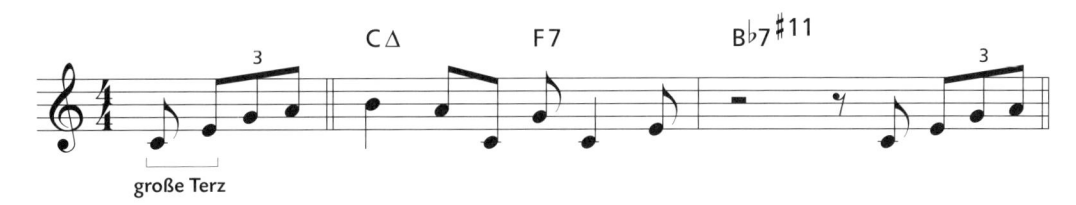

▼ *Große Terz, abwärts*
John Coltrane: »Giant Steps«[8]

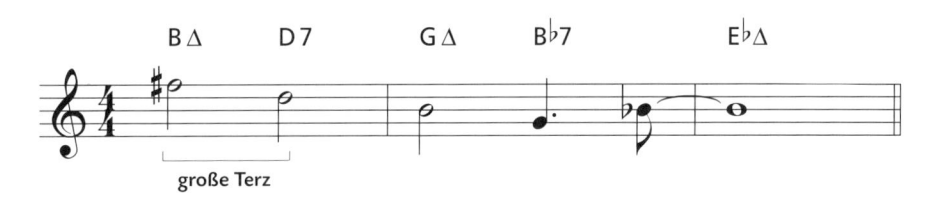

▲ *Reine Quarte, aufwärts*
Duke Jordan: »Jordu«[9]

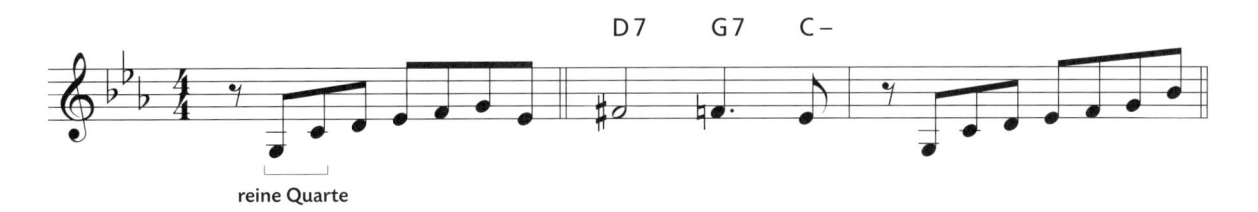

▼ *Reine Quarte, abwärts*
Wayne Shorter: »ESP«[10]

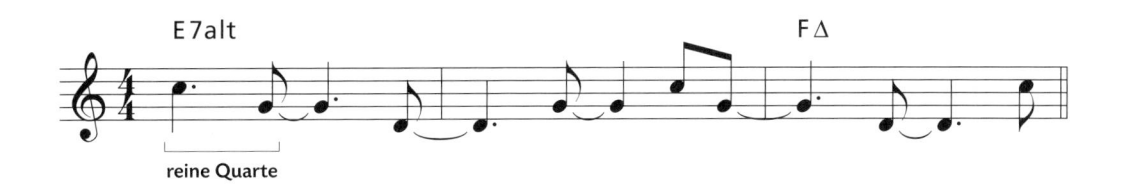

[6] Charlie Parker, *Bird At The Roost*, Savoy, 1949
[7] Thelonious Monk, *Monk's Dream*, Columbia, 1962
[8] John Coltrane, *Giant Steps*, Atlantic, 1959
[9] Clifford Brown And Max Roach, *Jordu*, Emarcy, 1954
[10] Miles Davis, *ESP*, Columbia, 1965

▲ Tritonus, aufwärts
Joe Henderson: »Isotope«[11]

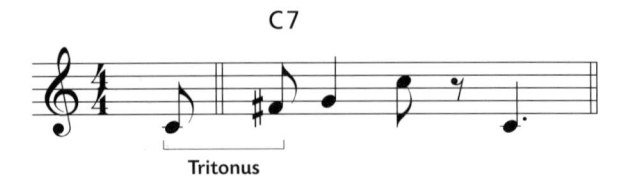

Tritonus

▼ Tritonus, abwärts
Duke Ellington: »Sophisticated Lady«[12] (Mittelteil, Takt 3)

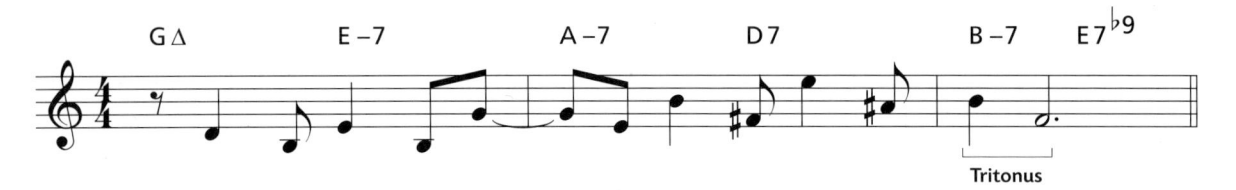

Tritonus

▲ Reine Quinte, aufwärts
Milt Jackson: »Bag's Groove«[13]

reine Quinte

▼ Reine Quinte, abwärts
Woody Shaw: »Katrina Ballerina«[14]

reine Quinte

▲ Kleine Sexte, aufwärts
Woody Shaw: »In A Capricornian Way«[15]

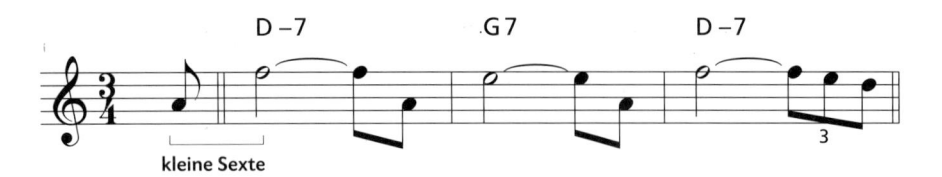

kleine Sexte

---

[11] Joe Henderson, *Power To The People*, Milestone, 1969.
[12] Duke Ellington And Ray Brown, *This One's For Blanton*, Pablo, 1973.
[13] *Miles Davis And The Modern Jazz Giants*, Prestige, 1954.
[14] Woody Shaw, *United*, Columbia, 1981.
[15] Woody Shaw, *Stepping Stones*, Columbia, 1978.

THEORETISCHE GRUNDLAGEN

▼ *Kleine Sexte, abwärts*
Joe Henderson: »Serenity«[16] (Takt 2)

▲ *Große Sexte, aufwärts*
Thelonious Monk: »Misterioso«[17]

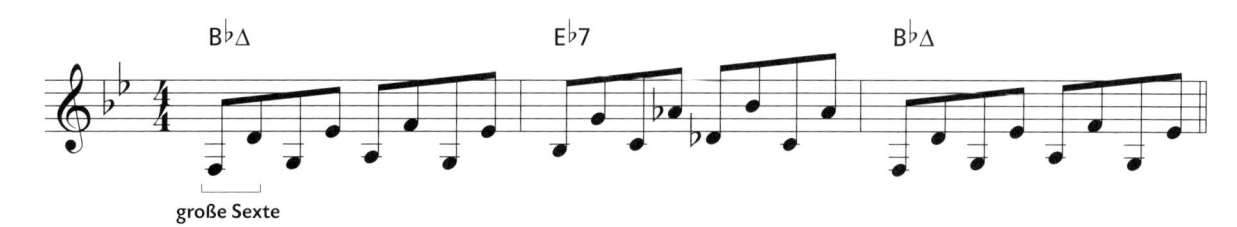

▼ *Große Sexte, abwärts*
Miles Davis: »All Blues«[18]

▲ *Kleine Septime, aufwärts*
McCoy Tyner: »Aisha«[19] (Mittelteil, letzter Takt)

▼ *Kleine Septime, abwärts*
Billy Strayhorn: »Chelsea Bridge«[20] (Mittelteil, Takt 4)

---

[16] Joe Henderson, *In 'n Out*, Blue Note, 1964.
[17] Thelonious Monk, *Live At The Jazz Workshop*, Columbia, 1964.
[18] Miles Davis, *Kind Of Blue*, Columbia, 1959.
[19] John Coltrane, *Olé*, Atlantic, 1961.
[20] Joe Henderson, *The Kicker*, Milestone, 1967.

KAPITEL EINS

▲ Große Septime, aufwärts
Joe Henderson: »Serenity«[21] (zweiter und dritter Ton)

▲ Große Septime, abwärts
Wayne Shorter: »Lady Day«[22]

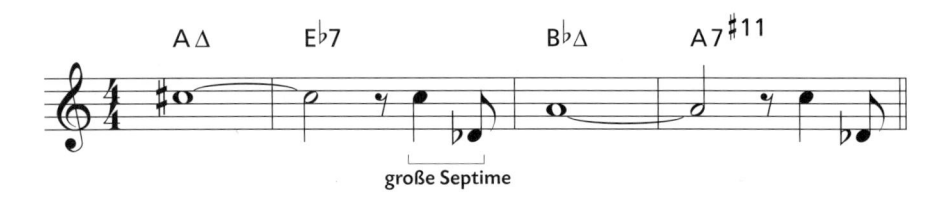

▲ Oktave, aufwärts
Sam Jones: »Del Sasser«[23]

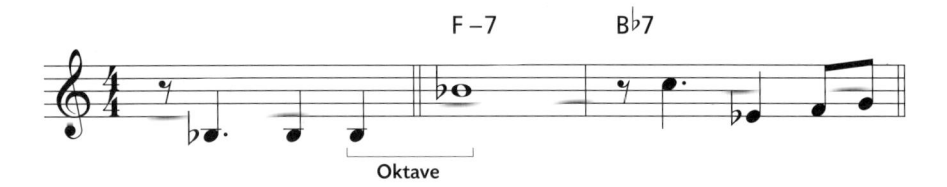

▼ Oktave, abwärts
Freddie Hubbard: »Philly Mignon«[24]

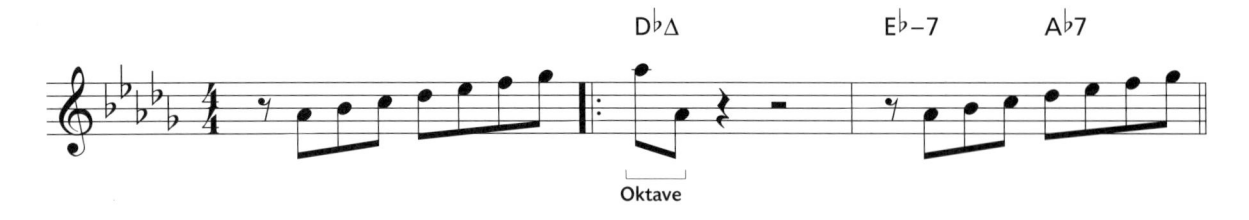

Melodische Intervalle von mehr als einer Oktave sind selten. Es folgen trotzdem ein paar Beispiele.

▲ Kleine None, aufwärts
Wayne Shorter: »Wildflower«[25] (Mittelteil, Takt 11)

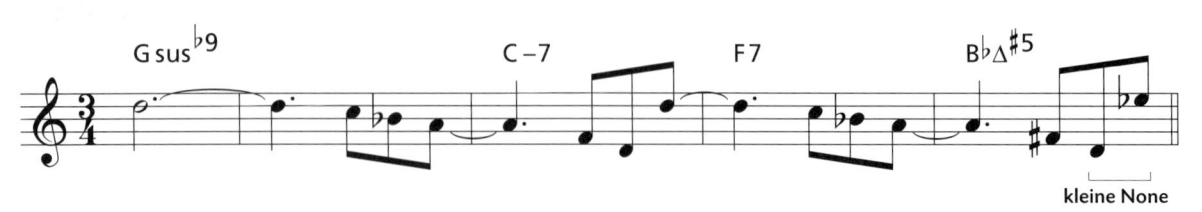

---

[21] Joe Henderson, *In 'n Out,* Blue Note, 1964.
[22] Wayne Shorter, *The Soothsayer,* Blue Note, 1965.
[23] Cannonball Adderley, *Them Dirty Blues,* Riverside, 1960.
[24] Freddie Hubbard, *Here To Stay,* Blue Note, 1962.
[25] Wayne Shorter, *Speak No Evil,* Blue Note, 1964.

THEORETISCHE GRUNDLAGEN

▼ *Kleine None, abwärts*
Benny Golson: »I Remember Clifford«[26] (Takt 18)

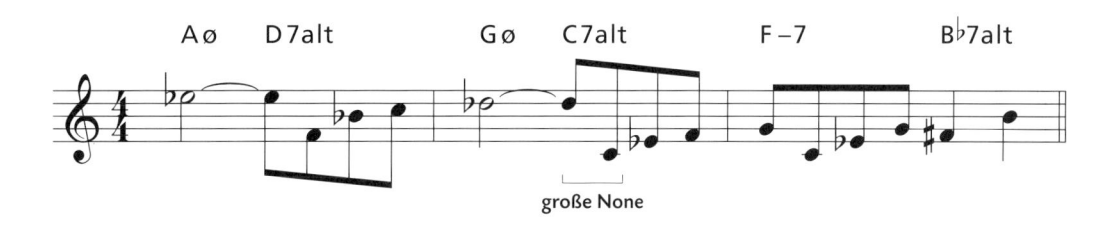

große None

▲ *Große None, aufwärts*
Joe Henderson: »No Me Escueca«[27] (Intro, Baßstimme)

große None

▲ *Kleine Dezime, aufwärts*
Joe Henderson: »No Me Escueca«[28] (Intro, Takt 5, Baßstimme)

kleine Dezime

▼ *Undezime, abwärts*
Joe Henderson: »Inner Urge«[29] (Takt 15)

Undezime

▼ *Große Terzdezime, abwärts*
Billy Strayhorn: »Chelsea Bridge«[30] (Takt 24)

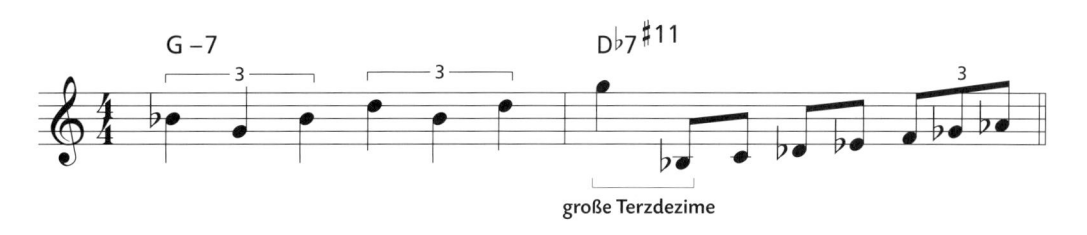

große Terzdezime

[26] The Jazztet, *Meet The Jazztet*, Argo, 1960.
[27] Joe Henderson, *Power To The People*, Milestone, 1969.
[28] ebd.
[29] Joe Henderson, *Inner Urge*, Blue Note, 1964.
[30] Joe Henderson, *The Kicker*, Milestone, 1967.

Intervallumkehrungen

Ein Musiker muß die Fähigkeit besitzen, Intervalle umkehren zu können, vor allem beim Transponieren.[31] Wenn Sie ein Stück auf der Stelle ›eine große Sexte aufwärts‹ transponieren müssen, wird es Ihnen wahrscheinlich leichter fallen, es ›eine kleine Terz abwärts‹ zu transponieren, was zu demselben Ergebnis führt. Eine Terz ist schließlich naheliegender als eine Sexte. Mit anderen Worten, Sie müssen wissen, daß sich eine große Sexte in eine kleine Terz umkehrt. Um ein Intervall umzukehren, nehmen Sie einfach den unteren Ton und setzen ihn nach oben – oder umgekehrt. Das Ergebnis ist ein neues Intervall. Die Regeln für das Umkehren von Intervallen sind einfach:

- groß wird klein
- klein wird groß
- rein bleibt rein
- Tritonus bleibt Tritonus[32]

Alte und neue Intervalle ergeben addiert die Zahl neun.

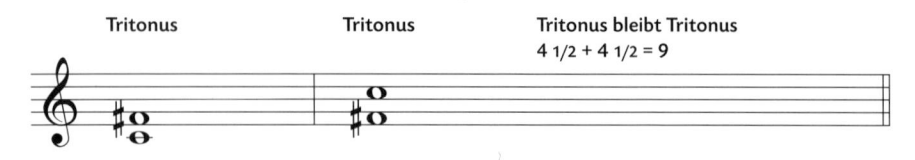

Sehen Sie sich **Beispiel 1.2** an. Kehrt man eine große Terz (C - E) um, wird daraus eine kleine Sexte (E - C). Groß wird klein und 3 + 6 = 9. In **Beispiel 1.3** wird eine kleine Sekunde zu einer großen Septime umgekehrt. Klein wird groß und 2 + 7 = 9. Sehen Sie sich **Beispiel 1.4** an. Aus einer reinen Quarte wird eine reine Quinte; rein bleibt rein und 4 + 5 = 9. In **Beispiel 1.5** wird ein Tritonus zu einem anderen Tritonus umgekehrt. Da ein Tritonus genau zwischen der Quarte und der Quinte liegt, könnten Sie ihn mit 4 1/2 bezeichnen; 4 1/2 + 4 1/2 = 9.

Damit Sie den Klang der einzelnen Intervalle im Kopf behalten, sollten Sie beim täglichen Üben die Intervalle auch singen. Dazu benötigen Sie nicht einmal Ihr Instrument (außer, Sie sind SängerIn). Sie können genauso gut unter der Dusche, im Auto oder wo immer Sie wollen üben. Singen Sie außerdem Themen, Melodien, Soli etc. von Standards, Bebop- und anderen Stücken zu Ihren Lieblings CDs mit. Versuchen Sie dabei, bestimmte Intervalle zwischen den Tönen zu identifizieren. Das alles nennt man Gehörbildung. Sollte Ihre Schule einen Hörtrainingkurs anbieten, dann melden Sie sich unbedingt an! Zudem werden auch einige hervorragende Hörtraining-CDs angeboten.[33] Das Gehör zu trainieren ist absolut notwendig, da man beim Improvisieren eines guten Solos zu einem Großteil auf dem Instrument das spielt, was man ›im Kopf hört‹.

Beispiel 1.2
große Terz — kleine Sexte — groß wird klein — 3 + 6 = 9

Beispiel 1.3
kleine Sekunde — große Septime — klein wird groß — 2 + 7 = 9

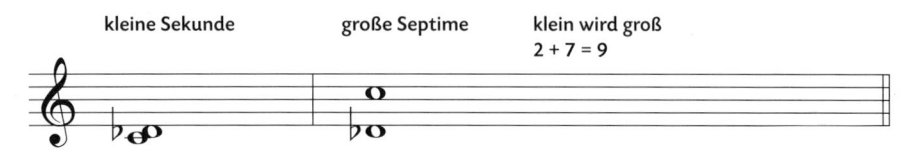

Beispiel 1.4
reine Quarte — reine Quinte — rein bleibt rein — 4 + 5 = 9

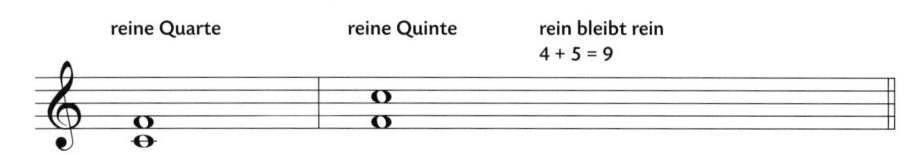

Beispiel 1.5
Tritonus — Tritonus — Tritonus bleibt Tritonus — 4 1/2 + 4 1/2 = 9

---

[31] von einer Tonart in die andere.
[32] Falls Sie die Begriffe ›übermäßig‹ und ›vermindert‹ wie in Beispiel 1.1 verwenden, wird übermäßig zu vermindert und umgekehrt.
[33] Jamey Aebersold, *Jazz Ear Training*. Armen Donelian, *Training The Ear*. David Baker, *A New Approach To Ear Training*, Sigi Busch, *Hörtraining Vol. 1, 2 und 3*.

Dreiklänge

Intervalle können Sie nicht nur einzeln, sondern auch in Kombinationen spielen. Durch Schichtung zweier Terzen erhält man z. B. einen Dreiklang. Es gibt vier mögliche Kombinationen:

- Eine große Terz mit einer kleinen Terz darüber ergibt einen Durdreiklang.
- Eine kleine Terz mit einer großen Terz darüber ergibt einen Molldreiklang.
- Zwei kleine Terzen bilden einen verminderten Dreiklang.
- Zwei große Terzen bilden einen übermäßigen Dreiklang.

Beispiel 1.6 zeigt alle vier Dreiklänge.

Beispiel 1.6

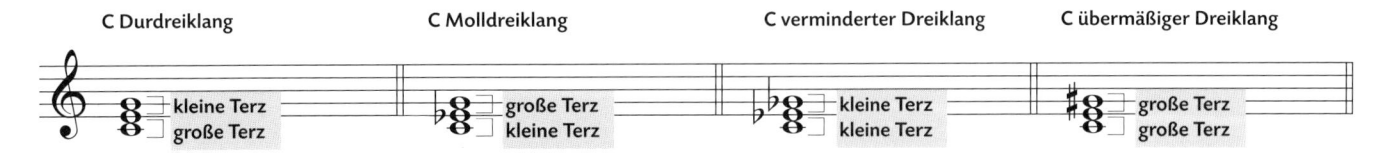

Spielen Sie die Dreiklänge auf dem Piano und beobachten Sie dabei Ihre emotionalen Regungen. Programmusik (Musik für Fernsehen, Film, Theater) setzt die Harmonik gezielt ein, um bei bestimmten Szenen emotionale Reaktionen zu verstärken. Ein Durdreiklang klingt fröhlich, bestimmt oder triumphal. Ein Molldreiklang kann traurig, schwermütig oder tragisch klingen. Ein verminderter Dreiklang suggeriert Spannung, Aufregung. Ein übermäßiger Dreiklang hat eine schwebende Qualität. Obwohl daraus Klischées wurden, funktionieren sie immer noch, sonst würden sie TV- oder Filmkomponisten nicht mehr verwenden. Diese emotionalen Reaktionen gelten auch für Septakkorde – diese werden Sie als nächstes lernen. Es ist sicherlich kein Zufall, daß Stücke wie Benny Golsons »I Remember Clifford«,[34] John Lewis' »Django«,[35] und Eden Ahbez »Nature Boy«[36] in Molltonarten geschrieben wurden, oder daß Bix Beiderbecks »In A Mist«[37] übermäßige Akkorde verwendet. Sie erzeugen durch ihre Verwendung beim Zuhörer, bei den anderen Musikern und bei sich selbst emotionale Reaktionen. Seien Sie sich dessen bewußt.

---

[34] The Jazztet, *Meet The Jazztet,* Argo, 1960.
[35] Grant Green, *Idle Moments,* Blue Note, 1963.
[36] John Coltrane, *The John Coltrane Quartet Plays,* MCA/Impulse, 1965.
[37] Freddie Hubbard, *Sky Dive,* CTI, 1972.

Beispiel 1.7

Dreiklänge werden oft umgekehrt. Bei der Umkehrung liegt nicht der Grundton, sondern ein anderer Ton zu unterst. **Beispiel 1.7** zeigt einen C Dur- und einen C Molldreiklang in den drei möglichen Positionen:

- Grundstellung, mit dem Grundton als untersten Ton.
- 1. Umkehrung, mit der Terz unten.
- 2. Umkehrung, mit der Quinte als unterstem Ton.

Als nächstes gehen wir zur II-V-I Verbindung, der grundlegenden Akkordverbindung im Jazz.

Kapitel Zwei
Die Durskala und die II-V-I Verbindung

- *Modi der Durskala*
- *Die II-V-I Verbindung*
- *Stimmführung*
- *Der Quintenzirkel*
- *Weitere gängige Akkordverbindungen*
- *Der lokrische Modus und der halbverminderte Akkord*
- *Modaler Jazz*

Spielen Sie die ersten drei Beispiele und hören Sie sich den Klang der II-V-I Verbindung an.[1] **Beispiel 2.1** ist eine II-V-I in E♭ aus Victor Youngs »Stella By Starlight«.[2] **Beispiel 2.2** ist eine II-V-I in D aus Miles Davis »Tune Up«.[3] **Beispiel 2.3** zeigt zwei II-V-I Verbindungen aus John Coltranes »Giant Steps«,[4] die erste in G und die zweite in B.

Akkordverbindungen gibt es viele, aber II-V-I ist die im Jazz am häufigsten gespielte. Ursprung der II, V und I Akkorde sind die Modi der Durskala.

Beispiel 2.1

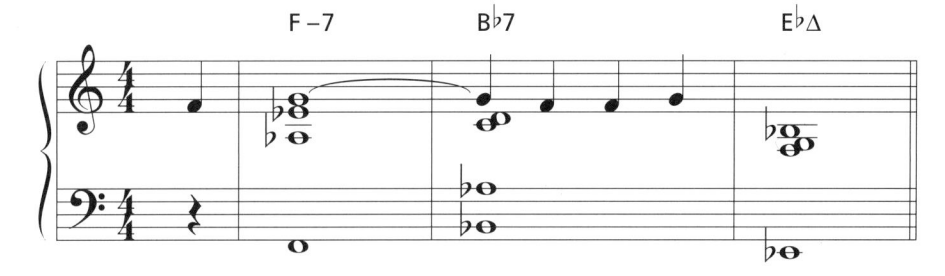

Beispiel 2.2

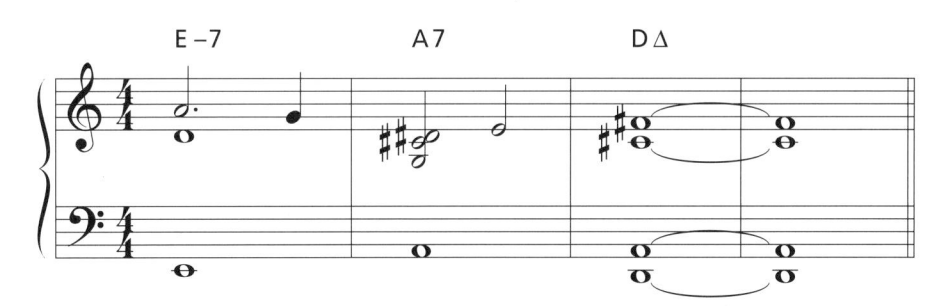

Beispiel 2.3

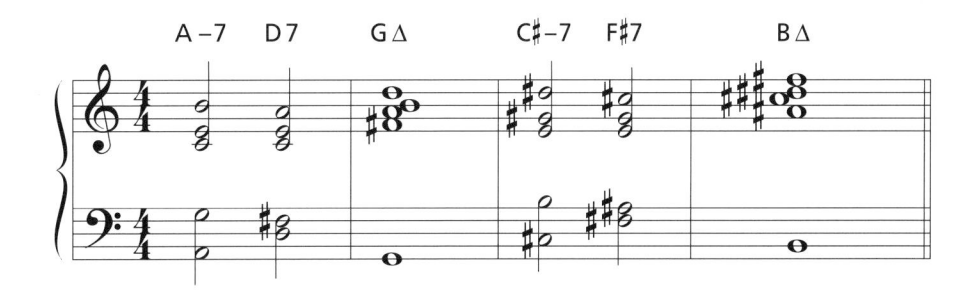

[1] Manchmal auch als ii-V7-I notiert.
[2] Miles Davis, *The Complete 1964 Concert*, Columbia.
[3] Miles Davis, *Cookin'*, Prestige, 1956.
[4] John Coltrane, *Giant Steps*, Atlantic, 1959.

Modi der Durskala

Beispiel 2.4 zeigt die C Durskala und ihre Modi. Stellen Sie sich die Modi folgendermaßen vor: die C Durskala besteht aus sieben Tönen, und Sie können die Skala mit jedem dieser Töne beginnen. Das bedeutet, daß es eigentlich sieben verschiedene C Durskalen gibt – eine, die mit C beginnt, eine, die mit D beginnt, eine mit E, eine mit F usw. bis hin zu B*. Jeder Modus hat einen griechischen Namen, der rechts vom Modus steht. Die römischen Ziffern I bis VII auf der linken Seite der Modi entsprechen dem modalen Namen der rechten Seite – I ist ionisch, II ist dorisch, III ist phrygisch usw. *Das gilt entsprechend für alle anderen Durtonarten.*

Beispiel 2.4

Die C Durtonleiter und ihre Modi

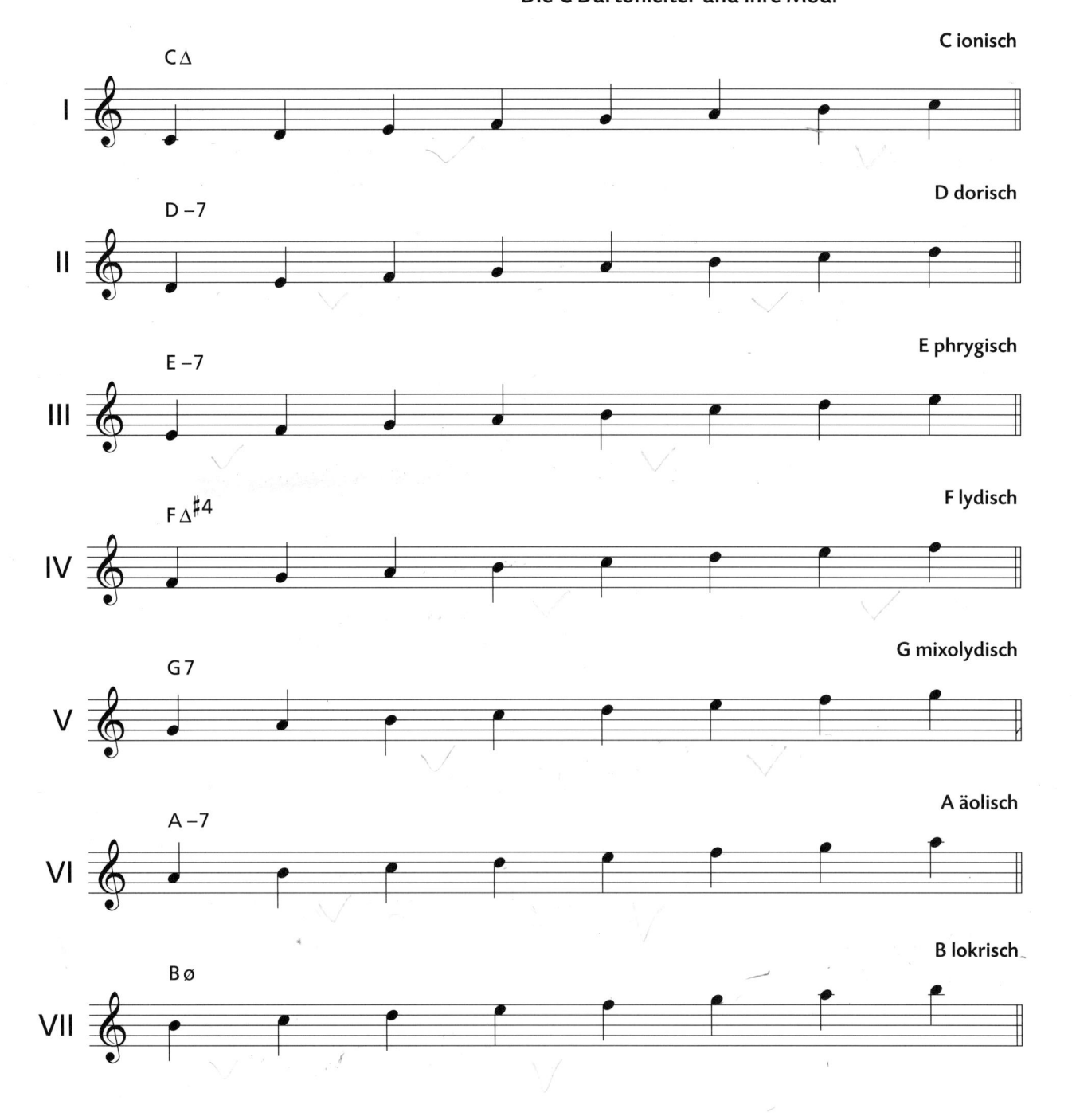

I — C∆ — C ionisch

II — D –7 — D dorisch

III — E –7 — E phrygisch

IV — F∆#4 — F lydisch

V — G7 — G mixolydisch

VI — A –7 — A äolisch

VII — Bø — B lokrisch

---

*Anmerkung des Herausgebers:
Der Ton ›H‹ wird in dieser Übersetzung gemäß der anglo-amerikanischen Schreibweise als ›B‹ bezeichnet, der Ton ›B‹ als ›B♭‹.

Die modalen, griechischen Namen sind keineswegs esoterische, sondern von Jazzmusikern verwendete, alltägliche Begriffe. Folgende Unterhaltung wäre z. B. ganz normal:

Erster Musiker: ›Welcher Akkord steht im zweiten Takt?‹
Zweiter Musiker: ›F lydisch‹.

Der ionische Modus und der Durseptakkord

Von den Modi werden Septakkorde abgeleitet. Septakkorde baut man auf, indem man jeden zweiten Ton der Modi spielt, wie in **Beispiel 2.5** veranschaulicht. Mit ›jedem zweiten Ton‹ sind Grundton, Terz, Quinte und Sepime des sich ergebenden Akkords gemeint. Diese Töne nennt man Akkordtöne, weil sie die Qualität – Dur, Moll, Dominant – der Septakkorde definieren.

Beispiel 2.5

Im hier gezeigten ionischen Modus der C Durtonleiter wurde jeder zweite Ton eingerahmt, sodaß die eingerahmten Töne den Septakkord auf der rechten Seite bilden. Die eingerahmten Töne sind der jeweils erste, dritte, fünfte und siebte Ton des Modus und entsprechend Grundton, Terz, Quinte und Septime des Akkords.

Beispiel 2.6 zeigt einen C Durseptakkord. Ein gebräuchliches Symbol dafür ist das Dreieck, also C∆.[5] Wegen der intervallischen Bezüge zwischen Grundton, Terz und Septime heißt dieser Akkord ›Durseptakkord‹. *Der Durseptakkord besteht aus einer großen Terz, einer reinen Quinte und einer großen Septime.* Da dieser Akkord auf dem ersten Modus aufbaut, wird er mit ›I‹ beziffert.

Beispiel 2.6

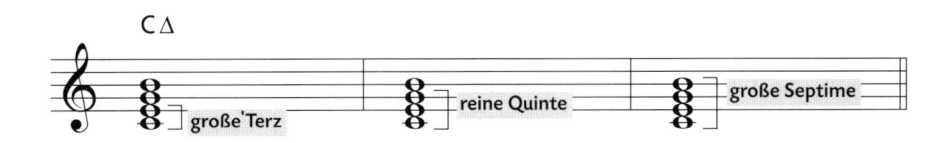

---

[5] Häufig verwendete Akkordsymbole sind auch C, C∆7, Cmaj7 und CM7. C6 und $C_6{}^9$ unterscheiden sich zwar geringfügig, werden jedoch ebenfalls als Alternative zu C∆ verwendet.

KAPITEL ZWEI

Der dorische Modus und der Mollseptakkord

Der zweite, oder dorische Modus, der C Durskala geht von D zu D, wie in **Beispiel 2.7** veranschaulicht. Die eingerahmten Töne – also der erste, dritte, fünfte und siebte Ton dieses Modus – bilden wiederum einen Akkord, in diesem Fall den D Mollseptakkord, der rechts gezeigt wird.

Beispiel 2.7

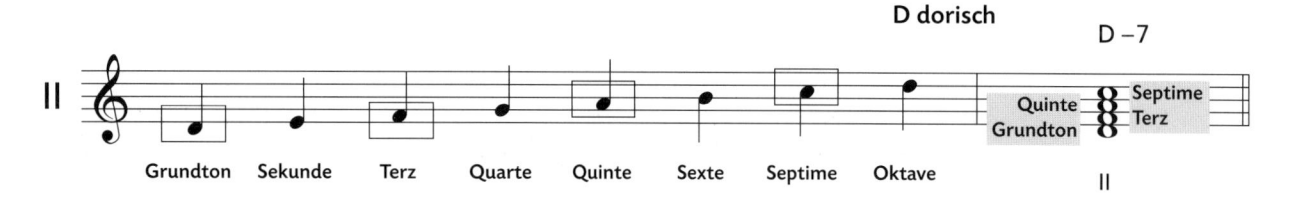

Beispiel 2.8 zeigt einen D Mollseptakkord. Das meist verwendete Symbol für einen Mollakkord ist der Bindestrich, so daß dieser Akkord als D–7 notiert wird.[6] Wegen der Abstände zwischen seinem Grundton und der Terz und Septime wird er als Mollseptakkord bezeichnet. *Ein Mollseptakkord besteht aus einer kleinen Terz, einer reinen Quinte und einer kleinen Septime.* Da dieser Akkord auf dem Grundton des zweiten Modus aufbaut, wird er mit ›II‹ bezeichnet.

Beispiel 2.8

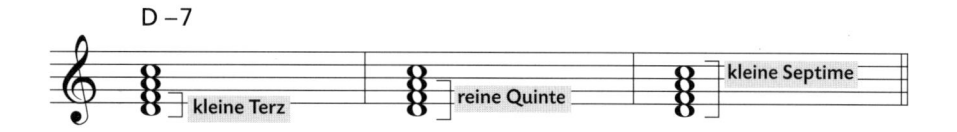

Der mixolydische Modus und der Dominantseptakkord

Springen Sie nun zum fünften bzw. mixolydischen Modus, der von G bis G geht. **Beispiel 2.9** zeigt diesen Modus.

Beispiel 2.9

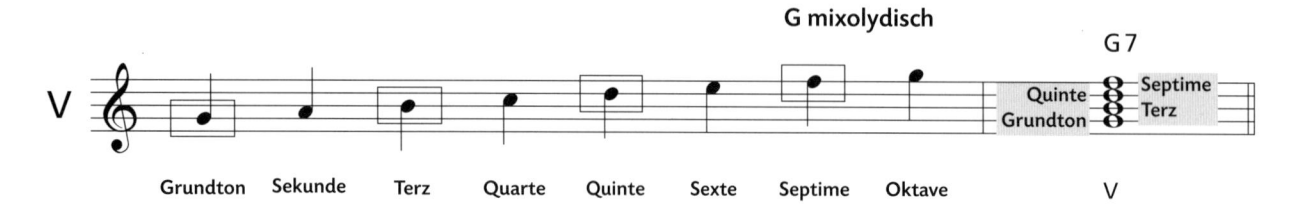

---

[6] Alternative Akkordsymbole sind Dmin7, Dmi7 und Dm7.

Grundton, Terz, Quinte und Septime sind wieder eingerahmt und formen den Septakkord rechts. Der Name des Akkords wird normalerweise zu ›G sieben‹ verkürzt. Sein Symbol ist G7. Aufgrund der Intervallverhältnisse zwischen Grundton Terz und Septime heißt dieser Akkord ›Dominantseptakkord‹. *Ein Dominantseptakkord hat eine große Terz, eine reine Quinte und eine kleine Septime* (**Beispiel 2.10**). Da er auf der fünften Stufe aufgebaut ist, wird er mit einer römischen ›V‹ bezeichnet.

Beispiel 2.10

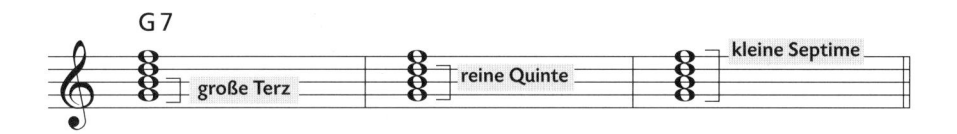

Beispiel 2.11 zeigt ein Beispiel für den mixolydischen Modus. Die ersten acht Töne von Freddie Hubbards »Philly Mignon«[7] (nach dem Schlagzeuger Philly Joe Jones benannt) formen eine aufsteigende G mixolydische Skala.

Beispiel 2.11

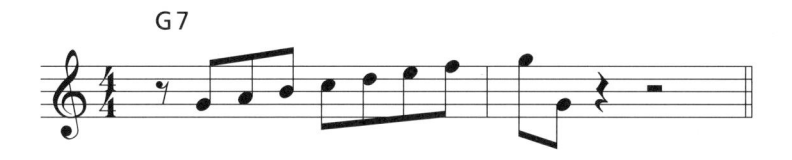

Die ersten acht Töne von Sonny Rollins »Pent-Up House«[8] sind eine aufsteigende D mixolydische Skala, wie **Beispiel 2.12** zeigt.

Beispiel 2.12

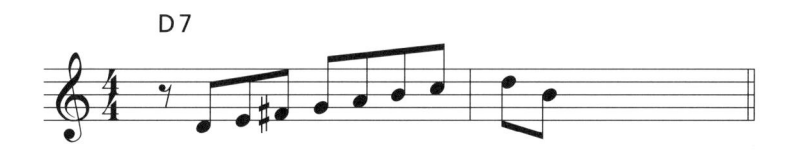

Diese drei Akkorde – I, II und V (Dursept-, Mollsept- und Dominantseptakkord) – sind die am häufigsten gespielten Akkorde im Jazz. Da jeder Akkord eine reine Quinte hat (es gibt auch Akkorde mit einer ♭5 oder ♯5, auf die wir bald zurückkommen werden), sind Terz und Septime diejenigen Töne, die verändert werden. Sie bestimmen, ob der Akkord als Dur, Moll oder Dominant bezeichnet wird. Man nennt das die *Akkordqualität*. Die folgenden Regeln fassen die Unterschiede der drei Akkorde zusammen:

- Ein Durseptakkord hat eine große Terz und eine große Septime.[9]
- Ein Mollseptakkord hat eine kleine Terz und eine kleine Septime.[10]
- Ein Dominantseptakkord hat eine große Terz und eine kleine Septime.

---

[7] Freddie Hubbard, *Here To Stay*, Blue Note, 1962.
[8] Sonny Rollins, *Sonny Rollins Plus Four*, Prestige, 1956.
[9] Denken Sie ›Dur-groß-groß‹.
[10] Denken Sie ›Moll-klein-klein‹.

Die II-V-I Verbindung

Diese drei Akkorde treten häufig als eine II-V-I Verbindung auf. II-V-I ist die gebräuchlichste Akkordfolge im Jazz. Die Akkorde der vorangegangenen Beispiele – D–7, G7 und C∆ – ergeben die II-V-I Verbindung der Tonart C Dur. Können Sie diese Progression für die Tonart F herausfinden? Das geht folgendermaßen: die Töne zwei, fünf und eins der F Durskala heißen G, C und F. Der II Akkord ist immer ein Mollseptakkord, der V ein Dominantseptakkord und der I immer ein Durseptakkord. II-V-I in der Tonart F heißt G–7, C7, F∆. Lernen Sie die II-V-I Verbindung in allen Tonarten, auch ohne Instrument.

Beispiel 2.13

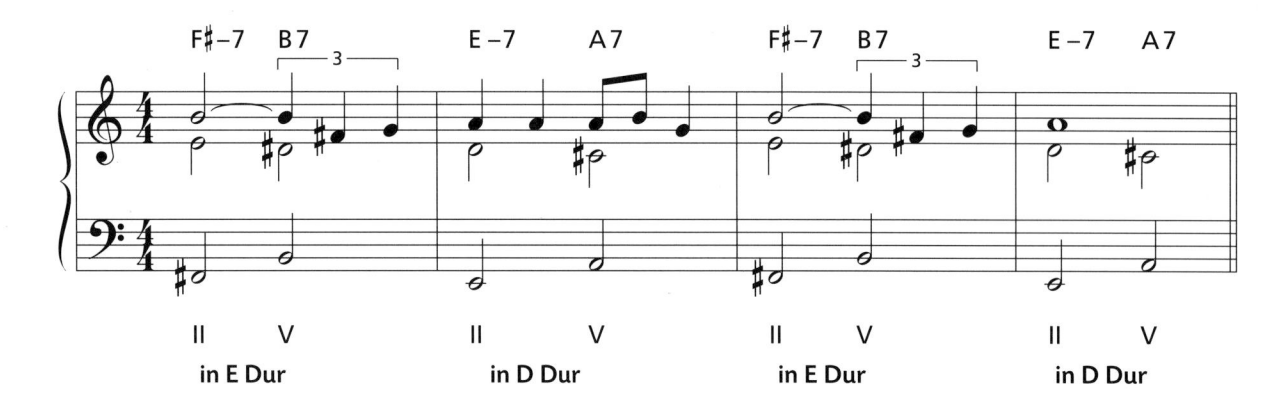

II-V muß nicht unbedingt mit I enden, wie die II-V Verbindungen in den ersten vier Takten von Richard Rodgers »I Didn't Know What Time It Was« (**Beispiel 2.13**) belegen.

Beispiel 2.14

Auch der V-I muß nicht unbedingt eine II vorangehen, wie der Anfang von Bob Haggarts »What's New?« zeigt (**Beispiel 2.14**). Häufig treten II Akkorde, V Akkorde und I Akkorde auch völlig wahllos auf und wie in **Beispiel 2.15** ohne scheinbaren Bezug zu den Akkorden um sie herum.

Schlagen Sie Ihr *Fake Book*[11] auf und suchen Sie sich ein leichtes Stück wie »Just Friends«, »Satin Doll« oder »Tune Up« heraus. Analysieren Sie jeden Akkord – handelt es sich um einen II Akkord? Einen V Akkord? Einen I Akkord?

Halten Sie nach II-V, V-I und II-V-I Verbindungen Ausschau. Und denken Sie immer an folgende Regel:

- Mollseptakkorde sind II Akkorde.
- Dominantseptakkorde sind V Akkorde.
- Durseptakkorde sind I Akkorde.

Beispiel 2.15

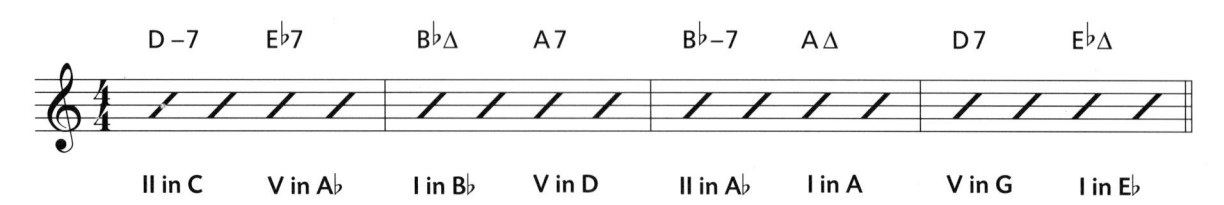

---

[11] Ein ›Fake Book‹ enthält eine Sammlung von Stücken mit Melodie und Akkordsymbolen. Die besten und verläßlichsten sind »The New Real Book«, Bde. 1, 2 und 3, allesamt in C-, B♭- und E♭-Versionen erhältlich. Ein weiteres gutes Fake Book ist »The World's Greatest Fake Book«, das es jedoch nur in C gibt. Sie sind alle bei Sher Music erschienen.

Vielleicht entdecken Sie einige Akkorde mit Ihnen unbekannten Akkordsymbolen – sus, ♭9, ♯11, ♯5, alt, ø usw. Keine Angst, wir kommen bald auf sie zu sprechen.

Beispiel 2.16 zeigt die Akkordfolge von »Just Friends«. Bei jedem Akkord wurde angegeben, ob es sich um einen II, V oder I Akkord handelt und aus welcher Tonart er stammt. Achten Sie darauf, wie oft »Just Friends« von einer Tonart in eine andere moduliert. Die beiden ersten Akkorde sind V-I in der Tonart C, gefolgt von II-V in B♭. Die beiden eingeklammerten Akkorde des letzten Takts werden nur gespielt, wenn Sie zum Anfang zurückgehen und einen weiteren Chorus spielen; sie werden ›Turnaround‹ genannt. Zusammen mit dem ersten Akkord am Anfang des Stücks bilden sie eine weitere II-V-I Verbindung.

Beispiel 2.16

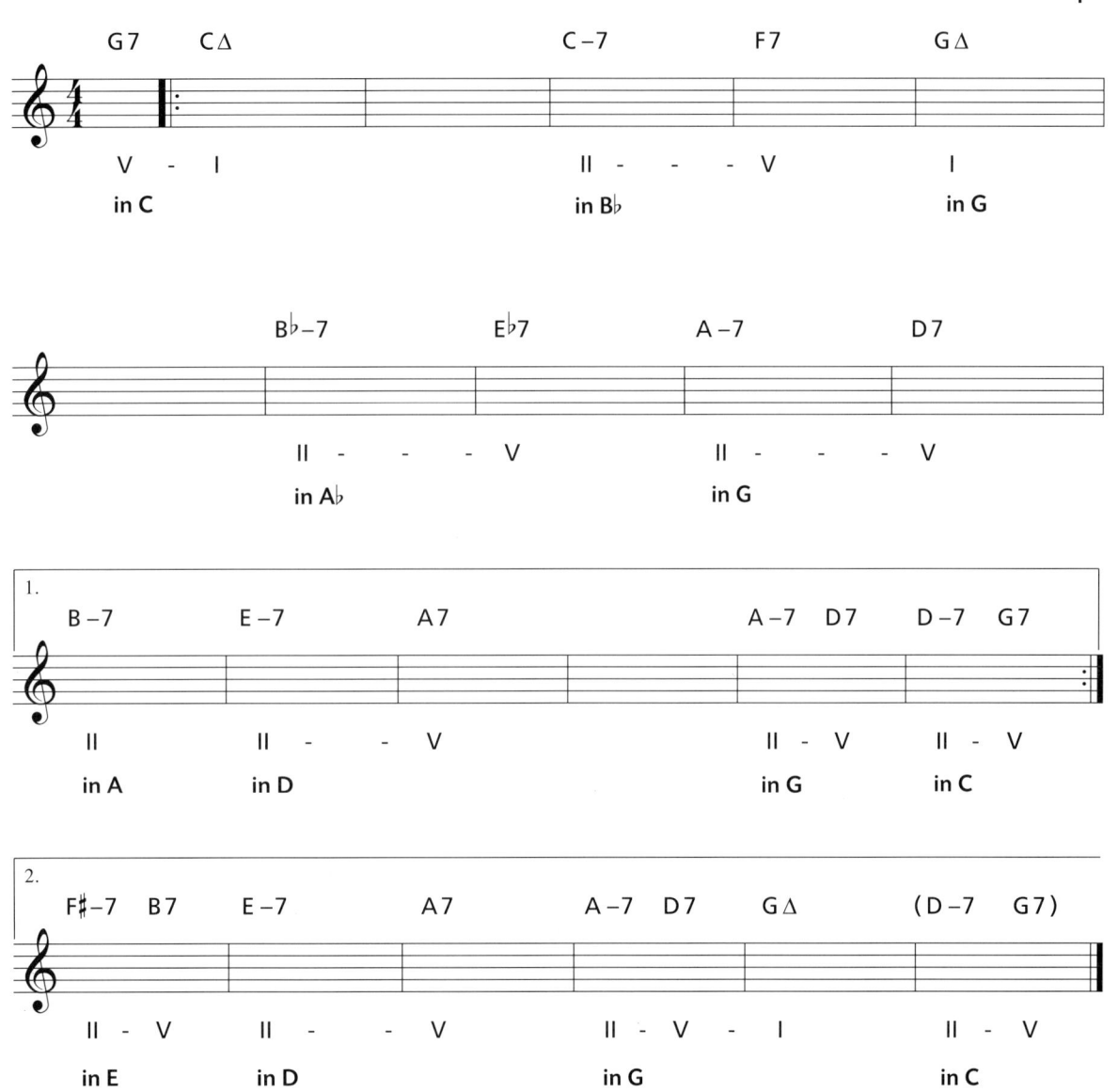

Weitere gute Stücke zum Analysieren sind »All The Things You Are«, »Tune Up«, »Soul Eyes«, »I Thought About You«, »Satin Doll« und »Perdido«. Ignorieren Sie die Alterationen der Akkorde, wie z. B. ♭9, ♯9, ♯11, ♭5, ø, ♭13, alt usw. Wir werden Sie bald behandeln.

Stimmführung

Wenn Sie wie in **Beispiel 2.17** vom II Akkord über den V Akkord zum I Akkord gehen, löst sich die Septime jedes Akkords einen Halbton abwärts auf und wird zur Terz des nächsten Akkords. Das ist grundlegende Stimmführung. Unter Stimmführung versteht man die Richtung, die ein bestimmter Ton einschlagen will. Auf die Septime wirkt fast eine Art Schwerkraft oder Magnetismus, die sie dazu zwingt, sich einen Halbtonschritt nach unten aufzulösen. Mit der Septime, die sich um einen Halbton nach unten auflöst, können Sie als Bläser unmittelbar zu einer Melodie oder einem Solo eine Backgroundlinie improvisieren.

Beispiel 2.17

Die Septime löst sich einen Halbtonschritt abwärts auf und wird die Terz des nächsten Akkords.

Spielen Sie **Beispiel 2.18**, den dritten und vierten Takt von Thelonious Monks »Round Midnight«. Hören Sie zu, wie sich jeder II Akkord einen Halbtonschritt abwärts auflöst und zur Terz des V Akkords wird.

Beispiel 2.18

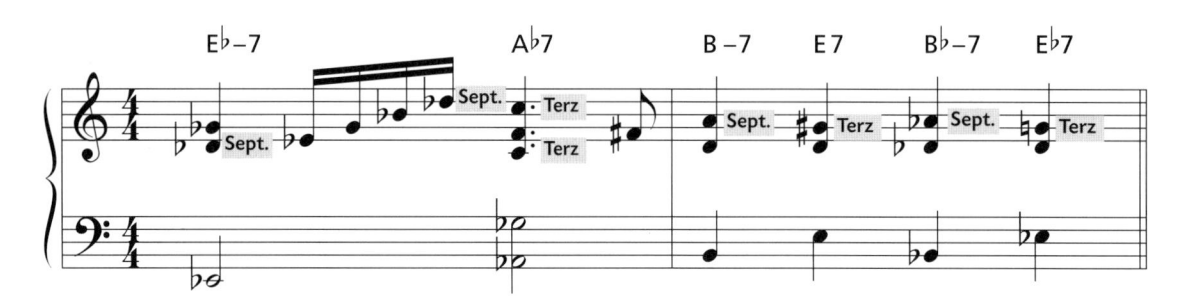

Spielen Sie **Beispiel 2.19**. Die obere Melodielinie wird von Donald Byrd über zwei Takte mit II-V Verbindungen seines Stücks »Low Life« gespielt.[12] Jackie McLean spielt die untere Linie und löst die Septimen der II Akkorde einen Halbtonschritt abwärts zur Terz der V Akkorde auf.

Beispiel 2.19

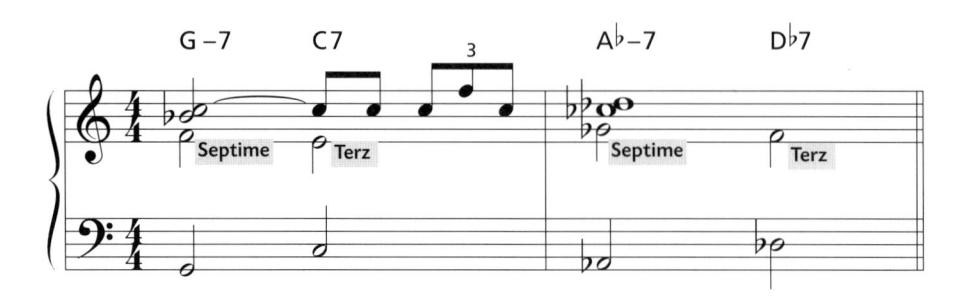

---

[12] Donald Byrd, *Fuego*, Blue Note, 1959.

Der Quintenzirkel

Üben Sie die II-V-I Verbindung in allen Tonarten und prägen Sie sie sich gut ein. Wenn Jazzmusiker etwas in allen Tonarten lernen, verwenden Sie normalerweise den Quintenzirkel, der in **Beispiel 2.20** dargestellt ist.[13]

Beispiel 2.20

Der Quintenzirkel ist die Anordnung aller zwölf Töne der chromatischen Skala, bei der jeder Ton eine Quinte tiefer (oder eine Quarte höher) als der vorangegangene liegt. Jeder Ton steht für die Tonart, die Sie als nächstes üben. Beginnen Sie mit der Tonart C und gehen Sie dann gegen den Uhrzeigersinn durch die Tonarten F, B♭, E♭ usw.[14]

Den Quintenzirkel sollten Sie vor allem auch deshalb beim Üben verwenden, weil er der musikalischen Realität entspricht. Die meisten Akkordbewegungen von Jazzstücken folgen einem Teil des Quintenzirkels, wie z.B. die Grundtöne einer II-V-I Verbindung. In der Tonart C sind die Grundtöne der II-V-I (D–7, G7, C∆) D, G und C, die dem Quintenzirkel entgegen dem Uhrzeigersinn folgen. In F sind die Grundtöne der II-V-I (G–7, C7, F∆) G, C und F, die ebenfalls dem Zirkel folgen.

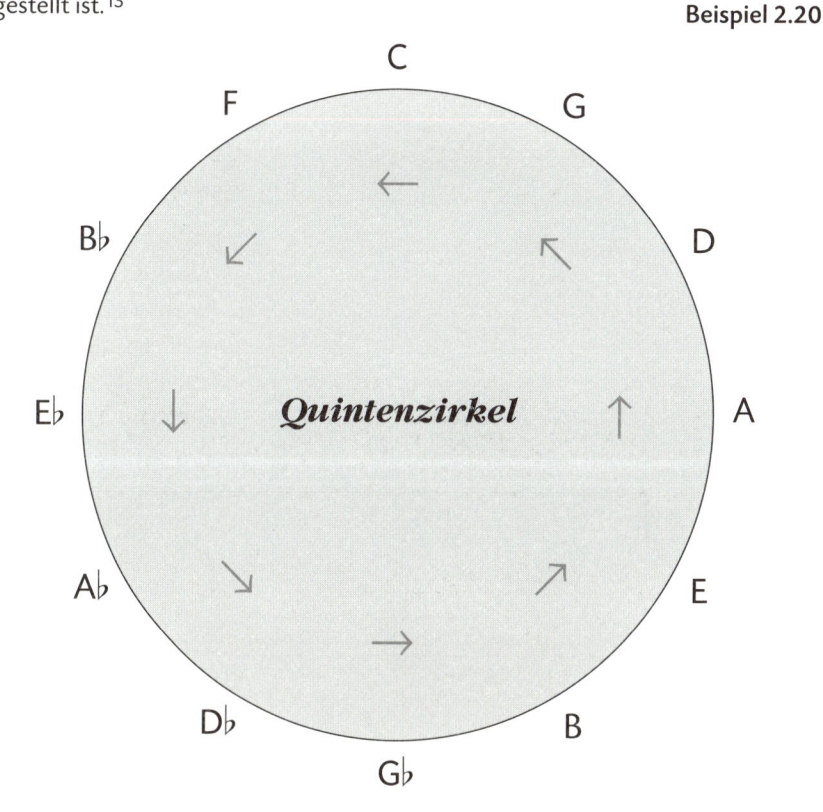

Beispiel 2.21 zeigt die Akkorde der Anfangstakte von Jerome Kerns »All The Things You Are«. Achten Sie darauf, wie die Grundtöne der Akkorde Fragmente des Quintenzirkels bilden.

Beispiel 2.21

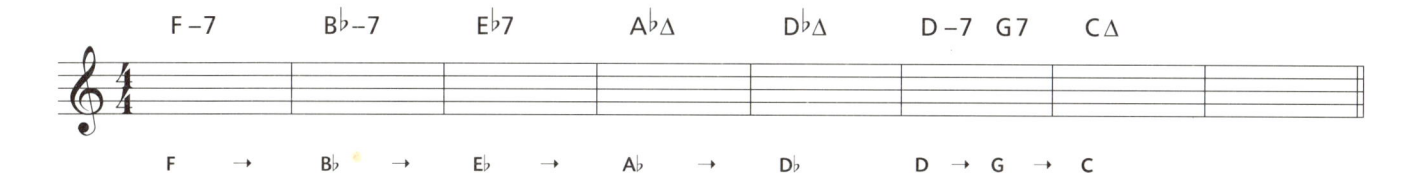

F–7 | B♭–7 | E♭7 | A♭∆ | D♭∆ | D–7 G7 | C∆

F → B♭ → E♭ → A♭ → D♭   D → G → C

Die Akkorde folgen dem Quintenzirkel von F nach D♭... und dann von D nach C.

---

[13] Der Quintenzirkel ist auch als »Quartenzirkel« bekannt.
[14] Klassischen Musikern wird der Quintenzirkel häufig im Uhrzeigersinn beigebracht. Jazzmusiker ziehen jedoch die andere Richtung vor, da die Bewegung von einem Ton zum nächsten (C, F, B♭ usw.) den Grundtönen der II-V-I Verbindung folgt (wie in C–7, F7, B♭∆).

Weitere gängige Akkordverbindungen

II-V-I ist zwar die von Jazzmusikern am häufigsten verwendete Akkordfolge, aber es gibt noch einige weitere, oft gespielte Akkordverbindungen, die wir noch untersuchen müssen.

V von V

›V von V‹ bezeichnet einen Dominantseptakkord, der sich eine Quinte abwärts in einen anderen Dominantseptakkord auflöst, z. B. C7, F7.

Manchmal begegnet man mehreren V Akkorden in einer Reihe, wobei die Akkorde dem Quintenzirkel gegen den Uhrzeigersinn folgen. Das Paradebeispiel ist der Mittelteil von George Gershwins »I've Got Rhythm« mit seinen vier aufeinanderfolgenden Dominantseptakkorden, die sich alle eine Quinte abwärts auflösen (**Beispiel 2.22**). Beachten Sie, wie sich die Grundtöne der Akkorde gegen den Uhrzeigersinn um den Zirkel bewegen: D, G, C, F.

Beispiel 2.22

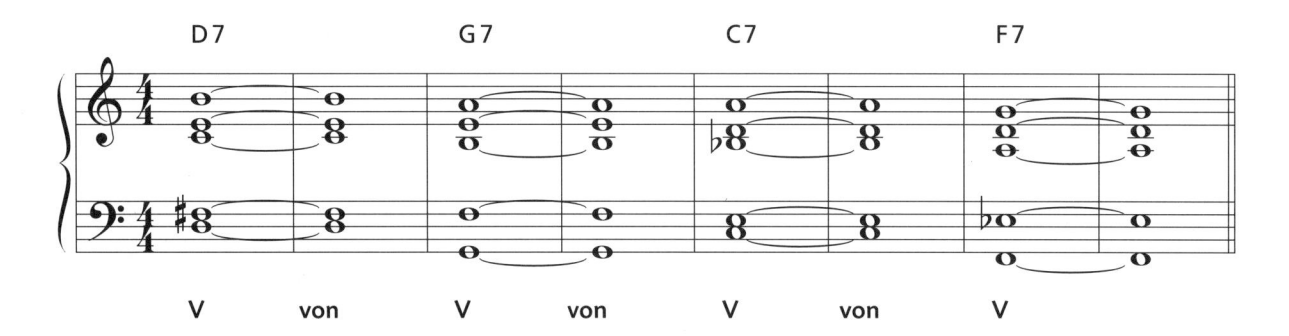

Spielen Sie **Beispiel 2.23** und hören Sie zu, wie Cedar Walton in den letzten Takten seiner Version von Albert Hagues »Young and Foolish«[15] neun V von V Akkorde im Quintfall spielt. Die Grundtöne sämtlicher Dominantseptakkorde – A, D, G, C, F, B♭, E♭, A♭ und D♭ – folgen dem Quintenzirkel gegen den Uhrzeigersinn. Lassen Sie sich bei Cedars Akkorden nicht vom Fehlen der Grundtöne verwirren – sie sind eine gute Einführung in die von Pianisten häufig gespielten, ›grundtonlosen‹ Voicings.

Beispiel 2.23

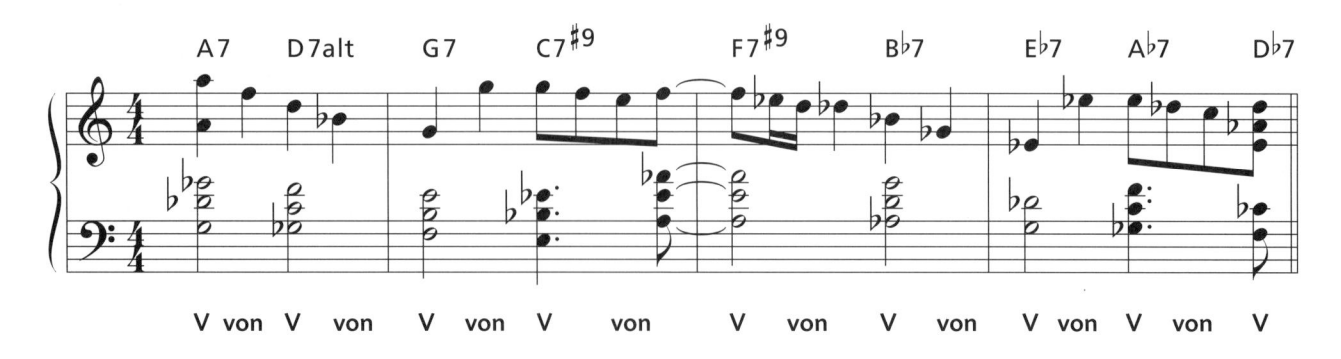

---

[15] Bei einem Jazzseminar, das Cedar in Kimball's San Francisco Nightclub abhielt, transkribiert.

I-VI-II-V

Eine der im Jazz am häufigsten verwendeten Akkordfolgen ist I-VI-II-V. Auch die ersten vier Originalakkorde von George Gershwins »I've Got Rhythm« sind I-VI-II-V (C, A–7, D–7, G7), wie **Beispiel 2.24** verdeutlicht.[16] Sehen wir uns einmal den ›VI‹ Akkord an, der bisher noch nicht aufgetaucht ist. In der Tonart C ist der sechste Ton ein A. Spielen wir die C Durskala von A bis A, erhalten wir den in **Beispiel 2.25** dargestellten A äolischen Modus. Durch Einrahmung jedes zweiten Tons erhalten wir Grundton, kleine Terz, reine Quinte und kleine Septime – einen A Mollseptakkord, den VI Akkord in der Tonart C.

Beispiel 2.24

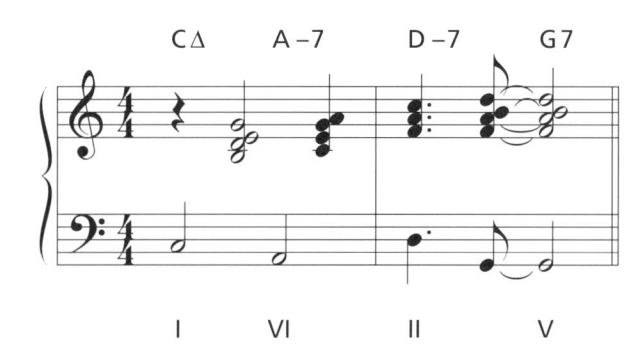

Beispiel 2.25

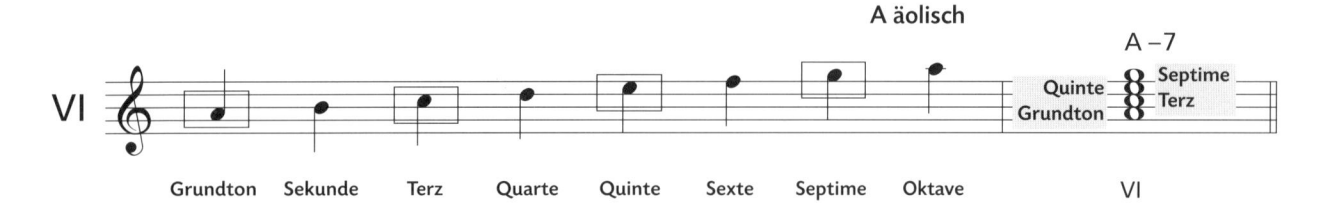

Der aus dem äolischen Modus abgeleitete VI Akkord hat eine kleine Terz, eine reine Quinte und eine kleine Septime. Von seiner Struktur her ist er mit dem II Akkord, der sich aus dem dorischen Modus ableitet, identisch – beides sind Mollseptakkorde. Wenn wir in Kapitel 3 die sieben Töne der Modi näher betrachten, werden wir jedoch einen großen Unterschied zwischen dorischen und äolischen Akkorden feststellen.

Beispiel 2.26

Heutzutage spielen die Musiker als VI Akkord in einer I-VI-II-V Verbindung normalerweise einen Dominantseptakkord, also in der Tonart C die Akkorde C∆, A7, D–7, G7. A7 anstelle von A–7 löst sich stärker nach D–7 auf, außerdem gibt es viel mehr Möglichkeiten, einen Dominantseptakkord zu alterieren als einen Mollseptakkord.

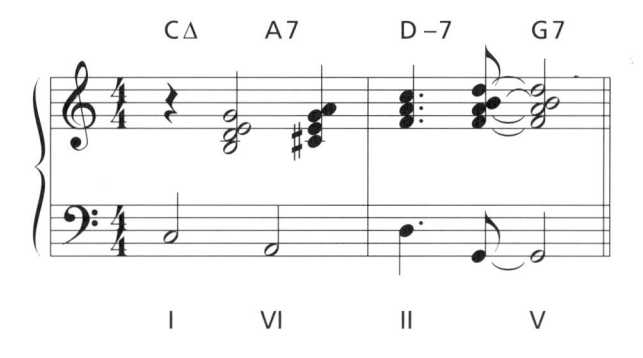

---

[16] »I've Got Rhythm« wird normalerweise in B♭ gespielt.

III-VI-II-V

Eine gängige Variation von I-VI-II-V ist III-VI-II-V, eine Akkordfolge, die auch häufig in Turnarounds verwendet wird. In der Tonart C wäre dies E–7, A7, D–7, G7. Lassen Sie uns einen Blick auf den Ursprung des III Akkords werfen, den dritten Modus, der in **Beispiel 2.27** dargestellt ist

Beispiel 2.27

Durch Einrahmung jedes übernächsten Tons erhalten wir einen Akkord mit Grundton, kleiner Terz, reiner Quinte und kleiner Septime; eben einen E–7 Akkord, den III Akkord in der III-VI-II-V Verbindung von C Dur.

Von der Struktur her ist der aus dem phrygischen Modus abgeleitete III Akkord mit den aus den dorischen und äolischen Modi abgeleiteten II und VI Akkorden identisch. Alle drei scheinen Mollseptakkorde zu sein. Bei näherem Betrachten der sieben Töne eines jeden Modus (siehe Kapitel Drei) fällt jedoch auf, daß der phrygische Modus am häufigsten über einen völlig anderen Akkord gespielt wird – einen, der nicht einmal ein Mollseptakkord ist.

Beispiel 2.28

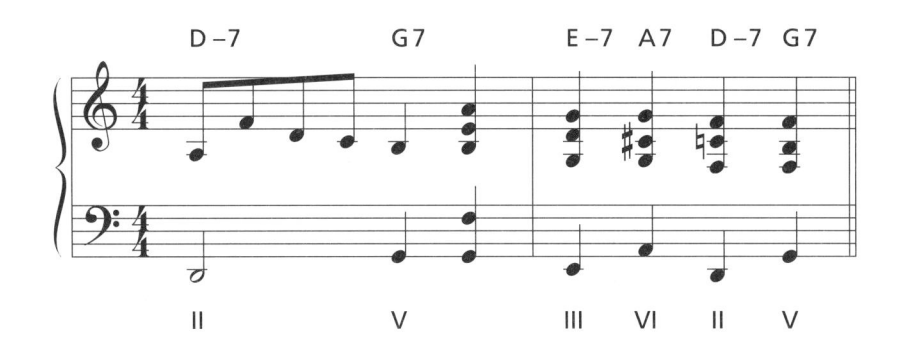

Wie in der I-VI-II-V Verbindung wird der VI Akkord auch in der III-VI-II-V Verbindung häufiger als Dominantseptakkord gespielt, was die Takte sieben und acht von Jimmy van Heusens »Polka Dots And Moonbeams« in **Beispiel 2.28** verdeutlichen.

Sämtliche vier Akkorde einer III-VI-II-V Verbindung können auch als Dominantseptakkorde reharmonisiert werden, was Kenny Barron am Ende der ersten acht Takte von Jimmy McHughs »On The Sunny Side Of The Street«[17] demonstriert. **Beispiel 2.29** zeigt die ursprüngliche Fassung der Takte sieben und acht.

Beispiel 2.29

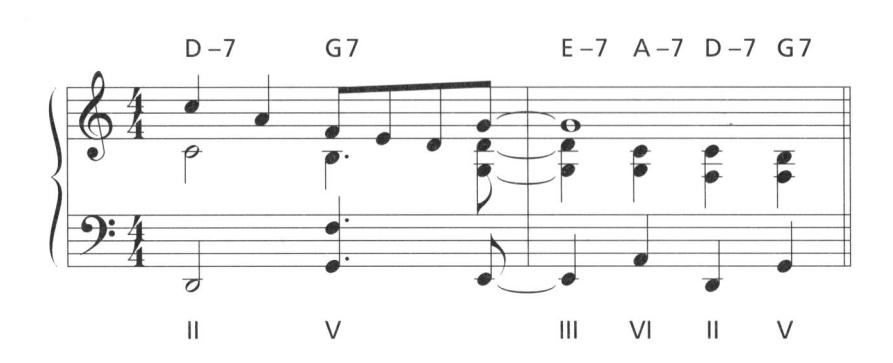

[17] Kenny Barron, *The Only One*, Reservoir, 1990.

Beispiel 2.30 zeigt Kennys Reharmonisation mit vier aufeinanderfolgenden Dominantseptakkorden. Da sich jeder V Akkord zu einem V Akkord eine Quinte abwärts auflöst, könnte man diese Akkordfolge auch mit dem ellenlangen Begriff ›V von V von V von V‹ bezeichnen.

Beispiel 2.30

Kenny Barrons Piano-Voicings vereinfacht

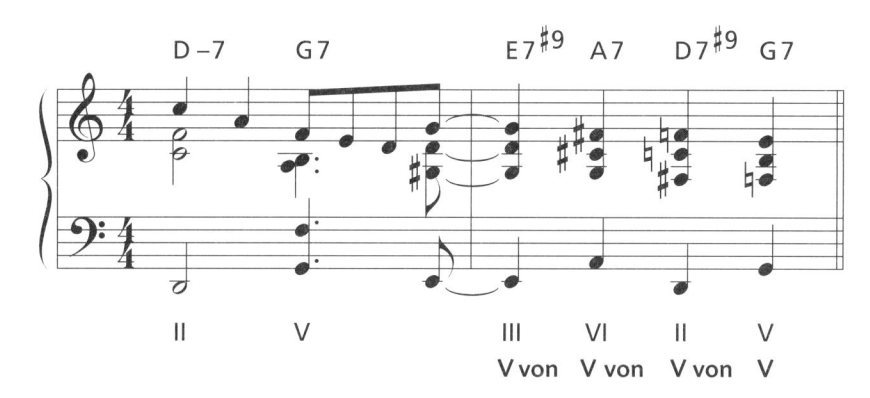

I-II-III-IV und der lydische Modus

Die ersten vier diatonischen Akkorde einer Tonart ergeben ebenfalls eine häufig verwendete Akkordfolge. Spielen Sie **Beispiel 2.31** und hören Sie sich zwei Takte von Jerome Kerns »I'm Old Fashioned« in der Version von John Coltrane[18] mit einer diatonischen I-II-III-IV Verbindung an.

Beispiel 2.31

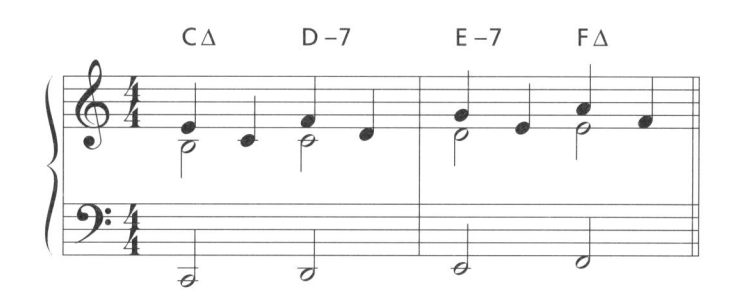

Betrachten wir einmal den IV Akkord, der bisher noch nicht aufgetaucht ist. In der Tonart C ist der vierte Ton ein F. Durch Spielen der C Durskala von F nach F erhalten wir den F lydischen Modus, der in **Beispiel 2.32** gezeigt wird. Durch Umrahmung jeder übernächsten Note erhalten wir einen Akkord mit Grundton, großer Terz, reiner Quinte und großer

Beispiel 2.32

Septime – einen FΔ Akkord – den IV Akkord in C Dur und der I-II-III-IV Verbindung aus »I'm Old Fashioned«.

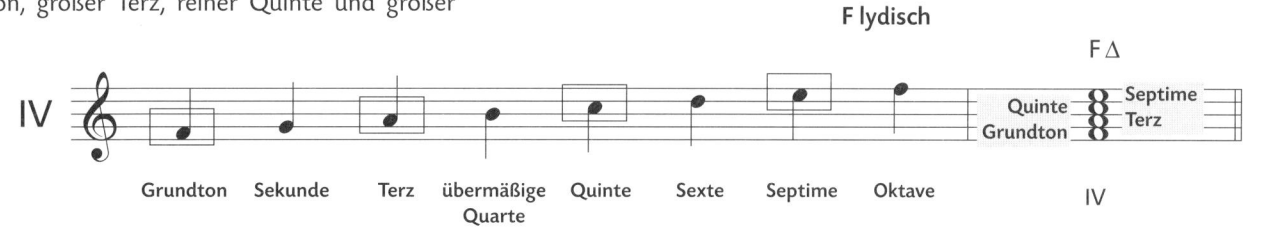

Der F lydische Modus impliziert einen alterierten Ton, nämlich das B, die übermäßige Quarte eines FΔ. Nehmen Sie ihn einstweilen nur zur Kenntnis, in Kapitel Drei werden wir ihn dann näher besprechen.

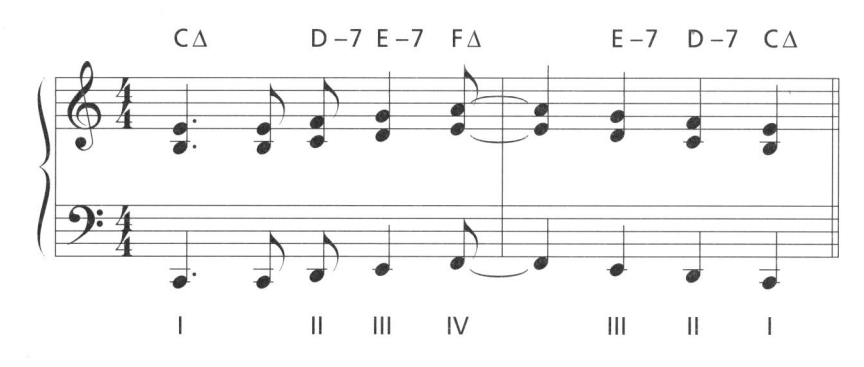

Von Pianisten und Gitarristen wird I-II-III-IV häufig dann gespielt, wenn ein Durseptakkord zwei Takte lang erklingt. Der Akkord im siebten und achten Takt von Jerome Kerns »All The Things You Are« ist einfach nur ein CΔ. Um diese Stelle kontrastreicher zu gestalten, könnte man, wie in **Beispiel 2.33** gezeigt, I-II-III-IV aufsteigend und III-II-I absteigend spielen.

Beispiel 2.33

[18] John Coltrane, *Blue Train*, Blue Note, 1957.

Spielen Sie **Beispiel 2.34** und hören Sie, wie Coltrane in »Moment's Notice«[19] eine I-II-III-IV Verbindung benutzt, um überraschend von E♭ in eine andere Tonart zu modulieren. Der zu erwartende IV Akkord wäre A♭∆, stattdessen spielte Coltrane jedoch A♭–7, das er nach D♭7 auflöst, also eine II-V in G♭.

Beispiel 2.34

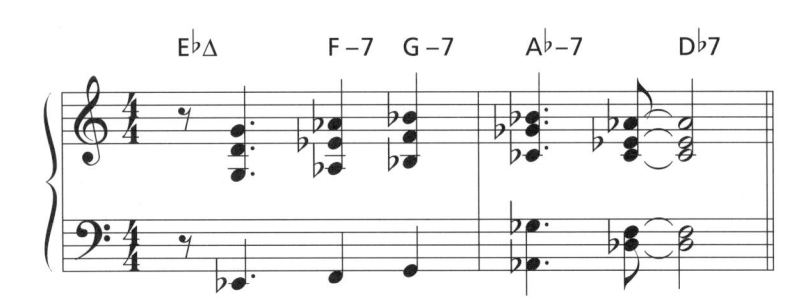

Beispiel 2.35

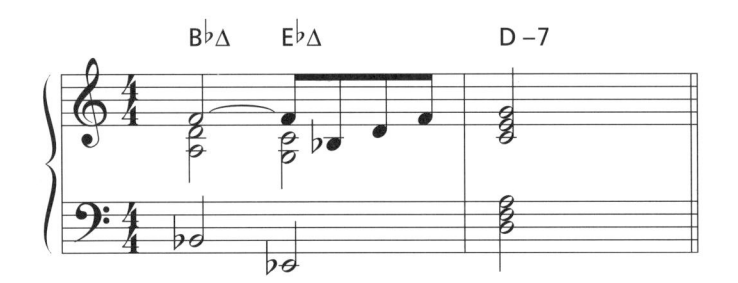

I-IV

Häufig folgt auf einen Durakkord ein Akkord, der eine Quarte höher liegt. Manchmal ist dies ebenfalls ein Durakkord, wie in **Beispiel 2.35**, wo Bobby Hutcherson im ersten Takt von Victor Youngs »My Foolish Heart«[20] einem B♭∆ ein E♭∆ folgen läßt.

Bisweilen kann es aber auch ein Dominantseptakkord sein, wie in Takt sieben und acht von »Stella By Starlight«, wo E♭∆ von A♭7 gefolgt wird (**Beispiel 2.36**). Ein weiteres Beispiel ist Willard Robisons »Old Folks«, wo E♭7 auf B♭∆ folgt (**Beispiel 2.37**).

Beispiel 2.36

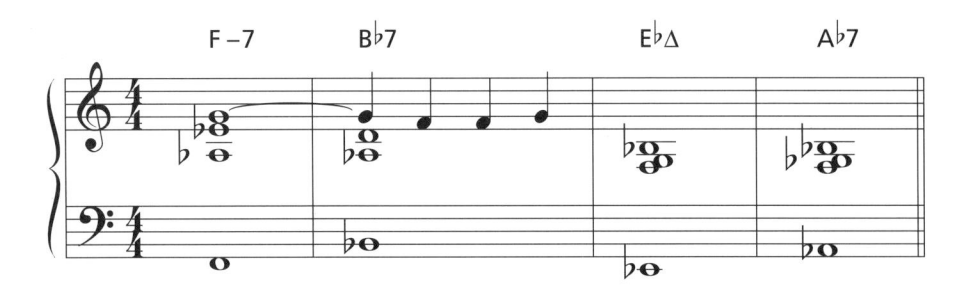

Beispiel 2.37

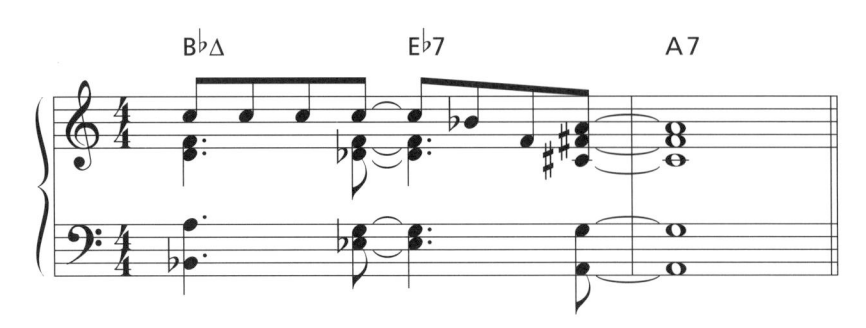

---

[19] John Coltrane, *Blue Train,* Blue Note, 1957.
[20] Bobby Hutcherson, *Solo/Quartet,* Contemporary, 1981.

Der lokrische Modus und der halbverminderte Akkord

Einen Modus haben wir bisher noch nicht behandelt: den siebten oder lokrischen Modus. **Beispiel 2.38** zeigt den lokrischen Modus der Tonart C.

Beispiel 2.38

Durch Einrahmung jedes übernächsten Tons erhalten wir einen Akkord, der sich von den bisherigen unterscheidet – einen Akkord mit Grundton, kleiner Terz, verminderter Quinte und kleiner Septime – einen B–7^{b5} Akkord, den VII Akkord der Tonart C. Die Akkorde der sechs anderen Modi hatten eine reine Quinte, aber eine reine Quinte über B ergäbe ein F♯, einen Ton, der nicht in C Dur enthalten ist. Lokrisch ist der einzige Modus mit einer verminderten Quinte. B–7^{b5} ist ein ziemlich langes Akkordsymbol, weshalb es die meisten Musiker heutzutage als Bø oder *B halbvermindert* notieren. Der Ausdruck ›halbvermindert‹ bezeichnet einen Mollseptakkord mit einer verminderten Quinte. In Kapitel Drei werden wir uns mit dem halbverminderten Akkord noch eingehender beschäftigen.

Modaler Jazz

Modaler Jazz könnte man sehr gut als ›wenig Akkorde, viel Freiraum‹ definieren. Der Begriff selbst entstand nach Erscheinen des Miles Davis Album *Kind Of Blue* im Jahre 1959.[21] Der Inbegriff eines modalen Stücks aus diesem Album ist »So What«, ein Stück mit nur zwei Akkorden, dessen Akkordfolge in **Beispiel 2.39** gezeigt wird.

Beispiel 2.39

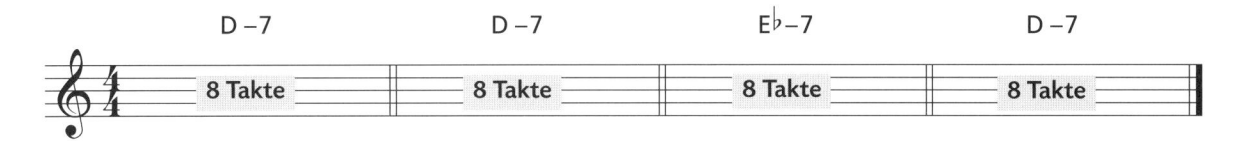

---

[21] Miles Davis, *Kind Of Blue*, Columbia, 1959.

Im Vergleich zu früheren Jazzstücken und Standards gestatteten modale Stücke dem Solisten bei jedem Akkord wesentlich mehr Freiraum zum Improvisieren – im Fall von »So What« bis zu 24 Takte über D–7 (von den letzten acht Takten bis zum Ende der ersten 16 Takte). Aus diesem Grund konzentrierten sich die Musiker natürlich mehr auf die Skala bzw. den Modus als auf den Akkord. Obwohl die beiden Akkorde von »So What« D–7 und E♭–7 sind, denken die Musiker beim Improvisieren ›D dorisch‹ und ›E♭ dorisch‹. Historisch betrachtet veränderte dies die Denkweise der Musiker, nämlich weg vom vertikalen Denken (dem Akkord) hin zur horizontalen Auffassung (der Skala).

Ein früheres Stück von Miles Davis, »Milestones«[22] (1958), basiert auf nur drei Akkorden. Weitere Stücke, bei denen Musiker eher an Skalen und Modi als an Akkorde denken, sind John Coltranes »Impressions«[23] (basierend auf den Changes von »So What«), Coltranes Version von Richard Rodgers »My Favorite Things«,[24] und Freddie Hubbards »Little Sunflower«.[25]

> *Bisher haben wir sämtliche Modi der Durtonleiter zur Bildung von Akkorden behandelt, dabei vor allem die einzelnen Akkordtöne – Grundton, Terz, Quinte, Septime. Im nächsten Kapitel werden wir alle sieben Töne der Modi untersuchen und dabei entdecken, wie man die Modi zum Improvisieren über Akkorde verwendet.*

---

[22] Miles Davis, *Milestones,* Columbia, 1958.
[23] John Coltrane, *Impressions,* MCA/Impulse, 1961. Die Melodie des A-Teils von »Impressions« ist praktisch mit dem »Pavanne«-Thema des zweiten Satzes von Morton Goulds »2nd American Symphonette«, Copyright 1938, identisch. Hatte Coltrane »Pavanne« gehört, bevor er »Impressions« schrieb? Gut möglich, da »Pavanne« in den vierziger und fünfziger Jahren sehr populär war und häufig im Radio gespielt wurde. Bei Coltranes künstlerischer Integrität darf man annehmen, daß er »Pavanne« unbewußt kopierte.
[24] John Coltrane, *My Favorite Things,* Atlantic, 1960.
[25] Freddie Hubbard, *Backlash,* Atlantic, 1966.

Kapitel Drei
Akkord/Skalentheorie

- *Wozu Skalen?*
- *Die Harmonik der Durskala*
- *Die Harmonik der melodischen Mollskala*
- *Die Harmonik der verminderten Skala*
- *Die Harmonik der Ganztonskala*

Wozu Skalen?

In der Jazzmusik der fünfziger und sechziger Jahre fand eine Revolution statt, die in ihrer Wichtigkeit fast der Bebop-Revolution der frühen vierziger Jahre entsprach, aber von den meisten Historikern übersehen wurde. Die Jazzmusiker begannen, gleichermaßen horizontal (in Skalen) wie vertikal (in Akkorden) zu denken.

Dazu eine kleine Geschichte über die Entstehung dieser Denkweise: In den frühen Tagen des Jazz gab es weder Improvisationskurse noch Jazztheorie etc., weil es ganz einfach auch keine Jazzschulen gab.[1] Die Musiker improvisierten hauptsächlich über Melodie und Akkordtöne eines Stücks. Bei einem Akkord dachte man ungefähr folgendes: »Über einen D–7 Akkord kann man D-F-A-C spielen, also Grundton, Terz, Quinte und Septime des Akkords.« In den dreißiger Jahren hätten jedoch fortgeschrittenere Musiker wie Duke Ellington, Coleman Hawkins, Art Tatum oder Lester Young zu bedenken gegeben: »Man kann auch E-G-B, also None, Undezime und Terzdezime eines D–7 Akkords, spielen.«*

Die Jazzausbildung hat sich seit damals immens weiterentwickelt, aber die meisten Musiker spielen noch immer dieselben Töne über D–7. Was sich seither geändert hat, ist die Art und Weise, wie wir über die Töne denken. Wir betrachten sie nicht mehr so sehr als eine Serie von Terzen. Da wir das Alphabet als A-B-C-D-E-F-G usw. gelernt haben, ist es nicht so einfach, sich nur jeden zweiten Buchstaben wie in D-F-A-C-E-G-B vorzustellen. Zahlen haben wir ebenfalls als Sequenzen gelernt, also 1-2-3-4 usw. und nicht als 1-3-5-7-9-11-13. Glücklicherweise lassen sich die Töne so umstellen, daß sie eine Sequenz oder Reihe ergeben.

Beispiel 3.1

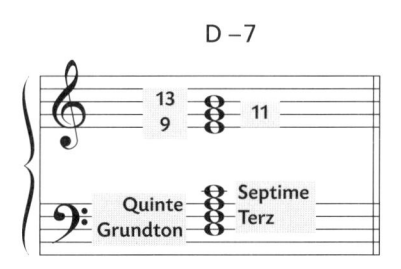

[1] Vor den sechziger Jahren gab es an amerikanischen Colleges und High Schools kaum so etwas wie eine Jazzausbildung.
* Anmerkung des Herausgebers: Die Intervallbezeichnungen ›None‹, ›Undezime‹ und ›Terzdezime‹ erscheinen innerhalb der Notenbeispiele als 9, 11 und 13. ›Übermäßige Quarte‹, ›verminderte/übermäßige Quinte‹ sowie ›kleine Sexte‹ werden ebenfalls in Zahlen dargestellt mit ihren entsprechenden Vorzeichen. Z. B.: übermäßige Quinte → ♯5).

Beispiel 3.2

Sehen Sie sich noch einmal **Beispiel 3.1** an. Nehmen Sie alle sieben Töne und legen Sie sie wie im **Beispiel 3.2** in eine Oktave.

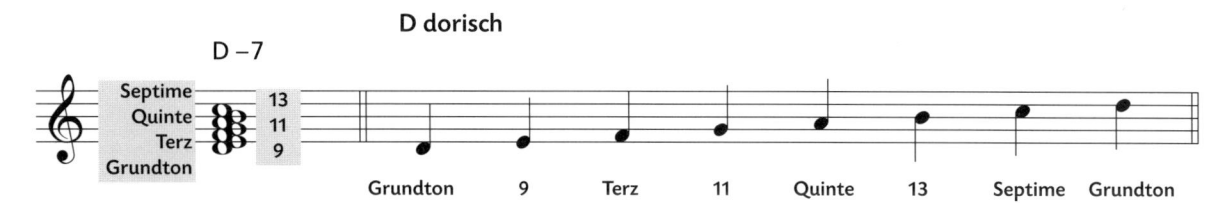

Ordnen Sie sie zu einer Skala, und Sie erhalten die sieben Töne von D dorisch, die Sie rechts sehen. Eine Skala kann man sich viel leichter merken als eine Gruppierung von Terzen. *Deshalb denken Jazzmusiker beim Improvisieren an Skalen oder Modi; es ist einfacher als an Akkorde zu denken.*

Für viele Menschen haben Skalen einen negativen Beigeschmack, weil sie das Bild einer endlosen Plackerei heraufbeschwören – das stundenlange, rein mechanische Herunterhämmern von Tönen. Sicherlich werden Sie Skalen üben müssen, um sie beim Improvisieren verwenden zu können, aber die besten Jazzmusiker sehen Skalen weniger als ›Do-Re-Mi-Fa-Sol‹ usw., sondern eher als eine Art ›Ton-Reservoir‹, auf das sie bei einem gegebenen Akkord zurückgreifen können.

Was noch schlimmer ist: Die meisten Anfänger gehen davon aus, daß es unzählige Akkorde und deshalb auch mindestens ebensoviele Skalen gibt. *Falsch*. Sie können fast alle Akkordsymbole mit den folgenden vier Skalen interpretieren:[2]

- der Durskala,
- der melodischen Mollskala,
- der verminderten Skala,
- der Ganztonskala.

Wie Sie anhand von **Beispiel 3.2** sehen können, besteht ein erweiterter D–7 Akkord aus denselben Tönen wie der Modus D dorisch. Sie sollten sich das gut merken, da jeder sagt »spielen Sie diese Skala über jenen Akkord«, als ob Skala und Akkord zwei ganz unterschiedliche Dinge wären. *Skala und Akkord sind zwei Formen für ein und dasselbe.* Stellen Sie sich ab jetzt die Akkordsymbole als Skalensymbole, oder noch besser, als Akkord/Skalensymbole vor.

Da wir nun Skalen und Akkorde als Einheit ansehen, lassen Sie uns die Regeln für die drei Akkordtypen Dursept-, Mollsept- und Dominantseptakkord wiederholen. Diese Regeln gelten auch für die meisten Skalen.

- Ein Durseptakkord hat eine große Terz und eine große Septime.[3]
- Ein Mollseptakkord hat eine kleine Terz und eine kleine Septime.[4]
- Ein Dominantseptakkord hat eine große Terz und eine kleine Septime.

Alle drei Akkorde – Dursept-, Mollsept- und Dominantseptakkord – haben eine reine Quinte.

---

[2] Es gibt noch die Bluesskala, die eine eigene Kategorie darstellt und in Kapitel 10 behandelt wird.
[3] Denken Sie ›Dur-groß-groß‹.
[4] Denken Sie ›Moll-klein-klein‹.

Die Harmonik der Durskala

Da Sie zu einem gegebenen Akkord mehr als nur eine Skala spielen können, habe ich hier nur eine grundlegende ›erste Auswahl‹ vorgenommen. Musiker spielen die verschiedensten Skalen über ein und denselben Akkord. Charlie Parker und John Coltrane, zwei Giganten des Jazz, spielten über halbverminderte Akkorde unterschiedliche Skalen. Bleiben Sie flexibel und sperren Sie die Ohren auf.

Beispiel 3.3

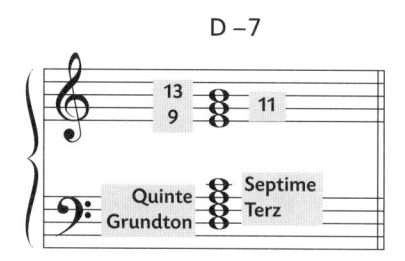

Schauen Sie sich die Tabelle der Durskalenharmonik an (**Beispiel 3.3**). In Kapitel Zwei stand bereits einiges über die Durskala. Wir haben uns aber dort nur mit Grundton, Terz, Quinte und Septime der Modi beschäftigt, um zu entdecken, von welchem Modus sich der jeweilige Akkord ableitet. In diesem Kapitel werden wir sämtliche sieben Töne der Modi behandeln, und zwar im Zusammenhang mit Improvisation und Akkordaufbau. Dabei werden Sie noch mehr Akkorde, die von Jazzmusikern gespielt werden, kennenlernen. Zusätzlich lernen Sie, wie Musiker Akkordsymbole verwenden, um nicht nur den zu spielenden Akkord, sondern auch noch die dazugehörige Skala zu bezeichnen. Und schließlich erfahren Sie noch etwas über Erweiterungen (Nonen, Undezimen, Terzdezimen) und *Alterationen* (♭9, ♯9, ♯11, ♭5, ♭13).

Beispiel 3.4

Die Ziffern der Erweiterungen sind auf den ersten Blick immer etwas verwirrend. Sehen Sie sich **Beispiel 3.4** an, das einen D–7 Akkord zeigt. E, die ›None‹ von D–7, liegt doch eine Sekunde über dem D, oder? G, die ›Undezime‹, liegt eine Quarte über D. Und B, die ›Terzdezime‹, eine Sexte. Warum also nennt man E, G und B nicht gleich Sekunde, Quarte und Sexte? Nun, weil Akkorde in Terzen aufgebaut sind. Um diese Kontinuität beizubehalten, braucht man eben Ziffern über ›7‹. Hier einige einfache Regeln zum Einprägen der Erweiterungen:

- Die None eines Akkords entspricht der Sekunde.
- Die Undezime entspricht der Quarte.
- Die Terzdezime entspricht der Sexte.

Der ionische Modus und der Durseptakkord

Beispiel 3.3 zeigt die C Durtonleiter mit all ihren Modi: ionisch, dorisch, phrygisch, lydisch usw. Der erste Modus, ionisch, paßt zu einem C Akkord. Welche Terz und welche Septime hat dieser Modus? Er hat eine große Terz und eine große Septime und ist deshalb der Modus für C△.

Die Durskala kann majestätisch klingen, wie bei Joe Henderson, wenn er über Lee Morgans »Hocus Pocus«[5] (**Beispiel 3.5**) einen F Dur-Lick spielt.

Beispiel 3.5

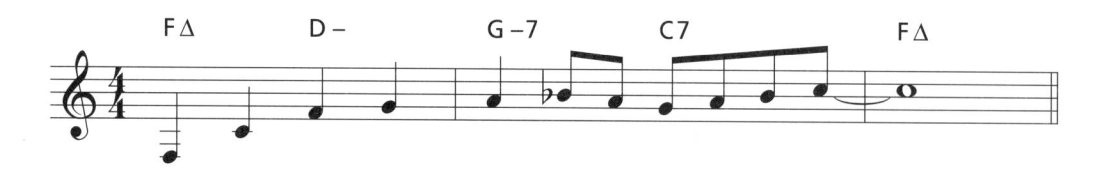

Sie kann verspielt klingen, wie bei Woody Shaw, wenn er die G Durskala über Booker Ervins »Lynn's Tune«[6] (**Beispiel 3.6**) spielt.

Beispiel 3.6

Oder überschwenglich wie in Booker Ervins Kadenz über Charles Mingus »Self-Portrait In Three Colours«[7] (**Beispiel 3.7**).

[5] Lee Morgan, *The Sidewinder*, Blue Note, 1963.
[6] Booker Ervin, *Back From The Gig*, Blue Note, 1968.
[7] Charles Mingus, *Mingus Ah Um*, Columbia, 1959.

Beispiel 3.7

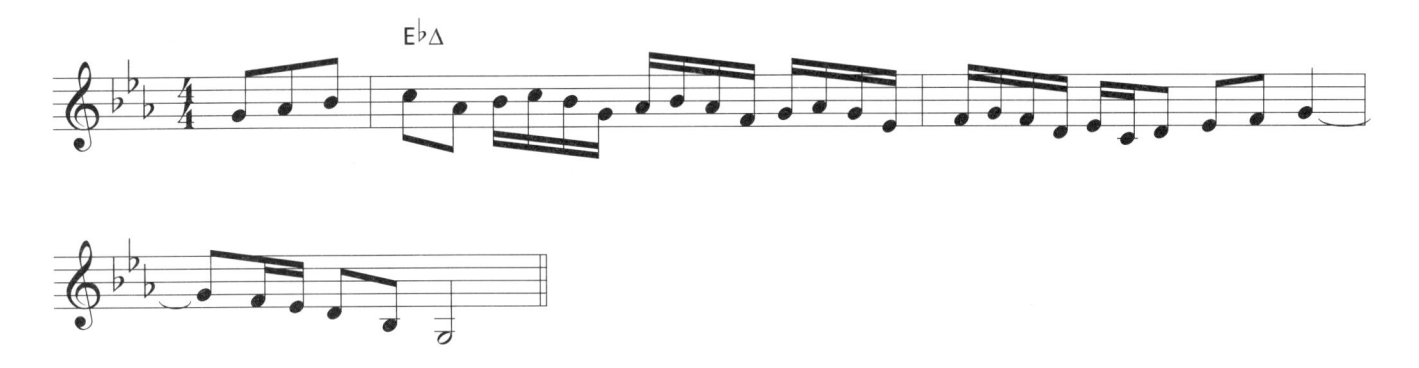

Der dorische Modus und der Mollseptakkord

Sehen Sie sich nun den zweiten bzw. dorischen Modus in **Beispiel 3.3** an, der von D nach D geht. Er paßt zu einem D Akkord. Da er eine kleine Terz und eine kleine Septime enthält, ist er der Modus für D–7.

Der mixolydische Modus und der Dominantseptakkord

Überspringen Sie die nächsten Modi und gehen Sie zum fünften bzw. mixolydischen Modus, der von G nach G geht. Da er eine große Terz und eine kleine Septime enthält, ist er der Modus für G7.

Hier ist eine Zusammenfassung der Modi, die über D–7, G7 und CΔ, der II-V-I Verbindung in C, gespielt werden:

- Über D–7 spielen Sie D dorisch.
- Über G7 spielen Sie G mixolydisch.
- Über CΔ spielen Sie C ionisch.

Eine logische Frage wäre jetzt: »Warum soll man sich mit Skalen und Modi überhaupt abmühen? D dorisch, G mixolydisch und C ionisch sind doch lediglich verschiedene Formen der C Durtonleiter. Warum spielen wir über die Akkorde D–7, G7 und CΔ nicht gleich die C Durskala?«

Avoid-Töne

Eine gute Frage. Gehen Sie an Ihr Piano und spielen Sie mit der linken Hand einen CΔ Akkord in Grundstellung, während Sie, wie in **Beispiel 3.8**, mit der rechten Hand die C Durskala spielen. Es gibt einen Ton, der dissonanter als die restlichen sechs Töne klingt. Spielen Sie erneut den Akkord mit der linken Hand und mit der rechten Hand die Quarte, das F. Hören Sie die Dissonanz? Dies ist ein sogenannter Avoid-Ton.

Beispiel 3.8

Beispiel 3.9

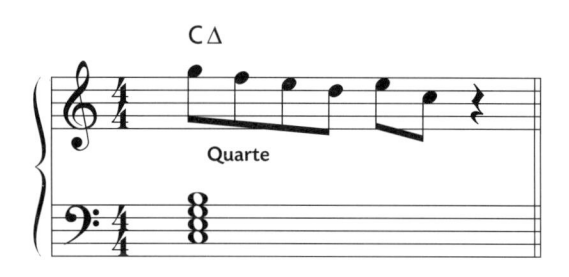

Wiederholen Sie den Akkord und spielen Sie mit der rechten Hand eine kurze Melodielinie mit dem F in der Mitte (**Beispiel 3.9**). Die Dissonanz ist kaum zu hören, da das F nur Durchgangston ist und nicht über dem Akkord angeschlagen oder ausgehalten wird. Der Ausdruck Avoid-Ton ist nicht sehr gut, da er suggeriert, daß dieser Ton überhaupt nicht gespielt werden soll. Ein besserer Begriff wäre: »Mit Sorgfalt zu verwendender Ton.« Leider ist das nicht so eingängig, deshalb bleibe ich, wenn auch widerwillig, bei Avoid-Ton.

Übrigens sollten Sie eine Konsonanz nicht von vornherein als ›gut‹ und eine Dissonanz als ›schlecht‹ ansehen. Dissonanzen machen die Musik erst interessant, sie verleihen ihr Spannung, Auflösung und Energie. Man könnte die gesamte Entwicklung westlicher Musik mit dem Begriff »kreativer Umgang mit der Dissonanz« bezeichnen. Oft bestimmt der Zusammenhang, wie dissonant Sie spielen. Häufig wird die Quarte als bewußte Dissonanz über einen Durseptakkord gespielt und anschließend normalerweise in die Terz darunter aufgelöst. Der erste Ton im neunten Takt von Victor Youngs »Stella By Starlight« ist E♭, die Quarte von B♭∆, also ein Avoid-Ton. Spielen Sie **Beispiel 3.10** und hören Sie zu, wie sich das stark dissonante E♭, die Quarte, sofort nach D, der großen Terz von B♭∆, auflöst.

Beispiel 3.10

Spielen Sie ›outside‹ oder ›free‹ oder einfach nur ein Stück, bei dem ein Durakkord lange ausgehalten wird, dann könnte die Quarte ebensogut die interessanteste Note in diesem Kontext sein.

Vor der Bebop-Ära haben die meisten Musiker die Quarte eines Durakkords ausschließlich als Durchgangston gespielt. Charlie Parker, Bud Powell, Thelonious Monk und andere Bebop-Pioniere haben in ihren Improvisationen, Voicings und Eigenkompositionen die Quarte oft erhöht (**Beispiel 3.11**). Es ist kaum zu glauben, aber in den vierziger Jahren wurde über diesen Ton sehr kontrovers diskutiert. Manche Leute gingen gar so weit und schrieben Briefe an Down Beat,[8] in denen sie behaupteten, die Bebopper würden »unsere Musik ruinieren« und der Jazz sei tot.[9]

Beispiel 3.11

Die übermäßige Quarte wird hier als ♯4 notiert, aber viele Musiker nennen sie stattdessen ♯11 (Quarte und 11 sind identisch). In den vierziger Jahren war die Bezeichnung ♭5 üblich. Als aber immer mehr Musiker an Skalen dachten, wurde der Begriff ♭5 langsam durch ♯4 oder ♯11 ersetzt. Wie Sie in **Beispiel 3.12** sehen können, wurde die Quarte erhöht und nicht die Quinte erniedrigt.

Beispiel 3.12

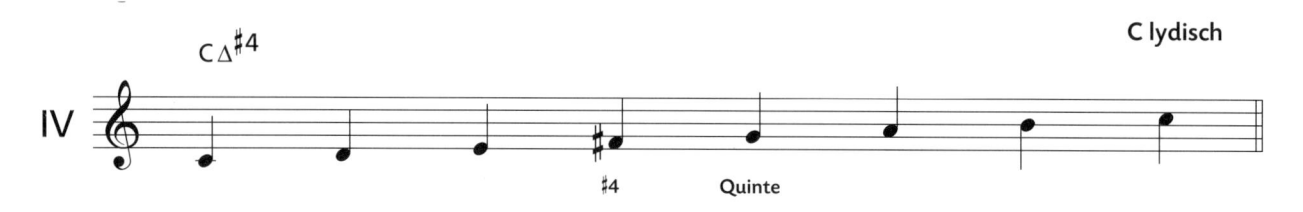

---

[8] Anm. d. H.: Down Beat Magazine, Amerikanisches Jazz Magazin.
[9] Daran sollten Sie denken, falls Sie die momentanen Kontroversen über das Thema »Was ist Jazz?« in den Jazzmedien verfolgen. Was Jazz ist, kann niemand entscheiden, nur die Musik selbst, während sie sich weiterentwickelt. Mir gefällt, was J.J. Johnson in einem Interview in der Oktoberausgabe des Jazz Educators Journal von 1994 über Jazz sagte: »Jazz ist unberechenbar und wird sich nicht benehmen.«

Der lydische Modus und der $\Delta^{\sharp 4}$ Akkord

Die neue Skala oder der Modus von **Beispiel 3.12** enthält die gleichen Töne wie die G Durtonleiter, außer, daß sie mit einem C anfängt. Der vierte Modus der Durtonleiter ist lydisch – in diesem Fall C lydisch. Obwohl das Akkordsymbol C$\Delta^{\sharp 4}$ heißt, befinden wir uns eigentlich in der Tonart G. Lernen Sie so viel wie möglich in Tonarten zu denken, nicht in Akkorden.

Sie können die $\sharp 4$ über die meisten Durseptakkorde spielen, auch wenn sie nicht im Akkordsymbol enthalten ist. Oder sagen wir einmal, fast. In einem Schlager wäre ein lydischer Akkord wahrscheinlich deplaziert. Ich wollte fast sagen, »in einem Stück der Beatles«, aber Oliver Nelson hat in seinem Arrangement von Lennon & McCartneys »Yesterday«,[10] das er für Lee Morgans Album »Delightfulee« schrieb, $\Delta^{\sharp 4}$ Akkorde verwendet. Eine Möglichkeit, die erhöhte Quarte über einen Durseptakkord zu spielen (und diesen so zu einem lydischen Akkord zu machen), besteht dann, wenn der Durseptakkord wie ein IV Akkord fungiert. Falls eine II-V-I in C (D–7, G7, CΔ) unmittelbar von einem FΔ, dem IV Akkord in C Dur, gefolgt wird, klingt F$\Delta^{\sharp 4}$ wahrscheinlich gut (**Beispiel 3.13**). Da die $\sharp 4$ nicht verbindlich ist, kann es sein, daß sie auch in Ihrem Fake Book nicht vorkommt.

Beispiel 3.13

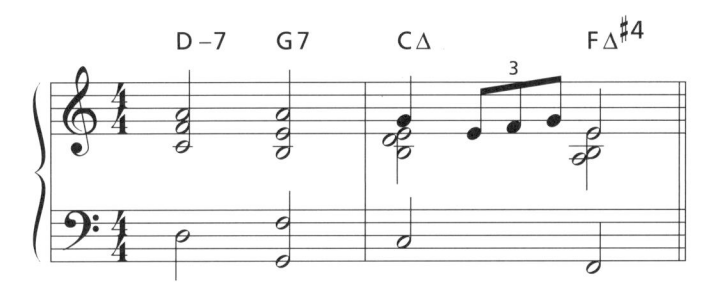

Spielen Sie **Beispiel 3.14** aus Woody Shaws »Katrina Ballerina«[11] und hören Sie zu, wie Woody lydische Akkorde verwendet.

Beispiel 3.14

Beispiel 3.15 enthält die letzten acht Takte von Joe Hendersons »Black Narcissus«.[12] Diese acht Takte enthalten ausschließlich $\Delta^{\sharp 4}$ bzw. lydische Akkorde. Für dieses Beispiel bräuchten Sie drei Hände, bitten Sie deshalb einen Bläser, Joe Hendersons Melodielinie zu spielen, während Sie selbst den Klavierpart übernehmen.

---

[10] Lee Morgan, *Delightfulee*, Blue Note, 1966.
[11] Woody Shaw, *United*, Columbia, 1981.
[12] Joe Henderson, *Power To The People*, Milestone, 1969.

Beispiel 3.15

Beispiel 3.16

Jazzmusiker halten lydische Akkorde für sehr modern, aber George Gershwin verwendete bereits 1926 einen lydischen Akkord als ersten Akkord für den Mittelteil von »Someone To Watch Over Me«. Und der Akkord des sechsten Takts von »Happy Birthday« (1893 geschrieben) ist ebenfalls ein lydischer Akkord (**Beispiel 3.16**).

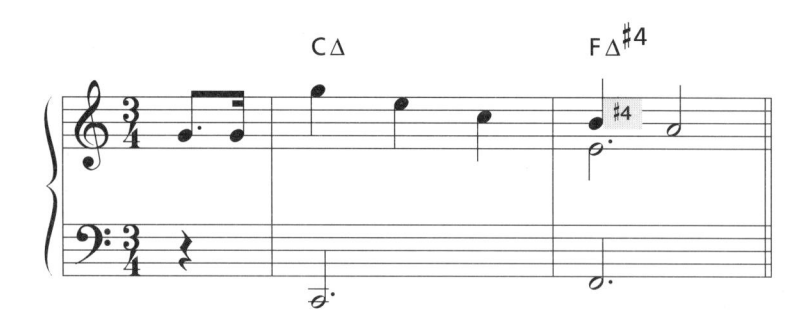

Sehen Sie sich noch einmal die vierte Stufe bzw. den lydischen Modus in der Tabelle mit der Harmonik der Durskala an (hier als **Beispiel 3.17** wiederholt). Welche Terz und welche Septime enthält dieser Modus? Es ist eine große Terz und eine große Septime, der richtige Akkord heißt also F∆. Wenn Sie jedoch das Symbol F∆ sehen, ist die erste Skala, an die Sie denken, die F Durskala. Wodurch unterscheidet sich aber F lydisch von F Dur? Anstatt des B♭ enthält F lydisch ein B, die übermäßige Quarte. Deshalb wurde dem Akkordsymbol ♯4 hinzugefügt.

Beispiel 3.17

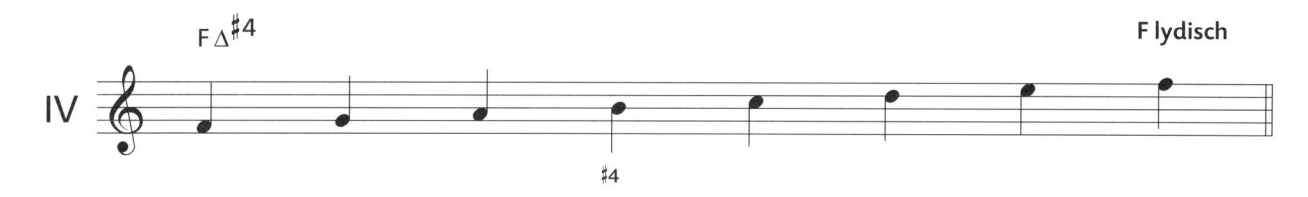

F lydisch

IV — F△♯4 (♯4)

Gehen Sie noch einmal zum fünften bzw. mixolydischen Modus zurück (hier als **Beispiel 3.18** wiederholt), der auch *Dominantskala* genannt wird. Spielen Sie mit der linken Hand einen G7 Akkord in Grundstellung, während Sie mit der rechten, wie in **Beispiel 3.19**, G mixolydisch spielen. Diese Skala enthält einen weiteren sogenannten Avoid-Ton, das C, den vierten Ton dieses Modus. Er ist gleichzeitig die Undezime oder 11. Denken Sie daran, daß 4 und 11 zwei Bezeichnungen für ein und denselben Ton sind.

Beispiel 3.18

G mixolydisch

V — G7

Spielen Sie, wie im zweiten Takt von **Beispiel 3.19** gezeigt, mit der rechten Hand das C über G7 in der linken Hand, und Sie hören die Dissonanz. Wiederum: als Durchgangston gespielt, ist kaum eine Dissonanz zu hören. Es klingt nur dann dissonant, wenn Sie das C über G7 aushalten. Auch in diesem Fall bestimmt der Kontext, ob ein C bei G7 gespielt werden kann. Vielleicht möchten Sie ganz bewußt dissonanter spielen, oder die Quarte einen Halbtonschritt nach unten in die Terz auflösen, wie in dem Beispiel aus »Stella By Starlight«. Was immer Sie tun, denken Sie nicht, Dissonanz sei ›schlecht‹. Dissonanz ist kein abwertender Begriff, sondern ein musikalischer Kunstgriff, den sie an entsprechender Stelle verwenden können.

Beispiel 3.19

Beispiel 3.20

Genau wie bei der Quarte in Durakkorden haben die meisten Jazzmusiker der Pre-Bebop-Ära Quarten über Dominantseptakkorde nur als Durchgangstöne gespielt. Bird, Bud, Monk und andere Innovatoren der Bebop-Ära haben die Quarte eines V Akkords oft erhöht (**Beispiel 3.20**). Der Akkord wird hier als G7♯11 notiert. Einige Musiker notieren diesen Akkord als G7♯4 (Quarte und Undezime sind derselbe Ton). Bis zu den sechziger Jahren wurde dieser Ton ♭5 genannt. Dieser Begriff wurde jedoch langsam von ♯11 oder ♯4 abgelöst. Wie aus **Beispiel 3.21** hervorgeht, wurde die Quarte erhöht und nicht die Quinte erniedrigt.

Beispiel 3.21

Die frühen Meister des Bebop erhöhten die Quarte über Dominantseptakkorde sowohl in ihren Improvisationen wie auch Voicings und Kompositionen. **Beispiel 3.22** zeigt Bud Powells ♯11 über einen F7 Akkord in seinem Stück »Bouncin' With Bud«.[13]

Beispiel 3.22

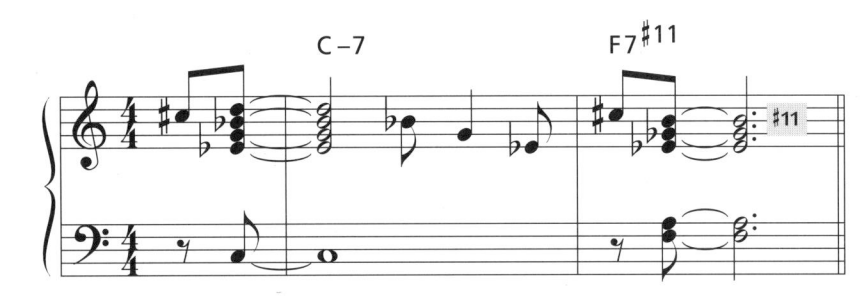

Diese neue Skala leitet sich nicht aus der Durskala ab. Sie hat zwar ein Vorzeichen (C♯), es gibt aber keine Tonleiter mit nur einem C♯ als Vorzeichen. Sie haben nun den Bereich der Durskalen-Harmonik verlassen und sind bei einem anderen Harmonietypus angelangt, der auf einer ganz anderen Skala basiert, nämlich der *melodischen Molltonleiter*. Wir werden die Harmonik dieser Skala noch in diesem Kapitel behandeln.

Der mixolydische Modus und der sus Akkord

Sehen Sie sich die letzte Zeile von **Beispiel 3.3** an, die hier noch einmal als **Beispiel 3.23** wiederholt ist. Es handelt sich wiederum um den fünften bzw. mixolydischen Modus; dieses Mal aber mit einem neuen Akkordsymbol: Gsus.

Beispiel 3.23

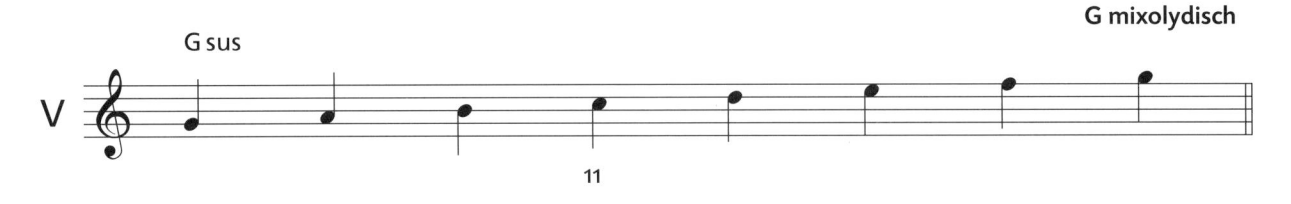

---

[13] *The Amazing Bud Powell*, Blue Note, 1949.

AKKORD/SKALENTHEORIE

G mixolydisch ist die Skala bzw. der Modus, der normalerweise über einen Gsus Akkord gespielt wird.

Der Unterschied zwischen G7 und Gsus, den beiden Akkorden, die sich G mixolydisch teilen, ist wie folgt: Pianisten und Gitarristen spielen sus Akkorde, damit die Quarte nicht wie ein Avoid-Ton klingt. Ein sus Akkord läßt sich demnach als »V Akkord definieren, dessen Quarte nicht wie ein Avoid-Ton klingt«.

Der Begriff ›sus‹ im Akkordsymbol bezieht sich auf die ›suspendierte‹ (vorgehaltene) Quarte, in diesem Fall das C. In der traditionellen Harmonielehre löst sich dieser Ton normalerweise einen Halbton abwärts auf und wird zur Terz eines Dominantseptakkords (**Beispiel 3.24**). In zeitgenössischer Musik wird die Quarte oft nicht aufgelöst, was den sus Akkorden eine ›schwebende‹ Eigenschaft gibt.

Beispiel 3.24

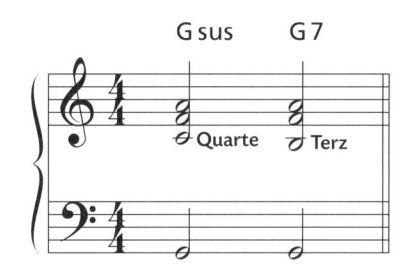

Beispiel 3.25

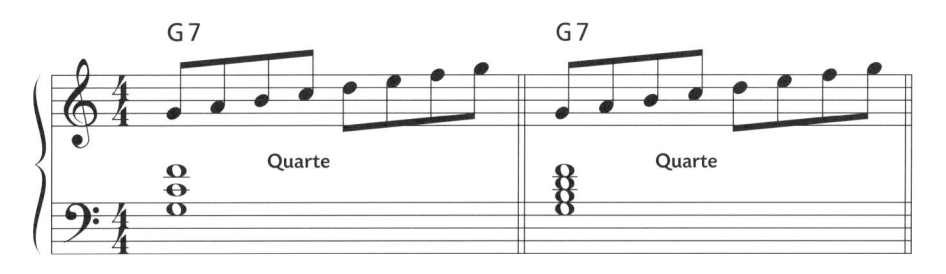

Den Unterschied hören Sie, wenn Sie G mixolydisch zunächst über ein Gsus Left-Hand Voicing und dann über einen G7 Akkord spielen (**Beispiel 3.25**). Wenn Sie das C über beide Akkorde aushalten (**Beispiel 3.26**), wird der Unterschied noch deutlicher.

Sus Akkorde gehören erst seit den sechziger Jahren zum Standardvokabular des Jazz, obwohl Duke Ellington und Art Tatum sie bereits in den dreißiger und vierziger Jahren spielten. Spielen Sie **Beispiel 3.27**, dann hören Sie den Asus Akkord, den Art Tatum in der Intro zu Jerome Kerns »Why Was I Born«[14] spielte.

Beispiel 3.26

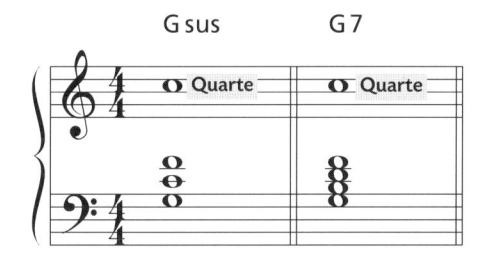

Beispiel 3.27

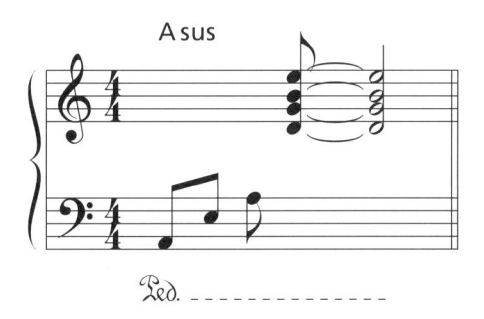

Dies ist kein Piano-Buch, aber da ich ständig von Studenten aller Fakultäten nach Voicings für sus Akkorde gefragt werde, will ich es Ihnen hier zeigen.

[14] Art Tatum, *Gene Norman Presents, Vol. I*, GNP Crescendo, frühe fünfziger Jahre.

Beispiel 3.28

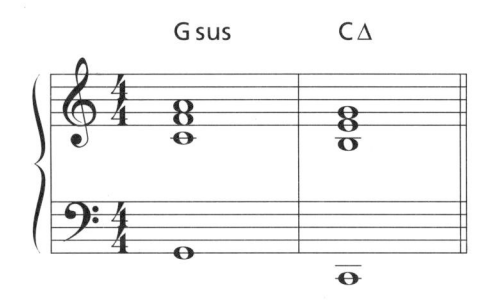

Beispiel 3.28 enthält ein gängiges Gsus Voicing. Es ist ganz einfach; spielen Sie den Grundton (G) mit der linken Hand, während Sie mit der rechten Hand den Durdreiklang einen Ganzton unter dem Grundton spielen (das ist in diesem Fall F Dur). Beachten Sie, daß der Dreiklang in seiner zweiten Umkehrung dasteht, so daß die Quinte (das C), und nicht das F, unten liegt. Oft klingen Dreiklänge in ihrer zweiten Umkehrung am besten. Achten Sie auch darauf, wie elegant sich dieses Voicing zum C∆ Akkord auflöst.

Beispiel 3.29

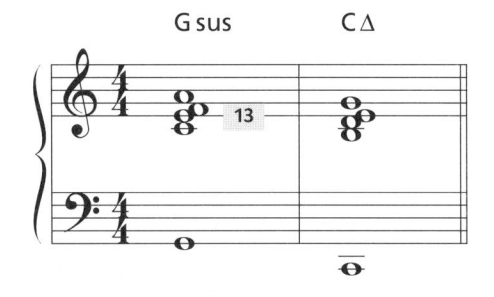

Beispiel 3.29 enthält ein weiteres, gängiges Gsus Voicing, das sich nach C∆ auflöst. Die Töne sind die gleichen wie in **Beispiel 3.28**, mit Ausnahme des ›E‹, der Terzdezime von Gsus.

Beispiel 3.30

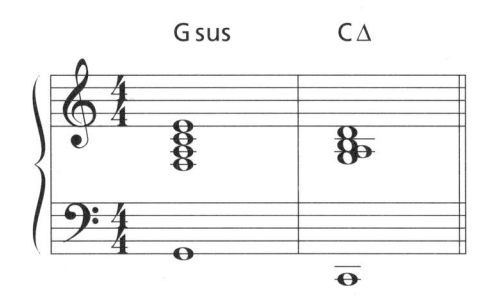

Beispiel 3.30 zeigt dieselben vier Töne im sus Akkord, aber in einer anderen Umkehrung. Gsus löst sich ebenso reibungslos in den C∆ Akkord auf wie G7sus Akkorde fungieren als V Akkorde.

Einer der ersten Songschreiber, die sus Akkorde verwendeten, war Leonard Bernstein. Sein »Some Other Time« aus dem Jahre 1944 wechselt zwischen Dursept- und sus Akkorden hin und her (**Beispiel 3.31**).

Beispiel 3.31

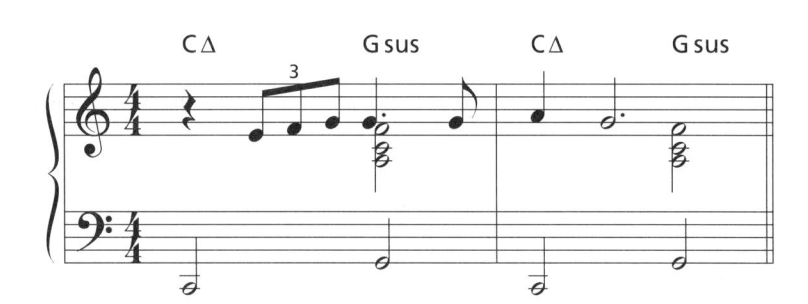

Noch 25 Jahre später klang diese Akkordverbindung bei Bill Evans nach, und zwar fast mit denselben Voicings in seiner und Tony Bennetts Aufnahme von »Some Other Time«[15] (**Beispiel 3.32**), in seinem eigenen Stück »Peace Piece«[16] (**Beispiel 3.33**) sowie in Miles Davis' »Flamenco Sketches«.[17]

Beispiel 3.32

Beispiel 3.33

Manchmal wird derselbe Akkord auch als G7sus4, Gsus4, F∆/G, F/G oder D–7/G notiert. Die letzten drei Varianten sind Slash-Akkorde, bei denen der linke Teil des Symbols dem Pianisten anzeigt, welcher Akkord über die Baßnote auf der rechten Seite des Symbols gespielt werden soll. F/G beschreibt exakt, was in **Beispiel 3.28** passiert: ein F Dreiklang wird über G gespielt. Slash-Akkorde werden in Kapitel Fünf behandelt.

D–7/G beschreibt die Funktion des sus Akkords, da dieser wie eine II-V Verbindung in einem einzigen Akkord klingt. Die II-V Verbindung in C ist D–7, G7.

Vor allem zwei Kompositionen haben sus Akkorde bei Jazzmusikern populär gemacht: John Coltranes »Naima«[18] und Herbie Hancocks »Maiden Voyage«.[19] In **Beispiel 3.34** hören Sie den Klang des E♭sus Akkords im ersten Takt von »Naima«. Coltrane verwendete sus Akkorde auch in seiner Aufnahme von Jerry Brainins »The Night Has A Thousand Eyes«.[20]

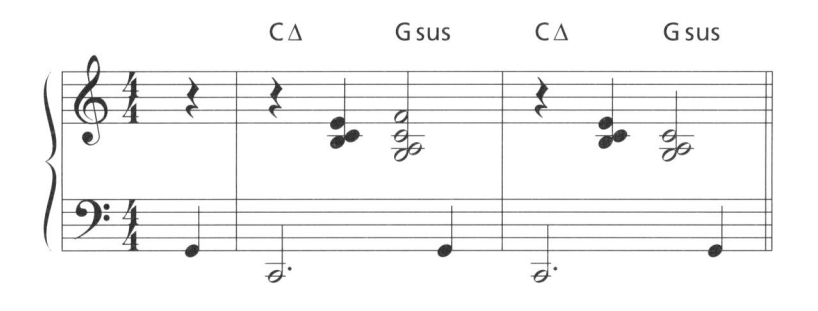

Beispiel 3.34

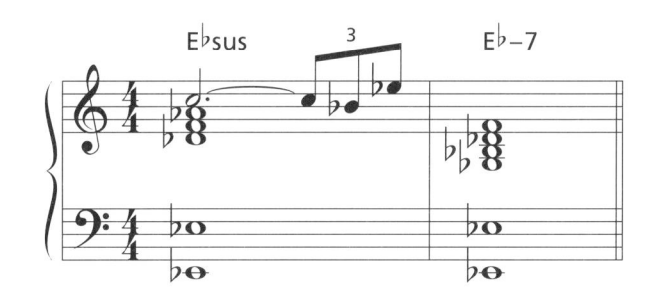

Beispiel 3.35

»Maiden Voyage«, 1965 aufgenommen, war für die damalige Zeit revolutionär, da es ausschließlich aus sus Akkorden besteht. **Beispiel 3.35** zeigt Herbies Vamp über die ersten beiden Takte. Der Dsus Akkord wird mit einem C Durdreiklang in der rechten Hand gespielt, einen Ganzton unter der Tonika (D). Ein Ton des Dreiklangs wird verdoppelt, um das Voicing zu verstärken.

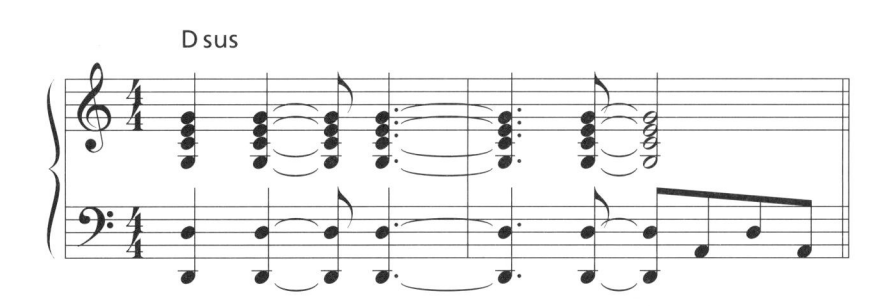

---

[15] *Bill Evans And Tony Bennett,* Fantasy, 1975. Ganz offensichtlich wurde Bernsteins »Some Other Time« durch Eric Saties »Gymnopédies« inspiriert.
[16] *Everybody Digs Bill Evans,* Fantasy, 1958.
[17] Miles Davis, *Kind Of Blue,* Columbia, 1959.
[18] John Coltrane, *Giant Steps,* Atlantic, 1959.
[19] Herbie Hancock, *Maiden Voyage,* Blue Note, 1965.
[20] John Coltrane, *Coltrane's Sound,* Atlantic, 1960.

Bereits vorher verwendete Miles Davis sus Akkorde in seiner Version von Dave Brubecks »In Your Own Sweet Way«.21 Miles fügte ein achttaktiges Interlude mit A♭sus und A♭7♯11 Akkorden hinzu, das sowohl beim Thema als auch während der Soli gespielt wurde. Das von Miles 1959 aufgenommene »Flamenco Sketches«22 verwendet sus und sus♭9 Akkorde. Die ♭9 Akkorde werden wir bald behandeln.

Andere wichtige Stücke, die dem sus Akkord zum Durchbruch verhalfen waren Coltranes »Mr. Day«,23 ein Blues, der hauptsächlich aus sus Akkorden besteht, und Hank Mobleys »This I Dig Of You«.24

Beispiel 3.36

Eine hartnäckige Legende über sus Akkorde besagt, daß dabei nur die Quarte und nicht die Terz gespielt wird. Das traf vielleicht einmal zu, aber in den sechziger Jahren führte die wachsende Akzeptanz von Dissonanzen dazu, daß Pianisten und Gitarristen in ihren Voicings Terz und Quarte gleichzeitig spielten. In **Beispiel 3.36** hören Sie den Fsus Akkord, den Wynton Kelly zu Beginn von Miles Davis' Aufnahme von »Someday My Prince Will Come« auf dem Album gleichen Namens aus dem Jahre 1961 spielt. Wynton spielt in seinem Voicing sowohl die Terz (A) als auch die Quarte (B♭). Beachtenswert ist außerdem, daß Wynton die Terz über die Quarte legt. Jazzpianisten verwenden bei sus Akkorden oft die Terz, wie Sie in **Beispiel 3.37** sehen. Bei jedem dieser Akkorde liegt die Terz über der Quarte.

Beispiel 3.37

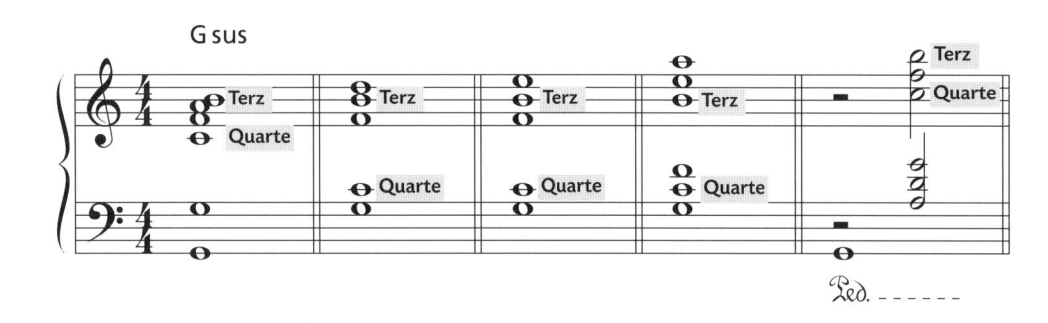

Sie könnten die Quarte auch wie in **Beispiel 3.38** über der Terz spielen, aber das Ergebnis wäre ein wesentlich dissonanterer Akkord. Was diesen Akkord so dissonant klingen läßt ist das Intervall zwischen B und C – die kleine None – »das letzte dissonante Intervall«.

Beispiel 3.38

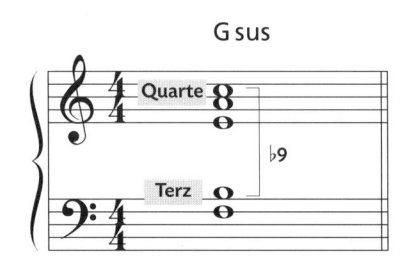

Die gesamte Geschichte westlicher Musik kann als schrittweise Akzeptanz dissonanter Intervalle charakterisiert werden. Im Mittelalter drohte dem Komponisten, der in einem Kirchenmusikstück einen Tritonus schrieb, die Exkommunikation, wenn nicht Schlimmeres. Bis zum späten neunzehnten Jahrhundert waren Akkorde mit kleinen Sekunden oder großen Septimen in klassischer Musik relativ selten. Im Jazz galten die gleichen Intervalle bis in die dreißiger Jahre hinein als zu dissonant. In Aufnahmen aus diesem Jahrzehnt hört man viele Dursextakkorde und nur sehr wenige Durseptakkorde. Sein Debut im Jazz hatte der Durseptakkord in den zwanziger Jahren in der Musik Duke Ellingtons, wurde aber bis in die vierziger Jahre hinein normalerweise nicht gespielt.25 Bis vor kurzem galt auch die kleine None eines halbverminderten Akkords für die meisten Ohren als zu dissonant, obwohl sie sich langsam zu einem ›konsonanten‹ Intervall entwickelt.

---

21 Miles Davis, *Workin'*, Prestige, 1956.
22 Miles Davis, *Kind Of Blue*, Columbia, 1959.
23 John Coltrane, *Coltrane Plays The Blues*, Atlantic, 1960.
24 Hank Mobley, *Soul Station*, Blue Note, 1960.
25 Vor der Bebop-Ära wurden die meisten I Akkorde bzw. Akkorde der Tonika als Dursextakkorde wie in C6 gespielt.

Beispiel 3.39

Thelonious Monk spielte bereits in den vierziger Jahren Durseptakkorde mit kleiner None (**Beispiel 3.39**), aber Monk galt zu jener Zeit als ziemlich ›out‹ und wurde zwar bewundert, aber nur selten kopiert. Ein weiterer Akkord mit kleiner None ist das schöne Voicing eines D–7 Akkords in **Beispiel 3.40**. Die kleine None liegt zwischen dem E im Baßschlüssel und dem F im Violinschlüssel.

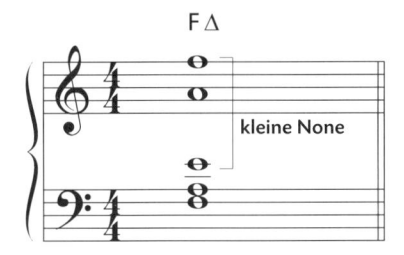

In einem Stück wie »Maiden Voyage«, dessen Harmonik ausschließlich sus Akkorde aufweist, besteht immer die Gefahr, daß die Harmonien zu statisch wirken und die Musik ihren natürlichen Schwung verliert. In so einem Fall möchten Sie vielleicht etwas dissonanter klingen, und ab dem dritten oder vierten Chorus würde auch ein Voicing mit der Quarte über der Terz (was eine kleine None erzeugt) nicht mehr so schräg klingen. Verlassen Sie sich ganz einfach auf Ihren guten Geschmack.

Beispiel 3.40

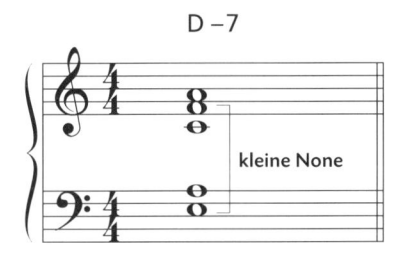

Der phrygische Modus und der sus♭9 Akkord

Spielen Sie **Beispiel 3.41** und hören Sie sich den Klang phrygischer Harmonik an. Das Beispiel zeigt die ersten Takte von Kenny Barrons »Golden Lotus«.[26] Der Dsus♭9 Akkord leitet sich aus dem dritten bzw. phrygischen Modus der Tonart B♭ ab.

Beispiel 3.41

Beispiel 3.42 zeigt ein weiteres Beispiel phrygischer Harmonik. Die Musik stammt aus Kenny Dorhams wunderschöner Ballade »La Mesha«.[27] Der F♯sus♭9 Akkord leitet sich aus dem phrygischen oder dritten Modus der Tonart D ab.

Beispiel 3.42

[26] Kenny Barron, *Golden Lotus,* Muse, 1980.
[27] Joe Henderson, *Page One,* Blue Note, 1963.

Beispiel 3.43

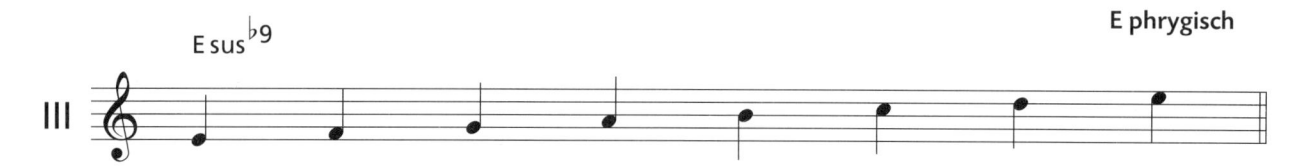

Beispiel 3.44

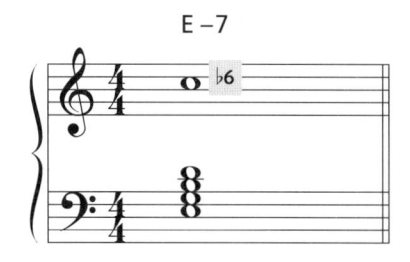

Schauen wir uns noch einmal den dritten oder phrygischen Modus von C Dur an (der hier als **Beispiel 3.43** wiederholt ist). Er geht von E bis E.

Dieser Modus und sein Akkord sind trügerisch. Da sie eine kleine Terz und eine kleine Septime enthalten, scheint es, als würde man diesen Modus über einen E–7 Akkord spielen. C, die ♭6 von E–7, klingt, über dem Akkord ausgehalten, äußerst dissonant (**Beispiel 3.44**). C über E–7 wird normalerweise nur in diatonischen Verbindungen wie III-VI-II-V (E–7, A–7, D–7, G7 in C Dur) gespielt, wo es über dem E–7 Akkord lediglich Durchgangston ist. Der phrygische Modus wird für gewöhnlich nicht über Mollseptakkorde, sondern über sus♭9 Akkorde gespielt.

Beim Vergleich von II, V und I Akkorden haben Sie gelernt, daß deren wichtigste Unterscheidungsmerkmale die Terz und die Septime sind. Die meistgespielten Töne eines sus♭9 Akkords sind dagegen Grundton, ♭9, Quarte, Quinte und Septime (**Beispiel 3.45**).[28]

Beispiel 3.45

In der Jazzharmonik sind sus♭9 Akkorde ein relativ neuer Klang, der in den sechziger Jahren in Kompositionen von Kenny Dorham, John Coltrane, McCoy Tyner und Wayne Shorter auftauchte. Und wie immer war Duke Ellington allen anderen um einige Jahre voraus. **Beispiel 3.46** ist ein Auszug aus Duke Ellingtons »Melancholia«[29] aus dem Jahr 1953. Der A♭sus♭9 Akkord leitet sich aus dem phrygischen Modus der E Durtonleiter ab.[30]

Beispiel 3.46

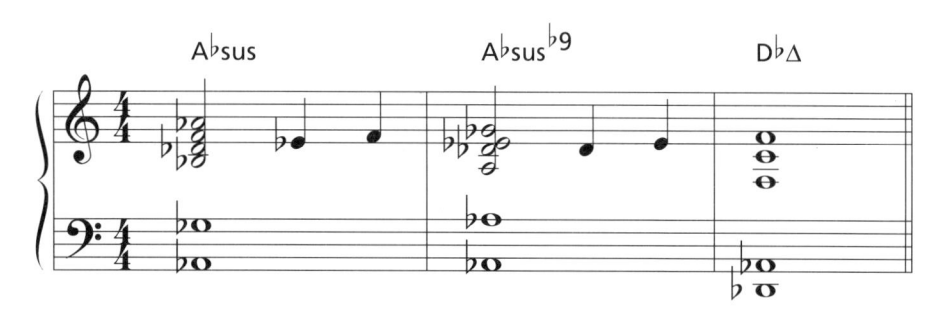

[28] Dies sind auch die fünf Töne der japanischen In-sen Skala, die wir in Kapitel 9, »Pentatonische Skalen«, behandeln werden.

[29] Duke Ellington, *Piano Reflections*, Capitol, 1953.

[30] Die eigentliche Tonart wäre F♭, aber wer will schon in einer Tonart mit sechs ♭ und einem Doppel-♭ denken.

In **Beispiel 3.47** hören Sie den melodischen Klang phrygischer Harmonik. Freddie Hubbard spielt diese Melodielinie in seinem Solo über »Dolphin Dance«.[31] Der Dsus♭9 Akkord entstammt dem phrygischen Modus der B♭ Durtonleiter.

Beispiel 3.47

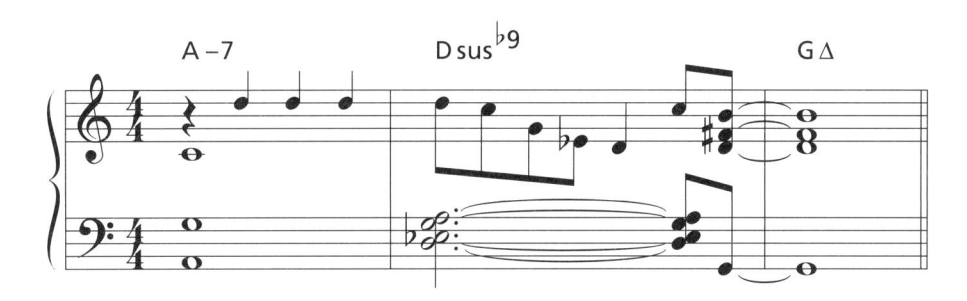

Ein besonders schönes Beispiel für phrygische Harmonik ist der E♭sus♭9 Akkord, den McCoy Tyner in der Intro zu John Coltranes »After The Rain«[32] (**Beispiel 3.48**) spielt. Auch in Coltranes »Crescent«[33] spielen er und McCoy phrygische Skalen über sus♭9 Akkorde.

Beispiel 3.48

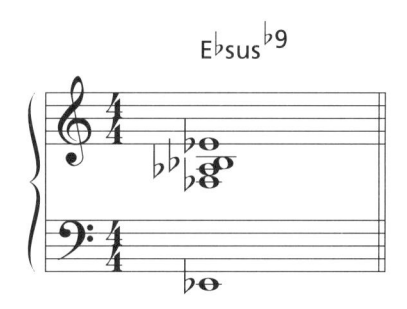

Es gibt noch viele weitere Beispiele. **Beispiel 3.49** zeigt den E♭sus♭9 Akkord aus Wayne Shorters beklemmendem, langsamen Walzer »Penelope«[34].

Beispiel 3.49

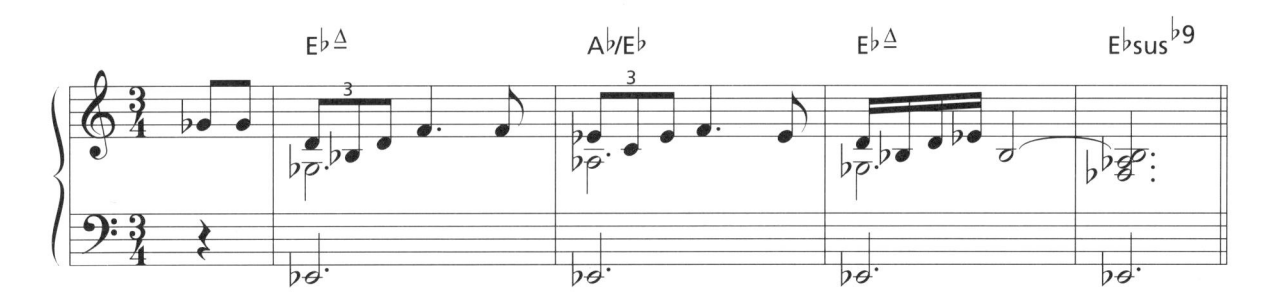

Kenny Barrons »Gichi«[35] hat einen langen Vamp über einen Esus♭9 Akkord (**Beispiel 3.50**). Wayne Shorters wunderschöne Ballade »Infant Eyes«[36] hat einen E♭sus♭9 Akkord (**Beispiel 3.51**). McCoy Tyners »Search For Peace«[37] hat Gsus♭9 Akkorde im Mittelteil (**Beispiel 3.52**).

Ein frühes Beispiel für ein längeres Solo über sus und sus♭9 Akkorde war Wynton Kellys Improvisation über Fsus und Fsus♭9 Akkorde in der Intro, dem Interlude und dem Schluß von Miles Davis' Version von »Someday My Prince Will Come«.[38]

[31] Herbie Hancock, *Maiden Voyage,* Blue Note, 1965.
[32] John Coltrane, *Impressions,* MCA/Impulse, 1962.
[33] John Coltrane, *Crescent,* MCA/Impulse, 1964.
[34] Wayne Shorter, *Etcetera,* Blue Note, 1965.
[35] Booker Ervin, *Back From The Gig,* Blue Note, 1968.
[36] Wayne Shorter, *Speak No Evil,* Blue Note, 1964.
[37] McCoy Tyner, *The Real McCoy,* Blue Note, 1967.
[38] Miles Davis, *Someday My Prince Will Come,* Columbia, 1961.

Beispiel 3.50

Beispiel 3.51

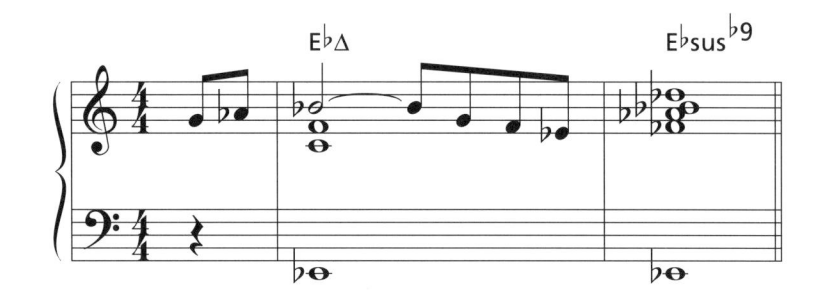

Beispiel 3.52

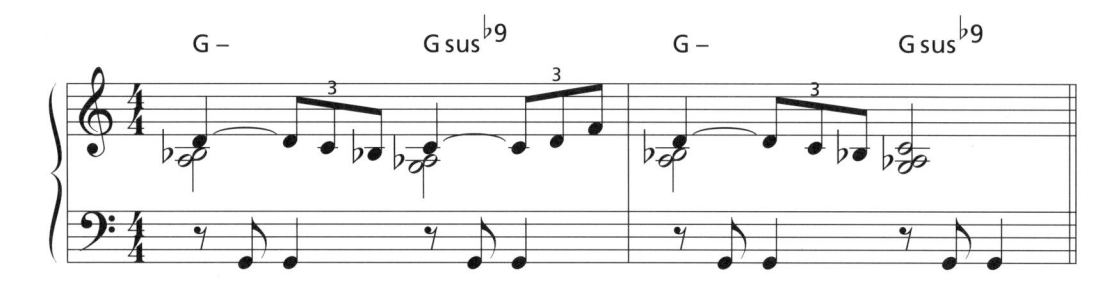

Beispiel 3.53

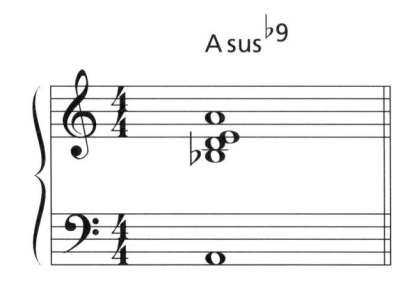

Einige Bassisten stimmen ihr Instrument lieber nach einem Asus♭9 Akkord, dem phrygischen Akkord der Tonart F, statt nach dem üblichen Kammerton A. Mancher Gig beginnt damit, daß der Bassist zum Pianisten sagt: »Gib mir einen Asus♭9 Akkord«. **Beispiel 3.53** zeigt ein typisches Voicing dieses Akkords, wie man es zum Stimmen verwenden kann. Sus♭9 Akkorde fungieren normalerweise wie sus Akkorde und tendieren dazu, sich eine Quinte abwärts aufzulösen.

AKKORD/SKALENTHEORIE

Beispiel 3.54 zeigt, wie gut sich Asus♭9 nach D∆ auflöst.

Beispiel 3.54

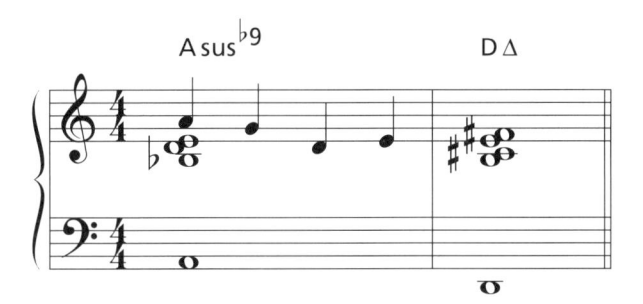

Miles Davis' »Flamenco Sketches«³⁹ hat einen achttaktigen Teil über den Pedalton D. Darüber spielt Miles in seinem ersten Chorus den Modus D phrygisch (**Beispiel 3.55**).

Beispiel 3.55

rhythmische Notation annähernd

Sus♭9 Akkorde werden oft anstelle von sus Akkorden, Dominantseptakkorden und II-V Verbindungen gespielt. Diesen Punkt werden wir in Kapitel Vierzehn, »Reharmonisation für Fortgeschrittene«, behandeln. Wie Sie im Abschnitt dieses Kapitels über die Harmonik der melodischen Mollskala noch erfahren werden, wird über sus♭9 Akkorde auch häufig eine andere als die phrygische Skala gespielt.

---

³⁹ Miles Davis, *Kind Of Blue*, Columbia, 1959.

Der äolische Modus

Äolisch ist der sechste Modus der Durskala. Er wird bisweilen auch natürliche Mollskala genannt. Äolische Akkorde werden selten gespielt. Der Mittelteil von Miles Davis' »Milestones«[40] besteht aus einem einzigen Akkord: A äolisch. Äolische Akkorde kommen nicht oft vor, und es besteht daher einige Verwirrung darüber, wodurch ein solcher Akkord eigentlich definiert ist, und wann eine äolische Skala verwendet werden soll. Da äolisch der sechste Modus der Durskala ist, wird er in einer I-VI-II-V Verbindung (C∆, A–7, D–7, G7) oder III-VI-II-V Verbindung (E–7, A–7, D–7, G7) manchmal über den VI Akkord gespielt. In der Praxis spielen Jazzmusiker den betreffenden VI Akkord jedoch meistens als Dominantseptakkord (C∆, A7, D–7, G7).

Ein häufig angeführter Grundfür die Verwendung der äolischen Skala über einen Akkord der VI. Stufe ist, daß dadurch ein Solist für alle vier Akkorde einer I-VI-II-V Verbindung in einer Tonart bleiben kann. Dieser Ansatz läßt sich jedoch nur mit der Faulheit eines Musikers rechtfertigen, er ignoriert völlig die melodischen Möglichkeiten, die sich durch die Verwendung eines Dominantseptakkords mit all seinen Möglichkeiten (♭9, alt, ♯9, ♯11, usw.) ergeben.

Bewegt sich die Quinte eines Mollakkords chromatisch nach oben zur ♭6, so entsteht ein ♭6 Akkord, über den sehr effektiv der äolische Modus gespielt werden kann. **Beispiel 3.56** zeigt, wie Kenny Barron diese Idee im zweiten und vierten Takt seines Stücks »Sunshower«[41] einsetzt. Zusätzlich klingt Kennys Stück wie eine I-IV Verbindung in Moll, so daß es auch A–, D–/A notiert werden könnte.

Beispiel 3.56

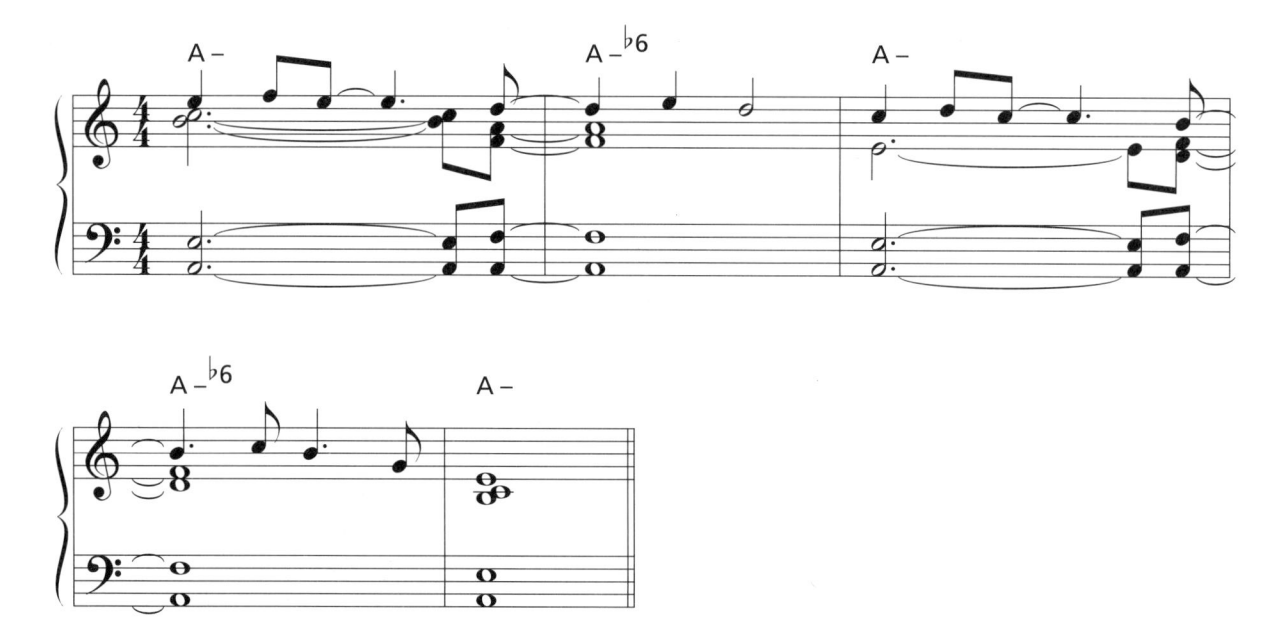

---

[40] Miles Davis, *Milestones*, Columbia, 1958.
[41] Kenny Barron, *Maybeck Recital Hall Series*, Concord, 1990.

Eine weitere Anwendungsmöglichkeit für die äolische Harmonik bietet der zweite Takt des Mittelteils von Fats Wallers Komposition »Ain't Misbehavin'« (**Beispiel 3.57**).

Beispiel 3.57

Der lokrische Modus und der halbverminderte Akkord

Schauen Sie sich den siebten bzw. lokrischen Modus aus **Beispiel 3.3** an, der hier noch einmal als **Beispiel 3.58** gezeigt wird.

Beispiel 3.58

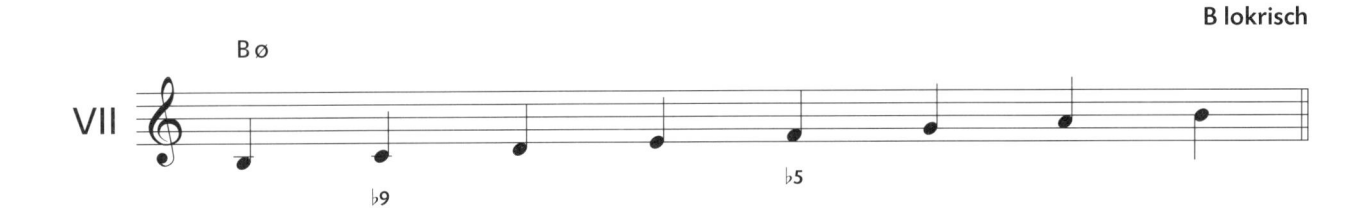

Dieser Modus enthält eine kleine Terz und eine kleine Septime, weshalb er zu einem B–7 Akkord paßt – mit einem einzigen Unterschied: er enthält auch eine verminderte Quinte (F liegt eine ♭5 über B). Alle anderen Durmodi enthalten eine reine Quinte. Das Akkordsymbol für diesen Modus ist Bø, eine Kurzform von B–7♭5, auch B halbvermindert genannt. Als halbvermindert bezeichnet man einen Mollseptakkord mit verminderter Quinte.

Spielen Sie **Beispiel 3.59**. Hören Sie, wie dissonant das C, der zweite Ton des Modus, über dem Bø Akkord klingt? C ist die ♭9 dieses Akkords. Die ♭9 eines halbverminderten Akkords ist ein weiterer Avoid-Ton. Die frühen Bebop-Meister entschieden sich beim halbverminderten Akkord normalerweise für lokrisch, obwohl Bud Powell oft die harmonische Molltonleiter über halbverminderte Akkorde gespielt hat. Es gibt eine weitere Skala innerhalb der melodischen Molltonleiter (die im nächsten Abschnitt dieses Kapitels behandelt wird), die zu halbverminderten Akkorden paßt und keinen Avoid-Ton enthält. Bei halbverminderten Akkorden spielen manche Musiker den lokrischen Modus, andere wiederum einen Modus, der von der melodischen Molltonleiter abgeleitet wird. Viele Musiker spielen auch beide – Sie haben die Wahl. Lassen Sie uns zu diesem Zeitpunkt die Wahl zurückstellen, bis wir den anderen halbverminderten Modus kennengelernt haben.

Beispiel 3.59

Um alles noch einmal zusammenzufassen: *Sämtliche Akkorde der Tonart C Dur – C∆, D-7, Esus♭9, F∆♯11, G7, Gsus, A-♭6, Bø – basieren auf derselben C Durtonleiter.*

Beispiel 3.60

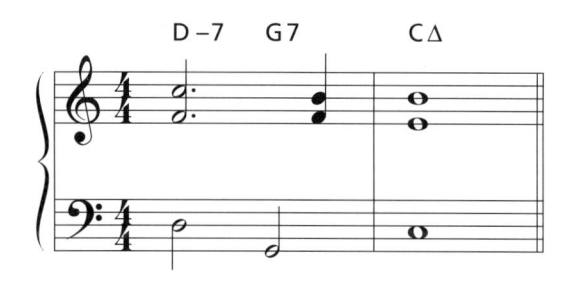

Das Beherrschen der II-V-I Verbindung

Da die II-V-I Verbindung so wichtig ist, beginnt man am besten damit, die Modi dieser Akkorde – dorisch, mixolydisch und ionisch – in allen Tonarten zu üben. Dann suchen Sie sich einige leichte Stücke mit einfachen Akkorden aus Ihrem Fake Book heraus (ohne die alterierten Töne ♭9, ♯11, ♭5 oder ›alt‹) und spielen über jeden Akkord den dazugehörigen Modus. **Beispiel 3.60** zeigt z. B. die ersten beiden Takte von Sammy Cahns »I Should Care«.

Beispiel 3.61 zeigt die Modi, die über die Akkorde dieser ersten beiden Takte geübt werden müssen: spielen Sie D dorisch auf- und abwärts über D–7. Dann G mixolydisch über G7 und schließlich C ionisch über C∆. Die Play-Along Aufnahmen von Jamey Aebersold eignen sich ebenfalls gut zum Üben der Modi.[42]

Beispiel 3.61

Lassen Sie uns jetzt zu einer Harmonik übergehen, die wesentlich exotischer als die Durskala und typisch für den Klang des modernen Jazz ist, der melodischen Mollskala.

Die Harmonik der melodischen Mollskala

Spielen Sie **Beispiel 3.62** und hören Sie auf den Klang der *melodischen Mollharmonik*. Es handelt sich dabei um eine II-V-I Verbindung, bei der die Akkorde jedoch nicht von der Durskala, sondern der melodischen Mollskala abgeleitet werden.

Beispiel 3.62

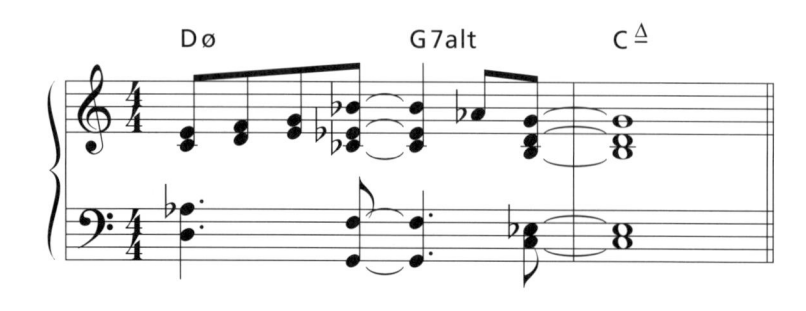

---

[42] Jamey Aebersold, Volume 3, *The II-V-I Progression*.

Sehen Sie sich **Beispiel 3.63** mit der Tabelle »Die Harmonik der melodischen Mollskala an«. Ähnlich der Durskala ist die melodische Mollskala eine Skala mit sieben Tönen und sieben Modi (siehe die römischen Ziffern auf der linken Seite). Der einzige Unterschied zwischen der melodischen C Mollskala und der C Durskala ist der, daß die melodische Mollskala ein E♭, also eine kleine Terz, enthält. *Das ist der einzige Unterschied zwischen der Durskala und der melodischen Mollskala – die melodische Mollskala hat eine kleine Terz.*[43]

Beispiel 3.63

Die Harmonik der melodischen Mollskala

[Notenbeispiel mit sieben Modi:]

- I: C△ — minor-major
- II: D sus♭9 (♭9)
- III: E♭△♯5 — lydisch-übermäßig (♯4, ♯5)
- IV: F7♯11 — lydisch-dominant (♯11)
- V: C△/G
- VI: Aø — halbvermindert oder lokrisch ♯2 (♭5, ♭6)
- VII: B7alt — alteriert oder vermindert Ganzton (♭9, ♯9, ♯4/♭5, ♭6/♯5)

[43] In der klassischen Musiktheorie existieren zwei melodische Mollskalen, eine aufwärts und die andere abwärts gespielt. Da die melodische Mollskala abwärts mit dem äolischen Modus der Durskala identisch ist, ist für Jazzmusiker die aufsteigende Skala »die melodische Mollskala«.

Die melodische Mollharmonik klingt jedoch ganz anders als die Durharmonik – nämlich wesentlich dunkler und exotischer. Die melodische Mollskala besitzt größere melodische und intervallische Möglichkeiten als die Durskala. Sehen wir uns einmal an, warum.

Beispiel 3.64

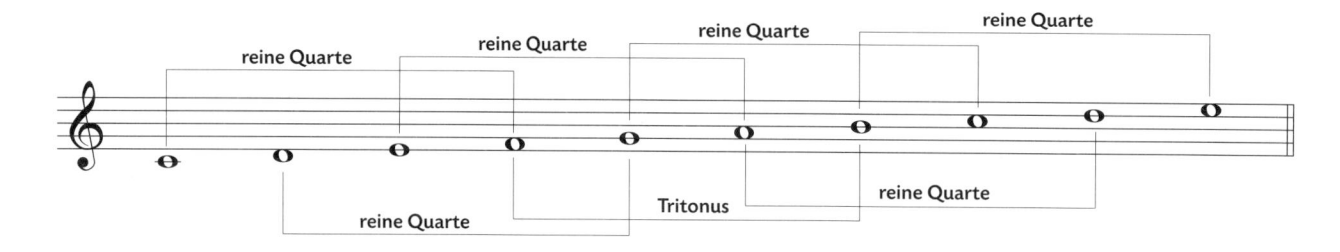

Eine *diatonische Quarte* ist das Intervall zwischen jedem vierten Ton innerhalb einer Tonart. Innerhalb der C Durtonleiter sind die Intervalle zwischen C und F, D und G, E und A, F und B, G und C, A und D, und B und E alle im Abstand einer diatonischen Quarte (**Beispiel 3.64**). Beachten Sie, daß ich nicht *reine Quarte* sagte. Die Durskala hat zwei Arten von diatonischen Quarten: reine Quarten und eine übermäßige Quarte, bzw. den Tritonus. F nach B ist ein Tritonus, und keine reine Quarte, aber F liegt von B, *innerhalb der Tonart,* eine Quarte entfernt. Diatonisch bedeutet so viel wie ›innerhalb der Tonart‹.

Beispiel 3.65

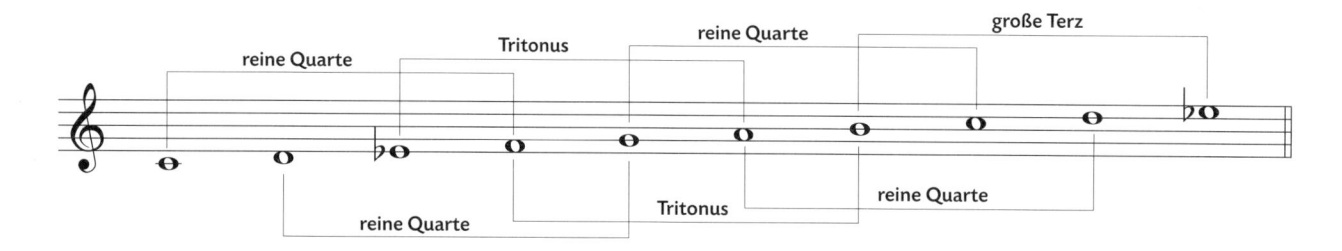

Die melodische Mollharmonik besitzt *drei* Arten von Quarten: reine Quarten, zweimal den Tritonus *und eine große Terz.* Wie bitte? Wie kann eine Terz eine Quarte sein? Sehen Sie sich **Beispiel 3.65** an. Die letzte diatonische Quarte zwischen B und E♭ klingt wie eine große Terz, aber diatonisch (›innerhalb der Tonart‹) betrachtet handelt es sich um eine verminderte Quarte.

Spielen Sie die fast identischen, diatonischen Quartenpatterns über C∆ und dann über C–∆, den melodischen Mollakkord in **Beispiel 3.66**. Hören Sie, wie sehr sich die melodische Mollharmonik von der Durharmonik klanglich unterscheidet?

Beispiel 3.66

[Notenbeispiel]

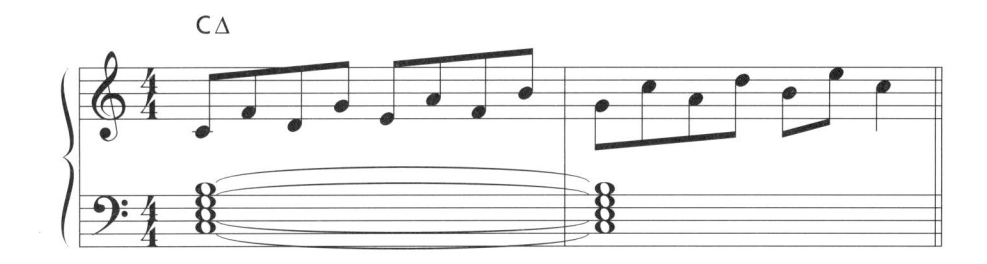

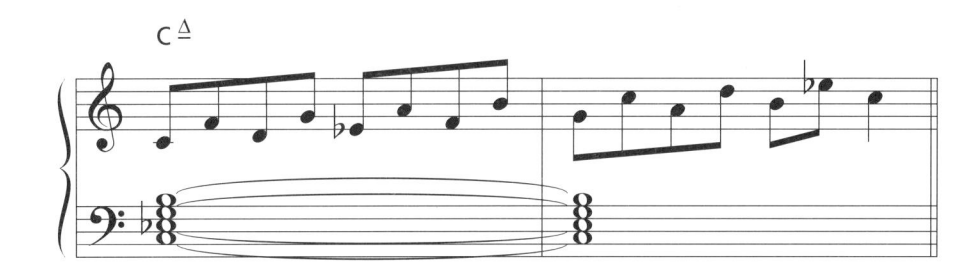

Der Minor-Major Akkord

Gehen Sie noch einmal zur Tabelle mit der melodischen Mollharmonik zurück. Der erste Modus (**Beispiel 3.67**) paßt zu einem C Akkord, da er von C bis C geht. Er enthält eine kleine Terz und eine große Septime, daher der Name Minor-Major Akkord. Die beiden gängigen Akkordsymbole für diesen Akkord sind C–∆ und C–#7.[44]

Beispiel 3.67

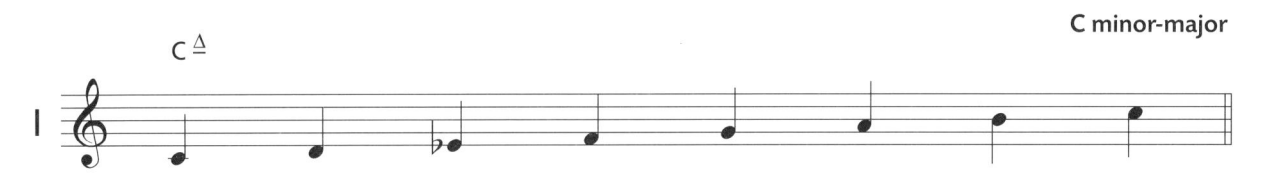

C minor-major

[Notenbeispiel]

Im Gegensatz zum Mollseptakkord, der als Akkord der II. Stufe fungiert, *ist der Minor-Major Akkord ein Mollakkord der I. Stufe bzw. ein Mollakkord der Tonika.*

Beispiel 3.68

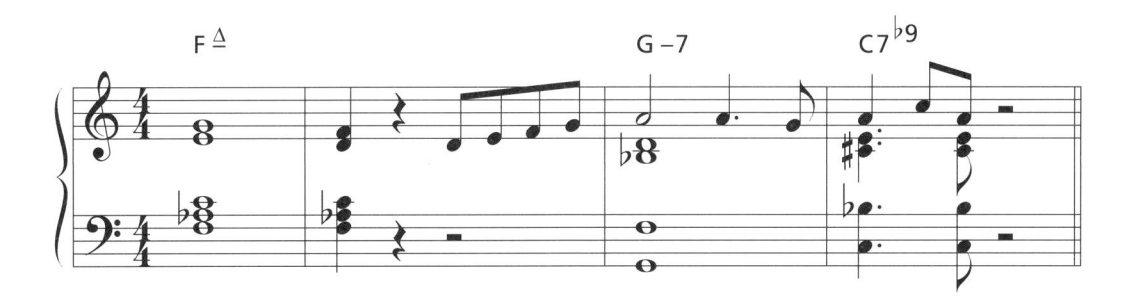

[Notenbeispiel]

Spielen Sie **Beispiel 3.68**, die ersten Takte von Gigi Gryces »Minority«.[45] Der erste Akkord ist ein F Minor-Major Akkord (F–∆) aus der melodischen F Mollskala.

---

[44] Auch C–maj7.
[45] Bill Evans, *Everybody Digs Bill Evans*, Fantasy, 1958.

Spielen Sie **Beispiel 3.69**. Der erste Akkord in Horace Silvers »Nica's Dream«[46] ist ein B♭ Minor-Major Akkord aus der melodischen B♭ Mollskala (B♭–Δ). Der zweite Akkord (A♭–Δ) entstammt der melodischen A♭ Mollskala. Spielen Sie **Beispiel 3.70**. Die ersten beiden Akkorde in Billy Strayhorns »Chelsea Bridge«[47] sind die Minor-Major Akkorde B♭–Δ und A♭–Δ. Spielen Sie **Beispiel 3.71**. Die ersten beiden Akkorde von Wayne Shorters »Dance Cadaverous«[48] sind die Minor-Major Akkorde B–Δ und C–Δ.

Beispiel 3.69

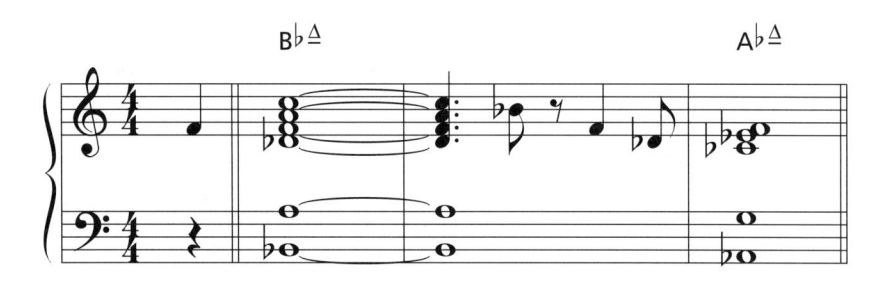

Beispiel 3.70

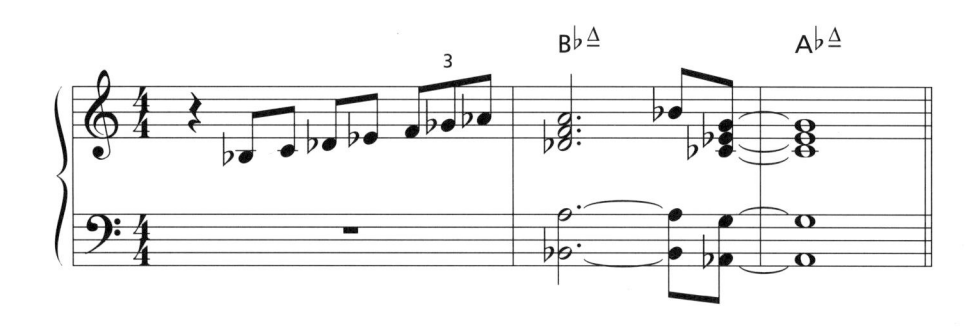

Beispiel 3.71

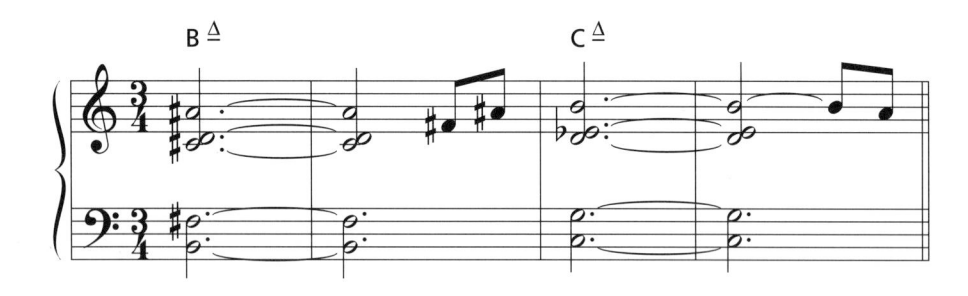

Häufig werden Minor-Major Akkorde als Ersatz für Mollseptakkorde gespielt. Spielen Sie **Beispiel 3.72**, die ersten Takte von George Gershwins »Summertime«. In **Beispiel 3.73** hören Sie den dunkleren und satteren Klang des Minor-Major Akkords.

---

[46] Art Blakey, *The Original Jazz Messengers,* Columbia, 1956.
[47] Joe Henderson, *Lush Life,* Verve, 1992. Viele Musiker spielen als ersten Akkord von »Chelsea Bridge« E♭7+11.
[48] Wayne Shorter, *Speak No Evil,* Blue Note, 1964.

Beispiel 3.72

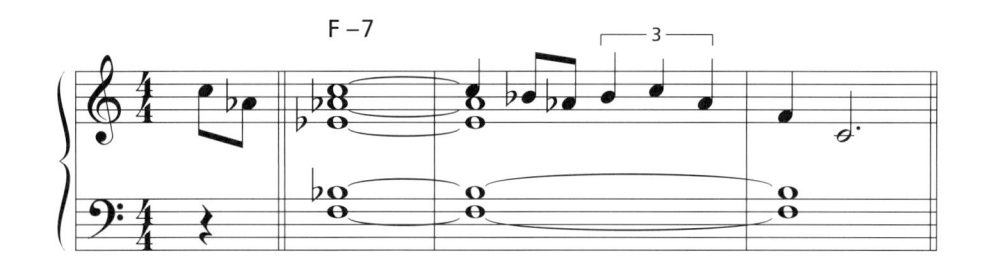

Beispiel 3.73

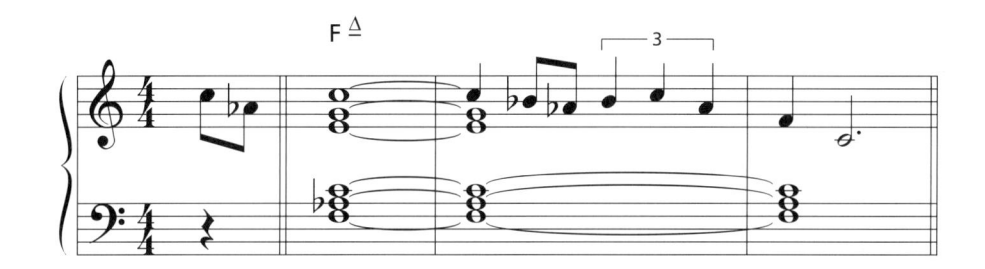

Diesen Kunstgriff können Sie immer dann anwenden, wenn ein Akkord der II. Stufe nicht Teil einer II-V Verbindung ist. Für gewöhnlich können Sie ihn dann durch einen Minor-Major Akkord ersetzen. Falls zum Beispiel F–7 nicht von B♭7 gefolgt wird, können Sie F–∆ statt F–7 spielen. Die einzige Ausnahme ist, wenn die kleine Septime Melodieton ist. Bedenken Sie jedoch, daß Sie diese Substitution nicht unbedingt machen müssen. Sie fügt lediglich eine andere Klangfarbe hinzu. Und übertreiben Sie nicht – sondern lassen Sie Ihren Geschmack entscheiden.

Beim Improvisieren über Minor-Major Akkorde verwenden Sie den Minor-Major Modus, den ersten Modus der melodischen Mollskala.

Der sus♭9 Akkord

Spielen Sie **Beispiel 3.74** und hören Sie sich dabei noch einmal den Klang des F♯sus♭9 Akkords aus Kenny Dorhams wunderschöner Ballade »La Mesha«[49] an.

Beispiel 3.74

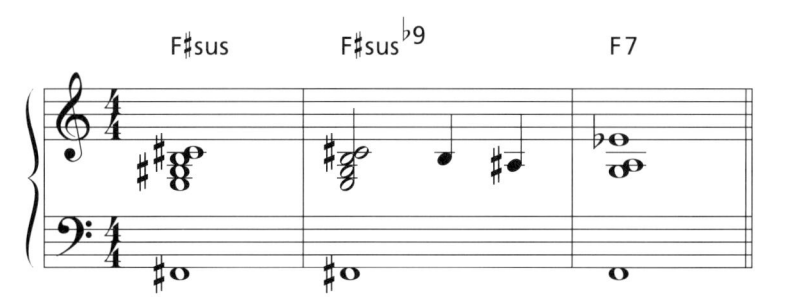

---

[49] Joe Henderson, *Page One*, Blue Note, 1963.

Beim Improvisieren über sus♭9 Akkorde können Sie zwischen zwei verschiedenen Skalen wählen: dem dritten bzw. phrygischen Modus der Durskala (den Sie bereits in diesem Kapitel kennengelernt haben), oder dem zweiten Modus der melodischen Mollskala.

Beispiel 3.75 zeigt diese beiden Skalen, über den F♯sus♭9 Akkord gespielt. Spielen Sie den Akkord mit gedrücktem Haltepedal[50] auf dem Piano und spielen Sie dann die erste Skala, F♯ phrygisch (den dritten Modus von D Dur) darüber. Dann machen Sie das gleiche mit der nächsten Skala, dem zweiten Modus von E melodisch Moll. Der einzige Unterschied zwischen den beiden Skalen ist, daß F♯ phrygisch ein D hat, die kleine Sexte, während der zweite Modus von melodisch Moll eine große Sexte hat, das D♯. Letzteres Intervall ist wesentlich dissonanter.

Beispiel 3.75

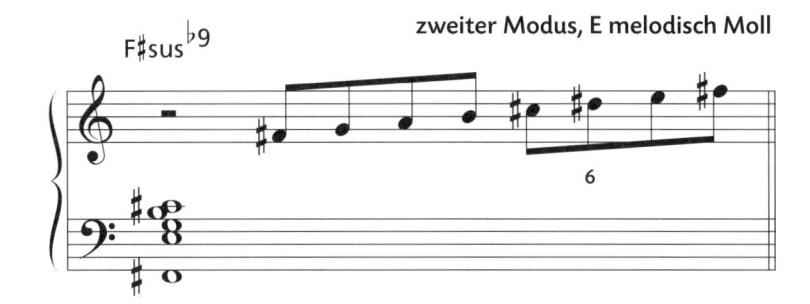

Beispiel 3.76

Sehen wir uns jetzt einmal den zweiten Modus aus der Tabelle mit der Harmonik der melodischen Mollskala an, der hier als **Beispiel 3.76** wiederholt ist.

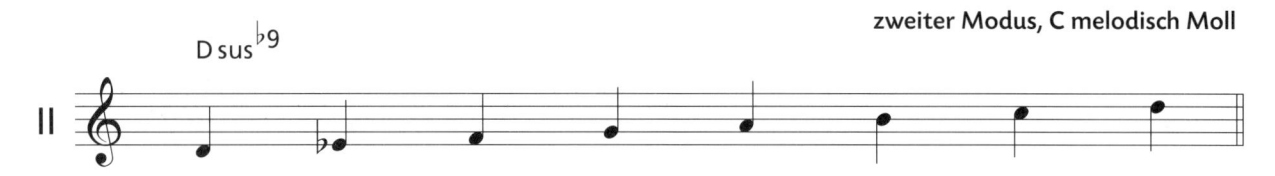

Beispiel 3.77

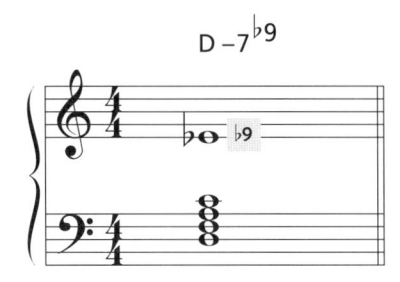

Diese Skala geht von D nach D und hat sowohl eine kleine Terz wie auch eine kleine Septime, was darauf schließen lassen könnte, daß man sie über einen D−7 Akkord spielt. Der Ton E♭ dieser Skala wäre jedoch die ♭9 von D−7, was äußerst dissonant klingt (**Beispiel 3.77**). Deshalb wird der zweite Modus normalerweise nicht über Mollseptakkorde gespielt, sondern über sus♭9 Akkorde.

[50] Das rechte Pedal.

Die wichtigsten Töne eines Akkords, also diejenigen, die einen Akkord vom anderen unterscheiden, sind häufig Terz und Septime. Im Falle des melodisch Moll sus♭9 Akkords sind dies jedoch Grundton, ♭9, Quarte und Sexte – wie im Dsus♭9 Akkord des **Beispiels 3.78**.[51] Die folgenden Akkordbeispiele enthalten alle das entsprechende Voicing. Spielen Sie **Beispiel 3.79** und hören Sie sich Mulgrew Millers B♭sus♭9 Akkord aus Anthony Newleys »Who Can I Turn To«[52] an. Spielen Sie **Beispiel 3.80** und hören Sie sich den Dsus♭9 Akkord aus David Liebmans »Picadilly Lilly«[53] an. **Beispiel 3.81** enthält fünf Takte aus Wayne Shorters wunderschönem Walzer »Dance Cadaverous«[54] Hören Sie sich den F♯sus♭9 Akkord im zweiten Takt sowie die in E melodisch Moll von G nach C♯ absteigende Baßlinie an.

Beispiel 3.78

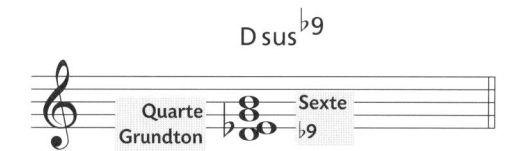

Beispiel 3.79

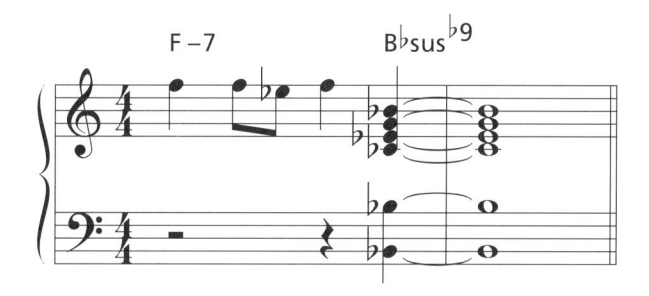

Beispiel 3.80

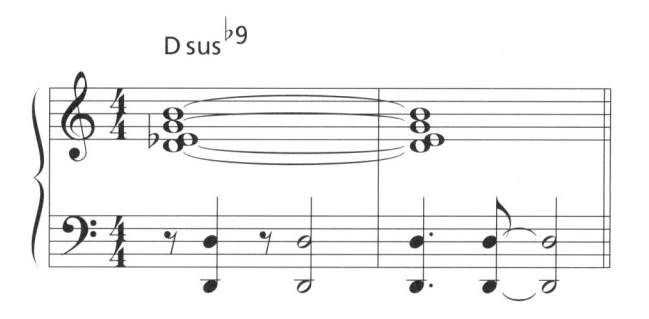

Beispiel 3.81

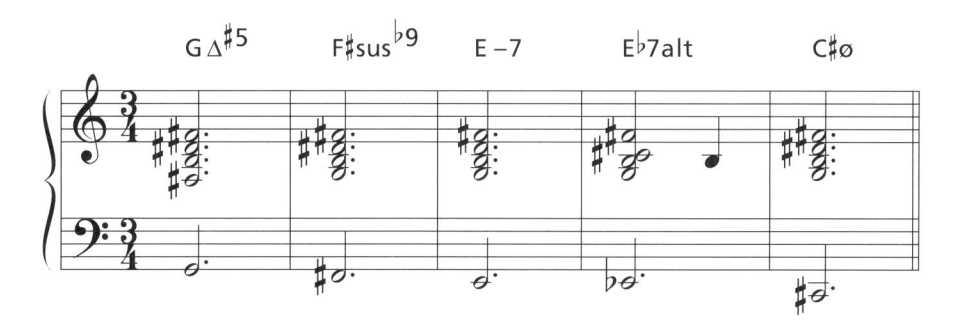

Beim Improvisieren über sus♭9 Akkorde spielen Sie den zweiten Modus der melodischen Mollskala.

---

[51] Diese Töne sind gleichzeitig ›charakteristische‹ Töne der melodischen Mollharmonik, die wir weiter hinten in diesem Kapitel behandeln werden.
[52] Mulgrew Miller, *Time And Again*, Landmark, 1991.
[53] Dave Liebman, *Pendulum*, Artists House, 1978.
Dave notates this chord on his own lead sheet as E♭Δ+5♭5.
[54] Wayne Shorter, *Speak No Evil*, Blue Note, 1964.

KAPITEL DREI

Der lydisch-übermäßige Akkord

Beispiel 3.82 zeigt einen Ausschnitt des Mittelteils von Duke Pearsons »You Know I Care«[55]. Hören Sie sich den A♭∆♯5 Akkord an (der auch C/A♭ notiert werden kann). Das ist der Klang der lydisch-übermäßigen Harmonik.

Beispiel 3.82

Sehen Sie sich nun den dritten Modus in **Beispiel 3.83** an. Da er eine große Terz und eine große Septime enthält, deutet er auf E♭∆ hin. Normalerweise denken Sie bei dem Symbol E♭∆ an die E♭ Durskala. Wodurch unterscheidet sich dieser Modus von E♭ Dur? Er hat sowohl eine übermäßige Quarte (A) als auch eine übermäßige Quinte (B). Das vollständige Akkordsymbol für diesen Akkord wäre E♭∆♯4♯5. Jazzmusiker stehen nicht besonders auf komplizierte Akkordsymbole, weshalb die gebräuchliche Kurzform E♭∆♯5 ist.

Beispiel 3.83

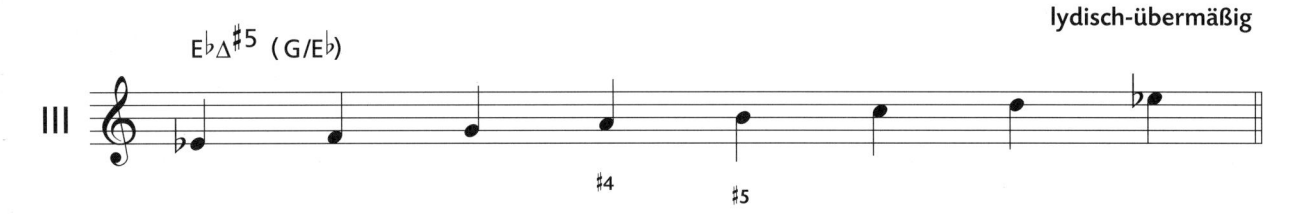

lydisch-übermäßig

Beispiel 3.84

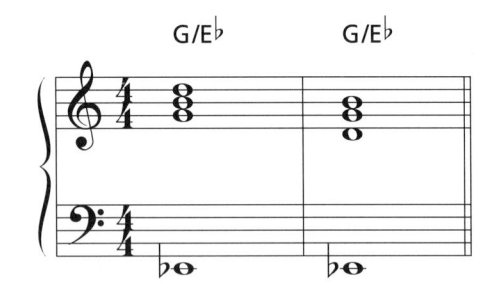

Terz, ♯5 und Septime dieses Akkords bilden einen G Durdreiklang, weshalb er auch häufig als *Slash-Akkord,* in diesem Fall G/E♭, notiert wird (**Beispiel 3.84**). Slash-Akkorde werden in Kapitel 5 behandelt.

Spielen Sie **Beispiel 3.84** und hören Sie sich den Unterschied zwischen den beiden G/E♭ Voicings an. Im zweiten Takt wird der G Durdreiklang in seiner zweiten Umkehrung gespielt. *Dreiklänge klingen im allgemeinen besser, wenn sie in zweiter Umkehrung gespielt werden.*

Die Bezeichnung für ∆♯5 Akkorde und den dritten Modus von melodisch Moll ist *lydisch-übermäßig*. Lydisch ist die Bezeichnung für Akkorde mit einer ♯4, und übermäßig für Akkorde mit einer ♯5, wie z.B. der übermäßige Dreiklang.

Bis zu den sechziger Jahren wurden lydisch-übermäßige Akkorde nicht sehr häufig gespielt, aber Bud Powell spielte bereits in seiner großartigen Komposition »Glass Enclosure«[56] aus dem Jahre 1951 einen A♭∆♯5 Akkord (**Beispiel 3.85**).

Beispiel 3.85

Der lydisch-übermäßige Modus, der dritte Modus der melodischen Mollskala, wird beim Improvisieren über Durseptakkorde mit übermäßiger Quinte (∆♯5) gespielt.

---

[55] Joe Henderson, *Inner Urge*, Blue Note, 1964.
[56] *The Amazing Bud Powell, Vol. II*, Blue Note, 1951.

AKKORD/SKALENTHEORIE

Der lydische Dominantseptakkord

Spielen Sie **Beispiel 3.86** und hören Sie sich den Klang lydisch-dominanter Harmonik an. Diese drei Takte mit dem lydischen Dominantseptakkord A♭7♯11 im dritten Takt stammen aus Victor Youngs »Stella By Starlight«.

Beispiel 3.86

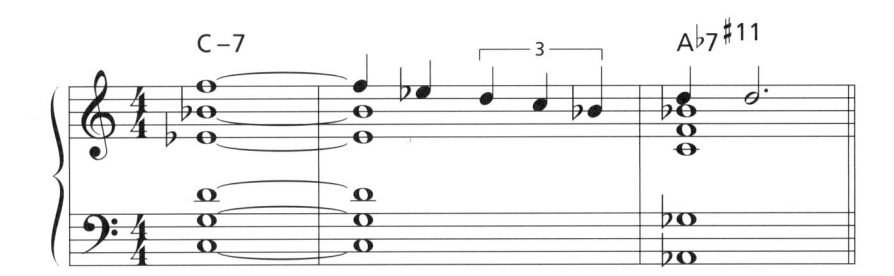

Sehen Sie sich nun den vierten Modus der melodischen Mollskala in **Beispiel 3.87** an. Er geht von F bis F und paßt deshalb zu einem bestimmten F Akkord. Da dieser Modus eine große Terz und eine kleine Septime enthält, scheint es sich um einen Dominantseptakkord mit dem Akkordsymbol F7 zu handeln. Bei F7 denken Sie normalerweise an F mixolydisch, den fünften Modus der B♭ Durskala. Wodurch unterscheidet sich dieser Modus von F mixolydisch? Er enthält ein B, die ♯11, weshalb das Akkordsymbol ebenfalls die ♯11 enthält.

Beispiel 3.87

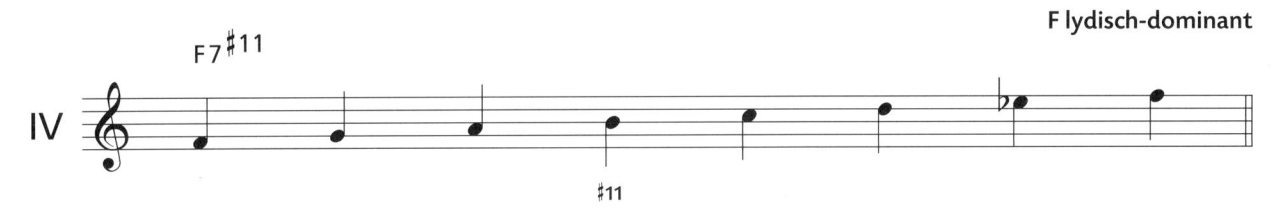

Dieser Modus und sein Akkord werden *lydisch-dominant* genannt. Lydisch wegen der ♯11, und dominant wegen seiner Funktion (er enthält eine große Terz und eine kleine Septime).

Spielen Sie die ersten vier Takte von Tadd Damerons »Our Delight«[57] (**Beispiel 3.88**) und achten Sie dabei auf den lydischen Dominantseptakkord D♭7♯11 im dritten Takt.

Beispiel 3.88

[57] Sonny Stitt, *12!*, Muse, 1972.

Spielen Sie **Beispiel 3.89** aus Horace Silvers »Nica's Dream«[58] mit dem lydischen Dominantseptakkord E♭7♯11. »Nica's Dream« ist ein harmonisch äußerst komplexes Stück. Der E♭7♯11 Akkord wird von einem A♭sus♭9, dann einem C/D♭, einem Slash-Akkord, und schließlich einem Asus Akkord gefolgt. Der lydische Dominantseptakkord gilt als sehr modern, aber bereits der erste Akkord von Richard Rodgers' »Little Girl Blue«, das 1935 geschrieben wurde, ist ein C7♯11 (**Beispiel 3.90**).

Beispiel 3.89

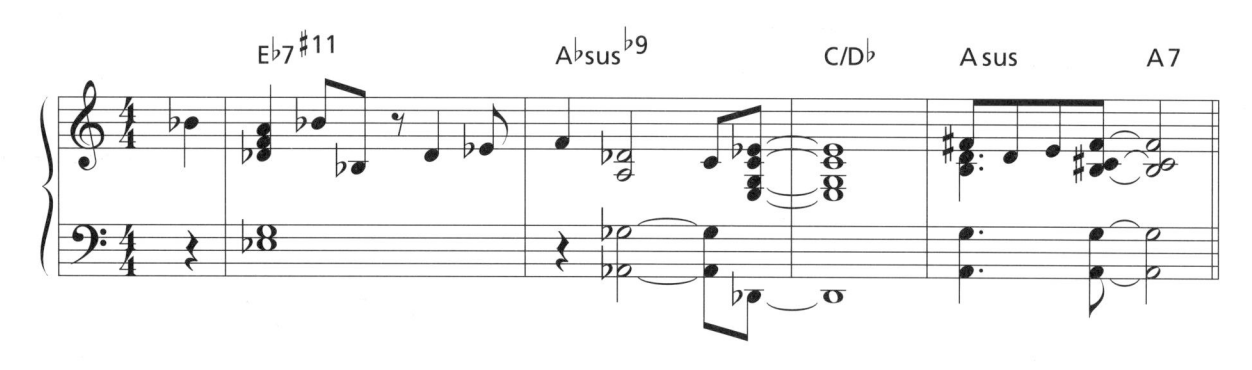

Beispiel 3.90

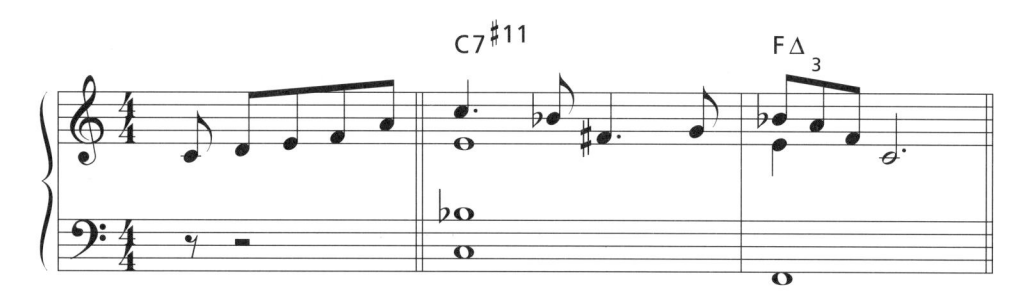

Der Modus lydisch-dominant, der vierte Modus der melodischen Mollskala, wird zur Improvisation über Dominantseptakkorde mit einer ♯11 verwendet.

Der fünfte Modus der melodischen Mollskala

Der fünfte Modus der melodischen Mollskala wird nur sehr selten gespielt. Eine herkömmliche Analyse dieses Modus zeigt die Grenzen der traditionellen Musiktheorie auf. **Beispiel 3.91** zeigt eine Skala, deren Akkordtöne – Grundton G, große Terz B, reine Quinte D und kleine Septime F – auf einen G7 Akkord schließen lassen. Der Ton E♭ wäre demnach die ♭13 des Akkords, mit einem entsprechenden Akkordsymbol G7♭13.

Beispiel 3.91

fünfter Modus, C melodisch Moll

---

[58] Art Blakey, *The Original Jazz Messengers*, Columbia, 1956.

Hier tauchen jedoch einige Probleme auf. Sowohl C als auch E♭ – die 11 und die ♭13 – klingen über G7 wie Avoid-Töne (**Beispiel 3.92**). Wie gesagt, dieser Modus wird selten gespielt. Die meisten Jazzmusiker improvisieren, wenn sie das Akkordsymbol G7♭13 sehen, über die alterierte Skala oder die Ganztonskala. Beide werden wir demnächst behandeln.

Beispiel 3.92

Wird dagegen tatsächlich der Akkord des fünften Modus von melodisch Moll gespielt, dann handelt es sich fast immer um einen Minor-Major Akkord mit der Quinte im Baß (z.B. C–△/G). Ein gutes Beispiel dafür findet sich in Wayne Shorters »Penelope«.[59] In seinem Solo über »Penelope« reharmonisiert Herbie Hancock einen D Durakkord als G Minor-Major über dem Pedalton D (G–△/D, **Beispiel 3.93**). Da D die Quinte von G melodisch Moll ist, entsteht dadurch ein Akkord, der auf dem fünften Modus von G melodisch Moll basiert. *Akkorde, die sich aus dem fünften Modus von melodisch Moll ableiten, fungieren als Mollakkorde der ersten Stufe oder Tonika.*

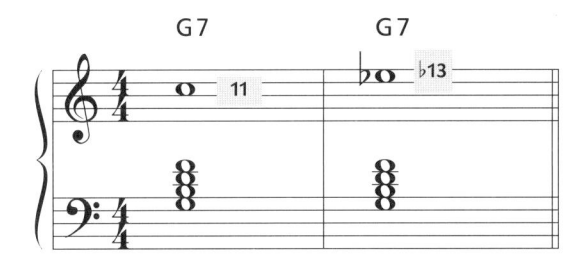

Beispiel 3.93

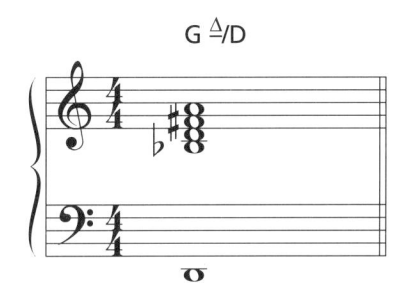

McCoy Tyner und Herbie Lewis spielen über einen Großteil von Bobby Hutchersons Arrangement von Burton Lanes »Old Devil Moon«[60] den in **Beispiel 3.94** gezeigten Vamp. Bobby verwendet in seiner Improvisation über den E♭7/F Akkord die melodische B♭ Mollskala (**Beispiel 3.95**), wodurch ein B♭–△/F Akkord entsteht – also ein Akkord, der auf dem fünften Modus von B♭ melodisch Moll basiert.

Beispiel 3.94

McCoy Tyners Piano-Voicings, vereinfacht

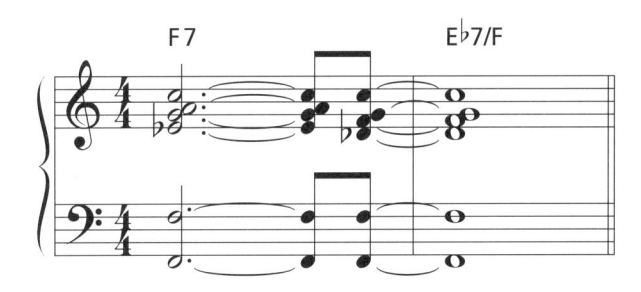

Beispiel 3.95

fünfter Modus, B♭ melodisch Moll

---

[59] Wayne Shorter, *Etcetera*, Blue Note, 1965.
[60] Bobby Hutcherson, *Solo/Quartet*, Fantasy, 1981.

Kenny Barrons großartige Reharmonisation von Richard Rodgers' »Spring Is Here« hat einen melodischen Mollakkord des fünften Modus (**Beispiel 3.96**). Die vollständige Version von Kennys »Spring Is Here« finden Sie in Kapitel 16.

Beispiel 3.96

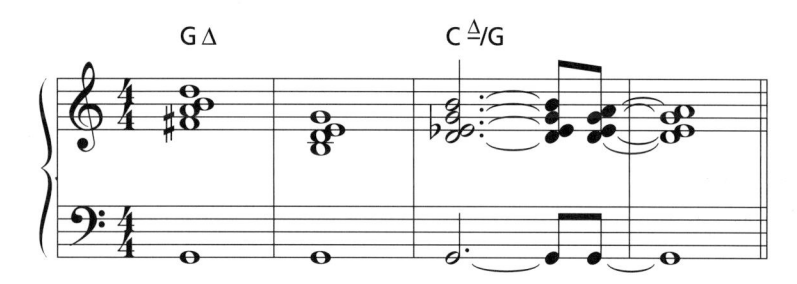

Aufgrund seiner Seltenheit besitzt der Akkord des fünften Modus der melodischen Mollskala kein offiziell gültiges Akkordsymbol. Am sichersten ist es, ihn als Slash-Akkord zu notieren, also in C melodisch Moll als C–Δ/G.

Der halbverminderte Akkord

Spielen Sie **Beispiel 3.97** und hören Sie sich den Klang des halbverminderten Akkords an. Aø, basierend auf dem sechsten Modus der melodischen C Mollskala, ist der erste Akkord von McCoy Tyners »Search For Peace«.[61]

Beispiel 3.97

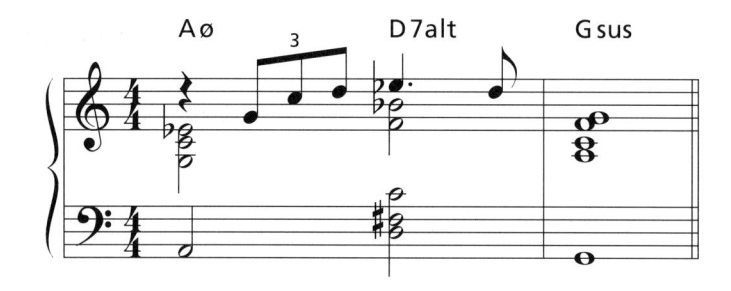

Sehen wir uns jetzt in **Beispiel 3.98** den sechsten Modus der melodischen Mollskala an. Er geht von A bis A und paßt zu einem bestimmten A Akkord. Da er eine kleine Terz und eine kleine Septime enthält, könnte es sich um einen Mollseptakkord mit dem Akkordsymbol A–7 handeln. Bei diesem Akkordsymbol würden Sie normalerweise an A dorisch denken, den zweiten Modus von G Dur. Der hier gezeigte Modus stammt ganz eindeutig nicht von G Dur, da er ein E♭ und ein F enthält. Wodurch unterscheidet sich der sechste Modus von A dorisch? Er beinhaltet ♭5 (E♭) und ♭6 (F). Es empfiehlt sich also das Akkordsymbol A–7♭5♭6.

---

[61] McCoy Tyner, *The Real McCoy*, Blue Note, 1967. Eine der großartigsten Aufnahmen in der Geschichte des Jazz.

Beispiel 3.98

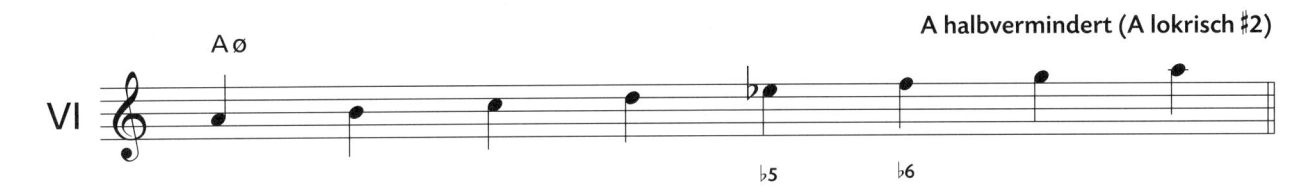

A halbvermindert (A lokrisch ♮2)

VI Aø   ♭5 ♭6

Die meisten Musiker ziehen es jedoch vor, komplexe Akkordsymbole zu vereinfachen. Das traditionelle Symbol ist A–7♭5, die ♭6 wird weggelassen. Viele Musiker gehen sogar noch weiter und benutzen ein noch kürzeres Symbol, nämlich Aø – ›A halbvermindert‹.[62] Das Symbol A–7♭5♭6 enthält sieben Informationseinheiten, die von Ihrer linken Gehirnhälfte verarbeitet werden müssen. A–7♭5 dagegen nur fünf und Aø nur zwei. In schnellen Stücken mit vielen Changes können Ihnen kurze und einfache Akkordsymbole das Leben wesentlich leichter machen.

Da der zweite Ton der einzige Unterschied zu lokrisch ist, wird der halbverminderte Modus auch häufig lokrisch ♮2 genannt. Im Gegensatz zum lokrischen Modus mit seiner kleinen Sekunde (oder ♭9) hat der halbverminderte Modus eine große Sekunde (bzw. große None). **Beispiel 3.99** zeigt zuerst A lokrisch und dann A halbvermindert. Wie Sie sehen, besteht der Unterschied nur in einer einzigen Note – B♭ im lokrischen und B im halbverminderten Modus.

Beispiel 3.99

A lokrisch, 7. Modus von B♭ Dur

Aø   ♭9

A lokrisch ♮2, 6. Modus von C melodisch Moll

Aø   9

---

[62] Der Ursprung des Begriffs ›halbvermindert‹ leitet sich wie folgt her: Der Akkord A vermindert besteht aus kleinen (oder verminderten) Terzen, also A, C, E♭, G♭. Da Aø statt des G♭ ein G hat, ist dieser Akkord nur ›halb‹ vermindert.

Beispiel 3.100

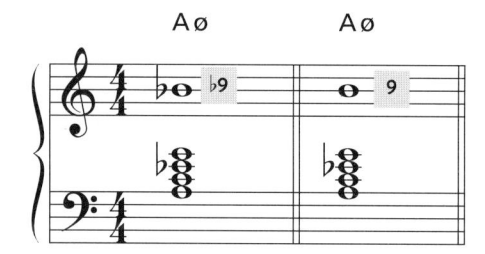

Spielen Sie Beispiel **3.100** und hören Sie sich den Unterschied zwischen ♭9 und großer None über einen Aø in Grundstellung an. Hören Sie den Unterschied? Was gefällt Ihnen besser? Das B♭ klingt nur als Durchgangsnote gut. Hält man es jedoch länger, klingt es sehr dissonant, wie ein Avoid-Ton. Vom B dagegen kann man mit Recht behaupten, daß es der schönste Ton ist, den man über einen Aø Akkord spielen kann.

Fast alle frühen Bebopmusiker spielten über den halbverminderten Akkord den lokrischen Modus, was auch heutzutage noch häufig der Fall ist. Seit den sechziger Jahren geht jedoch der Trend in Richtung des sechsten Modus von melodisch Moll. Viele Musiker spielen auch beide Modi. Bei einer III-VI-II-V in Moll (z.B. Eø, A7♭9, Dø, G7alt) spielt Freddie Hubbard gerne lokrisch über Eø und halbvermindert (lokrisch ♯2) über Dø.

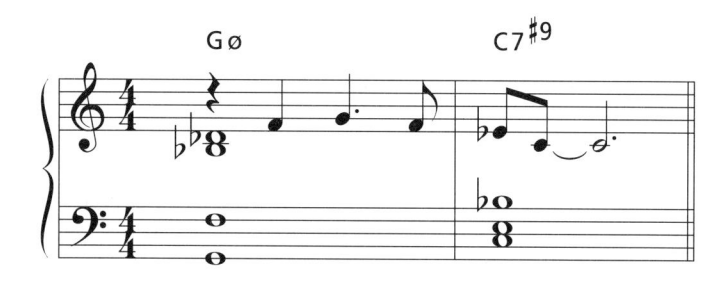

Beispiel 3.101 enthält die ersten beiden Takte von Dizzy Gillespies »Woody 'n' You«. Der Gø Akkord stammt aus dem sechsten Modus von B♭ melodisch Moll. Spielen Sie **Beispiel 3.102** aus Victor Youngs »Stella By Starlight«. Der Cø Akkord läßt sich aus dem sechsten Modus der E♭ melodisch Mollskala herleiten.

Beispiel 3.101

Beispiel 3.102

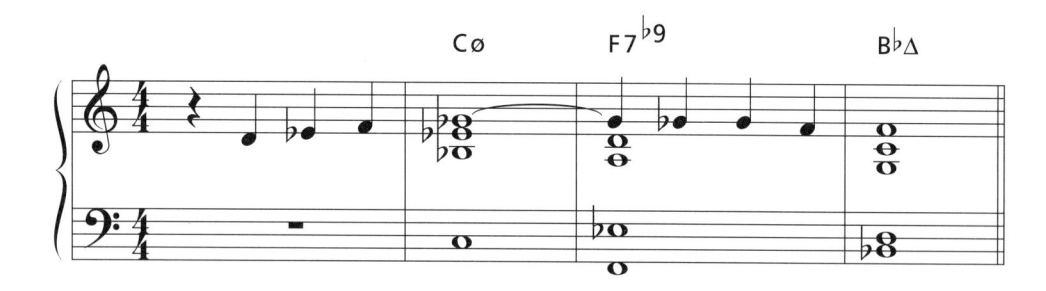

Der halbverminderte Modus, der sechste Modus der melodischen Mollskala, wird beim Improvisieren über halbverminderte Akkorde gespielt.

AKKORD/SKALENTHEORIE

Der alterierte Dominantseptakkord

Spielen Sie **Beispiel 3.103** und hören Sie sich den Klang des alterierten Dominantseptakkords an. Diese drei Takte stammen aus John Coltranes »Moment's Notice«.[63] Der C7alt Akkord leitet sich aus dem siebten Modus der D♭ melodisch Mollskala ab.

Beispiel 3.103

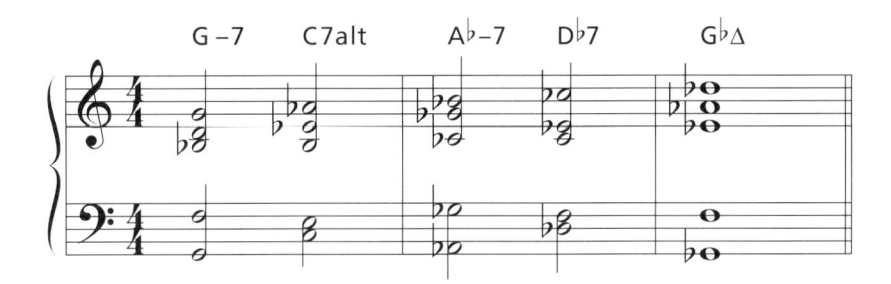

Sehen wir uns jetzt in **Beispiel 3.104** den siebten Modus von melodisch Moll an.[64] Er geht von B bis B und paßt deshalb zu einem bestimmten B Akkord. Offenbar hat er eine kleine Terz (D), aber bedenken Sie, daß der Ton nach der Terz (E♭) eine große Terz über B, dem Grundton, liegt. Die große Terz über dem B heißt D♯; E♭ ist die enharmonische Verwechslung. Normalerweise kommen große und kleine Terz nicht zusammen in einem Akkord vor. Die eigentliche Terz ist in diesem Fall das E♭, die große Terz. Das D ist etwas völlig anderes, auf das wir gleich zu sprechen kommen.

Beispiel 3.104

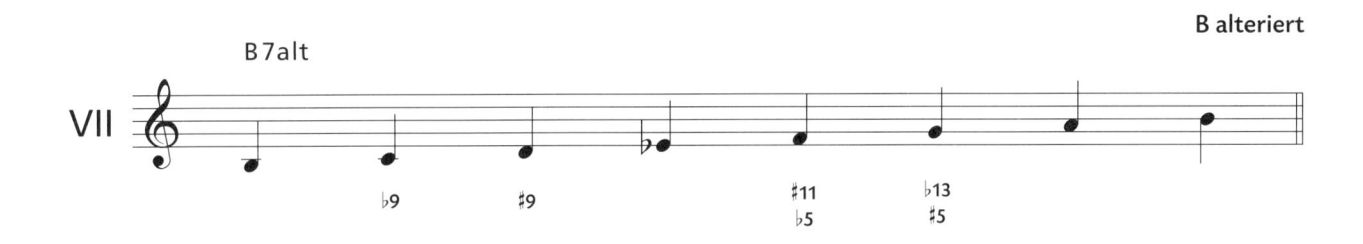

Dieser Modus enthält neben der großen Terz auch eine kleine Septime, weshalb er zu irgendeiner Art von B7 Akkord passen müßte. Bei dem Akkord B7 denken Sie normalerweise an den mixolydischen, den fünften Modus der E Durskala. Da E Dur vier Kreuze vorgezeichnet hat, kann dieser Modus offensichtlich nicht von E Dur stammen.

---

[63] John Coltrane, *Blue Train*, Blue Note, 1957.
[64] Der alterierte Modus wird manchmal auch ›superlokrisch‹ genannt.

Beispiel 3.105

Sehen Sie sich nun **Beispiel 3.105** an, in dem der B mixolydische Modus von E Dur dem siebten Modus von C melodisch Moll gegenübergestellt wird.

B mixolydisch, 5. Modus von E Dur

B 7

Grundton — 9 — Terz — 11 — Quinte — 13 — Septime — Grundton

B alteriert, 7. Modus von C melodisch Moll

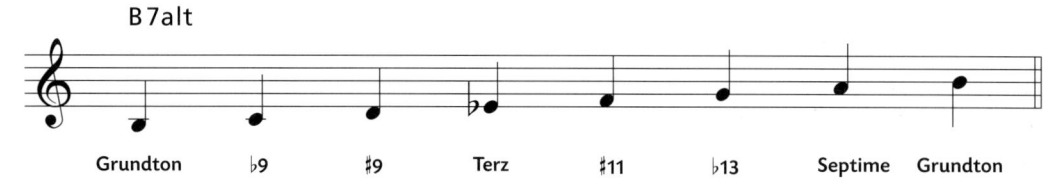

B 7alt

Grundton — ♭9 — ♯9 — Terz — ♯11 — ♭13 — Septime — Grundton

Unter jeder Note ist ihre Position im B7 Akkord notiert. B mixolydisch enthält eine None, B alteriert sowohl eine ♭9 als auch eine ♯9 (der Ton, der der kleinen Terz entspricht). Der 11 in B mixolydisch steht die ♯11 in B alteriert gegenüber, der 13 eine ♭13. B mixolydisch enthält eine Quinte, B alteriert keine. Das vollständige Akkordsymbol, das all diese Alterationen wiedergibt, wäre:

B7♭9 ♯9 ♯11 ♭13

Können Sie sich vorstellen, Sie müssen dieses Akkordsymbol beim Spielen eines schnellen Stückes lesen? Wiederum ist eine Abkürzung notwendig. Das bevorzugte Akkordsymbol hierfür ist B7alt. ›Alt‹ steht sowohl für alteriert als auch für den Namen des Modus.

Der Akkord wird alteriert genannt, weil er als B7 in jeder Beziehung alteriert wurde. Die None wurde erhöht und erniedrigt, die 11 wurde erhöht (sie kann nicht erniedrigt werden, sonst würde aus ihr eine große Terz), und die 13 wurde erniedrigt (sie kann nicht erhöht werden, sonst würde aus ihr eine kleine Septime). Würden Sie den Grundton (B), die Terz (E♭) oder die Septime (A) ändern, dann hätten Sie keinen B7 Akkord mehr. So gesehen sind alle möglichen Alterationen vorhanden.

Manche Musiker benutzen die Symbole ♭5 und ♯5 anstelle von ♯11 und ♭13. Einige nennen diese Skala *verminderte Ganztonskala,* da sie wie eine verminderte Skala anfängt und wie eine Ganztonskala aufhört. Diese beiden Skalen werden später in diesem Kapitel behandelt.

AKKORD/SKALENTHEORIE

Spielen Sie **Beispiel 3.106** aus Benny Golsons »Stablemates«. Der A♭7alt Akkord stammt vom siebten Modus von A melodisch Moll, und der C7alt vom siebten Modus von D♭ melodisch Moll.

Beispiel 3.106

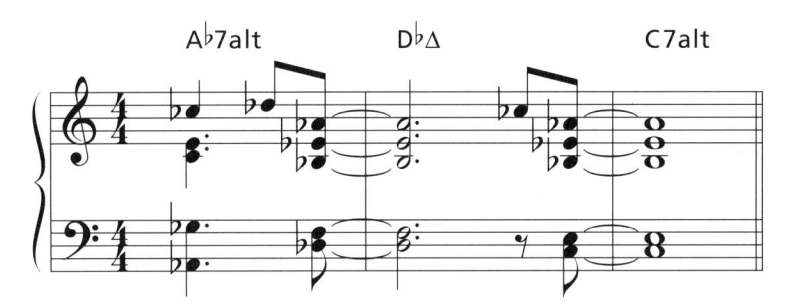

Spielen Sie **Beispiel 3.107** aus Jimmy Van Heusens »I Thought About You«.[65] Der E7alt Akkord stammt aus F melodisch Moll, der D7alt aus E♭ melodisch Moll. Der alterierte Modus, der siebte Modus der melodischen Mollskala, wird beim Improvisieren über alterierte Dominantseptakkorde gespielt.

Beispiel 3.107

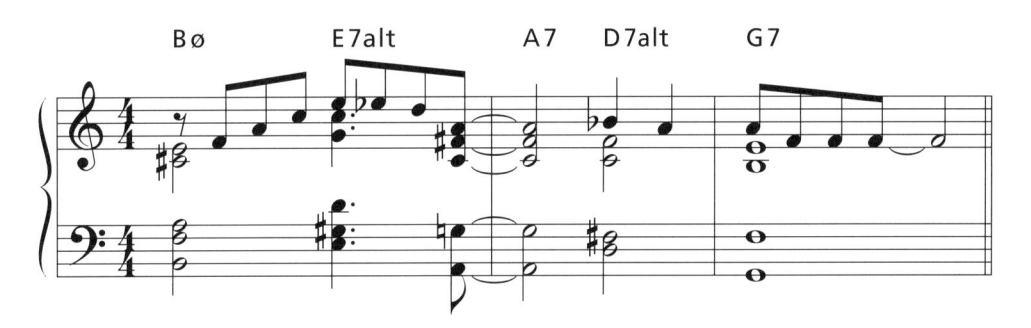

Die Austauschbarkeit von melodischen Mollakkorden

Sämtliche sieben Akkorde der melodischen Mollharmonik basieren auf derselben melodischen Mollskala. Das entspricht der Harmonik der Durskala, wo (in C) CΔ, D–7, Esus♭9, FΔ♯11, G7 und Bø ebenfalls auf derselben Skala basieren.

Zwischen der Harmonik beider Skalen besteht jedoch ein großer Unterschied. In der Harmonik der melodischen Mollskala gibt es so gut wie keine Avoid-Töne. Dieses Fehlen von Avoid-Tönen bedeutet, daß beinahe alles innerhalb einer bestimmten melodischen Molltonart untereinander austauschbar ist. Egal, welche Licks, Patterns, Akkordvoicings, Motive oder Phrasen Sie über C–Δ spielen, sie werden auch zu Dsus♭9, E♭Δ♯5, F7♯11, Aø und B7alt passen.

[65] Miles Davis, *Someday My Prince Will Come*, Columbia, 1961.

Der erste Takt von **Beispiel 3.108** zeigt ein gängiges Left-Hand Voicing für einen F–∆ Akkord. Spielen Sie das Voicing mit der rechten Hand und den Grundton F mit der linken. Beim Spielen der nächsten Takte werden Sie merken, daß das F–∆ Voicing ebensogut für Gsus♭9, A♭∆#5, B♭7#11, Dø und E7alt paßt. All diese Akkorde unterscheiden sich nur durch den Grundton. Falls Sie also weder Bassist noch Pianist sind, der die Akkorde in Grundstellung spielt, *gibt es zwischen diesen Akkorden keinen Unterschied.* Auch die Grundtöne von **Beispiel 3.108** stammen aus der F melodisch Mollskala.

Beispiel 3.108

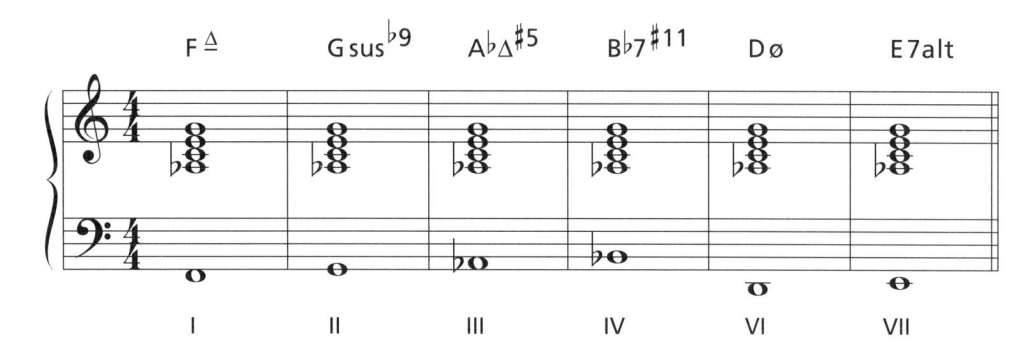

Das gleiche gilt für Licks und melodische Phrasen. Jede Idee, die Sie über einen F–∆ spielen, wird auch bei den anderen Akkorden aus F melodisch Moll funktionieren.

Ist Ihnen aufgefallen, daß F7#11 und B7alt Dominantseptakkorde in C melodisch Moll sind? Beachten Sie vor allem, daß ihre Grundtöne (F und B) einen Tritonus voneinander entfernt sind. *Diese beiden Dominantseptakkorde der melodischen Mollharmonik sind einen Tritonus voneinander entfernt.* Durch das Fehlen von Avoid-Tönen handelt es sich bei F7#11 und B7alt im Prinzip um denselben Akkord, der sich wiederum zum selben Akkord auflöst, wie in **Beispiel 3.109** deutlich zu hören ist. Sowohl F7#11 als auch B7alt lösen sich nach E∆ auf. Mehr darüber in Kapitel 13, »Grundlagen der Reharmonisation«.

Beispiel 3.109

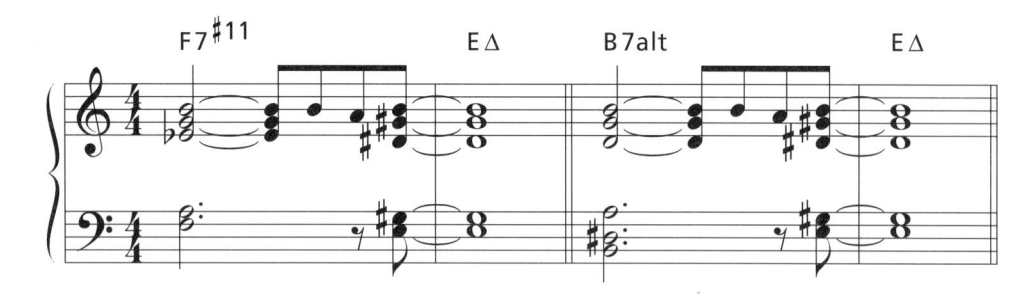

Bei Akkorden der Durskala gibt es diese Austauschbarkeit nicht. Ein Beispiel: obwohl D–7 und C∆ zur Tonart C gehören, können Sie ein D–7 Voicing nicht für C spielen, da das D–7 Voicing ein F enthält, den Avoid-Ton des C Akkordes. Und ein G7 Akkordvoicing geht auch nicht für C∆, da G7 ebenfalls das F enthält, den Avoid-Ton des C∆ Akkords.

Falls Sie eine traditionelle Harmonieausbildung haben, müssen Sie hier in Bezug auf die Harmonik umdenken. In traditioneller Harmonielehre sind die Terz und die Septime gerade bei Dominantseptakkorden von größter Wichtigkeit. In der Harmonik der melodischen Mollskala sind Terz und Septime manchmal überhaupt nicht wichtig. Schauen Sie sich noch einmal **Beispiel 3.108** an. Das B♭7♯11 Voicing hat keine Terz (D). Das E7 Voicing hat keine Septime (D). Pianisten und Gitarristen spielen diese Voicings ständig und bisher hat sich noch nie jemand darüber beklagt. Warum funktioniert das? Durch das Fehlen von Avoid-Tönen besagt die Austauschbarkeit aller Akkorde, daß Sie weniger einen einzigen, individuellen Akkord, sondern vielmehr die gesamte ›Tonart‹ spielen.

Das ist vielleicht auch das verblüffendste an der Harmonik von melodisch Moll, weshalb wir das Ganze noch einmal durchgehen. Schauen Sie sich das Piano-Voicing (im Baßschlüssel) aus **Beispiel 3.110** an. Spielen Sie die oberen vier Töne mit der rechten Hand und den Grundton mit der linken. Als C7alt gespielt, fehlt dem Voicing die Septime, und als G♭7♯11 die Terz. Bei melodischen Mollakkorden spielen Sie aufgrund des Fehlens von Avoid-Tönen tatsächlich die gesamte Tonart und nicht nur den Akkord. *Denken Sie in Tonarten und nicht in Akkorden.*

Beispiel 3.110

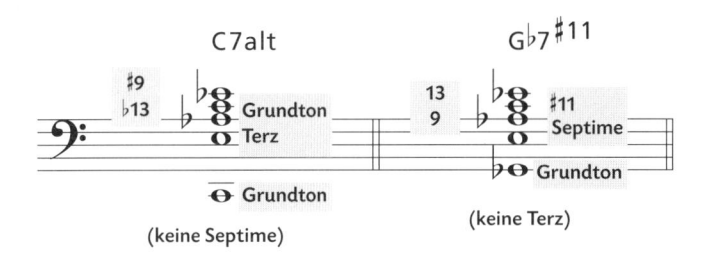

Das bedeutet, daß Sie die Akkorde jeder melodischen Molltonalität zusammen, als Familie, lernen müssen. Falls nicht, werden Sie eine Akkordverbindung wie D♯alt, C♯ø, GΔ♯5, A7♯11, F♯sus♭9, E–Δ nicht so schnell durchschauen, oder? Ist das eine schwierige Akkordverbindung? Eigentlich nicht. Alle Akkorde stammen aus E melodisch Moll – und sind eigentlich nur ein einziger Akkord. Wie ich schon sagte, *denken Sie in Tonarten und nicht in Akkorden.*

Das Piano ist ein Instrument mit Kennfarben

Das Piano besitzt im Gegensatz zu anderen Instrumenten Kennfarben. Die Töne sind entweder schwarz oder weiß. Das kann das Studium der melodischen Mollharmonik wesentlich erleichtern. Für Pianisten bedeuten Vorzeichen ganz einfach »spiele alle weißen Töne außer...« [66] F Dur hat ein Vorzeichen, das B♭. Mit anderen Worten, in F Dur spielt man alle weißen Töne bis auf das B♭.

---

[66] Mit Ausnahme der Tonarten G♭, das ein C♭ hat (einen weißen Ton) und F♯, das ein E♯ hat (ebenfalls einen weißen Ton).

F#7alt, Bb∆#5 und Eø klingen vielleicht nicht wie verwandte Akkorde, aber sie sind es doch. Sie stammen alle von G melodisch Moll ab, **Beispiel 3.111**, das ein b (Bb) und ein # (F#) vorgezeichnet hat. Als Vorzeichen für eine Tonart kommt Ihnen das merkwürdig vor? Nun, mag sein, aber das macht es Ihnen leichter, sich alle Akkorde von G melodisch Moll einzuprägen: man spielt alle weißen Töne mit Ausnahme von Bb und F#. Und noch ein Beispiel: D melodisch Moll hat bis auf das C# (**Beispiel 3.112**) nur weiße Töne. Und nochmals: *Denken Sie in der Tonart, nicht in Akkorden.*

Beispiel 3.111

G∆, Asusb9, Bb∆#5, C7#11, Eø, F#7alt   G melodisch Moll

Beispiel 3.112

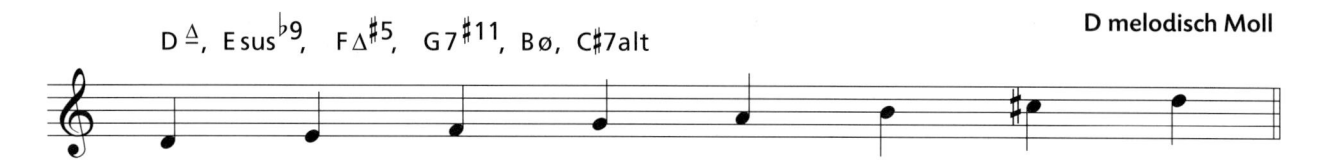

D∆, Esusb9, F∆#5, G7#11, Bø, C#7alt   D melodisch Moll

Jazzmusiker schreiben die Vorzeichen von melodisch Moll nicht aus, denken beim Improvisieren aber oft an sie. Gibt es überhaupt jemanden, der Vorzeichen für melodisch Moll schrieb? Sicher. Béla Bártok in seinem Klavierstück Nummer 41 aus dem »Mikrokosmos«.[67]

II-V-I und II-V Verbindungen in Moll

Spielen Sie **Beispiel 3.113**, mit dem wir diesen Abschnitt begonnen haben. Diese Akkordverbindung ist als II-V-I in Moll bekannt. Im Gegensatz zur II-V-I in Dur (z.B. D−7, G7, C∆ in C Dur) besteht eine II-V-I Verbindung in Moll normalerweise aus einem halbverminderten Akkord, einem alterierten Akkord und einem Minor-Major Akkord (Dø, G7alt, C−∆). Außerdem stammen in Dur sämtliche Akkorde der II-V-I aus derselben Tonart (D−7, G7 und C∆ sind allesamt aus C Dur), *während die drei Akkorde einer II-V-I in Moll von drei verschiedenen melodischen Molltonleitern abgeleitet sind.*

Beispiel 3.113

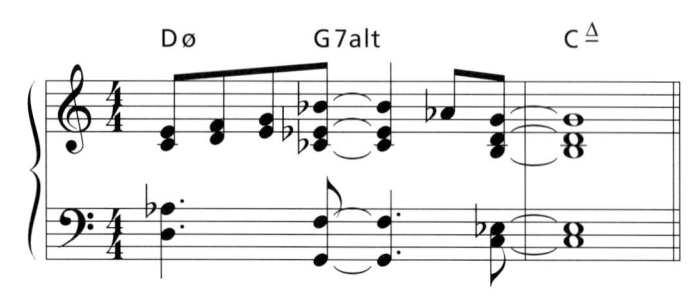

Dø   G7alt   C∆

[67] Béla Bartók, *Mikrokosmos, Vol. II*, Boosey and Hawkes, 1940.

Die Töne, die über Dø gespielt werden, stammen von F melodisch Moll, die Töne über G7alt von A♭ melodisch Moll und die Töne über C–Δ von C melodisch Moll. Das ist ein radikaler Unterschied zur II-V-I einer Durtonart, in der alle drei Akkorde dieselbe Skala haben.

Wäre es nicht großartig, wenn es eine Skala gäbe, die sowohl zu Dø, G7alt und auch C–Δ paßt? Natürlich, aber es gibt keine. Oft liest man in Harmonielehrebüchern, daß man über die II-V-I in Moll die harmonische Mollskala spielen kann. Wenn das der Fall wäre, würde sie von den großen Musikern auch gespielt werden, aber das ist keineswegs der Fall. Ich zeige Ihnen, warum. Und in Kapitel 23 werden wir dann noch näher auf die harmonische Mollskala eingehen.

Spielen Sie **Beispiel 3.114**, eine II-V in Moll. Wenn Sie genau hinhören, werden Sie merken, daß sowohl die Phrase über Dø im Violinschlüssel als auch das Akkordvoicing im Baßschlüssel über dem G7alt Akkord eine kleine Terz höher wiederholt werden. Eine melodische Figur, die in einer anderen Tonhöhe wiederholt wird, heißt *Sequenz*. Und das Wiederholen eines Akkords in einer anderen Tonhöhe nennt man *Parallelbewegung*. Sequenzen und Parallelbewegungen schaffen in der Musik eine Struktur, und Strukturen machen den Eindruck, als wüßte man, was man tut. In II-V Verbindungen in Moll kann alles, was Sie über dem halbverminderten Akkord spielen, eine kleine Terz höher über dem alterierten Akkord gespielt werden. Und zwar deshalb, weil beide Akkorde von melodischen Molltonarten stammen, die eine kleine Terz auseinanderliegen.

Beispiel 3.114

Dø stammt von F melodisch Moll, G7alt von A♭ melodisch Moll. A♭ melodisch Moll liegt eine kleine Terz über F melodisch Moll. Auf einer Ebene spielen Sie nur Dø, G7alt. Auf einer harmonisch weiterentwickelten Ebene – aufgrund des Fehlens von Avoid-Tönen und der daraus resultierenden Austauschbarkeit von melodischen Mollakorden – spielen Sie die ›Tonarten‹ F melodisch Moll und A♭ melodisch Moll. Um es noch einmal zu sagen: *denken Sie in Tonarten, nicht in Akkorden*. Übrigens sind das gute Piano-Voicings.

Eine II-V in Moll muß sich nicht unbedingt zu einem Mollakkord auflösen. Sie kann sich genauso gut in einen Durseptakkord auflösen. Bob Haggarts »What's New« hat eine Gø, C7alt, FΔ Verbindung (**Beispiel 3.115**), und die letzte II-V-I von Victor Youngs »Stella By Starlight« wird häufig als Cø, F7alt, B♭Δ gespielt (**Beispiel 3.116**).

Beispiel 3.115

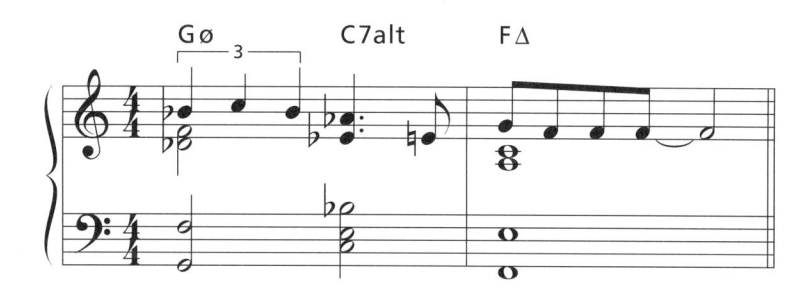

Beispiel 3.116

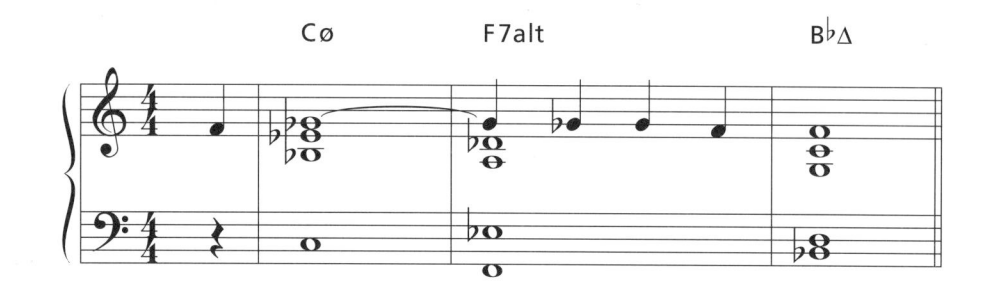

›Charakteristische‹ Töne der melodischen Mollskala

Terz, Quinte, Septime und None einer bestimmten melodischen Mollskala tauchen, zusammen gespielt, weder in einer anderen melodischen Molltonart noch in einer Durtonart auf, und auch in keiner verminderten Skala oder Ganztonskala. *Sie sind nur für diese eine melodische Mollskala charakteristisch.* Dasselbe gilt für Grundton, Terz, Quinte und Septime einer melodischen Mollskala. **Beispiel 3.117** zeigt beide Kombinationen. Jede Kombination dieser vier Töne etabliert sofort die Essenz dieser einen melodischen Molltonart.

Beispiel 3.117

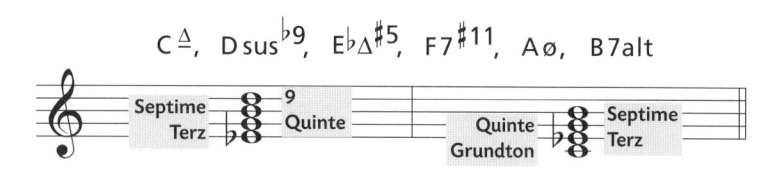

Grundton, Terz, Quinte, Septime
in der Tonart
C melodisch Moll,
nicht des Akkords

Grundton, Terz, Quinte, Septime
in der Tonart
C melodisch Moll,
nicht des Akkords

Wir haben nun die zweite der vier Skalen behandelt. Weiter geht es mit einer ziemlich merkwürdigen Skala. Sie hat einen zusätzlichen Ton und ist völlig künstlich, gehört aber zu den seit der Bebop-Ära am häufigsten gespielten Klängen. Es ist dies die verminderte Skala.[68]

---

[68] Die verminderte Skala ist deshalb künstlich, weil sie sich nicht, wie die Durskala, aus der Obertonreihe ableitet und auch keinen speziellen, ethnischen Ursprung wie die melodische Mollskala hat, deren Wurzeln in Osteuropa liegen.

AKKORD/SKALENTHEORIE

Die Harmonik der verminderten Skala

Spielen Sie **Beispiel 3.118** aus Joe Hendersons Solo über Duke Pearsons »Idle Moments«[69]. So klingt die *Harmonik der verminderten Skala*. **Beispiel 3.119** zeigt Takt 5-7 von Jimmy Van Heusens »Here's That Rainy Day«. Die Akkorde auf den Zählzeiten 2, 3 und 4 im Takt mit dem D7♭9 entstammen der verminderten Skala.

Beispiel 3.118

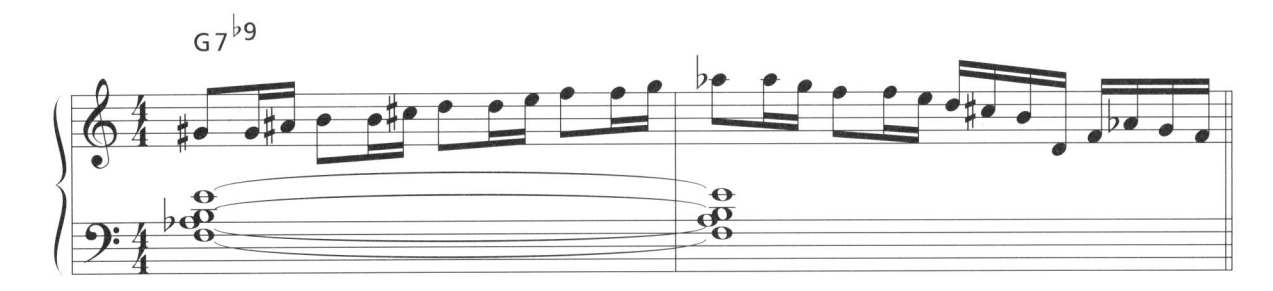

Beispiel 3.119

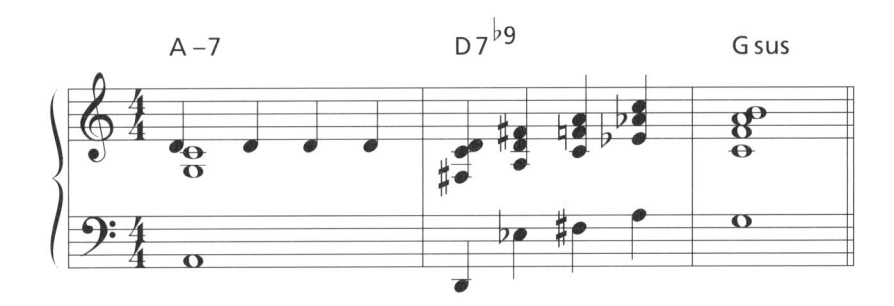

Was versteht man unter einer verminderten Skala?

Die verminderte Skala gibt es in zwei Formen: die eine wechselt zwischen Halb- und Ganztonschritten, die andere zwischen Ganz- und Halbtonschritten. **Beispiel 3.120** zeigt die beiden verminderten Skalen. Die Skala im ersten Takt wechselt zwischen Halb- und Ganztonschritten, die Skala im zweiten Takt zwischen Ganz- und Halbtonschritten. Beide Skalen haben genau dieselben Töne. *Die Halbton/Ganztonskala entspricht der Ganzton/Halbtonskala, beginnt jedoch mit einem anderen Ton.*

Beispiel 3.120

G Halbton/Ganzton

F Ganzton/Halbton

[69] Grant Green, *Idle Moments*, Blue Note, 1963.

Die verminderte Skala besitzt zwei einzigartige Merkmale:

- anders als die aus sieben Tönen bestehenden Dur- und Mollskalen besteht die verminderte Skala aus acht Tönen.

- im Gegensatz zu den Dur- und Mollskalen ist sie *symmetrisch*. D.h., sie besitzt ein regelmäßiges Muster von Intervallen – nämlich abwechselnd Halb- und Ganztöne bzw. umgekehrt.

Dagegen sind die Durskalen und melodischen Mollskalen asymmetrisch. Die Stufen der Durtonleiter sind z. B.: Ganzton, Ganzton, Halbton, Ganzton, Ganzton, Ganzton, Halbton (**Beispiel 3.121**), ergeben also ein *asymmetrisches* Muster. Die verminderten Skalen (**Beispiel 3.120**) sind dagegen symmetrisch.

Beispiel 3.121

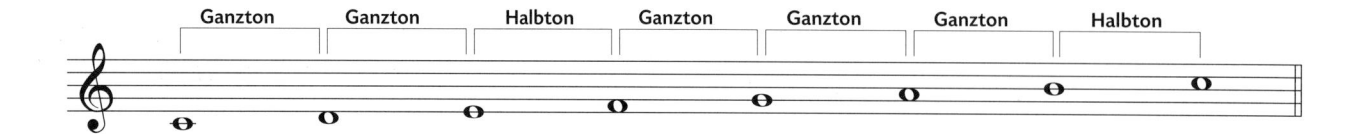

Ist eine Skala asymmetrisch, gibt es immer zwölf verschiedene Versionen davon, wie z. B. die zwölf Dur- und die zwölf melodischen Mollskalen. Ist eine Skala dagegen symmetrisch, existieren davon immer weniger als zwölf Versionen. Die chromatische Skala ist z. B. eine symmetrische Skala, die lediglich aus Halbtonschritten besteht. Wieviele chromatische Skalen gibt es? Nur eine. Jede chromatische Skala besteht aus denselben Tönen, egal, von welchem Ton aus sie beginnt. Da die verminderte Skala symmetrisch ist, gibt es von ihr ebenfalls weniger als zwölf Versionen. Aber wieviele?

Das werden wir gleich herausfinden. Nehmen Sie Ihr Instrument zur Hand und spielen Sie die verminderte Skala aus dem ersten Takt von **Beispiel 3.120**. Beginnen Sie mit dem G und wechseln Sie zwischen Halb- und Ganztonschritten. Spielen Sie eine Oktave aufwärts und dann abwärts. Dann zwei Oktaven, aufwärts und abwärts. Spielen Sie die Skala noch ein paarmal, bis Sie sie auswendig können. Beginnen Sie nun mit dem A♯ und wechseln Sie wiederum zwischen Halb- und Ganztonschritten. Diese Skala hat dieselben Töne wie die verminderte Skala in G. Fangen Sie mit C♯ an – es sind wieder dieselben Töne. Dann mit E – wieder dieselben Töne. Die verminderte Halbton/Ganztonskala auf G, A♯, C♯ und E sind alle genau gleich; sie beginnen lediglich mit unterschiedlichen Tönen (**Beispiel 3.122**). Diese vier Anfangstöne – G, A♯, C♯ und E – liegen jeweils eine kleine Terz auseinander. Das ist der Schlüssel zur Harmonik der verminderten Skala. *Alles wiederholt sich im Intervall einer kleinen Terz.*

Beispiel 3.122

G Halbton/Ganztonskala

A♯ Halbton/Ganztonskala

C♯ Halbton/Ganztonskala

E Halbton/Ganztonskala

Da die verminderten Skalen auf G, A♯, C♯ und E dieselben Töne enthalten, gilt das gleiche für die Skalen auf A♭, B, D und F, da sie ebenfalls eine kleine Terz auseinander liegen. Dasselbe gilt für die verminderten Skalen auf A, C, E♭ und F♯. Anders ausgedrückt, *es gibt nur drei verminderte Skalen:*

- die, die auf G, A♯, C♯ oder E beginnt
- die, die auf A♭, B, D oder F beginnt
- die, die auf A, C, E♭ oder F♯ beginnt

Das sieht zunächst einmal verwirrend aus, weil es Sie dazu zwingt, gleichzeitig in mehreren Tonalitäten oder ›Tonarten‹ zu denken. Haben Sie jedoch einmal das Prinzip, das dahintersteckt, begriffen, werden Sie schnell merken, daß die verminderte Skala viel weniger kompliziert zu spielen ist als z. B. die Durskala, *weil sie nur drei ›Tonarten‹ hat.*

Die verminderte Halbton/Ganztonskala und der V7♭9 Akkord

Die Skala aus dem ersten Takt von **Beispiel 3.120** wird hier nochmals in **Beispiel 3.123** gezeigt. Sie geht von G bis G, paßt also zu irgendeinem G Akkord. Welche Terz und welche Septime enthält sie? Obwohl das B♭ eine kleine Terz über dem G liegt, folgt gleich darauf das B, die große Terz. Wie Sie bereits im Zusammenhang mit dem alterierten Modus gelernt haben, ist bei einer Skala, die sowohl eine kleine als auch eine große Terz zu haben scheint, die kleine Terz in Wirklichkeit eine ♯9. Da B die eigentliche Terz ist, und F eine kleine Septime über dem G liegt, paßt diese Skala zu einem bestimmten G7 Akkord. Was sind die Alterationen? A♭ ist ♭9, B♭ ist die ♯9 und C♯ ist ♯11. Wiederum ist eine Kurzform angebracht. Die meisten Jazzmusiker notieren diesen Akkord als G7♭9, obwohl gelegentlich auch das Symbol G7♯9 verwendet wird.

Beispiel 3.123

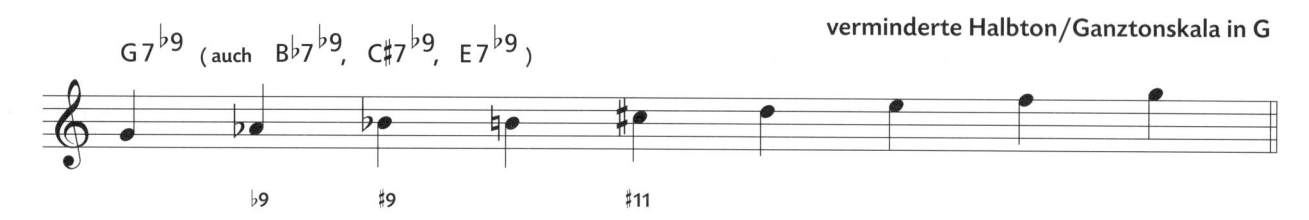

Wie in der Harmonik der melodischen Mollskala gibt es auch in der verminderten Skala keine Avoid-Töne. Deshalb ist der gesamte harmonische Bereich innerhalb dieser Skala austauschbar: Akkorde, Voicings, Licks, Phrasen, Patterns usw. Da die verminderten Skalen auf G, B♭, C♯ und E identisch sind, sind auch die Akkorde G7♭9, B♭7♭9, C♯7♭9 und E7♭9 größtenteils untereinander austauschbar. Spielen Sie **Beispiel 3.124**. Hören Sie, wie sich das 4Ton-Motiv in kleinen Terzen nach unten wiederholt?[70] Sehen Sie sich die Analyse des Motivs in **Beispiel 3.125** an. *Nicht vergessen: innerhalb der Harmonik der verminderten Skala wiederholt sich alles im Abstand eines kleinen Terzintervalls.*

Beispiel 3.124

---

[70] Das Piano-Voicing ist ein sog. Left-Hand Voicing, hat also keinen Grundton, weshalb im Baß kein F notiert ist.

AKKORD/SKALENTHEORIE

Beispiel 3.125

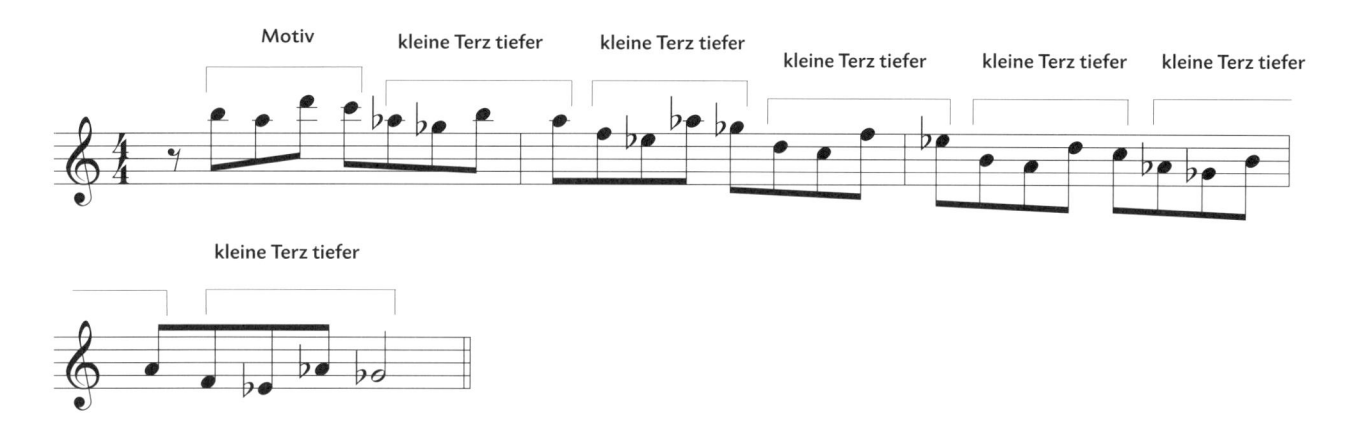

Beispiel 3.126 zeigt drei weitere Licks über die verminderte Skala. Jedes Lick besteht aus einer 4Ton-Phrase, die eine kleine Terz nach oben oder unten verschoben wird.

Beispiel 3.126

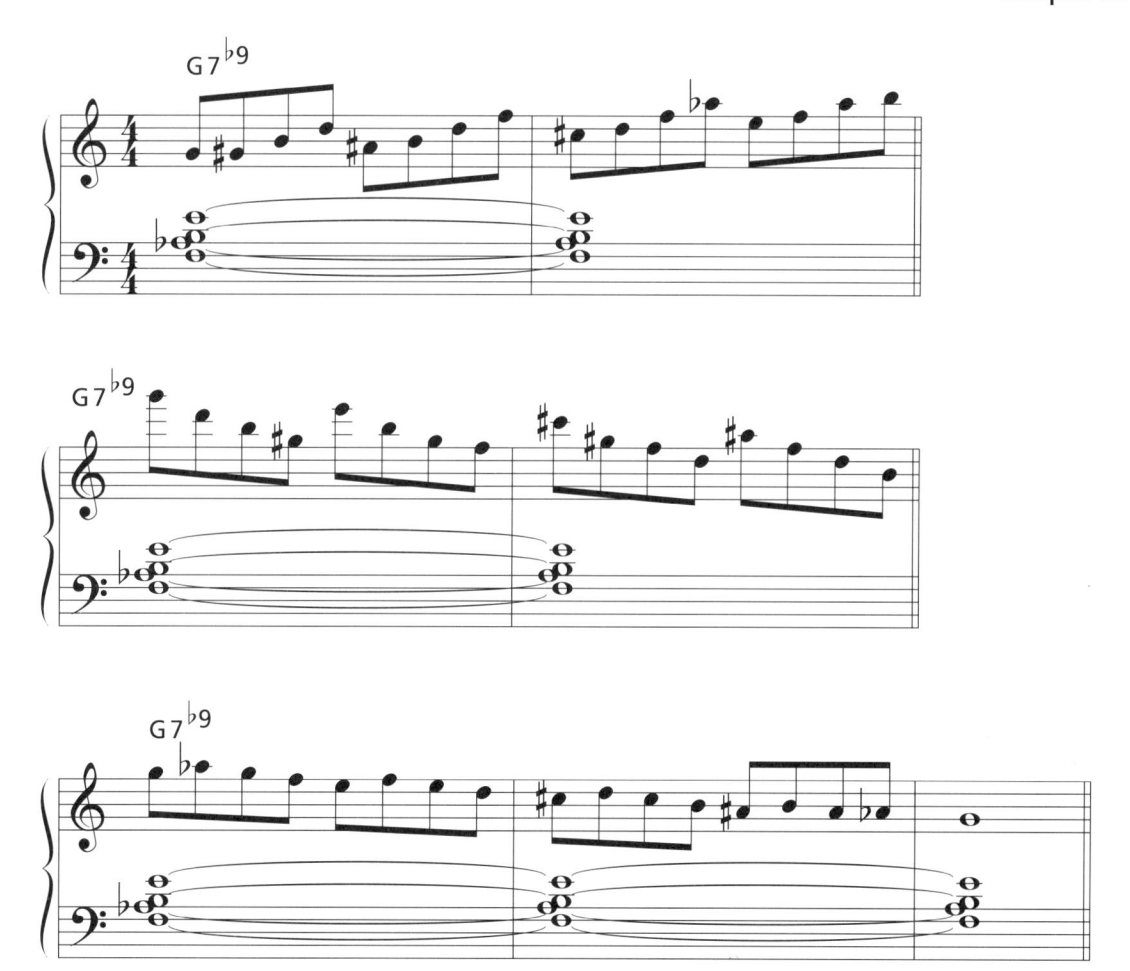

Es gibt unendlich viele Licks, die auf der verminderten Skala basieren. Aufgrund ihrer perfekten Symmetrie klingt sie häufig übertrieben mechanisch. Um spannend zu bleiben, braucht die Musik nun einmal, wie das Leben, Ecken und Kanten.

Spielen Sie **Beispiel 3.127** und hören Sie sich Herbie Hancocks verminderte Skalenlinie über »Oliloqui Valley«[71] an. Achten Sie auf die ganz leichte intervallische Variation, die Herbie in beide Takte einfließen läßt, bevor er die Skala abwärts spielt.

Beispiel 3.127

Sie können nicht nur Licks, sondern auch Akkorde im Abstand einer kleinen Terz wiederholen. In **Beispiel 3.119** spielten wir Takt 5-7 von Jimmy Van Heusens »Here's That Rainy Day«. **Beispiel 3.128** enthält dieselben drei Takte. Das Akkordvoicing der zweiten Zählzeit von D7♭9 wird hier eine kleine Terz höher wiederholt und bewegt sich dann nochmals eine kleine Terz nach oben. Wie Sie sehen, folgen die Akkorde der Melodie – F#, A, C – und steigen in kleinen Terzen aufwärts.

Beispiel 3.128

die Akkorde bewegen sich
in kleinen Terzen nach
oben

In **Beispiel 3.129** hören Sie ein einziges Piano-Voicing (im Violinschlüssel), das wie vier verschiedene V7♭9 Akkorde im Abstand einer kleinen Terz klingt, da der Grundton (im Baßschlüssel) in kleinen Terzen absteigt. Der D♭7♭9 Akkord enthält keine ♭9, aber der B♭7♭9 Akkord hat eine #11. Das Akkordsymbol lautet aber doch »♭9«. Vergessen Sie nicht, daß ♭9 lediglich eine Kurzform für alle drei Alterationen der Skala ist – für ♭9, #9 und #11. Ein und dasselbe Voicing paßt zu vier verschiedenen V♭9 Akkorden – warum? *Weil es in der Harmonik der verminderten Skala keine Avoid-Töne gibt.*

---

[71] Herbie Hancock, *Empyrean Isles,* Blue Note, 1964.

Beispiel 3.129

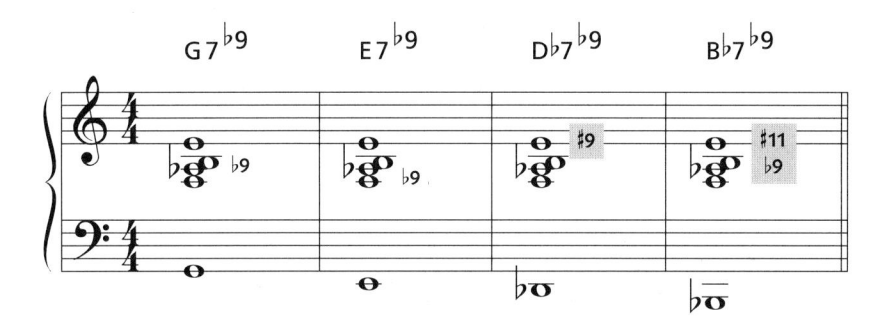

Die verminderte Ganzton/Halbtonskala und der verminderte Akkord

Beispiel 3.130 zeigt die verminderte Ganzton/Halbtonskala. Diese Skala wird über verminderte Akkorde gespielt. Das gängige Akkordsymbol für einen verminderten Akkord ist der Grundton des Akkords, gefolgt von einem kleinen Kreis. Das Symbol für den Akkord F vermindert ist demnach F°.[72]

Beispiel 3.130

Noch einmal: da die verminderte Skala keinerlei Avoid-Töne enthält, wiederholt sich alles im Intervall einer kleinen Terz, deshalb ist F° austauschbar mit A♭°, B° und D°. **Beispiel 3.131** zeigt dasselbe aus einem anderen Blickwinkel: eine verminderte Skala mit den Symbolen der acht Akkorde, die aus den acht Tönen der Skala geformt wurden – vier V7♭9 Akkorde im Abstand einer kleinen Terz und vier verminderte Akkorde, ebenfalls im Abstand einer kleinen Terz. Die Grundtöne der acht Akkorde stehen im Baßschlüssel, und das Voicing, das zu allen acht Akkorden paßt, im Violinschlüssel.

Beispiel 3.131

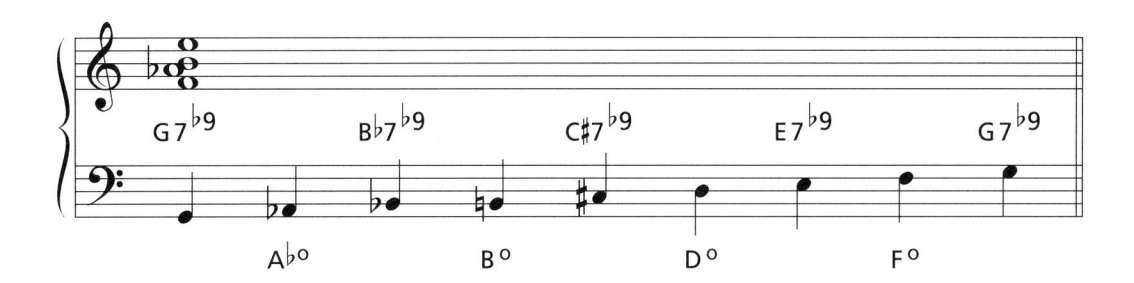

[72] Manchmal auch F°7 notiert.

Verminderte Akkorde werden oft anstelle von V7$^{\flat 9}$ Akkorden gespielt, um eine chromatische Baßbewegung zu erhalten. Spielen Sie **Beispiel 3.132**, drei Akkorde aus dem Mittelteil von Duke Ellingtons »Sophisticated Lady«. Die Grundtöne der Akkorde bewegen sich in einer chromatischen Baßlinie – G∆, G♯°, A–7.

Beispiel 3.132

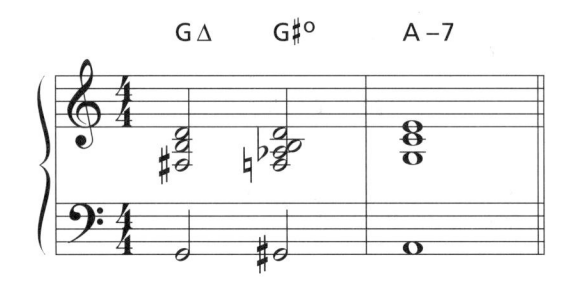

In **Beispiel 3.133** können Sie sehen, daß die Töne des G♯° Akkords aus »Sophisticated Lady« Terz, Quinte, Septime und ♭9 von E7$^{\flat 9}$ sind. Normalerweise wäre der Dominantseptakkord, der einem A Akkord vorausgeht, E7. Der G♯° Akkord ist E7$^{\flat 9}$ ohne E, dem Grundton. G♯° ersetzt E7$^{\flat 9}$, um eine chromatische Baßlinie von G über G♯ nach A zu erhalten.

Beispiel 3.133

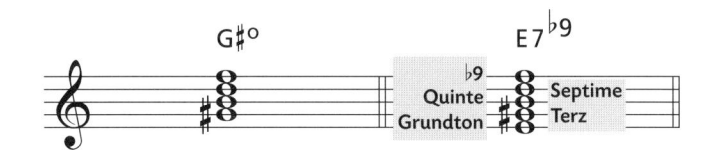

Dasselbe ereignet sich in Chick Coreas »Mirror, Mirror«[73] (**Beispiel 3.134**). Der G♯ Akkord ist in Wirklichkeit ein E7$^{\flat 9}$ ohne den Grundton E. Sowohl in »Sophisticated Lady« als auch in »Mirror, Mirror« entsteht durch Verwendung eines verminderten Akkords anstelle eines Dom7$^{\flat 9}$ Akkords eine chromatische Baßlinie. Wann immer in einem Stück ein verminderter Akkord vorkommt, prüfen Sie, ob der Grundton Teil einer chromatischen Baßlinie ist. Als nächstes überprüfen Sie, ob er eventuell einem Dom7$^{\flat 9}$ Akkord eine Quinte über dem nächsten Akkord entspricht. Meistens ist das genau der Fall.

Beispiel 3.134

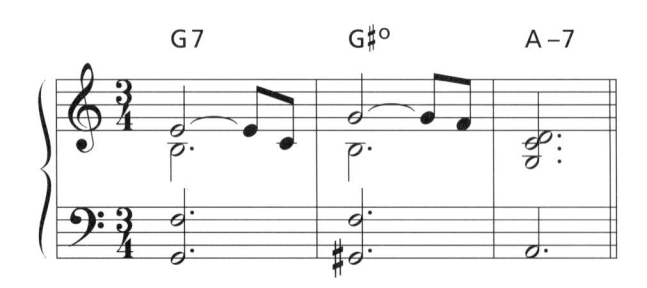

[73] Joe Henderson, *Mirror, Mirror*, Verve, 1980.

Dasselbe passiert in Ralph Raingers »Easy Living«. **Beispiel 3.135** zeigt die ersten vier Takte. F#o ist ein versteckter D7b9 und G#o ein versteckter E7b9. Das Weglassen der Grundtöne in den V7b9 Akkorden erzeugt eine chromatische Baßbewegung.

Beispiel 3.135

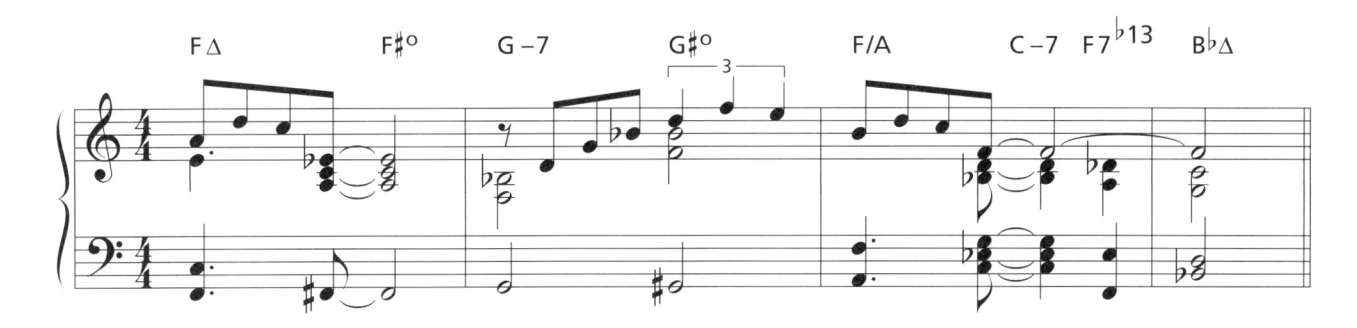

Die frühen Jazzmusiker spielten die verminderte Skala ausschließlich über verminderte Akkorde. **Beispiel 3.136** zeigt, was Art Tatum über Mort Dixons und Harry Woods' »Just Like A Butterfly Caught In The Rain«[74] spielte. Nach einem C#o Akkord spielt Tatum zunächst die ersten drei Töne der Bb Durskala und setzt diese dann mit einer D# Halbton/Ganztonskala über fast drei Oktaven fort.

Beispiel 3.136

Art Tatums Piano-Voicings vereinfacht

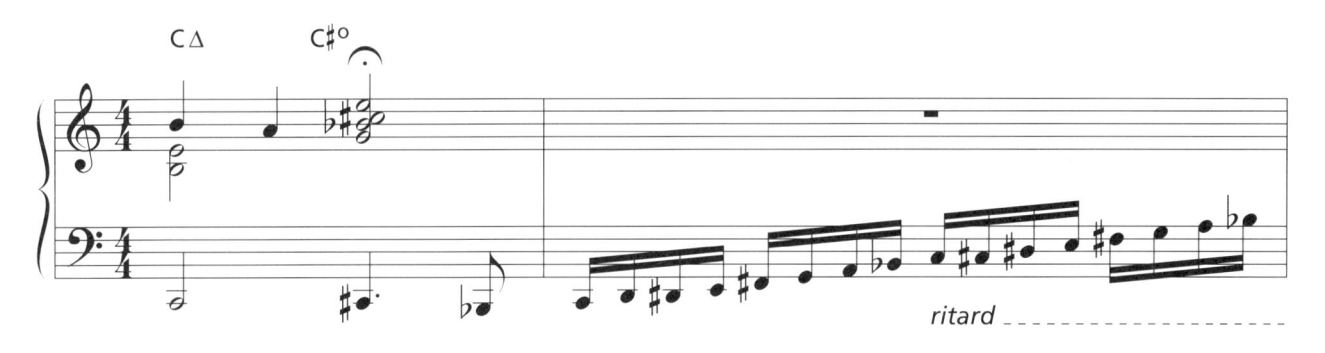

---

[74] Art Tatum, *Pablo Solo Masterpieces*, Pablo, 1953. Was für ein Titel für ein Stück!

Mit Beginn der Bebop-Ära begannen die Jazzmusiker, verminderte Akkorde durch V7♭9 Akkorde zu ersetzen. GΔ, G♯°, A–7 wurde zu GΔ, E7♭9, A–7. Heutzutage schreiben nur noch wenige Jazzmusiker verminderte Akkorde in ihren Kompositionen. Auch bei der Interpretation von Stücken aus den vierziger Jahren oder davor spielen die Musiker von heute statt des verminderten Akkords einen V7♭9.

Kenny Barron verfährt in seiner Version von Hoagy Carmichaels »Skylark«[75] ebenso. **Beispiel 3.137** zeigt die ersten beiden Akkorde des Mittelteils in der Urfassung, wobei der A° Akkord wie ein F7♭9 fungiert, aber eine chromatische Baßbewegung zwischen A♭Δ und B♭–7 erzeugt.

Beispiel 3.137

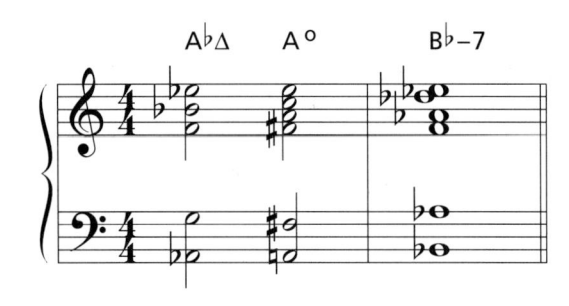

Beispiel 3.138 zeigt, wie Kenny anstelle des A° einen F7♭9 spielt.[76]

Beispiel 3.138

Kenny Barrons Piano-Voicings vereinfacht

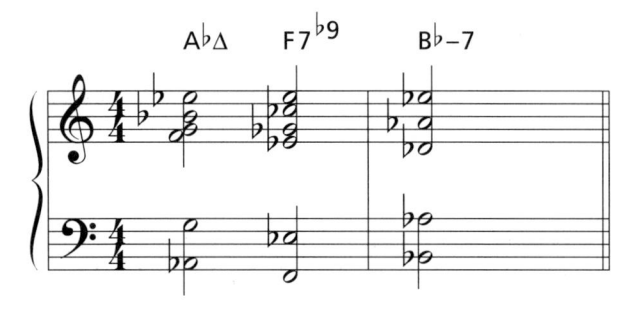

Nicht jeder verminderte Akkord ist ein versteckter V7♭9 Akkord für den folgenden Akkord. Manchmal ist der verminderte Akkord ein versteckter V7♭9 des übernächsten Akkords. Der zweite Akkord von Antonio Carlos Jobims »Wave« ist B♭°. B♭° scheint kein versteckter V7♭9 des nachfolgenden Akkords A–7 zu sein. Aber A–7 ist gefolgt von D7 und A–7, D7 ist eine II–V. B♭° ist eine versteckte V (A7♭9) von D7, mit A–7 dazwischen, um eine II–V zu erzeugen (**Beispiel 3.139**).

Beispiel 3.139

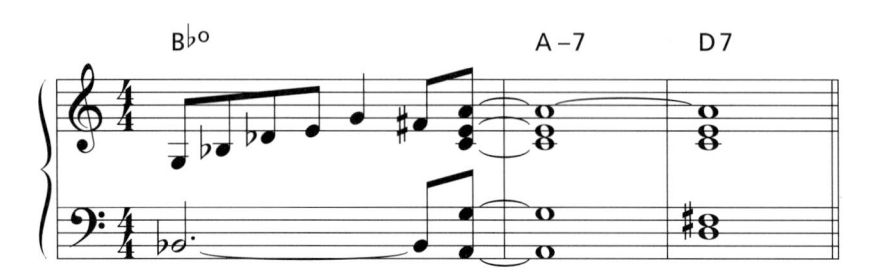

[75] Kenny Barron, *Maybeck Recital Hall Series*, Concord Jazz, 1990.
[76] Das C♭ im Voicing ist die ♯11 des Akkords. Vergessen Sie nicht, daß F7♭9 eine Kurzform ist. Sie impliziert ebenso die ♯9 und die ♯11.

Jedesmal, wenn Sie etwas aus der Harmonik der verminderten Skala spielen, spielen Sie gleichzeitig in vier Tonalitäten, die eine kleine Terz auseinanderliegen. Sie können nicht immer davon ausgehen, daß der Bassist den Grundton spielt. Der Ton, den der Bassist unter einen Akkord legt, kann die Tonalität beeinflussen. Da Bassisten häufig Tritonusvertreter[77] und neben den Grundtönen auch Durchgangstöne spielen, könnte Ihr G7♭9, den Sie gerade zu spielen glaubten, wie B♭7♭9, D♭7♭9, E7♭9, F°, A♭°, B° oder D° klingen, je nachdem, welche Note der Bassist spielt. Aber keine Sorge. Was Sie spielen, wird deshalb nicht schlecht klingen, sondern nur anders als erwartet.

Da die verminderte Skala keine Avoid-Töne enthält, können Sie alle Töne zusammen als einen einzigen Akkord spielen. **Beispiel 3.140** zeigt, wie Herbie Hancock in »Dolphin Dance«[78] alle acht Töne einer E Halbton/Ganztonskala als E7♭9 Voicing spielt. Weil jede Hand einen verminderten Septakkord spielt (die rechte G°, die linke G♯°), nennt man dieses Voicing einen *doppeltverminderten Akkord*.

Beispiel 3.140

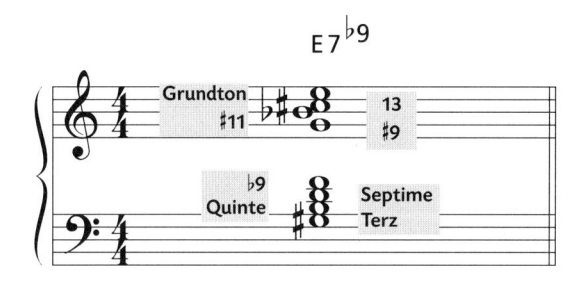

Übe-Tips

Spielen Sie beide verminderten Skalen, also Halbton/Ganzton- und Ganzton/Halbtonskala, durch den Quintenzirkel. Denken Sie beim Spielen jeder einzelnen Skala an die anderen Akkorde, die zu der jeweiligen Skala passen. Erfinden Sie Phrasen, die sich im Abstand einer kleinen Terz wiederholen. Suchen Sie nach einer Weile nach neuen Phrasen, die Sie dann *nicht* mehr im Intervall einer kleinen Terz wiederholen. Oder probieren Sie mal, wie in **Beispiel 3.141** Phrasen zu erfinden, die sich im Intervall zweier aufeinanderfolgender Terzen, also im Tritonus, wiederholen.

Beispiel 3.141

Wir haben nun drei der vier Skalen behandelt, aus denen sich die meisten, von Jazzmusikern gespielten Akkorde, ableiten. Jetzt fehlt uns nur noch eine. Diese Skala ist von allen die einfachste und am wenigsten gespielte: die Ganztonskala.

---

[77] Den Tritonusvertreter behandeln wir in Kapitel 13, »Grundlagen der Reharmonisation«.
[78] Herbie Hancock, *Maiden Voyage*, Blue Note, 1965.

Die Harmonik der Ganztonskala

Spielen Sie **Beispiel 3.142**, McCoy Tyners Intro zu Wayne Shorters »JuJu«[79], und hören Sie sich den Klang der *Harmonik der Ganztonskala* an.

Beispiel 3.142

McCoy Tyners Piano-Voicing, vereinfacht

Spielen Sie **Beispiel 3.143** aus Freddie Hubbards Solo über Duke Pearsons »Gaslight«[80], das zeigt, wie man die Ganztonskala beim Improvisieren verwenden kann.

Beispiel 3.143

Beispiel 3.144

Beispiel 3.144 zeigt die G Ganztonskala von G nach G.[81] Sie hat eine große Terz und eine kleine Septime, paßt also zu einem G7 Akkord.

Die Alterationen sind C♯ (die ♯11) und D♯ (die ♯5). Das vollständige Akkordsymbol wäre demnach G7♯11/♯5. Die Kurzform für diesen Akkord ist G7♯5, wird aber auch oft als Pluszeichen wie in G7+ bzw. G+7 notiert. G+7 ist etwas verwirrend, weil sich das Pluszeichen auf die Quinte bezieht, die im Akkordsymbol aber nicht auftaucht und mit der Septime gar nichts zu tun hat. Da ♯5 und ♭13 enharmonisch gleich sind, wird derselbe Akkord auch häufig als G7♭13 notiert, was aber gefährlich ist. ♭13 impliziert für die meisten Musiker auch die ♭9 und die ♯9 – mit anderen Worten, G7alt. Am sichersten ist, Sie bleiben bei G7♯5.

---

[79] Wayne Shorter, *JuJu*, Blue Note, 1964.
[80] Duke Pearson, *Sweet Honey Bee*, Blue Note, 1966.
[81] Achten Sie auf das Left-Hand Voicing ohne Grundton im Baßschlüssel.

Da die Ganztonskala symmetrisch ist und nur aus Ganztonschritten besteht, gibt es demnach weniger als zwölf Versionen. Tatsächlich existieren nur zwei Ganztonskalen. Die in **Beispiel 3.144** gezeigte Ganztonskala enthält dieselben Töne wie die A, B, C♯, D♯ und F Ganztonskalen. Die A♭ Ganztonskala ist identisch mit den Skalen ab B♭, C, D, E und F♯. Diese Töne sind alle einen Ganztonschritt voneinander entfernt. *Der Schlüssel zur Harmonik der Ganztonskala ist die Tatsache, daß alles im Intervall eines Ganztonschritts wiederholt werden kann.*

Es gibt keine Avoid-Töne in der Harmonik der Ganztonskala, weshalb alles innerhalb einer gegebenen Skala untereinander austauschbar ist. Was Sie über G7♯5 spielen, paßt auch zu A7♯5, B7♯5, C♯7♯5, D♯7♯5 und F7♯5.

Natürlich kann man alles, was in Ganztonschritten wiederholbar ist, auch in mehreren Ganztonschritten wiederholen. Zwei Ganztonschritte ergeben eine große Terz, drei Ganztonschritte einen Tritonus, vier eine übermäßige Quinte und fünf eine kleine Septime. Spielen Sie **Beispiel 3.145** aus Jackie McLeans Solo über Lee Morgans »Our Man Higgins«[82], ein gutes Beispiel für die Wiederholung einer Phrase im Intervall einer großen Terz, also zweier Ganztonschritte.

Beispiel 3.145

Die Melodie von John Coltranes »One Down, One Up«[83] basiert auf absteigenden großen Terzen der B♭ Ganztonskala (**Beispiel 3.146**).

Beispiel 3.146

Die Harmonik der Ganztonskala kann sehr langweilig sein, weshalb sie auch relativ selten gespielt wird. Ganz egal, wie Sie die Töne anordnen, es gibt keine kleine Sekunden, kleine Terzen, reine Quarten, reine Quinten, große Sexten oder große Septimen innerhalb der Ganztonskalenharmonik. *Ihr fehlt die Hälfte der Intervalle, die in westlicher Musik vorkommen.* Um aufkommende Langeweile zu vermeiden, sollte die Ganztonskala nur in kleinen Dosen verwendet werden.

---

[82] Lee Morgan, *Cornbread*, Blue Note, 1965. Die ersten Chorusse über »Our Man Higgins« von Jackie McLean gehören zu den besten Beispielen von Soli über Ganztonakkorde, die je aufgenommen wurden.
[83] John Coltrane, *New Thing At Newport*, Impulse, 1965.

Mit der Vielfalt von Akkorden, die in den Dur-, Moll- und verminderten Skalen enthalten sind, können Sie eine große Bandbreite von Gefühlen vermitteln: Durseptakkorde drücken Glück und Ruhe aus. Durdreiklänge klingen triumphierend. Fast alles aus der melodischen Molltonleiter klingt dunkel, traurig oder mysteriös. Dominantseptakkorde erzeugen Spannung und verminderte Akkorde extreme Spannung. Der emotionale Bereich der Ganztonskala beschränkt sich zum Großteil auf ›Bezauberung‹, oder, wie ein Musiker gar nicht mal so zynisch bemerkte: »Bambi, wie es bei Morgengrauen aus dem Wald spaziert«. Eine Ausnahme war Monk, wenn er die Ganztonskala spielte. Ich komme gleich noch auf ihn zu sprechen. Wenn Sie in einem Fake Book hundert Stücke durchsehen, werden Sie wahrscheinlich nur eins oder zwei mit einem Ganztonakkord finden.

Aufgrund dieser Klangmonotonie gibt es nur wenige Stücke mit größeren Ganztonabschnitten. Gute Beispiele sind das bereits erwähnte »JuJu« (**Beispiel 3.147** zeigt die ersten vier Takte), »One Down, One Up«, »Our Man Higgins« (**Beispiel 3.148** zeigt die ersten beiden Takte) und Bix Beiderbeckes »In A Mist«.[84]

Beispiel 3.147

Beispiel 3.148

Viele Musiker ziehen anstelle des Ganztonakkords einen alterierten Akkord vor. Takt 17 von »Stella By Starlight« enthält einen G7♯5 Akkord (**Beispiel 3.149**), aber viele Musiker spielen stattdessen einen G7alt (**Beispiel 3.150**). Takt 32 von »All The Things You Are« enthält einen B7♯5 Akkord (**Beispiel 3.151**), aber wiederum ziehen die meisten Musiker einen B7alt vor (**Beispiel 3.152**).[85]

---

[84] Freddie Hubbard, *Sky Dive*, CTI, 1972.
[85] Manche Musiker spielen in Takt 32 von »All The Things You Are« B°.

AKKORD/SKALENTHEORIE

Beispiel 3.149

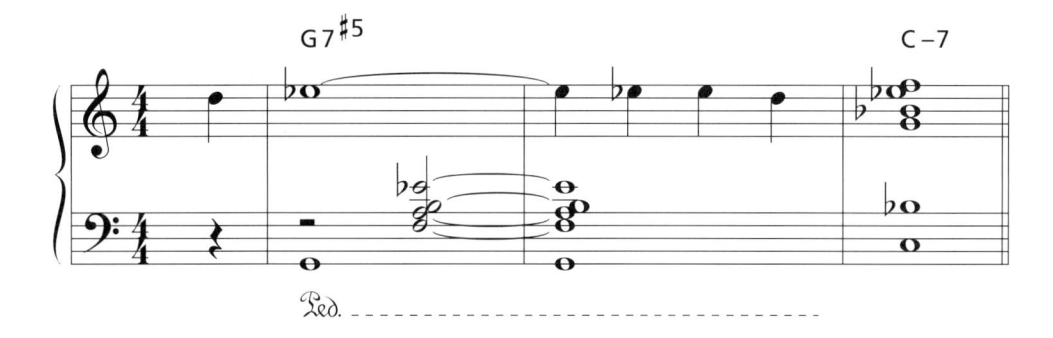

Beispiel 3.150

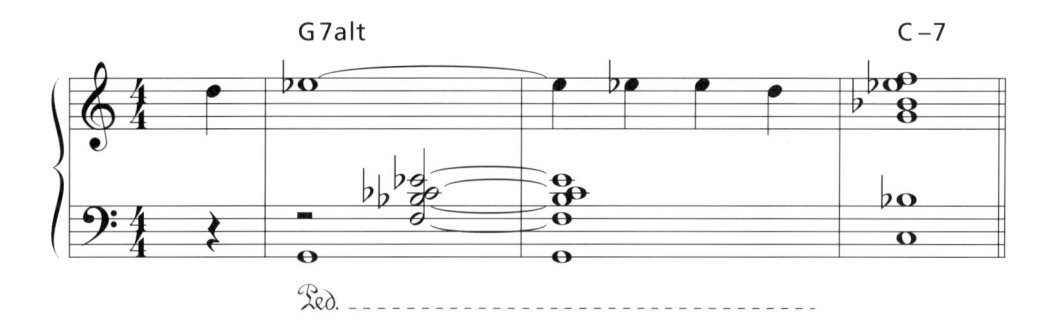

Beispiel 3.151

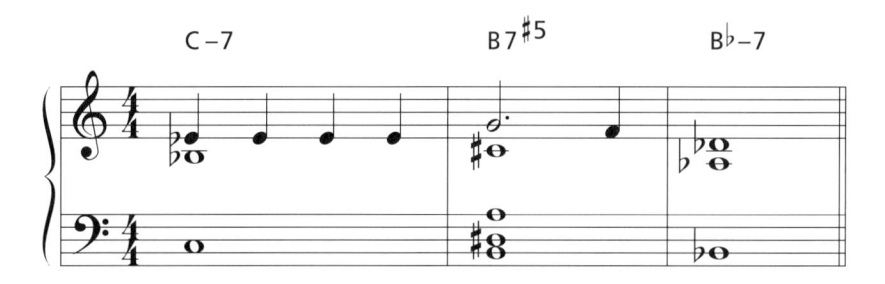

Beispiel 3.152

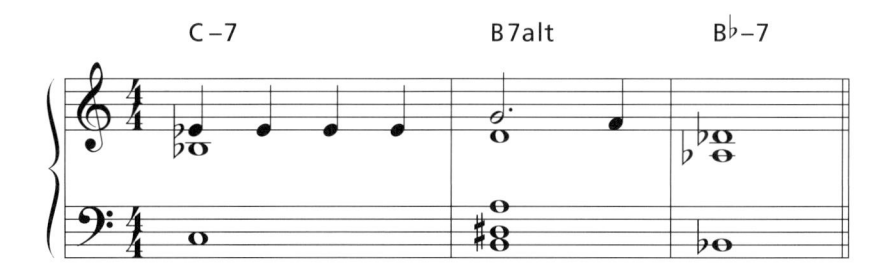

Beispiel 3.153 zeigt drei Licks über einen G7♯5 Akkord. Die Symmetrie und das Fehlen unterschiedlicher Intervallstrukturen erschweren es, Originalität im Umgang mit Ganztonakkorden zu entwickeln. Der kreativste Solist über Ganztonakkorde war Thelonious Monk. Er konnte Motive spielen, die bei jedem anderen klischeehaft geklungen hätten. Sein Solo über »Evidence«[86] ist eines der besten Beispiele für eine Improvisation über Ganztonakkorde. Aber auch ein ganzseitiger Auszug einer Monk-Aufnahme würde nicht die Essenz seines Spiels wiedergeben. Sein schrulliger und kantiger Sinn für die Time sorgte bei Harmonien, die ansonsten sehr langweilig sein können, für enorme Energie. Am besten, Sie kaufen sich die CD und *hören sich die Musik an.*

Beispiel 3.153

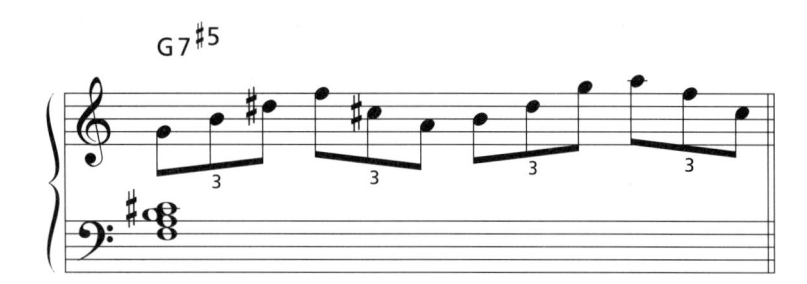

Jetzt haben Sie alle vier Skalen gelernt, die Sie zum Spielen über Akkordfolgen benötigen. Das nächste Problem ist, wie man sie am besten übt. Und Sie wollen sie ja nicht nur üben, sondern so weit verinnerlichen, daß sie zu einer Art ›Ton-Reservoir‹ werden, auf das Sie beim Improvisieren zurückgreifen können.

---

[86] Thelonious Monk, *Genius Of Modern Music,* Blue Note, 1947.

Kapitel Vier
Das Üben von Skalen

Jetzt, da Sie Ihre Skalen kennen, müssen Sie sie nur noch richtig üben. Die Tonleitern gedankenlos auf- und abwärts zu spielen, mag zwar gut für Ihre Technik sein, macht Sie aber nicht unbedingt zu einem besseren Jazzmusiker. Halten Sie sich zunächst einmal an folgende Regel: üben Sie alles in allen Tonarten. Es mag zwar nicht allzuviele Stücke in D♭, G♭ oder B geben, aber II-V Verbindungen in diesen Tonarten findet man allenthalben. Außerdem gibt es einige großartige Stücke in den sogenannten »schwierigen« Tonarten: Billy Strayhorns »Lush Life«[1], Edgar Sampsons »Stompin' At The Savoy«[2] und Johnny Greens »Body And Soul«[3] sind in D♭. Freddie Hubbards Version von Clare Fischers »Pensativa«[4] und Joe Hendersons »Y Todavia La Quiero«[5] sind in G♭, und John Coltranes »Giant Steps«[6] ist in B.

Die traditionelle Methode, Skalen zu üben – auf- und abwärts über eine oder mehrere Oktaven – trägt nicht viel zur Verbesserung Ihrer Improvisationsfähigkeit bei. Da Sie immer mit dem Grundton anfangen, oben angekommen die Richtung beim Grundton ändern und wieder mit dem Grundton aufhören, nutzen Sie nur einen Bruchteil der Möglichkeiten, die jede Skala bietet. Weil Anfänger im Jazzbereich immer mit dem Grundton beginnen, klingen sie bei Ihrem ersten Versuch, eine II-V-I Verbindung zu spielen, oft wie in **Beispiel 4.1**.

Beispiel 4.1

Für den Anfang reicht das, aber Musik beginnt nicht immer mit dem Grundton eines Akkords. Eine bessere Methode, Skalen zu üben, zeigt **Beispiel 4.2**. Indem Sie den ionischen Modus aufwärts, den dorischen abwärts, den phrygischen aufwärts, den lydischen abwärts usw., beginnen, enden oder wechseln Sie die Richtung auf jedem Ton der C Durskala. Das betont die Wichtigkeit jeder einzelnen Note der Skala. Auf diese Weise entscheidet beim Improvisieren Ihr Ohr, welcher Ton gespielt wird, und nicht Ihre Finger, die sonst automatisch zum Grundton wandern, weil sie immer dort begonnen haben.[7]

---

[1] *John Coltrane And Johnny Hartman,* MCVA/Impulse.
[2] Art Tatum, *The Complete Pablo Solo Masterpieces,* Pablo, 1953.
[3] John Coltrane, *Coltrane's Sound,* Atlantic, 1960.
[4] Art Blakey, *Free For All,* Blue Note, 1964.
[5] Joe Henderson, *Relaxin' At Camarillo,* Contemporary, 1979.
[6] John Coltrane, *Giant Steps,* Atlantic, 1959.
[7] Pianisten sollten beim Üben von Dur- und melodischen Mollskalen immer Hanon-Fingersätze verwenden.

Beispiel 4.2

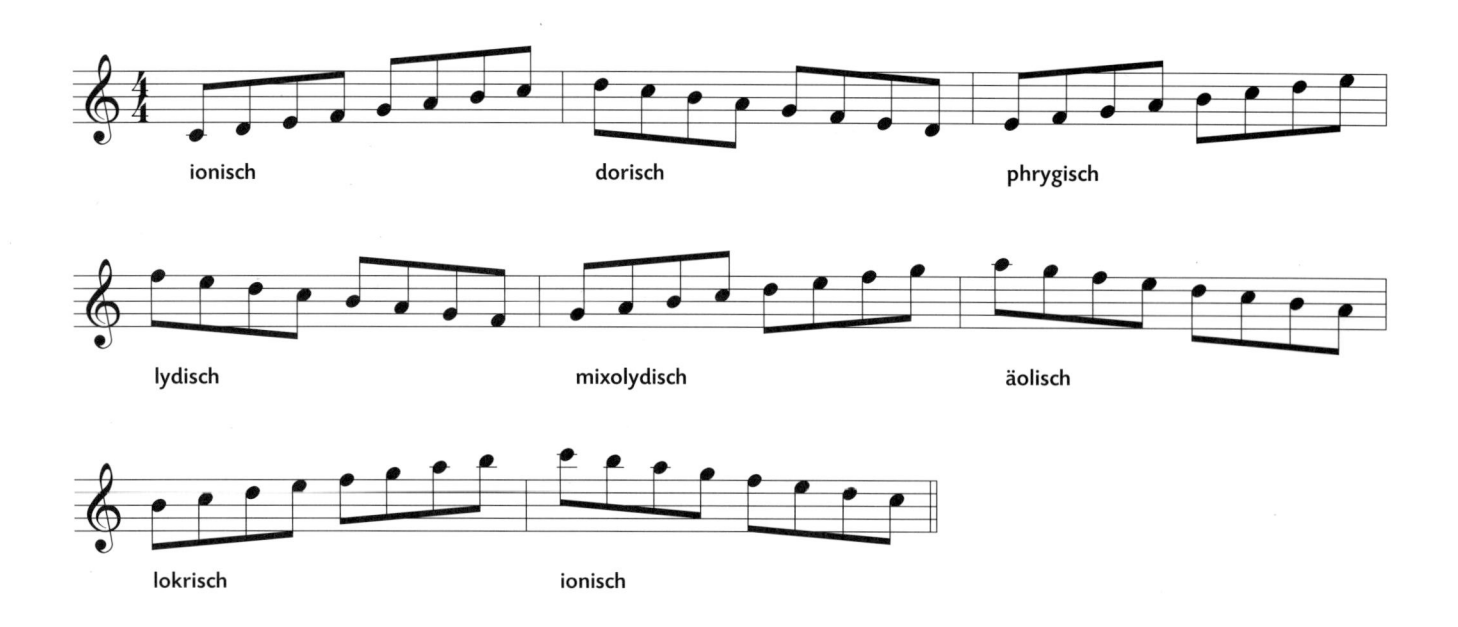

ionisch — *dorisch* — *phrygisch*

lydisch — *mixolydisch* — *äolisch*

lokrisch — *ionisch*

Bisher haben Sie aber nur die Hälfte der Möglichkeiten ausgeschöpft. Kehren Sie den ganzen Prozeß um (**Beispiel 4.3**), indem Sie den ionischen Modus abwärts, den dorischen aufwärts, den phrygischen abwärts, den lydischen aufwärts usw. spielen. Verwenden Sie beim Üben der melodischen Mollskala dieselben Patterns (**Beispiel 4.4** und **4.5**).

Beispiel 4.3

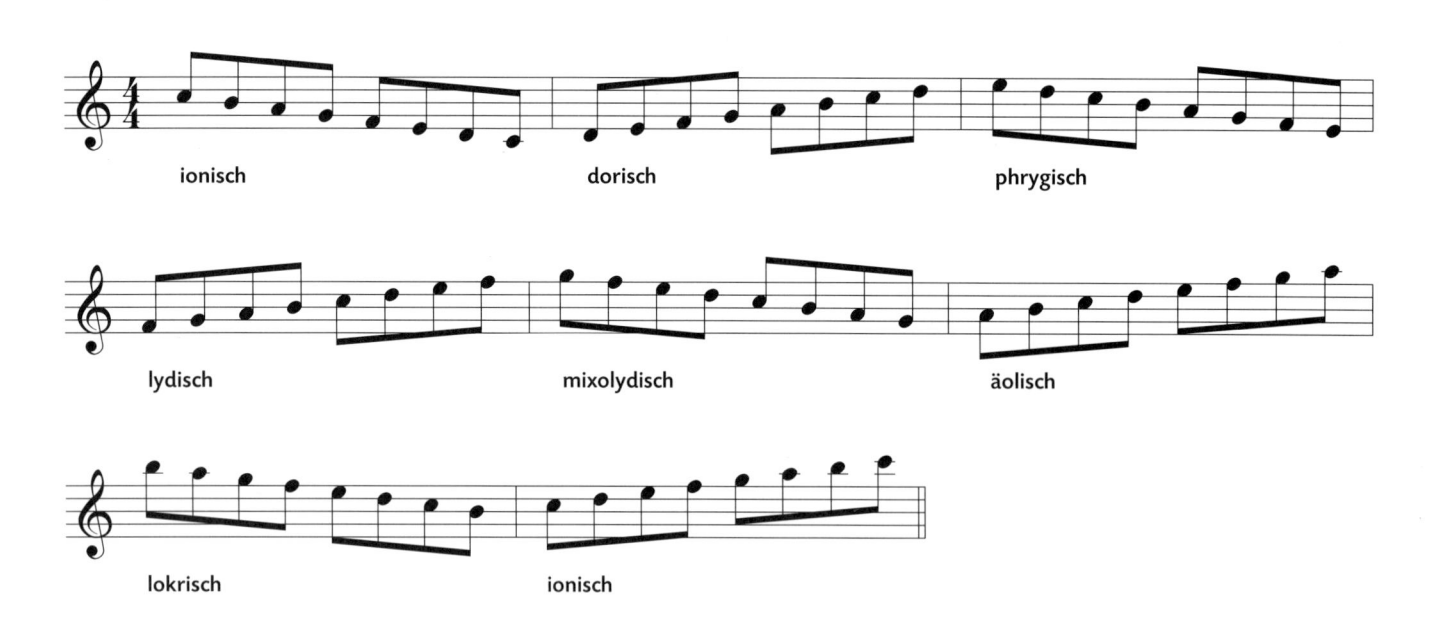

ionisch — *dorisch* — *phrygisch*

lydisch — *mixolydisch* — *äolisch*

lokrisch — *ionisch*

Beispiel 4.4

Beispiel 4.5

Wenn Sie diese Übung jeden Tag spielen, beginnen Sie bei der C Durtonleiter trotzdem immer mit dem C. Ich glaube, es hilft, diese Idee weiterzuführen, indem Sie die C Durtonleiter an einem Tag mit dem C beginnen, am nächsten Tag mit dem D, am übernächsten Tag mit dem E usw. Sollte Ihnen das als zu extrem erscheinen, denken Sie bitte daran: das Ziel sollte sein, von der jahrelangen Fixierung auf den Grundton wegzukommen.

Beispiel 4.6 und **4.7** enthalten Patterns zum Üben der verminderten Halbton/Ganztonskala in C. Ähnliche Patterns für die C Ganztonleiter zeigen die **Beispiele 4.8** und **4.9**.

Beispiel 4.6

Beispiel 4.7

Sollte man diese Patterns nun in allen Tonarten aufschreiben? Ich würde das nicht tun, denn letztendlich lesen Sie sie dann nur vom Blatt. Ihr Ziel ist aber, sie *zu verinnerlichen*. Sie sollen ja Ihr Gehör und Ihre Finger trainieren, nicht nur Ihre Augen. Klassische Musik ist Augen- und Ohrenmusik. Jazz ist fast ausschließlich Ohrenmusik. Jazzmusiker spielen dann am besten, wenn sie nicht vom Blatt spielen müssen, wenn sie alles so weit verinnerlicht haben, daß sie nichts lesen müssen. Wie Bird schon sagte: »Lerne die Changes und vergiß sie dann.«

Beispiel 4.8

Beispiel 4.9

Denken Sie an Ihr Ziel: Skalen als zur Verfügung stehendes *Ton-Reservoir* zu betrachten und zu spielen. Do-re-mi-fa-sol-la-ti-do ist nur eine mögliche Kombination. Ein wichtiger Schritt in Richtung dieses Ziels ist das Aufteilen der Skalen in Tongruppen. Die folgenden Skalenpatterns sind in C Dur notiert, aber Sie sollten sie in allen Tonarten spielen und auch mit sämtlichen melodischen Mollskalen, verminderte Skalen und Ganztonskalen.

Beispiel 4.10 gliedert die C Durskala in aufsteigende, **Beispiel 4.11** in absteigende Terzen auf.

Beispiel 4.10

Beispiel 4.11

Beispiel 4.12 zeigt ein umgekehrtes Pattern, das zwischen auf- und absteigenden Terzen hin und her wechselt. **Beispiel 4.13** macht genau das Gegenteil und wechselt von absteigenden zu aufsteigenden Terzen. Vergessen Sie nicht, diese Patterns mit unterschiedlichen Anfangstönen zu üben.

Beispiel 4.12

Beispiel 4.13

DAS ÜBEN VON SKALEN

Die nächsten Figuren sind nur aufsteigend gezeigt, aber Sie sollten sie in allen soeben erwähnten Variationen üben: aufsteigend, absteigend und umgekehrt in beiden Richtungen. **Beispiel 4.14** unterteilt die Skala in Quarten, **Beispiel 4.15** in ein 4Ton-Pattern. In **Beispiel 4.16** müssen Sie von jedem Skalenton zunächst chromatisch abwärts und dann eine Terz aufwärts gehen.

Beispiel 4.14

Beispiel 4.15

Beispiel 4.16

Nachdem Sie die Skalen auf diese Weise geübt haben, werden Sie Ihre eigenen Patterns erfinden wollen. Es gibt unzählige Möglichkeiten, eine Skala in Patterns aufzuteilen, aber nur eine einzige Regel: *Wenn Sie ein neues Pattern für unmusikalisch halten, üben Sie es nicht, denn Sie vergeuden Ihre Zeit.*

> *Nicht vergessen: üben Sie alle Skalen und Patterns aufwärts und abwärts in allen Tonarten und in Dur, melodisch Moll sowie den verminderten Skalen und den Ganztonskalen.*

Kapitel Fünf
Slash-Akkorde

Was versteht man unter Slash-Akkorden?

Spielen Sie **Beispiel 5.1**. Das ist der Klang von *Slash-Akkorden*. Die Musik stammt aus Mulgrew Millers Arrangement von Burt Bacharachs »What The World Needs Now Is Love«.[1] Mit diesen Slash-Akkorden reharmonisiert Mulgrew Miller die in **Beispiel 5.2** dargestellten Originalharmonien. Slash-Akkorde werden häufig zur Reharmonisation von Standards verwendet, um sie frischer und neuer klingen zu lassen.

Beispiel 5.1

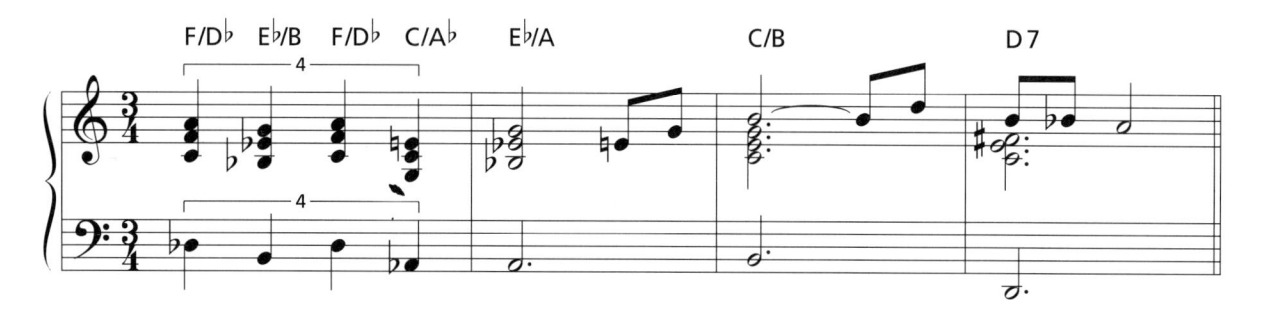

Beispiel 5.2

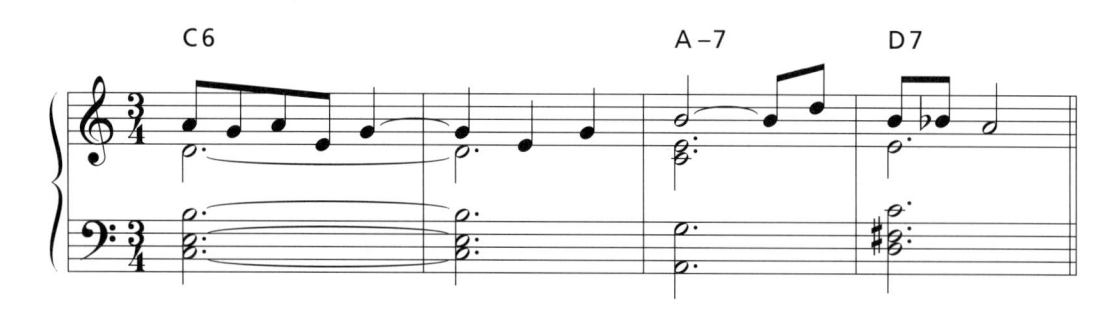

Die einfachste Definition eines Slash-Akkords ist »ein Dreiklang über einer Baßnote«. Sehen Sie sich **Beispiel 5.3** an. Es zeigt alle zwölf Durdreiklänge, die über die Baßnote C gespielt werden können. Die Dreiklänge sind in zweiter Umkehrung dargestellt. Dreiklänge können zwar in allen Umkehrungen gut klingen, aber unter sonst gleichen Umständen *klingen sie in zweiter Umkehrung am besten*.

---

[1] Mulgrew Miller, *The Countdown*, Landmark, 1988.

Beispiel 5.3

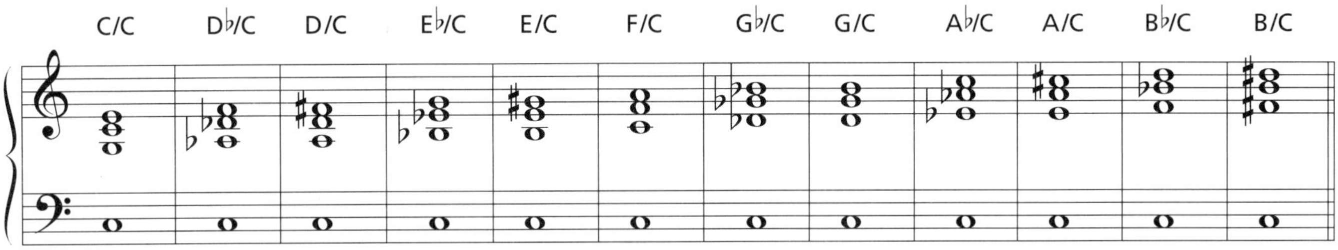

Spielen Sie **Beispiel 5.3** und hören Sie sich sämtliche 12 Slash-Akkorde an.

C/C	Dreiklang und Grundton gleich
D♭/C	Dreiklang einen Halbtonschritt über dem Grundton
D/C	Dreiklang einen Ganztonschritt über dem Grundton
E♭/C	Dreiklang eine kleine Terz über dem Grundton
E/C	Dreiklang eine große Terz über dem Grundton
F/C	Dreiklang eine reine Quarte über dem Grundton
G♭/C	Dreiklang einen Tritonus über dem Grundton
G/C	Dreiklang eine reine Quinte über dem Grundton
A♭/C	Dreiklang eine kleine Sexte über dem Grundton
A/C	Dreiklang eine große Sexte über dem Grundton
B♭/C	Dreiklang einen Ganztonschritt unter dem Grundton
B/C	Dreiklang einen Halbtonschritt unter dem Grundton

Untersuchen wir die einzelnen Slash-Akkorde einmal genauer. Damit Sie die in unterschiedlichen Tonarten gespielten Originalaufnahmen besser miteinander vergleichen können, sind die folgenden Beispiele nach C transponiert.

C/C ist ein ziemlich albernes Akkordsymbol, weil es einfach einen Dreiklang mit C, dem Grundton, im Baß darstellt. Es gibt keinen Grund, es so zu schreiben, und Sie werden es so auch nie zu Gesicht bekommen.

D♭/C, ein Dreiklang einen Halbtonschritt über dem Grundton, ist ein D♭∆ Akkord mit der großen Septime im Baß. **Beispiel 5.4** zeigt, wie Bud Powell in seiner Komposition »Glass Enclosure«[2] ganz kurz einen D♭/C anspielt. Slash-Akkorde werden von Jazzmusikern erst seit den sechziger Jahren mit einer gewissen Regelmäßigkeit gespielt, aber Bud nahm »Glass Enclosure« bereits 1953 auf.

Beispiel 5.4

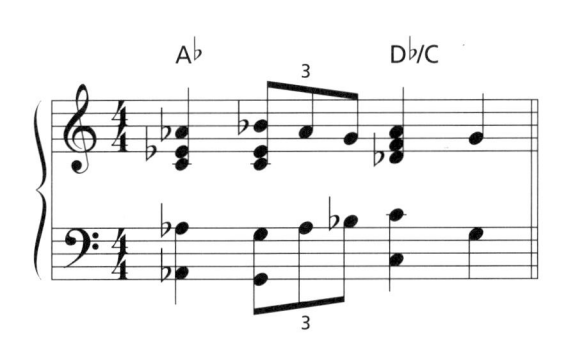

[2] Bud Powell, *The Amazing Bud Powell, Vol. 2*, Blue Note, 1953.

D♭/C wird oft als Teil einer ganzen Reihe von Slash-Akkorden gespielt. **Beispiel 5.5** zeigt die Changes der ersten acht Takte von Bronislau Kapers »Green Dolphin Street«, das drei chromatisch absteigende Slash-Akkorde in einer Reihe hat (E♭/C, D/C und D♭/C). E♭/C würde normalerweise als C–7 notiert werden, außer es ist, wie in diesem Fall, Teil einer Serie von Slash-Akkorden.

Beispiel 5.5

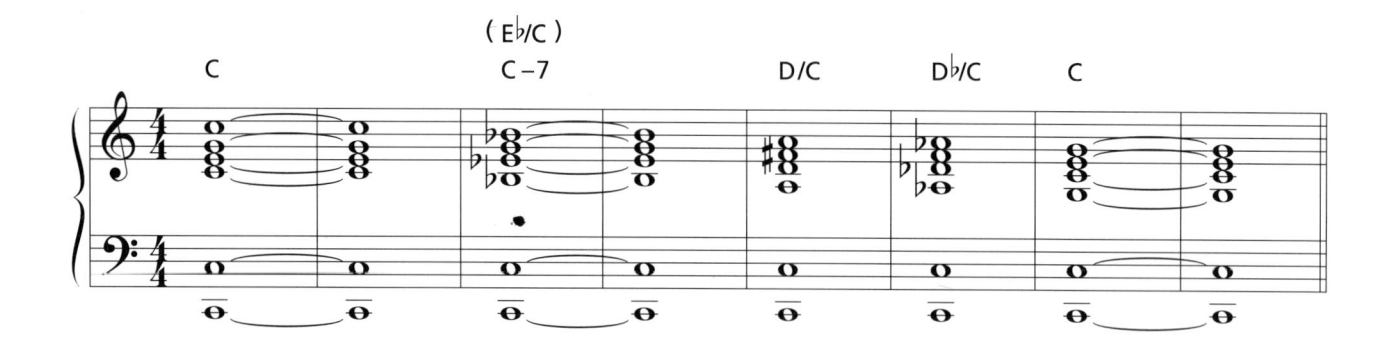

D♭/C kann auch als Dominantseptakkord fungieren, der sich nach F Dur auflöst. Spielen Sie **Beispiel 5.6**. Hören Sie, wie sich D♭/C nach FΔ auflöst? Man könnte diesen Akkord als auch Csus♭9♭13 notieren (letzter Takt des Beispiels), aber so ein Akkordsymbol wird normalerweise nicht verwendet.

Beispiel 5.6

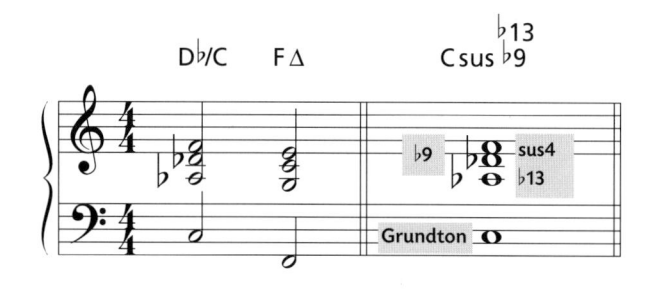

D/C, ein Dreiklang einen Ganztonschritt über der Baßnote, klingt wie ein lydischer Akkord bzw. wie CΔ♯4. **Beispiel 5.7** zeigt Art Blakeys Version von Hoagy Carmichaels »Skylark«.[3] Der zweite Akkord, B♭/C, ist ein weiterer Slash-Akkord, den wir gleich behandeln werden.

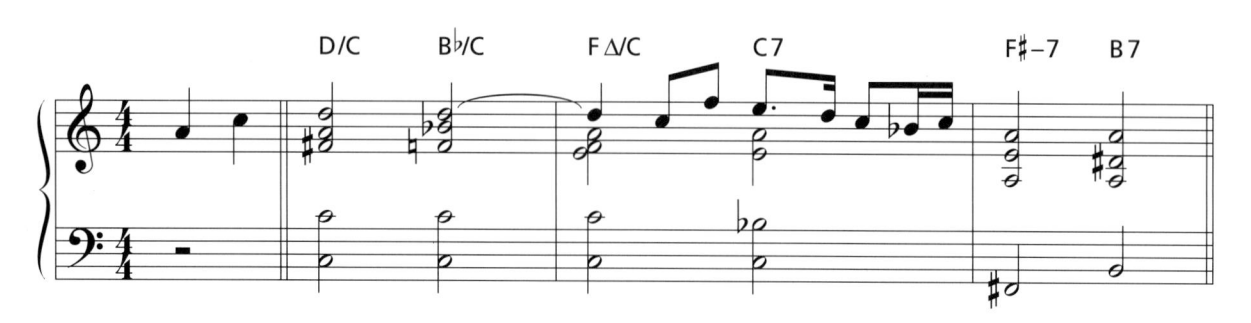

Beispiel 5.7

---

[3] Art Blakey And The Jazz Messengers, *Caravan*, Blue Note, 1962.

Eb/C ist einfach nur ein C–7 Akkord und wird so nur als Teil einer Serie von Slash-Akkorden wie im oben gezeigten »Green Dolphin Street« notiert.

E/C, ein Dreiklang eine große Terz über der Baßnote, ist eine andere Schreibweise für CΔ#5, den lydisch-übermäßigen Akkord, den Sie bereits im Abschnitt über die melodische Mollskala in Kapitel 3 kennengelernt haben. Spielen Sie **Beispiel 5.8**. Der CΔ#5 lydisch-übermäßige Akkord stammt aus dem Mittelteil von Duke Pearsons »You Know I Care«.[4]

Beispiel 5.8

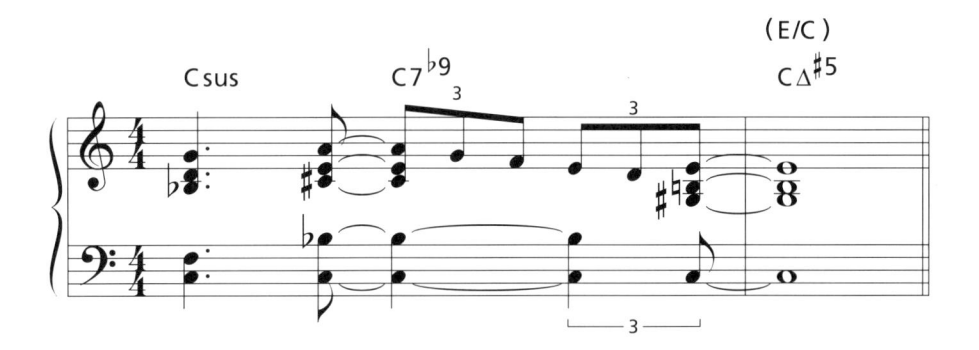

Im zweiten Takt von Ron Carters »Eighty-One«[5] spielt Herbie Hancock drei Slash-Akkorde in Folge (**Beispiel 5.9**, in Originaltonart). Die ersten beiden, Gb/D und Ab/E, sind alternative Schreibweisen für DΔ#5 und EΔ#5 (nach C transponiert, sind beide E/C). Der dritte Slash-Akkord ist, nach C transponiert, ein Db/C.

Beispiel 5.9

F/C ist ein F Durdreiklang in zweiter Umkehrung mit C, der Quinte, als Baßton. **Beispiel 5.10** zeigt, wie Chick Corea einen F/C Akkord in seinem Stück »Mirror, Mirror«[6] spielt. Warum er sich an dieser Stelle für einen Slash-Akkord entschied, ist aus den beiden vorhergehenden Takten ersichtlich. F/C ist die Fortsetzung der chromatischen Baßlinie, die mit dem Bb7 Akkord anfängt und über B° nach F/C führt.

Beispiel 5.10

Chick Coreas Piano-Voicings vereinfacht

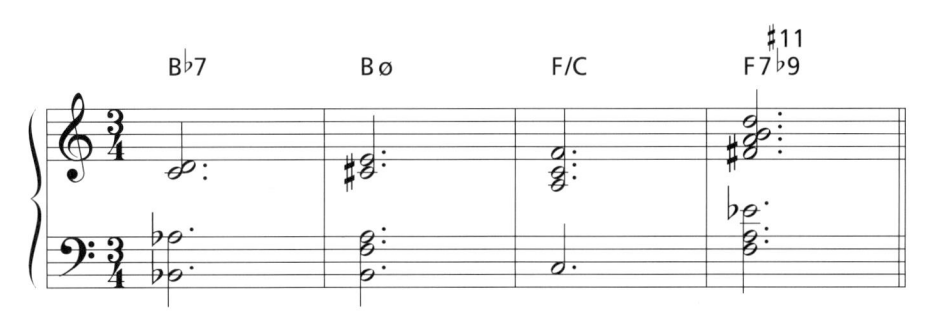

[4] Joe Henderson, *Inner Urge*, Blue Note, 1964.
[5] Miles Davis, *E.S.P.*, Columbia, 1965.
[6] Joe Henderson, *Mirror, Mirror*, Verve, 1980.

Beispiel 5.11 zeigt sowohl G♭/C als auch A♭/C, gespielt von Wynton Kelly in Miles Davis' »Put Your Little Foot Right Out«[7]. G♭/C, der Dreiklang einen Tritonus über der Baßnote, wird häufig anstelle eines C7 gespielt und klingt trotz des Fehlens der Terz wie ein C7♭9. A♭/C ist der Dreiklang eine kleine Sexte über der Baßnote. G♭/C und A♭/C zusammen implizieren C7alt. D♭ und G♭ des G♭ Durdreiklangs und E♭ und A♭ des A♭ Durdreiklangs sind die vier Alterationen – ♭9 (D♭), ♯11 (G♭), ♯9 (E♭), ♭13 (A♭) – eines C7alt Akkords. Ein weiteres Beispiel für einen A♭/C aus Bud Powells »Glass Enclosure« folgt später.

Beispiel 5.11

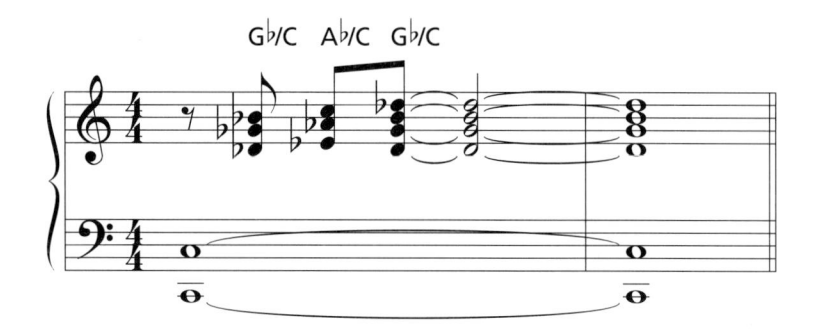

G/C, der Dreiklang eine reine Qinte über der Baßnote, wird selten notiert, da er Grundton, Quinte, Septime und None eines CΔ Akkords darstellt, weshalb fast jeder stattdessen CΔ schreibt.

Beispiel 5.12

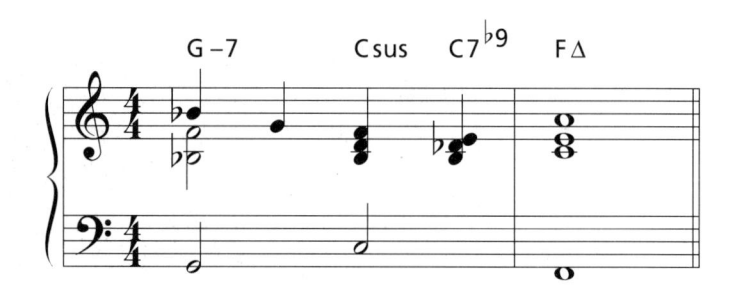

A/C, der Dreiklang eine große Sexte über dem Baßton, ersetzt häufig einen C7♭9 Akkord. **Beispiel 5.12** zeigt zwei Takte aus Jimmy Van Heusens »But Beautiful«. Spielen Sie **Beispiel 5.13** und hören Sie zu, wie A/C den Platz von C7♭9 einnimmt. Ein weiteres Beispiel eines A/C, wiederum aus Bud Powells »Glass Enclosure«, folgt später.

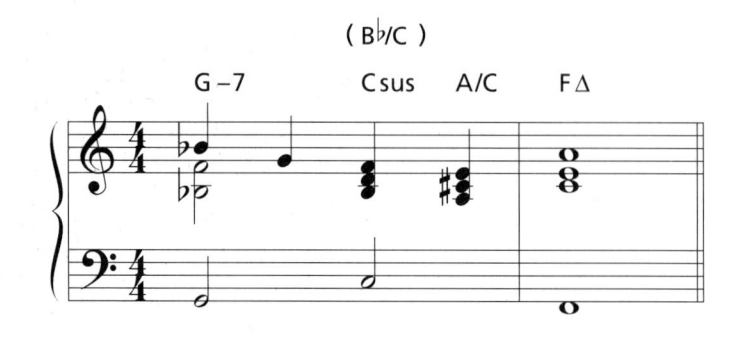

Beispiel 5.13

[7] Miles Davis, *In Person Saturday Night At The Blackhawk*, Columbia 1961.

Bb/C, der Dreiklang einen Ganztonschritt unter dem Baßton, ist eine alternative Schreibweise für einen Csus Akkord. Bb/C, als Csus notiert, kam bereits in **Beispiel 5.13** vor, auf der dritten Zählzeit des ersten Takts. Weit mehr Beispiele für sus Akkorde finden Sie im Abschnitt »Die Harmonik der Durskala« von Kapitel 3.

B/C, der Dreiklang einen Halbtonschritt unter der Baßnote, zeigt ganz deutlich, warum die Notation eines Slash-Akkords oft klarer als die konventionelle Schreibweise ist. In konventioneller Schreibweise würde man B/C als C∆#4#9 notieren, was aber niemand entziffern will (**Beispiel 5.14**). Die meisten Musiker ziehen B/C vor. Dieser Akkord ersetzt normalerweise einen Akkord der 1. Stufe.

Beispiel 5.15 zeigt, wie Mulgrew Miller B/C über dem Verse von Vincent Youmans »More Than You Know«[8] spielt.

Beispiel 5.14

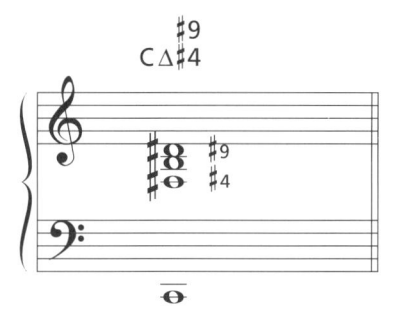

Beispiel 5.15

Mulgrew Millers Piano-Voicings, vereinfacht

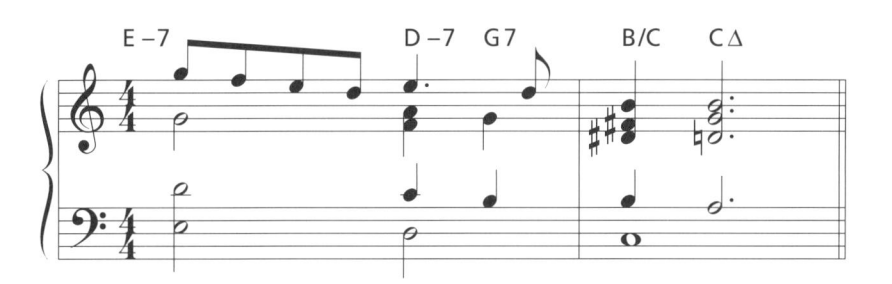

[8] Mulgrew Miller, *From Day To Day,* Landmark, 1990.

Wallace Roney und Mulgrew Miller ©1990 K. Gypsy Zaboroskie. All Rights Reserved.

In **Beispiel 5.16** hören Sie, wie Kenny Barron B/C im letzten A-Teil von George Bassmans »I'm Gettin' Sentimental Over You«[9] spielt. John Coltrane und McCoy Tyner spielen B/C in Harry Warrens »I Wish I Knew«[10] (**Beispiel 5.17**). In allen drei Beispielen wurde B/C direkt vor einem C Dur Akkord gespielt.

Beispiel 5.16

Kenny Barrons Piano-Voicings, vereinfacht

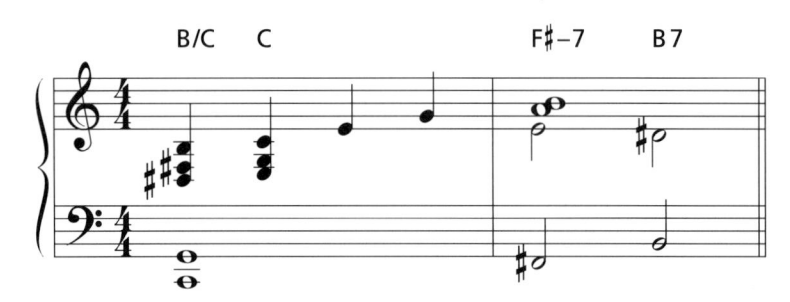

Beispiel 5.17

McCoy Tyners Piano-Voicings, vereinfacht

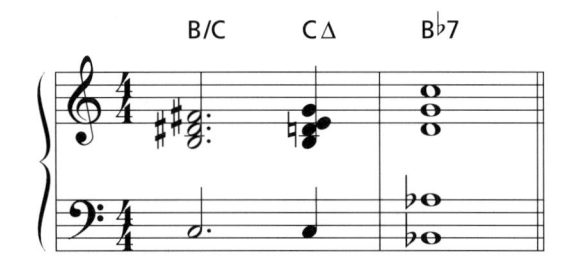

Donald Brown spielt in seiner Komposition »New York«[11] B/C und anschließend als Echo E/F (**Beispiel 5.18**).

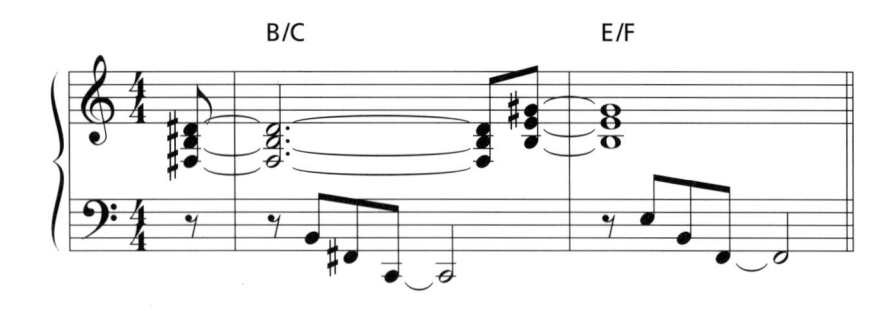

Beispiel 5.18

---

[9] Kenny Barron, *Live At Maybeck Recital Hall,* Concord Jazz, 1990.
[10] John Coltrane, *Ballads,* MCA/Impulse, 1961.
[11] Donald Brown, *Sources Of Inspiration,* Muse, 1989. Dieses Stück gehört in die Liste der so häufig von Jazzmusikern gespielten und großartigen »New York« Stücke wie Vernon Dukes »Autumn In New York«, Duke Ellingtons »Drop Me Off In Harlem« und Horace Silvers »Summer In Central Park«.
[12] Miles Davis, *Workin',* Fantasy/OJC, 1956.
[13] Red Garland, *Red Garland's Piano,* Fantasy/OJC, 1957.
[14] Miles Davis, *Relaxin',* Fantasy/OJC, 1956.

Beispiel 5.19

Miles Davis und Red Garland schließlich spielten B/C häufig als Reharmonisation des Schlußakkords eines Stücks, wie Sie in **Beispiel 5.19** hören können, dem letzten Akkord von Miles Davis' »Four«.[12] Red Garland spielt auch in seiner Trioversion von Frank Loessers »If I Were A Bell«[13] und Miles Davis' Version desselben Stücks[14] B/C als Schlußakkord (**Beispiel 5.20**).

Beispiel 5.20

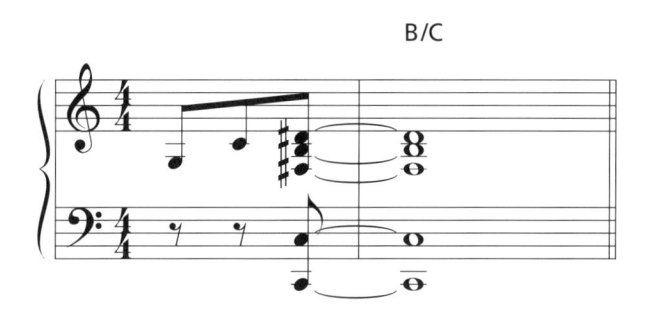

Beispiel 5.21

McCoy Tyners Piano-Voicings, vereinfacht

Slash-Akkorde kommen häufig über absteigenden Baßlinien vor. McCoy Tyner spielt in Duke Pearsons »You Know I Care«[15] gleich drei in einer Reihe (**Beispiel 5.21**). B♭/D ist ein B♭ Dreiklang in der ersten Umkehrung. E♭/D♭ klingt wie D♭△♯4. F/C ist ein F Dreiklang in zweiter Umkehrung.

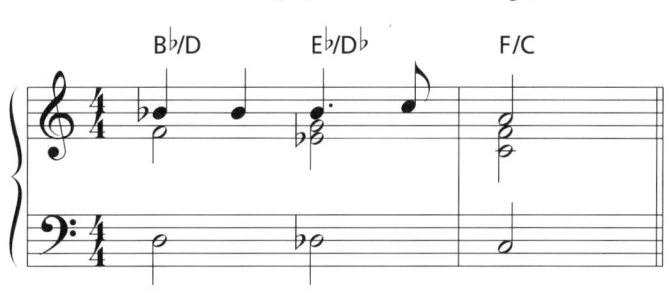

Beispiel 5.22

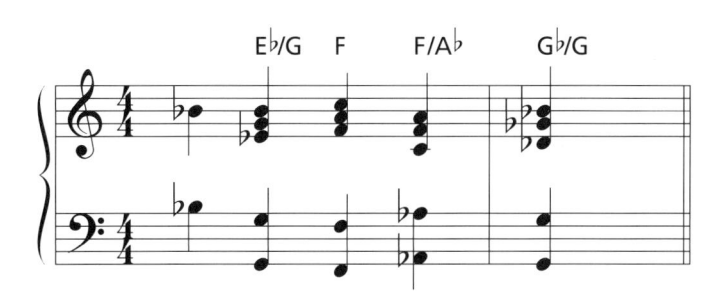

Bud Powell war der erste Jazzmusiker, der Slash-Akkorde spielte. **Beispiel 5.22** zeigt drei Beispiele aus Buds »Glass Enclosure«.[16] Da dieses Beispiel Slash-Akkorde über zwei verschiedene Grundtöne enthält, wurde es nicht nach C transponiert. E♭/G, nach C transponiert, ist A♭/C. F/A♭, nach C transponiert, entspricht A/C. Und G♭/G ist in C B/C. Bud spielt B/C später in »Glass Enclosure« noch einmal (**Beispiel 5.23**).[17]

---

[15] Joe Henderson, *Inner Urge,* Blue Note, 1964.
[16] Bud Powell, *The Amazing Bud Powell, Vol. 2,* Blue Note, 1953.
[17] In seiner beklemmenden und totenliedhaften Version von Richard Rogers »It Never Entered My Mind« spielte Bud ebenfalls A♭/C (D♭/F in der Originaltonart), *The Complete Bud Powell On Verve,* 1954.

Beispiel 5.23

Slash-Akkorde und Skalen

Welche Skalen passen denn nun zu welchem Slash-Akkord? Schauen wir uns einmal an, welcher Modus oder welche Skala – aus der Harmonik von Dur, melodisch Moll oder vermindert – am besten zu jedem der 12 Slash-Akkorde paßt. Die Harmonik der Ganztonleiter paßt nicht zu Slash-Akkorden, da diese aus Durdreiklängen bestehen, die in der Ganztonleiter nicht vorkommen.

Die meisten, hier gezeigten Skalen sind C Skalen. Da aber F/C ein F Dur-dreiklang in zweiter Umkehrung ist, sollten Sie in diesem Fall eine F Durskala spielen. Und da A♭/C ein A♭ Durdreiklang in erster Umkehrung ist, paßt dazu eine A♭ Durskala.

Slash-Akkord	Skala
C/C[18]	C Dur und C lydisch
D♭/C	C phrygisch und C lokrisch
D/C	C lydisch
E♭/C	C dorisch
E/C	C lydisch-übermäßig
F/C	F Dur
G♭/C	C alteriert und C Halbton/Ganzton
G/C	C Dur
A♭/C	A♭ Dur
A/C	C Halbton/Ganzton
B♭/C	C mixolydisch
B/C	C Ganzton/Halbton

---

[18] Sie können C/C ignorieren, weil Sie dieses Akkordsymbol niemals zu Gesicht bekommen werden.

Teil II
Improvisation: Das Spielen über Changes

Kapitel 6   **Von den Skalen zur Musik**

    Sequenzen 107

    Die fortlaufende Skalenübung 113

    Meister der Sequenz 119

    • Joe Henderson 119

    • Herbie Hancock 124

    • Freddie Hubbard 128

    • John Coltrane 129

    • George Coleman 129

    • Lee Morgan 130

    • Wayne Shorter 130

    Improvisieren mit Dreiklängen 131

    • Das Üben von Dreiklangpatterns 133

    Septakkord-Sequenzen 138

    Gemeinsame Töne 142

    Das Dehnen der Changes 148

Kapitel 7   **Die Bebopskalen**

    Die Bebop-Dominantskala 159

    Die dorische Bebopskala 160

    Die Bebop-Durskala 161

    Die Bebop-melodisch Mollskala 161

    Bebopskalen-Licks 162

    Piano und Arrangement 166

    • Drop 2 167

Kapitel 8   **›Outside‹ spielen**

    Sequenzen 170

    Halbtonrückungen 172

    Tritonusrückungen 173

    ›Outside‹ mit Skalen 174

    Betrifft Pianisten 175

    Die chromatische Tonleiter 176

    Nur Mut: Spielen Sie ›outside‹ 176

TEIL II

KAPITEL 9   Pentatonische Skalen

Die pentatonische Skala 177

Die Modi und die pentatonische Mollskala 179

Die pentatonischen Skalen der 1., 4. und 5. Stufe über II-V-I Akkorde 180

»Giant Steps« mit pentatonischen Skalen 186

Pentatonische Skalen und Avoid-Töne 191

- Eine pentatonische Skala über aufeinanderfolgende Akkorde in verschiedenen Tonarten 192

Die pentatonische Skala der 2. Stufe über Durseptakkorde 193

Die pentatonische Skala der 4. Stufe über melodische Mollakkorde 195

Die In-Sen und andere 5Ton-Skalen 196

Mollpentatonik und Bluesskala 198

- Stücke mit pentatonischen Skalen 199

Das Üben pentatonischer Skalen 200

KAPITEL 10   Der Blues

Blues Changes 203

Besondere Formen des Blues 206

Die Bluesskala 211

Die pentatonische Mollskala 215

Ähnlichkeiten zwischen Pentatonik, Mollpentatonik und Bluesskala 216

KAPITEL 11   Rhythm Changes 217

KAPITEL 12   Üben, üben, üben

Machen Sie während des Übens Musik 224

Üben Sie alles in allen Tonarten 224

Erkennen Sie Ihre Schwächen 225

Schnelligkeit basiert auf Exaktheit 226

Musik ertasten und sehen 226

Licks und Patterns 228

Transkribieren 229

Play-Along Aufnahmen 231

Üben mit Originalaufnahmen 232

Machen Sie sich Notizen 232

Entspannen Sie sich 232

Schlagen Sie mit dem Fuß den Takt 232

Kultivieren Sie Ihre Umgebung 233

Form 234

Kapitel Sechs
Von den Skalen zur Musik

> ▶ *Von den Skalen zur Musik*
> ▶ *Sequenzen*
> ▶ *Die fortlaufende Skalenübung*
> ▶ *Meister der Sequenz*
> ▶ *Improvisieren mit Dreiklängen*
> ▶ *Septakkord-Sequenzen*
> ▶ *Gemeinsame Töne*
> ▶ *Dehnen von Changes*

Von den Skalen zur Musik

Skalen sind das Alphabet, nicht aber die Poetik der Musik. Um Wörter, Sätze und schließlich auch Poesie schreiben zu können, müssen Sie erst einmal Alphabet, Grammatik, Vokabeln und Rechtschreibung kennen. Und um gute Musik spielen zu können, müssen Sie die Skalen kennen. Ihr Ziel muß sein, die Skalen so vollständig zu verinnerlichen, daß sie zu einem *Ton-Reservoir* werden, das jederzeit abrufbar ist. Dieses Kapitel enthält einige Übungen, die Ihnen beim Übergang von den Skalen zur Musik helfen sollen.

Sequenzen

Beispiel 6.1 enthält drei Beispiele aus Mulgrew Millers Solo über Miles Davis' »Four«.[1] In klassischer Terminologie nennt man solche Beispiele *Sequenzen*. Es gibt zwei Arten von Sequenzen: melodische und rhythmische.

- Eine *melodische Sequenz* ist die Wiederholung einer Phrase in einer anderen Tonhöhe, in mehr oder weniger demselben Rhythmus. Die Phrasen müssen nicht unbedingt exakt dieselbe Intervallstruktur aufweisen, haben aber normalerweise dieselbe Gestalt.

- Eine *rhythmische Sequenz* ist die Wiederholung einer rhythmischen Figur, in der sich die Töne nicht unbedingt in einer anderen Tonhöhe wiederholen.

Die Töne von Mulgrews Solo gehen fließend von einem Akkord in den nächsten über und erzeugen auf verblüffende Weise Spannung und Auflösung. Sequenzen sorgen für Kohärenz und Struktur.

---

[1] Mulgrew Miller, *From Day To Day*, Landmark, 1960.

KAPITEL SECHS

Sequenzen eignen sich auch hervorragend zur Reharmonisation der Changes und zum ›Outside‹-Spielen, d.h. zum Spielen von Tönen, die normalerweise gar nicht zu dem betreffenden Akkord passen.[2] Viele Töne in Mulgrews dritter Sequenz passen nicht zu den gezeigten Akkorden (z.B. das A über den F–7 Akkord und das E über den E♭∆ Akkord). Mulgrew spielt eine Phrase aus drei Tönen und erzeugt daraus unmittelbar eine Sequenz außerhalb der notierten Harmonien. Je mehr Sie das ›Spielen über Changes‹ meistern, desto wahrscheinlicher werden Sie diese nur noch als Plan betrachten, und nicht als Gesetze, denen man sich strengstens unterzuordnen hat. Um die künstlerische Ebene Mulgrews zu erreichen – der ganz nach Gehör spielt und unabhängig vom jeweiligen Akkordsymbol immer richtig klingt – müssen Sie zunächst einmal die Akkordsymbole so, wie sie dastehen, meistern. Aber vergessen Sie nicht: *Akkordsymbole sind eine Richtlinie, keine Zwangsjacke.*

Beispiel 6.1

---

[2] In Kapitel Acht erfahren Sie mehr über das ›Outside‹-Spielen.

Sequenzen können einfach sein, wie z.B. Freddie Hubbards rhythmische Sequenz aus zwei Tönen in Harry Warrens »You're My Everything«[3] (**Beispiel 6.2**), und seine melodische Sequenz in Herbie Hancocks »Dolphin Dance«[4] (**Beispiel 6.3**). Zwei weitere, einfache Sequenzen sind Mulgrew Millers melodische 4Ton-Sequenz in »Wingspan«[5] (**Beispiel 6.4**), und McCoy Tyners melodische 4Ton-Sequenz in Wayne Shorters Ballade »Lady Day«[6] (**Beispiel 6.5**).

Beispiel 6.2

Beispiel 6.3

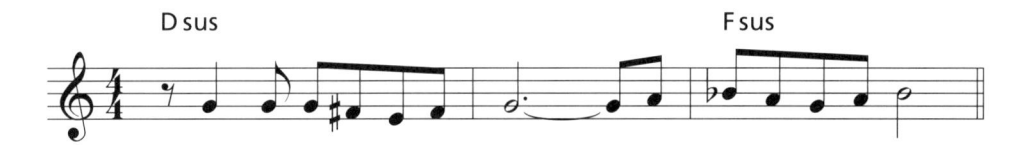

Beispiel 6.4

Beispiel 6.5

Rhythmus vereinfacht

[3] Freddie Hubbard, *Hub Tones*, Blue Note, 1962.
[4] Herbie Hancock, *Maiden Voyage*, Blue Note, 1965.
[5] Mulgrew Miller, *Wingspan*, Landmark, 1987. Eine von Mulgrews besten Aufnahmen.
[6] Wayne Shorter, *The Soothsayer*, Blue Note, 1965.

Beispiel 6.6 zeigt die erste von mehreren außergewöhnlichen melodischen Sequenzen, die Herbie Hancock in ihrer einfachen Schönheit in seinem Solo über »Dolphin Dance«[7] spielte. Die Intervallsprünge nach oben werden zunehmend größer: im ersten Takt von E nach A (eine Quarte), im zweiten Takt von E♭ nach A (ein Tritonus), im dritten Takt von E♭ nach B♭ (eine reine Quinte), im vierten Takt von E♭ nach B (eine kleine Sexte), im fünften Takt von E♭ nach C (eine große Sexte) und im sechsten Takt von E nach C♯ (ebenfalls eine große Sexte). Achten Sie auf die zunehmende Spannung dieser sechstaktigen Phrase. Sequenzen eignen sich hervorragend zur Spannungssteigerung in einem Solo.

Beispiel 6.6

Herbie Hancocks Piano-Voicings vereinfacht

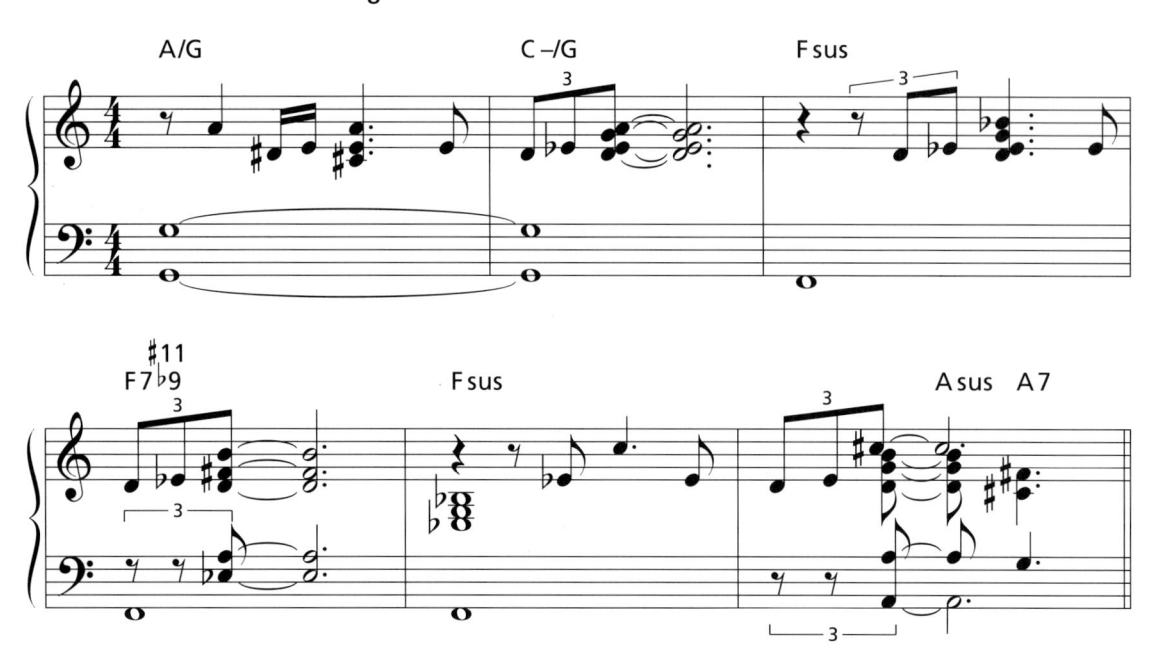

[7] Herbie Hancock, *Maiden Voyage*, Blue Note, 1965.

Ebenfalls in »Dolphin Dance« spielt Herbie eine spannungssteigernde 4Ton-Phrase aufwärts über sich abwechselnde B–7/E und A–7/E Akkorde (**Beispiel 6.7**). Achten Sie auf die Left-Hand Voicings dieser und der nächsten Figur. Das ›E‹ ist ein Pedalton, der nicht von Herbie, sondern von Bassist Ron Carter gespielt wird. Darauf folgt eine weitere melodische Sequenz, diesmal eine sprudelnde 4Ton-Phrase, aufgeteilt in Achteltriolen (**Beispiel 6.8**). Das ›E♭‹ in den Akkordsymbolen ist ein weiterer, von Ron Carter gespielter, Pedalton.

Beispiel 6.7

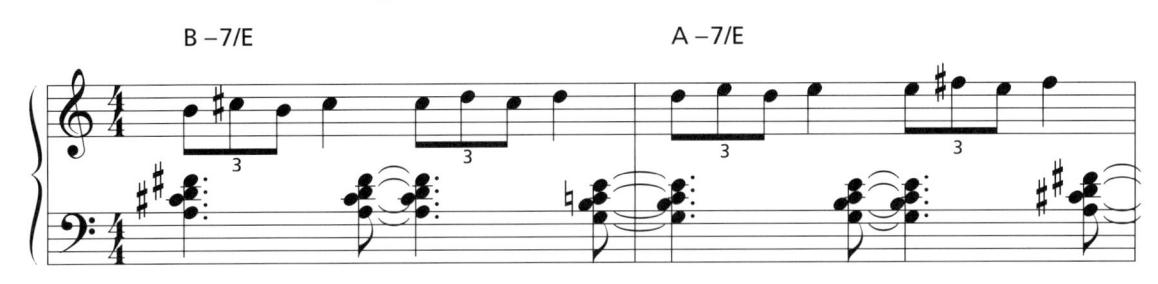

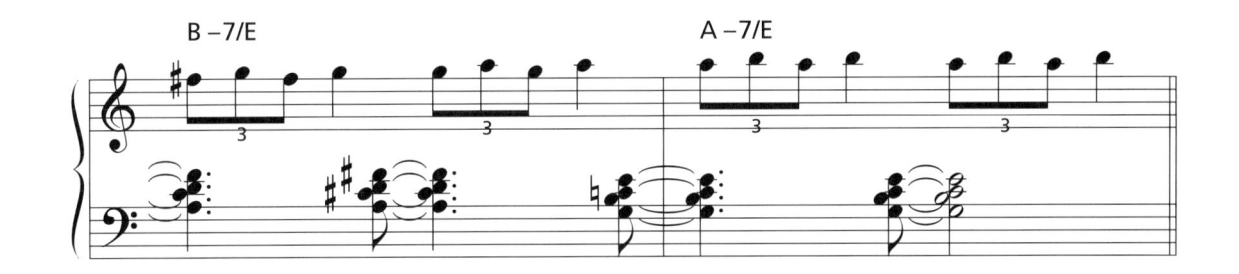

Beispiel 6.8

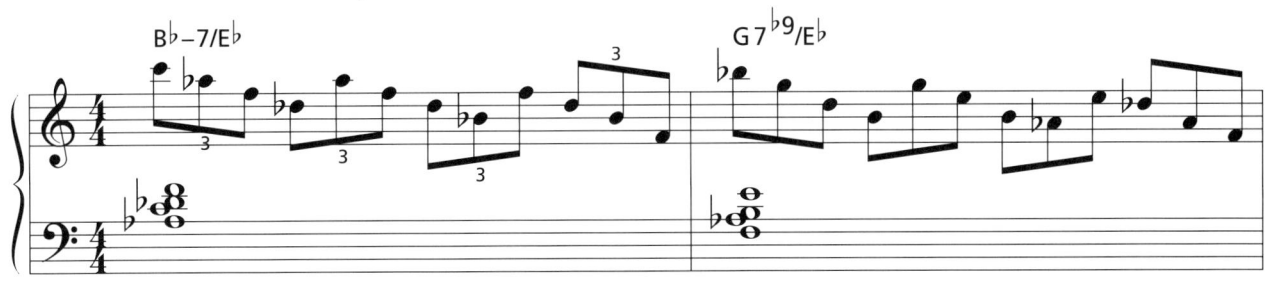

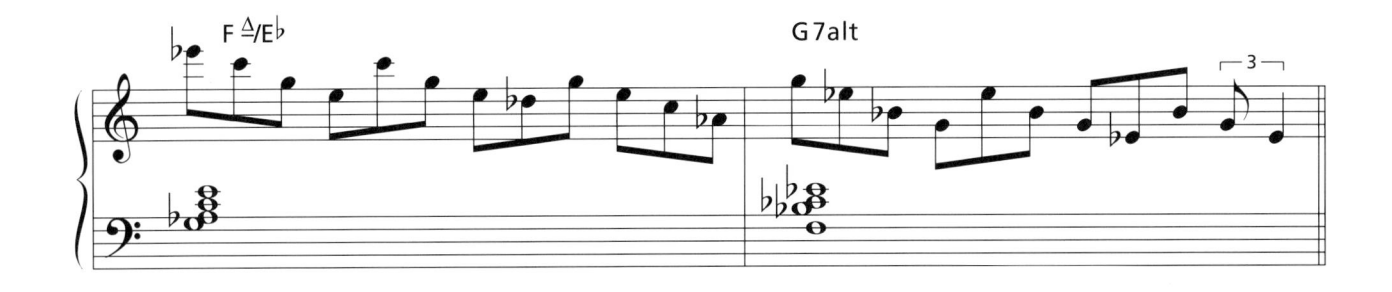

Seit den sechziger Jahren gehört das Spielen von Sequenzen zur Trickkiste eines jeden Jazzmusikers, wobei Musiker wie Herbie Hancock, Joe Henderson, Woody Shaw und Freddie Hubbard eine führende Rolle einnahmen. Die Musiker früherer Jazzstile machten nur selten davon Gebrauch. In **Beispiel 6.9** hören Sie jedoch ein erstaunlich modern klingendes Beispiel einer neuntaktigen rhythmischen Sequenz, die Louis Armstrong auf der 1927 erschienenen Aufnahme des Pianisten Lil Hardin, »Hotter Than That«[8], sang.

Beispiel 6.9

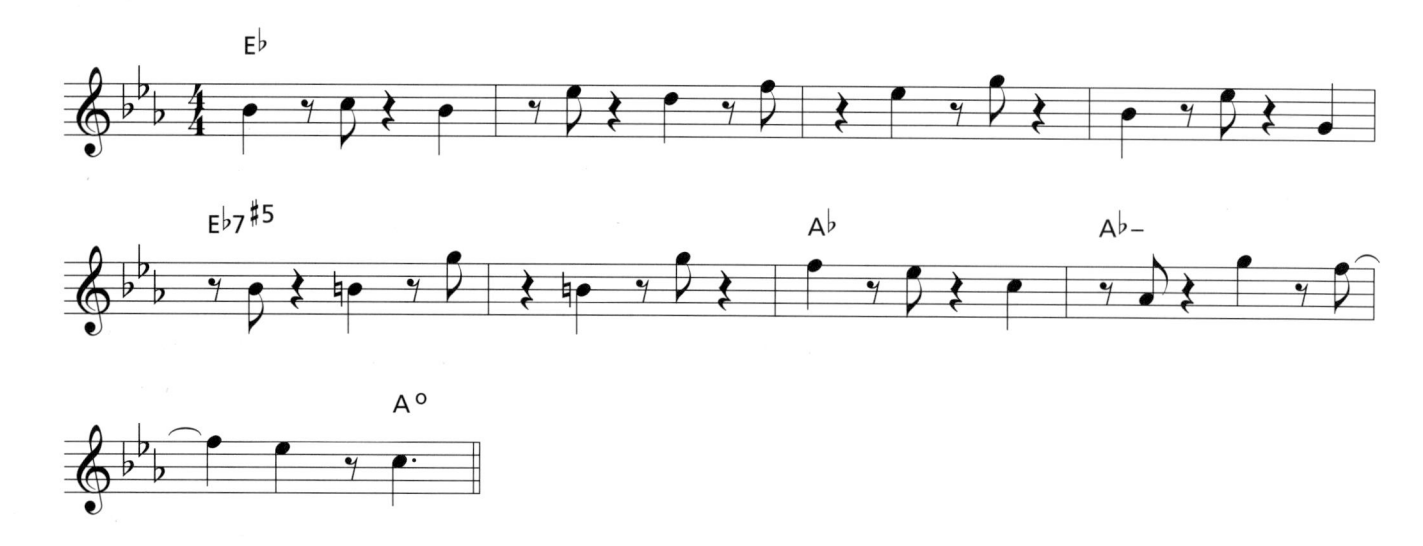

Beispiel 6.10 zeigt McCoy Tyners verspielte melodische Sequenz in Wayne Shorters »The Big Push«.[9] Das Interessante daran ist, daß McCoy sie im letzten Takt einer achttaktigen Phrase beginnt und sie dann in die ersten drei Takte der nächsten Phrase hinüberführt. Daraus kann man lernen, sich nicht von achttaktigen Phrasenlängen einengen zu lassen.

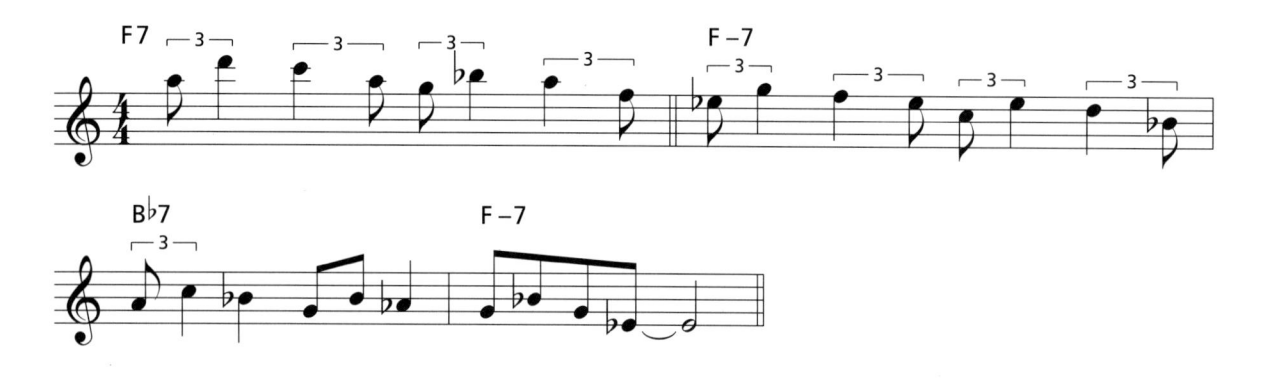

Beispiel 6.10

[8] Louis Armstrong, *The Hot Five & Hot Sevens, Vol III*, Columbia, 1927.
[9] Wayne Shorter, *The Soothsayer,* Blue Note, 1965.

Die fortlaufende Skalenübung

Wie kann man nun die Umgestaltung von Skalentönen in melodische Sequenzen üben? Als Vorbereitung dient eine Methode namens fortlaufende Skalenübung. In einer fortlaufenden Skalenübung verbinden Sie die Skalentöne des Akkords, über den Sie gerade spielen, mit den Skalentönen des nächsten Akkords. Als praktisches Beispiel dienen uns die ersten acht Takte von Victor Youngs »Stella By Starlight«. **Beispiel 6.11** zeigt uns die Akkordfolge für die ersten acht Takte mit den passenden Skalen.

Beispiel 6.11

Eø — 6. Modus von G melodisch Moll
A7alt — 7. Modus von B♭ melodisch Moll
C–7 — 2. Modus von B♭ Dur
F7 — 5. Modus von B♭ Dur
F–7 — 2. Modus von E♭ Dur
B♭7♭9 — verminderte B♭ Halbton/Ganztonskala
E♭△ — 1. Modus von E♭ Dur
A♭7♯11 — 4. Modus von E♭ melodisch Moll

Fragen Sie sich beim Durchspielen von »Stella«, von welcher Skalenharmonik jeder einzelne Akkord stammt. Dur? Melodisch Moll? Vermindert? Ganzton? Unter jedem Akkord wurde die ursprüngliche Skala (Dur, melodisch Moll, vermindert oder Ganzton) angegeben. Falls Sie die einzelnen Stufen von melodisch Moll noch nicht auswendig beherrschen, gehen wir sie nochmals durch: Minor-Major ist I, sus♭9 ist II, lydisch-übermäßig ist III, lydisch-dominant ist IV, halbvermindert ist VI und alteriert ist VII. *Lernen Sie immer alle Stufen einer Tonart zusammen, als Familie.*

Das Auffinden der richtigen Skala sagt Ihnen, welche Töne zu welchem Akkord gut klingen. Im »richtigen musikalischen Leben« haben Sie bei der Interpretation der Akkordsymbole erheblich mehr Spielraum. Vielleicht entscheiden Sie sich spontan, z.B. die Akkordfolge G–7, C7, F△ zu Gø, C7♭9, F△ zu reharmonisieren.[10] Anfangs, wenn Sie Anwendungen von Skalen lernen, ist es ratsam, Akkordsymbole *skalenspezifisch* zu betrachten, indem Sie jedes Symbol ganz genau interpretieren und jedem Akkord nur eine einzige Skala zuordnen – zumindest für jetzt.

[10] Das Thema Reharmonisation wird in den Kapiteln 13 und 14 behandelt.

Sehen Sie sich **Beispiel 6.12** an. Eø, der erste Akkord in Takt 1 von »Stella«, stammt aus dem sechsten Modus von G melodisch Moll. Fangen wir aber nicht mit E, dem Grundton, an – das wäre zu leicht. Wir beginnen willkürlich mit dem G, der Terz von Eø, und gehen die melodische G Mollskala in Viertelnoten hoch, also G, A, B♭, C.

Beispiel 6.12

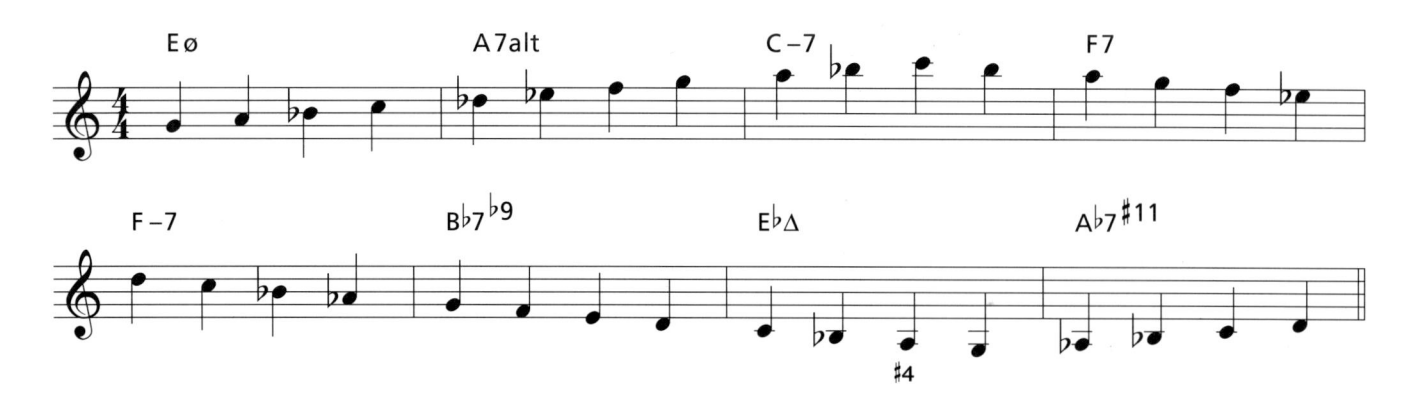

Der Akkord in Takt 2, A7alt, ist der siebte Modus der B♭ melodisch Mollskala. Was wäre nun der nächste Ton nach C – dem letzten Ton im ersten Takt – der zu A7alt und dessen Skala paßt? Es ist D♭ (enharmonisch C♯), die Terz von A7alt. Sie wird zum ersten Ton des zweiten Takts. Die Linie geht jetzt die melodische B♭ Mollskala weiter hoch, also D♭, E♭, F, G.

Der Akkord im nächsten Takt, C–7, ist der zweite bzw. dorische Modus von B♭ Dur. Welche Note nach G – dem letzten Ton im Takt davor – paßt zu C dorisch? Das ist A, und die Linie geht weiter nach oben. Damit Sie nicht die ganzen Hilfslinien über dem Notensystem lesen müssen, kehren wir nach dem C wieder nach unten zurück.

Der letzte Ton in C–7 ist B♭. Setzen Sie die Linie mit A als Anfangston im F7 Takt fort und machen Sie entsprechend weiter. Nachdem Sie das G unter dem eingestrichenen C erreicht haben, kehren Sie wieder um, sonst müssen Sie zu viele Hilfslinien lesen.

Im E♭∆ Akkord des siebten Takts erwarten Sie ein A♭ aus der E♭ Durskala. Ich habe es durch ein A ersetzt, weil A♭ im E♭∆ Akkord Avoid-Ton ist. Erhöhen Sie in dieser Übung alle Avoid-Töne, also die Quarte der Durakkorde und die 11 der nichtalterierten Dominantseptakkorde. Das ist in der Praxis nicht immer nötig, da Avoid-Töne ja keine ›schlechten‹ Töne sind. Aber das Üben dieser Technik schult Ihre Beobachtungsgabe hinsichtlich der Reharmonisationsmöglichkeiten von Akkorden.

Wenn Sie diese Übung jetzt einmal selbst probieren, können Sie Ihren Anfangs- und Wendepunkt dem Tonumfang Ihres Instruments anpassen. Es ist aber nicht nötig, extrem hoch oder tief zu spielen.

Wenn Sie auf einen Takt mit zwei Akkorden treffen, spielen Sie pro Akkord statt vier eben nur zwei Töne.

Sie profitieren von dieser Übung doppelt:

1) Anstatt immer mit dem Grundton anzufangen, was einfach ist, beginnen Sie jede neue Skala da, wo Sie beim letzten Akkord stehengeblieben waren.

2) Was noch wichtiger ist, Sie lernen, *die Skalen miteinander zu verbinden.* Und Sie machen Erfahrungen im Spielen langer, fließender Linien. Die Wichtigkeit jeder einzelnen Note innerhalb der Skala wird betont, so daß Sie davon wegkommen, sich immer nur am Grundton zu orientieren.

Vergessen Sie niemals Ihr Ziel: *Skalen als Reservoir verfügbarer Töne zu verinnerlichen, die in jeder beliebigen Reihenfolge gespielt werden können.*

Suchen Sie sich Stücke aus einem der *New Real Books* oder dem *World's Greatest Fake Book* aus und arbeiten Sie mit ihnen wie mit »Stella«, indem Sie zu jedem Akkord die passende Skala spielen. Suchen Sie nach Stücken, die bisweilen auch ♯11, ♭9, ♯9, alt, ø, ♯4 und ♯5 Akkorde enthalten. Mit etwas Übung werden Sie bald zu jedem Akkord die passende Skala verinnerlichen. Achten Sie darauf, wie sich Ihre Reaktionszeit verbessert. Um herauszufinden, daß Bø der sechste Modus von D melodisch Moll ist, brauchen Sie zunächst vielleicht zehn Sekunden. Versuchen Sie es in drei Sekunden, in einer, in einer halben, in einer Zehntelsekunde zu schaffen, bis es schließlich automatisch geht. Manche Lehrer verwenden Illustrationstafeln, um ihren Schülern bei der Assoziation von Akkord und passender Skala zu helfen. Sie brauchen für diese Übung nicht einmal Ihr Instrument. Gehen Sie z.B. durch den Quintenzirkel und verbinden Sie alle alterierten Akkorde mit der passenden melodischen Mollskala: »C7alt stammt von D♭ melodisch Moll, F7alt stammt von F♯ melodisch Moll, B♭7alt von B melodisch Moll« usw. Sie können dies sogar unter der Dusche oder auf der Autobahn üben, aber bitte, verpassen Sie die Ausfahrt nicht.

Variieren Sie die Übung, indem Sie wie in **Beispiel 6.13** Achtelnoten spielen. Der F7 Akkord enthält zwei erhöhte Avoid-Töne, und in der Mitte des A7alt Akkords kehren wir wieder um. Es ist absolut notwendig, daß Sie die Richtung der Skala an jeder Stelle im Takt ändern können.

Beispiel 6.13

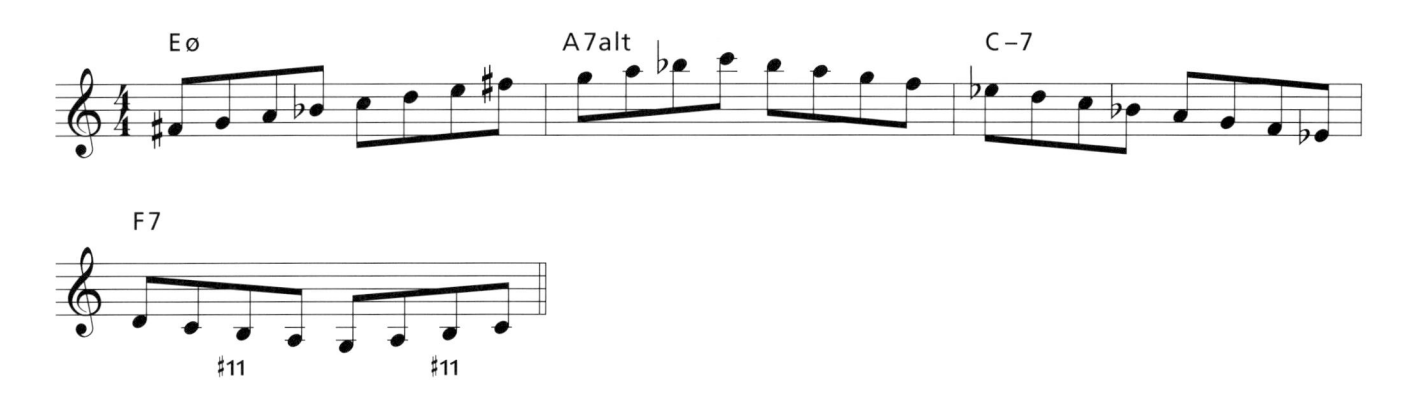

Spielen Sie als nächstes Achtelnoten in Terzen, sowohl auf- und absteigend (**Beispiel 6.14**), dann Sequenzen aus auf- und absteigenden Terzen in beide Richtungen (**Beispiel 6.15**), dann Triolen (**Beispiel 6.16**) und schließlich Triolen, die aus einer Sekunde und einer Terz bestehen (**Beispiel 6.17**).

Beispiel 6.14

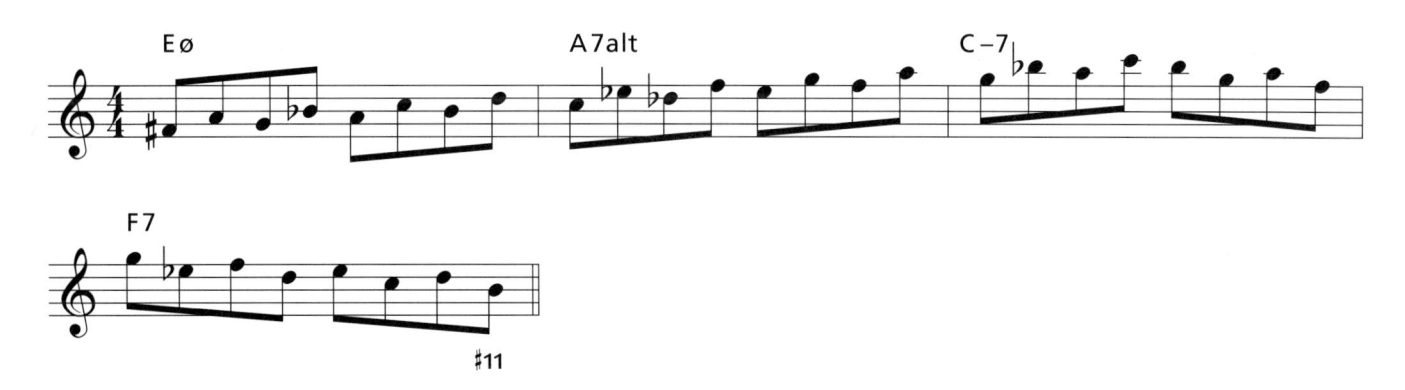

Beispiel 6.15

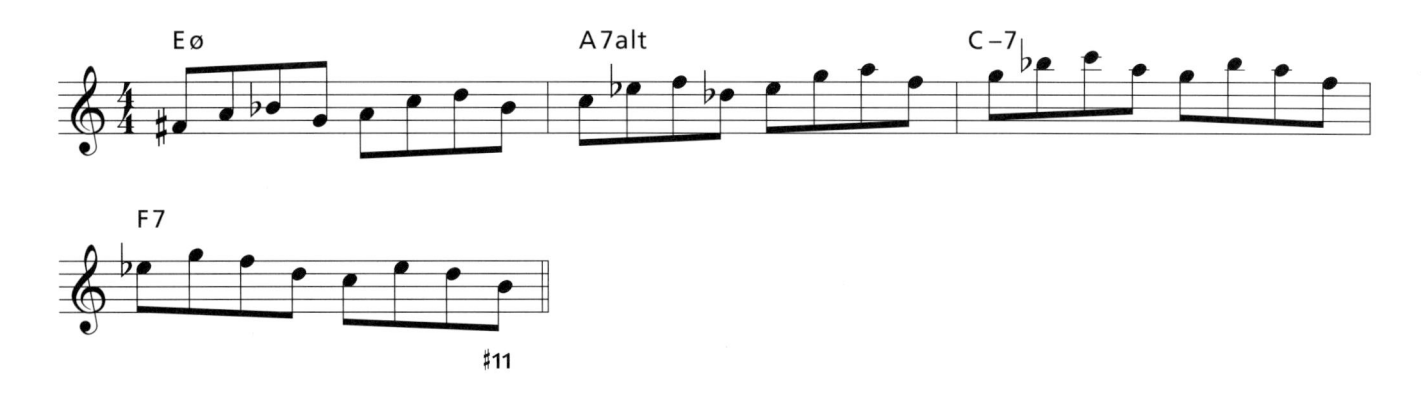

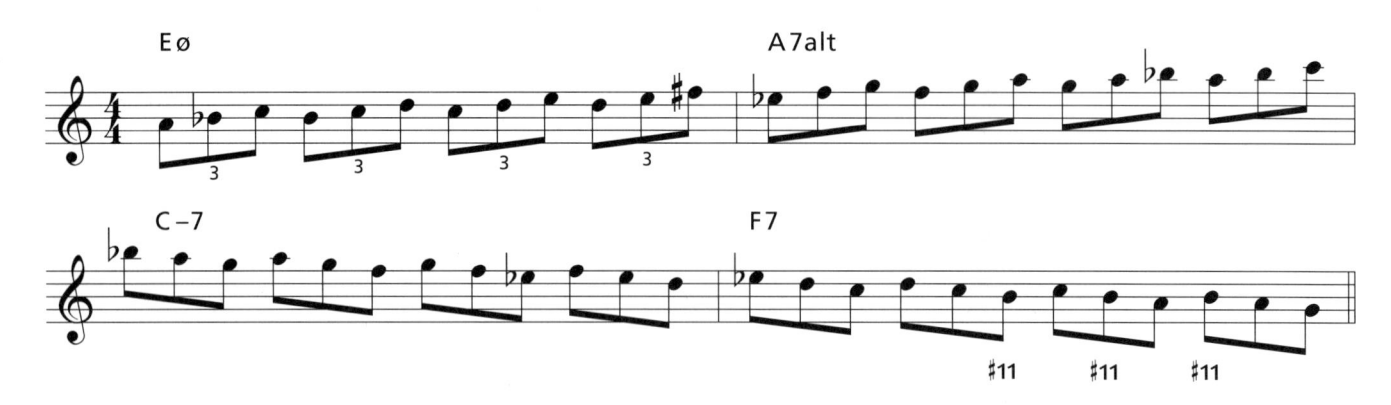

Beispiel 6.16

Beispiel 6.17

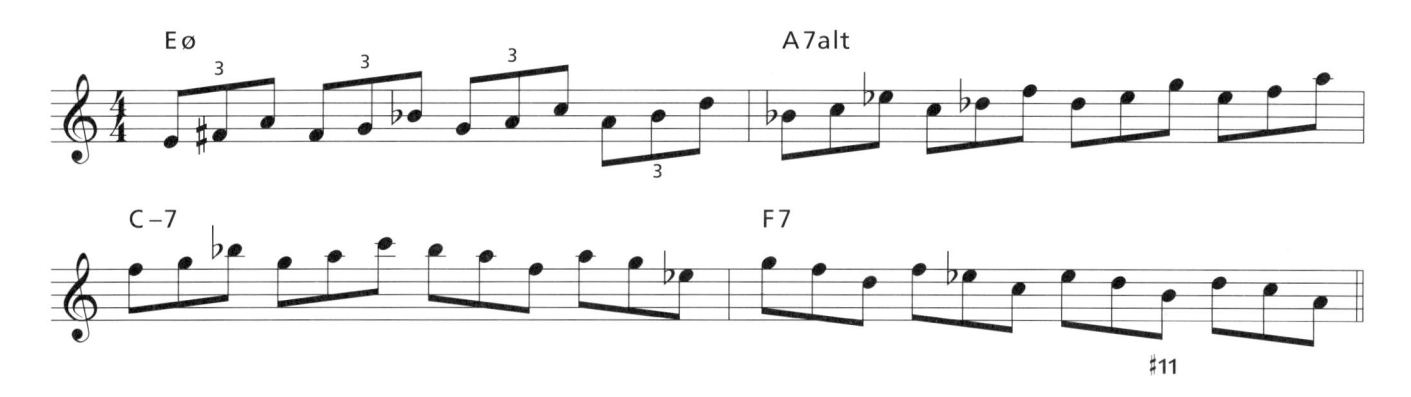

Der sechste Takt von »Stella« enthält einen B♭7♭9 Akkord. V7♭9 Akkorde stammen von der verminderten Halbton/Ganztonleiter. Die ersten zwei Takte von **Beispiel 6.18** enthalten eine Phrase aus aufsteigenden Terzen über einen B♭7♭9 Akkord. *Es sind ausschließlich kleine Terzen.* Warum? In Kapitel Drei haben Sie gelernt, daß das Intervall zwischen einem Ton und dem übernächsten Ton einer verminderten Skala eine kleine Terz ist.

Takt drei und vier von **Beispiel 6.18** enthalten eine Phrase aus arpeggierten Dreiklängen über denselben B♭7♭9 Akkord. *Es sind ausschließlich verminderte Dreiklänge.* Wie Sie in Kapitel Drei gelernt haben, kommen in der Harmonik der verminderten Skala verminderte Dreiklänge auf natürliche Weise vor.

Beispiel 6.18

Was immer Sie im ersten Takt von »Stella« über den Eø Akkord spielen, kann eine kleine Terz nach oben transponiert und über den A7alt Akkord im zweiten Takt gespielt werden. Diese Technik funktioniert immer, gleichgültig, welche Phrase, welches Pattern oder Voicing, oder welches Lick Sie über Eø spielen. **Beispiel 6.19** zeigt drei Beispiele für diese Idee – Licks in der rechten Hand, Voicings in der linken.[11]

[11] Achten Sie auf die Piano-Voicings ohne Grundton.

Beispiel 6.19

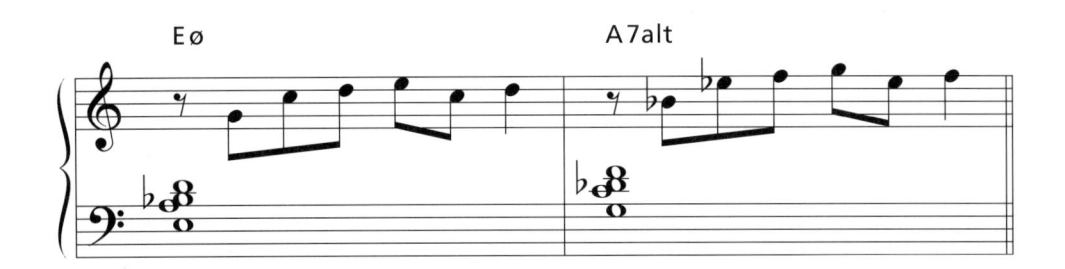

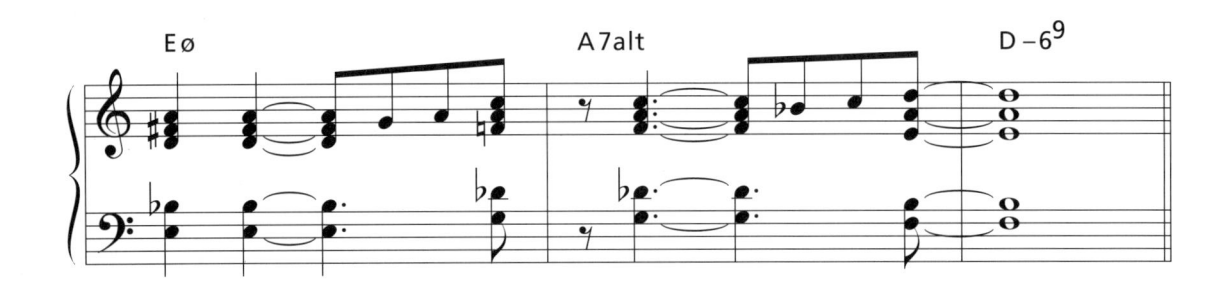

Warum funktioniert das? Weil halbverminderte und alterierte Akkorde von melodisch Moll stammen. Und da es keine Avoid-Töne gibt, ist alles innerhalb einer bestimmten Molltonalität austauschbar. Eø stammt von G melodisch Moll, A7alt von B♭ melodisch Moll. B♭ melodisch Moll liegt eine kleine Terz über G melodisch Moll, weshalb Sie alles eine kleine Terz höher wiederholen können. *Wann immer Sie eine IIø-V alt Verbindung haben, kann alles, was Sie über den ø Akkord spielen, eine kleine Terz höher über dem alt Akkord wiederholt werden. Denken Sie in Tonarten, nicht in Akkorden.*

Die Wiederholung, eine kleine Terz höher auf einem anderen Intervall, erzeugt eine Sequenz in *Parallelbewegung*. Parallelbewegungen geben Ihren Soli Struktur und Zusammenhang.

Einige der bisher behandelten Sequenzen sind sehr musikalisch und könnten auch in einem Solo gut klingen. Aber das ausschließliche Spielen von Sequenzen kann auf die Dauer sehr mechanisch klingen. Als Bestandteil eines ansonsten lyrischen und frei fließenden Solos können Sequenzen für Struktur und Gliederung in Ihrem Spiel sorgen. Versuchen Sie doch mal, Ihre eigenen Sequenzen zu erfinden.

Meister der Sequenz

Fast alle großen Jazzmusiker spielen beim Improvisieren bisweilen Sequenzen, aber nur einige von ihnen sind anerkannte Meister dieses Kunstgriffs. Zu ihnen gehören Joe Henderson, Herbie Hancock, Freddie Hubbard, John Coltrane, George Coleman, Lee Morgan und Wayne Shorter.

Joe Henderson

Joe Henderson ist wahrhaft ein Meister der Sequenz. **Beispiel 6.20** zeigt, wie Joe in Horace Silvers »Bonita«[12] eine einfache melodische Sequenz aus drei Tönen spielt. **Beispiel 6.21** zeigt aus demselben Solo eine melodische Sequenz aus acht Tönen über die ersten beiden Akkorde, wobei er bei den beiden letzten Akkorden nur einen einzigen Ton verändert (B♭ wird zu B).

Beispiel 6.20

Beispiel 6.21

---

[13] Horace Silver, *The Cape Verdean Blues,* Blue Note, 1965. Eine der besten Aufnahmen von Horace Silver.

KAPITEL SECHS

Beispiel 6.22 zeigt eine melodische Sequenz aus drei Tönen von Joes Solo über Horace Silvers »Nutville«[13]. Achten Sie darauf, wie stark Joe dieses simple Motiv rhythmisch variiert. **Beispiel 6.23** zeigt eine rhythmische Sequenz aus den ersten acht Takten von Joes Solo über Duke Pearsons »Empathy«[14].

Beispiel 6.22

Beispiel 6.23

---

[13] Horace Silver, *The Cape Verdean Blues,* Blue Note, 1965.
[14] Duke Pearson, *Sweet Honey Bee* Blue, Note, 1966.

Beispiel 6.24 zeigt eine melodische Sequenz aus Joes Solo über Lee Morgans »Totem Pole«[15]. Beispiel 6.25 stellt eine Analyse der Sequenz dar, in der die chromatischen Annäherungstöne weggelassen wurden. Es ist deutlich zu sehen, wie Joe eine Sequenz absteigender Terzen umreißt, bevor er die Phrase mit einer Quarte abwärts beendet.

Beispiel 6.24

Beispiel 6.25

Beispiel 6.26 zeigt, wie Joe eine rhythmische Sequenz aus drei Tönen mit einer Quarte als Hauptintervall die ersten 16 Takte seines Solos über Lee Morgans »Gary's Notebook«[16] hindurchspielt. Achten Sie auf die klare Strukturierung Joes, dessen Sequenzen von Takt 1-4 eine Quarte abwärts und von Takt 5-7 Quarten aufwärts enthalten und in Takt 8 wieder zu einer Quarte abwärts zurückkehren.

Beispiel 6.26

[15] Lee Morgan, *The Sidewinder*, Blue Note, 1963.
[16] ebd.

In seinem Solo über Duke Pearsons »Idle Moments«[17] spielt Joe eine rhythmische Sequenz aus zwei Tönen (**Beispiel 6.27**). Später spielt Joe in demselben Solo eine rhythmische Sequenz, die jeden Takt mit zwei Sechzehntelnoten einleitet, gefolgt von Achtelnoten auf den Zählzeiten zwei und drei und dann wieder Sechzehntelnoten, die zum nächsten Takt führen (**Beispiel 6.28**). **Beispiel 6.29** zeigt eine rhythmische Sequenz mit drei Tönen aus demselben Solo.

Beispiel 6.27

Beispiel 6.28

Beispiel 6.29

In **Beispiel 6.30** aus wiederum demselben Solo demonstriert Joe, daß man nicht unbedingt immer gleich *alle* Töne des Akkords spielen muß. Indem er nur das C spielt, liegt die Betonung auf der rhythmischen Variation.

Beispiel 6.30

---

[17] Grant Green, *Idle Moments,* Blue Note, 1963.

Beispiel 6.31 zeigt Joes ersten Chorus aus einem seiner brillantesten Soli, nämlich über Lee Morgans »Ca-Lee-So«.[18] Joe legt eine verspielte Sequenz aus drei Tönen über die ersten 16 Takte seines Solos und kommt in den letzten acht Takten wieder darauf zurück.

Beispiel 6.31

[18] Lee Morgan, *Delightfulee*, Blue Note, 1966. Aus Gründen der Lesbarkeit ist Joes Chorus eine Oktave nach oben transponiert worden.

Falls Sie Joes Lick üben wollen: **Beispiel 6.32** zeigt es in C Dur, aber Sie sollten es in allen Dur- und melodischen Molltonarten üben.

Beispiel 6.32

jeder Akkord aus C Dur

Herbie Hancock

Ein weiterer Meister der Sequenz ist Herbie Hancock. **Beispiel 6.33** zeigt, wie Herbie in seinem Solo über Harry Warrens »You're My Everything«[19] eine Sequenz, bestehend aus einer Terz aufwärts und einer Quarte abwärts, spielt.

Beispiel 6.33

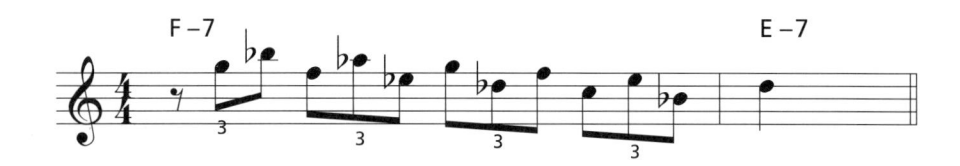

In Freddie Hubbards 11-taktigem »Prophet Jennings«[20] demonstriert Herbie, wieviel man aus nur drei Tönen – in diesem Fall E♭, A♭ und B♭ – herausholen kann, indem er diese auf rhythmisch äußerst interessante Weise über einen D7alt Akkord verteilt (**Beispiel 6.34**).

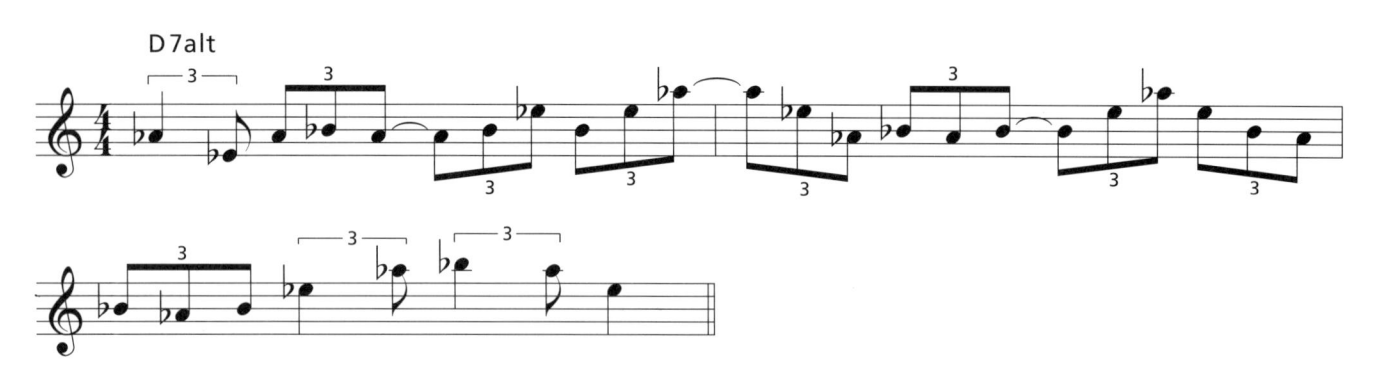

Beispiel 6.34

---

[19] Freddie Hubbard, *Hub Tones*, Blue Note, 1962.
[20] ebd.

In seinem Solo über Freddie Hubbards wunderschöner Widmung an Booker Little, »Lament For Booker«, spielt Herbie eine auf- und absteigende Sequenz (**Beispiel 6.35**).[21]

Beispiel 6.35

Beispiel 6.36 zeigt eine rhythmische Sequenz Herbies aus »Maiden Voyage«[22]. **Beispiel 6.37** zeigt ein melodisches 4Ton-Motiv sowie eine rhythmische Sequenz aus fünf Tönen aus Herbies Solo über »The Eye Of The Hurricane«.[23] Machen Sie sich über die diversen A's im ersten Takt, die nicht zu dem F–7 Akkord passen, keine Sorgen; in diesen beiden Takten geht Herbie aus den Changes heraus.

Beispiel 6.36

Beispiel 6.37

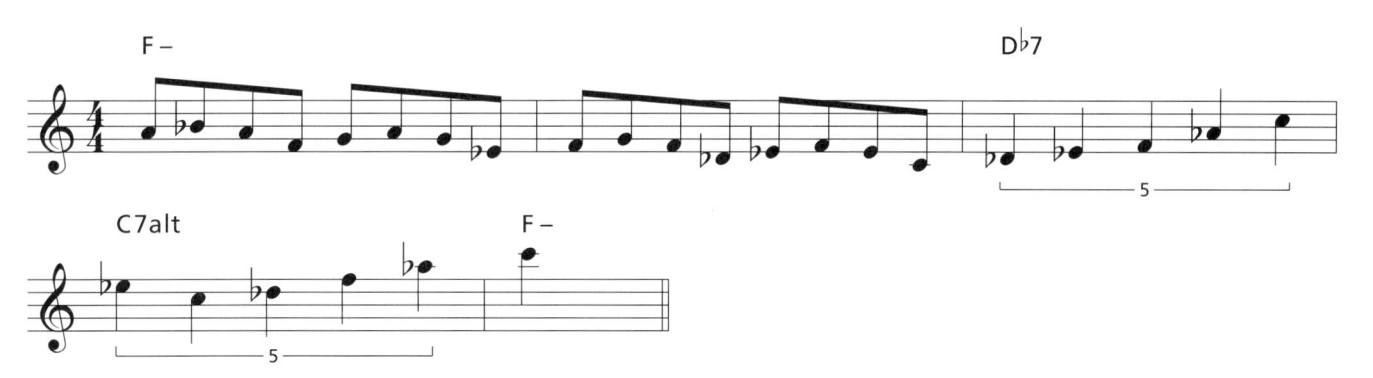

Eines seiner brillantesten Soli spielt Herbie in Cole Porters »All Of You«[24]. Es handelt sich um ein Miles Davis Album, auf dem Herbie zunächst zwei Chorusse spielt und anschließend über einen langen ›Tag‹ aus III-VI-II-V Akkorden in E♭ (G–7, C7, F–7, B♭7) improvisiert. Herbie reharmonisiert diese vier Akkorde beträchtlich, so daß einige der Töne aus den folgenden Beispielen nicht zu den Changes zu passen scheinen. Dabei spielt Herbie nach einigen Takten eine Sequenz nach der anderen. Er improvisiert auf diese Weise lange, fließende Linien, deren Spannung steigt und dann wieder abnimmt.

[21] ebd.
[22] Herbie Hancock, *Maiden Voyage*, Blue Note, 1965.
[23] ebd.
[24] Miles Davis, *The Complete Concert*, Columbia, 1964.

KAPITEL SECHS

Herbie Hancock ©1990 K. Gypsy Zaboroskie. All Rights Reserved.

In der ersten Sequenz von »All Of You« (**Beispiel 6.38**) spielt Herbie ein Motiv aus zwei Tönen (eine Terz abwärts und eine Quarte aufwärts) als Triolensequenz angeordnet, zunächst aufwärts, dann abwärts, dann wieder aufwärts, worauf er abrupt zu einer mehrtaktigen, absteigenden Dreiklangsequenz überwechselt. **Beispiel 6.39** zeigt, wie Herbie in demselben Solo erneut ein Triolenpattern spielt, bevor er zu einer Figur aus sich wiederholenden Tönen und einer Sequenz aus fünf Tönen, die er einen Halbton tiefer wiederholt, übergeht.

VON DEN SKALEN ZUR MUSIK

Beispiel 6.38

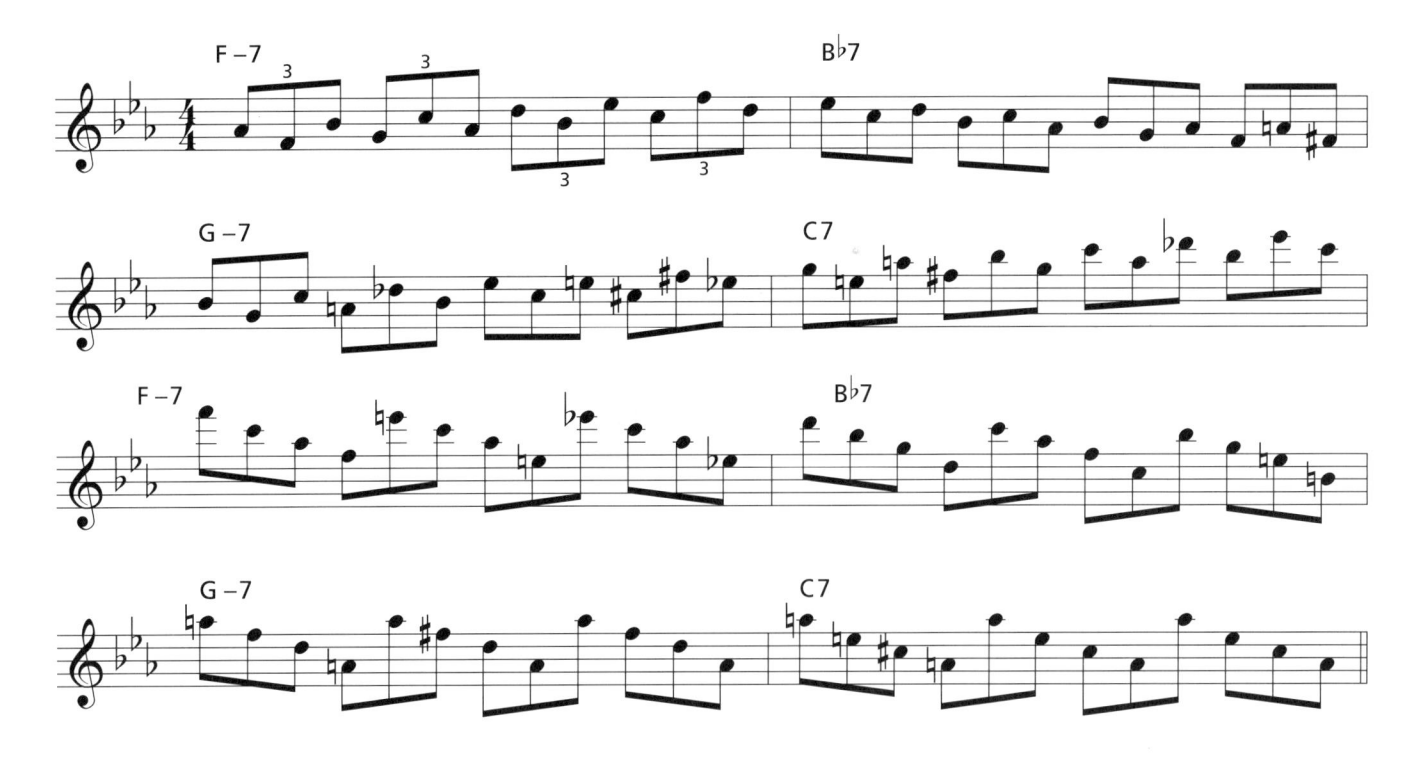

Beispiel 6.39

In seiner Komposition »Little One«[25] spielt Herbie ein Pattern, das aus einer Quarte abwärts und einer Terz aufwärts besteht (**Beispiel 6.40**). Kurz darauf folgt die in **Beispiel 6.41** gezeigte, rhythmisch komplexe Sequenz.[26]

Beispiel 6.40

Beispiel 6.41

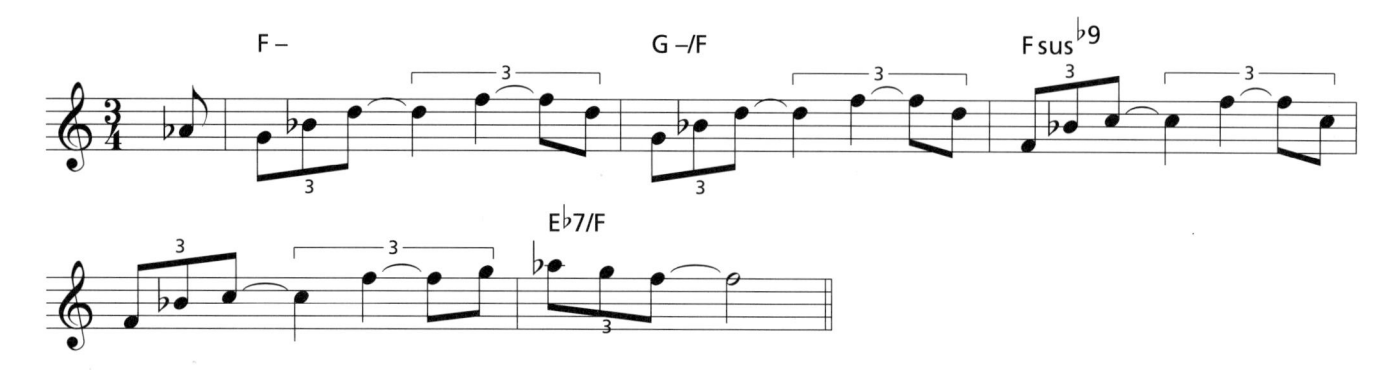

Diese Beispiele mögen auf Papier ganz gut aussehen, aber sie zu hören, wird Sie in eine andere Dimension versetzen. Die steigende Spannung und Auflösung innerhalb des Solos, das Zusammenspiel zwischen Herbie, Bassist Ron Carter und Schlagzeuger Tony Williams und den emotionalen Gehalt ihres Spiels können Sie nur beim *Anhören* spüren. Mit anderen Worten, kaufen Sie sich die CD.

Freddie Hubbard

Auch Freddie Hubbard ist in der Lage, brillante Sequenzen zu spielen. **Beispiel 6.42** zeigt eine Sequenz aus Triolen, die er in Duke Pearsons großartigem Stück »Gaslight«[27] spielt. **Beispiel 6.43** zeigt eine weitere Triolensequenz aus Freddies Solo über Herbie Hancocks »Little One«.[28]

Beispiel 6.42

---

[25] Herbie Hancock, *Maiden Voyage*, Blue Note, 1965.
[26] ebd.
[27] Duke Pearson, *Sweet Honey Bee*, Blue Note, 1966.
[28] Herbie Hancock, *Maiden Voyage*, Blue Note, 1965.

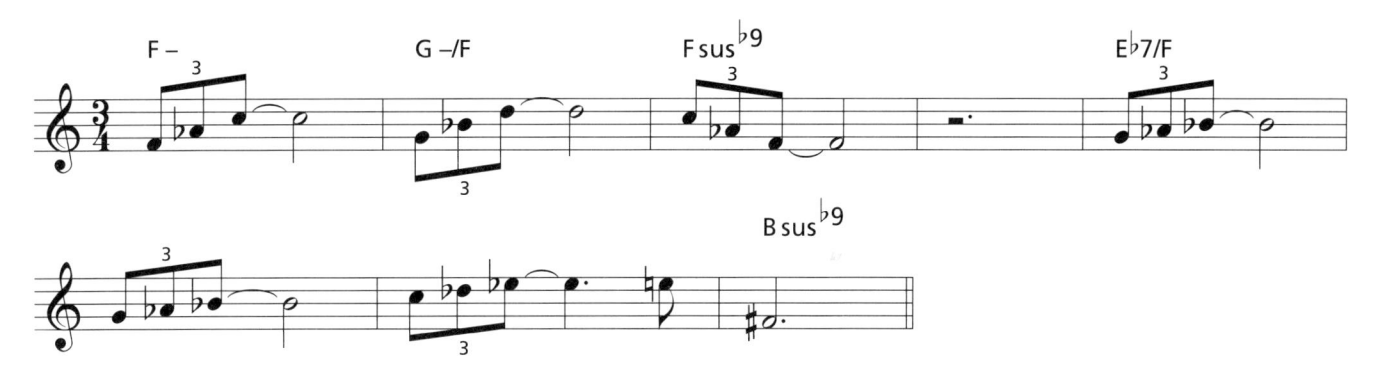

John Coltrane

John Coltrane spielte sehr häufig Sequenzen. **Beispiel 6.44** zeigt eine Sequenz aus »Locomotion«[29]. Der erste Ton einer jeden 4Ton-Gruppe ist ein chromatischer Vorhalt der Quinte eines absteigenden Dreiklangs. Eine weitere Sequenz Coltranes folgt etwas später in diesem Kapitel.

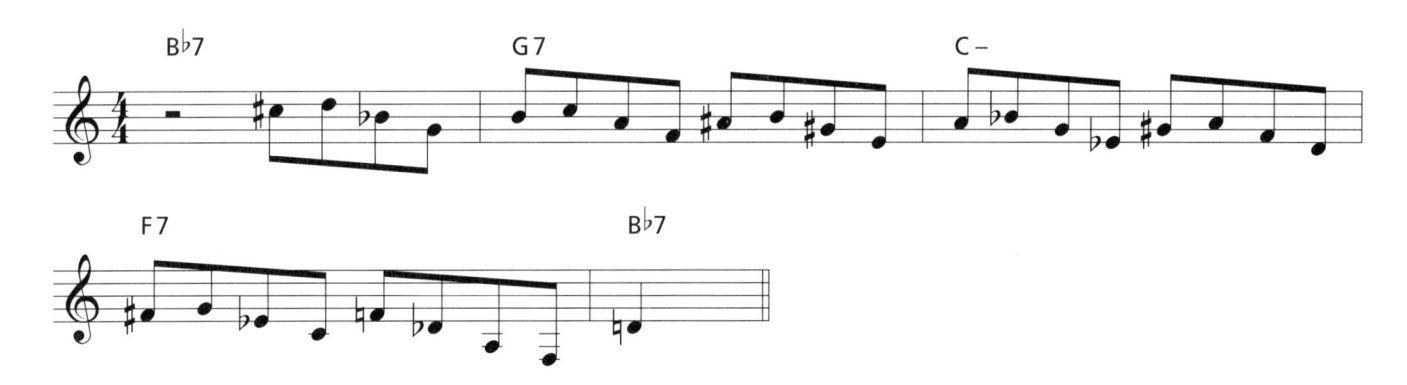

George Coleman

Durch Spielen von Sequenzen strukturiert George Coleman seine Soli auf meisterhafte Weise. **Beispiel 6.45** zeigt Georges ›soulige‹, rhythmische Sequenz der ersten acht Takte seines Solos über Herbie Hancocks »Little One«.[30]

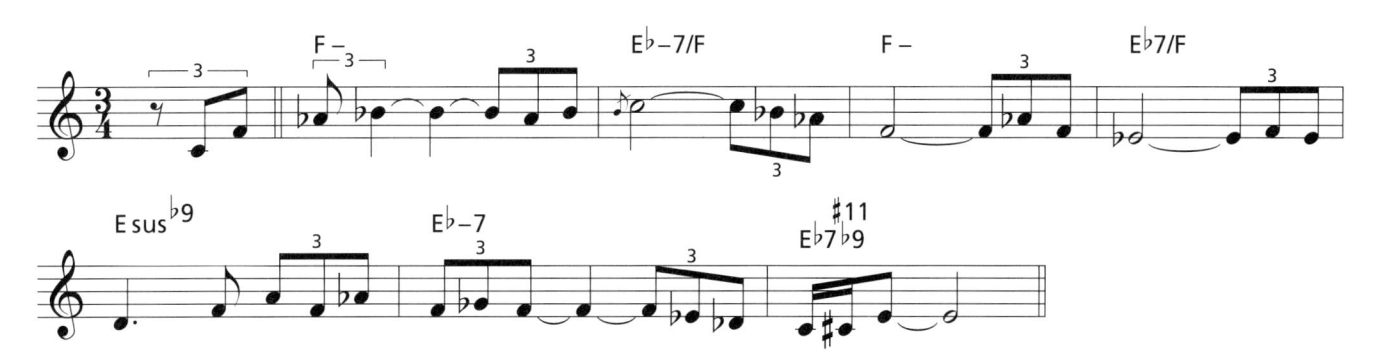

[29] John Coltrane, *Blue Train*, Blue Note, 1957. Eine der großartigsten Plattenaufnahmen Coltranes.
[30] Herbie Hancock, *Maiden Voyage*, Blue Note, 1965.

Lee Morgan

Lee Morgan hatte ein ganz besonderes Gespür für Sequenzen. **Beispiel 6.46** zeigt eine Lee Morgan-Sequenz aus Coltranes »Locomotion«[31], einem seiner brillantesten Soli. Lee reharmonisiert den B♭7 Akkord als B♭ Durdreiklang, indem er jeden Akkordton chromatisch von unten ansteuert.

Beispiel 6.46

Wayne Shorter

Ein weiterer Meisterimprovisator, der Sequenzen spielt, ist Wayne Shorter. **Beispiel 6.47** zeigt einige Takte von Wayne Shorters Solo über sein Stück »Angola«.[32] Achten Sie auf Waynes Akkordalterationen. Das A♭ (enharmonisch G♯) im ersten Takt ist die ♯11 von D7. Ab dem dritten Takt spielt Wayne ein F über D7 (die ♯9) und ein G♭ über E♭7 (ebenfalls die ♯9).

Beispiel 6.47

---

[31] John Coltrane, *Blue Train,* Blue Note, 1957.
[32] Wayne Shorter, *The Soothsayer,* Blue Note, 1965.

Improvisieren mit Dreiklängen

Dreiklänge sind die grundlegenden Akkorde westlicher Harmonik. Innerhalb eines Solos stabilisieren Sie die Harmonik und wirken auf diese Weise strukturbildend. **Beispiel 6.48** zeigt Wynton Kellys arpeggierte Dreiklänge aus seinem Solo über Miles Davis' Aufnahme von Frank Churchills »Someday My Prince Will Come«.[33]

Beispiel 6.48

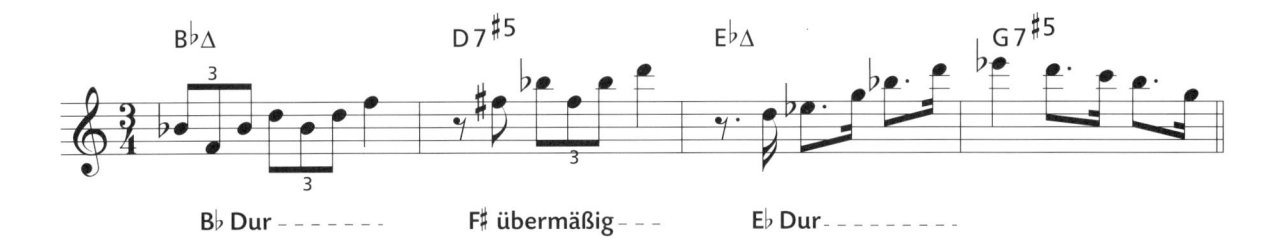

In seinem Stück »Wingspan«[34] spielt Mulgrew Miller eine Sequenz aus Dreiklängen (**Beispiel 6.49**). Die Durdreiklänge folgen einander im Uhrzeigersinn um den Quintenzirkel – F Dur, C Dur und G Dur. Jeder der Dreiklänge entstammt der Skala des notierten Akkordsymbols. Der F Durdreiklang gehört natürlich zur selben Skala wie der F∆ Akkord; der C Durdreiklang ist einer der Dreiklänge aus der Tonart F, in der G–7 der Akkord der 2. Stufe ist; und schließlich stammt der G Durdreiklang aus G Dur, wo A–7 der Akkord der 2. Stufe ist.

Beispiel 6.49

Sehen Sie sich **Beispiel 6.50** an, ebenfalls aus Mulgrews Solo über »Wingspan«. Mulgrew spielt eine Sequenz aus aufsteigenden Dur-, Moll- und übermäßigen Dreiklängen, wobei er dem Muster Terz-Grundton-Terz-Quinte folgt. Die Grundtöne der Dreiklänge folgen der melodischen F Mollskala: F, G, A♭, B♭, C, D, E, F.

---

[33] Miles Davis, *Someday My Prince Will Come*, Columbia, 1961. Eines von Wyntons brillantesten Soli.
[34] Mulgrew Miller, *Wingspan*, Landmark, 1987.

Beispiel 6.50

Herbie Hancock spielt in seinem Solo über Cole Porters »All Of You«[35] ebenfalls Sequenzen aus Dreiklängen (**Beispiel 6.51**). Die Dreiklangbezeichnungen stehen unter dem jeweiligen Takt. Einige von Herbies Tönen scheinen nicht zu den Akkorden zu passen (z.B. die E Durdreiklänge über den C7 Akkord). Auch in diesem Beispiel wird eine Sequenz benutzt, um aus den Changes herauszugehen.

Beispiel 6.51

---

[35] Miles Davis, *The Complete Concert*, 1964, Columbia. Eines von Herbies brillantesten Soli.

VON DEN SKALEN ZUR MUSIK

In Wayne Shorters »Angola«[36] (**Beispiel 6.52**) arpeggiert Freddie Hubbard einen F Durdreiklang über zwei Akkorde.

Beispiel 6.52

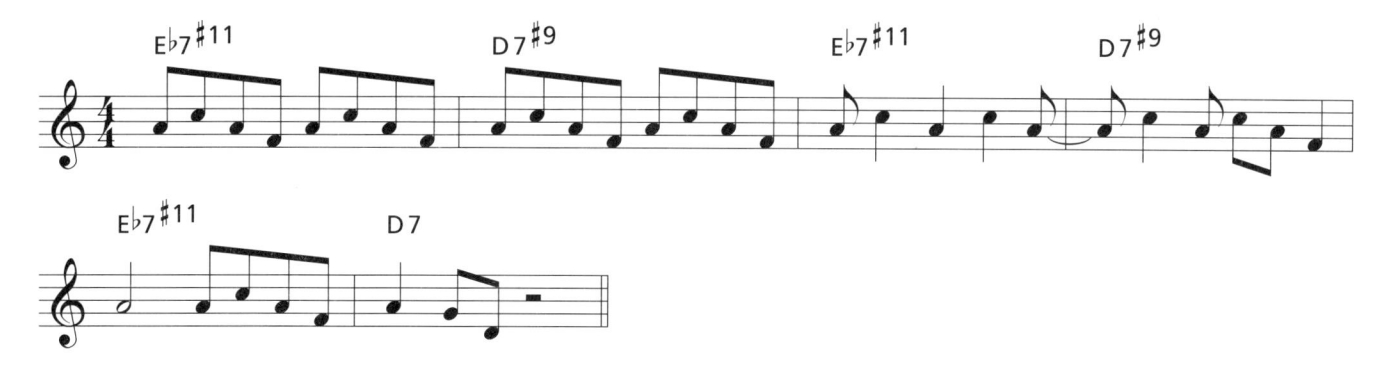

Das Üben von Dreiklangpatterns

Wie kann man nun das Einbauen von Dreiklängen in seine Soli üben? Sehen Sie sich zunächst einmal **Beispiel 6.53** an, das Dreiklänge auf jedem Ton der C Durskala zeigt. Von der Tonika ausgehend ist die Reihenfolge der Dreiklänge ›Dur, Moll, Moll, Dur, Dur, Moll, vermindert‹. Lernen Sie diese Reihenfolge auswendig, und üben Sie die arpeggierten Dreiklänge in allen Tonarten (**Beispiel 6.54**).

Beispiel 6.53

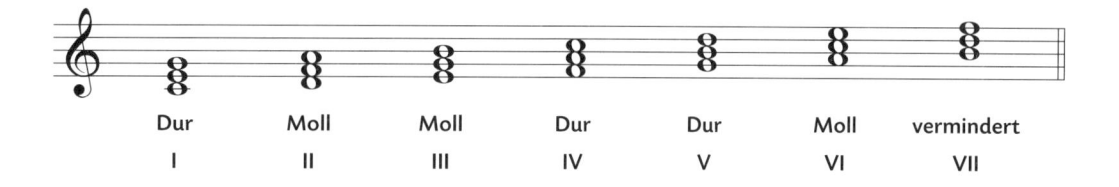

Dur	Moll	Moll	Dur	Dur	Moll	vermindert
I	II	III	IV	V	VI	VII

Beispiel 6.54

[36] Wayne Shorter, *The Soothsayer*, Blue Note, 1965.

Beispiel 6.55 zeigt dasselbe arpeggierte Dreiklangpattern, das wir von Mulgrew Miller aus **Beispiel 6.50** kennen, mit der Folge Terz-Grundton-Terz-Quint.

Beispiel 6.55

Wie steht es nun mit den Dreiklängen von melodisch Moll? **Beispiel 6.56** zeigt die Dreiklänge der melodischen C Mollskala. Die Reihenfolge der Dreiklänge ist ungewöhnlich: ›Moll, Moll, übermäßig, Dur, Dur, vermindert, vermindert‹. Diese Reihenfolge ist jedoch leichter zu merken als Sie denken: *zweimal Moll, übermäßig, zweimal Dur, zweimal vermindert.*

Beispiel 6.56

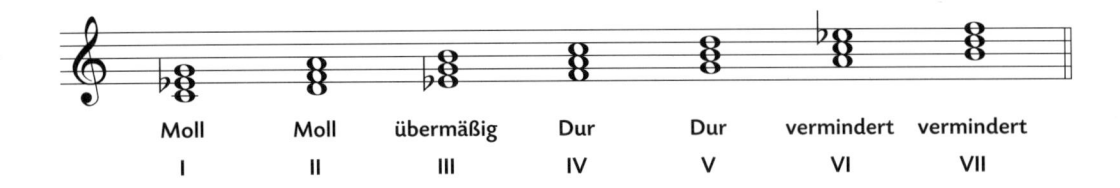

| Moll | Moll | übermäßig | Dur | Dur | vermindert | vermindert |
| I | II | III | IV | V | VI | VII |

Beispiel 6.57 zeigt eine Arpeggienübung mit den Dreiklängen aus melodisch Moll, und **Beispiel 6.58** basiert auf Mulgrew Millers Dreiklangpattern aus **Beispiel 6.50** mit der Folge Terz-Grundton-Terz-Quint.

Beispiel 6.57

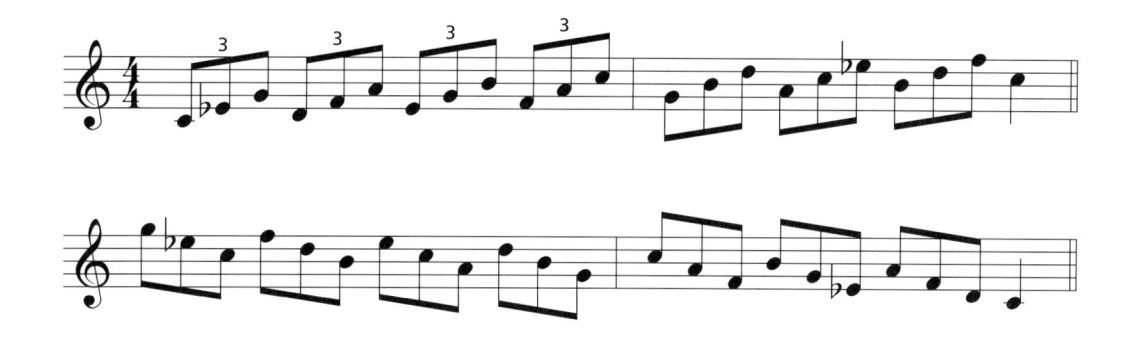

Beispiel 6.58

Beispiel 6.59 zeigt die Dreiklänge der verminderten Halbton/Ganztonskala in C; es sind ausschließlich verminderte Dreiklänge.

Beispiel 6.59

Beispiel 6.60 zeigt die arpeggierte Dreiklangübung und **Beispiel 6.61** das von Mulgrew gespielte Pattern in der Harmonik der verminderten Skala.

Beispiel 6.60

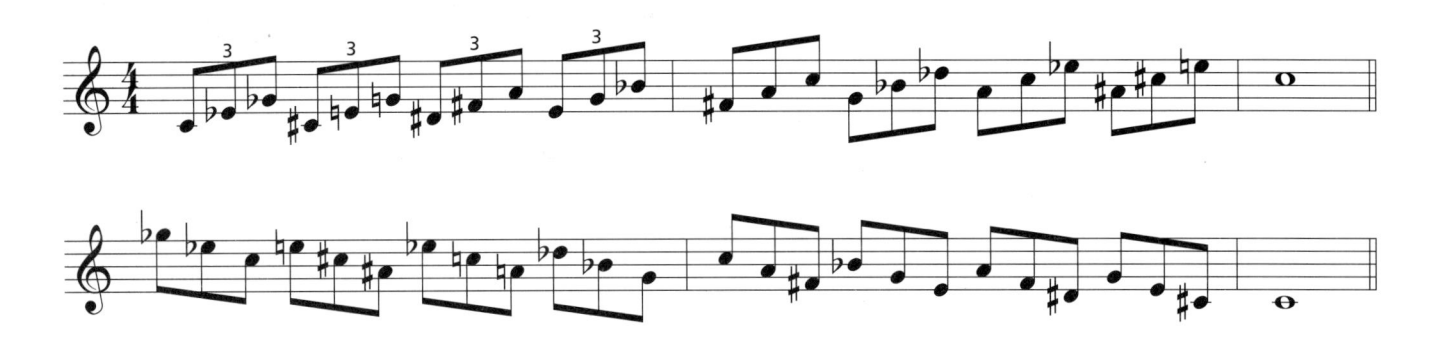

Beispiel 6.61

Beispiel 6.62 zeigt die Dreiklänge der C Ganztonskala. Es sind dies ausschließlich übermäßige Dreiklänge – der einzige Typus von Dreiklang, der in der Ganztonskala enthalten ist. **Beispiel 6.63** zeigt die arpeggierte Dreiklangübung, und **Beispiel 6.64** Mulgrews Motiv, dieses Mal in der Harmonik der Ganztonskala.

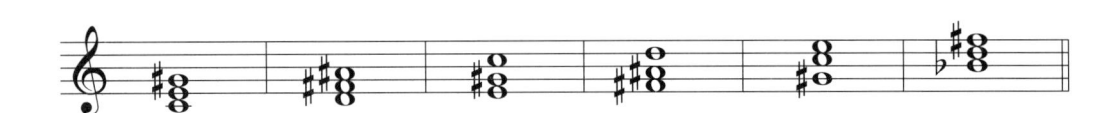

Beispiel 6.62

Beispiel 6.63

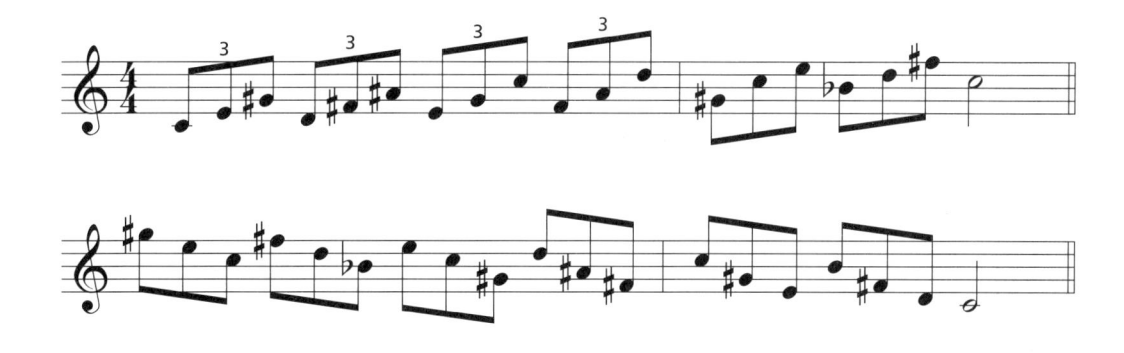

Beispiel 6.64

Beispiel 6.65 zeigt eine 4Ton-Sequenz aus Dreiklängen über die ersten Takte von »Stella By Starlight«. Üben Sie die Dreiklänge!

Beispiel 6.65

Septakkord-Sequenzen

Septakkorde sind die grundlegenden Akkorde der Jazzmusik. In einem Solo gespielt wirken sie, wie die Dreiklänge, harmoniestabilisierend und strukturbildend. **Beispiel 6.66** stammt aus Coltranes Solo über Miles Davis' »Milestones«.[37] Über einen G–7 Akkord arpeggiert Coltrane sämtliche Septakkorde der Tonart F Dur.

Beispiel 6.66

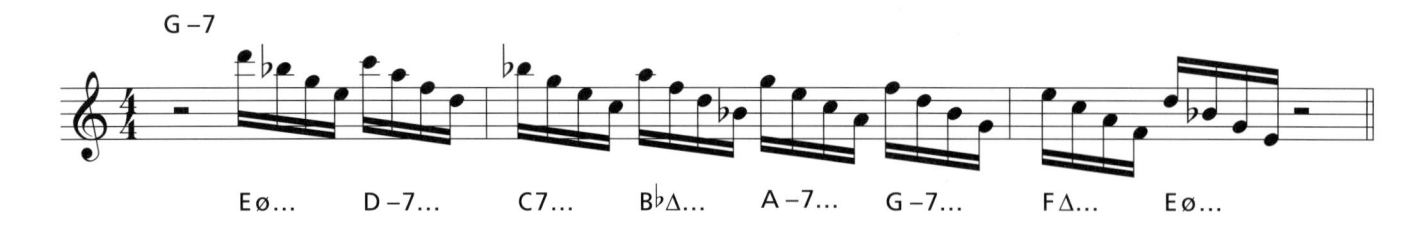

Beispiel 6.67 zeigt Herbie Hancocks absteigende Septakkorde aus seinem Solo über »All Of You«.[38] Herbie ordnet die Septakkorde in Triolen an und legt auf diese Weise eine melodische Struktur aus vier Tönen (den Septakkord) über eine rhythmische Struktur aus drei Tönen (die Triolen). Die Septakkorde, die er über F–7, B♭7 spielt, stammen alle aus E♭ Dur. In den letzten beiden Takten geht Herbie aus den Changes heraus und reharmonisiert, indem er Septakkorde und Dreiklänge aus D Dur arpeggiert.

Beispiel 6.67

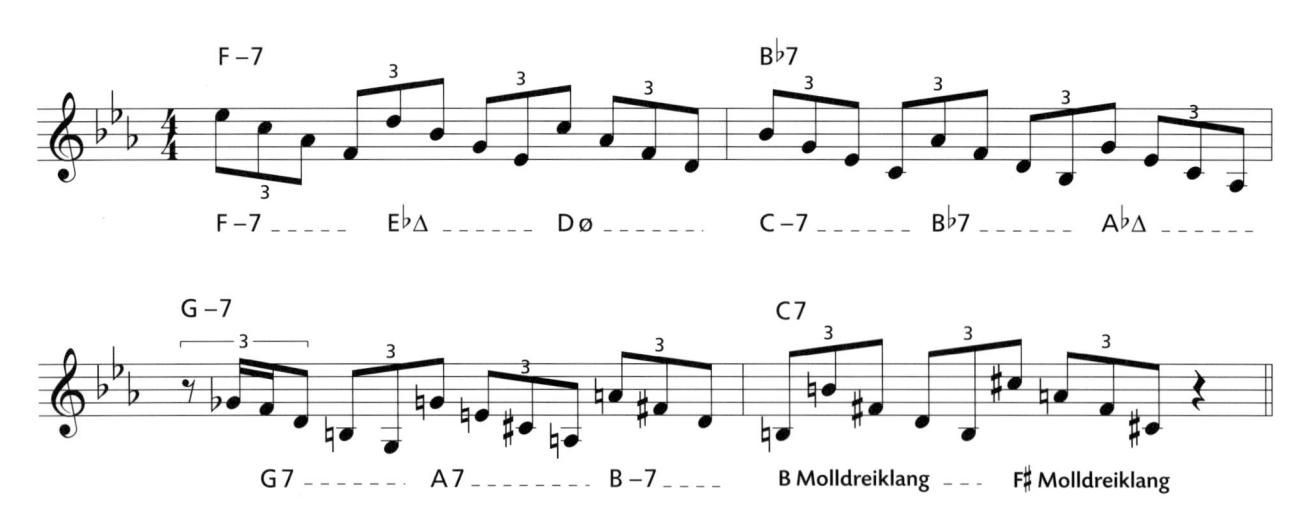

Spielen Sie **Beispiel 6.68** aus Wayne Shorters »The Big Push«.[39] Über F–7, B♭7 arpeggiert Wayne F–7, E♭Δ, einen F Molldreiklang, C–7, B♭7 und A♭Δ – alles Akkorde aus E♭ Dur. Achten Sie vor allem darauf, wie Wayne die Räume zwischen den Tönen setzt (es sind vor allem halbe Pausen und Viertelpausen, manchmal in der Mitte eines arpeggierten Akkords).

---

[37] Miles Davis, *Milestones*, Columbia, 1958.
[38] Miles Davis, *The Complete Concert 1964*, Columbia.
[39] Wayne Shorter, *The Soothsayer*, Blue Note, 1965.

Beispiel 6.68

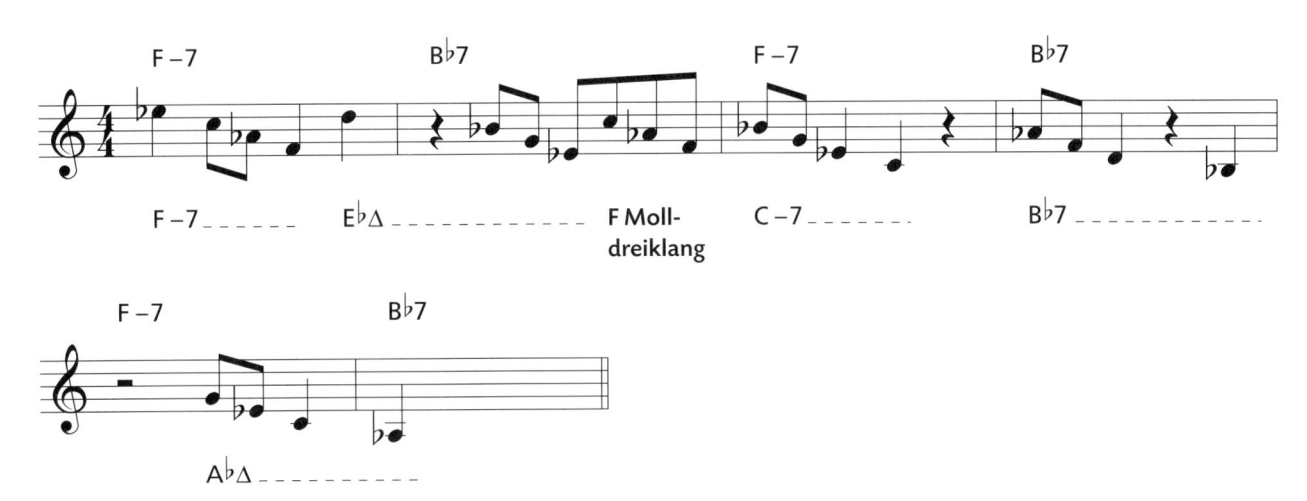

Beispiel 6.69 zeigt aufsteigende Septakkorde als Übungspattern in C.

Beispiel 6.69

Beispiel 6.70 zeigt ein absteigendes Pattern.

Beispiel 6.70

In **Beispiel 6.71** sehen Sie ein Pattern, in dem sich auf- und absteigende Septakkorde abwechseln, und **Beispiel 6.72** die Umkehrung davon.

Beispiel 6.71

Beispiel 6.72

Üben Sie diese Patterns in allen Tonarten, in allen Formen (aufsteigend, absteigend und gegenläufig) und in allen Skalen: Dur, melodisch Moll, vermindert und Ganzton. Lernen Sie die Septakkordpatterns der Dur- und melodischen Mollskalen auswendig.

- In Dur: *Durseptakkord, Mollseptakkord, Mollseptakkord, Durseptakkord, Dominantseptakkord, Mollseptakkord, halbverminderter Akkord.*

- In melodisch Moll: *Minor-Major Akkord, Mollseptakkord, lydisch-übermäßiger Akkord, Dominantseptakkord, halbverminderter Akkord, halbverminderter Akkord.* (**Beispiel 6.73**)

Beispiel 6.73

Diese Patterns eignen sich hervorrragend zum Üben, weil sie Ihnen dabei helfen, die Skalen in verschiedenen Kombinationen zu verinnerlichen. Zu oft in einem Solo gespielt, können sie aber auch sehr langweilig sein. Erfinden Sie Ihre eigenen Rhythmen und versuchen Sie immer, aus den Übungen Musik zu machen (**Beispiel 6.74**).

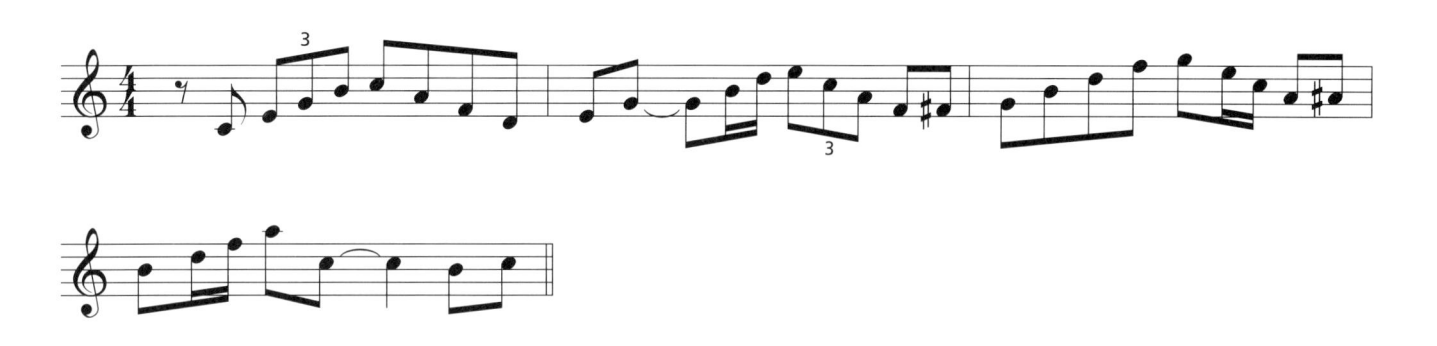

Beispiel 6.74

Gemeinsame Töne

Sie müssen nicht immer *alle* Töne einer Skala spielen. Ein Improvisationsverfahren, das mehr Freiraum und weniger Chromatik zuläßt, ist das Spielen *gemeinsamer Töne* bzw. von Tönen, die zu zwei oder mehreren aufeinanderfolgenden Akkorden gehören.

Sehen Sie sich die Akkorde von Sam Rivers' »Beatrice« an (**Beispiel 6.75**). Entdecken Sie einen Ton, der in allen Skalen von Sams Stück enthalten ist? Es ist der Ton C. Da das C in allen Akkorden von »Beatrice« vorkommt, können Sie diesen Ton gewissermaßen als roten Faden verwenden, der sich durch Ihr Solo zieht und ihm Struktur und Schönheit verleiht.

Beispiel 6.75

VON DEN SKALEN ZUR MUSIK

Beispiel 6.76 zeigt ein Solo über »Beatrice«. Der Ton C, den alle Skalen in »Beatrice« enthalten, wird in jedem Takt und über jedem Akkord gespielt. Achten Sie auch auf die häufige Verwendung des F Durdreiklangs und der pentatonischen F Mollskala. Pentatonische Skalen werden in Kapitel 9 behandelt.

Beispiel 6.76

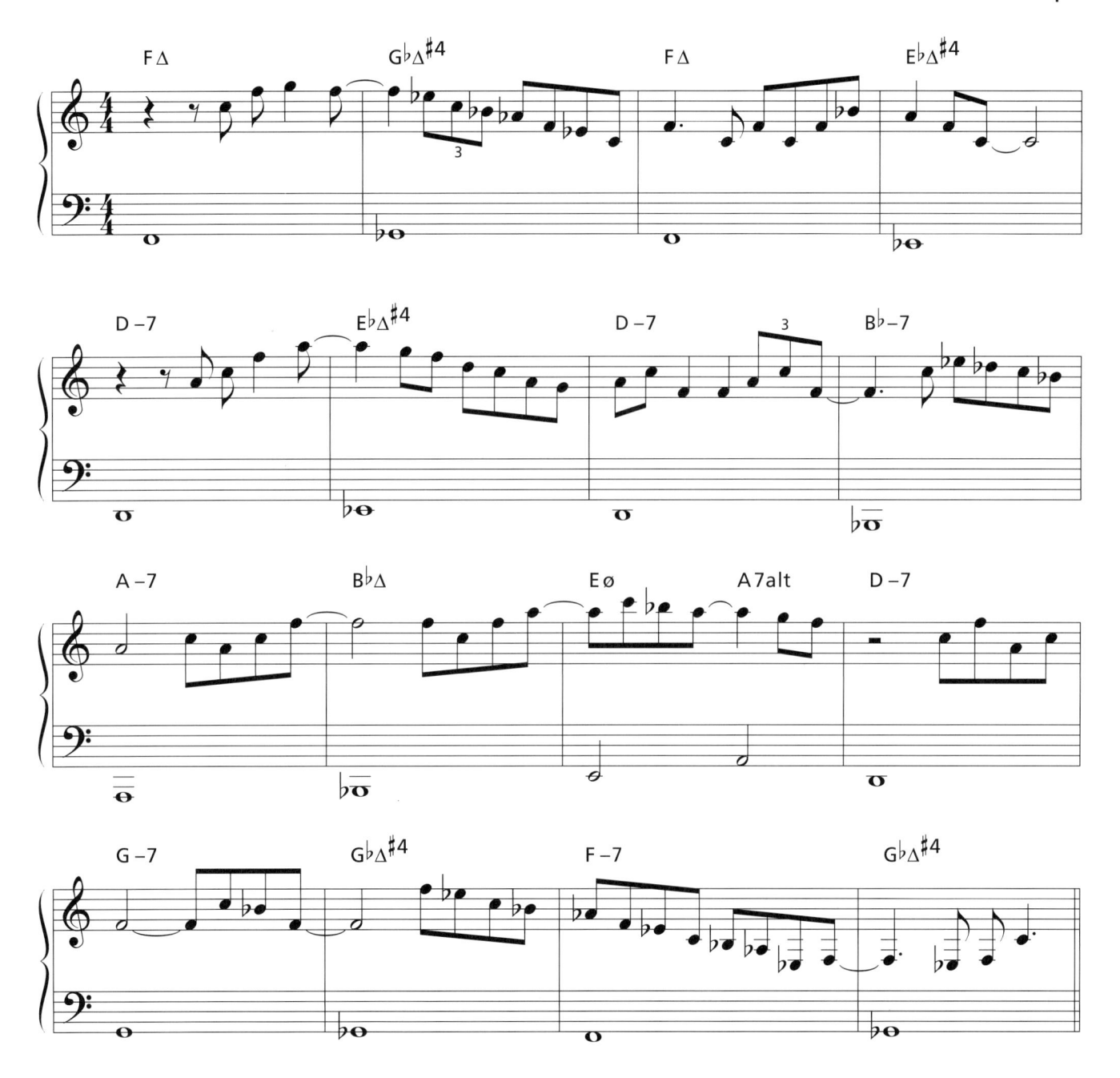

Spielen Sie **Beispiel 6.77**, die ersten vier Takte von Wayne Shorters »Fee-Fi-Fo-Fum«.[40] Auf den ersten Blick scheinen diese Changes selbst für den erfahrenen Musiker schwierig zu sein. Keine einzige II-V-I in Sicht, und der plötzliche Wechsel von melodisch Moll – über verminderte zu Durakkorden sowie die Grundtonrückung in kleinen Terzen (A♭∆ zu C♭∆ zu D7♭9) lassen diese vier Takte eher wie ein Minenfeld als eine Akkordverbindung aussehen. Aber es gibt einen Ausweg.

Beispiel 6.77

Konzentrieren wir uns auf die drei Changes in der Mitte: G–7, A♭∆ und C♭∆. Zu diesen drei Akkorden passen fünf Skalen. Wozu die beiden Extraskalen? Nun, die beiden Durseptakkorde können entweder mit der Durskala oder der lydischen Skala gespielt werden. **Beispiel 6.78** zeigt alle fünf Skalen.

Beispiel 6.78

---

[40] Wayne Shorter, *Speak No Evil*, Blue Note, 1964.

Die Skalen für G–7 und A♭∆ enthalten fünf gemeinsame Töne (**Beispiel 6.79**). Zufällig bilden diese fünf Töne die pentatonische Skala in B♭, und wir beginnen langsam, so etwas wie eine Struktur ausfindig zu machen. Zwei der Töne, B♭ und F, sind auch in C♭ lydisch enthalten, einer der beiden Skalen, die über C♭∆ gespielt werden können.

Beispiel 6.79

Spielen Sie jetzt **Beispiel 6.80**, einen Lick, der die soeben beschriebenen, gemeinsamen Töne enthält. Kann man beim Spielen wirklich an all diese Dinge denken? Am Anfang vielleicht nicht, aber je mehr Sie Ihr Wissen über Skalen verinnerlichen, desto schneller werden Sie bei scheinbar ›schwierigen‹ Akkordwechseln Möglichkeiten gemeinsamer Töne entdecken.

Beispiel 6.80

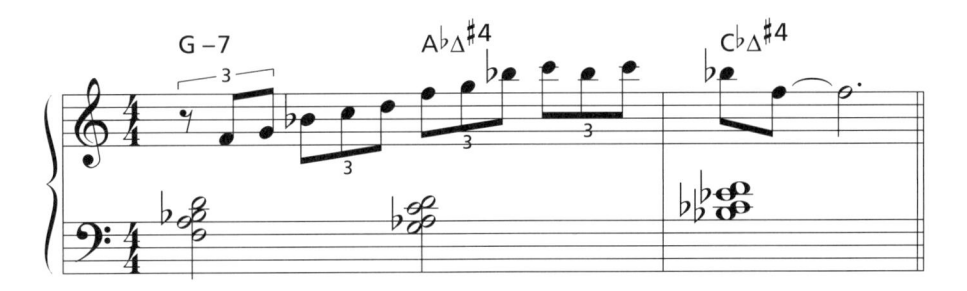

Beispiel 6.81 ist Freddie Hubbards Solo über Harry Warrens »You're My Everything«[41] entnommen. Alle drei gezeigten Töne – E, F und G – sind gemeinsame Töne, die zu den Skalen von D–7, Bø und E7alt gehören, mit einer Ausnahme, dem C♯, das Freddie über den Bø Akkord spielt.

Beispiel 6.81

---

[41] Freddie Hubbard, *Hub Tones*, Blue Note, 1962.

Gemeinsame Töne spielt Freddie Hubbard auch bei seinem Blues »Hub Tones«[42] (**Beispiel 6.82**). Bis auf das D über den E♭7 Akkord – einer großen Septime über einem Dominantseptakkord – sind sämtliche fünf Töne in allen Skalen enthalten. Zum Zeitpunkt, da Freddie das D spielt, ist Ihr Ohr bereits auf diese ›Outside‹-Note gepolt.

Beispiel 6.82

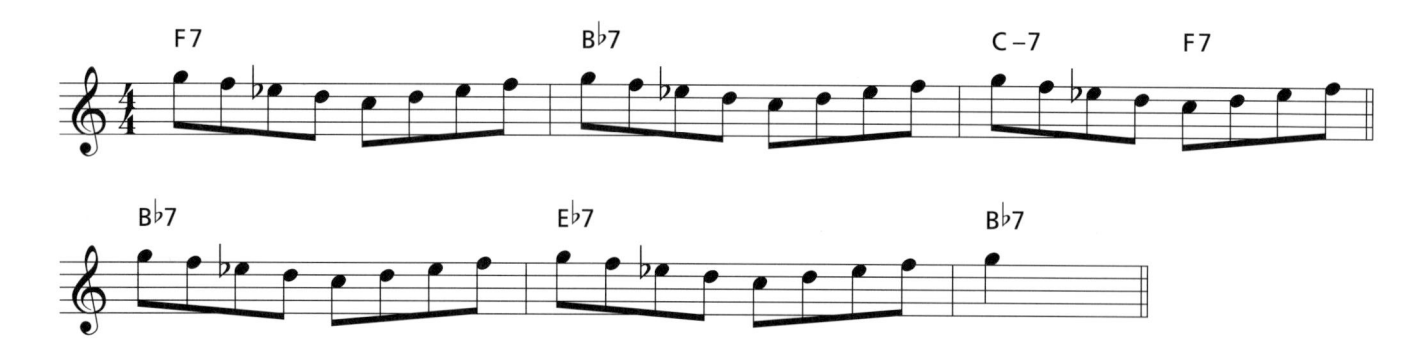

Freddies Solo über »Dolphin Dance«[43] enthält ebenfalls gemeinsame Töne (**Beispiel 6.83**).

Beispiel 6.83

Herbie Hancocks Piano-Voicing vereinfacht

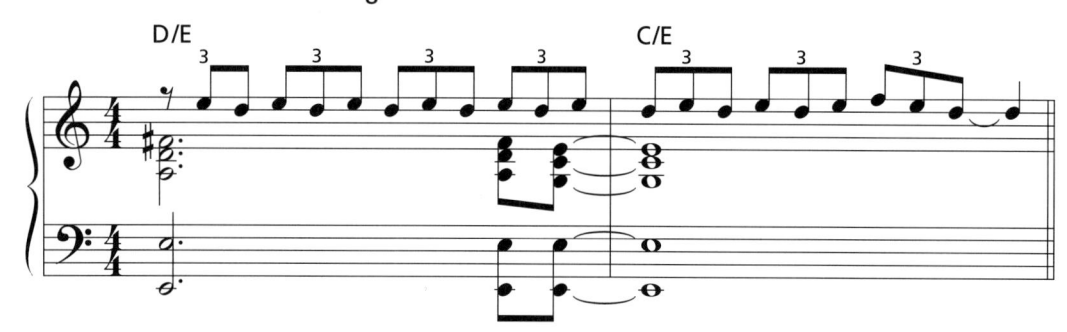

Eines seiner schönsten Soli spielte Herbie Hancock über sein Stück »Little One«.[44] Herbie spielt eine Sequenz aus gemeinsamen Tönen, die eigentlich zwei Sequenzen in einer sind. In **Beispiel 6.84** gehören alle drei Töne (G♯, A♯, B) zu beiden Changes (D♯sus♭9, F♯sus). Wo ist nun die zweite Sequenz versteckt? Werfen Sie einen Blick auf die Reihenfolge der Anfangstöne jeder Triole: A♯, G♯, A♯, B, A♯, G♯, A♯, B, A♯, G♯, A♯, B (**Beispiel 6.85**). Diese Anfangstöne bilden eine zweite Sequenz, die in der ersten versteckt ist. Beide Sequenzen bleiben innerhalb der Skala.

---

[42] ebd.
[43] Herbie Hancock, *Maiden Voyage*, Blue Note, 1965.
[44] ebd.

VON DEN SKALEN ZUR MUSIK

Beispiel 6.84

Beispiel 6.85

Dehnen von Changes

Je mehr Sie den Meistern zuhören und Ihre Geschicklichkeit im Umgang mit den Changes verbessern, desto bewußter wird Ihnen die Elastizität der Dauer eines jeden Akkords werden. Die Changes können über ihre vorgeschriebene Länge hinausgedehnt oder komprimiert werden, indem man den Punkt, an dem man einen Akkord spielt oder zum nächsten hinüberwechselt, variiert.

Beispiel 6.86 zeigt, wie Joe Henderson eine sich aufwärts bewegende Sequenz aus drei Tönen über vier Akkorde von Horace Silvers »Pretty Eyes«[45] spielt. Achten Sie darauf, wie stark Joe die Changes dehnt, indem er den F–7 Takt bereits zwei Zählzeiten vorher im G∆ Takt vorwegnimmt und ihn noch eine Zählzeit weiter in den B♭7alt Takt mitnimmt.

Beispiel 6.86

Auch Mulgrew Miller ist ein Meister im Dehnen von Changes. **Beispiel 6.87** zeigt das Lead Sheet zu Mulgrews »Wingspan«[46], und **Beispiel 6.88** sein Solo, ein Meisterstück, was das Dehnen der Changes betrifft. Die Analyse zwischen den Zeilen zeigt, wo Mulgrew die Changes durch Vorwegnahme oder Verlängerung ausdehnt. Achten Sie auch auf die Stellen, an denen er Akkorde reharmonisiert, Sequenzen spielt, ›outside‹ spielt usw.

---

[45] Horace Silver, *The Capeverdean Blues*, Blue Note, 1965.
[46] Mulgrew Miller, *Wingspan*, Landmark, 1987.

VON DEN SKALEN ZUR MUSIK

Beispiel 6.87

WINGSPAN

Mulgrew Miller

©1987, Mulgrew Publishing Co. Used By Permission.

Mulgrew Millers Solo über »WINGSPAN«

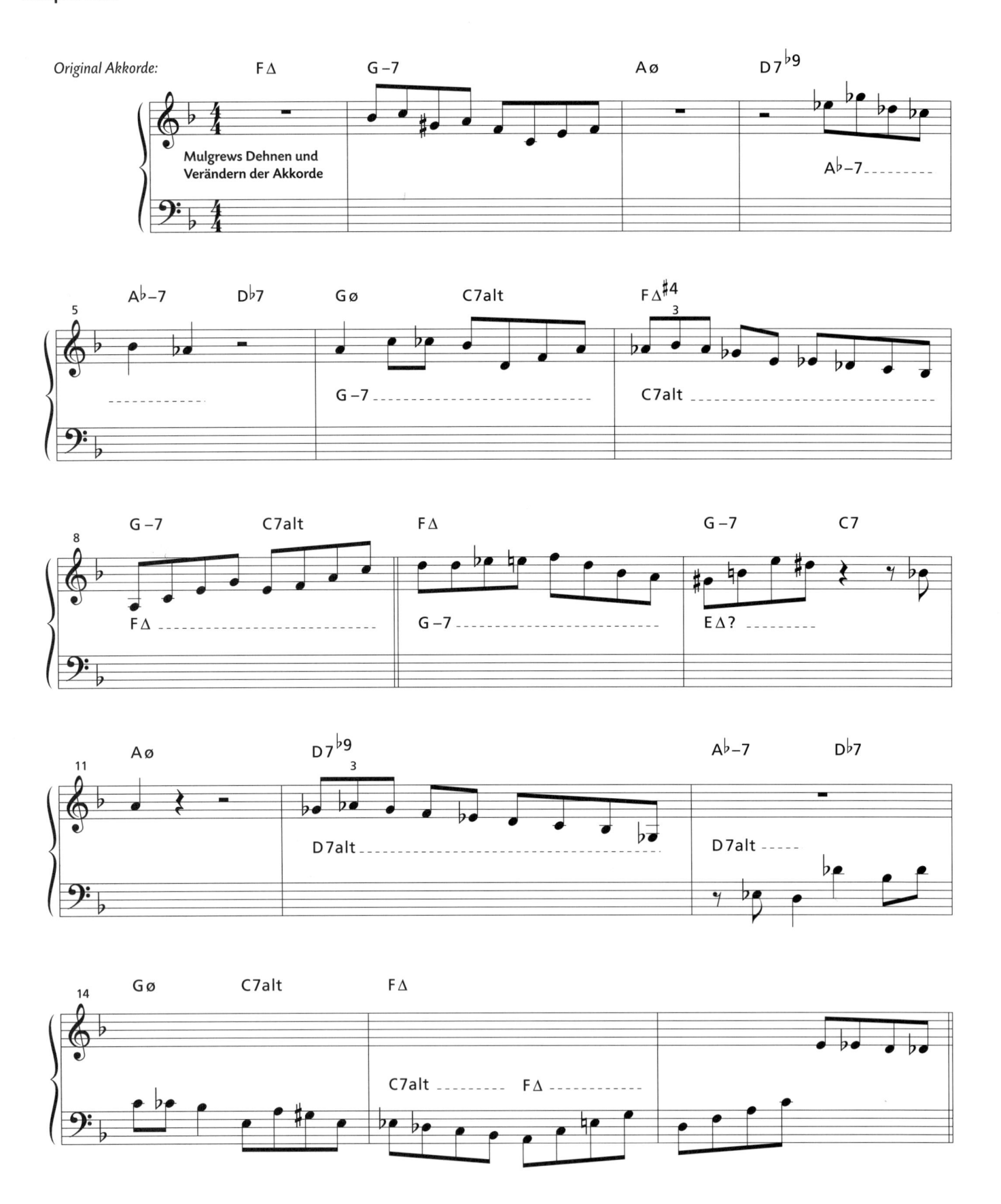

Beispiel 6.88

VON DEN SKALEN ZUR MUSIK

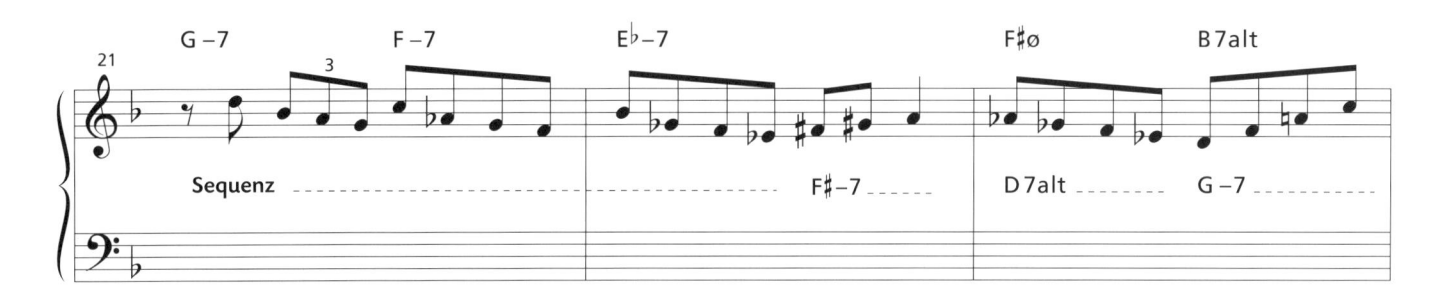

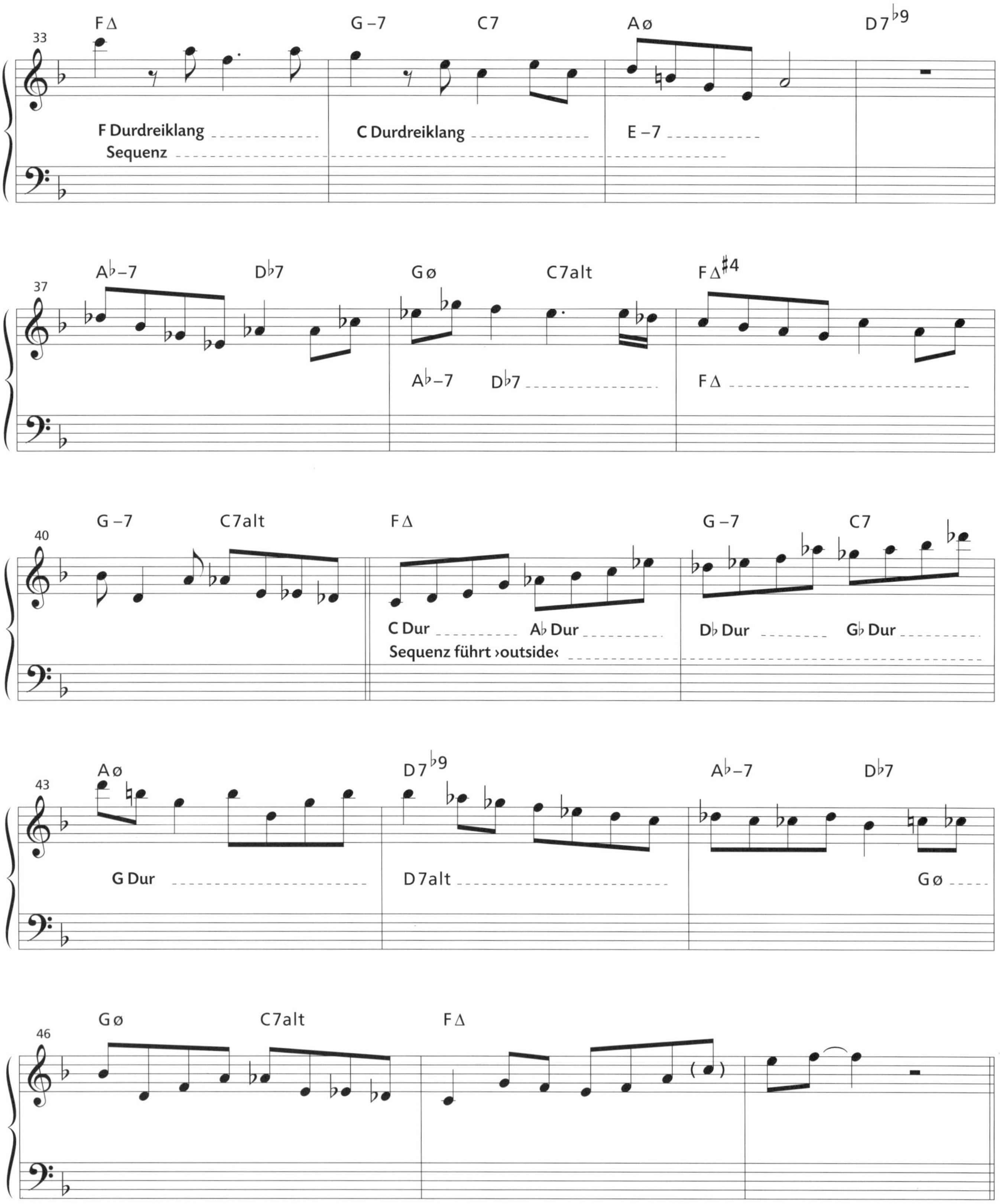
FΔ G–7 C7 AØ D7♭9
33
F Durdreiklang
Sequenz
C Durdreiklang
E–7
A♭–7 D♭7 GØ C7alt FΔ♯4
37
A♭–7 D♭7
FΔ
G–7 C7alt FΔ G–7 C7
40
C Dur A♭ Dur D♭ Dur G♭ Dur
Sequenz führt ›outside‹
AØ D7♭9 A♭–7 D♭7
43
G Dur
D7alt
GØ
GØ C7alt FΔ
46

VON DEN SKALEN ZUR MUSIK

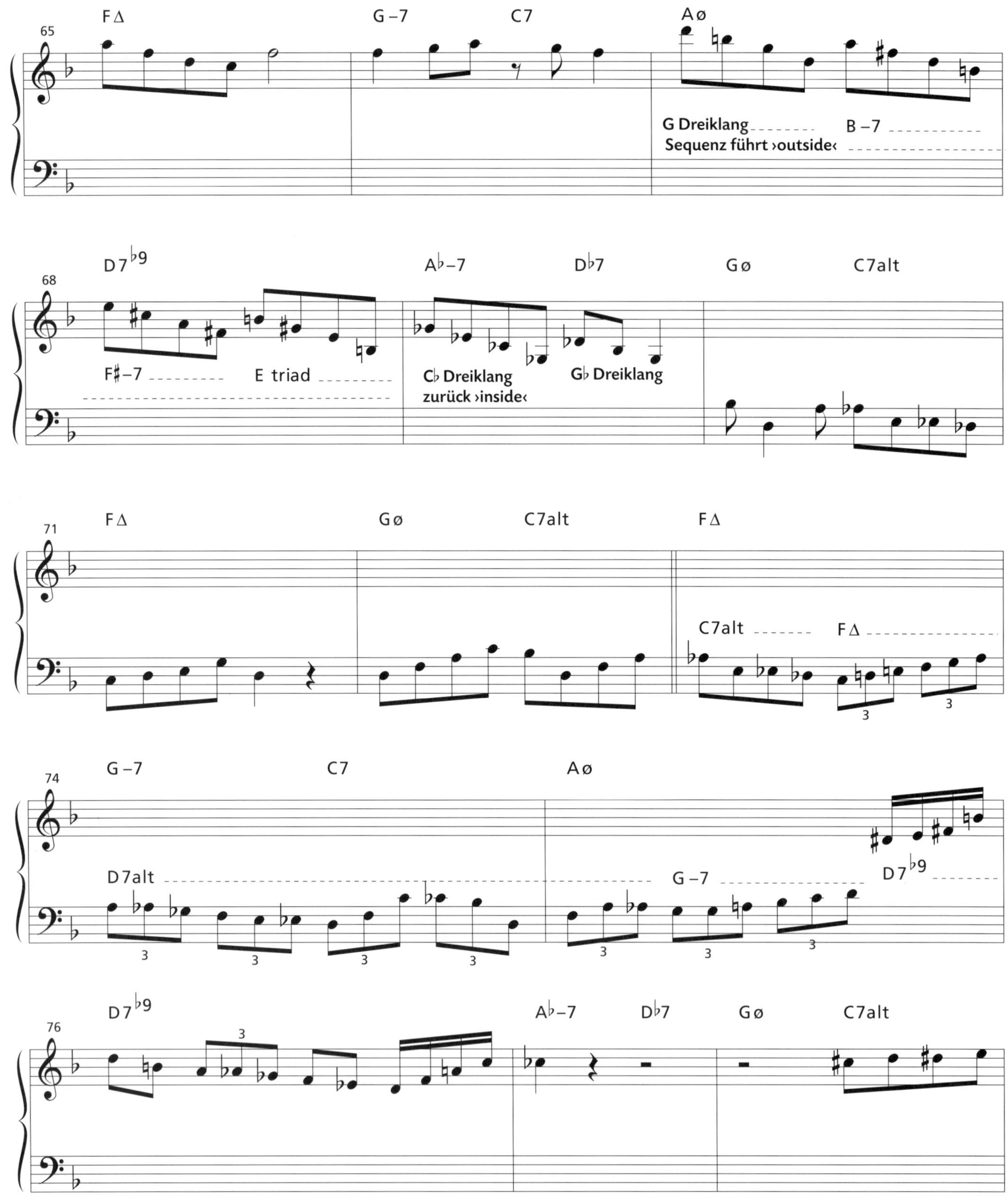
65
F∆
G –7
C7
Aø
G Dreiklang
B –7
Sequenz führt ›outside‹
68
D7♭9
A♭–7
D♭7
Gø
C7alt
F♯–7
E triad
C♭ Dreiklang
G♭ Dreiklang
zurück ›inside‹
71
F∆
Gø
C7alt
F∆
C7alt
F∆
74
G –7
C7
Aø
D7alt
G –7
D7♭9
76
D7♭9
A♭–7
D♭7
Gø
C7alt

VON DEN SKALEN ZUR MUSIK

KAPITEL SECHS

Üben Sie sämtliche in diesem Kapitel gezeigte Patterns über verschiedene Akkorde und Akkordfolgen. Dafür eignen sich ganz besonders die Jamey Aebersold-CDs, vor allem *Die II-V-I Verbindung* (Bd. 3) und *Gettin' It Together* (Bd. 21).

> *Nachdem Sie einige Techniken gelernt haben, wie man aus Skalen Musik machen kann, gehen wir weiter zu einer Methode, die von den frühen Bebop-Musikern anhand von Skalen, die ›rhythmisch nicht so recht aufgingen‹, verwendet wurde.*

Kapitel Sieben
Die Bebopskalen

- *Die Bebop-Dominantskala*
- *Die dorische Bebopskala*
- *Die Bebop-Durskala*
- *Die Bebop-melodisch Mollskala*
- *Bebopskalen-Licks*
- *Piano und Arrangement*

Die *Bebopskalen* sind traditionelle Skalen (ionisch, dorisch und mixolydisch von Dur sowie die melodische Mollskala) mit einem zusätzlichen chromatischen Durchgangston. Spielen Sie **Beispiel 7.1** und hören Sie sich den Klang eines Bebopskalen-Licks über eine II-V-I Verbindung in F an. Können Sie die Töne, die nicht aus der F Durskala stammen, entdecken? Es sind die Töne B und D♭. Sie sind chromatische Durchgangstöne, die den Skalen, die normalerweise über die II-V-I Akkorde in F gespielt werden, hinzugefügt wurden.

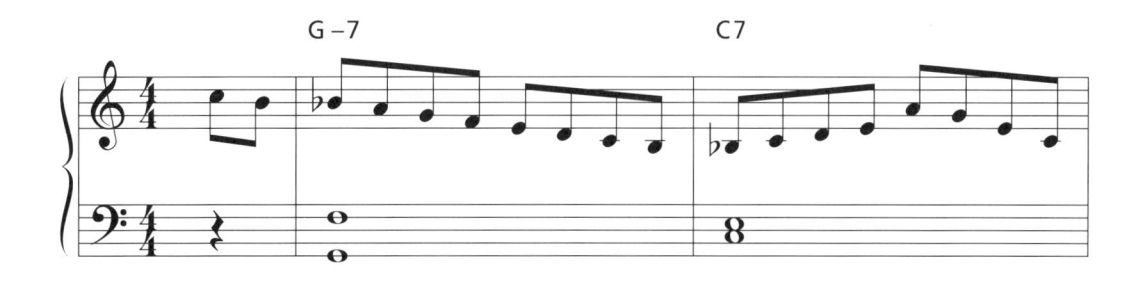

Beispiel 7.1

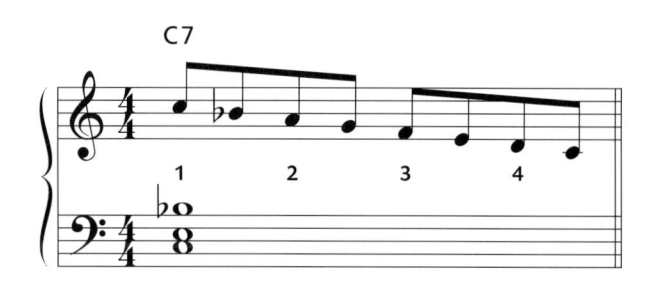

Beispiel 7.2

Beispiel 7.2 zeigt C mixolydisch abwärts über einen C7 Akkord. Rhythmisch klingt das sehr plump, weil die Akkordtöne (Grundton, Terz, Quinte und Septime) innerhalb des Takts an sehr ungünstigen Stellen liegen. Der Grundton kommt auf die Eins, aber B♭ (die Septime) auf die Eins und; G (die Quinte) auf die Zwei und, und E (die Terz) auf die Drei und.

Spielen Sie jetzt **Beispiel 7.3**, eine Bebop-Dominantskala, abwärts über einen C7 Akkord gespielt. Hören Sie den Unterschied? Die Bebop-Dominantskala in C klingt rhythmisch wesentlich fließender als C mixolydisch. Und zwar aus einem ganz einfachen Grund. In **Beispiel 7.3** liegen die Akkordtöne C (der Grundton), E (die Terz), G (die Quinte) und B♭ (die Septime) genau auf den Zählzeiten. None (D), Undezime (F) und die 13 (A) liegen auf der jeweiligen ›und‹. Es handelt sich hier zwar um eine rein melodische Linie, aber das Spielen der Akkordtöne auf der Zählzeit betont die Harmonik des C7 Akkords.

Beispiel 7.3

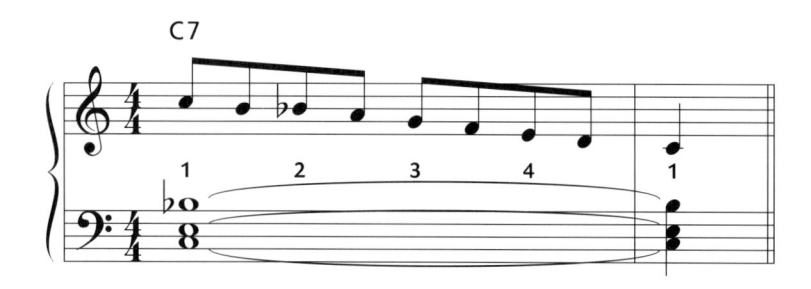

Die Bebopskalen stellten eine Weiterentwicklung der traditionellen Siebentonskalen wie ionisch, dorisch, mixolydisch und melodisch Moll dar. Louis Armstrong spielte die Bebop-Dominantskala bereits im Jahre 1927, wie die Phrase aus seinem Solo über Lil Hardins »Hotter Than That"[1] beweist (**Beispiel 7.4**). Das A am Ende des ersten Takts ist ein chromatischer Durchgangston, der B♭ mixolydisch hinzugefügt wurde.[2] Einige Musiker spielten die Bebopskalen bereits in den dreißiger Jahren, aber erst in den 40er Jahren gehörten sie zum festen Bestandteil des Jazzvokabulars. Allen Bebopskalen gemeinsam ist ein chromatischer Durchgangston, der die herkömmlichen Siebentonskalen in Achttonskalen umwandelt.

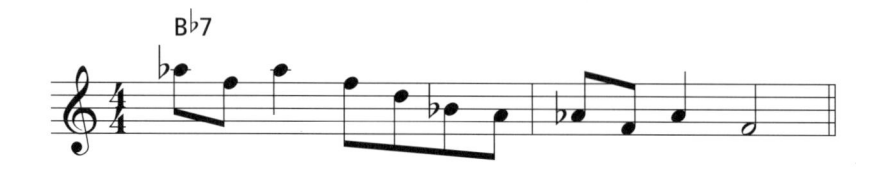

Beispiel 7.4

---

[1] Louis Armstrong, *The Hot Fives And Hot Sevens, Vol. 3*, Columbia, 1927.
[2] Natürlich nannte Louis diese Skala nicht Bebop-Dominantskala. Der Begriff ›Bebop‹ wurde erst Mitte der vierziger Jahre erfunden.

In diesem Zusammenhang sei auf David Baker verwiesen. Als einer der wichtigsten Jazzpädagogen schrieb er mehrere Bücher über die Bebopskalen, die eine Vielzahl von Licks und Patterns enthalten.[3] Um mit David Bakers eigenen Worten zu sprechen: »Chromatische Durchgangstöne sorgen für eine bessere rhythmische Aufteilung herkömmlicher Skalen.«

Chromatische Durchgangstöne können jeder Skala hinzugefügt werden, aber die meistgespielten Bebopskalen sind die Bebop-Dominantskala, die dorische Bebopskala, die Bebop-Durskala und Bebop-melodisch Moll.

Die Bebop-Dominantskala

Die Bebop-Dominantskala ist der mixolydische Modus mit einem chromatischen Durchgangston zwischen Septime und Grundton. **Beispiel 7.5** vergleicht C mixolydisch mit der Bebop-Dominantskala in C, den beiden Skalen aus **Beispiel 7.2** und **Beispiel 7.3**. Der chromatische Durchgangston der Bebop-Dominantskala in C ist das B, zwischen B♭ (der Septime) und C (dem Grundton). Die Bebop-Dominantskala wird normalerweise über den Akkord der fünften Stufe und II-V Verbindungen gespielt. *Der chromatische Durchgangston der Bebop-Dominantskala liegt zwischen Septime und Grundton.*

Beispiel 7.5

[3] David Baker, *How To Play Bebop*, Bde. 1, 2, 3, Alfred Publishing Co.

Die dorische Bebopskala

Die dorische Bebopskala ist der dorische Modus mit einem chromatischen Durchgangston zwischen dem dritten und vierten Ton. **Beispiel 7.6** vergleicht G dorisch mit der dorischen Bebopskala in G, über G–7 gespielt. Die dorische Bebopskala in G hat einen chromatischen Durchgangston zwischen B♭ (der Terz) und C (der Quarte). **Beispiel 7.7** demonstriert, daß die Töne der dorischen Bebopskala über G–7 identisch mit den Tönen der Bebop-Dominantskala in C, über C7 gespielt, sind. Kein Wunder, schließlich ist G–7, C7 die II-V Verbindung in F. *Der chromatische Durchgangston der dorischen Bebopskala liegt zwischen Terz und Quarte.*

Beispiel 7.6

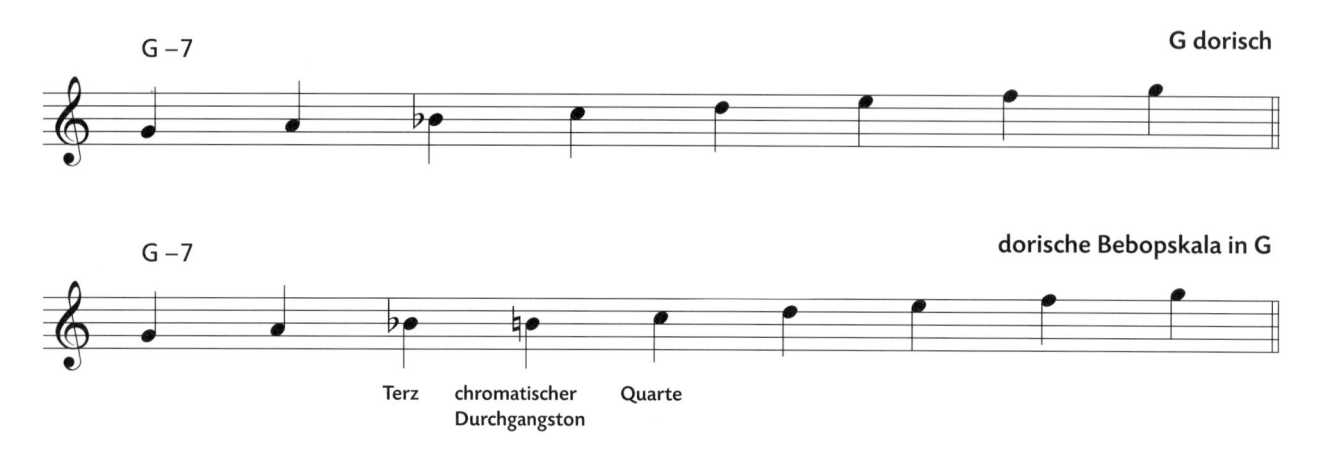

Beispiel 7.7

Die Bebop-Durskala

Die Bebop-Durskala ist eine Durskala mit einem chromatischen Durchgangston zwischen dem fünften und sechsten Ton. **Beispiel 7.8** vergleicht die C Durskala mit der Bebop-Durskala in C. Der chromatische Durchgangston ist G♯, zwischen G (der Quinte) und A (der Sexte). *Der chromatische Durchgangston der Bebop-Durskala liegt zwischen Quinte und Sexte.*

Beispiel 7.8

C Durtonleiter

Bebop-Durskala in C

Quinte   chromatischer   Sexte
         Durchgangston

Die Bebop-melodisch Mollskala

Die Bebop-melodisch Mollskala ist eine melodische Mollskala mit einem chromatischen Durchgangston zwischen der fünften und sechsten Note. **Beispiel 7.9** vergleicht C melodisch Moll mit der Bebop-melodisch Mollskala in C. Chromatischer Durchgangston ist das G♯ zwischen G (der Quinte) und A (der Sexte). *Der chromatische Durchgangston der Bebop-melodisch Mollskala liegt zwischen Quinte und Sexte.*

Beispiel 7.9

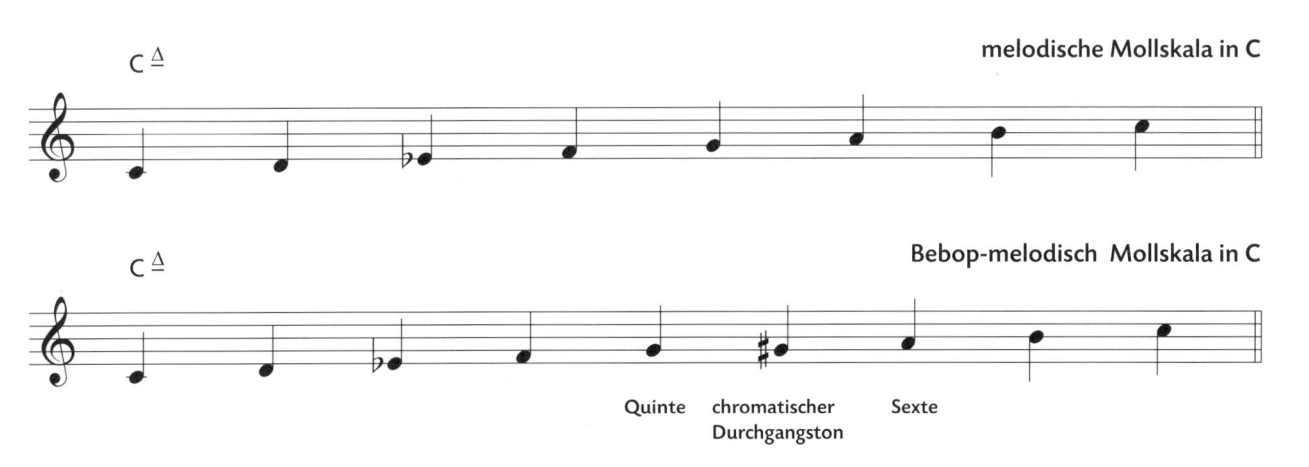

melodische Mollskala in C

Bebop-melodisch Mollskala in C

Quinte   chromatischer   Sexte
         Durchgangston

Bebopskalen-Licks

Beispiel 7.10 zeigt ein Bebop-Durlick über einen C Durakkord, und **Beispiel 7.11** fast dasselbe Lick, aber diesesmal mit der Bebop-Dominantskala über C7. **Beispiel 7.12** zeigt ein weiteres Bebop-Dominantlick.

Beispiel 7.10

Beispiel 7.11

Beispiel 7.12

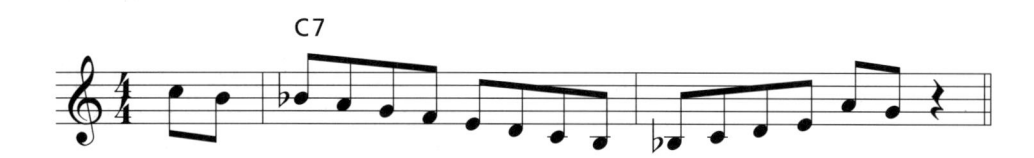

Auf Plattenaufnahmen finden sich zahllose Beispiele für Bebopskalen-Licks. Nachfolgend einige Licks von Joe Henderson, Freddie Hubbard, John Coltrane und Sonny Stitt.

Beispiel 7.13 zeigt, wie Joe Henderson in Lee Morgans »Totem Pole«[4] die F Bebop-Dominantskala über F7 spielt. Joe fängt mit C an, der Quinte der F Bebop-Dominantskala. Nicht vergessen: Sie müssen nicht mit dem Grundton der Skala beginnen.

Beispiel 7.13

[4] Lee Morgan, *The Sidewinder*, Blue Note, 1963.

Freddie Hubbard

Beispiel 7.14 zeigt Freddie Hubbards A♭ Bebop-Dominantlick über A♭7 in Harry Warrens »You're My Everything«.[5] In **Beispiel 7.15** können Sie Freddies absteigendes F Bebop-Dominantlick über eine II-V-I Verbindung (C–7, F7) seines Stücks »Hub Tones«[6] sehen. **Beispiel 7.16** zeigt Freddies absteigendes Bebop-Dominantlick über seinen äußerst schwierigen Blues »For Spee's Sake«[7] in G♭.

Beispiel 7.14

Beispiel 7.15

Beispiel 7.16

Beispiel 7.17 zeigt John Coltranes absteigendes Bebop-Durlick über den Auftakt seines Solos zu »Moment's Notice«.[8] Im selben Solo spielt Coltrane auch eine absteigendes Bebop-Dominantlick (**Beispiel 7.18**).

Beispiel 7.17

---

[5] Freddie Hubbard, *Hub Tones,* Blue Note, 1962.
[6] ebd.
[7] ebd.
[8] John Coltrane, *Blue Train,* Blue Note, 1957.

Beispiel 7.18

Beispiel 7.19 zeigt drei Beispiele von Coltranes absteigenden Bebop-Dominantlicks über »Lazybird«.⁹ In Beispiel 3 spielt 'Trane die Bebop-Dominantskala über eine II-V (A–7, D7).

Beispiel 7.19

Beispiel #1

Beispiel #2

Beispiel #3

Auch Sonny Stitt spielt in »The Eternal Triangle«¹⁰ über eine II-V die F Bebop-Dominantskala (**Beispiel 7.20**).

Beispiel 7.20

---

⁹ ebd.
¹⁰ Dizzy Gillespie, Sonny Stitt, and Sonny Rollins, *Sonny Side Up*, Verve, 1957.

Piano und Arrangement

Die Bebopskala wird nicht nur beim Improvisieren verwendet. Auch Pianisten und Arrangeure benutzen sie für eine Technik, die ›four way close‹ genannt wird. In **Beispiel 7.21** hören Sie eine C Bebop-Durskala, die abwechselnd mit C6 Voicings und verminderten Akkorden harmonisiert ist. Man nennt diese Akkorde ›four way close‹, weil die Töne eines jeden Akkords in enger Lage harmonisiert werden. Melodietöne, die gleichzeitig Akkordtöne sind (C, E, G und A) werden als C6 Akkorde harmonisiert, und Melodietöne, die nicht Akkordtöne sind (D, F, A♭ und B) als verminderte Akkorde. Arrangeure verwenden diese Technik beim Schreiben für vier Saxophone, vier Trompeten, vier Posaunen usw.

Beispiel 7.21

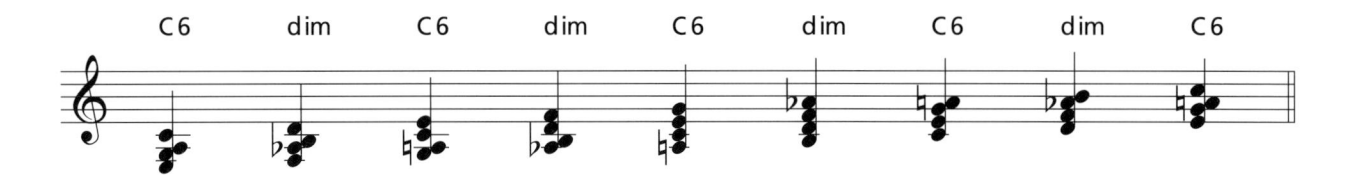

›Four way close‹ klingt sehr fließend. Weshalb, das sehen Sie in **Beispiel 7.21**. Sehen Sie all diese verminderten Akkorde? Eigentlich handelt es sich bei ihnen um versteckte G7♭9 Akkorde ohne Grundton. **Beispiel 7.22** zeigt denselben verminderten Akkord. Seine Töne (B, D, F, A♭) sind die Terz, Quinte, Septime und ♭9 von G7♭9. Beim Spielen von **Beispiel 7.21** hören Sie in Wirklichkeit C6 und G7♭9 Akkorde, oder I-V-I-V-I-V-I-V-I (**Beispiel 7.23**) in C Dur. Und V-I ist schließlich die fließendste Akkordverbindung westlicher Musik.

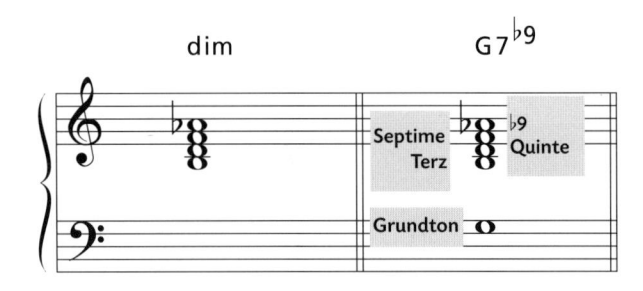

Beispiel 7.22

---

* Anm. d. H.: ›Four Way Close‹, engl., ›enge‹ oder ›geschlossene 4stimmige Lage‹.

Beispiel 7.23

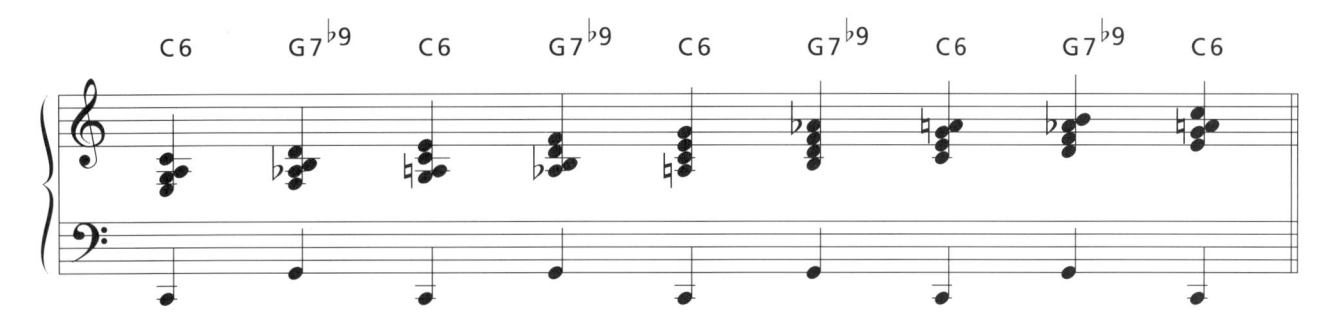

Drop 2

In **Beispiel 7.24** sehen Sie, wie Jazzpianisten und Arrangeure einen volleren Klang erzeugen, indem sie aus dem ›four way close‹-Voicing den zweiten Ton von oben eine Oktave nach unten verlegen. Diese Technik nennt man ›Drop 2‹. **Beispiel 7.25** zeigt dieselbe Technik, aber in C Moll. Sie führt zu einigen sehr schönen Piano-Voicings.

Beispiel 7.24

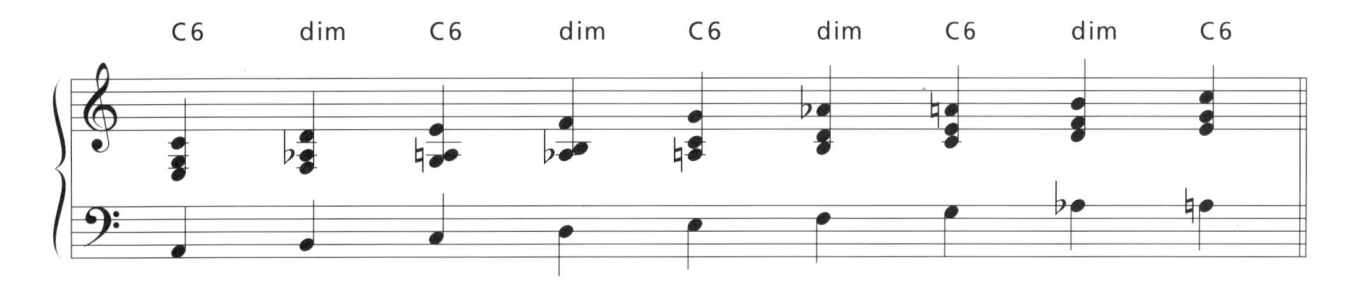

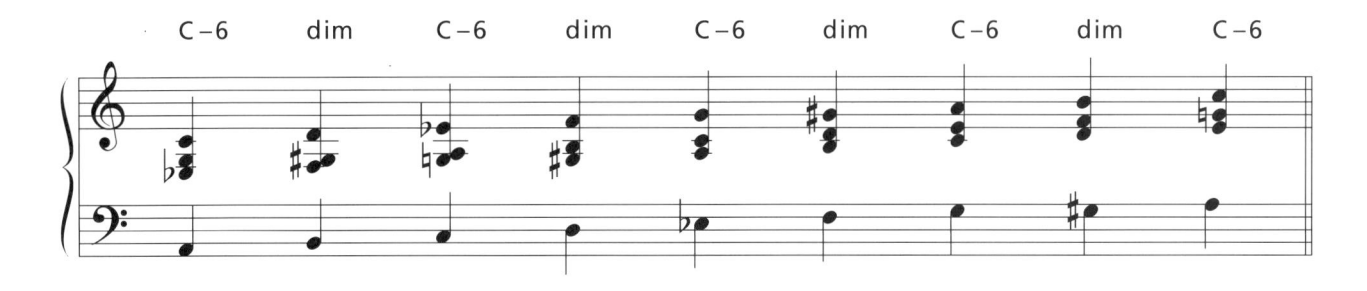

Beispiel 7.25

Beispiel 7.26 zeigt die Drop 2-Technik auf die ersten beiden Takte von Henry Warrens »There Will Never Be Another You« angewandt, und **Beispiel 7.27** die ersten vier Takte von Kenny Dorhams »Blue Bossa«.

Beispiel 7.26

Beispiel 7.27

> *Bisher haben Sie gelernt, wie man über einen bestimmten Akkord die ›korrekte‹ Skala spielt – d. h., sie haben gelernt, innerhalb (›inside‹) der Changes zu spielen. Musiker mit so unterschiedlichen Spielweisen wie Woody Shaw, Dave Liebman, Bobby Hutcherson und McCoy Tyner beherrschen die Kunst, aus den Changes herauszugehen (›outside‹ spielen). Sie spielen Töne, die vom theoretischen Standpunkt aus ›falsch‹ zu sein scheinen, aber ›richtig‹ klingen. Das nächste Kapitel beschäftigt sich mit dem Wie und Warum des ›outside‹-Spielens.*

Kapitel Acht
›Outside‹ spielen

- *Sequenzen*
- *Halbtonrückungen*
- *Tritonusrückungen*
- *›Outside‹ mit Skalen*
- *Betrifft Pianisten*
- *Die chromatische Skala*
- *Nur Mut: Spielen Sie ›outside‹*

Einer der Gründe, warum Musiker wie Joe Henderson, Woody Shaw, McCoy Tyner, Bobby Hutcherson, Dave Liebman und Mulgrew Miller so viel Anerkennung fanden, ist die Tatsache, daß sie nicht nur die Kunst beherrrschen, über Changes zu spielen, sondern auch aus den Changes herausgehen zu können.

›Outside‹ spielen kann verschiedene Dinge bedeuten, z. B. das Spielen von Tönen, die nicht im Akkord enthalten sind, das Dehnen der Dauer eines Akkords oder das Spielen von etwas Bekanntem, jedoch in einer anderen Tonart. Es kann auch bedeuten, völlig frei zu spielen, also ›free‹ oder atonal, ohne vorgegebene Akkordstruktur. Zu dieser Kategorie gehören Musiker wie Anthony Braxton und Cecil Taylor, deren Musik jedoch ›outside‹ der in diesem Buch behandelten Bereiche liegt.

Vergessen Sie nicht, daß eine Auffassung darüber, was als ›outside‹ angesehen werden kann, äußerst subjektiv ist. Was Sie selbst als ›outside‹ hören, wird ein anderer als ›inside‹ empfinden und umgekehrt. Bird wurde in den vierziger Jahren von vielen Musikern als ›out‹ betrachtet, ebenso wie Coltrane in den sechziger Jahren. Viele Musiker halten Coltranes letzte Plattenaufnahmen noch heute für ›out‹. Cecil Taylor macht seit ungefähr vierzig Jahren Plattenaufnahmen und gilt in Musikerkreisen noch immer als ›out‹.

Viele der besten Beispiele für das ›Outside‹ Spielen sind in Wirklichkeit bitonal, d. h. zwei Tonalitäten gleichzeitig.[1] Der Pianist oder Gitarrist begleitet in einer Tonart, während der Solist in einer anderen spielt. Damit das gut klingt und nicht nur wie eine Menge falscher Töne, müssen Sie die zweite Tonalität deutlich hervorheben und mit Überzeugung spielen. Wenn Sie auch nur ein bißchen ängstlich sind, wird es falsch klingen. Jemand meinte einmal, ›outside‹ spielen heißt, man läßt ›falsche‹ Töne so klingen, als wären Sie ›richtig‹. Der Unterschied zwischen ›richtigen‹ und ›falschen‹ Tönen ließe sich folgendermaßen definieren: *Sie können jeden beliebigen Ton über jeden Akkord spielen. Wenn er in Ihren Ohren ›richtig‹ klingt, dann ist er auch richtig. Klingt er ›falsch‹, dann ist er eben auch falsch.*

---

[1] ›Tonalität‹ und ›tonales Zentrum‹ sind alternative Begriffe für ›Tonart‹, obwohl sie etwas umfassender sind.

Beispiel 8.1

Spielen Sie **Beispiel 8.1**. Klingt wie A Dur, oder? Spielen Sie nun **Beispiel 8.2**, dieselbe Phrase, aber über ein Piano-Voicing von G–7. Eine A Dur-Phrase, über G–7 gespielt, ist Bitonalität. Das Beispiel stammt von Woody Shaws Solo über sein Stück »Rosewood«.[2] Aus dem Zusammenhang gerissen klingt diese Dissonanz jedoch viel zu kraß. Um festzustellen, wie das Beispiel wirklich klingt, müssen Sie sich die ganze Aufnahme anhören.

Beispiel 8.2

Untersuchen wir jetzt mehrere Möglichkeiten, ›outside‹ zu spielen.

Sequenzen

Wie bereits in Kapitel 6 erwähnt, eignen sich Sequenzen hervorragend für das Outside-Spiel, weil das Ohr die innere Struktur der Phrase aufnimmt und sich daran festklammern kann, solange der harmonische Zusammenhang unklar ist. **Beispiel 8.3** zeigt ein Fragment aus einem von Mulgrew Millers besten Soli, »Wingspan«[3], das in voller Länge am Ende von Kapitel 6 abgedruckt ist. Mulgrew spielt ein 4Ton-Motiv über F∆, transponiert es nach A♭ und folgt anschließend dem Quintenzirkel über D♭ nach G♭. Dann macht er einen Halbtonschritt nach oben und spielt einen G Durdreiklang abwärts – D, B und G – die 11, None und Septime des vorgegebenen Akkords A–7. Mulgrew beginnt inside, spielt dann outside und anschließend wieder inside – eine häufig praktizierte Vorgehensweise beim ›Outside‹ spielen. Das Spielen einer Sequenz, um aus den Changes herauszugehen und anschließend wieder zurückzukehren, gibt Ihrem Solo eine Struktur und läßt es so klingen, als wüßten Sie, was Sie tun. Denken Sie *inside-outside-inside*.

Beispiel 8.3

[2] Woody Shaw, *Rosewood*, Columbia, 1977.
[3] Mulgrew Miller, *Wingspan*, Landmark, 1987.

Warum klingen Töne, die außerhalb der Harmonik liegen, nicht ›falsch‹? Eine bekannte Akkordfolge etabliert eine dynamische Struktur, so daß Ihr Ohr bestimmte Dinge erwartet. Nennen wir es mal *Berechenbarkeit*. Nach häufigem Anhören von »Autumn Leaves« erwarten Sie, daß auf C–7 F7 folgt. Eine Sequenz macht genau dasselbe. Sie wirkt strukturbildend und programmiert Ihr Ohr so stark, daß es eine Fortsetzung der Sequenz erwartet, wie es eben bei »Autumn Leaves« erwartet, daß auf C–7 F7 folgt. So lange die Töne der Sequenz Teil der Harmonik sind, ist die Musik ›inside‹. Weicht die Sequenz von den Akkorden ab, ist das Resultat ›outside‹. Nennen wir es mal *Überraschungsmoment*. Die vorgeschriebene Harmonik sowie die Sequenz klingen in sich ›richtig‹, auch wenn sich die Sequenz unter Umständen aus der Harmonik herausbewegt. Zusammen klingen sie nicht ›falsch‹, sondern bitonal. *Inside-outside-inside. Berechenbarkeit-Überraschungsmoment.*

Joe Henderson

©Lee Tanner/The Jazz Image. All Rights Reserved.

Etwas später spielt Mulgrew in demselben Solo eine absteigende Sequenz, mit der er denselben Effekt erzielt (**Beispiel 8.4**). Im ersten Takt spielt er ein Motiv aus vier Tönen, und zwar einen G Durakkord abwärts – D, B, G, D – Undezime, None, Septime und nochmals die Undezime – von A–7. Dann einen B–7 Akkord – A, F♯, D, B – Septime, Quinte, Terz und Grundton von B–7. Diese Töne gehören noch alle zu G Dur, was durch das Akkordsymbol A–7 impliziert wird. Mulgrew hat eine 4Ton-Sequenz begonnen und befindet sich noch immer innerhalb der Changes. Im zweiten Takt setzt Mulgrew die Sequenz eine Quarte tiefer fort. Er spielt einen F♯–7 Akkord, dessen C♯ nicht im vorgeschriebenen D7 enthalten ist. Sodann umreißt er einen E Durdreiklang. Das G♯ in D7 ist nicht direkt outside, sondern die ♯11 des Akkords. Im dritten Takt spielt Mulgrew C♭ und G♭ Durdreiklänge, deren Töne alle zum A♭–7 Akkord passen. Der erste Ton eines jeden 4Ton-Motivs beginnt eine Quarte tiefer als im vorhergehenden Motiv – D, A, E, B, G♭, D♭ – also im Quintenzirkel. Das C♯ im zweiten Takt, der einzige Outside-Ton der gesamten Phrase, fällt sofort auf, aber eher dezent. Vergessen Sie nicht: *inside-outside-inside*.

Beispiel 8.4

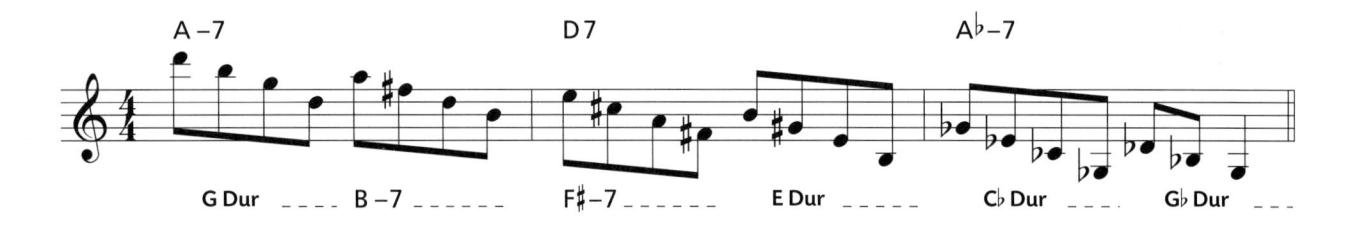

Halbtonrückungen

Beispiel 8.5

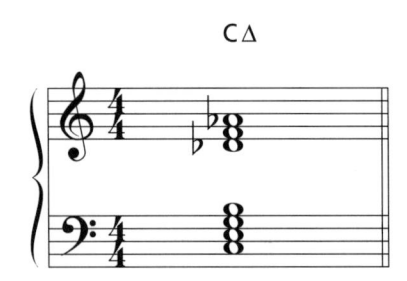

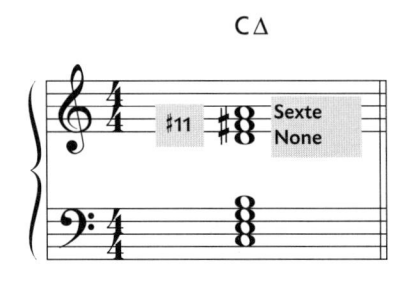

Eine häufig benutzte Technik des Outside-Spiels ist die chromatische Rückung nach oben oder unten. Einen Halbton höher oder tiefer zu spielen, ist deshalb sehr verbreitet, weil es die stärkste Dissonanz erzeugt, und das ist es ja, was man mit dem Outside-Spielen erreichen will. Diese Technik ist relativ einfach. Da die Töne nur einen Halbtonschritt entfernt sind, kann das Ohr die Linie zur harmonischen Basis relativ leicht zurückverfolgen und die Logik der Dissonanz aufnehmen. Seien Sie beim Versuch, einen Halbton höher oder tiefer zu spielen, nicht zu vorsichtig! Spielen Sie mit dem nötigen Selbstbewußtsein, sonst wird es falsch klingen. Einige der besten Musiker mischen Outside-Material mit tonalem Material, indem sie einen Ganzton oder Halbton aus der Tonart herausgehen und so ein sehr flüssiges ›Sidestepping‹ erzielen, ein weiterer Begriff für das Outside-Spielen.

Beispiel 8.6

Beispiel 8.5 zeigt einen D♭ Durdreiklang über C∆. Obwohl C und D♭ unmittelbar nebeneinander liegen, ist es unmöglich, noch mehr ›outside‹ zu spielen. Die drei Töne des D♭ Dreiklangs klingen extrem dissonant. Versuchen Sie mal, die Töne nacheinander über C∆ zu spielen – erst D♭, dann F, dann A♭ – nun, wenn das keine Dissonanz ist! Spielen Sie jetzt **Beispiel 8.6**, einen D Durdreiklang über C∆. D ist von C∆ einen Halbtonschritt weiter entfernt als D♭, klingt jedoch sehr ›inside‹. Alle drei Töne des D Durdreiklangs sind okay – D ist die None von C, F♯ die ♯11 und A die Sexte.

Beispiel 8.7 zeigt ein Fragment von Joe Hendersons Solo über Horace Silvers »Nutville«.[4] Joe spielt vier Töne über G7♭9 und geht dann, anstatt C–7 zu spielen, einen Halbton höher nach C♯7.

Beispiel 8.7

Beispiel 8.8 stammt aus Freddie Hubbards Solo über »Hub Tones«.[5] Anstatt vier Takte lang B♭7 zu spielen, taucht Freddie nach zwei Takten einen Halbtonschritt nach unten zu A7, bleibt dort zwei Takte lang, bis er kurz vor dem E♭7 Akkord wieder nach B♭7 zurückkehrt. *Inside-outside-inside.*

Beispiel 8.8

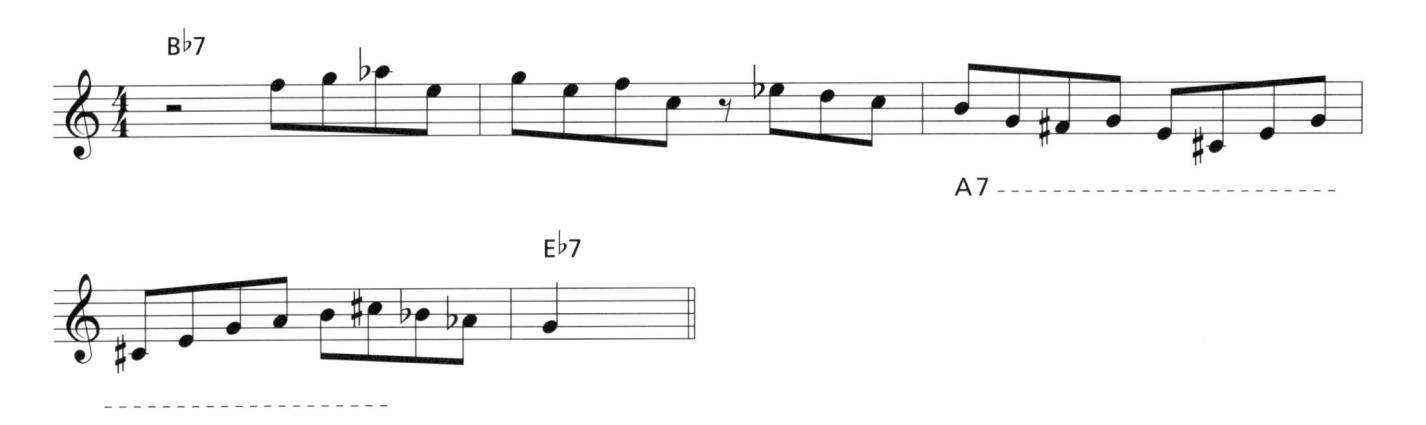

Tritonusrückungen

Eine weitere Variante des Outside-Spielens sind Tritonusrückungen.[6] **Beispiel 8.9** stammt ebenfalls aus Freddie Hubbards Solo über »Hub Tones«. Freddie spielt eine Phrase, die wie A7 aussieht und auch so klingt.[7] A7 ist die Tritonussubstitution von E♭7, dem vorgegebenen Akkord. Zusätzlich dehnt Freddie den A7 Akkord noch zwei Takte weiter in den nächsten Akkord hinein.

---

[4] Horace Silver, *The Cape Verdean Blues*, Blue Note, 1965.
[5] Freddie Hubbard, *Hub Tones*, Blue Note, 1962.
[6] Die Tritonussubstitution behandeln wir in Kapitel 13. Der Ausdruck bedeutet, daß ein Akkord der fünften Stufe durch den Dominantseptakkord im Abstand eines Tritonus ersetzt wird.
[7] A♭ ist Durchgangston in der A Bebop-Dominantskala.

Beispiel 8.9

[Notenbeispiel: E♭7, B♭7, A7]

Wenn Sie Freddie fragen, was er sich damals dabei gedacht hat, würde er wahrscheinlich antworten, daß er sich nicht mehr erinnert. Ihr Ziel muß sein, alles so zu üben und zu verinnerlichen, daß Sie beim Improvisieren nicht mehr nachdenken müssen. Stattdessen spielen Sie das, was Sie hören. Um diesen Punkt zu erreichen, müssen Sie Hunderte, ja vielleicht sogar Tausende von Stunden üben. Denken Sie an Birds Worte: »*Lern' die Changes und vergiß sie dann.*«

›Outside‹ mit Skalen

Mit einer Skala läßt sich sehr deutlich eine andere Tonart als die vorgeschriebene umreißen. Woody Shaw war ein Meister im Spielen von Skalen, die nicht zu dem vorgeschriebenen Akkord ›gehören‹. Sehen Sie sich **Beispiel 8.10** aus Woodys Solo über sein Stück »In Case You Haven't Heard«[8] an. Die ersten fünf Töne lassen auf die Tonart F schließen. Als nächstes spielt Woody eine pentatonische Skala[9] in B, einen Tritonus von F entfernt. Danach deutet er wieder F Dur an. Woody erzeugt außerhalb des notierten Akkordsymbols A♭∆#11 eine sehr klare harmonische Struktur (die Tonarten F, B, F).

Beispiel 8.10

[Notenbeispiel: A♭∆#4 – Tonart F, B Pentatonik, Tonart F]

Einige Takte später erzielt Woody einen ähnlichen Effekt (**Beispiel 8.11**). Über einen F∆#11 Akkord spielt er zunächst F, dann eine pentatonische Skala in E und anschließend wieder F. *Inside-outside-inside.*

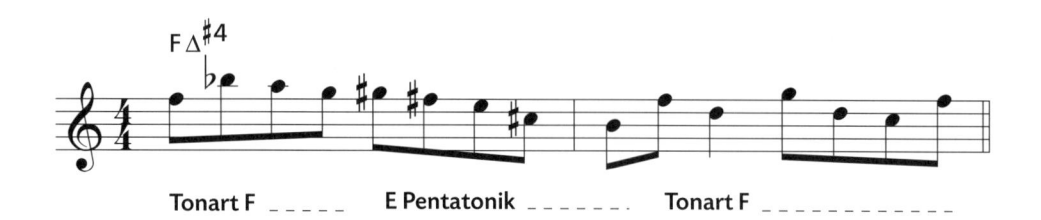

Beispiel 8.11

[Notenbeispiel: F∆#4 – Tonart F, E Pentatonik, Tonart F]

---

[8] Woody Shaw, *Little Red's Fantasy*, Muse, 1976.
[9] Die pentatonischen Skalen werden im nächsten Kapitel behandelt.

Beispiel 8.12 demonstriert, wie Woody Töne der F Bebop-Dominantskala, gefolgt von zwei 4Ton-Motiven, die die Tonarten A♭ und A andeuten, über den C–7 Akkord seines Stücks »Rahsaan's Run« spielt.[10]

Beispiel 8.12

Betrifft Pianisten

Pianisten haben beim Outside-Spielen gegenüber anderen Instrumentalisten einen entscheidenden Vorteil: sie haben zwei Hände. Eine, um die notierte Tonalität zu spielen, und die andere, um aus der Tonart hinauszugehen. **Beispiel 8.13** zeigt eine der vielen Möglichkeiten auf, dies zu bewerkstelligen. Die Phrase der rechten Hand umreißt ganz deutlich den notierten C–6 Akkord. Die linke Hand beginnt mit diatonischen Quarten in C Moll und setzt diese dann außerhalb von C Moll chromatisch fort. Ihr Ohr hört das als Bitonalität.

- Eine Hand spielt in der Tonart C Moll.
- Die andere Hand spielt in der ›Tonart der Quarten‹.

Der Ausdruck ›Tonart der Quarten‹ klingt vielleicht etwas merkwürdig, aber überlegen Sie mal: das Spielen in einer bestimmten Tonart erzeugt eine gewisse Dynamik und eine ganz bestimmte Erwartungshaltung. Nachdem Sie C, D, E und F gespielt haben, erwartet Ihr Ohr, daß die Töne G, A, B und C folgen (der Rest der C Durskala). Das Spielen von Quarten erzeugt eine ganz ähnliche Erwartungshaltung. Nachdem Sie zwei oder drei Quartenakkorde hintereinander gespielt haben, erwartet Ihr Gehör weitere Quartenakkorde, egal, ob diese aus der eigentlichen Akkordfolge stammen oder nicht.

Beispiel 8.13

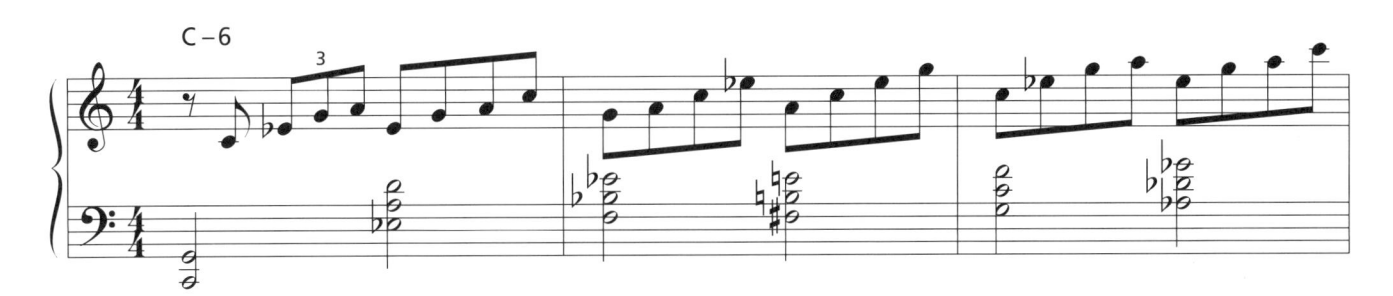

[10] Woody Shaw, *Rosewood*, Columbia, 1977.

Die chromatische Tonleiter

Was das Improvisieren über Akkorde betrifft, so gehört die chromatische Tonleiter ›zu jedem Akkord und gleichzeitig zu keinem‹. Wenn Sie eine chromatische Skala über irgendeinen beliebigen Akkord spielen, wird es nicht ›falsch‹ klingen. Tun Sie das aber sehr oft, dann werden Sie sehr langweilig klingen, und man wird meinen, Sie könnten nicht über Changes spielen. Trotzdem bieten chromatische Läufe wegen ihrer harmonischen Zweideutigkeit die Möglichkeit, außerhalb der Changes zu spielen. **Beispiel 8.14** zeigt einen Teil von Freddie Hubbards Solo über »Hub Tones«.[11] Im ersten und zweiten Takt spielt Freddie chromatische Achtelnoten und endet auf dem A, einem ›falschen‹ Ton über B♭7. Nachdem er die Tonalität auf diese Weise verschleiert hat, spielt er Sequenzen aus drei Tönen, die auf die Tonarten A, F und B♭ hindeuten. Und das alles über die ersten fünf Takte eines Blues in B♭.

Beispiel 8.14

Nur Mut: Spielen Sie ›outside‹

Am besten beginnen Sie das Outside-Spielen mit modalen Stücken. Diese Art von Stücken läßt Ihnen für jeden Akkord genügend Zeit, um die Tonalität festzulegen, sie dann zu verlassen und schließlich wieder zu den Changes zurückzukehren. Da modale Stücke obendrein nur aus ein oder zwei Akkorden bestehen, besitzen sie eine sehr statische Harmonik, die förmlich nach einer Dissonanz verlangt. Stücke wie »Passion Dance«[12], »So What«[13], »Little Sunflower«[14] und »Impressions«[15] eignen sich hervorragend für das Outside-Spielen.

> *Die pentatonische Skala wurde bereits einige Male erwähnt. Jetzt ist es an der Zeit, sie eingehender zu besprechen – mehr darüber im nächsten Kapitel.*

---

[11] Freddie Hubbard, *Hub Tones,* Blue Note, 1962.
[12] McCoy Tyner, *The Real McCoy,* Blue Note, 1968.
[13] Miles Davis, *Kind Of Blue,* Columbia, 1959.
[14] Freddie Hubbard, *Backlash,* Atlantic, 1966.
[15] John Coltrane, *Impressions,* MCA/Impulse, 1962.

Kapitel Neun
Pentatonische Skalen

- *Die Pentatonische Skala*
- *Die Modi und die pentatonische Mollskala*
- *Die pentatonischen Skalen der I., IV. und V. Stufe über II-V-I Akkorde*
- *Die pentatonischen Skalen über »Giant Steps«*
- *Pentatonische Skalen und ›Avoid‹-Töne*
- *Die pentatonische Skala der II. Stufe über Durseptakkorde*
- *Die pentatonische Skala der IV. Stufe über melodische Mollakkorde*
- *Die In-sen und andere Fünftonskalen*
- *Mollpentatonik und Bluesskala*
- *Das Üben pentatonischer Skalen*

Die pentatonische Skala

Spielen Sie **Beispiel 9.1** und hören Sie sich an, wie Woody Shaw in seinem Solo über »In Case You Haven't Heard«[1] D♭ pentatonisch spielt.

Beispiel 9.1

[1] Woody Shaw, *Little Red's Fantasy*, Muse, 1976.

Trotz der Vielzahl möglicher Fünftonskalen bezieht sich der Ausdruck ›pentatonische Skala‹ normalerweise auf die in **Beispiel 9.2** gezeigte Fünftonskala. Am besten prägen Sie sich die pentatonische Skala folgendermaßen ein:

- Es sind die Töne 1–2–3–5–6 einer Durskala.
- Es ist die Durskala ohne Quarte und ohne Septime (in C Dur müssen Sie also das F und das B weglassen).
- Merken Sie sich die Intervallkombination ›Ganztonschritt, Ganztonschritt, kleine Terz, Ganztonschritt‹.

Beispiel 9.2

pentatonische Skala in C

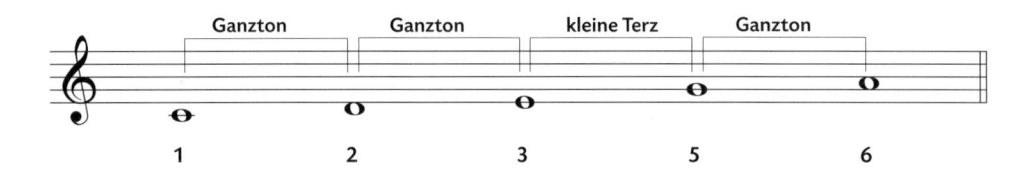

Pentatonische Skalen vermitteln das Gefühl größerer Weiträumigkeit. Aus Ganztonschritten und kleinen Terzen zusammengesetzt und ohne Halbtonschritte fehlt den pentatonischen Skalen die Chromatik anderer Skalen. Das Spielen dieser Skala aus größeren Intervallen läßt die Musik luftiger, heller und weiträumiger erscheinen.

In der Swing-Ära wurden pentatonische Skalen von Art Tatum, Lester Young und Teddy Wilson gespielt. **Beispiel 9.3** zeigt Tatums fließenden Lauf über C pentatonisch in Harry Rubys »Three Little Words«.[2]

Beispiel 9.3

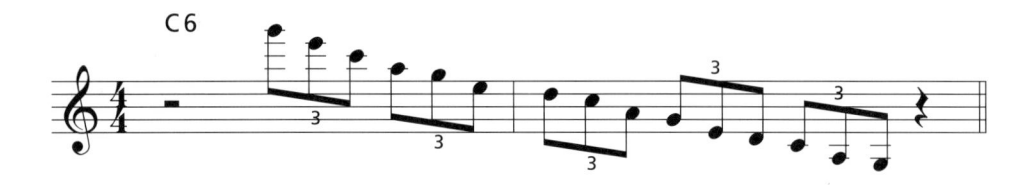

In der Bebop-Ära wurden pentatonische Skalen nicht so häufig gespielt, obwohl die Melodie von Bud Powells »So Sorry, Please«[3] auf E♭ pentatonisch basiert (**Beispiel 9.4**). In den sechziger Jahren wurden pentatonische Skalen hauptsächlich durch John Coltrane und McCoy Tyner in den Jazz wieder eingeführt.

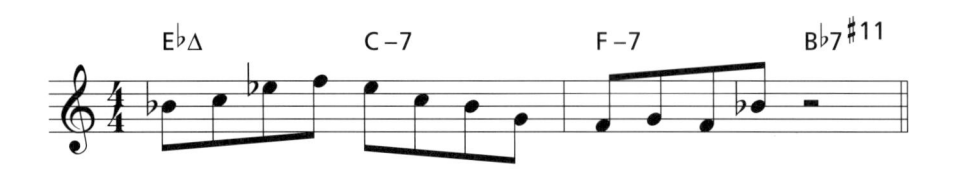

Beispiel 9.4

---

[2] Art Tatum, *Gene Norman Presents, Vol. 1*, GNP Crescendo, frühe fünfziger Jahre.
[3] Bud Powell, *The Genius of Bud Powell*, Verve, 1950.

Die Modi und die pentatonische Mollskala

Wie jede andere Skala, so hat auch die pentatonische Skala Modi. Sie entstehen durch die unterschiedlichen Anfangstöne, die in **Beispiel 9.5** gezeigt werden. Der fünfte Modus wird so häufig gespielt, daß er einen eigenen Namen hat: die *pentatonische Mollskala*. Sie ist eng mit der Bluesskala verwandt, auf die wir in Kapitel 10 näher eingehen werden. Das Mollpentatonik-Lick in **Beispiel 9.6** ist das erste, das viele Jazzmusiker lernen.

Beispiel 9.5

1. Modus

2. Modus

3. Modus

4. Modus

5. Modus
die Mollpentatonik

Beispiel 9.6

Die pentatonischen Skalen der I., IV. und V. Stufe über II-V-I Akkorde

Jede Durtonart enthält von Natur aus drei pentatonische Skalen. In C Dur sind dies die C, F und G pentatonischen Skalen (**Beispiel 9.7**). Ich nenne sie I, IV und V. Diese römischen Ziffern sollen Ihnen dabei helfen, die Position der Skalen in Relation zur jeweiligen Tonart zu lernen, aber sie sind *keine* Standardbegriffe wie ›Slash-Akkord‹ oder ›II-V-I‹. Würden Sie zu einem anderen Musiker sagen: »Ich spiele die Pentatonik der IV. Stufe«, hält er Sie entweder für ein Genie oder für verrückt – wahrscheinlich letzteres.

Beispiel 9.7

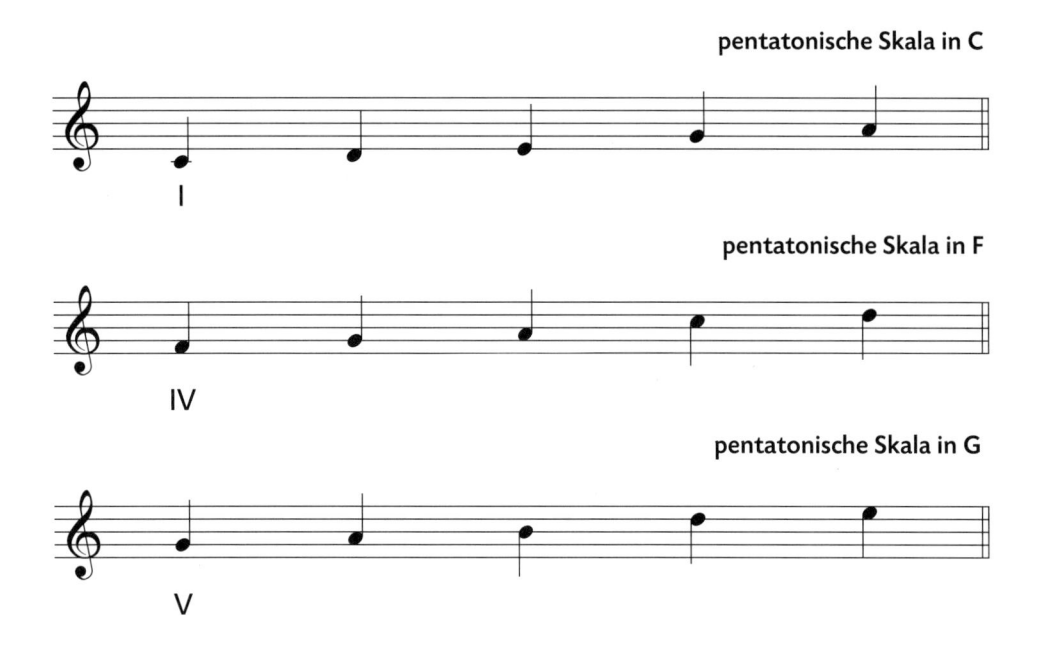

Spielen Sie jede pentatonische Skala – I, IV und V – in C über den Akkord der II., der IV. und der V. Stufe. Falls Sie Pianist sind, spielen Sie die Akkorde mit der linken Hand und die Skalen mit der rechten. Falls Sie nicht Pianist sind, leihen Sie sich entweder ein Piano aus oder lassen Sie sich die Akkorde von Ihrem Lehrer vorspielen, oder aber Sie verwenden den ersten Titel von Jamey Aebersolds Play-Along *Vol. 21, Gettin' It Together*.

Über D–7, den Akkord der II. Stufe, klingen alle drei pentatonischen Skalen (I, IV und V) gut (**Beispiel 9.8**).

Beispiel 9.8

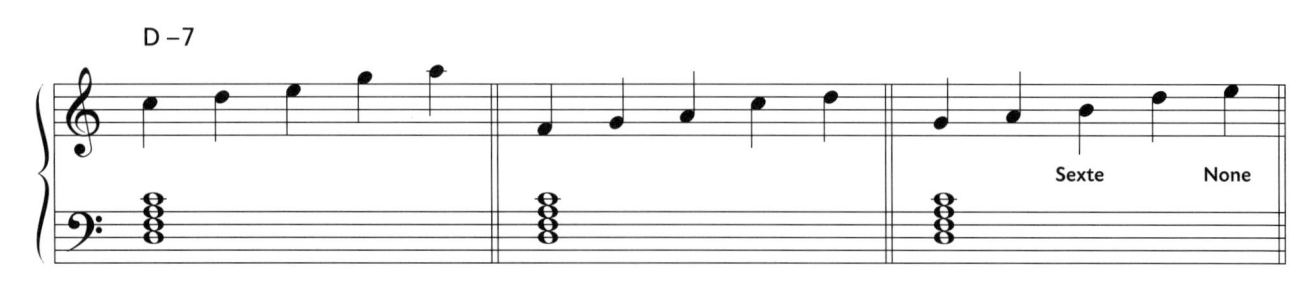

Pentatonik der I. Stufe über einen Akkord auf der II. Stufe

Pentatonik der IV. Stufe über einen Akkord auf der II. Stufe

Pentatonik der V. Stufe über einen Akkord auf der II. Stufe

Die pentatonische Skala der V. Stufe (basierend auf G) ist etwas interessanter als die der I. oder IV., weil sie B und E enthält – Sexte und None eines D–7 Akkords. In Kenny Barrons »Gichi«[4] spielt Woody Shaw eine pentatonische Skala der V. Stufe über einen Akkord der II. Stufe, also A pentatonisch über E (**Beispiel 9.9** und **9.10**).

Beispiel 9.9

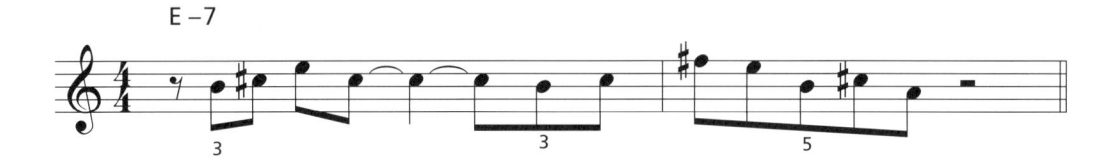

Beispiel 9.10

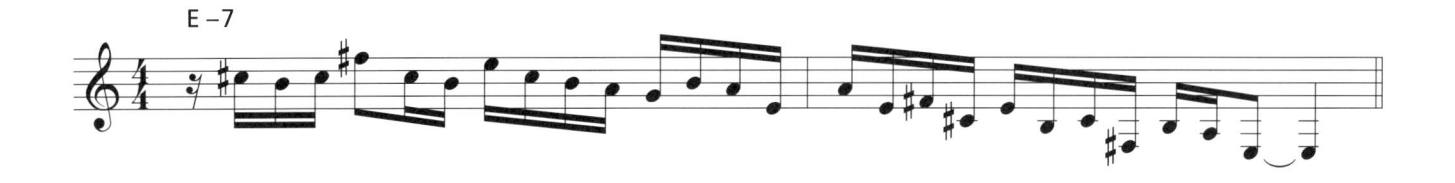

Viele der Beispiele in diesem Kapitel stammen von Woody Shaw, der pentatonische Skalen wahrhaft meisterlich beherrschte. In seinem Stück »Rahsaan's Run«[5] spielt Woody eine pentatonische Skala der I. Stufe über einen Akkord der II. Stufe, also G♭ pentatonisch über A♭–7 (**Beispiel 9.11**).

Beispiel 9.11

Über G7, den Akkord der V. Stufe, haben die pentatonischen Skalen der I. und IV. Stufe den Avoid-Ton C (**Beispiel 9.12**). Das heißt aber nicht, daß Sie sie nicht spielen können; es bedeutet lediglich, daß diese Skalen eine Dissonanz enthalten. Die pentatonische Skala der V. Stufe über G7 gespielt enthält jedoch keinen Avoid-Ton. Sie klingt auch deshalb gut, weil sie die Töne A und E enthält – die None und die 13 von G7.

Beispiel 9.12

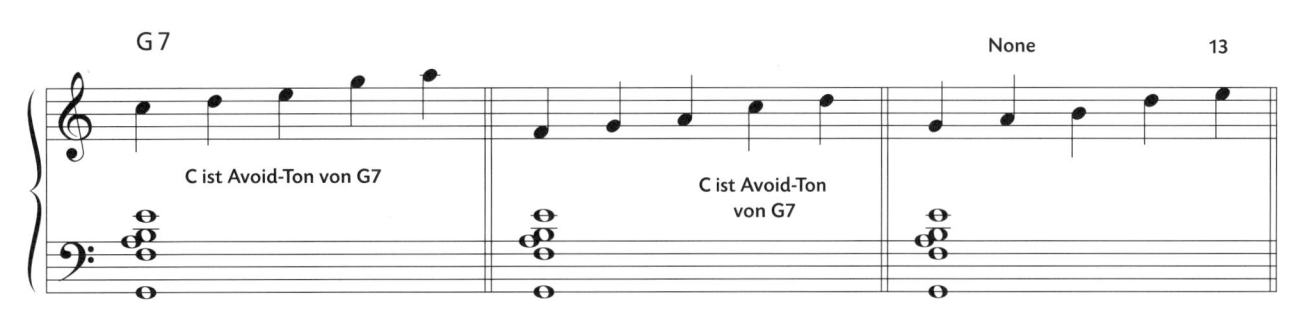

Pentatonik der I. Stufe   **Pentatonik der IV. Stufe**   **Pentatonik der V. Stufe**

[4] Booker Ervin, *Back From The Gig*, Blue Note, 1968.
[5] Woody Shaw, *Rosewood*, Columbia, 1977.

Beispiel 9.13 zeigt, wie Lee Morgan in seinem Stück »Totem Pole«[6] die pentatonische Skala der V. Stufe über einen Akkord der ersten Stufe spielt (F pentatonisch über F7). Woody Shaw spielte in Ramon Morris' »Child's Dance«[7] F♯ pentatonisch über F♯7 (**Beispiel 9.14**).

Beispiel 9.13

Beispiel 9.14

Über den CΔ Akkord, dem Akkord der I. Stufe gespielt, hat die pentatonische Skala der IV. Stufe das F, einen Avoid-Ton in der Tonart C (**Beispiel 9.15**). Sowohl die pentatonische Skala der I. wie auch der V. Stufe klingen über CΔ konsonant, da keine dieser beiden Skalen das F enthält. Die pentatonische Skala der V. Stufe klingt voller als die der I. Stufe, da sie die Septime und None des Durseptakkords enthält (in CΔ die Töne B und D).

Beispiel 9.15

Pentatonik der I. Stufe   Pentatonik der IV. Stufe   Pentatonik der V. Stufe

Beispiel 9.16 zeigt, wie Mulgrew Miller in »Wingspan«[8] über AΔ eine A pentatonische Skala spielt (die pentatonische Skala der I. Stufe über den Akkord der I. Stufe).

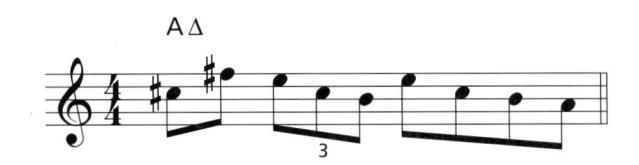

Beispiel 9.16

---

[6] Lee Morgan, *The Sidewinder*, Blue Note, 1963.
[7] *Art Blakey's Jazz Messengers*, Prestige, 1972.
[8] Mulgrew Miller, *Wingspan*, Landmark, 1987.

Beispiel 9.17 zeigt, wie Mulgrew zunächst eine pentatonische Skala der V. Stufe über eine II-V spielt (E pentatonisch über B–7, E7) und dann eine pentatonische Skala der I. Stufe über einen Akkord der I. Stufe (A pentatonisch über A∆). Auch dieses Beispiel stammt aus »Wingspan«.

Beispiel 9.17

In **Beispiel 9.18** können Sie hören, wie Lee Morgan in »Totem Pole«[9] E♭ pentatonisch über A♭∆ spielt, also die pentatonische Skala der V. Stufe über den Akkord der I. Stufe.

Beispiel 9.18

Beispiel 9.19 zeigt, wie Woody Shaw in Booker Ervins »Lynn's Tune«[10] zweimal die pentatonische Skala der V. Stufe über einen Akkord der I. Stufe spielt (E♭ pentatonisch über A♭∆). **Beispiel 9.20** zeigt, wie Woody in »Rosewood«[11] D♭ pentatonisch über G♭∆, also die pentatonische Skala der V. Stufe über einen Akkord der I. Stufe, spielt (das A ist chromatischer Durchgangston).

Beispiel 9.19

Beispiel 9.20

[9] Lee Morgan, *The Sidewinder*, Blue Note, 1963.
[10] Booker Ervin, *Back From The Gig,* Blue Note, 1968.
[11] Woody Shaw, *Rosewood,* Columbia, 1977.

KAPITEL NEUN

Woody Shaw ©1978 Bruce Polonsky. All Rights Reserved.

Beispiel 9.21 aus »Rosewood«[12] zeigt Woodys pentatonische Phrase in F über B♭∆. **Beispiel 9.22** zeigt, wie Woody in »Organ Grinder«[13] ein pentatonisches Lick in B♭ über einen E♭∆ Akkord spielt.

Beispiel 9.21

Beispiel 9.22

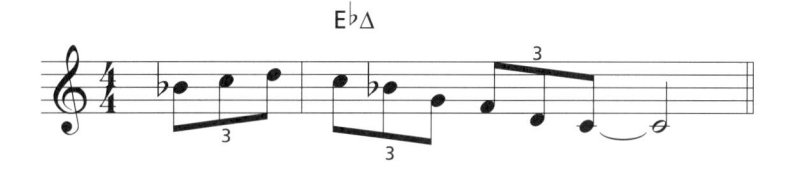

Falls Sie es noch nicht bemerkt haben: die pentatonische Skala der fünften Stufe klingt zu allen drei Akkorden konsonant. Das kann das Improvisieren über II-V-I erheblich vereinfachen. Üben Sie das Improvisieren über II-V-I in C, indem Sie einfach nur die pentatonische Skala der fünften Stufe spielen, also ab G (**Beispiel 9.23**). Der erste Titel auf Jamey Aebersolds *Volume 3, Die II-V-I Verbindung,* eignet sich hervorragend zum Üben in allen Tonarten.

Beispiel 9.23

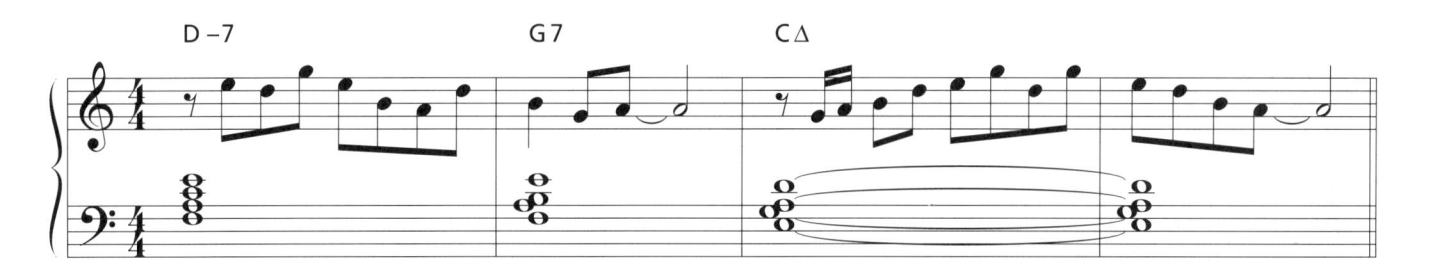

Anschließend einige allgemeine Regeln für das Improvisieren mit pentatonischen Skalen über II-V-I:

- Über einen Akkord der II. Stufe können Sie die Skalen der II., IV. und V. Stufe spielen.
- Über einen Akkord der V. Stufe können Sie die Pentatonik der V. Stufe spielen.
- Über einen Akkord der I. Stufe können Sie die pentatonischen Skalen der I. und V. Stufe spielen.
- Über II-V-I können Sie die pentatonische Skala der V. Stufe spielen.

---

[12] ebd.
[13] Woody Shaw, *Woody Three,* Columbia, 1979.

Pentatonische Skalen über »Giant Steps«

Beispiel 9.24 enthält die Changes von John Coltranes »Giant Steps«[14], das allgemein als schwer zu spielendes Stück gilt. »Giant Steps« mag vielleicht kompliziert sein, aber die folgenden Beispiele könnten das Stück etwas einfacher erscheinen lassen. 26 Akkorde sind auf 16 Takte verteilt. In schnellem Tempo ist das ziemlich viel. Durch wieviele Tonarten geht es? Der erste Akkord ist B∆. Die beiden nächsten Akkorde, D7 und G∆, sind die II-V in G Dur. Der nächste Akkord, B♭7, ist die V. Stufe von E♭ Dur. Die ersten vier Akkorde gehen also durch drei Tonarten. Aber keine Angst. *Alle Akkorde des gesamten Stücks stammen aus einer dieser drei Tonarten.* Da »Giant Steps« in nur drei Tonarten ist, können Sie es mit drei pentatonischen Skalen spielen.

Beispiel 9.24

Changes von »Giant Steps«

[14] John Coltrane, *Giant Steps*, Atlantic, 1959.

Beispiel 9.25 zeigt die Tonartwechsel und die Akkordfolge von »Giant Steps«. Dabei wechselt die Tonart wesentlich seltener als die Akkorde. »Giant Steps« hat 26 Akkorde, aber nur zehn Tonartwechsel. Und diese zehn Tonartwechsel drehen sich um nur drei Tonarten – B, G und E♭. *Denken Sie in Tonarten, nicht in Akkorden.*

Beispiel 9.25

Die Tonartwechsel von »Giant Steps« über den Akkordverbindungen

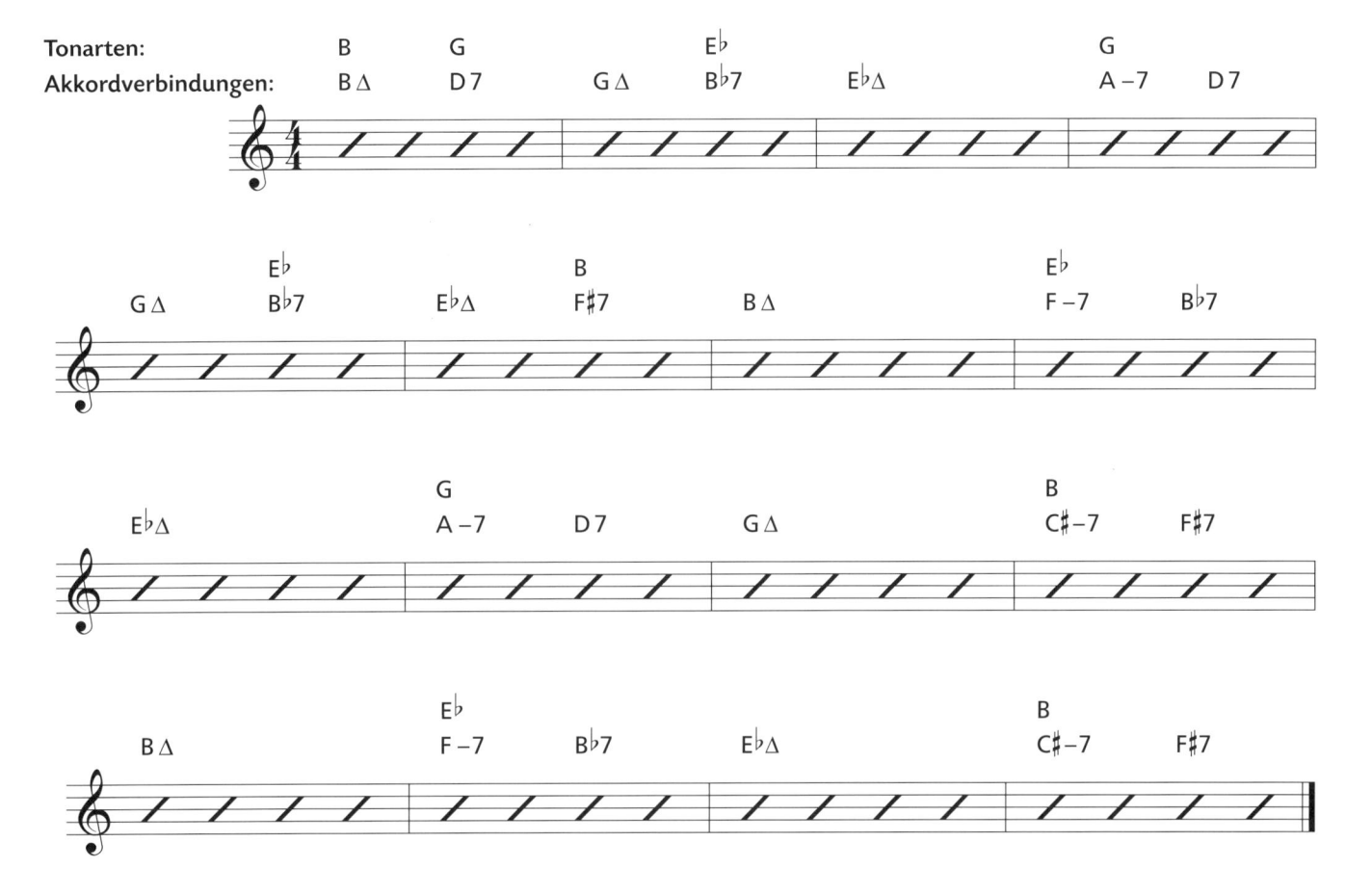

Tonarten:	B	G		E♭		G	
Akkordverbindungen:	B△	D7	G△	B♭7	E♭△	A–7	D7

	E♭		B		E♭	
G△	B♭7	E♭△	F♯7	B△	F–7	B♭7

		G			B	
E♭△		A–7	D7	G△	C♯–7	F♯7

	E♭			B	
B△	F–7	B♭7	E♭△	C♯–7	F♯7

Beispiel 9.26 enthält die pentatonischen Skalen der V. Stufe, die Tonartwechsel und die Akkordfolge von »Giant Steps«. **Beispiel 9.27** zeigt ein pentatonisches Solo, das ausschließlich auf den pentatonischen Skalen der V. Stufe von »Giant Steps« basiert. **Beispiel 9.28** enthält dasselbe Solo, aber mit Left-Hand Voicings.

Ein nur aus pentatonischen Skalen bestehendes Solo kann ziemlich langweilig klingen. Wenn Sie die Changes aber mit eher konventionelleren Mitteln auflockern, werden die pentatonischen Skalen Ihrem Spiel zusätzliche Struktur und Freiraum geben.

»Giant Steps« ist nicht gerade das leichteste Stück, um das Improvisieren mit pentatonischen Skalen zu üben. Ich wollte damit nur demonstrieren, wie man ein kompliziertes Stück einfacher gestalten kann. Wenn Sie das Improvisieren mit pentatonischen Skalen üben wollen, versuchen Sie es mit einfacheren Stücken wie »Just Friends« oder »Tune Up«.

KAPITEL NEUN

Beispiel 9.26

»Giant Steps« – pentatonische Skalen der V. Stufe über Tonartwechsel und Akkordverbindungen

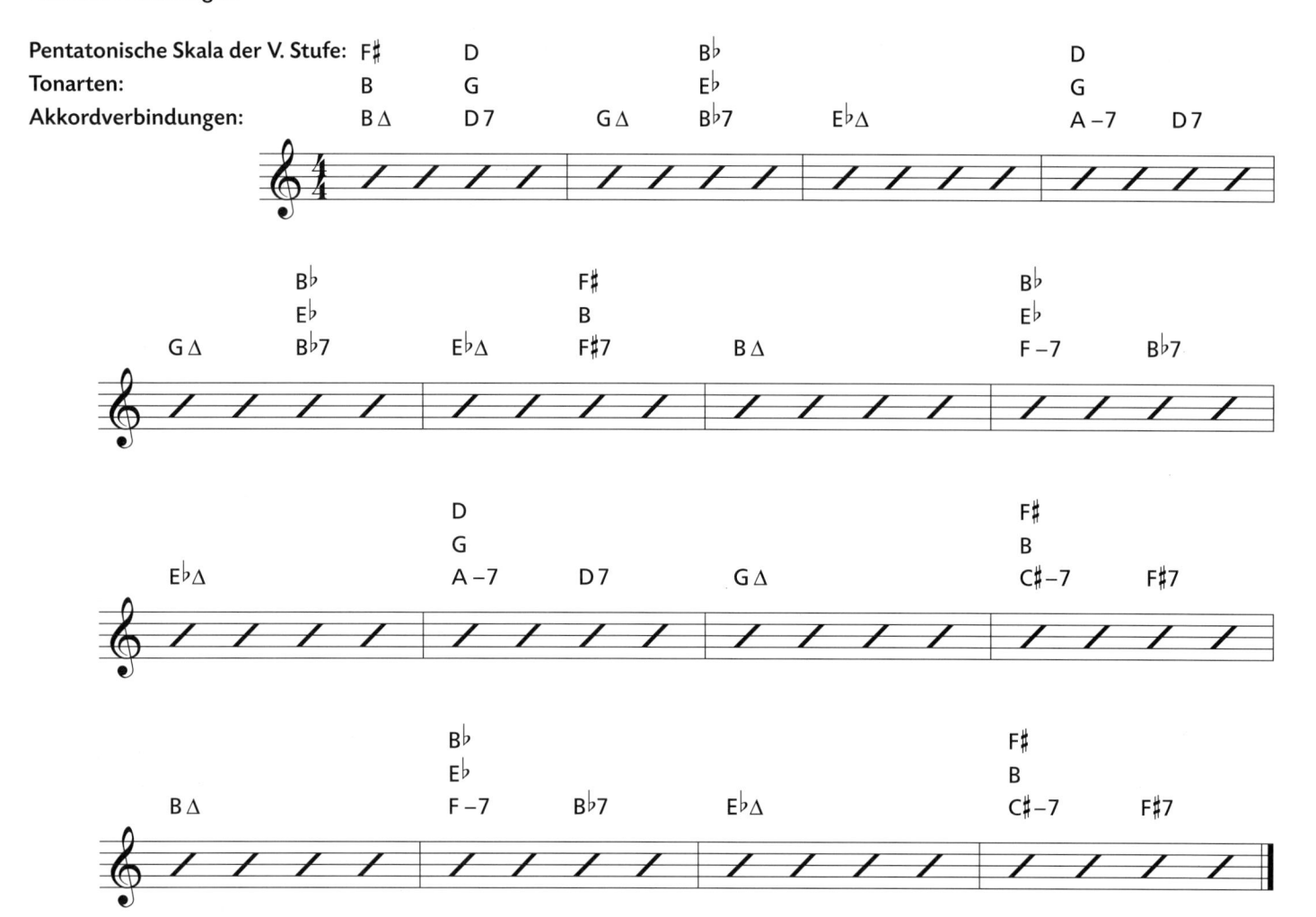

Pentatonische Skala der V. Stufe:	F#	D		B♭		D	
Tonarten:	B	G		E♭		G	
Akkordverbindungen:	B△	D7	G△	B♭7	E♭△	A−7	D7

	B♭		F#		B♭	
	E♭		B		E♭	
G△	B♭7	E♭△	F#7	B△	F−7	B♭7

	D			F#	
	G			B	
E♭△	A−7	D7	G△	C#−7	F#7

	B♭			F#	
	E♭			B	
B△	F−7	B♭7	E♭△	C#−7	F#7

PENTATONISCHE SKALEN

Beispiel 9.27

Beispiel 9.28

Pentatonische Skalen und Avoid-Töne

Es gibt noch einen anderen Grund, warum die pentatonische Skala der V. Stufe so gut zu einer II-V-I paßt. Welche Avoid-Töne enthalten D–7, G7, C∆, die II-V-I Akkorde von C Dur?

- D–7 enthält keinen Avoid-Ton.
- In G7 ist C Avoid-Ton.
- In C∆ ist F Avoid-Ton.

C und F sind Avoid-Töne der II-V-I Verbindung in C Dur. Wenn Sie die C Durskala spielen und C und F weglassen, bleiben fünf Töne übrig (**Beispiel 9.29**). In anderer Reihenfolge ergeben diese fünf Töne die G pentatonische Skala. *Die pentatonische Skala der V. Stufe ist die Durskala ohne Avoid-Töne.*

Beispiel 9.29

Da G pentatonisch, die Pentatonik der V. Stufe in C Dur, keine Avoid-Töne enthält, kann sie über jeden Akkord aus C Dur gespielt werden, also über C∆, D–7, Esus♭9, F∆#11, G7, Gsus und Bø. **Beispiel 9.30** zeigt, wie Woody Shaw in Kenny Barrons »Gichi«[15] G pentatonisch über Esus♭9 spielt.

Beispiel 9.30

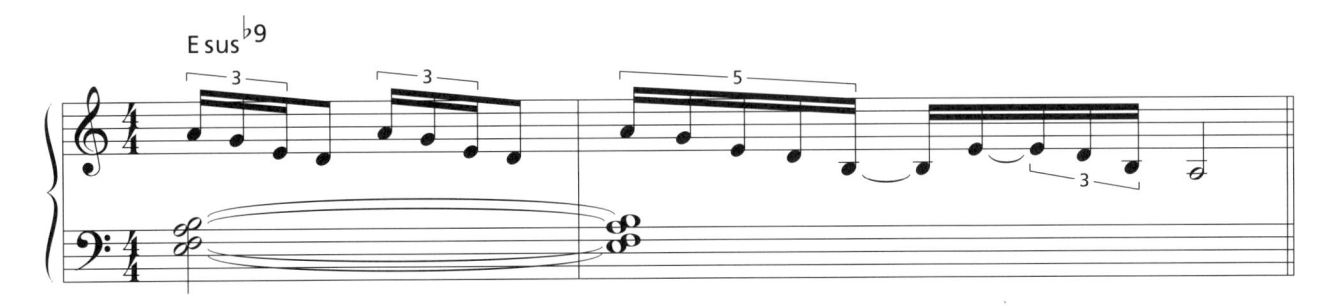

[15] Booker Ervin, *Back From The Gig*, Blue Note, 1968.

Eine pentatonische Skala über aufeinanderfolgende Akkorde verschiedener Tonarten

Da jede pentatonische Skala zu drei verschiedenen Durtonarten gehört (C pentatonisch ist I in C Dur, IV in G Dur und V in F Dur), kann häufig ein und dieselbe pentatonische Skala über aufeinanderfolgende Akkorde verschiedener Tonarten gespielt werden. Die nächsten drei Beispiele enthalten Akkorde der II. Stufe im Abstand eines Ganztonschritts, eine sehr gängige Akkordverbindung.

Beispiel 9.31 zeigt, wie Joe Henderson in Horace Silvers »Pretty Eyes«[16] G♭ pentatonisch sowohl über E♭–7 als auch D♭–7 spielt. E♭–7 und D♭–7 sind Akkorde der II. Stufe im Abstand eines Ganztonschritts. G♭ pentatonisch ist die Pentatonik der IV. Stufe in D♭ und der V. Stufe in C♭. Joe spannt also eine einzige melodische Idee (die G♭ pentatonische Skala) über zwei verschiedene Tonalitäten (D♭ Dur und C♭ Dur).

Beispiel 9.31

In seinem Solo über »Rosewood«[17] spielt Woody Shaw B♭ pentatonisch über G–7 und F–7, zwei Akkorden der II. Stufe im Abstand eines Ganztonschritts (**Beispiel 9.32**). B♭ pentatonisch ist die Pentatonik der IV. Stufe in F Dur (dem G–7 Akkord) und die Pentatonik der V. Stufe in E♭ Dur (dem F–7 Akkord).

Beispiel 9.32

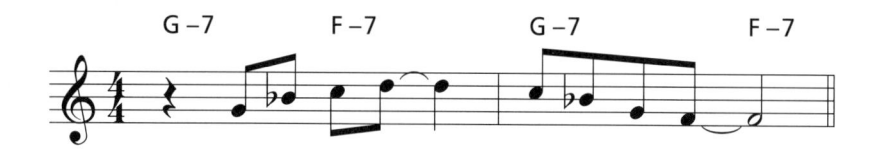

Im selben Solo spielt Woody etwas später E♭ pentatonisch über B♭–7 und C–7, ebenfalls Akkorde der II. Stufe im Abstand einer großen Sekunde (**Beispiel 9.33**). E♭ pentatonisch über B♭–7 ist die Pentatonik der V. Stufe über einen Akkord der II. Stufe von A♭. E♭ pentatonisch über C–7 ist die Pentatonik der IV. Stufe über einen Akkord der II. Stufe von B♭.

Beispiel 9.33

---

[16] Horace Silver, *The Cape Verdean Blues*, Blue Note, 1965.
[17] Woody Shaw, *Rosewood*, Columbia, 1977.

Die pentatonische Skala der II. Stufe über Durseptakkorde

Häufig wird über Durakkorde noch eine weitere pentatonische Skala gespielt. Spielen Sie E pentatonisch über D∆ (**Beispiel 9.34**). Der Ton G# macht den D∆ Akkord zu einem D∆#4 bzw. D lydisch. E pentatonisch ist auf dem zweiten Ton von D∆ aufgebaut, deshalb nennen wir sie pentatonische Skala der II. Stufe. Joe Henderson spielt diese Idee (E pentatonisch über D∆) in Duke Pearsons »Gaslight«[18] (**Beispiel 9.35**).

Beispiel 9.34

Pentatonik auf der II. Stufe

Beispiel 9.35

In **Beispiel 9.36** spielt Woody Shaw die pentatonische Skala der II. Stufe über einen lydischen Akkord (D♭ pentatonisch über C♭∆#4) in dem Stück »In Case You Haven't Heard«.[19] Im siebten Takt geht Woody mit dem Ton D kurz aus der Tonart heraus.

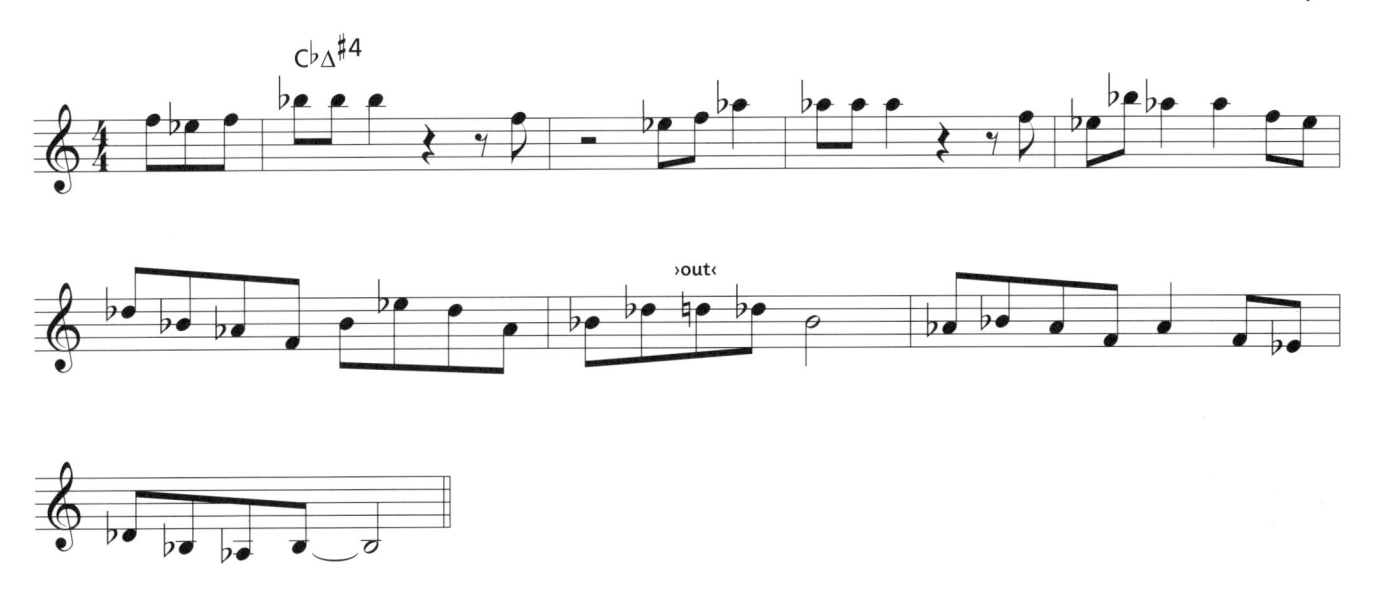

Beispiel 9.36

[18] Duke Pearson, *Sweet Honey Bee,* Blue Note, 1966.
[19] Woody Shaw, *Little Red's Fantasy,* Muse, 1976.

Im selben Solo (**Beispiel 9.37**) spielt Woody etwas später erneut die Pentatonik der II. Stufe über den lydischen Akkord (D♭ pentatonisch über C♭Δ♯4). Sie müssen aber nicht immer auf die ♯4 im Akkordsymbol warten. Da Sie in jedem Durakkord die Quarte um einen Halbton erhöhen können, *können Sie auch jederzeit die Pentatonik der zweiten Stufe über Durakkorde spielen.*

Beispiel 9.37

Auch Wayne Shorters »Speak No Evil«[20], in dem sich acht Takte lang C–7 und D♭Δ abwechseln (**Beispiel 9.38** zeigt die ersten vier Takte), eignet sich hervorragend zum Spielen einer einzigen pentatonischen Skala, wie die zweitaktige Phrase in **Beispiel 9.39** verdeutlicht. E♭ pentatonisch ist die Pentatonik der IV. Stufe in B♭ Dur (der C–7 Akkord) und die Pentatonik der II. Stufe in D♭ Dur.

Beispiel 9.38

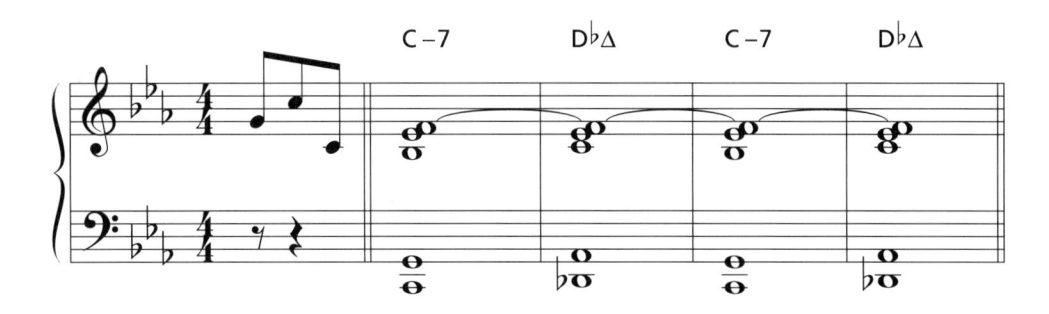

Beispiel 9.39

---

[20] Wayne Shorter, *Speak No Evil*, Blue Note, 1964.

Eine häufige Art der Reharmonisation von Akkorden der V. Stufe ist die Tritonussubstitution. Wir werden sie zwar erst in Kapitel 13 genauer behandeln, aber im Grunde genommen bedeutet sie nichts anderes als das Spielen eines Dominantseptakkords im Abstand eines Tritonus. Angenommen, Sie spielen über einen D7 Akkord und entscheiden sich für eine Tritonussubstitution, dann würden Sie A♭7 spielen (D und A♭ sind einen Tritonus auseinander). Das bedeutet, Sie können A♭ pentatonisch über D7 spielen. **Beispiel 9.40** zeigt, wie Mulgrew Miller diese Idee über »Wingspan«[21] spielt.

Beispiel 9.40

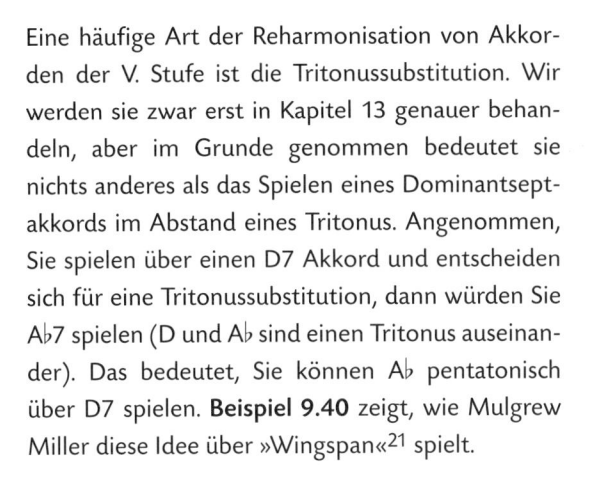

Die pentatonische Skala der IV. Stufe über melodische Mollakorde

Die melodische Mollskala enthält lediglich eine pentatonische Skala. Diese wird auf der IV. Stufe aufgebaut. In C melodisch Moll wäre dies demnach eine Skala auf dem Ton F (**Beispiel 9.41**). Diese pentatonische Skala der IV. Stufe klingt beim ersten Hören vielleicht etwas merkwürdig (**Beispiel 9.42**). Pentatonische Skalen klingen zunächst einmal grundsätzlich nach ›Dur‹. Über den exotischen Klang der Akkorde aus melodisch Moll gespielt, klingen sie dann eben sehr ungewöhnlich (oder eben auch ungewöhnlich schön). Sollte Ihnen dieser Klang nicht zusagen, machen Sie sich keine Sorgen. Es ist eben eine Frage des persönlichen Geschmacks, und Ihr Geschmack kann sich ändern. *Über Akkorde der melodischen Mollskala können Sie die pentatonische Skala der IV. Stufe dieser jeweiligen Mollskala spielen.*

Beispiel 9.41

Beispiel 9.42

[21] Mulgrew Miller, *Wingspan*, Landmark, 1987.

Vor allem über einen Akkord der melodischen Molltonleiter wird häufig pentatonisch gespielt. Es ist dies der alterierte Akkord. G7alt z. B. ist siebter Modus von A♭ melodisch Moll. Die auf dem vierten Ton von A♭ melodisch Moll basierende, pentatonische Skala ist D♭ pentatonisch, wie in dem in **Beispiel 9.43** gezeigten Lick. Sie können sich aber die ganze Rechnerei sparen und sich die folgende Abkürzung merken: *zu alterierten Akkorden paßt die pentatonische Skala des Tritonus (zu G7alt paßt D♭ pentatonisch).*

In der Harmonik der verminderten Skala und der Ganztonskala existieren keine pentatonischen Skalen.

Beispiel 9.43

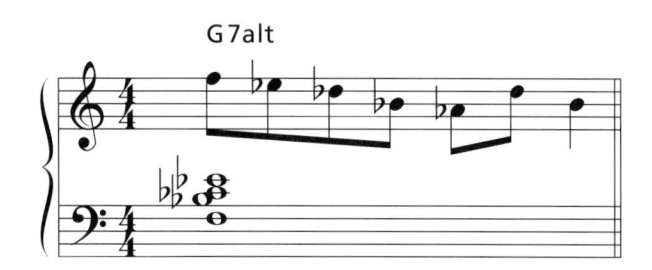

Die In-sen und andere Fünftonskalen

Es gibt tausende von Möglichkeiten, fünf Töne so anzuordnen, daß sie eine Art von pentatonischer Skala ergeben. Eine der meistgespielten Fünftonskalen ist die *In-sen Skala,* die von John Coltrane und McCoy Tyner in den Jazz eingeführt wurde (**Beispiel 9.44**).[22] Die außergewöhnliche Anordnung der Intervalle ist: Halbton, große Terz, Ganzton und kleine Terz. Spielen Sie **Beispiel 9.45** und hören Sie, wie Kenny Barron die In-sen Skala über die ersten Takte seines Stücks »Golden Lotus«[23] spielt.

Beispiel 9.44

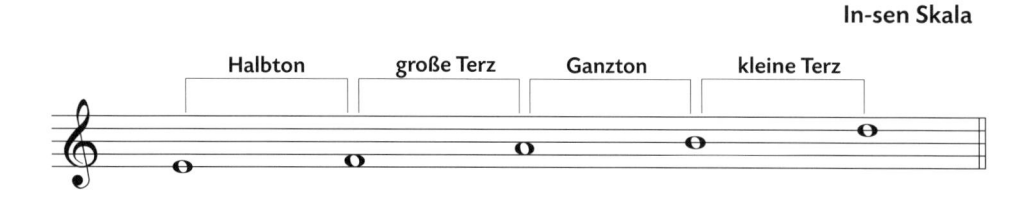

Beispiel 9.45

---

[22] Genauer gesagt bezeichnet ›In-sen‹ keine Skala, sondern die Töne, nach denen der Koto (ein japanisches Saiteninstrument) gestimmt wird.
[23] Kenny Barron, *Golden Lotus,* Muse, 1980.

Die In-sen Skala kann sowohl von der Durskala als auch von der melodischen Mollskala abgeleitet werden. In **Beispiel 9.46** können Sie sehen, daß die Töne der E In-sen Skala sowohl in der C Durskala als auch in D melodisch Moll zu finden sind. Die E In-sen Skala beginnt auf dem dritten Ton der C Durskala und dem zweiten Ton der melodischen Mollskala. Sie können sie über alle von der Harmonik der Durskala und der melodischen Mollskala stammenden Akkorde spielen. Am häufigsten wird sie jedoch, wie im vorhergehenden Beispiel von Kenny Barron, über sus♭9 Akkorde gespielt (**Beispiel 9.45**). **Beispiel 9.47** zeigt ein E In-sen Skalenpattern über einen Esus♭9 Akkord.

Beispiel 9.46

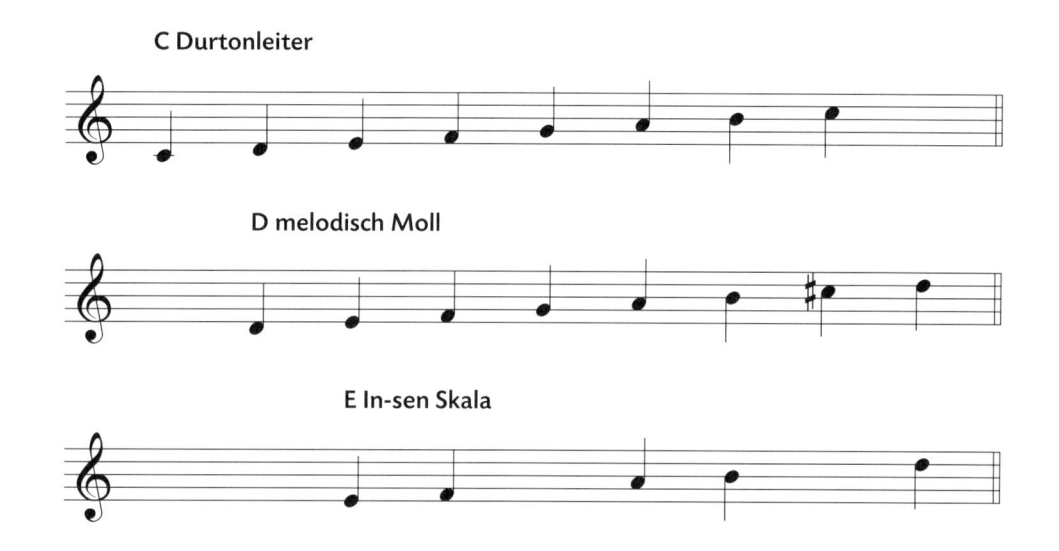

C Durtonleiter

D melodisch Moll

E In-sen Skala

Beispiel 9.47

Beispiel 9.48 zeigt eine weitere Fünftonskala. Diese Skala hat keinen allgemein akzeptierten Namen, aber ich habe schon den Begriff ›alterierte‹ pentatonische Skala dafür gehört. Sie wird, wie die In-sen Skala, hauptsächlich über sus♭9 Akkorde gespielt. Im Gegensatz zur In-sen Skala hat die alterierte pentatonische Skala jedoch eine normale 13, weshalb sie nur aus der melodischen Mollskala abgeleitet werden kann (siehe unten).

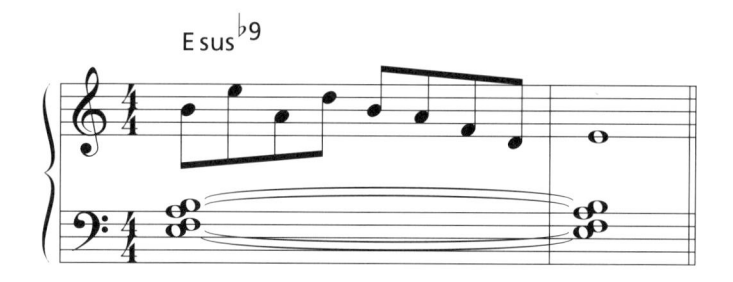

Beispiel 9.48

›alterierte‹ pentatonische Skala in E

D melodisch Moll

Mollpentatonik und Bluesskala

Die pentatonische Mollskala ist beinahe identisch mit der Bluesskala, die wir im nächsten Kapitel behandeln werden. **Beispiel 9.49** zeigt die pentatonische Mollskala in C und die C Bluestonleiter. Bis auf das F♯ in der Bluesskala, einem chromatischen Durchgangston zwischen F und G, sind sie identisch. **Beispiel 9.50** zeigt zwei ähnliche Phrasen über C7♯9.[24] Die Töne der ersten Phrase stammen von der pentatonischen Mollskala in C, die Töne der zweiten Phrase von der C Bluestonleiter.

Beispiel 9.49

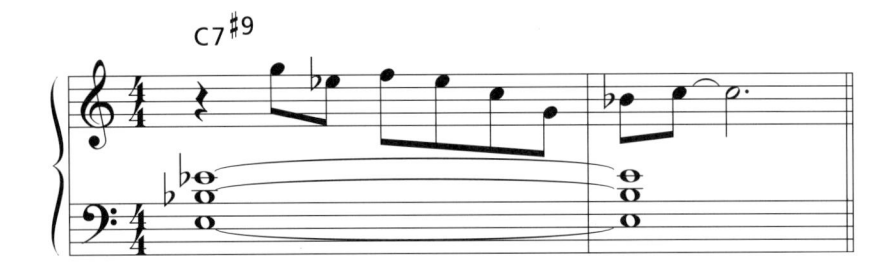

Beispiel 9.50

---

[24] Pianisten sollten auf das C7♯9 Left-Hand Voicing achten.

Stücke mit pentatonischen Skalen

Pentatonische Skalen bilden das melodische Material für einige hervorragende Stücke, z.B. »The Pennywhistle Call«[25] von Gary Bartz, Johnny Mandels »You Are There«[26] und Dizzy Gillespies »Dizzy Atmosphere«[27]. Die ersten fünfzehn Takte von Joe Hendersons »Black Narcissus«[28] basieren auf pentatonischen Skalen in G♭ und E. Die ersten sechs Töne von Sonny Rollins' »Sonnymoon For Two«[29] stammen aus der pentatonischen Mollskala in B♭ (**Beispiel 9.52**).

Beispiel 9.51

BLACK NARCISSUS
Joe Henderson

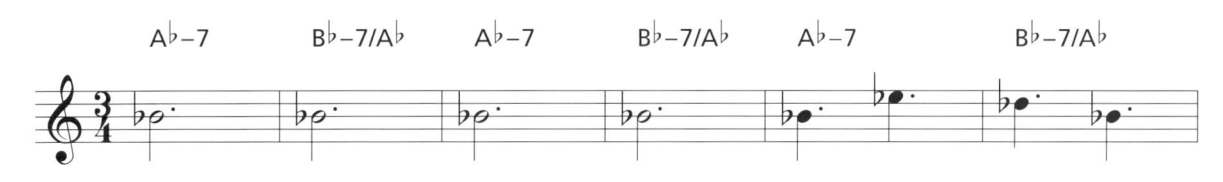

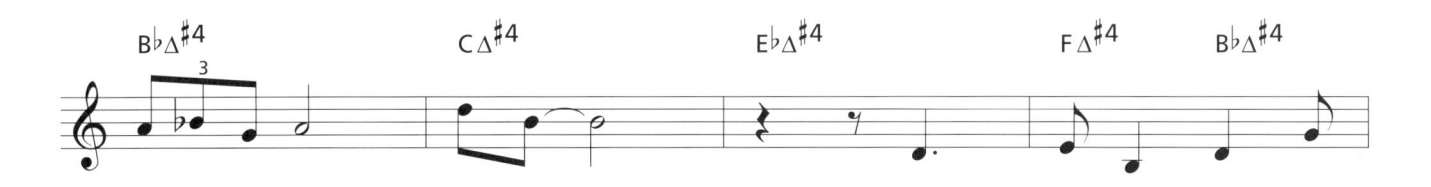

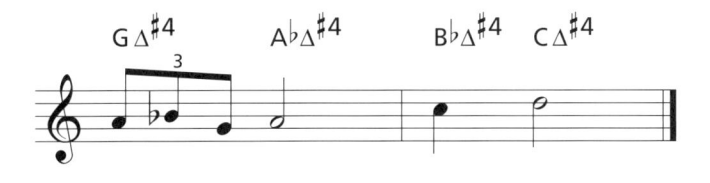

© 1980 Johen Music. Used By Permission.

[25] Gary Bartz, *Reflections On Monk,* SteepleChase 1988.
[26] Irene Kral, *Gentle Rain,* Choice, 1977.
[27] Charlie Parker, *The Bird On Savoy, Part 1*, BYG, 1945.
[28] Joe Henderson, *Power To The People*, Milestone, 1969.
[29] Sonny Rollins, *A Night At The Village Vanguard, Vol II*, Blue Note, 1957.

Beispiel 9.52

Das Üben pentatonischer Skalen

Ein Großteil der Musik, die wir spielen, ist in 4/4, weshalb die pentatonische Fünftonskala oft wie das pentatonische Pattern in F aus **Beispiel 9.53** in Gruppen von vier Tönen gespielt wird. Patterns wie diese müssen Sie verinnerlichen, obwohl sie beim Üben manchmal ganz schön langweilig sein können.

Beispiel 9.53

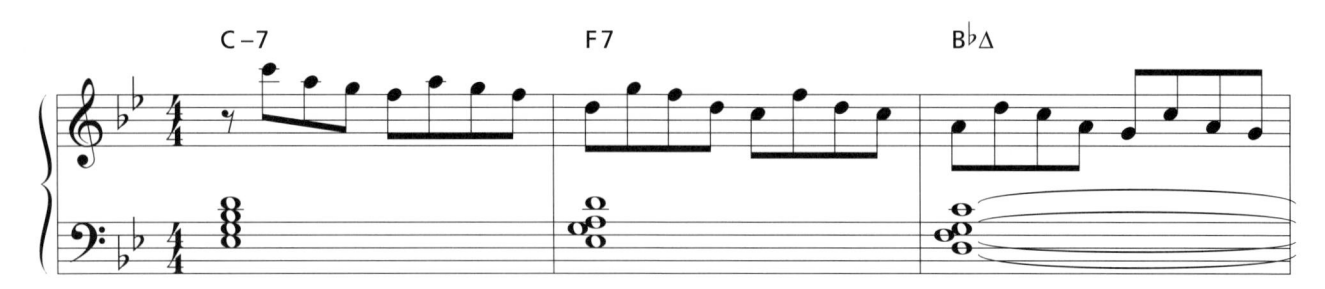

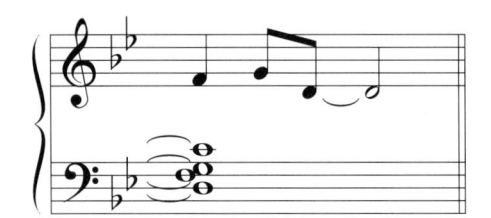

Beispiel 9.54

Sobald Sie ein Pattern unter den Fingern haben, sollten Sie es wie das Pattern in **Beispiel 9.54** (über Left-Hand Voicings gezeigt) rhythmisch variieren und swingender gestalten. Sie können auch diverse Töne der Skala überspringen (**Beispiel 9.55**). Experimentieren Sie und erfinden Sie Ihre eigenen Patterns.

Beispiel 9.55

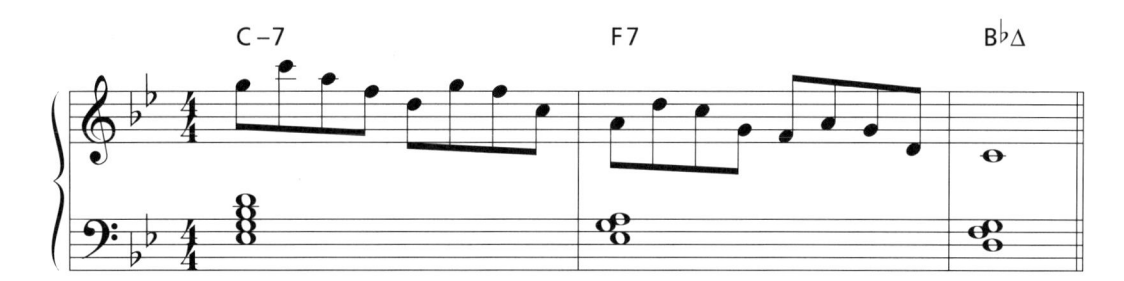

> *Die pentatonische Skala ist eng mit der Bluesskala verwandt.*
> *Als nächstes befassen wir uns deshalb mit dem Blues,*
> *historisch betrachtet der wichtigste Vorläufer des Jazz und*
> *immer noch sein Herz und seine Seele.*

Kapitel Zehn
Blues

- *Blues Changes*
- *Besondere Formen des Blues*
- *Die Bluesskala*
- *Die pentatonische Mollskala*
- *Ähnlichkeiten zwischen der Pentatonik, Mollpentatonik und Bluesskala*

Blues ist mit traditioneller Musiktheorie nicht sehr gut zu erklären. Überlegen Sie mal: im Blues ist der Akkord der I. Stufe ein *Dominantseptakkord*. Und die Bluesskala ist in westlicher Musik im Vergleich mit anderen Skalen einmalig. **Beispiel 10.1** zeigt die Bluesskala in C. Sie hat zwei kleine Terzen (C nach E♭ und G nach B♭), einen chromatischen Durchgangston zwischen F und G (F♯) und aufeinanderfolgende Halbtonschritte (F, F♯, G) – alles Intervallanordnungen, die in westlichen Skalen wie der Durskala und der melodischen Mollskala nicht vorhanden sind. Die Intervallstruktur der Bluesskala ist ›kleine Terz, Ganzton, Halbton, Halbton, kleine Terz, Ganzton‹.

Beispiel 10.1

C Bluesskala

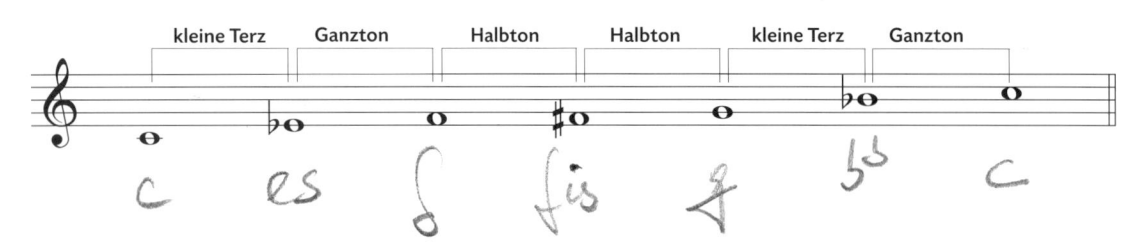

kleine Terz — Ganzton — Halbton — Halbton — kleine Terz — Ganzton

Jazz entwickelte sich im neunzehnten Jahrhundert aus verschiedenen afroamerikanischen, europäischen und lateinamerikanischen Quellen, u. a. afrikanischen ›Call and Response‹ Gesängen, ›Field-hollers‹, Gospelmusik, Märschen und populären Songs der jeweiligen Zeit, ›Ring Shouts‹ und einem größtenteils kubanischen Einfluß, ›Spanish Tinge‹ genannt. Aber keine Quelle des Jazz war wichtiger als der Blues. Der Blues hat seine eigenen Traditionen, zugleich aber auch den größten Anteil an der Jazztradition.

Nur weil das Wort Blues im Titel eines Stücks auftaucht, heißt das nicht unbedingt, daß dieses Stück auch ein Blues ist. »Limehouse Blues« und »Bye Bye Blues« sind großartige Stücke, aber keine Blues. Auch nicht Chick Coreas »Blues For Liebestraum« oder Cedar Waltons »Bremond's Blues«. Die meisten Blues sind 12 Takte lang, aber manche sind länger oder kürzer, und manche zwölftaktige Stücke sind gar keine Blues. Warum? Weil Blues nicht einfach nur eine Musikform ist; *er ist ein Klang, ein Gefühl und eine Einstellung.* Etwas derartiges kann man nicht mit einem mit Noten beschriebenem Blatt Papier ausdrücken. Wenn Sie überhaupt nicht wissen, was Blues eigentlich ist, hören Sie sich eine Platte von B. B. King an, bevor Sie weiterlesen.[1]

Blues Changes

Es gibt unzählige Formen von ›Blues Changes‹. Aber bleiben wir auf dem Boden der Tatsachen: es gibt ein einziges, allgemein akzeptiertes Schema aus drei Akkorden, das bis heute unverändert geblieben ist und in dieser Form noch immer gespielt wird. **Beispiel 10.2** zeigt die Changes für einen einfachen Blues in C. Sämtliche drei Akkorde – C7, F7 und G7 – sind Dominantseptakkorde. Wir nennen sie (in Bezug auf C) I, IV und V. Moderne Beispiele für Blues aus drei Akkorden sind Miles Davis' »Blues By Five«[2] und zwei Titel von Thelonious Monk, »Blue Monk«[3] und »Misterioso«.[4]

Beispiel 10.2

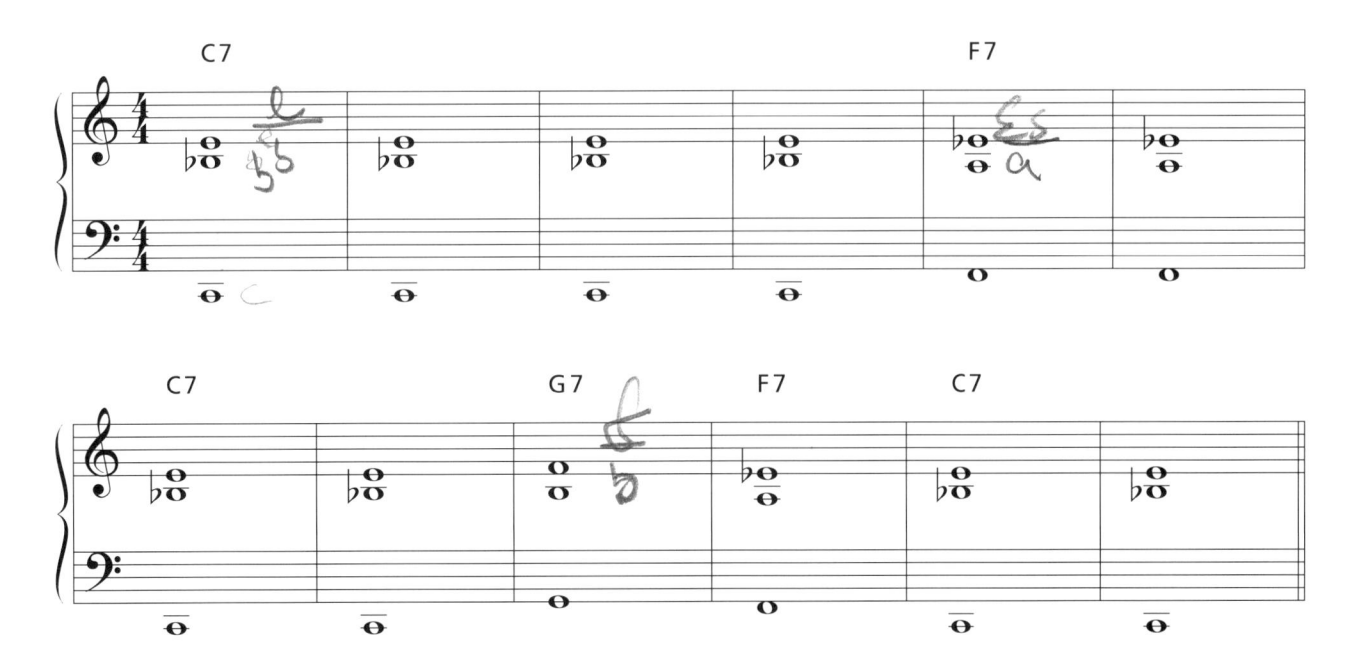

[1] Oder John Lee Hooker, Muddy Waters, Jimmy Reed usw.
[2] Miles Davis, *Cookin'*, Prestige, 1956.
[3] Thelonious Monk, *Thelonious In Action*, Fantasy, 1958.
[4] Jerry Gonzalez, *Rumba Para Monk*, Sunnyside, 1988.

In den dreißiger Jahren entwickelten sich die Blues Changes etwas weiter (**Beispiel 10.3**). Im zweiten Takt wurde der Akkord der IV. Stufe (F7) hinzugefügt und im letzten Takt der Akkord der V. Stufe (G7).

Beispiel 10.3

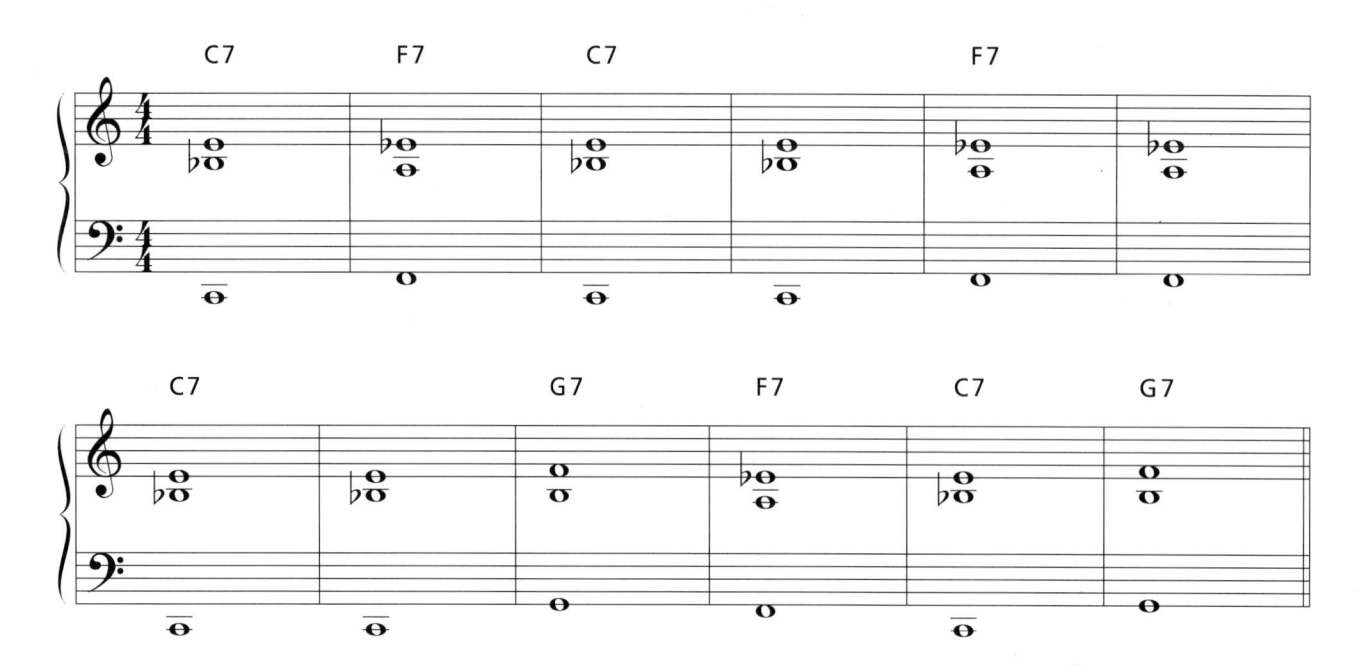

Beispiel 10.4 zeigt das wesentlich kompliziertere Bluesschema, das in der Bebop-Ära entstand. Achten Sie vor allem auf die Tritonussubstitution im vierten Takt (gleich mehr zu diesem Thema), die absteigende, chromatische II-V Verbindung (F–7, B♭7, E–7, A7, E♭–7, A♭7, D–7, G7) von Takt 6 bis 10, die II-V-I Verbindung (D–7, G7, C7) von Takt 9 bis 11 sowie den I-VI-II-V Turnaround (C7, A7, D–7, G7) in den beiden letzten Takten.

Beispiel 10.4

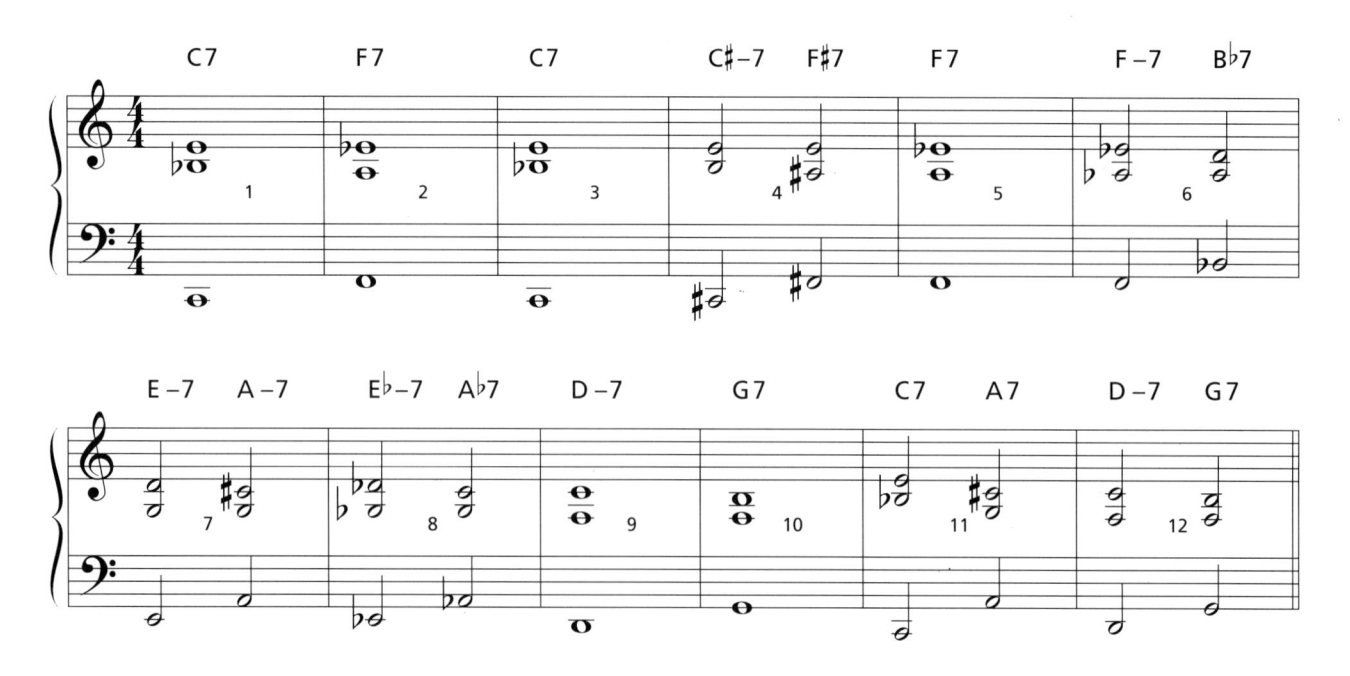

Kapitel 13 enthält eine grundlegende Analyse der *Tritonussubstitution*. Hier nur kurz, worum es sich dabei handelt: Tritonussubstitution bedeutet, daß ein Dominantseptakkord im Abstand eines Tritonus den ursprünglichen Dominantseptakkord ersetzt (F♯7 ersetzt C7). Dabei kann dem neuen Dominantseptakkord (F♯7) auch der dazugehörige II Akkord (C♯–7) vorangestellt werden, so daß eine II-V (C♯–7, F♯7) entsteht. Im vierten Takt von **Beispiel 10.4** ersetzt C♯–7, F♯7 den Akkord C7.

Während der Bebop-Ära entstanden noch einige andere Variationen: in Takt 7 und 8 könnten Sie z. B. CΔ, D–7, E–7, E♭–7 spielen, und in den beiden letzten Takten den sogenannten ›Tadd Dameron Turnaround‹[5] (CΔ, E♭7, A♭7, D♭7).

Welches Bluesschema spielt man denn nun beim Improvisieren oder Begleiten?

- Das ursprüngliche Schema mit drei Akkorden?
- Die Variation aus den dreißiger Jahren?
- Oder irgendeine Veränderung aus der Bebop-Ära?

Sollte man im vierten Takt die Tritonussubstitution spielen? Oder von Takt 9 bis 11 II-V-I? Soll man von Takt 7 bis 9 die absteigende II-V Verbindung spielen? Die Antwort lautet: Sie können alles spielen. Die Jazzmusiker von heute vermischen sämtliche Bluesversionen und wechseln manchmal sogar innerhalb eines Chorusses in ein anderes Schema. Sie können in den ersten vier Takten einfach nur C7, F7, C7 spielen (die Version der dreißiger Jahre), F7 und C7 über die zweite, viertaktige Phrase (das »ursprüngliche« Schema) und in den letzten vier Takten die II-V-I Changes (die in der Bebop-Ära entstanden). Wenn Sie ein Solo spielen, können Sie spielen, was Ihnen gerade einfällt. Beim Begleiten dagegen (Pianisten, Gitarristen und Bassisten!) ist es Ihre Aufgabe, zuzuhören und zu folgen.

Wie beherrscht man all diese Variationen? Fangen Sie einfach an, z. B. mit dem Drei-Akkorde-Bluesschema, und fügen Sie erst dann einen neuen Akkord oder eine neue Substitution hinzu, wenn Sie diese hören können und glauben, bereit dafür zu sein. Üben Sie mit Jamey Aebersolds Play-Along *Vol. 2, Nothin' But The Blues*.

---

[5] Kapitel 15 enthält eine vollständige Erläuterung von Tadds Turnaround.

Besondere Formen des Blues

Zusätzlich zu den Blues Changes, die Sie gerade kennengelernt haben, gibt es spezielle Bluesformen wie Mollblues, 3/4 Blues, Blues mit Mittelteil und Blues mit den verschiedensten Akkordschemen – die sich jedoch alle aus dem ursprünglichen Drei-Akkord-Bluesschema ableiten. Sehen wir uns einige dieser speziellen Bluesformen einmal an.

Beispiel 10.5 zeigt die Changes zu einem *Mollblues*. Gute Beispiele für einen Mollblues sind John Coltranes »Equinox«[6] und »Mr. PC«.[7] Die Mollakkorde sind hier als C– und F– notiert (im Gegensatz zu C–7 und F–7), weil sie von ihrer Funktion her *Akkorde der Tonika bzw. Moll I Akkorde* sind und nicht Mollsept- bzw. Akkorde der II. Stufe. Durch die einfache Notation C– können Sie zwischen mehreren Skalen wählen: z. B. könnten Sie statt dorisch, was dem Symbol C–7 entspräche, C Minor-Major spielen. Interessant sind beim Mollblues die Changes von Takt 9 bis 11. Statt der üblichen V-IV-I (G7, F7, C7 bei einem Blues in C) ist die Akkordverbindung im Mollblues an dieser Stelle ♭VI, V, I (A♭7, G7, C– bei einem Blues in C Moll).[8]

Beispiel 10.5

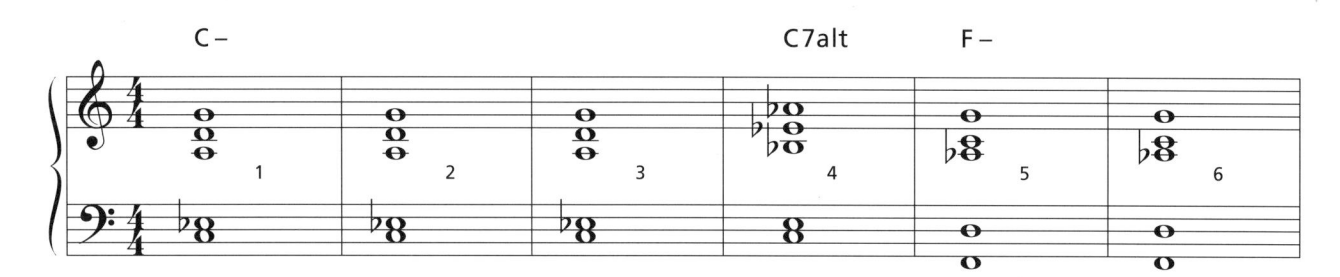

---

[6] John Coltrane, *Coltrane's Sound,* Atlantic, 1960. »Equinox wird häufig als Mollblues in C gespielt, aber die ursprüngliche Version ist in C♯ Moll.
[7] John Coltrane, *Giant Steps,* Atlantic, 1959.
[8] Der G7 Akkord in Takt 10 wird häufig als G7alt gespielt.

Blues haben normalerweise eine Länge von zwölf Takten, aber sie können auch länger oder kürzer sein. Eine längere Form ist der *3/4 Blues* (»Blues Waltz«). **Beispiel 10.6** zeigt die Changes zu einem 3/4 Blues, in diesem Fall Miles Davis' »All Blues«.[9] 3/4 Blues sind normalerweise 24 Takte lang, also doppelt so lang als der traditionelle, zwölftaktige Blues.[10] 3/4 Blues gehen oft über ungewöhnliche Changes, da der größere Freiraum einer 24taktigen Form andere harmonische Variationen zuläßt. Weitere gute Beispiele für 24taktige 3/4 Blues sind Wayne Shorters »Footprints«[11], Toots Thielemans »Bluesette«[12] und Larry Youngs »Tyrone«.[13] Horace Silvers »Nutville«[14] ist ein 24taktiger Mollblues, aber in 4/4.

Beispiel 10.6

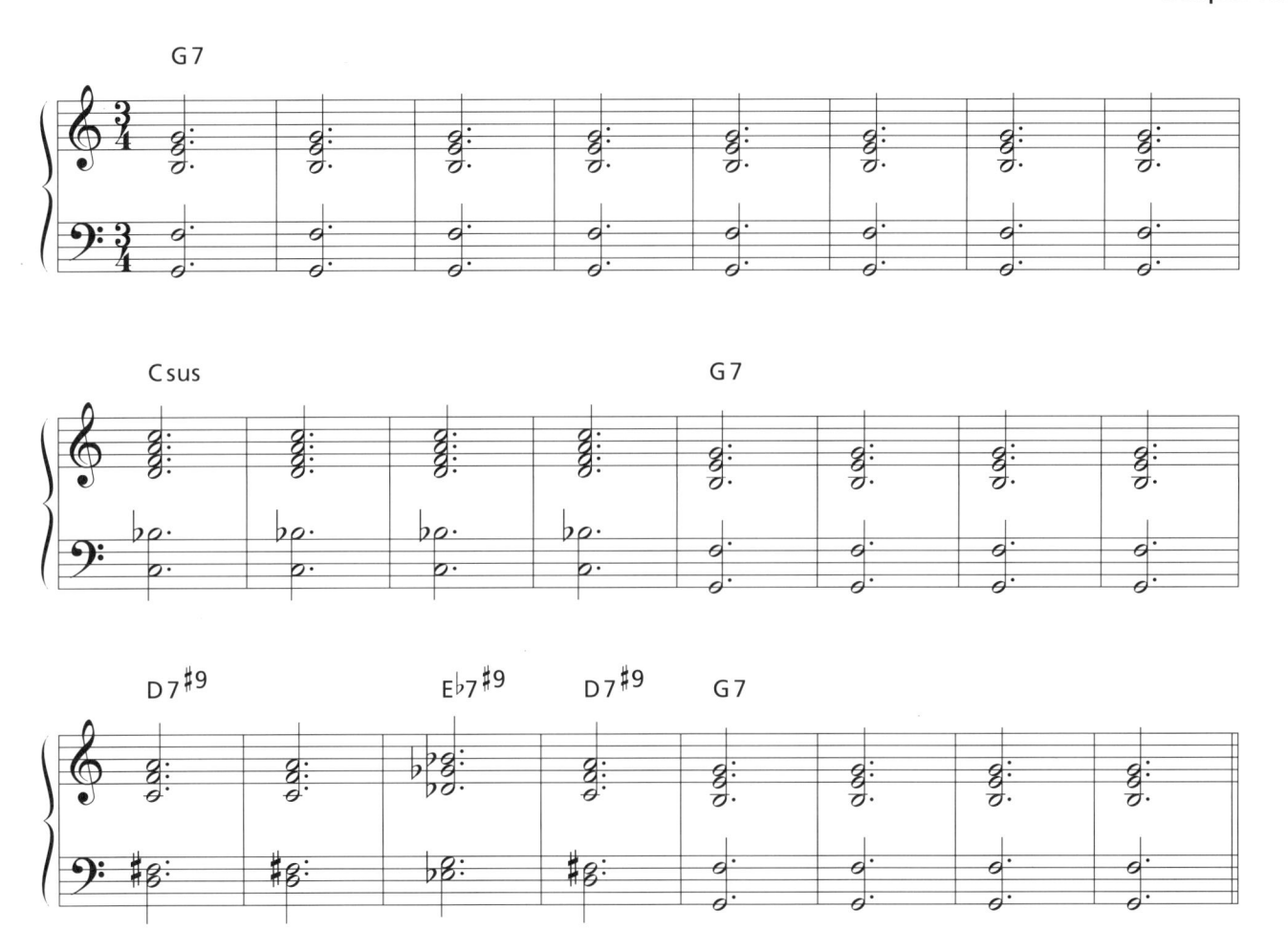

---

[9] Miles Davis, *Kind Of Blue*, Columbia, 1959.
[10] Lee Morgans »Boy, What A Night« aus seinem 1963 auf Blue Note erschienenen Album *The Sidewinder* ist ein 48taktiger 3/4 Blues. Wayne Shorters »Adam's Apple« aus dem 1967 erschienenen Blue Note Album gleichen Namens ist ein 24taktiger Blues, aber in 4/4.
[11] Miles Davis, *Miles Smiles*, Columbia, 1966.
[12] Hank Jones, *Maybeck Recital Hall Series, Vol. 16*, Concord, 1992.
[13] Larry Young, *Into Somethin'*, Blue Note, 1964.
[14] Horace Silver, *The Cape Verdean Blues*, Blue Note, 1965.

Lee Morgan kombinierte in seinem Stück »Gary's Notebook«[15], dessen Changes **Beispiel 10.7** zeigt, einen Mollblues mit einem Blues Waltz (»Minor Blues Waltz«). Trotz der zusätzlichen Changes ist Lees Stück ein Mollblues in B♭, aber mit einer zusätzlichen Variante: auf jeden Mollakkord folgt ein V7$^{\sharp 11}$ Akkord einen Halbton höher.

Beispiel 10.7

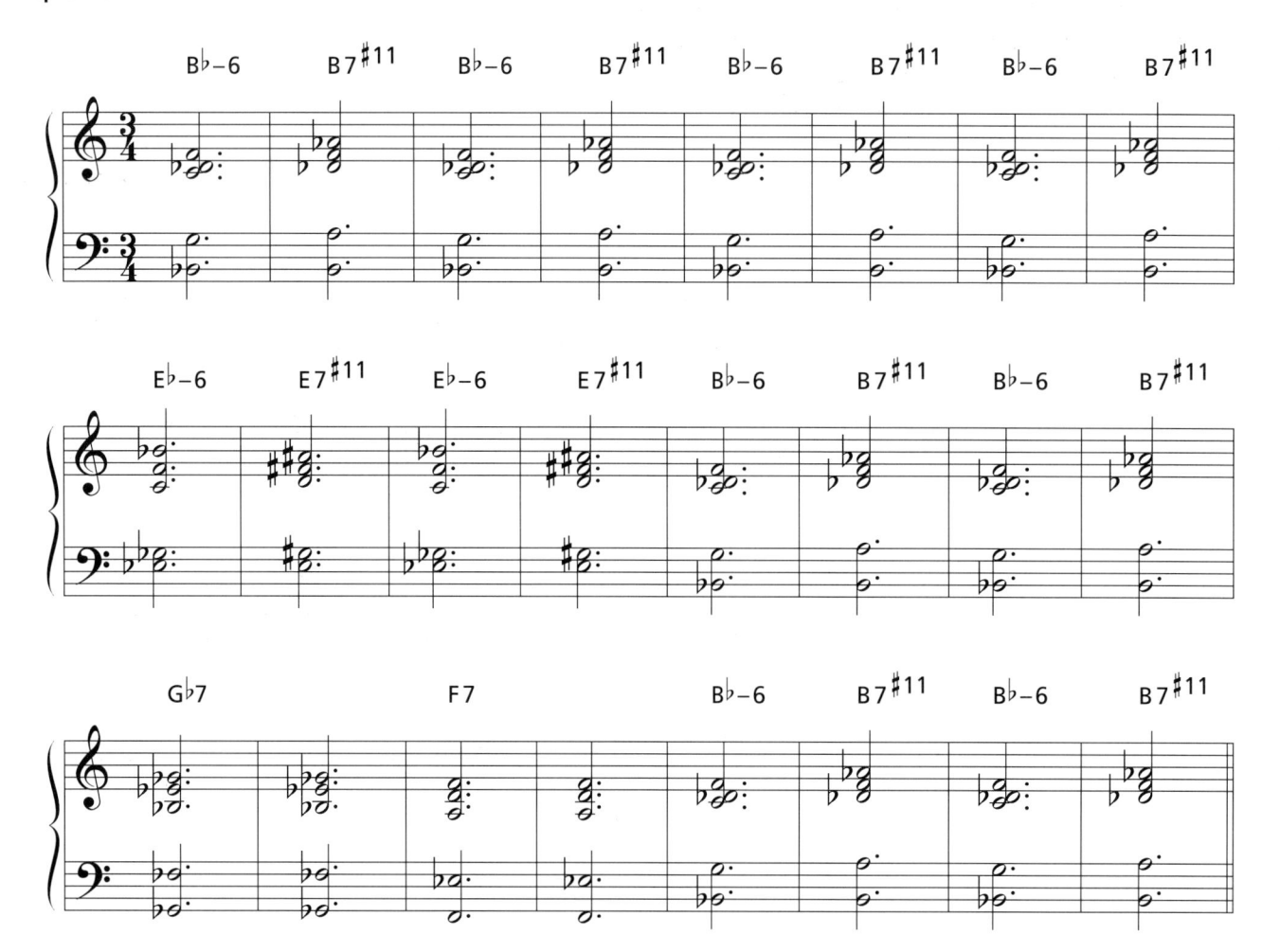

---

[15] Lee Morgan, *The Sidewinder*, Blue Note, 1963.
[16] John Coltrane, *Blue Train*, Blue Note, 1957.
[17] Das Thema ›Songform‹ wird in Kapitel 17 behandelt.

Beispiel 10.8 zeigt die Changes zu einem *Blues mit Mittelteil,* in diesem Fall John Coltranes »Locomotion«.[16] Diese Version überträgt den Blues in die größere A A B A Form oder »Standard American Popular Song Form«.[17] Jeder A-Teil ist ein zwölftaktiger Blues. Zusammen mit dem achttaktigen Mittelteil (dem B–Teil) ist ein Blues mit Mittelteil 44 Takte lang. (12-12-8-12). Der Mittelteil von »Locomotion« ist eine Variation der Changes des Mittelteils von »I've Got Rhythm«, nach dem Blues die meistgespielte Akkordfolge im Jazz. Coltrane gelang es, Blues, A A B A Form und »I've Got Rhythm« in einer einzigen Komposition miteinander zu kombinieren. Weitere großartige Beispiele für Blues mit Mittelteil sind Sam Jones' »Unit Seven«[18] und Cedar Waltons »Shaky Jake«.[19]

Beispiel 10.8

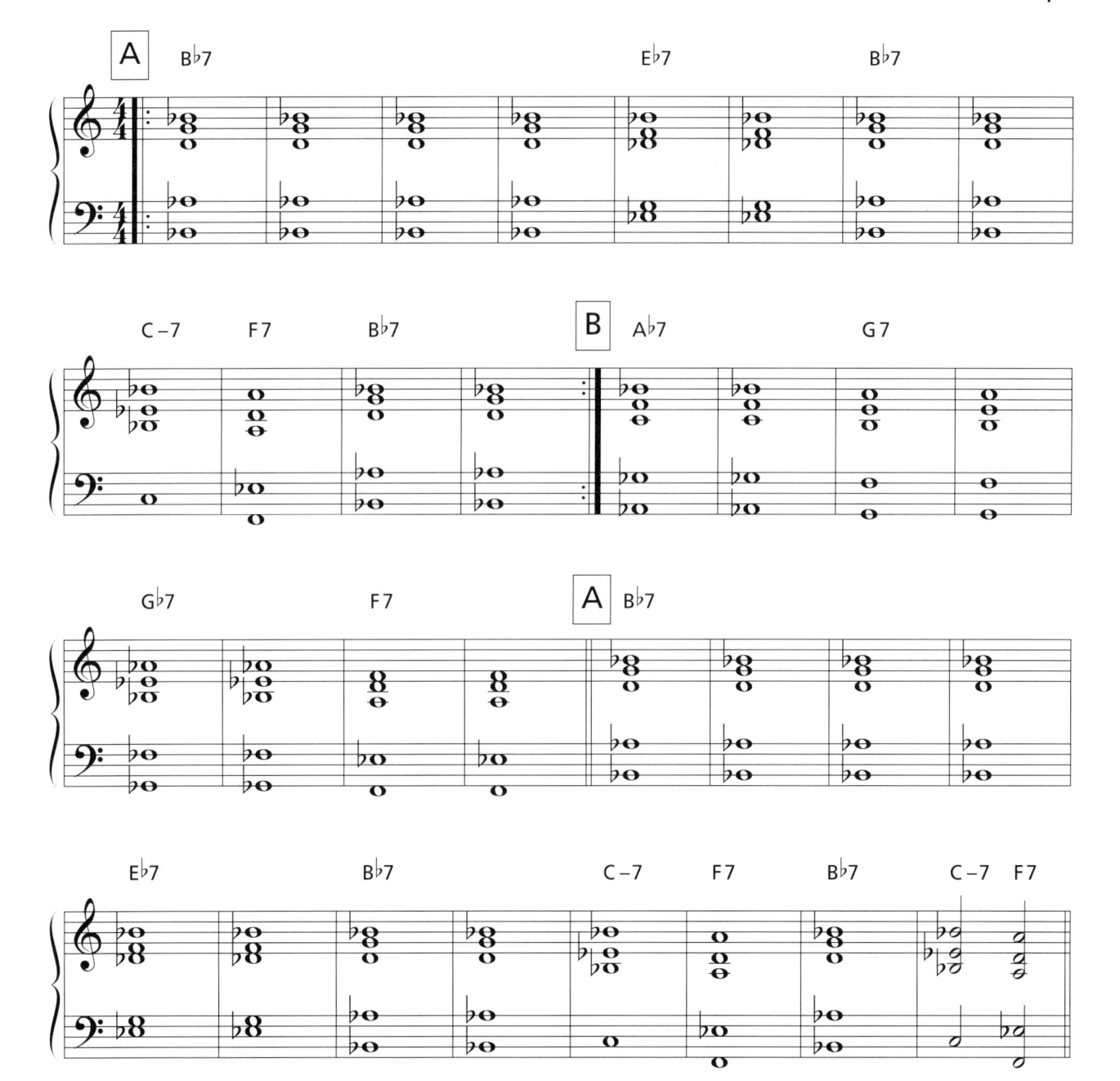

[18] Wes Montgomery and Wynton Kelly, *Smokin' At The Half Note,* Verve, 1965.
[19] Art Blakey, *Buhaina's Delight,* Blue Note, 1961.

Beispiel 10.9 zeigt die Changes eines *Descending Blues*, in diesem Fall Charlie Parkers Komposition »Blues For Alice«.[20] Achten Sie auf den ungewöhnlichen ersten Akkord (FΔ statt F7), die absteigende Grundtonbewegung der meisten Akkorde von Takt 1 bis 9 (F, E, D, D♭, C, B♭, A, A♭, G) und die vielen II-V Verbindungen. Weitere Beispiele für einen Descending Blues sind Birds »Laird Baird«[21] und Sonny Stitts »Jack Sprat«.[22]

Beispiel 10.9

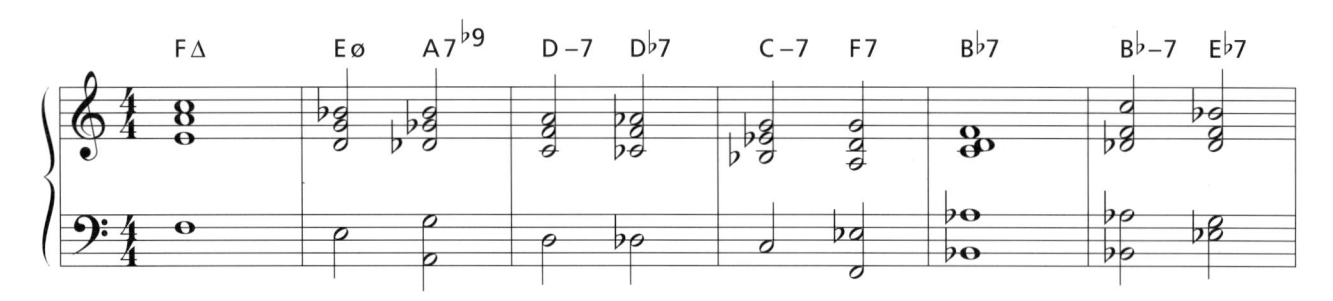

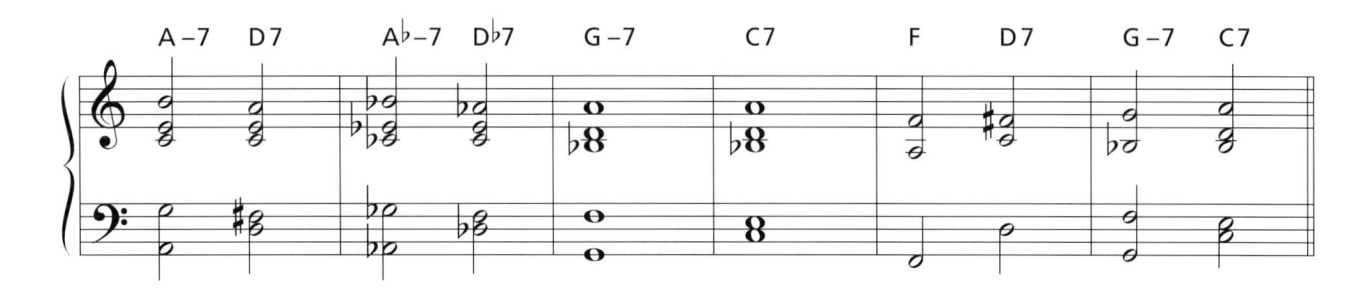

Beispiel 10.10

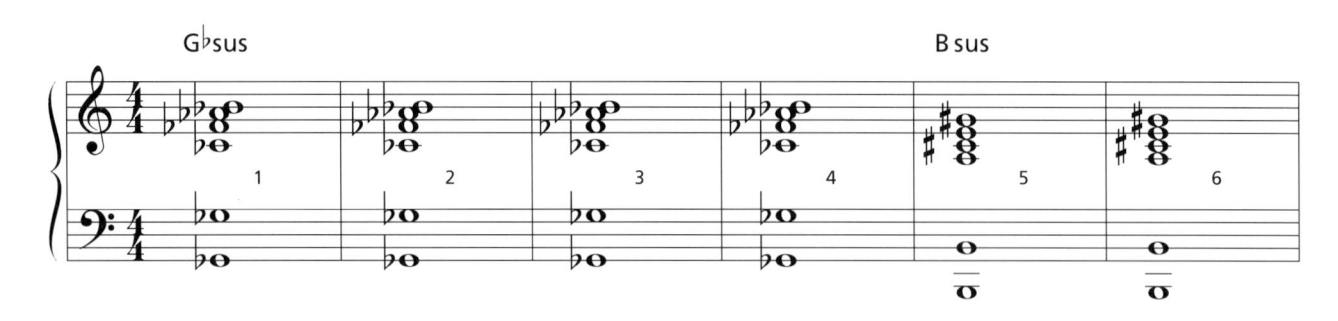

---

[20] Charlie Parker, *Swedish Schnapps*, Verve, 1949.
[21] *The Original Recordings Of Charlie Parker*, Verve, 1949.
[22] Sonny Stitt, *Chess*, 1958.

Mit seiner Aufnahme von »Mr. Day«[23] führte John Coltrane sus Akkorde in den Blues ein (**Beispiel 10.10** zeigt die Begleitakkorde). Achten Sie auf die ungewöhnliche Tonart G♭ und die ebenso ungewöhnlichen B7 und A7 Akkorde in Takt 9 und 10. In Relation zu G♭ sind das die IV und ♭III Akkorde statt der üblichen V (D♭7) und IV (B7) Akkorde. Ein weiterer Blues mit sus Akkorden ist Ron Carters »Eighty-One«.[24]

Weitere Blues mit ungewöhnlichen Changes sind Miles Davis' »Freddie Freeloader«[25] und »Solar«[26], John Coltranes »Some Other Blues«[27], Horace Silvers »The Jody Grind«[28] »Nostalgia In Times Square«[29] und »Goodbye Pork Pie Hat«[30] von Charles Mingus, Cedar Waltons »Holy Land«[31], Wayne Shorters »Twelve More Bars To Go«[32] und Freddie Hubbards Blues in G♭ mit dem Titel »For Spee's Sake«.[33] Bud Powells »Dance Of The Infidels«[34] ist ein 14taktiger Blues (die Soli gehen über zwölf Takte) mit interessanten Alterationen. Joe Henderson hat mehrere Blues mit ungewöhnlichen Changes komponiert, darunter »Isotope«[35], »Homestretch«[36], »Granted«[37], »The Kicker«[38], »In 'n Out«[39], »If«[40], »Tetragon«[41] und »Mamacita«.[42] Hören Sie sich möglichst viele von diesen Titeln an, um eine Vorstellung von den zahllosen harmonischen Möglichkeiten des Blues zu bekommen. *Und transkribieren Sie sie.*

Die Bluesskala

Sie können über einen Blues alle Skalen, die Sie bisher gelernt haben – die Skalen von Dur, melodisch Moll sowie der verminderten Harmonik und der Harmonik der Ganztonleiter – spielen. Das älteste und grundlegendste melodische Material, das über den Blues gespielt wird, ist jedoch die *Bluesskala* (**Beispiel 10.11**). Merken Sie sich die Intervallstruktur der Bluesskala: »kleine Terz, Ganzton, Halbton, Halbton, kleine Terz, Ganzton«. Sie können die Bluesskala aber auch über andere Stücke spielen. Und über jeden Akkord. Sie wird aber am häufigsten über Dominantseptakkorde und Mollseptakkorde gespielt.

Beispiel 10.11

C Bluesskala

---

[23] John Coltrane, *Coltrane Plays The Blues,* Atlantic, 1960.
[24] Miles Davis, *ESP,* Columbia, 1965.
[25] Miles Davis, *Kind Of Blue,* Columbia, 1959.
[26] *The Miles Davis All Stars,* Prestige, 1954.
[27] John Coltrane, *Coltrane Jazz,* Atlantic, 1959.
[28] Horace Silver, *The Jody Grind,* Blue Note, 1966.
[29] Charles Mingus, *Mingus In Wonderland,* Blue Note, 1959.
[30] Charles Mingus, *Mingus Ah Um,* Columbia, 1959.
[31] Cedar Walton, *A Night At Boomer's, Vol. 1,* Muse, 1973.
[32] Wayne Shorter, *JuJu,* Blue Note, 1964.
[33] Freddie Hubbard, *Hub Tones,* Blue Note, 1962.
[34] *The Amazing Bud Powell, Vol. 1,* Blue Note, 1949.
[35] Joe Henderson, *Inner Urge,* Blue Note, 1964.
[36] Joe Henderson, *Page One,* Blue Note, 1963.
[37] Joe Henderson, *Mode For Joe,* Blue Note, 1966.
[38] Joe Henderson, *The Kicker,* Milestone, 1967.
[39] Joe Henderson, *In 'n Out,* Blue Note, 1964.
[40] Joe Henderson, *The Kicker,* Milestone, 1967.
[41] Joe Henderson, *Tetragon,* Milestone, 1967.
[42] Joe Henderson, *The Kicker,* Milestone, 1967.

Spielen Sie **Beispiel 10.12** und hören Sie, wie der Posaunist Curtis Fuller die B♭ Bluesskala in den ersten vier Takten von John Coltranes »Locomotion«[43] spielt. **Beispiel 10.13** zeigt, wie der Pianist Kenny Drew die E♭ Bluesskala über John Coltranes Mollblues in E♭ mit dem Titel »Blue Train«[44] spielt. **Beispiel 10.14**, **10.15** und **10.16** zeigen einige Blueslicks, die Joe Henderson über Horace Silvers »African Queen«[45] spielte. Die **Beispiele 10.17** und **10.18** zeigen zwei Bluesskalen-Licks, die Horace Silver über sein Stück »The Cape Verdean Blues«[46] spielte. **Beispiel 10.19** zeigt einen Bluesskalen-Lick aus Freddie Hubbards Solo über Duke Pearsons »Big Bertha«.[47] Und **Beispiel 10.20** zeigt, wie er die Bluesskala abwärts über sein Stück »Hub Tones«[48] spielt.

Beispiel 10.12

Beispiel 10.13

Beispiel 10.14

Beispiel 10.15

---

[43] John Coltrane, *Blue Train*, Blue Note, 1957.
[44] ebd.
[45] Horace Silver, *The Cape Verdean Blues*, Blue Note, 1965.
[46] ebd.
[47] Duke Pearson, *Sweet Honey Bee*, Blue Note, 1966.
[48] Freddie Hubbard, *Hub Tones*, Blue Note, 1962.

Beispiel 10.16

Rhythmus vereinfacht

Beispiel 10.17

Beispiel 10.18

Beispiel 10.19

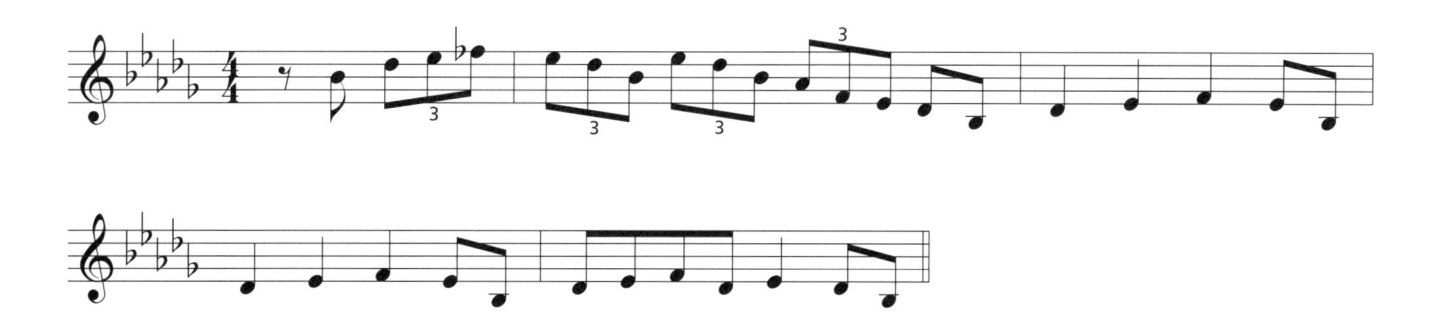

Beispiel 10.20

Das Ungewöhnlichste an der Bluesskala ist, *daß ein und dieselbe Bluesskala über alle drei Akkorde eines einfachen Blues gespielt werden kann.* Ein einfacher Blues in C besteht aus drei Akkorden: C7, F7 und G7. Sie können die C Bluesskala über alle drei Akkorde spielen.

Ich sagte bereits, daß Blues mit traditioneller Musiktheorie nicht leicht zu erklären ist. Spielt man z. B. die Bluesskala über die I-IV-V Akkorde eines einfachen Bluesschemas, entstehen Dissonanzen, die von der traditionellen Musiktheorie kaum akzeptiert werden können. Aber diese Dissonanzen waren im Jazz von Anfang an vorhanden.

Spielen Sie **Beispiel 10.21**, dasselbe Blueskalen-Lick über alle drei Akkorde eines einfachen Blues in C (C7, F7, G7). Spielen Sie jetzt die drei Takte aus **Beispiel 10.22** und hören Sie, wie dissonant bestimmte Töne der Bluesskala über die jeweiligen Akkorde klingen. F klingt dissonant über C7 (das F ist Avoid-Ton), B♭ klingt dissonant über F7 (das B♭ ist ebenfalls Avoid-Ton), und sowohl G♭ als auch C klingen dissonant über G7 (G♭ ist die große Septime des G7 Akkords – ein ›falscher‹ Ton – und C ist Avoid-Ton). Weshalb klingt die Bluesskala trotz dieser ›falschen‹ Töne so ›richtig‹, wenn sie von einem Jazz– oder Bluesmusiker über einen einfachen Drei-Akkord-Blues gespielt wird? Sie haben es sicherlich schon erraten. Es ist mit westlicher Musiktheorie nicht zu erklären.

Beispiel 10.21

Beispiel 10.22

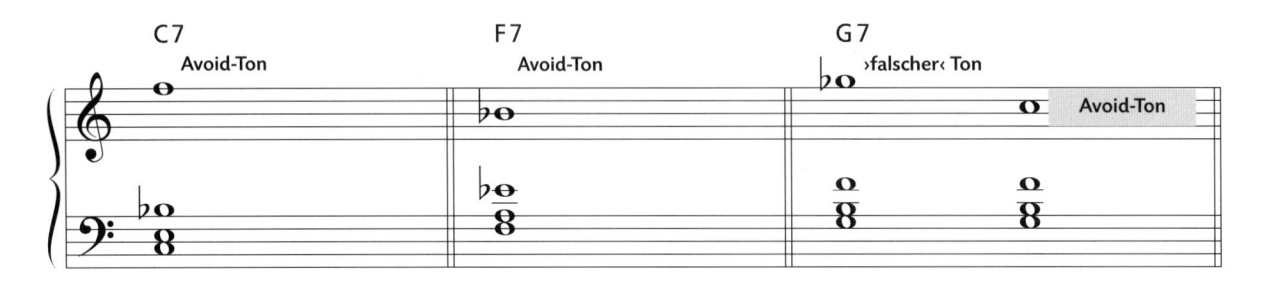

Die pentatonische Mollskala

Nach der Bluesskala ist die in der Bluesimprovisation am häufigsten gespielte Tonleiter die *pentatonische Mollskala,* die wir bereits kurz in Kapitel 9 erwähnten. **Beispiel 10.23** vergleicht die pentatonische C Mollskala mit der C Bluesskala. Die pentatonische C Mollskala (der fünfte Modus von E♭ pentatonisch) ist eine C Bluesskala ohne chromatischen Durchgangston. Wie die Bluesskala, so paßt auch die pentatonische Mollskala zu allen Akkorden eines Blues. Die pentatonische C Mollskala klingt zu allen drei Akkorden eines Blues in C (C7, F7, G7) gut.

Beispiel 10.23

pentatonische C Mollskala

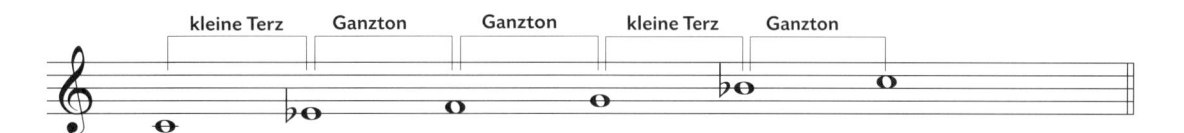

C Bluesskala

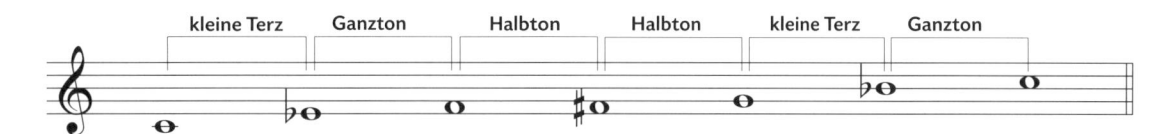

Beispiel 10.24 zeigt einen Lick mit der pentatonischen C Mollskala, den Joe Henderson über Horace Silvers »African Queen«[49] spielte. **Beispiel 10.25** zeigt eine pentatonische E Mollphrase, die Woody Shaw über Kenny Barrons »Gichi«[50] spielte.

Beispiel 10.24

Beispiel 10.25

[49] Horace Silver, *The Cape Verdean Blues,* Blue Note, 1965.
[50] Booker Ervin, *Back From The Gig,* Blue Note, 1968.

Ähnlichkeiten zwischen Pentatonik, Mollpentatonik und Bluesskala

Bereits in Kapitel 9 haben Sie gelernt, daß pentatonische Skalen zu allen Durakkorden und Akkorden der melodischen Mollskala passen. Da die Bluesskala lediglich eine pentatonische Mollskala mit chromatischen Durchgangston ist, *paßt auch die Bluesskala zu allen Akkorden der Harmonik von Dur und melodisch Moll.*

Es folgt eine kurze Übersicht, aus der hervorgeht, welche Bluesskala zu den jeweiligen Akkorde aus Dur und melodisch Moll paßt. Dabei wiederholen Sie das bisher Gelernte, und danach zeige ich Ihnen, wie man das gesamte Verfahren vereinfachen kann.

Hier nochmals eine Wiederholung der wichtigsten Regeln:

- Zum II Akkord passen die pentatonischen Skalen der I., IV. und V. Stufe.
- Zum V Akkord paßt die pentatonische Skala der V. Stufe.
- Zum I Akkord passen die pentatonischen Skalen der I. und V. Stufe.
- Zur II-V-I Verbindung paßt die pentatonische Skala der V. Stufe.

In C Dur bedeutet das:

- Zu D–7 paßt C, F und G pentatonisch.
- Zu G7 paßt G pentatonisch.
- Zu C∆ paßt C und G pentatonisch.
- Zu D–7, G7, C∆ paßt G pentatonisch.

Und hier dieselben Richtlinien für die entsprechenden Blues- und pentatonischen Mollskalen:

- Zu D–7 passen die A, D und E Bluesskalen und pentatonischen Mollskalen.
- Zu G7 paßt die E Bluesskala und E pentatonisch Moll.
- Zu C∆ passen die A und E Bluesskalen und pentatonischen Mollskalen.
- Zu D–7, G7, C∆ paßt die E Bluesskala und E pentatonisch Moll.

Vorausgesetzt, Sie wissen, welche pentatonische Skala zu jedem Akkord paßt, hier das vereinfachte Verfahren: *über jeden Akkord, zu dem eine pentatonische Skala gespielt werden kann, paßt auch die Bluesskala, die eine kleine Terz unter dem Grundton der pentatonischen Skala liegt.*

> *Die nach dem Blues am häufigsten gespielte Akkordfolge stammt von George Gershwins »I've Got Rhythm«. Sie wird im nächsten Kapitel behandelt.*

Kapitel Elf
›Rhythm‹ Changes

Die nach dem Blues am häufigsten gespielte Akkordfolge im Jazz sind die Changes von »I've Got Rhythm«, ein von George Gershwin für eine Broadway-Show[1] geschriebenes Stück in A A B A Form.

Daß ausgerechnet »I've Got Rhythm« und nicht »Summertime« oder »A Foggy Day« seine populärste Komposition sein würde (zumindest, was die Häufigkeit, mit der diese Akkordfolge gespielt wird, betrifft) hätte Gershwin bestimmt nicht gedacht.

»I've Got Rhythm« wurde bei den Jazzmusikern der dreißiger Jahre sofort zum Hit. Es machte Spaß, über diese Changes zu spielen; man konnte sie alterieren, substituieren und in diese oder jene Richtung biegen.[2] Als Anfang der vierziger Jahre der Bebop entstand, bildeten »Rhythm« Changes die Grundlage für unzählige ›Heads‹. Als ›Head‹ bezeichnet man häufig eine Originalkomposition, die auf den Akkorden eines anderen Stücks basiert.[3] Hier nur einige der vielen Heads, die auf Rhythm Changes basieren:

- »Oleo«[4] von Sonny Rollins
- »The Theme«[5] und »Serpent's Tooth«[6] von Miles Davis
- »Crazeology«[7] von Benny Harris
- »Rhythm-A-Ning«[8] von Thelonious Monk
- »The Eternal Triangle«[9] von Sonny Stitt
- »Anthropology«[10], »Moose The Mooch«[11] und »Steeplechase«[12] von Charlie Parker

Rhythm Changes können wegen der schnellen Akkordfolgen jedem Anfänger einen gehörigen Schrecken einjagen. Oft wird die Kompetenz eines Jazzmusikers nach seiner Fähigkeit, Rhythm Changes zu spielen, beurteilt. *Seien Sie also auf der Hut und üben Sie!*

---

[1] *Girl Crazy*, 1930.
[2] Coleman Hawkins und Lester Young, *Classic Tenors*, Signature, 1943.
[3] Das Thema Head wird ausführlich in Kapitel 20 behandelt.
[4] Miles Davis, *Relaxin'*, Prestige, 1956.
[5] Miles Davis, *Workin'*, Prestige, 1956.
[6] Miles Davis, *Collector's Items*, Fantasy, 1953.
[7] Hank Mobley, *Messages*, Blue Note, 1956.
[8] Thelonious Monk, *Criss Cross*, Columbia, 1962.
[9] Dizzy Gillespie, Sonny Stitt und Sonny Rollins, *Sonny Side Up*, Verve, 1957.
[10] Charlie Parker, *Bird At The Roost*, Savoy, 1949.
[11] Barry Harris, *At The Jazz Workshop*, Riverside, 1960.
[12] *Charlie Parker Memorial, Vol. 1*, Savoy Jazz.

Beispiel 11.1 zeigt die mehr oder weniger ursprünglichen Changes von »I've Got Rhythm«.

Beispiel 11.1

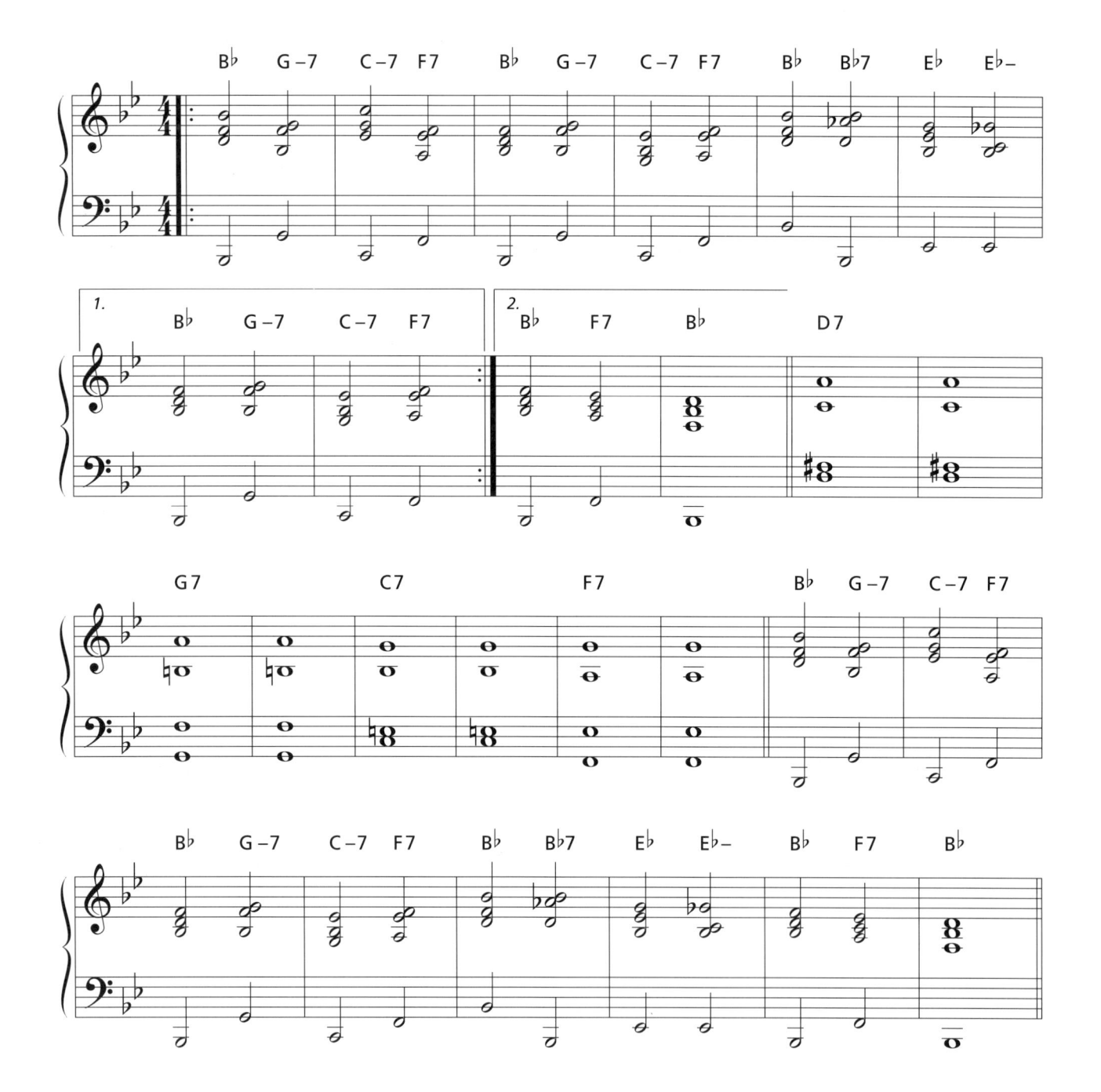

Beispiel 11.2 zeigt eine Variante, die in den dreißiger Jahren entstand. Achten Sie auf folgende Veränderungen:

- Hinzunahme verminderter Septakkorde.
- Aus G–7 Akkorden wurden G7 Akkorde.
- Einige der V Akkorde haben eine ♯5 Alteration.

Beispiel 11.2

Beispiel 11.3 zeigt eine wesentlich kompliziertere Variante von »Rhythm« Changes. Sie entstand während der Bebop-Ära. Achten Sie auf folgende Unterschiede zu den beiden ersten Versionen:

- Die Akkorde der V. Stufe enthalten mehrere Möglichkeiten. Sie können unalteriert gespielt werden, aber auch als ♭9 oder alt Akkorde (die zusammen mit den V Akkorden gezeigten ♭9 oder alt Optionen zeigen diese Möglichkeit an). Aus Gründen, die wir in Kapitel 13 erläutern werden, enthält der A♭7 Akkord eine ♯11 Alteration.
- Aus den V Akkorden des Mittelteils wurden II-V Verbindungen.

Beispiel 11.3

Spielen Sie jetzt alle drei Versionen – die Musik der **Beispiele 11.1**, **11.2** und **11.3** – nacheinander. Dabei werden Sie auch ein Stück Jazzgeschichte hören.

Kündigt ein Musiker Rhythm Changes wie z. B. »Oleo« an, gibt es über die Version der Changes keine Diskussion. Wie beim Blues vermischen Jazzmusiker beim Improvisieren spontan die verschiedenen Versionen von Rhythm Changes. Es ist, als beherrsche man mehrere Stücke und spiele sie dann alle auf einmal; aus diesem Grund sind Rhythm Changes zunächst schwieriger zu spielen als ein Stück mit einer ganz bestimmten Akkordfolge.

Die Changes aus **Beispiel 11.3** sind mehr oder weniger die heutige Standardversion, wobei je nach individuellem Geschmack geringfügige Veränderungen vorgenommen werden können. Die Changes bieten jedoch eine Fülle von Alterationsmöglichkeiten. Wenn Sie die Kapitel 13 bis 15 (über Reharmonisation) gelesen haben, werden Sie vielleicht noch einmal zu diesem Kapitel zurückblättern wollen, um einige dieser Reharmonisationstechniken auszuprobieren.

Hier ist eine ›Story‹ über Rhythm Changes: Mit dem Saxophonisten Sonny Stitt habe ich 'mal in einem Club in Boston gespielt, als ich auf einmal mit den Changes kämpfen mußte, die er plötzlich über die ersten vier Takte anfing zu spielen (**Beispiel 11.4**). Nach einigen Chorussen und ein paar wütenden Blicken von Sonny hatte ich das Gefühl, immer kleiner zu werden, sodaß ich schließlich aufgehört habe zu spielen. Nach dem Set habe ich ihn gefragt, was das für Changes waren, die er da gespielt hat. Seine Antwort war nur: »Sperr die Ohren auf, Mann!« Die von Sonny verwendete Akkordverbindung, fängt mit F♯7 an und geht durch den Quintenzirkel abwärts bis zu B♭7 in Takt 5.[13]

Beispiel 11.4

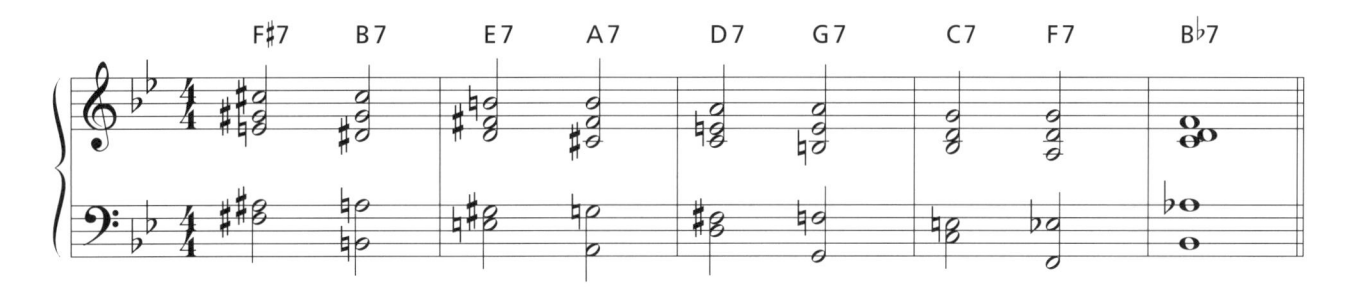

Eine weitere, gängige Variation der ersten vier Takte von Rhythm Changes stammt von Jimmy Heaths Stück »CTA«[14], das Sie in **Beispiel 11.5** sehen. Die absteigenden V Akkorde der beiden ersten Takte werden in Takt drei und vier wiederholt.

Beispiel 11.5

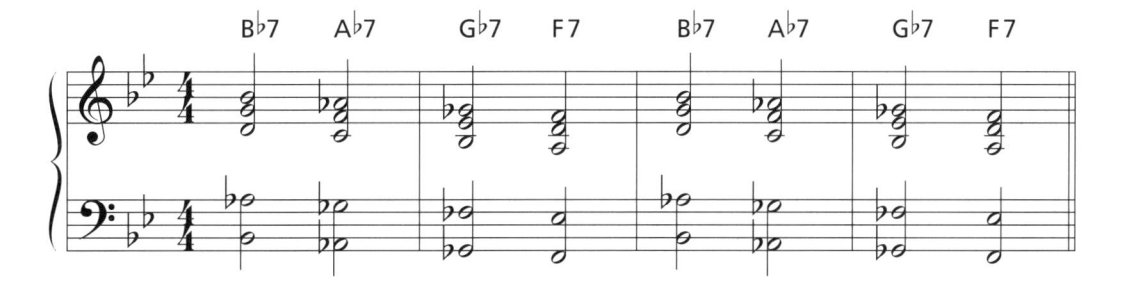

---

[13] Arthur Taylor schreibt in seinem großartigen Buch *Notes And Tones,* Da Capo Press, daß laut Saxophonist Don Byas Art Tatum diese Akkordfolge erfunden hat.
[14] Arthur Taylor, *Taylor's Wailers,* Fantasy, 1957.

Die ursprünglichen Changes des Mittelteils von »I've Got Rhythm« sind vier V Akkorde über jeweils zwei Takte (**Beispiel 11.1** und **11.2**). Sie beginnen mit D7 und gehen dann im Quintenzirkel weiter (D7, G7, C7, F7). Eine häufig gespielte Variation beginnt mit D7 und bewegt sich dann chromatisch abwärts zu B7 – dem V Akkord im Abstand eines Tritonus zu F7 (**Beispiel 11.6**). Kenny Dorham fügte in seinem Stück »Straight Ahead«[15] dieser Idee noch eine zusätzliche Variante hinzu (**Beispiel 11.7**). Er begann mit einem V Akkord einen Ganztonschritt höher und beschleunigte anschließend den harmonischen Rhythmus, indem ab dem fünften Takt jeder Dominantseptakkord nur noch einen Takt lang gespielt wurde. »Straight Ahead« wird normalerweise in A♭ gespielt, ist hier aber nach B♭ transponiert, damit Sie es mit den anderen Beispielen in diesem Kapitel, die alle in B♭ sind, vergleichen können. Fakt ist, daß fast alle Rhythm Changes-Stücke in B♭ stehen.

Beispiel 11.6

Beispiel 11.7

> *Sie haben nun alle harmonischen Grundlagen gelernt: die Modi der Durskala und die II-V-I Verbindung; die Akkorde und Skalen von melodisch Moll, der verminderten Harmonik und der Ganztonharmonik; Sequenzen; Slash-Akkorde; Bebopskalen und pentatonische Skalen; Blues und Rhythm Changes. Jetzt legen wir eine kleine Verschnaufpause ein und beschäftigen uns mit einigen allgemeinen Prinzipien des Übens.*

---

[15] Kenny Dorham, *Una Mas*, Blue Note, 1964.

Kapitel Zwölf
Üben, üben, üben

- *Machen Sie beim Üben Musik*
- *Üben Sie alles in allen Tonarten*
- *Erkennen Sie Ihre Schwächen*
- *Schnelligkeit basiert auf Exaktheit*
- *Musik ertasten und sehen*
- *Licks und Patterns*
- *Transkribieren*
- *Play-Along Aufnahmen*
- *Üben mit Originalaufnahmen*
- *Machen Sie sich Notizen*
- *Entspannen Sie sich*
- *Schlagen Sie mit dem Fuß den Takt*
- *Kultivieren Sie Ihre Umgebung*
- *Form*

Jazz ist spontan improvisierte Musik, die einen enormen Aufwand an Vorbereitung erfordert. Schnelle Entscheidungen sind die Norm, ob Sie nun ein schnelles, neues Stück mit Ihnen unbekannten Musikern oder »Autumn Leaves« zum soundsovielten Mal spielen. Es ist ein erhebendes Gefühl, in jeder Situation seine eigene Kreativität erleben zu können. Ohne die richtige Vorbereitung wird man diese Erfahrung aber nie machen können. Wie soll man sich also vorbereiten? *Ganz einfach: indem Sie üben.*

Jeder große Jazzmusiker hat sein eigenes, effizientes Übungskonzept entwickelt. Jeden Tag viele Stunden am Instrument zu verbringen, macht nicht automatisch einen besseren Musiker aus Ihnen, wenn Sie nicht lernen, was und wie man übt. Viele der in diesem Kapitel besprochenen Übetechniken sind nichtlineare Methoden für die rechte Gehirnhälfte, die für das Spielen von Jazz und zum Lernen der richtigen Changes gleichermaßen wichtig sind.

Machen Sie beim Üben Musik

Selbst beim Üben von Skalen und Etüden sollten Sie *Musik machen*. Spielen Sie mit Gefühl und Intensität. Themen und Melodien sollten sehr persönlich interpretiert und so schön wie möglich gespielt werden. Viele großartige Jazzinterpretationen, vor allem bei Balladen, bestehen oft nur aus dem Thema und einem kurzem Solo. Das bedeutet, daß ein Großteil Ihres Vortrags nur aus dem Spielen der Melodie und wenig Improvisation besteht. Verleihen Sie der Melodie Bedeutung. Hören Sie sich McCoy Tyner an, wie er die Melodie von »Search For Peace«[1] spielt. Oder Coltranes Interpretation von »I Wish I Knew«, »Nancy With The Laughing Face« und »Say It Over And Over Again«.[2] Oder Kenny Dorhams Interpretation von »Alone Together«[3], die keine Soli enthält, nur einen wunderschönen Chorus mit dem Thema.

Üben Sie alles in allen Tonarten

Üben Sie alles in allen Tonarten. Alles: Voicings, Licks, Patterns und Stücke. Vor allem Stücke. Sobald Sie ein Stück gelernt haben, üben Sie es in einer anderen Tonart. Sie erkennen dann Ihre Schwächen und wissen sofort, was Sie üben müssen. Ein Jazzmusiker macht erst dann einen großen Schritt nach vorn, wenn er nicht nur alle möglichen Licks spielen kann, sondern diese auch *in jedem Stück und in allen Tonarten*.

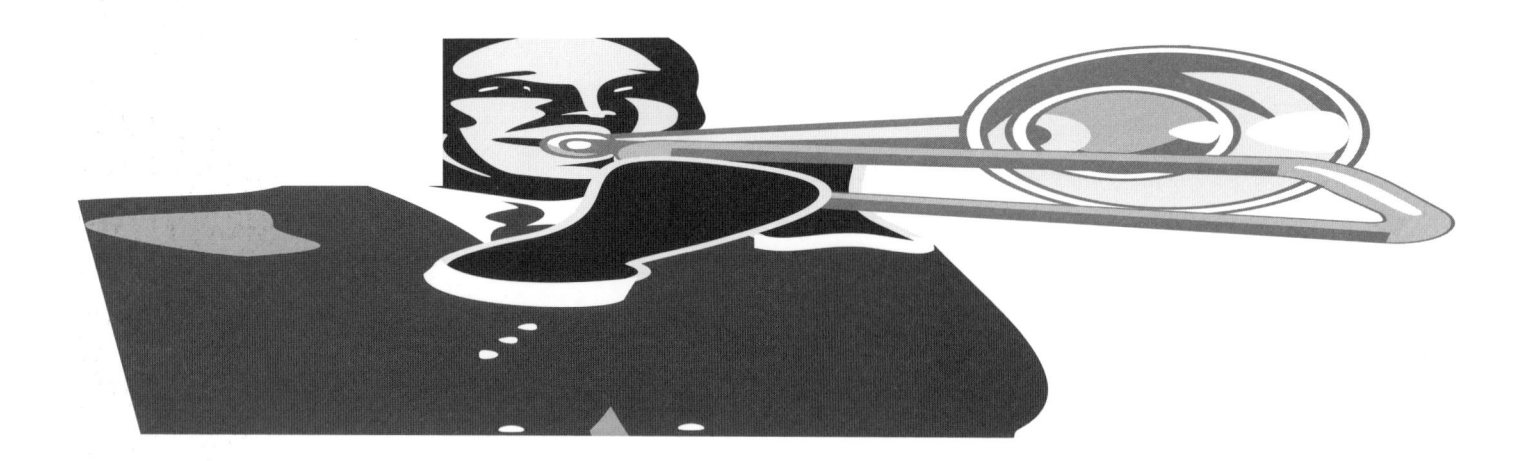

---

[1] McCoy Tyner, *The Real McCoy,* Blue Note, 1967.
[2] John Coltrane, *Ballads*, MCA/Impulse, 1961.
[3] Kenny Dorham, *Quiet Kenny*, Prestige, 1959.

Wie gut spielen Sie in den ›schwierigen‹ Tonarten B, E, A, G♭ und D? »All The Things You Are« hat eine II-V-I in E Dur. »I Didn't Know What Time It Was« beginnt mit II-V Verbindungen in E und D. »Have You Met Miss Jones« hat II-V-I Verbindungen in G♭ und D. Freddie Hubbards »Crisis«[4] ist in B, ebenso Coltranes »Giant Steps«[5] und »Central Park West«[6] und Wayne Shorters »Children Of The Night«.[7] Duke Pearsons »Gaslight«[8] ist in E. Freddie Hubbards Arrangement von Clare Fischers »Pensativa« ist in G♭.[9] Miles Davis' »Tune Up«[10] und Duke Ellingtons »Reflections In D«[11] sind in D. Sie müssen diese Tonarten verinnerlichen, sonst werden Sie bei diesen Stücken immer Schwierigkeiten haben.

Um flüssig in allen Tonarten spielen zu können, nehmen Sie sich am besten ein Stück vor, das Sie gut kennen, spielen es in der Originaltonart – mit all Ihren Licks, Patterns, Phrasen, Voicings usw. – und spielen es dann mit denselben Licks, Patterns, Phrasen und Voicings einen Halbton höher. Dann wissen Sie sofort, was Sie noch üben müssen.

Erkennen Sie Ihre Schwächen

Konzentrieren Sie sich beim Üben auf Dinge, die Sie nicht so gut spielen. Nehmen wir an, Sie üben gerade ein Lick in allen zwölf Tonarten. Welche Tonarten fallen Ihnen am schwersten? Gehen Sie zurück und üben Sie das Lick erneut in diesen Tonarten. Können Sie ein Lick über F♯7alt genauso schnell spielen wie über C7alt? Bleiben Sie noch eine Weile bei F♯7alt, bis das Lick so einfach ist wie über C7alt.

Versuchen Sie sich nach einer Probe oder einem Gig an Ihre Schwachstellen zu erinnern, und beginnen Sie Ihre nächste Übungsstunde damit. Nur wenn Sie Ihre Schwächen lokalisieren, wissen Sie genau, was Sie üben müssen. Selbst wenn Sie nur wenig Zeit zum Üben haben, lohnt es sich, das Instrument in die Hand zu nehmen und 15 Minuten zu üben, da Sie genau wissen, was Sie üben müssen.

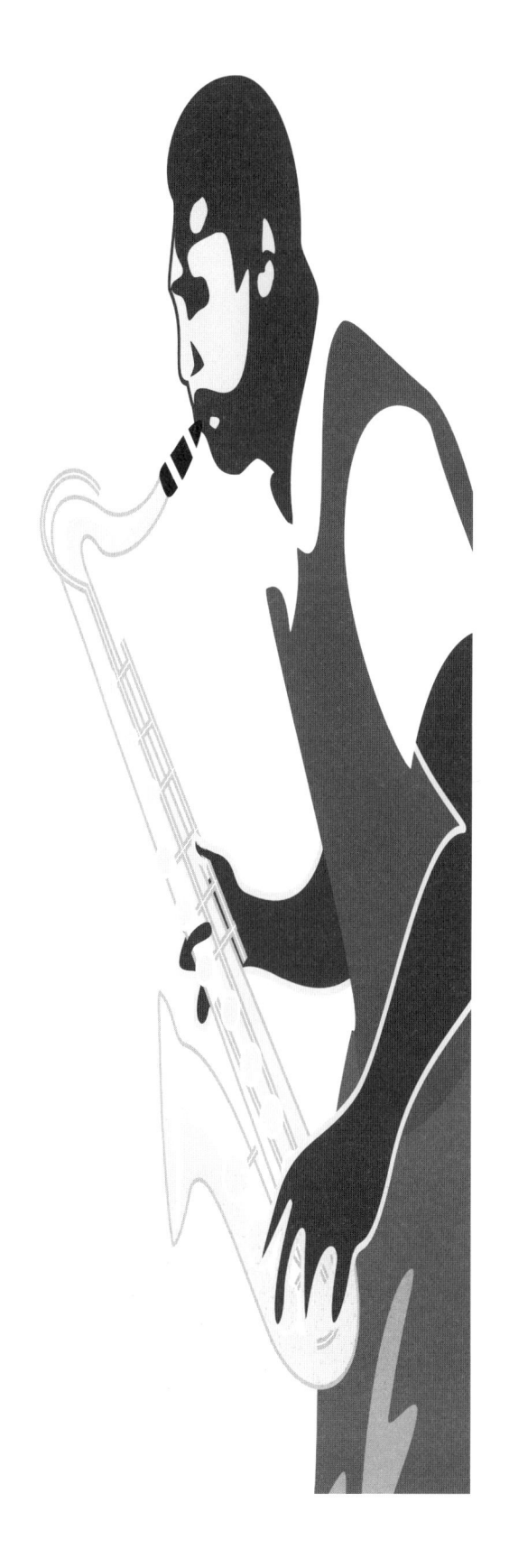

---

[4] Freddie Hubbard, *Ready For Freddie,* Blue Note, 1961.
[5] John Coltrane, *Giant Steps,* Atlantic, 1959.
[6] John Coltrane, *Coltrane's Sound,* Atlantic, 1960.
[7] Art Blakey And The Jazz Messengers, *Three Blind Mice,* Blue Note, 1962.
[8] Duke Pearson, *Sweet Honey Bee,* Blue Note, 1966.
[9] Art Blakey And The Jazz Messengers, *Free For All,* Blue Note, 1964.
[10] Miles Davis, *Cookin',* Prestige, 1956.
[11] Duke Ellington, *Piano Reflections,* Capitol, 1953.

Schnelligkeit basiert auf Exaktheit

Wenn Sie etwas schnell üben und es nicht besser wird, verlangsamen Sie das Tempo. Schnelligkeit basiert auf Exaktheit und Entspannung. Sobald Sie etwas exakt spielen, können Sie das Tempo erhöhen.

Musik ertasten und sehen

Ebenso wichtig wie die akustische (»so klingt C7alt«) und die theoretische Methode (»C7alt ist siebter Modus von D♭ melodisch Moll«), Musik zu verinnerlichen, ist die taktile (»so fühlt sich C7alt an«) und visuelle (»so sieht C7alt aus«). McCoy Tyner oder Gary Bartz denken beim Spielen nicht etwa »II-V, die Septime macht einen Halbtonschritt abwärts«. Das haben sie schon vor vielen Jahren getan. Mittlerweile wissen sie genau, wie sich etwas auf ihren Instrumenten anfühlt oder wie es aussieht. Dieser Aspekt der Musik ist genauso wichtig wie Klang und Theorie. Theorie hat immer mit Zahlen zu tun, und Sie wollen schließlich über die Zahlen hinaus.

Beim Üben hinterlassen die gespielten Noten einen visuellen Reiz auf den Augen und einen taktilen Reiz auf Fingern, Händen, Armen und (falls Sie Schlagzeuger oder Pianist sind) Füßen. Das ›Speichern‹ von Musik, sei es ein Lick, eine Phrase oder ein ganzes Stück, geschieht durch ständiges Wiederholen (mit anderen Worten, Üben) und auf vier Ebenen:

- der akustischen Ebene bzw. dem Klang. »So klingt C7alt«.

- der theoretischen Ebene bzw. Ihrer Denkweise. »C7alt ist siebter Modus von D♭ melodisch Moll«.

- der taktilen Ebene bzw. Ihrem Tastsinn. »C7alt fühlt sich so an«.

- der visuellen Ebene bzw. dem Aussehen der Musik. »So sieht C7alt aus«.

Auf der visuellen Ebene haben Pianisten einen zusätzlichen Vorteil, da das Piano Kennfarben besitzt. Die Töne eines Klaviers sind entweder schwarz oder weiß, und jede Dur- oder Molltonart hat eine bestimmte ›Farbe‹. Die Tonart G Dur ist sechs weiße Töne plus F♯. B♭ Dur ist fünf weiße Töne plus B♭ und E♭. Das gilt nicht für andere Instrumente. Die Töne einer Trompete oder eines Saxophons haben alle dieselbe Farbe (Messing). Auch auf Gitarre oder Baß hat jeder Ton dieselbe Farbe (Saite). Nur auf dem Piano haben Töne verschiedene Farben. Die Akkorde D–Δ, Esus♭9, FΔ♯5, G7♯11, Bø und C♯alt stammen von der melodischen D Mollskala. Man kann sie sich visuell als sechs weiße Töne plus C♯ vorstellen (**Beispiel 12.1**). Stellen Sie sich alle Akkorde aus G melodisch Moll (G–Δ, Asus♭9, B♭Δ♯5, C7♯11, Eø, F♯7alt) als fünf weiße Töne plus B♭ und F♯ vor (**Beispiel 12.2**).

Beispiel 12.1

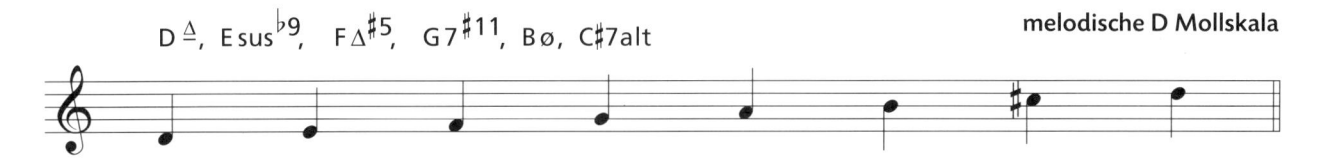

melodische D Mollskala

D Δ, Esus♭9, FΔ♯5, G7♯11, Bø, C♯7alt

Beispiel 12.2

melodische G Mollskala

G Δ, Asus♭9, B♭Δ♯5, C7♯11, Eø, F♯7alt

Licks und Patterns

Das Üben von Licks und Patterns bringt Finger, Gedächtnis und Augen in Einklang, um sich in einem größtmöglichen musikalischen Bereich sicher fühlen zu können. Licks und Patterns sollten Teil Ihres musikalischen Unbewußten werden, eine Art innere Bibliothek, auf die sie jederzeit zurückgreifen können. Gleichzeitig sollten Sie aber auch nicht musikalischer Endzweck sein. Ihr Ziel muß sein, eigene musikalische Ideen zu entwickeln oder eigene Licks zu erfinden.

Licks und Patterns werden hauptsächlich über schnelle Stücke gespielt, da man nicht so viel Zeit zum Nachdenken hat und die Finger sich auf das, was sicher und vertraut ist, verlassen. Verwenden Sie Licks und Patterns zum Kennenlernen Ihres Instruments, aber nicht ausschließlich in einem Solo.

Dennoch hat praktisch jeder große Solist Licks und Patterns geübt. Vielleicht machen Sie sich beim Üben Sorgen, daß Sie unter Umständen als Kopie des Musikers, dessen Licks Sie geklaut haben, enden. Diese Angst ist jedoch größtenteils unbegründet. Nur wenige Musiker klingen wie der Klon irgendeines Instrumentalisten. Die Töne allein bestimmen noch lange nicht den Musiker. Wenn Sie auch nur den geringsten Hauch einer künstlerischen Sensibilität besitzen, wird Ihnen eine innere Stimme sagen, wann Sie mit dem Kopieren zu weit gehen. Als Tenorsaxophonist könnten Sie bis an Ihr Lebensende Coltrane-Patterns üben, und dennoch wäre es unwahrscheinlich, daß Sie als Coltrane-Kopie, ohne Originalität, enden. Schließlich unterscheiden Sie sich in puncto Ansatz, Lungenkapazität und Geschicklichkeit der Finger von Coltrane. Und was noch wesentlicher ist: *Sie haben andere Dinge erlebt.*

Transkribieren

Ein weiser Musiker sagte einmal: »Die Antwort auf all Ihre Fragen befindet sich in Ihrem Wohnzimmer.« Ein guter Lehrer ist unerläßlich, und auch Bücher sind hilfreich, aber Ihre CD-Sammlung enthält alles, was Sie wissen müssen. Lernen Sie möglichst früh, gut zu transkribieren. Z. B. lernt man ein Stück am besten, indem man es von der Aufnahme transkribiert. Ein Lead Sheet enthält normalerweise nur Melodie und Akkordsymbole. Beim Transkribieren lassen Sie sich wesentlich direkter mit der Musik ein. Sie hören alles: Intro, Melodie, Akkorde, Soli, Baßlinien, Schlagzeug-Patterns, Form, Vamps, Interludes, Schlüsse, Dynamik, das Zusammenspiel der Musiker und den emotionalen Gehalt der Aufnahme. All das erhalten Sie nur durch sorgfältiges Anhören der Aufnahme.

Für ein schnelles und effektives Transkribieren benötigen Sie die richtige Ausstattung:

- Einen tragbaren CD-Player oder Stereo-Kassettenrekorder (Walkman) mit verstellbarer Tonhöhe (bei manchen Geräten wird auch der Begriff ›Speed Control‹ verwendet) und einer Pausentaste. Bei manchen Geräten läßt sich die Geschwindigkeit halbieren, so daß alles eine Oktave tiefer klingt. Sie sind allerdings wesentlich teurer als die normalen CD-Player und Kassettenrekorder. [12]

- Gute Stereo-Kopfhörer.

Viele Musiker und auch Nichtpianisten verwenden beim Transkribieren das Piano. Legen Sie den Kassettenrekorder oder CD-Player auf das Piano und setzen Sie den Kopfhörer auf. Spielen Sie ein paar Takte und stellen Sie die Tonhöhe ein, damit das Tonband mit dem Piano zusammenstimmt. Hören Sie sich das Stück an. Welche Form hat es? Sie können sich eine Menge Zeit sparen, wenn Sie vor dem Schreiben herausfinden, daß es sich um eine A A B A[13] Form handelt. Falls Sie einen Akkord im ersten A-Teil nicht erkennen, hören Sie ihn bei einer A A B A Form noch mindestens zweimal.

---

[12] Eine billige Alternative ist der Erwerb eines gebrauchten Diktaphons, das mit Kassetten läuft. Sowohl das Abspielen wie auch der schnelle Vor- und Rücklauf werden von einem Fußpedal gesteuert, und die Motoren scheinen ewig zu halten. Das Fußpedal hat auch den entscheidenden Vorteil, daß man die Hände für sein Instrument frei hat.

[13] A A B A verweist auf die Form eines Stücks. Songformen werden in Kapitel 17 behandelt.

Transkribieren Sie zuerst die Melodie. Hören Sie sich die erste Phrase an. Drücken Sie die Pausentaste und notieren Sie möglichst viele der gehörten Töne. Um festzustellen, auf welche Zählzeit der jeweilige Ton kommt, klopfen Sie mit dem Fuß mit und singen die Phrase. Machen Sie sich keine Sorgen, wenn Sie zunächst nicht alle Töne hören. Fügen Sie nach und nach Töne hinzu, bis die Lücken aufgefüllt sind und die gesamte Phrase auf dem Papier steht. Ihre Schnelligkeit und Geschicklichkeit nimmt zu, je mehr Sie transkribieren.

Als nächstes transkribieren Sie die Baßlinie, oder zumindest den Ton, den der Bassist bei jedem neuen Akkord spielt. Dann die Akkordfolge, wobei Sie sich an der Baßlinie orientieren. Wenn Sie sich nicht sicher sind, ob ein Akkord in Dur oder Moll ist, hören Sie ihn auf dem Tonband an, während Sie gleichzeitig auf dem Klavier die große Terz spielen. Falls es falsch klingt, spielen Sie die kleine Terz zum Band. Welcher der beiden Töne klingt richtig? Wenn Sie sich noch immer nicht sicher sind, wiederholen Sie dieselbe Prozedur, wenn der besagte Akkord im nächsten Chorus kommt. Bleiben Sie nicht bei einem Akkord stecken. Machen Sie weiter und kehren Sie später zu dem Akkord zurück, der Ihnen Probleme bereitet hat. Wahrscheinlich haben Sie dann die Schwierigkeit bereits behoben, da Sie den betreffenden Akkord in den nachfolgenden Chorussen gehört haben.

Es ist sehr wichtig, die Stücke beim Transkribieren aufzuschreiben. Dennoch gibt es bezüglich des Transkribierens zwei verschiedene Auffassungen:

- Schreiben Sie das Solo heraus.
- Schreiben Sie das Solo nicht heraus, sondern lernen Sie es, indem Sie mit der Aufnahme mitspielen.

Die zweite Methode ist mit Abstand die bessere. Das Mitspielen mit der Aufnahme läßt einen wesentlich tiefer in die Musik eintauchen. Sie lernen nicht nur die Töne, sondern auch Atmung, Phrasierung *und emotionalen Gehalt des Solos.* Wenn Sie das Solo dann immer noch aufschreiben wollen, tun Sie es, nachdem Sie es auf Ihrem Instrument gelernt haben.

Eine dritte Methode – der Erwerb eines Buchs mit transkribierten Soli – ist bis zu einem gewissen Grad nützlich, jedoch mit einer Einschränkung: was fehlt, *ist das Zuhören und eigene Entdecken der Musik.*

Play-Along Aufnahmen

Auf Play-Along CDs spielt eine Rhythmusgruppe, die die Begleitung zu den Stücken liefert. Diese Aufnahmen sind eine große Hilfe, wenn man keine Gelegenheit hat, mit einer Band zu üben. Die Jamey Aebersold Reihe, die aus 65 Bänden besteht und ständig erweitert wird[14], bietet drei unterschiedliche Arten von Aufnahmen:

- Platten mit Stücken einzelner Musiker wie z.B. Wayne Shorter, Horace Silver, Miles Davis, John Coltrane, Sonny Rollins, Duke Ellington, Charlie Parker usw.

- Sammlungen von Standards wie »Body And Soul«, »Stella By Starlight« usw.

- Aufnahmen mit ganz bestimmten Übungsthemen wie II-V-I Verbindungen, Blues usw. Vier besonders gute Platten dieser Kategorie sind *Vol. 2, Nothin' But Blues, Vol. 3, The II-V7-I Progression, Vol. 16, Turnarounds, Cycles & II–V7's* und *Vol. 21, Gettin' It Together.*

Jede Aufnahme (CD, Kassette oder LP) enthält ein Buch mit C–, E♭– B♭– und Baßstimmen. Die Rhythmusgruppen der Aebersold-Reihe bestehen aus Weltklassemusikern: den Bassisten Ron Carter, Lonnie Plaxico, Rufus Reid und Sam Jones; den Schlagzeugern Billy Higgins, Ben Riley, Billy Hart, Al Foster und Louis Hayes; den Pianisten Kenny Barron, Ronnie Matthews, Cedar Walton[15], Mulgrew Miller, James Williams, Richie Beirach und Hal Galper. Pianisten können den Kanal mit dem Piano ausblenden und mit Baß und Schlagzeug zusammenspielen. Bassisten blenden den anderen Kanal aus und spielen mit Piano und Schlagzeug zusammen.

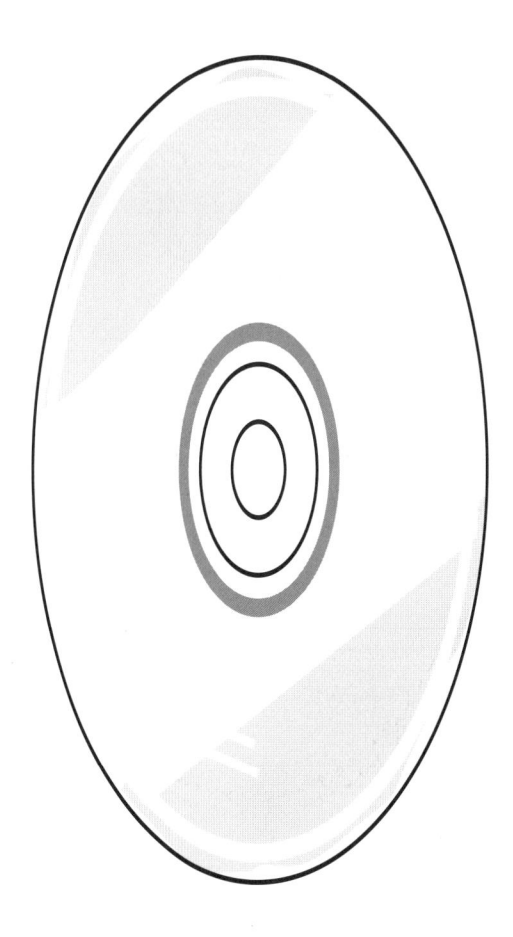

---

[14] Zu beziehen über Advance Music.
[15] Meine Lieblingsplatte von Jamey Aebersold ist *Volume 35, Cedar Walton,* ein echtes Meisterwerk, mit dem Maestro persönlich am Klavier, Ron Carter am Baß und Billy Higgins am Schlagzeug.

Üben mit Originalaufnahmen

Beschränken Sie sich nicht nur auf Play-Along Aufnahmen. Spielen Sie auch zu guten Aufnahmen. Legen Sie eine Platte von Miles Davis aus den späten fünfziger Jahren auf und spielen Sie mit Miles, Coltrane, Wynton Kelly, Paul Chambers und Philly Joe Jones. Versuchen Sie, in der gleichen Groove und mit der gleichen Energie wie die Musiker auf der Aufnahme zu spielen. Wenn die Tonhöhe Ihres Plattenspielers mit der des Pianos nicht übereinstimmt, überspielen Sie die Platte auf Kassette, setzen Ihren Kopfhörer auf, gleichen die Tonhöhe an und legen los.

Machen Sie sich Notizen

Machen Sie sich von jeder Idee, die Sie während des Übens oder beim Zuhören haben, Notizen. Notieren Sie sich die Titel der Stücke, die Sie lernen wollen, oder Dinge, die Sie unbedingt üben wollen. Das hilft Ihnen dabei, sich auf Ihre wahren Bedürfnisse zu konzentrieren und bringt Ordnung in die immer länger werdende Liste Ihres Übungsmaterials.

Entspannen Sie sich

Versuchen Sie, jede unnötige Muskelanspannung zu vermeiden. Atmen Sie normal und tief durch. Vorausgesesetzt, Sie sind kein Bläser, bleiben Sie lockerer, wenn Sie lächeln. Der Schlagzeuger Billy Higgins lächelt beim Spielen. Weiß er etwas, was wir alle wissen sollten?

Schlagen Sie mit dem Fuß den Takt

Schlagen Sie beim Spielen den Takt mit dem Fuß mit? Über die richtige Ausführung gibt es zahllose Theorien. Manche Musiker tippen mit ihrer Fußspitze. Jaki Byard brachte mir bei, den Takt mit der Ferse zu schlagen, weil dies ein solideres Gefühl für die Time und eine Bewegung nach vorne erzeugt. Manche Musiker schlagen auf allen vier Zählzeiten, einige dagegen nur auf 1 und 3 oder 2 und 4. Viele lateinamerikanische Musiker klopfen die Clave[16]. Und manche schlagen den Takt überhaupt nicht. Sehen Sie sich das Video »Straight No Chaser« über Thelonious Monk[17] an. Je nachdem, was er gerade spielt, klopft Monk mit der Zehe, der Ferse, dem ganzen Fuß oder rutscht mit dem Fuß vor und zurück. Alles ist möglich, solange ein natürliches Gefühl erhalten bleibt, Ihr Spiel nicht negativ beeinflußt wird und Ihr Klopfen nicht so laut ist, daß Sie damit Ihre Mitmusiker stören.

---

[16] Was Clave ist, wird in Kapitel 22 erklärt.
[17] Warner Home Video.

Kultivieren Sie Ihre Umgebung

Egal, ob Sie in einer Groß- oder Kleinstadt leben, Sie haben bestimmt die Möglichkeit, in Ihrer näheren Umgebung Jazz zu hören. Besuchen Sie so oft wie möglich Live-Konzerte. Nur Platten zu hören, reicht nicht. Sie müssen die Emotion, die Hitze und den Schweiß eines Live-Konzerts sehen, hören und spüren. Nehmen Sie mit dem besten Musiker Ihres Instruments aus Ihrer Gegend Kontakt auf und fragen Sie, ob Sie bei ihm oder ihr Unterricht haben können. Wenn er oder sie ablehnt (viele großartige Musiker geben nur ungern Unterricht), bitten Sie um wenigstens eine Unterrichtsstunde. Mein Spiel hat sich durch eine einzige Stunde bei Barry Harris völlig verändert.

Achten Sie bei einem Live-Konzert darauf, wie die Musiker aufeinander reagieren. Wie kommunizieren sie miteinander? Auf Zeichen? Mit Worten? Ohne Worte? Achten Sie auf Augenkontakt und sonstige Körpersprache. Wie teilen sie sich gegenseitig mit, wann ein Solo zu Ende ist, wann Fours gespielt werden, wann man zum Schluß geht usw. Sie können durch Beobachten fast ebenso viel lernen wie durch Zuhören.

Wie gut spielen der Pianist und der Gitarrist einer Rhythmusgruppe zusammen? Passen sie stilistisch zusammen? Wie verhindern sie, daß sich ihre Akkorde gegenseitig reiben? Setzt einer der beiden aus, während der andere begleitet? Falls beide begleiten, spielt einer der beiden zurückhaltender? Gewöhnlich dominiert der Pianist, was aber nicht immer der Fall ist.[18]

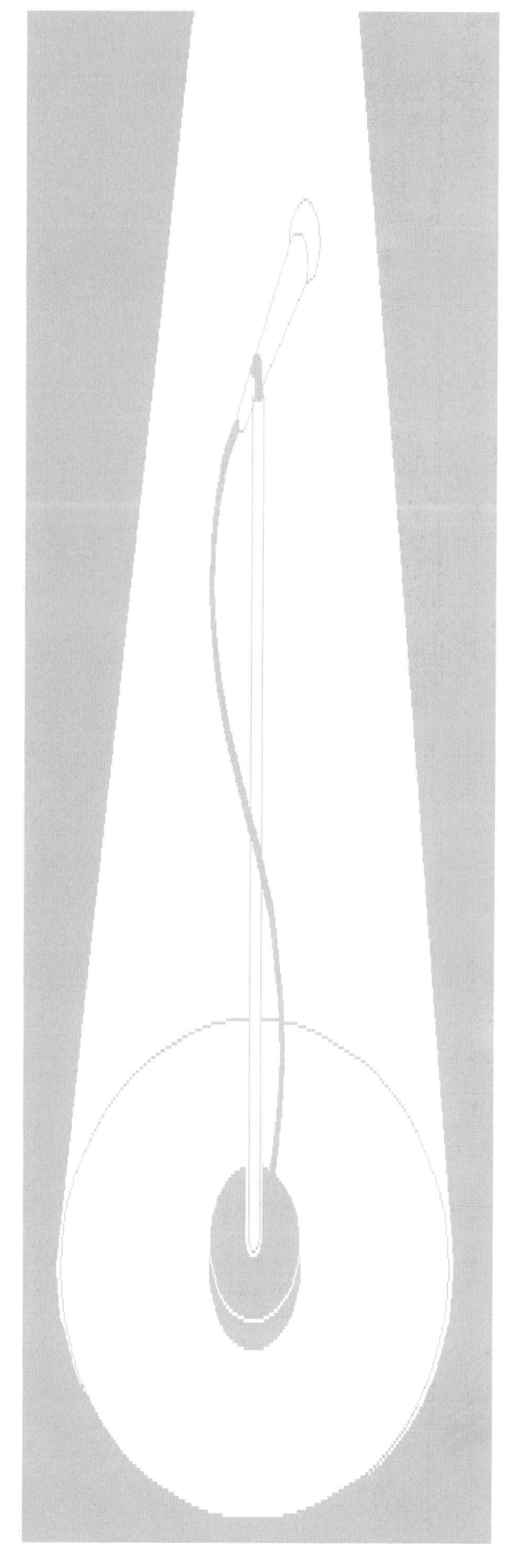

---

[18] Wes Montgomery und Wynton Kelly verkörpern die am besten aufeinander abgestimmte Piano/Gitarrenkombiantion, die es jemals gab. Keiner störte den Bereich des anderen. In Kapitel 24 sind einige Hörbeispiele der beiden aufgelistet.

Form

Wenn Sie auf der Bühne stehen, achten Sie darauf, wie Ihr Solo im Kontext der gesamten Band funktioniert. Trägt Ihr Solo zur Form des Stücks bei? Kommt Ihr Solo nach dem Thema, wenn noch alles frisch und voller Energie zu sein scheint? Oder erst später, als Überleitung zu einem leisen Baßsolo? Diesen verschiedenen Situationen müssen Sie sich anpassen. Wenn Sie das Thema spielen, überlegen Sie sich, wie Sie anfangen und den Schluß spielen, damit Ihnen Ihre Mitmusiker folgen können und wollen.

> *Nun ist es wieder an der Zeit, zur Theorie zurückzukehren. Ein für den Jazz typischer Aspekt ist, daß wir Musiker uns selten mit etwas begnügen wollen. Es reicht uns nicht, was George Gershwin und Cole Porter geschrieben haben. Vielmehr spüren wir das unwiderstehliche Verlangen, ihre Kompositionen zu verändern, mit anderen Worten, zu reharmonisieren.*

Teil III
Reharmonisation

Kapitel 13 **Grundlagen der Reharmonisation**

Reharmonisation von V als II-V 238

Tritonussubstitution 239

Reharmonisation von Mollakkorden..250

• Auf- und absteigende Linien über Mollakkorde 251

• Halbverminderte Akkorde...254

• Reharmonisation von II Akkorden mit Slash–Akkorden 255

• Ändern von II-V in V von V 256

Reharmonisation von V Akkorden..258

• V7^{b9}, V7alt und V7$^{\#11}$ Akkorde 259

• Weitere gängige V Akkordauflösungen 264

• V7$^{\#5}$ Akkorde 266

• V7$^{\#9}$ Akkorde 266

• Reharmonisation von VI Akkorden als V Akkorde...267

Reharmonisation von I Akkorden...267

• Lydische (#11) Akkorde 268

• Lydisch-übermäßige (#5) Akkorde 268

• Den I Akkord einen Halbton aufwärts bewegen..270

• Slash-Akkorde als I Akkorde 273

• Bläser und Sänger – aufgepaßt!..273

Reharmonisation während der Soli 274

Reharmonisation von »I Hear A Rhapsody«..276

Kapitel 14 **Reharmonisation für Fortgeschrittene**

Gegenbewegung...280

Parallelbewegung 281

Slash-Akkorde 287

Auf- und absteigende Baßlinien 289

Einen Akkord auf einem beliebigen Grundton bilden 296

Sus und sus^{b9} Akkorde 299

Scheinkadenzen..303

• Aus einer Scheinkadenz eine Kadenz machen 308

Der chromatische Vorhalt 308

Die Zwischendominante...314

Der Gebrauch des verminderten Akkords 314

Das Verändern der Melodie 316

Das Verändern des Akkords 317

Gemeinsame Töne 319

Pedaltöne..321

Kombination verschiedener Techniken 322

TEIL III

KAPITEL 15 Coltrane Changes

»Giant Steps« Changes 329

Vorgänger von »Giant Steps« 330

»Countdown« und »Tune Up« 335

Coltrane Changes über Standards gespielt 337

• Das Üben von Coltrane Changes 340

Tonale Zentren in kleinen Terzen 342

McCoy Tyners lokrischer V Akkord 344

KAPITEL 16 Drei Reharmonisationen

John Coltranes Reharmonisation von »Spring Is Here« 347

Kenny Barrons Reharmonisation von »Spring Is Here« 350

John Coltranes Reharmonisation von »Body And Soul« 352

Kapitel Dreizehn
Grundlagen der Reharmonisation

- *Reharmonisation von V als II-V*
- *Tritonussubstitution*
- *Reharmonisation von Mollakkorden*
- *Reharmonisation von V Akkorden*
- *Reharmonisation von I Akkorden*
- *Reharmonisation während der Soli*
- *Reharmonisation von »I Hear A Rhapsody«*

Die meisten Jazzpianisten spielen Voicings ohne Grundton im Baß. Da dieses Buch nicht nur für Pianisten, sondern für jedermann gedacht ist, möchte ich, daß Sie den Klang der Reharmonisation mit den Grundtönen im Baß hören. Aus diesem Grund werden die meisten Beispiele dieses Kapitels als vereinfachte Piano-Voicings in Grundstellung gezeigt. Natürlich ist es am besten, Sie hören sich die Reharmonisationen auf den Originalaufnahmen an.

Beispiel 13.1

Spielen Sie **Beispiel 13.1** und **13.2** und hören Sie sich den Klang einer Reharmonisation an. **Beispiel 13.1** zeigt die beiden letzten Takte von Jimmy McHughs »On The Sunny Side Of The Street«. **Beispiel 13.2** ist Kenny Barrons Reharmonisation derselben beiden Takte, wobei der ursprüngliche CΔ Akkord durch D♭Δ♯4 ersetzt wird.

Durch Reharmonisation klingt ein Stück interessanter und individueller, wobei es vor allem auf Individualität ankommt. Ziel der Reharmonisation ist, ein vorgegebenes Stück wie Ihr eigenes klingen zu lassen. Insofern ist Reharmonisation eine Form von Komposition. Sie müssen auch nicht immer gleich das ganze Stück reharmonisieren: manchmal verändert das Auswechseln eines einzigen Akkords den Klang eines Stücks ganz entscheidend und drückt ihm Ihren eigenen Stempel auf. Die Akkorde eines Stücks können sowohl im voraus als auch im Eifer des Gefechts, also während eines Solos, verändert werden.

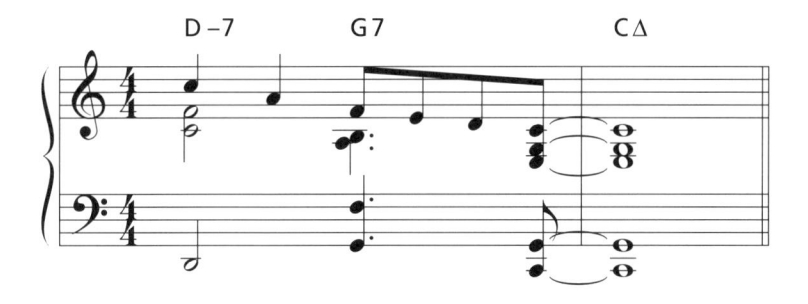

Beispiel 13.2

Kenny Barrons Piano-Voicings vereinfacht

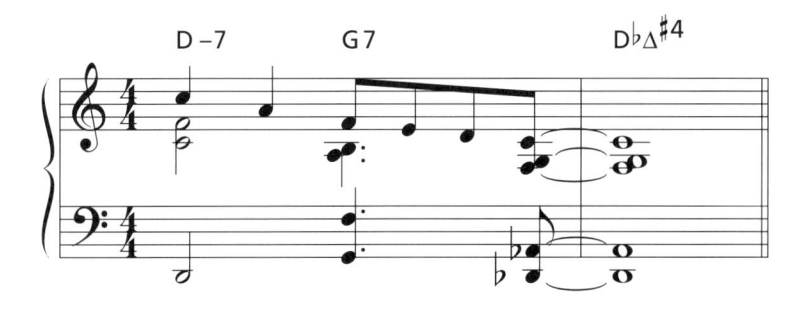

[1] Kenny Barron, *The Only One*, Reservoir, 1990.

Reharmonisation kann mehrere Formen annehmen:

- Alteration der Akkorde.
- Vergrößern der Anzahl der Akkorde.
- Verkleinern der Anzahl der Akkorde.
- Ersetzen des notierten Akkords (oder der notierten Akkorde) durch einen anderen Akkord (oder andere Akkorde).

Reharmonisation von V als II-V

Viele Jazzstandards wurden in den zwanziger und dreißiger Jahren geschrieben. Diese Stücke bestehen zum Großteil aus V-I Verbindungen. II-V und II-V-I Verbindungen wurden nur von den anspruchsvolleren Songschreibern der damaligen Zeit verwendet. Eine der ersten Reharmonisationstechniken der Jazzmusiker in den dreißiger Jahren war das Voranstellen eines II Akkords vor den V Akkord, um eine II-V Verbindung zu erzeugen. Die Reharmonisation von V als II-V läßt ein Stück gleich moderner klingen und vergrößert zudem die Improvisationsmöglichkeiten.

Spielen Sie zunächst **Beispiel 13.3**, die beiden ersten Takte von Victor Schertzingers »I Remember You«, und dann **Beispiel 13.4**. Hören Sie, was für einen Unterschied das simple Hinzufügen eines B–7 macht? Der V Akkord (E7) wurde durch einen II Akkord (B–7) eingeleitet, wodurch eine II-V Verbindung (B–7, E7) entstand. Ein weiteres Beispiel, in dem ein II Akkord einem V Akkord vorangestellt wurde, um eine II-V Verbindung zu erzeugen, haben Sie bereits in Kapitel 11, im Mittelteil von George Gershwins »I've Got Rhythm«, gesehen (**Beispiele 11.2** und **11.3**).

Beispiel 13.3

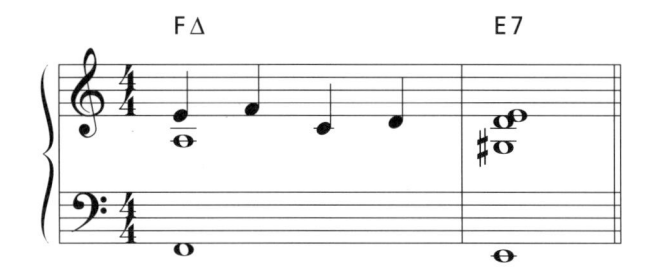

Beispiel 13.4

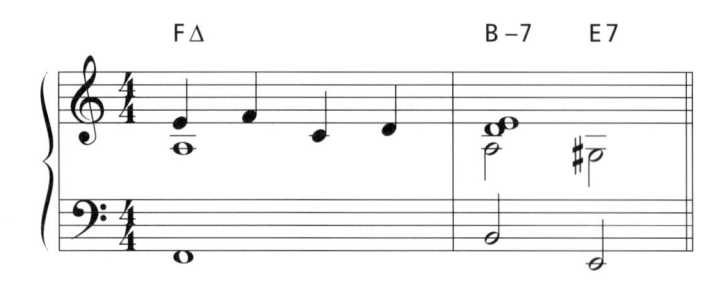

Tritonussubstitution

Reharmonisation kann auch bedeuten, einen Akkord durch einen anderen zu ersetzen, also einen *Substitutakkord* zu verwenden. Ein Substitutakkord ist genau das, was sein Name aussagt: ein Akkord, der den im Lead Sheet notierten Akkord vertritt.

Spielen Sie **Beispiel 13.5**, die ersten vier Takte von Jerome Kerns »All The Things You Are«. Achten Sie vor allem auf die V-I in Takt 3 und 4, den Akkorden E♭7 und A♭Δ. Spielen Sie jetzt **Beispiel 13.6** und achten Sie darauf, wie A7 in Takt 3 E♭7 ersetzt. Klingt die Verbindung dadurch flüssiger? Oder moderner? Gefällt es Ihnen? Dies ist der Klang einer Tritonussubstitution. Spielen Sie jetzt **Beispiel 13.7**, eine erweiterte Form der Tritonussubstitution, in der der ursprüngliche V Akkord (E♭7) durch eine II-V (E–7, A7) ersetzt wird.

Beispiel 13.5

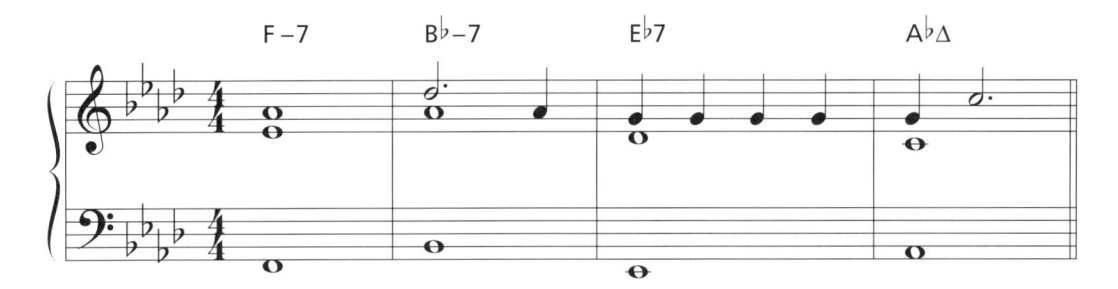

Beispiel 13.6

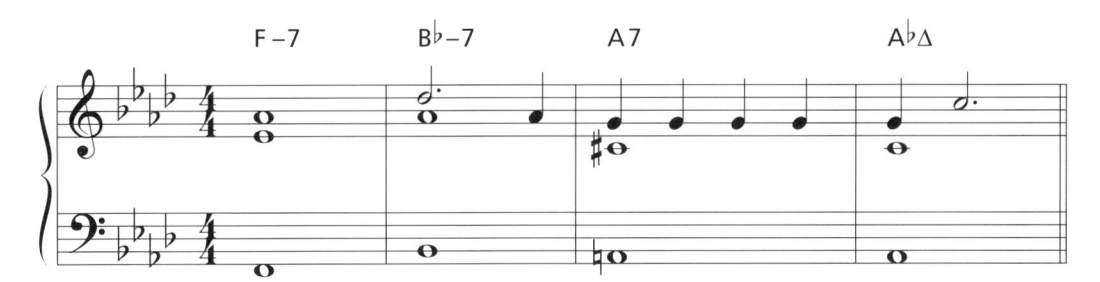

Beispiel 13.7

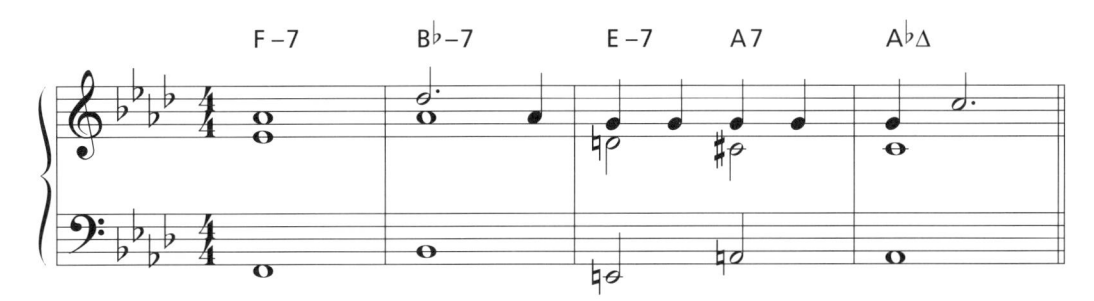

Beispiel 13.8

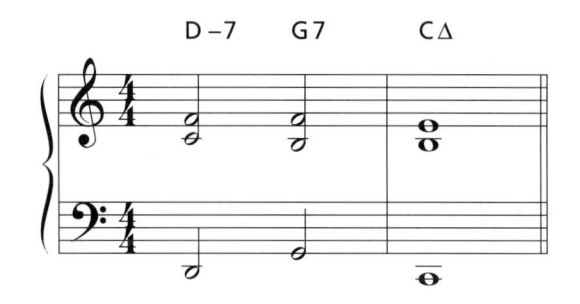

[Notenbeispiel: D–7 G7 C∆ in C-Dur]

Beispiel 13.9

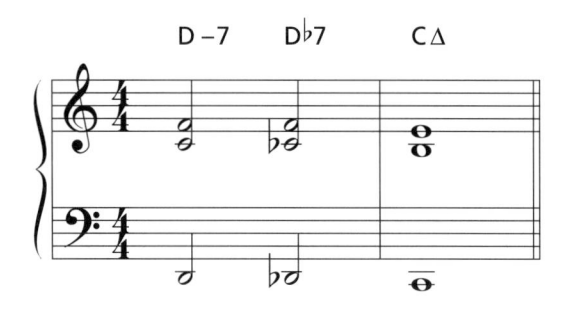

[Notenbeispiel: D–7 D♭7 C∆]

Spielen Sie **Beispiel 13.8**, die II-V-I in C Dur. Spielen Sie dann **Beispiel 13.9**, in dem G7 durch D♭7 ersetzt wird. Durch die Substitution von G7 durch D♭7 ensteht eine chromatische Baßlinie: D, D♭, C.

Und so funktioniert die Tritonussubstitution: in Kapitel 2 haben Sie gelernt, daß die zwei wichtigsten Töne von Dur-, Moll- und Dominantseptakkorden die Terz und die Septime sind. Diese beiden Töne bestimmen die Eigenschaft oder die Unterschiede zwischen den Akkorden. Wiederholen wir noch einmal die Regeln:

- Ein Durseptakkord hat eine große Terz und eine große Septime.
- Ein Mollseptakkord hat eine kleine Terz und eine kleine Septime.
- Ein Dominantseptakkord hat eine große Terz und eine kleine Septime.

In Kapitel Zwei wurde noch ein zusätzlicher Unterschied zwischen diesen drei Akkordtypen erwähnt – das Intervall zwischen der Terz und der Septime.

- Das Intervall zwischen Terz und Septime eines Durseptakkords ist eine reine Quinte.
- Das Intervall zwischen Terz und Septime eines Mollseptakkords ist ebenfalls eine reine Quinte.
- Das Intervall zwischen Terz und Septime eines Dominantseptakkords ist ein *Tritonus*.

Da der Tritonus nur im Dominantseptakkord vorkommt, *bestimmt er dessen Charakter*. Ein Tritonus ist ein sehr instabiles Intervall. Es klingt, als wolle es irgendwo hin, weshalb V Akkorde auch sehr stark nach einer Auflösung drängen (oft zu einem I Akkord). Wenn Sie nur die zwei Töne des Tritonus spielen, erinnert der Klang sehr an einen, wenn auch unvollständigen, Dominantseptakkord. *Das Außergewöhnliche am Tritonus ist, daß er Terz und Septime von zwei Dominantseptakkorden ist.*

Spielen Sie **Beispiel 13.10**. B und F, die Terz und Septime von G7, sind identisch mit C♭ und F, der Septime und der Terz von D♭7. (B und C♭ sind enharmonisch – dieselben Töne, nur mit unterschiedlicher Bezeichnung). *Da der Tritonus (Terz und Septime) von G7 und D♭7 identisch ist, können sich G7 und D♭7 gegenseitig vertreten.*

Beispiel 13.10

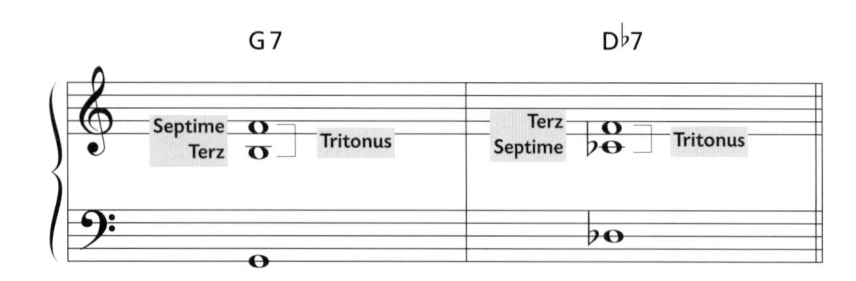

[Notenbeispiel: G7 mit Septime/Terz als Tritonus, D♭7 mit Terz/Septime als Tritonus]

Sehr häufig wird diesem Substitut V Akkord ein II Akkord vorangestellt, so daß wie in **Beispiel 13.7** eine II-V Verbindung entsteht. Vergleichen Sie den Klang der nächsten vier Beispiele:

- Spielen Sie **Beispiel 13.11**, die II-V-I in C Dur.
- Spielen Sie **Beispiel 13.12**, dieselbe II-V-I, aber mit D♭7, dem Tritonussubstitut, an Stelle von G7.
- Spielen Sie **Beispiel 13.13**. A♭–7 wird D♭7 vorangestellt.
- Spielen Sie **Beispiel 13.14**, in dem A♭–7, D♭7 als Tritonussubstitut – II-V, D–7 G7 ersetzt.

Terz und Septime eines V Akkords bilden immer einen Tritonus, egal, welcher Ton oben liegt. Warum? Weil ein Tritonus genau die Hälfte der Oktave ist, und wenn Sie ihn umkehren, also den oberen Ton nach unten legen oder umgekehrt, ist es immer noch ein Tritonus.[2] Die Grundtöne von G7 und D♭7 sind ebenfalls einen Tritonus voneinander entfernt.

Beispiel 13.11

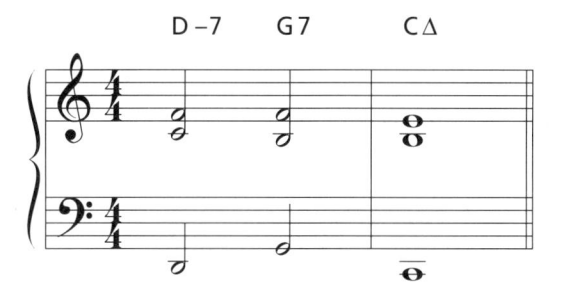

Beispiel 13.12

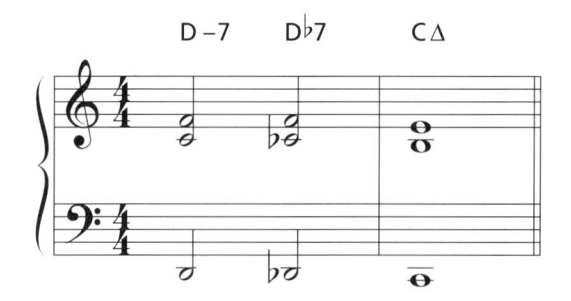

Beispiel 13.13

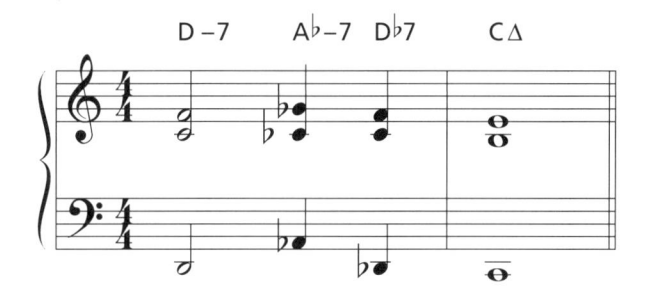

Beispiel 13.14

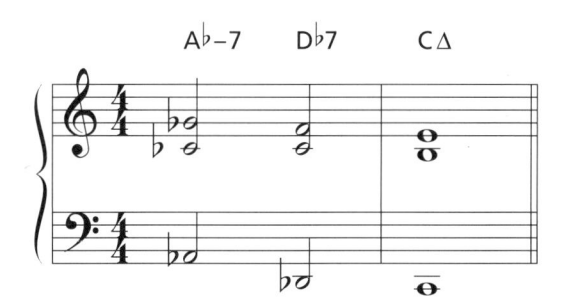

---

[2] Daß die Umkehrung eines Tritonus wieder einen Tritonus ergibt, wird auch im Abschnitt ›Intervalle‹ von Kapitel Eins erwähnt.

Es gibt noch einen weiteren Grund für die Anwendung der Tritonussubstitution: die Melodie klingt danach meistens interessanter. **Beispiel 13.15** zeigt die Takte 31-33 von Jerome Kerns »All The Things You Are«. Der Melodieton bei F7 ist G, die None des Akkords. In **Beispiel 13.16** wird für den Originalakkord F7 der Akkord B7 eingesetzt. Dadurch wird nicht nur eine chromatische Baßbewegung erzielt, sondern zusätzlich der Melodieton G betont, weil er nicht mehr None von F7, sondern ♯5 von B7 ist, was ihn harmonisch interessanter klingen läßt.

Beispiel 13.15

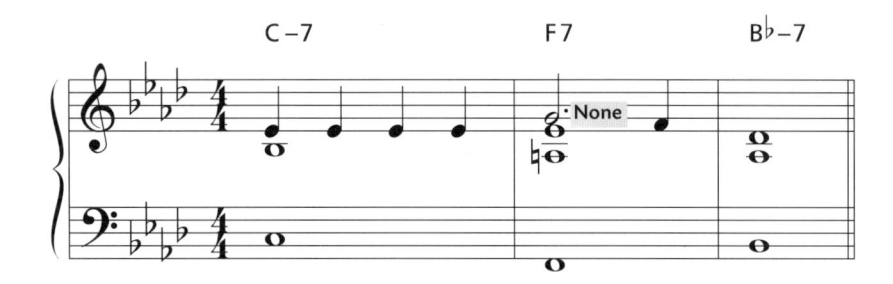

Beispiel 13.16

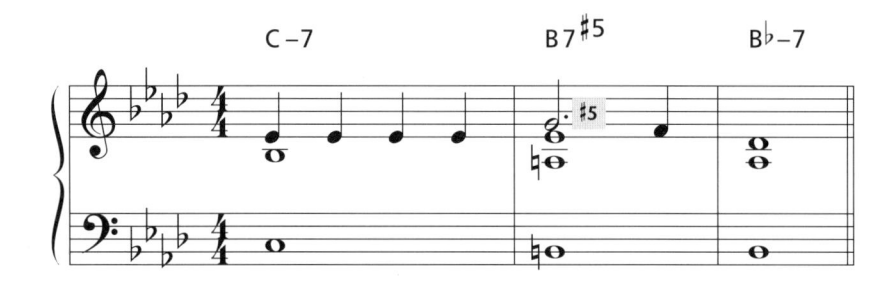

Seien Sie bei der Verwendung der Tritonussubstitution vorsichtig und verlassen Sie sich auf Ihren guten musikalischen Geschmack. Sonst klingt der Melodieton am Ende nämlich *weniger* interessant. **Beispiel 13.17** zeigt die ersten drei Takte des Mittelteils von Victor Youngs »Stella By Starlight«. In **Beispiel 13.18** wurde G7♯5 durch D♭7 ersetzt. Es wurde zwar eine chromatische Baßbewegung erzielt (D♭7 nach C–7), aber der Melodieton E♭ wurde von der ♯5 in G7 zur None in D♭7, einem weniger interessanten Ton.

Beispiel 13.17

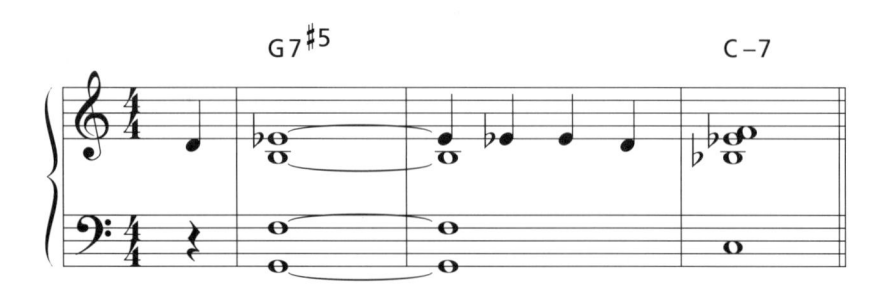

GRUNDLAGEN DER REHARMONISATION

Beispiel 13.18

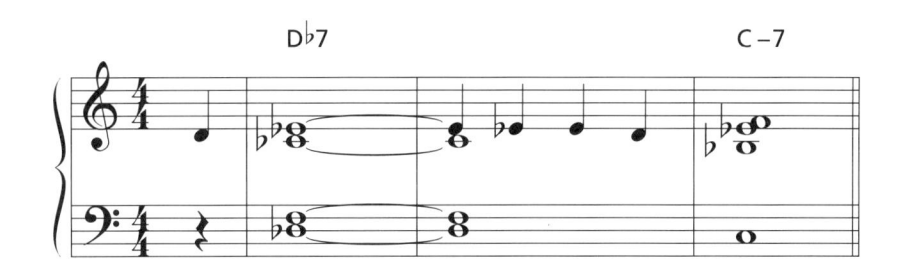

Zusammenfassend gibt es zwei Gründe für das Spielen der Tritonussubstitution über die Melodie eines Stücks:

- um eine chromatische Baßlinie zu erzeugen
- um den Melodieton interessanter klingen zu lassen

Die eben gezeigten Tritonussubstitutionen wurden im voraus festgelegt. Die nächsten Beispiele zeigen die Tritonussubstitution als spontane Reharmonisation während eines Solos.

Zum Einstieg in die Tritonussubstitution eignet sich am besten der vierte Takt eines Blues. **Beispiel 13.19** zeigt die Changes der ersten fünf Takte eines Blues in B♭. **Beispiel 13.20** zeigt, wie Herbie Hancock im vierten Takt von Freddie Hubbards Blues in B♭ mit dem Titel »Hub Tones«[3] den Akkord B♭7 durch die II-V Verbindung B–7, E7 ersetzt. E7 ist die Tritonussubstitution von B♭7, und B–7 geht E7 voran, um eine Tritonussubstitution – II-V zu erhalten (B–7, E7).

Beispiel 13.19

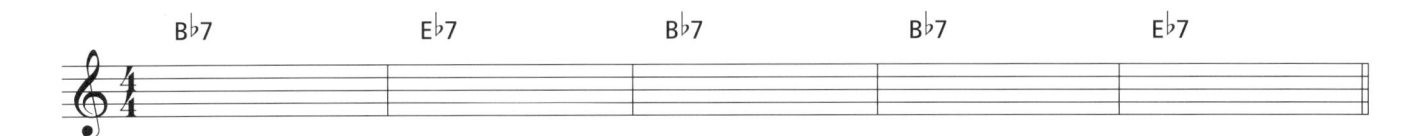

Beispiel 13.20

[3] Freddie Hubbard, *Hub Tones*, Blue Note, 1960.

Beispiel 13.21 zeigt, wie Freddie Hubbard im vierten Takt von Duke Pearsons Blues in F mit dem Titel »Ready Rudy«[4] statt F7 die Akkorde F#–7, B7 spielt.

Beispiel 13.21

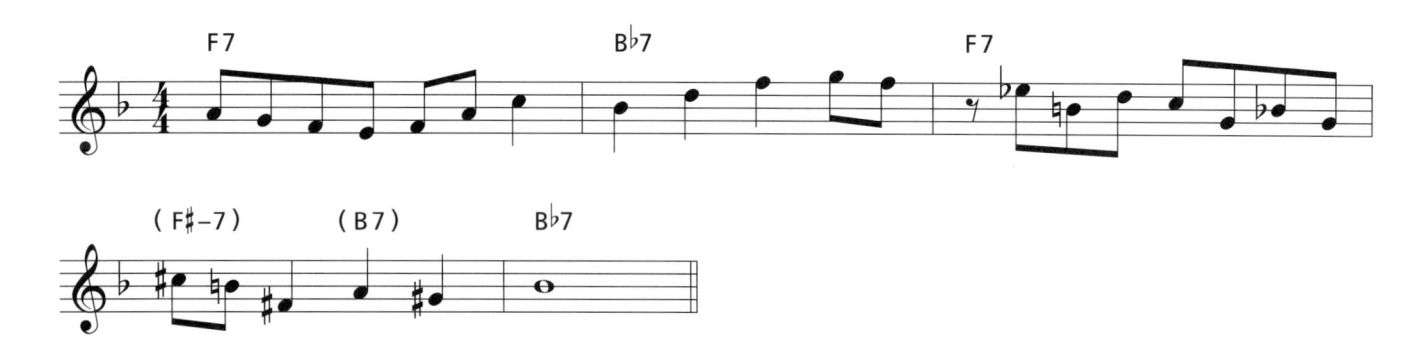

Beispiel 13.22 zeigt Takt 9-10 von Bud Powells »Dance Of The Infidels«.[5] Auf G–7 folgt nicht etwa C7, sondern Db–7, Gb7 – die Tritonussubstitution II-V von C7.

Beispiel 13.22

Beispiel 13.23 zeigt die Changes von Takt 9-11 eines Blues in F. **Beispiel 13.24** zeigt eine improvisierte Phrase über einer Reharmonisation dieser Takte. Die II-V (G–7, C7) wurde zu einem einzigen Takt komprimiert, gefolgt von ihrer Tritonussubstitution (C#–7, F#7) im nächsten Takt.

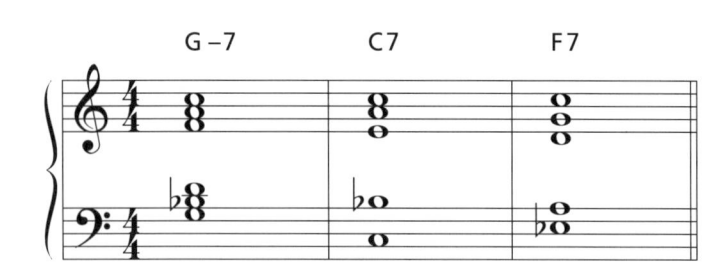

Beispiel 13.23

---

[4] Duke Pearson, *Sweet Honey Bee,* Blue Note, 1966.
[5] Bud Powell, *The Amazing Bud Powell, Vol. I,* Blue Note, 1949.

Beispiel 13.24

Nehmen wir uns jetzt einmal ein Stück vor, um zu sehen, welche Stellen für eine Tritonussubstitution am besten geeignet sind. **Beispiel 13.25** ist ein Arrangement des Standards »I Hear A Rhapsody«. Spielen Sie jetzt **Beispiel 13.26** und hören Sie sich die Tritonussubstitutionen an. **Beispiel 13.25** enthält eine Menge V Akkorde und II-V Verbindungen. Welche davon eignen sich für eine Tritonussubstitution? Denken Sie an die bereits erwähnten Kriterien und fragen Sie sich, ob mit einer Tritonussubstitution eines oder gar beide davon zutreffen:

- Erzeugen Sie eine chromatische Baßbewegung?
- Klingt die Melodienote interessanter oder besser?

Um eine Tritonussubstitution zu rechtfertigen, muß mindestens eines dieser beiden Kriterien zutreffen. Vergleichen wir nun **Beispiel 13.25** mit **13.26**.

Takt 2 von **Beispiel 13.25** enthält die II-V Verbindung F–7, B♭7. Das Ändern von B♭7 in E7 funktioniert gut, wie man beim Spielen der ersten Takte von **Beispiel 13.26** feststellen wird. Wir haben jetzt im Baß eine chromatische Bewegung erzielt (E7♯9 nach E♭∆). Der Melodieton D, also die Terz von B♭7, wird zur Septime von E7. Terz und Septime klingen gleich interessant, aber Sie haben nun die Gelegenheit, den E7 Akkord durch Hinzufügen der ♯9 farbiger zu gestalten. *V Akkorde mit der Septime in der Melodie klingen oft mit einem ♯9 Voicing besser.* Die reine Quinte (bzw. Quarte, falls der Akkord in einer anderen Umkehrung gespielt wird) zwischen der ♯9 und der Septime geben dem Akkord Stabilität.

KAPITEL DREIZEHN

Beispiel 13.25

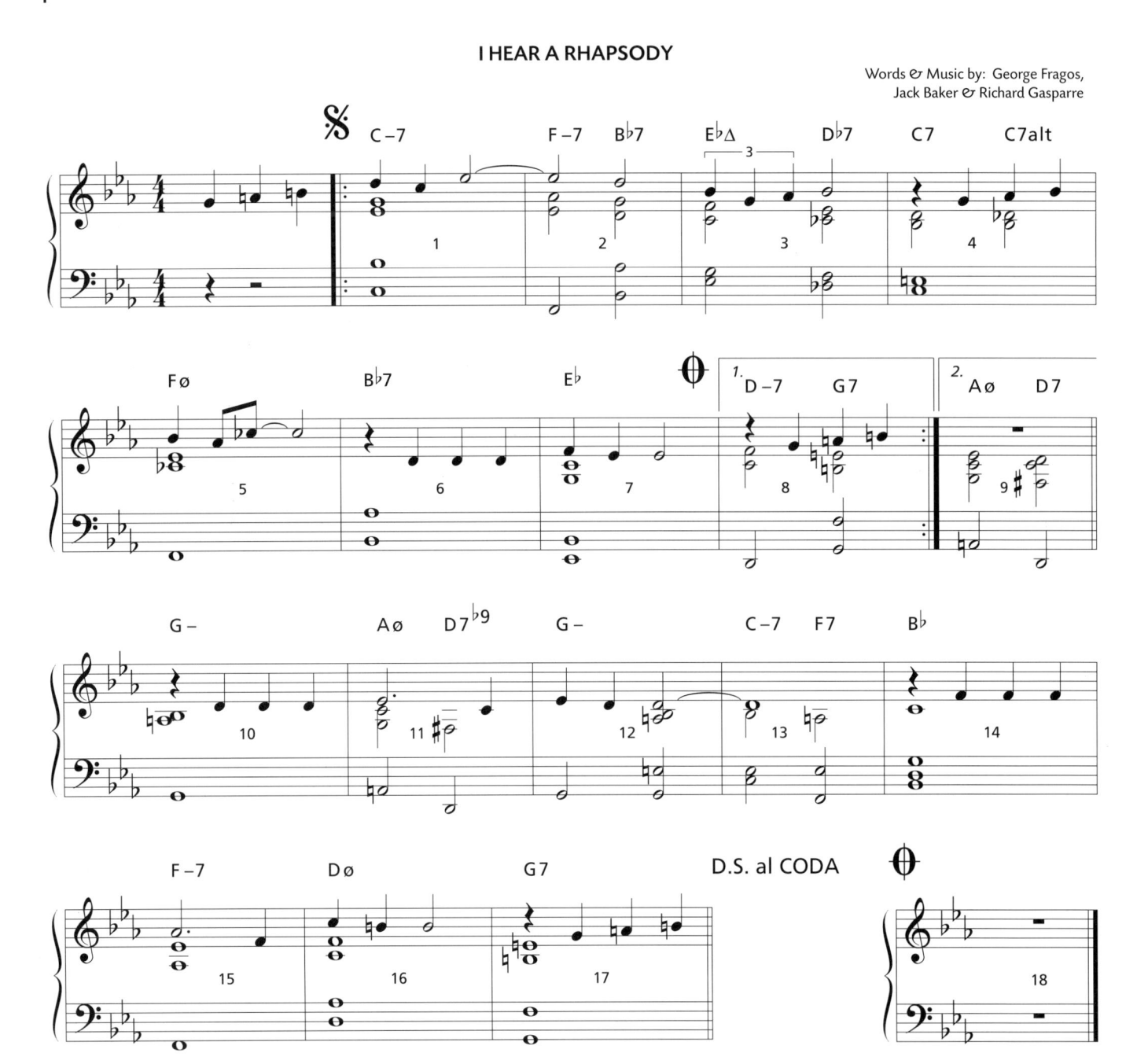

I HEAR A RHAPSODY

Words & Music by: George Fragos,
Jack Baker & Richard Gasparre

©1940 Broadcast Music Inc., USA, Campbell Connelly & Co. Ltd., 8/9 Frith St., London W1.
Used by Permission of Music Scales Ltd. All Rights Reserved. International Copyright Secured.

GRUNDLAGEN DER REHARMONISATION

Beispiel 13.26

I HEAR A RHAPSODY

Words & Music by: George Fragos,
Jack Baker & Richard Gasparre

©1940 Broadcast Music Inc., USA, Campbell Connelly & Co. Ltd., 8/9 Frith St., London W1.
Used by Permission of Music Scales Ltd. All Rights Reserved. International Copyright Secured.

Allerdings bietet B♭7, der ursprüngliche Akkord, die Möglichkeit, mit der ♭9 gespielt zu werden. *Die ♭9 klingt gut bei V Akkorden, die sich eine Quinte abwärts auflösen.* Wie aus **Beispiel 13.27** hervorgeht, möchte sich die ♭9 (B) des B♭7 Akkords zur Quinte des E♭∆ Akkords auflösen. Das ist keine Regel, aber es funktioniert ganz gut.

Beispiel 13.27

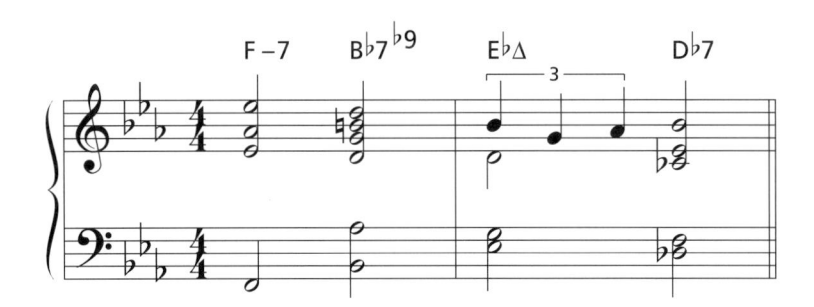

Beispiel 13.28

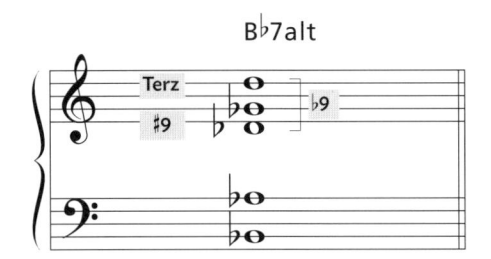

Könnte man in Takt 2 auch B♭7alt spielen? Nicht, wenn die Terz in der Melodiestimme liegt. In dieser Situation entsteht wegen des Intervalls einer kleinen None zwischen Terz und ♯9 eine Dissonanz (**Beispiel 13.28**). *V7alt klingt sehr dissonant, wenn die Terz in der Melodiestimme liegt.*

Könnten wir über die gesamte II-V Verbindung eine Tritonussubstitution spielen, also B-7, E7 statt F-7, B♭7? Nicht, wenn wir uns an die Originalmelodie halten, da der Melodieton des F-7 Akkords (E♭) die große Terz von B-7 wäre, und Mollseptakkorde haben keine große Terz.

Der nächste V Akkord ist D♭7 in Takt 3. Eine Tritonussubstitution wäre hier fehl am Platz, da wir bereits eine chromatische Bewegung im Baß haben (D♭7 nach C7), die dann verlorenginge.

Den C7alt Akkord in Takt 4 könnte man unter Umständen durch G♭7 ersetzen, weil dadurch eine chromatische Baßbewegung entstünde (G♭7 nach Fø). Der Melodieton A♭ wäre dann aber nicht mehr die ♭13 von C7alt – ein interessanter Ton – sondern die None von G♭7, was nicht ganz so interessant klingt. Beide Akkorde – C7alt und G♭7 – klingen gut, und keiner von beiden deutlich besser als der andere. Da »I Hear A Rhapsody« eine A A B A Form[6] hat, könnten Sie in den ersten acht Takten C7alt und in den zweiten acht Takten G♭7 spielen.

---

[6] A A B A bezieht sich auf die Form eines Stücks. Das Thema ›Songform‹ wird in Kapitel 17 behandelt.

GRUNDLAGEN DER REHARMONISATION

Das Ersetzen des B♭7 Akkords durch E7 in Takt 6 erzeugt zwar eine chromatische Baßbewegung (E7 nach E♭), aber das Verändern des Melodietons von der Terz in B♭7 zur Septime in E7 bedeutet keinen Gewinn an Klangfarbe. In Takt 5-6 können wir keine Tritonussubstitution spielen, weil einer der Melodietöne über dem Fø (das B♭) die große Septime des B-7 Akkords wäre, und Mollseptakkorde enthalten keine großen Septimen.

G7, der letzte Akkord in Klammer 1, eignet sich hervorragend für eine Tritonussubstitution. Die Substitution erzeugt eine chromatische Baßlinie (D♭7 nach C-7), und der Melodieton A ist statt None von G7 die ♭13 von D♭7alt und damit interessanter.

Das zweite Haus ist für eine Tritonussubstitution wie geschaffen, da es nur Akkorde und keine Melodie enthält. Das Ersetzen von Aø, D7 durch E♭-7, A♭7 erzeugt eine zum Mittelteil führende, chromatische Baßbewegung (A♭7 nach G-), und das Fehlen der Melodie bedeutet, daß wir eine eigene absteigende Linie nach D, dem ersten Melodieton des Mittelteils, improvisieren können.

Den D7 in Takt 11 durch A♭7 zu ersetzen, ist keine gute Idee. Es käme zwar zu einer chromatischen Baßbewegung, (A♭7 nach G-), aber die beiden Melodietöne (E♭ und C) wären dann nicht mehr die ♭9 und die Septime von D7, sondern Quinte und Terz von A♭7 – was den Verlust der ♭9 nicht aufwiegt.

Dagegen funktioniert das Ersetzen von F7 durch B7 in Takt 13 gut. Es erzeugt eine chromatische Baßbewegung (B7 nach B♭) und macht aus dem Melodieton D, der 13 von F7, die ♯9 von B7, was eine stärkere Klangfarbe ergibt. Eine Tritonussubstitution – II-V dagegen würde nicht so gut funktionieren. Das D über dem C-7 Akkord würde zur ♭6 über F♯-7 werden – eine Note, die in F♯ dorisch gar nicht enthalten ist.

In Takt 17, dem letzten Takt des Mittelteils, haben wir dieselbe Situation wie in Takt 8, dem letzten Takt in Haus 1. D♭7alt ist an dieser Stelle ein guter Ersatz für G7.

Abschließend noch eine Warnung: Man kann es mit der Tritonussubstitution auch übertreiben. Verlassen Sie sich auf Ihren guten Geschmack!

Reharmonisation von Mollakkorden

Nur weil im Lead Sheet ein Mollseptakkord steht – D–7 z. B. – heißt das noch lange nicht, daß dies die beste Wahl ist. Falls der nächste Akkord weder G7 (der die II-V Verbindung D–7, G7 ergäbe) noch D♭7 ist (die Tritonus-substitution für G7), fungiert der D–7 Akkord als Molltonika und nicht als Akkord der II. Stufe. In diesem Fall klingen D–6 oder D–Δ unter Umständen besser als D–7. **Beispiel 13.29** enthält die ersten beiden Takte von Arthur Schwartz' »Alone Together« mit D–7 als ersten Akkord. Der zweite Akkord ist nicht G7, weshalb D–7 nicht Teil einer II-V ist. Im Unterschied dazu klingt D–6 wesentlich dunkler und viel mehr nach einer Molltonika (**Beispiel 13.30**). Mit einer einzigen Ausnahme: falls der Melodieton über dem Moll-septakkord die kleine Septime ist, handelt es sich *tatsächlich* um einen Moll-septakkord, der normalerweise nicht verändert wird.

Beispiel 13.29

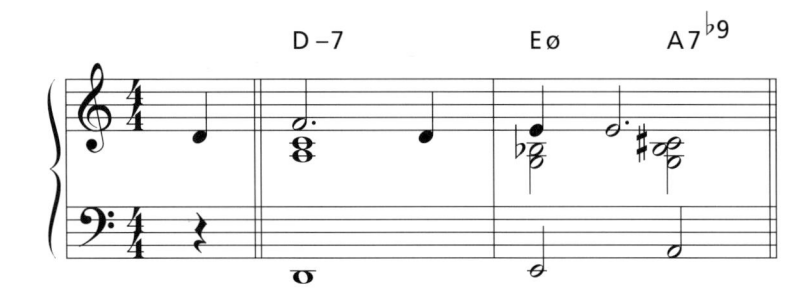

Beispiel 13.30

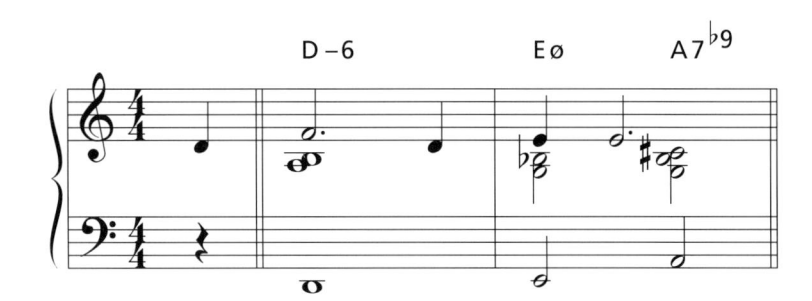

Wiederholen wir also: Falls ein Mollseptakkord nicht Teil einer II-V Verbindung ist, kann er normalerweise durch einen Mollsextakkord oder einen Minor-Major Akkord ersetzt werden (außer, der Melodieton ist die kleine Septime). Das heißt aber nicht, daß Sie diese Substitution unbedingt durchführen müssen. Sie sorgt lediglich für eine andere Klangfarbe.

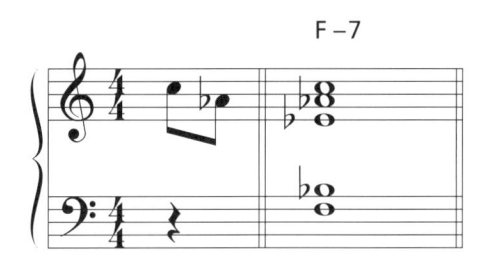

Beispiel 13.31 zeigt den ersten Takt von George Gershwins »Summertime«. In den meisten Lead Sheets steht als erster Akkord F–7. Der nächste Akkord ist nicht B♭, also ist der F Mollakkord auch nicht Teil einer II-V Verbindung. Das bedeutet, Sie können F–7 als Molltonika reharmonisieren: F–6 wie in **Beispiel 13.32**, oder F–Δ wie in **Beispiel 13.33**. Welches der Beispiele gefällt Ihnen am besten?

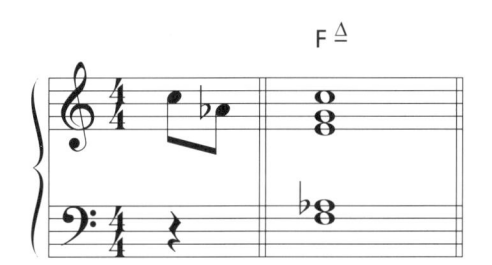

Auf- und absteigende Linien über Mollakkorde

Hält die Molltonika zwei Takte oder länger an, klingt eine chromatisch absteigende Baßlinie vom Grundton zur Sexte äußerst reizvoll. Songschreiber verwenden diesen Kunstgriff seit den frühesten Tagen des amerikanischen Schlagers (›Tin Pan Alley‹*). Sie können diesen Effekt in **Beispiel 13.34**, den ersten vier Takten von Irving Berlins »Blue Skies« hören. F (der Grundton des F– Akkords) steigt chromatisch abwärts zu E (der großen Septime von F–), dann zu E♭ (der kleinen Septime) und schließlich zu D (der Sexte). Dadurch entsteht der Effekt von vier nacheinander vorbeiziehenden Mollakkorden: F–, F–Δ, F–7 und F–6.[7]

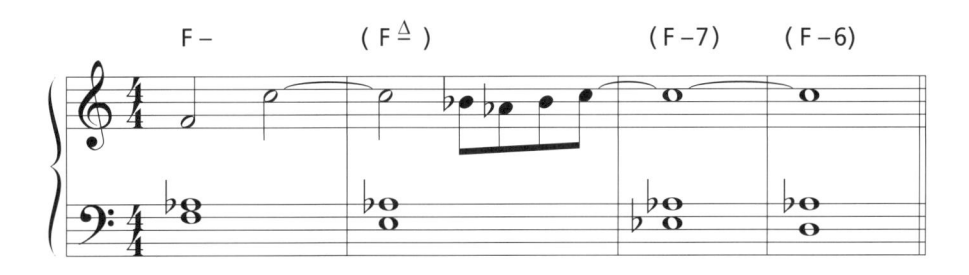

---

* Anm. d. Herausg.: Tin Pan Alley war eine Straße in New York, an der die großen Musikverlage ihre Geschäftsräume hatten.

[7] Thelonious Monk kopierte in seinem Stück »In Walked Bud«, das auf den Changes von »Blue Skies« basiert, Gershwins absteigende Baßlinie.

Viele Jazzmusiker spielen diese absteigende Linie auch im ersten Takt von Thelonious Monks »'Round Midnight« (**Beispiel 13.35**). E♭, der Grundton des E♭ Mollakkords, geht zunächst nach D und dann über D♭ nach C. Auch hier entsteht wieder der Effekt von vier verschiedenen Mollakkorden: E♭−, E♭−Δ, E♭−7 und E♭−6. Dieselbe Idee finden Sie in **Beispiel 13.36**, den ersten vier Takten von Irving Berlins »How Deep Is The Ocean«. Wenn Sie diesen Effekt gerne verwenden möchten, suchen Sie sich ein Stück heraus, das zwei oder mehr Takte desselben Mollakkords enthält – z. B. die ersten vier Takte von George Gershwins »Summertime« (**Beispiel 13.37**).

Beispiel 13.35

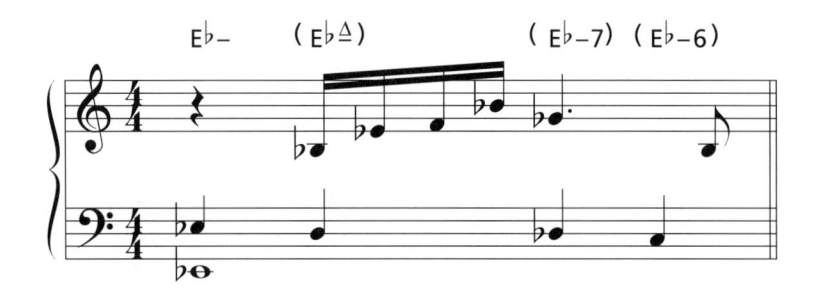

Beispiel 13.36

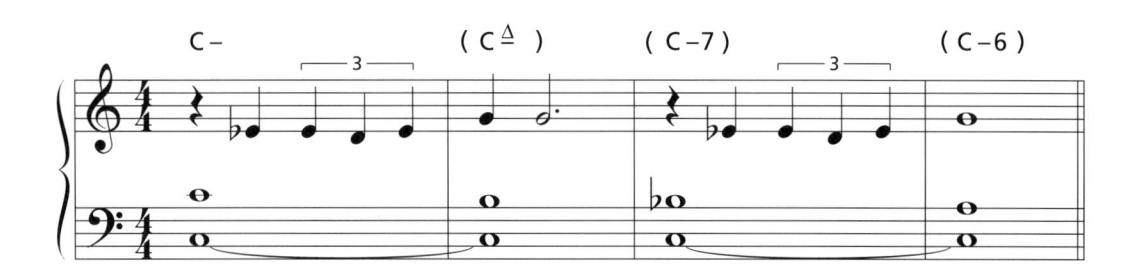

Beispiel 13.37

Diese absteigende Linie endet auf der Sexte, und dieser Ton ist gleichzeitig die Terz des V Akkords, der in einer II-V Verbindung auf den II Akkord folgt. Die absteigende Linie kann also verwendet werden, um den II Akkord und den V Akkord melodisch miteinander zu verbinden. Beim Improvisieren geschieht dies häufig, wie die beiden oft gespielten Licks in **Beispiel 13.38** zeigen. D, der Grundton von D-7, bewegt sich abwärts zu D♭, C und schließlich B, der Terz von G7. Auch hier entsteht wieder der Effekt von vier aufeinanderfolgenden Akkorden: D-, D-Δ, D-7, G7. Achten Sie im ersten Beispiel auf die verzögerte Auflösung von D-7 nach G7. Sonny Rollins verwendete diese Idee in Takt 9 und 10 seines Blues »Tenor Madness«[8] (**Beispiel 13.39**).

Beispiel 13.38

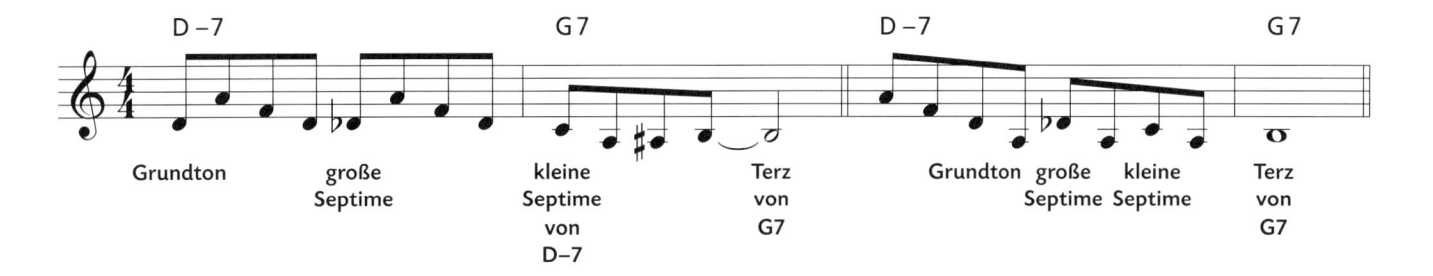

Beispiel 13.39

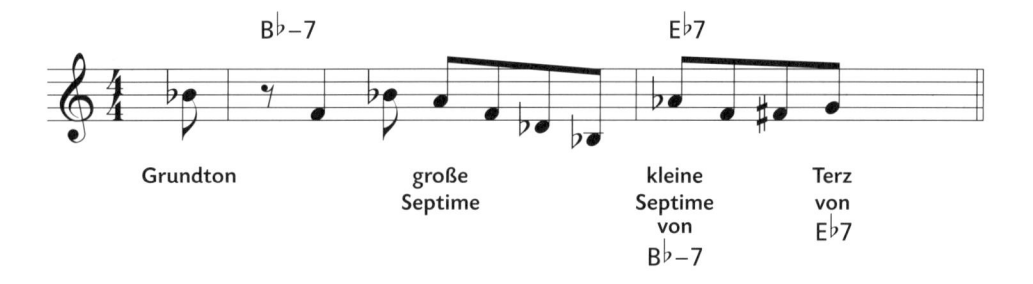

[8] Sonny Rollins, *Tenor Madness*, Fantasy, 1956.

In **Beispiel 13.40**, das wiederum »How Deep Is The Ocean« zeigt, hören Sie einen weiteren Typus von linearer Stimmführung. Diese Linie steigt chromatisch von G, der Quinte des C Mollakkords, über A♭ und A bis zum B♭ hoch und erzeugt den Effekt von vier verschiedenen Mollakkorden: C–, C–♭6, C–6 und C–7. Wenn Sie diese Idee selbst verwenden wollen, suchen Sie sich Stücke mit zwei oder mehreren Takten desselben Mollakkords heraus, wie die bereits gezeigten ersten vier Takte von »Summertime« (**Beispiel 13.41**).

Beispiel 13.40

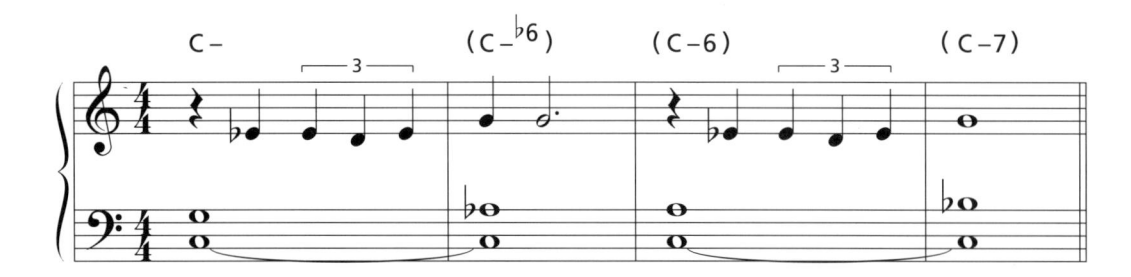

Beispiel 13.41

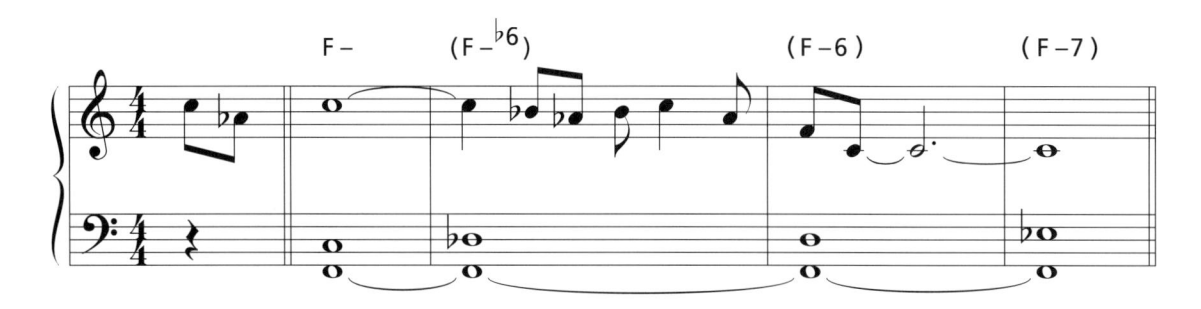

Halbverminderte Akkorde

Ist ein Mollseptakkord Teil einer II-V, können Sie den II Akkord oft als halbverminderten Akkord reharmonisieren (aus D–7, G7 wird Dø, G7). Das geht natürlich nicht, wenn der Melodieton über dem II Akkord die Quinte oder die Sexte ist, da beide Töne in halbverminderten Akkorden erniedrigt sind. **Beispiel 13.42** zeigt die ersten beiden Akkorde von Victor Youngs »Stella By Starlight«, das mit E–7, A7 beginnt, einer II-V.

Beispiel 13.42

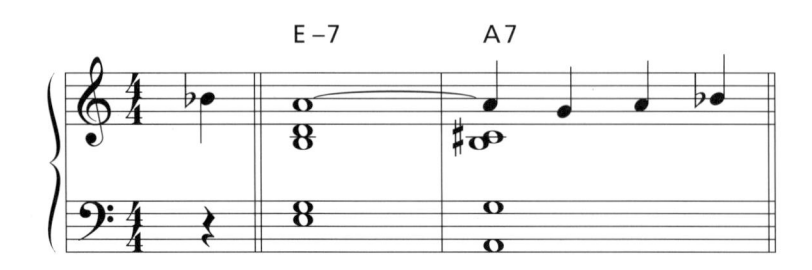

In **Beispiel 13.43** wurde aus dem E–7 Akkord ein Eø. A7 wurde ebenfalls zu A7♭9 alteriert. Beachten Sie bitte, daß das B♭, die ♭5 von Eø, zur ♭9 von A7♭9 wird. Beim Ändern eines Mollseptakkords in einen halbverminderten Akkord wird der darauffolgende V Akkord üblicherweise entweder als ♭9 oder als alteriert reharmonisiert.

Beispiel 13.43

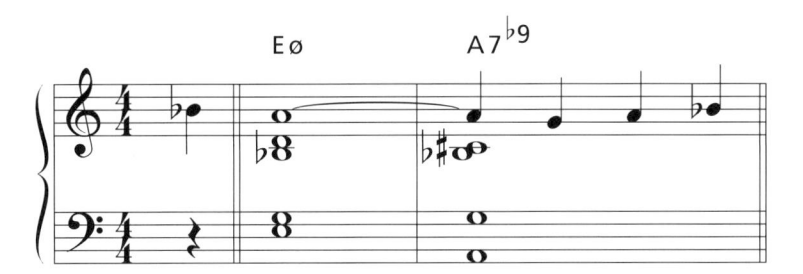

Einige Theoriebücher betonen, daß halbverminderte Akkorde als Teil einer II-V-I in Moll gespielt werden (wie in Dø, G7alt, C–Δ). Das stimmt zwar, erweckt jedoch den Eindruck, als würde man halbverminderte Akkorde *ausschließlich* in Mollkadenzen spielen. Eine II-V in Moll löst sich aber problemlos in einen Durakkord auf. Bob Haggarts Stück »What's New« z. B. hat die Akkordfolge Dø, G7alt, CΔ (**Beispiel 13.44**).

Beispiel 13.44

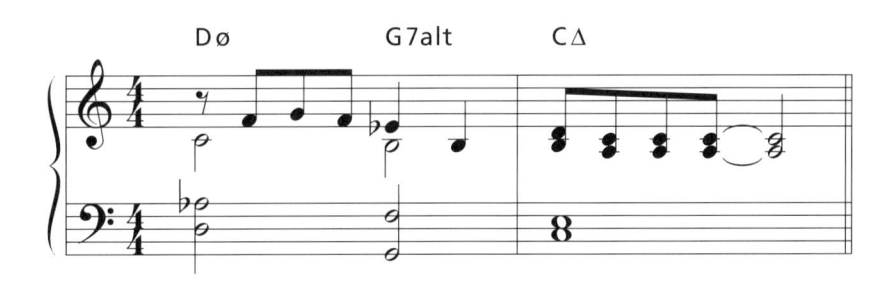

Reharmonisation von II Akkorden mit Slash-Akkorden

Jetzt etwas für Fortgeschrittene. Ist der Melodieton eines Mollakkords der Tonika die Terz oder die Septime, kann dieser als Slash-Akkord reharmonisiert werden. Dabei spielt man den Durdreiklang einen Halbton unter dem Grundton (wie in B/C). Spielen Sie **Beispiel 13.45**, Takt 7-8 von Kenny Dorhams »Blue Bossa«. Der Melodieton über dem C–6 Akkord ist E♭, die kleine Terz des C– Akkords. Spielen Sie jetzt **Beispiel 13.46** und hören Sie sich den B/C Akkord an.

Beispiel 13.45

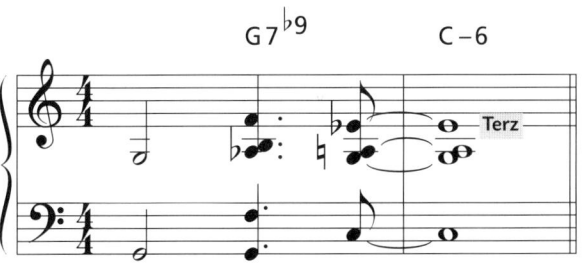

Beispiel 13.46

Beispiel **13.47** zeigt den Auftakt und den ersten Takt von Billy Strayhorns »Chelsea Bridge«. Der Melodieton des B♭–∆ Akkords ist A, die Septime des Akkords. Spielen Sie jetzt **Beispiel 13.48** und hören Sie sich den A/B♭ Akkord an. *Ist der Melodieton eines Mollakkords der Tonika die Terz oder die Septime, können Sie den Akkord mit einem Slash-Akkord reharmonisieren, indem Sie den Durdreiklang einen Halbtonschritt unter dem Grundton verwenden.*

Beispiel 13.47

Beispiel 13.48

Ändern von II-V in V von V

Sie können aus einem II Akkord, der Teil einer II-V ist, einen V Akkord machen, so daß eine V von V entsteht (D–7, G7 wird zu D7, G7). **Beispiel 13.49** zeigt Takt 13-16 von Harry Warrens »You're My Everything«. In **Beispiel 13.50** hören Sie, wie Freddie Hubbard (mit Herbie Hancock am Piano) D–7 in D7♭9♯11 verwandelt, gefolgt von G7.[9] D7, G7 ist eine V von V.

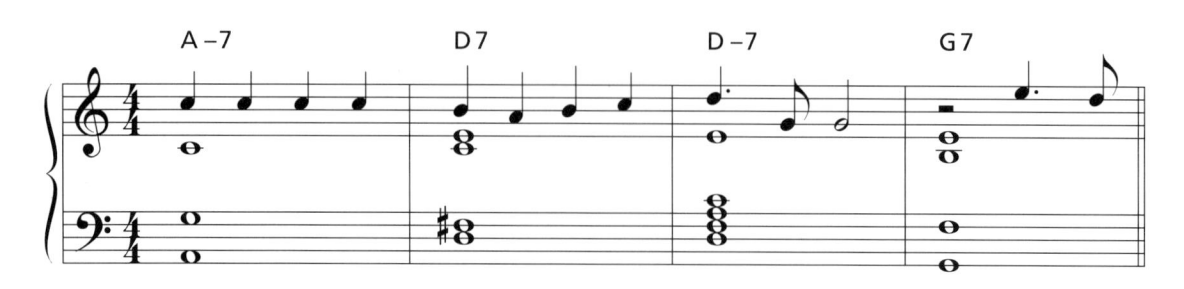

Beispiel 13.49

[9] Freddie Hubbard, *Hub Tones*, Blue Note, 1960.

Beispiel 13.50

Herbie Hancocks Piano-Voicing vereinfacht

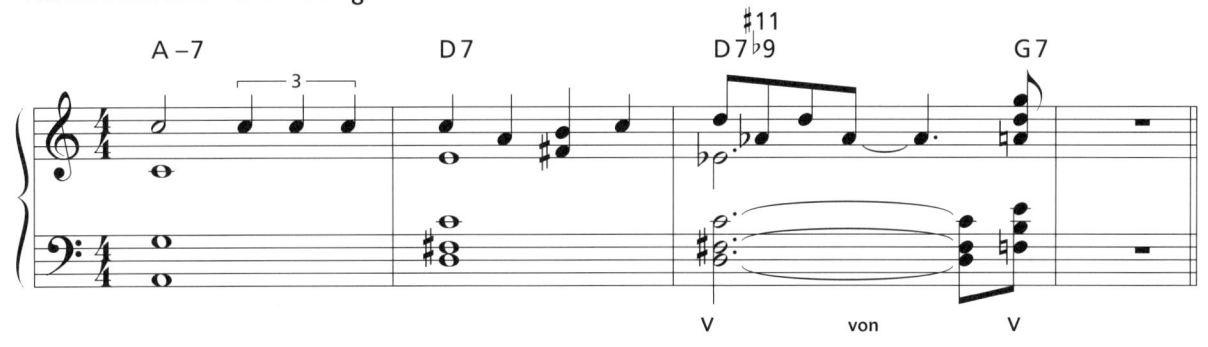

Besonders effektvoll ist die V von V über die beiden aufeinanderfolgenden II-V Verbindungen einer III-VI-II-V Verbindung. Spielen Sie **Beispiel 13.51**, Takt 7 und 8 von Jimmy Van Heusens »Polka Dots And Moonbeams«. Achten Sie vor allem auf die III-VI-II-V im letzten Takt. Spielen Sie nun **Beispiel 13.52**. Hören Sie den Unterschied zu der V von V? Das funktioniert u. a. deshalb so gut, weil V Akkorde mehr Möglichkeiten der Reharmonisation bieten als II Akkorde, was uns gleich in den nächsten Abschnitt dieses Kapitels führt.

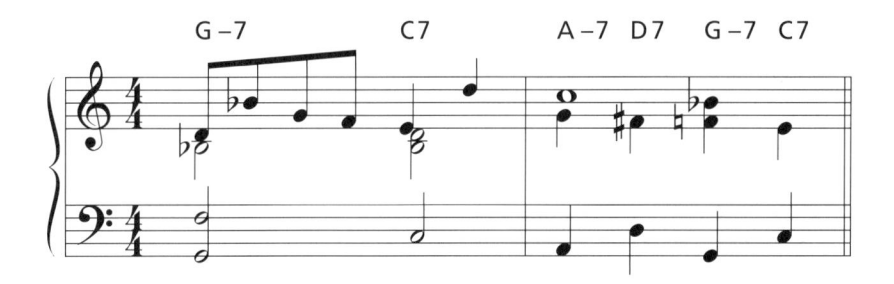

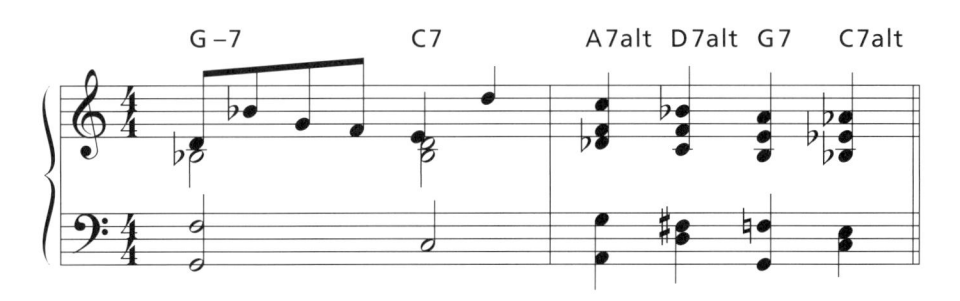

Beispiel 13.51

Beispiel 13.52

Reharmonisation von V Akkorden

Spielen Sie **Beispiel 13.53** und hören Sie sich fünf unterschiedliche Reharmonisationen des Turnarounds aus dem vorhergehenden Beispiel, Takt 7-8 von »Polka Dots And Moonbeams«, an. Wie soll man sich bei einem solchen Turnaround entscheiden? Sollte man die V Akkorde wie im ersten Beispiel nicht alterieren? Oder spielt man besser b9? Vielleicht alt? #11? #9? #5? sus? sus b9?[10] Der folgende Abschnitt enthält einige Richtlinien, die Ihnen bei der Entscheidung für den jeweiligen Akkord helfen sollen.

Beispiel 13.53

---

[10] Die Reharmonisation mit sus und sus b9 Akkorden wird im nächsten Kapitel behandelt.

V7♭9, V7alt und V7#11 Akkorde

Es gibt viele Möglichkeiten, einen V Akkord zu alterieren (♭9, #9, alt, #11, #5, sus, sus♭9). *Die drei häufigsten Alterationen von V Akkorden sind jedoch ♭9, alt und #11.* Jede dieser drei Alterationen zeigt ganz spezifische Auflösungstendenzen. Aus diesem Grund werden Sie gleich einige Richtlinien kennenlernen, die Ihnen die Wahl erleichtern. Sie funktionieren fast immer, aber vergessen Sie nicht: *es sind nur Richtlinien, keine festen Regeln.*

V7♭9 Akkorde aus der verminderten Halbton/Ganztonskala können sich fast überallhin auflösen, *aber oft lösen sie sich eine Quinte abwärts auf.* Aber Vorsicht: ist der Melodieton über dem V Akkord die None oder die ♭13, können Sie keinen V7♭9 Akkord spielen, da weder die None noch die ♭13 in der verminderten Halbton/Ganztonskala enthalten sind.

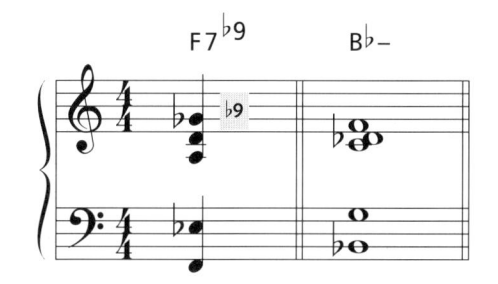

Komponisten machen sich die Auflösungstendenz des V7♭9 Akkords eine Quinte abwärts häufig zunutze, indem sie die ♭9 als Melodieton verwenden. **Beispiel 13.54** zeigt die ersten beiden Takte von Duke Ellingtons »Sophisticated Lady« mit einem F7♭9, der sich eine Quinte abwärts zu B♭– auflöst. G♭, der Melodieton des F7♭9 Akkords, löst sich einen Halbton abwärts auf und wird zu F, der Quinte von B♭–.

Spielen Sie **Beispiel 13.55**, die ersten beiden Takte von Fred Lacys »Theme For Earny«[11] und hören Sie, wie sich B♭7♭9 (mit C♭, der ♭9 in der Melodie) eine Quinte abwärts zu E♭–7 auflöst.

Beispiel 13.54

Beispiel 13.55

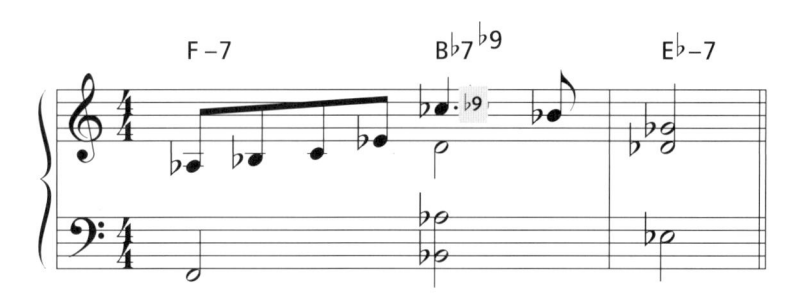

V7alt und V7#11 Akkorde müssen zusammen untersucht werden. Sie kommen beide in der melodischen Mollskala vor und können sich als Tritonussubstitutionen gegenseitig vertreten. E7alt und B♭7#11, einen Tritonus voneinander entfernt, leiten sich beide aus der melodischen F Mollskala ab. Da es in der Harmonik von melodisch Moll keine Avoid-Töne gibt und sämtliche Akkorde einer melodischen Mollskala austauschbar sind, *sind E7alt und B♭7#11 im Prinzip derselbe Akkord.* Da beide austauschbar sind, tendieren sie dazu, sich zu denselben Akkorden aufzulösen. Das ist äußerst wichtig: Lesen Sie deshalb diesen Absatz nochmals durch, bevor Sie weitergehen.

---

[11] John Coltrane, *Soultrane*, Prestige, 1958.

Beispiel 13.56

alt löst sich eine Quinte abwärts auf

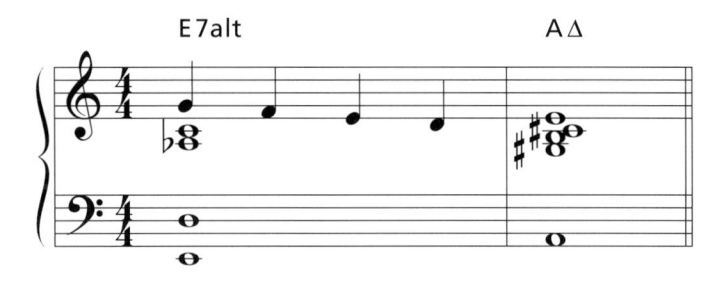

[E7alt → A△]

#11 löst sich einen Halbton abwärts auf

[B♭7#11 → A△]

Beispiel 13.57

alt löst sich einen Halbton aufwärts auf

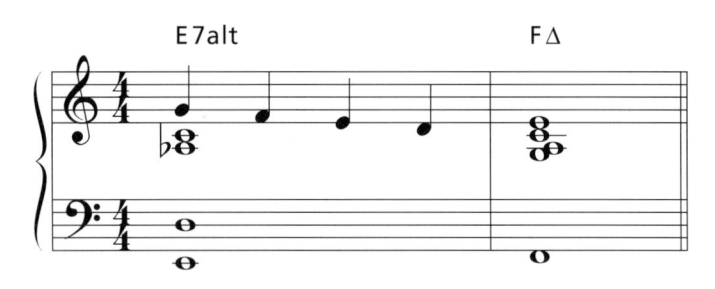

[E7alt → F△]

#11 löst sich eine Quarte abwärts auf

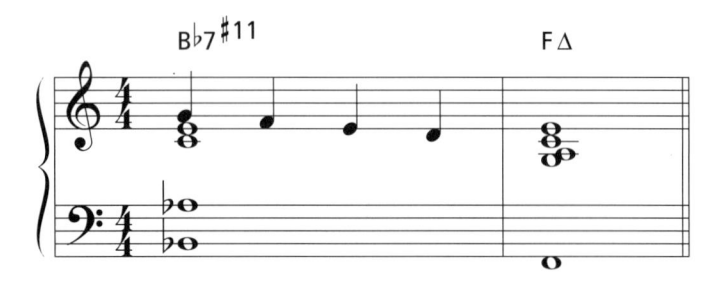

[B♭7#11 → F△]

Vergleichen wir V7alt und V7#11 miteinander.

V7alt Akkorde können sich überallhin auflösen, aber am besten lösen sie sich auf:

- eine Quinte abwärts
- einen Halbton aufwärts
- eine große Terz abwärts

V7#11 Akkorde können sich überallhin auflösen, aber am besten lösen sie sich auf:

- einen Halbton abwärts
- eine Quarte abwärts
- einen Ganzton aufwärts

Diese beiden Akkordtypen (V7alt und V7#11) haben exakt dieselben Auflösungen, aber im Abstand eines Tritonus. Um dies zu verdeutlichen, spielen wir die verschiedenen Möglichkeiten einmal durch. Als Beispiele dienen uns die Akkorde E7alt und B♭7#11 aus F melodisch Moll.

Beispiel 13.56 zeigt, daß sich sowohl E7alt als auch B♭7#11 nach A△ auflösen.

Beispiel 13.57 zeigt, daß sich sowohl E7alt als auch B♭7#11 nach F△ auflösen.

Beispiel 13.58 zeigt, daß sich sowohl E7alt als auch B♭7♯11 nach C∆ auflösen.

E7 alt und B♭7♯11 lösen sich deshalb zu denselben Akkorden auf, *weil sie im Prinzip derselbe Akkord sind.*

In den vorhergehenden Beispielen lösten wir E7alt und B♭7♯11 in Durseptakkorde auf. Das muß aber nicht immer der Fall sein. E7alt und B♭7♯11, die sich in **Beispiel 13.56** nach A∆ auflösten, lösen sich ebenso gut nach A–7 oder A7 auf. Das Wesentliche ist nämlich die Grundtonbewegung der Akkorde und nicht der Akkordtypus.

Denken Sie daran, während des Themas eines Stücks V Akkorde nur mit größter Vorsicht zu alterieren. Häufig läßt der Melodieton keine Alteration zu. Ist der Melodieton über dem V Akkord die None oder die 13, funktioniert ein alterierter Akkord deshalb nicht, weil diese Töne in der alterierten Skala gar nicht enthalten sind. Sind ♭9, ♯9 oder ♭13 Melodieton, funktioniert der ♯11 Akkord nicht, weil diese Töne nicht in der lydisch-dominant Skala enthalten sind. Beim Improvisieren können Sie diese Einschränkungen ignorieren, *außer, Sie verwenden die Melodie als Basis Ihrer Improvisation.*

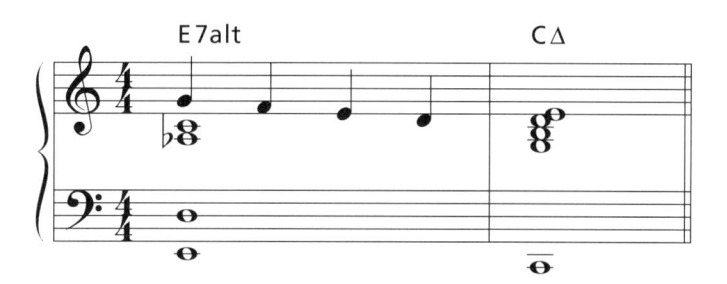

Sehen wir uns nun einmal diese Richtlinien im Kontext von Stücken aus dem Standardrepertoire an. Als erstes befassen wir uns mit V7alt Akkorden, die sich eine Quinte abwärts auflösen, und ihre Tritonussubstitution, also V7♯11 Akkorde, die sich einen Halbton abwärts auflösen.

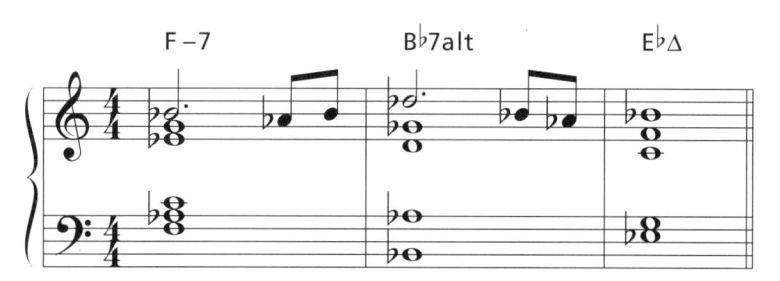

Beispiel 13.59 enthält die letzten Takte von Mal Waldrons »Soul Eyes«. B♭7alt löst sich eine Quinte abwärts nach E♭∆ auf. In **Beispiel 13.60**, Takt 12-13 von Harold Lands »Rapture«, löst sich C7alt eine Quinte abwärts nach F–7 auf.

Beispiel 13.61

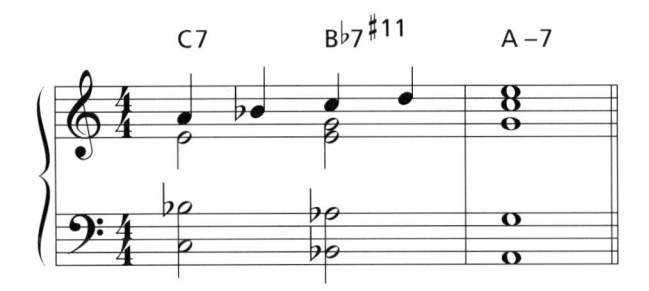

Beispiel 13.62

Beispiel 13.61 zeigt Takt 28-29 von Richard Rodgers' »Have You Met Miss Jones«. B♭7#11 löst sich einen Halbtonschritt abwärts nach A−7 auf.

Und in **Beispiel 13.62**, dem Auftakt und ersten Takt von Tadd Damerons »Our Delight«, löst sich B7#11 einen Halbtonschritt abwärts nach B♭7 auf.

Als nächstes untersuchen wir V7alt Akkorde, die sich einen Halbtonschritt aufwärts auflösen, und ihre Tritonussubstitution, V7#11 Akkorde, die sich eine Quarte abwärts auflösen. Spielen Sie **Beispiel 13.63**, die ersten drei Takte von Wayne Shorters »E.S.P.«, und hören Sie zu, wie sich E7alt einen Halbton aufwärts nach FΔ auflöst. In **Beispiel 13.64**, Takt 18-19 von Chick Coreas »Mirror, Mirror«, löst sich E♭7alt einen Halbton aufwärts nach EΔ auf.

Beispiel 13.63

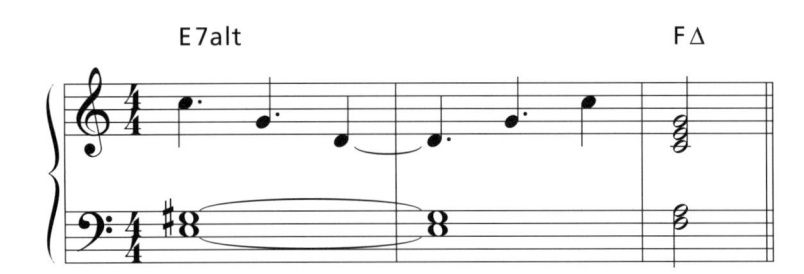

Beispiel 13.64

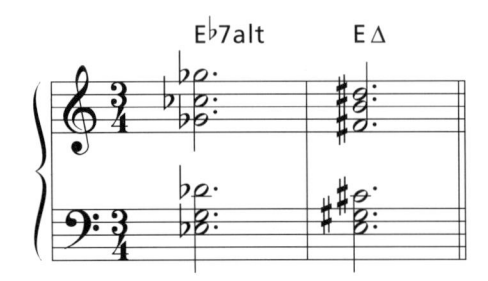

GRUNDLAGEN DER REHARMONISATION

In **Beispiel 13.65**, John Coltranes Version von »Spring Is Here«, löst sich D♭7♯11 eine Quarte abwärts nach A♭∆ auf.

Als nächstes untersuchen wir V7alt Akkorde, die sich eine große Terz abwärts auflösen, und ihre Tritonussubstitution, V7♯11 Akkorde, die sich einen Ganztonschritt aufwärts auflösen. **Beispiel 13.66** enthält Takt 13-14 von John Coltranes »Moment's Notice«. C7alt löst sich eine große Terz aufwärts nach A♭–7 auf. Und in **Beispiel 13.67**, Takt 4-5 von Benny Golsons »Stablemates«, löst sich C7alt eine große Terz abwärts, ebenfalls nach A♭–7 auf.

Beispiel 13.65

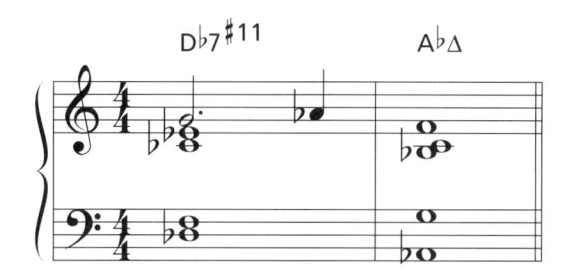

Beispiel 13.66

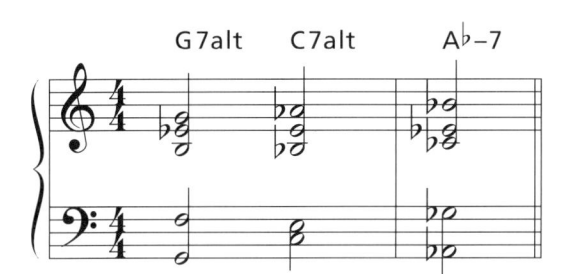

Beispiel 13.67

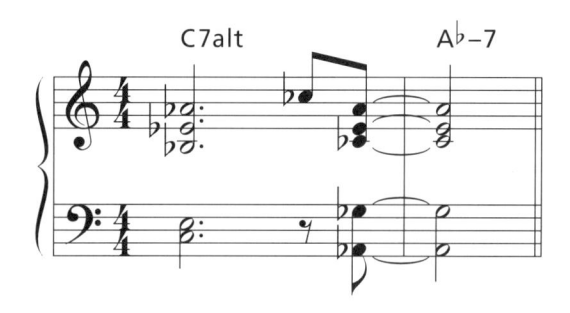

In **Beispiel 13.68**, Takt 20-23 von Victor Youngs »Stella By Starlight«, löst sich A♭7♯11 einen Ganztonschritt aufwärts nach B♭∆ auf. In **Beispiel 13.69**, Takt 7-9 von Harold Adamson und Eliot Daniels »Disco Lucy« (besser bekannt unter dem Titel »I Love Lucy Theme«[12]) löst sich G7♯11 einen Ganztonschritt aufwärts nach A–7 auf.

Beispiel 13.68

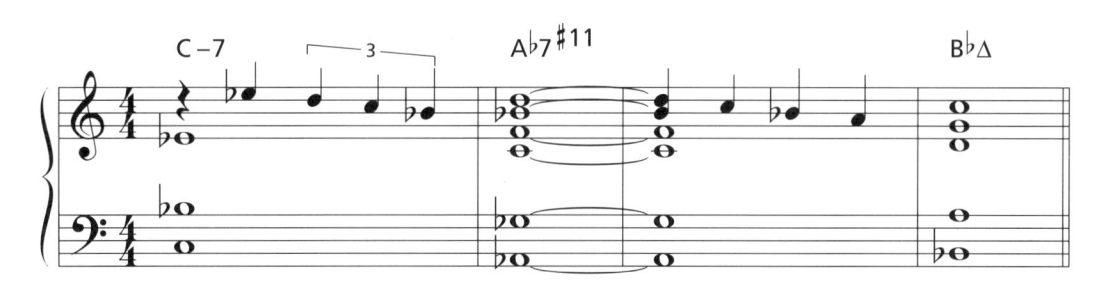

Beispiel 13.69

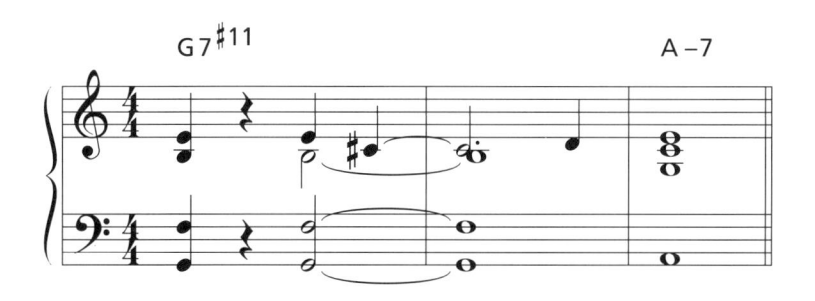

[12] Jerry Gonzalez nahm eine großartige Version des Lucy-Themas auf (Jerry Gonzalez, *Ya Yo Me Curé*, Pangaea, 1979).

In **Beispiel 13.70**, Takt 2-4 des Verse zu Billy Strayhorns »Lush Life«, löst sich B7#11 einen Ganztonschritt aufwärts nach D♭∆ auf.

Beispiel 13.70

Weitere gängige V Akkordauflösungen

V7#11 Akkorde lösen sich auch gut zum II Akkord mit demselben Grundton auf, *vor allem dann, wenn der V Akkord auf dem zweiten Ton der Tonart, in der das Stück steht, aufgebaut ist.* Dieser Akkord wird häufig II7 genannt (D7 in C Dur). Mit anderen Worten, wenn Sie ein Stück in C spielen, wird ein D7 Akkord, der sich nach D–7 auflöst, wahrscheinlich als D7#11 gut klingen.

In **Beispiel 13.71**, den ersten vier Takten von Billy Strayhorns »Take The ›A‹ Train«, löst sich D7#11 nach D–7 auf. In **Beispiel 13.72**, Takt 28-31 von Jule Stynes »You Say You Care«, löst sich G7#11 nach G–7 auf. Und in **Beispiel 13.73**, Takt 5-6 des Mittelteils von Horace Silvers »Nica's Dream«, löst sich E♭7#11 nach E♭–7 auf.

Beispiel 13.71

Beispiel 13.72

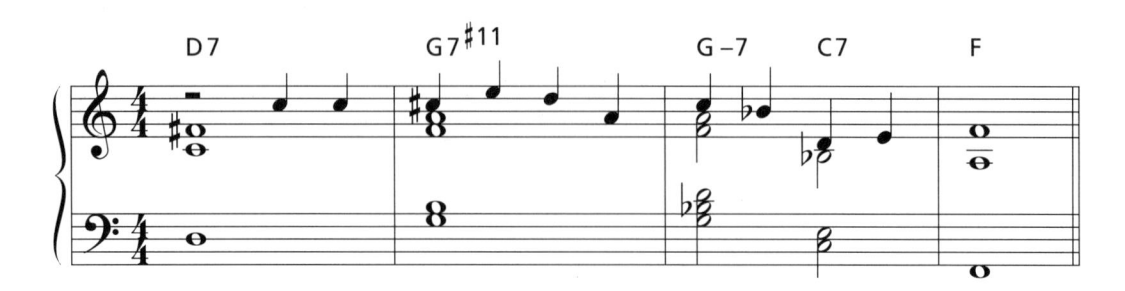

Beispiel 13.73

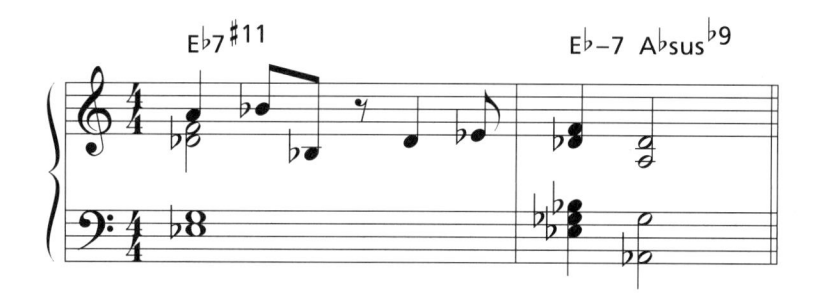

V Akkorde lösen sich häufig in andere V Akkorde auf, und zwar entweder eine Quinte abwärts (V von V) oder einen Halbtonschritt abwärts. Sehen Sie sich **Beispiel 13.74** an, die ersten drei Takte von Jimmy Van Heusens »I Thought About You«. Die untere Reihe der Changes lautet: Bø, E7alt, Eb7#11, D7alt und G7. Die mittleren Akkorde sind E7alt, Eb7#11, D7alt. Da alle drei Akkorde entweder alt oder #11 sind, können sie auch als V Akkord im Abstand eines Tritonus notiert werden. In diesem Fall wird alt zu #11 und umgekehrt. *Für diese drei Akkorde gibt es acht verschiedene Notationsmöglichkeiten.* Wie bitte? Hier die Antwort:

- Bb7#11 ist austauschbar mit E7alt (beide Akkorde stammen aus F melodisch Moll).

- Eb7#11 und A7alt sind austauschbar (beide stammen von Bb melodisch Moll).

- Ab7#11 und D7alt sind austauschbar (beide stammen aus Eb melodisch Moll).

Beispiel 13.74

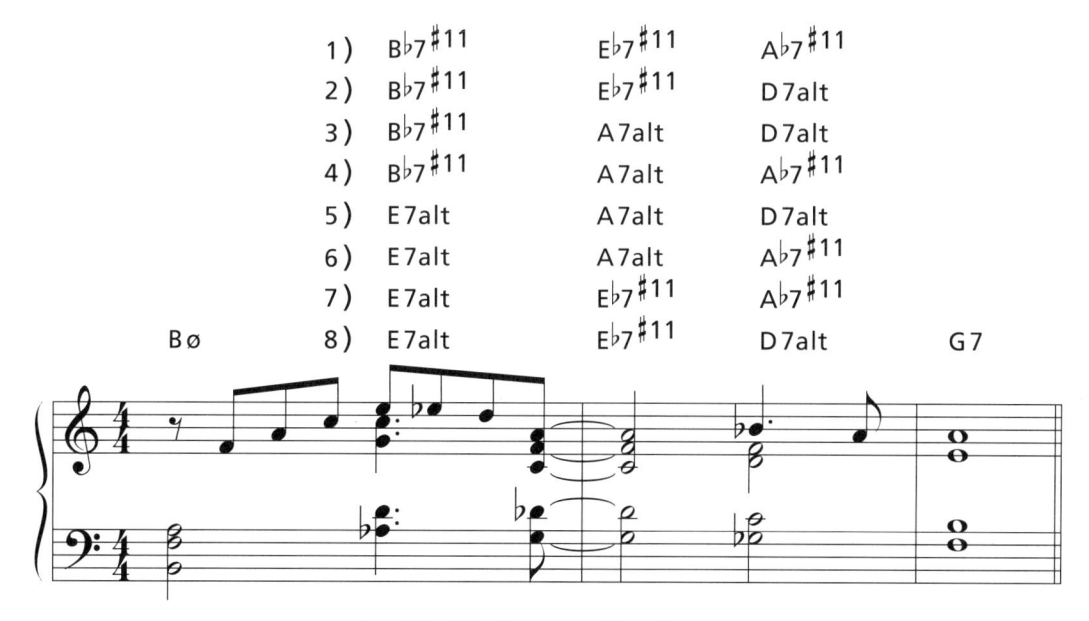

	1) Bb7#11	Eb7#11	Ab7#11	
	2) Bb7#11	Eb7#11	D7alt	
	3) Bb7#11	A7alt	D7alt	
	4) Bb7#11	A7alt	Ab7#11	
	5) E7alt	A7alt	D7alt	
	6) E7alt	A7alt	Ab7#11	
	7) E7alt	Eb7#11	Ab7#11	
Bø	8) E7alt	Eb7#11	D7alt	G7

Sämtliche Schreibweisen sind korrekt.

Für diese sechs Akkorde gibt es acht Notationsmöglichkeiten, die bis auf die jeweilige Note des Bassisten mehr oder weniger gleich klingen:

B♭7♯11, E♭7♯11, A♭7♯11

B♭7♯11, E♭7♯11, D7alt

B♭7♯11, A7alt, D7alt

B♭7♯11, A7alt, A♭7♯11

E7l, A7alt, D7alt

E7alt, A7alt, A♭7♯11

E7alt, E♭7♯11, A♭7♯11

E7alt, E♭7♯11, D7alt

Der einzige Unterschied zwischen diesen acht Akkordfolgen besteht im jeweiligen Ton, für den sich der Bassist entscheidet. Beim Improvisieren können Sie das aber unmöglich im voraus wissen, *da Bassisten über V Akkorde häufig eine Tritonussubstitution spielen.*

V7♯5 Akkorde

V7♯5 Akkorde, die sich aus der Ganztonskala ableiten, fungieren üblicherweise wie V7♭9 und V7alt Akkorde: sie lösen sich eine Quinte abwärts auf. In **Beispiel 13.75**, Takt 17-19 von Victor Youngs »Stella By Starlight«, löst sich der G7♯5 Akkord eine Quinte abwärts nach C–7 auf.[13]

Beispiel 13.75

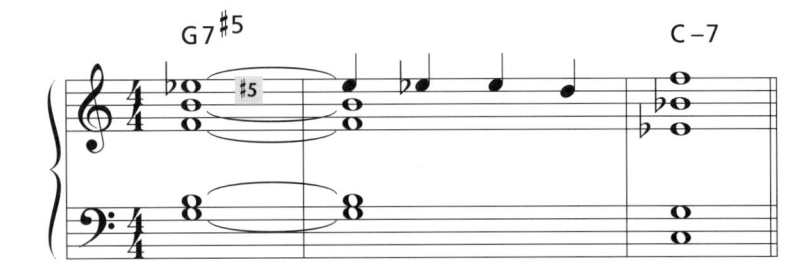

V7♯9 Akkorde

V7♯9 Akkorde übernehmen oftmals die Funktion eines I Akkords, ähnlich dem V Akkord im ersten Takt eines Blues. Tatsächlich wird der erste Akkord im Blues oft als V7♯9 Akkord gespielt. V7♯9 Akkorde klingen auch typischerweise wie ein Akkord der Tonika und tendieren nach keiner bestimmten Auflösung. Spielen Sie den Vamp in **Beispiel 13.76**, und Sie hören diesen Effekt.

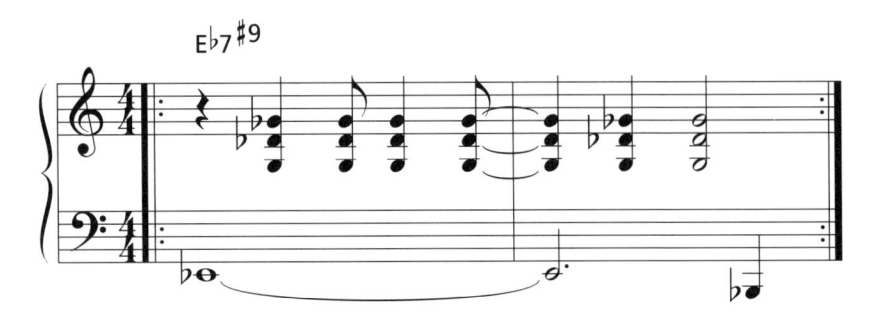

Beispiel 13.76

---

[13] In diesen beiden Takten von »Stella« ziehen manche Musiker einen G7alt vor.

Rebarmonisation von VI Akkorden als V Akkorde

VI Akkorde werden oft als V Akkorde reharmonisiert. In einer I-VI-II-V in B♭ (B♭Δ, G–7, C–7, F7)[14] wird G–7 üblicherweise als G7 reharmonisiert. Die Stimmführung wird dadurch entschieden besser: G7 löst sich besser nach C–7 auf als G–7. Zusätzlich bietet G7 zahlreichere harmonische Möglichkeiten: z. B. G7♭9, G7alt oder G7♯5. Dasselbe geschieht in einer III-VI-II-V Verbindung (D–7, G–7, C–7, F7 in B♭ Dur). Auch hier wird der VI Akkord G–7 normalerweise durch G7 ersetzt. Sowohl in der I-VI-II-V als auch der III-VI-II-V Verbindung spielen viele Musiker anstelle des VI Akkords einen verminderten Akkord (B° anstelle von G–7 in B♭ Dur). Dadurch entsteht eine chromatische Baßlinie (B♭, B°, C–7, F7). B° ist versteckt im G7♭9 Akkord, da die Töne von B° (B-D-F-A♭) die Terz, Quinte, Septime und ♭9 von G7♭9 sind (**Beispiel 13.77**).

Und nicht vergessen: sämtliche bisher erwähnten Reharmonisationstechniken sind lediglich Richtlinien, keine Regeln, denn dafür gibt es viel zu viele Ausnahmen.[15] Reharmonisiert ein Musiker im Gegensatz zu abgemachten Veränderungen während eines Solos spontan, müssen alle genau zuhören. Sind alle Musiker auf der gleichen Wellenlänge, können magische Dinge passieren. Falls nicht, ist von Polytonalität bis zur absoluten Katastrophe (*Train Wreck*) alles drin.

Rebarmonisation von I Akkorden

Akkorde, die auf dem Lead Sheet als Durseptakkord erscheinen, müssen nicht unbedingt die große Septime enthalten. Statt CΔ spielen Pianisten und Gitarristen häufig C6, C6/9 oder C♯4. Wie das klingt, hören Sie, wenn Sie die vier CΔ Voicings aus **Beispiel 13.78** spielen. Diese Voicings funktionieren sehr gut als C Durakkorde. Die große Septime ist nicht erforderlich. Viele Jazzmusiker notieren CΔ auch einfach nur als C.

Beispiel 13.77

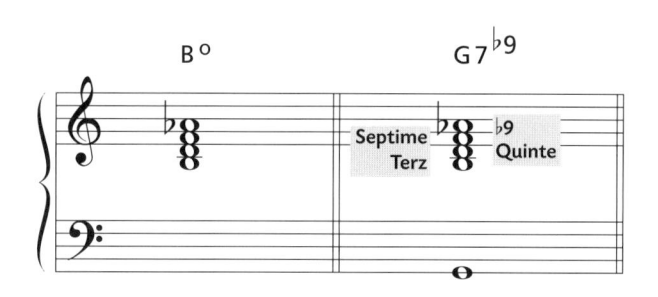

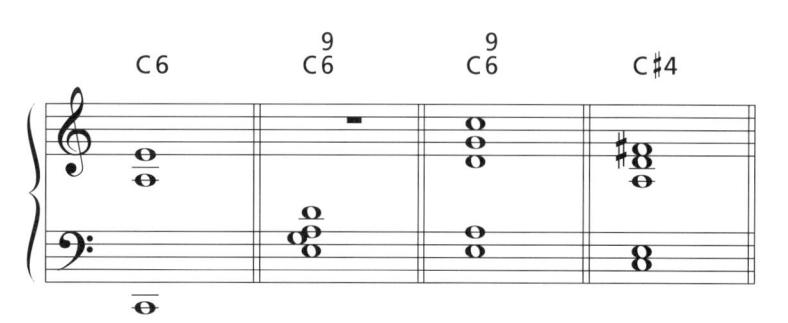

Beispiel 13.78

---

[14] Die ersten vier Akkorde in George Gershwins »I've Got Rhythm«.
[15] Hier nur einige davon: Cedar Waltons »Bolivia« und »Clockwise« enthalten V7♯9 Akkorde, die sich einen Halbtonschritt abwärts auflösen. Earl Hines' 1935 geschriebenes »Rosetta« sowie Chick Coreas »Mirror, Mirror« enthalten V7alt Akkorde, die sich einen Halbtonschritt abwärts auflösen. Und Horace Silvers »Gregory Is Here« enthält einen V7♯11 Akkord, der sich einen Halbtonschritt aufwärts auflöst.

Lydische (∆♯4) Akkorde

Fast immer kann man anstatt eines Durakkords (wie C∆) einen lydischen Akkord (C∆♯4) spielen.[16] Mit einer Ausnahme: falls Sie Pianist oder Gitarrist sind und einen Solisten begleiten, der gerade absichtlich die Quarte (den Avoid-Ton) spielt, um eine Dissonanz über den ∆ Akkord zu erzeugen, dann wird die ♯4 ziemlich schlecht klingen. Das bewußte Spielen des Avoid-Tons über einen Durakkord ist, wie wenn man einem Gericht scharfe Pepperoni hinzufügt. Die ♯4 dagegen ist wie Eiskrem; es ist ein cooler Sound. Falls Sie nicht gerade auf Pepperoni-Eiskrem stehen, spielen Sie die 4 und die ♯4 lieber nicht zusammen in einem Durakkord.

Lydisch-übermäßige (∆♯5) Akkorde

Wenn Sie das Thema eines Stücks spielen, und der Melodieton des Durakkords ist die Terz oder die Septime, können Sie anstatt eines Durseptakkords einen lydisch-übermäßigen Akkord spielen. Nehmen wir als Beispiel A♭∆♯5. A♭∆♯5 wird häufig als der Slash-Akkord C/A♭ (C Durdreiklang über A♭ im Baß) notiert. Im C Durdreiklang sind die Töne C und G enthalten, die Terz und Septime von A♭∆. Ist der Melodieton über A♭∆ C oder G (Terz oder Septime), können Sie den A♭∆ Akkord in C/A♭ oder A♭∆♯5 umwandeln. **Beispiel 13.79** zeigt die ersten vier Takte von Jerome Kerns »All The Things You Are«. Spielen Sie anschließend **Beispiel 13.80** und hören Sie auf den Unterschied im vierten Takt. Die Melodietöne in diesem Takt sind G und C – die Septime und die Terz von A♭∆ – zwei der Töne des C Durdreiklangs. Der dritte Ton ist das E, die erhöhte Quinte in A♭∆♯5.

Beispiel 13.79

Beispiel 13.80

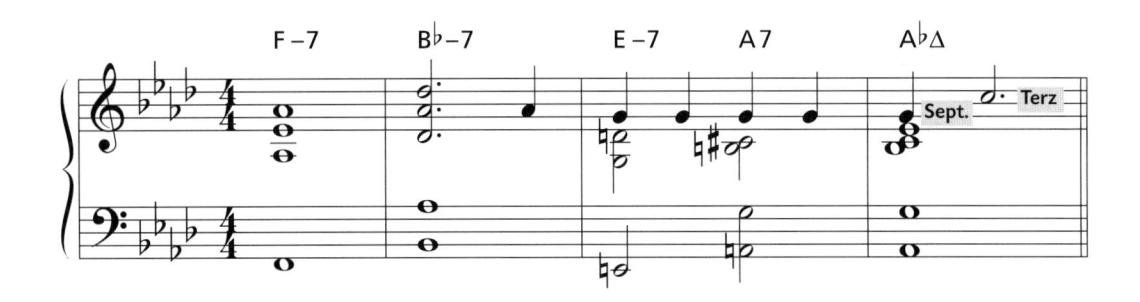

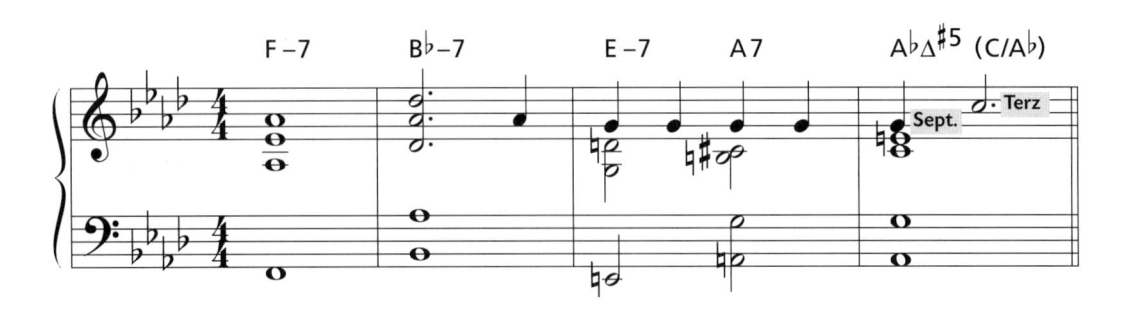

[16] Selbst in einem Stück der Beatles: auf Lee Morgans 1966 erschienenem Album »Delightfulee« reharmonisierte Oliver Nelson in John Lennon und Paul McCartneys »Yesterday« einen Durakkord als lydischen Akkord. Wayne Shorter spielt auf dieser Aufnahme ein Wahnsinns-Solo.

Einige Takte später ergibt sich dieselbe Gelegenheit. Spielen Sie **Beispiel 13.81**. Der Melodieton im dritten und vierten Takt ist E, die Terz von C∆. Spielen Sie **Beispiel 13.82** und achten Sie auf den Unterschied, den der C∆#5 Akkord im dritten Takt macht. Jazzmusiker lösen einen lydisch-übermäßigen Akkord häufig in einen normalen Durseptakkord auf, indem sie, wie hier im vierten Takt, die übermäßige Quinte um einen Halbton erniedrigen. Die #5 kann sich aber auch zur Sexte auflösen (**Beispiel 13.83**).

Wenn Sie beim Improvisieren einen Durakkord in einen lydisch-übermäßigen Akkord umwandeln, müssen Ihnen Ihre Begleitmusiker folgen und ebenfalls ∆#5 spielen. Sind Sie selbst Begleitmusiker, müssen Sie auf den Solisten achten und sich ihm sofort anpassen können. *Hören Sie also gut zu!*

Beispiel 13.81

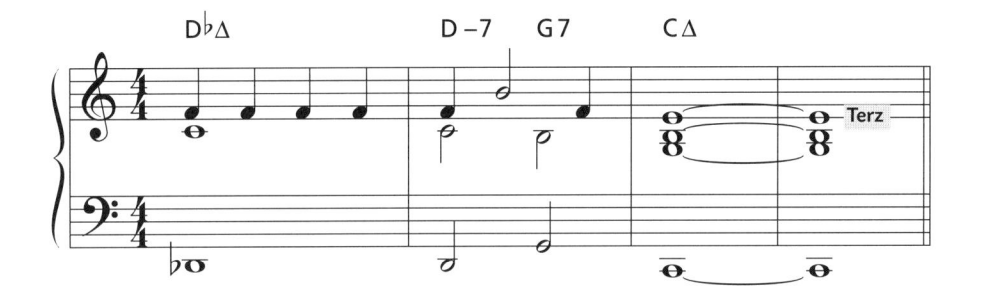

Beispiel 13.82

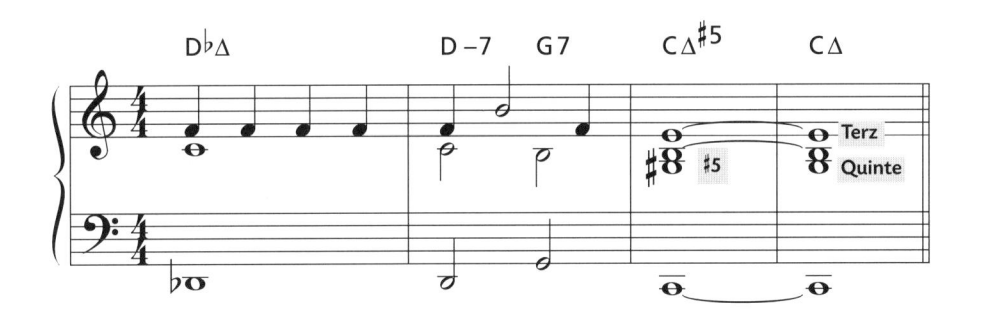

Beispiel 13.83

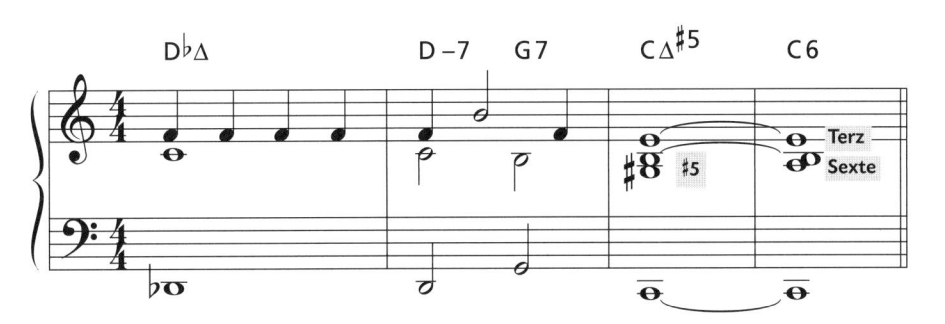

Den I Akkord einen Halbton aufwärts bewegen

Ist der Melodieton eines I Akkords der Grundton oder die Quinte, können Sie den Akkord einen Halbton aufwärts bewegen. Das kann an jeder Stelle erfolgen, wird aber am häufigsten beim letzten I Akkord eines Stücks gemacht. Ist der Melodieton über dem I Akkord der Grundton, wird er durch die chromatische Rückung nach oben (z. B. F∆ zu G♭∆) zur großen Septime des neuen Akkords. **Beispiel 13.84** zeigt die Schlußkadenz von Richard Rodgers »The Surrey With The Fringe On Top«. In **Beispiel 13.85** hören Sie, wie Kenny Barron[17] sich den Melodieton F über F∆ zunutze macht und den Akkord chromatisch aufwärts zu G♭∆ reharmonisiert.

Beispiel 13.84

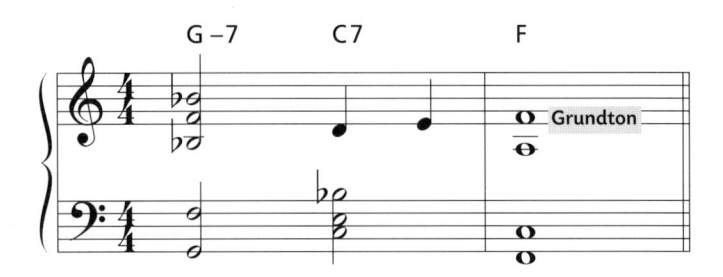

Dasselbe macht Kenny bei Jimmy McHughs »On The Sunny Side Of The Street«[18], wo er C∆ einen Halbton aufwärts bewegt, wodurch der Melodieton C zur großen Septime von D♭∆, des neuen Akkords, wird. **Beispiel 13.86** zeigt die beiden letzten Takte des Stücks, und **Beispiel 13.87** Kennys Reharmonisation. Kenny spielt zusätzlich eine ♯4.

Beispiel 13.85

Kenny Barrons Piano-Voicings vereinfacht

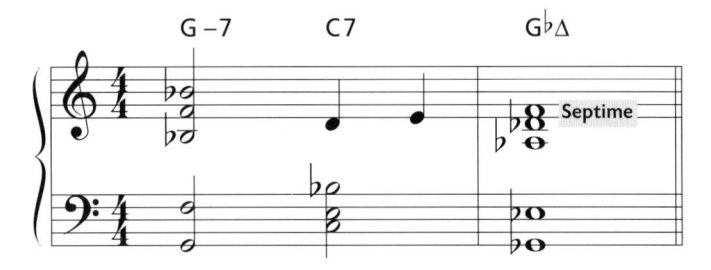

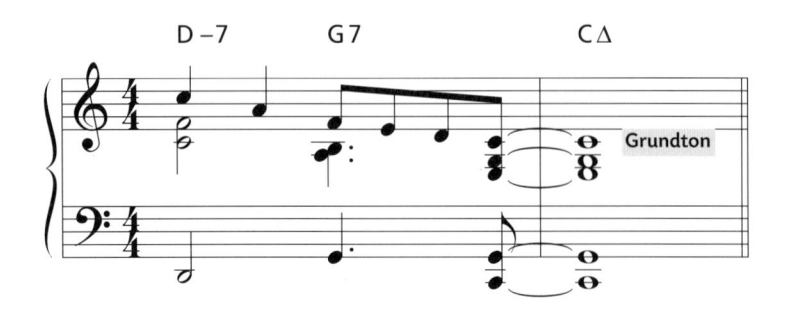

Beispiel 13.86

---

[17] Kenny Barron, *The Only One,* Reservoir, 1990.
[18] ebd.

Beispiel 13.87

Kenny Barrons Piano-Voicings vereinfacht

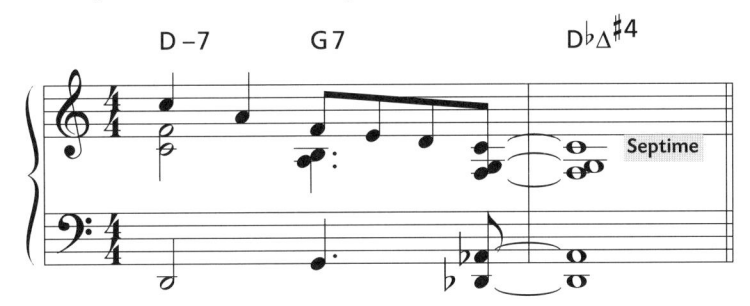

Beispiel 13.88 zeigt die letzte Kadenz von Richard Rodgers »My Foolish Heart«. In Beispiel 13.89 hören Sie, wie Bobby Hutcherson (mit McCoy Tyner am Piano) B♭∆ zu B∆ macht.[19] Achten Sie auch auf G♭7#11, den chromatischen Annäherungsakkord an Fsus, eine Technik, die wir im nächsten Kapitel behandeln werden.

Beispiel 13.88

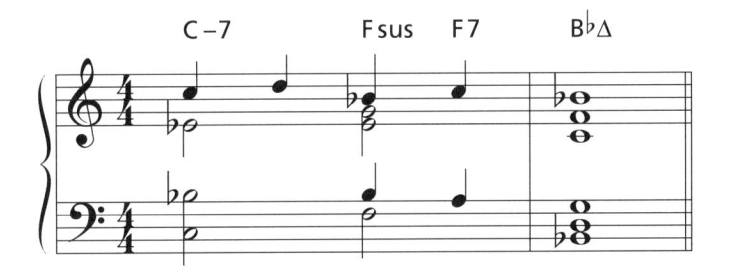

Beispiel 13.89

McCoy Tyners Piano-Voicings vereinfacht

Beispiel 13.90 zeigt die letzten vier Takte von Richard Rodgers »Have You Met Miss Jones«.

Beispiel 13.90

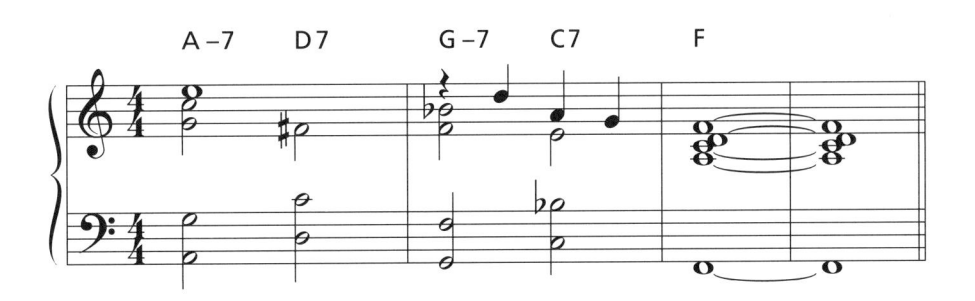

---

[19] Bobby Hutcherson, *Solo/Quartet*, Fantasy, 1981.

In **Beispiel 13.91** können Sie hören, wie Kenny Garrett (mit Mulgrew Miller am Piano) den urprünglichen FΔ Akkord in G♭Δ umändert.[20]

Beispiel 13.91

Mulgrew Millers Piano-Voicings vereinfacht

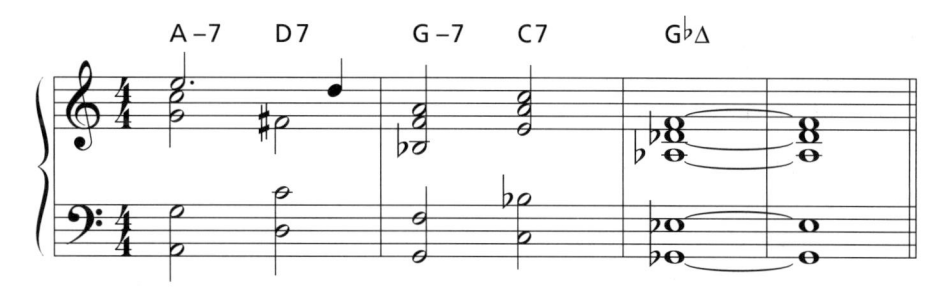

Ist der Melodieton über dem I Akkord die Quinte, verwandelt die chromatische Aufwärtsrückung des Akkords diesen Melodieton in die ♯4 des neuen Akkords. **Beispiel 13.92** zeigt Takt 5-7 von Victor Youngs »Stella By Starlight«. B♭, der letzte Ton, ist die Quinte von E♭Δ. In **Beispiel 13.93** ersetzt EΔ♯4 den Akkord E♭Δ, und der Melodieton wird zur ♯4.

Beispiel 13.92

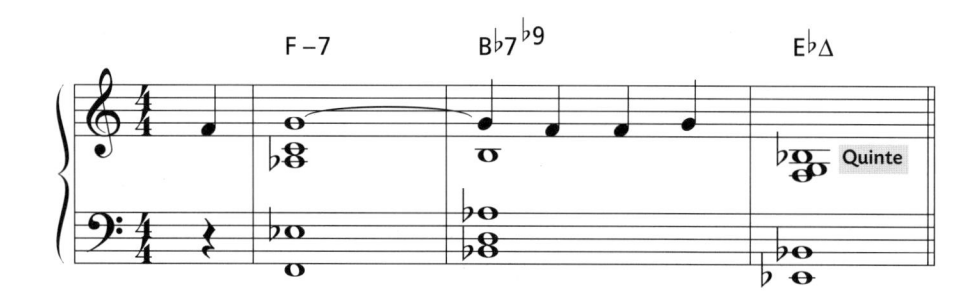

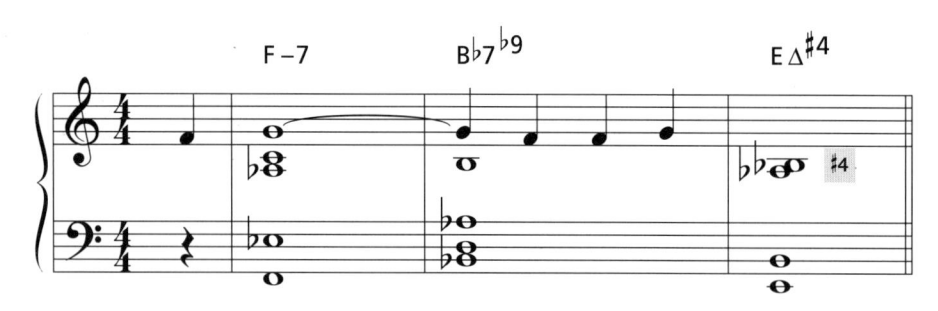

Beispiel 13.93

---

[20] *Introducing Kenny Garrett*, Criss Cross, 1984.

Slash-Akkorde als I Akkorde

Ist der Melodieton über einem Durseptakkord die ♯4 oder die große Septime, kann der Akkord in einen Slash-Akkord mit dem Durdreiklang einen Halbton unter dem Grundton umgeändert werden (wie in B/C). **Beispiel 13.94** zeigt zwei Takte des Verse von Vincent Youmans »More Than You Know«. Melodieton über dem C∆ Akkord ist das B, die große Septime. In **Beispiel 13.95** hören Sie, wie Mulgrew Miller[21] anstatt C∆ den Slash-Akkord B/C spielt und diesen dann wieder zurück nach C∆ auflöst.

Pianisten und Gitarristen sollten beim Begleiten vorsichtig mit diesen gewagteren Alterationen umgehen. Hören Sie aufmerksam zu und behindern Sie auf keinen Fall den Solisten. Als allgemeine Regel beim Begleiten gilt zwar, daß man dem Solisten zu folgen hat, aber andererseits wollen viele Solisten von der Rhythmusgruppe auch harmonische Anregungen bekommen.

Beispiel 13.94

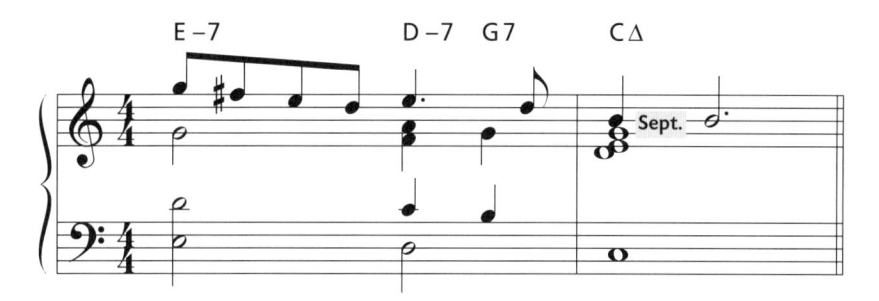

Beispiel 13.95

Mulgrew Millers Piano-Voicings, vereinfacht und in eine andere Tonart transponiert

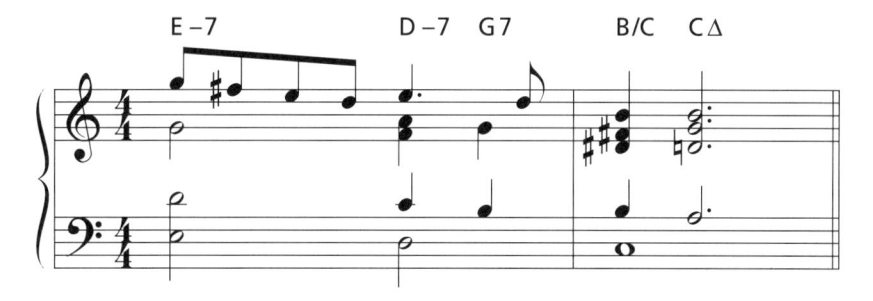

Bläser und Sänger – aufgepaßt!

Manchmal singt oder spielt man beim Schlußakkord am besten den Ton, der dasteht. Die Rhythmusgruppe spielt oft ein Ritardando und hält dann den vorletzten Akkord, damit der Bläser vor dem letzten Ton eine Kadenz spielen kann. Bläser und Sänger verspüren bisweilen den unwiderstehlichen Drang, statt diesem letzten Ton ›etwas viel Hipperes‹ zu spielen oder zu singen. Pianisten und Gitarristen erwarten natürlich den ursprünglichen Ton und wollen deshalb aus dem letzten Akkord ebenfalls etwas ›etwas viel Hipperes‹ machen. Sollte sich der Bläser oder Sänger für einen anderen Ton als den ursprünglichen entscheiden, muß sich die Rhythmusgruppe sofort anpassen und einen anderen Akkord als den ›hipperen‹ spielen.

[21] Mulgrew Miller, *From Day To Day*, Landmark, 1990.

Beispiel 13.96

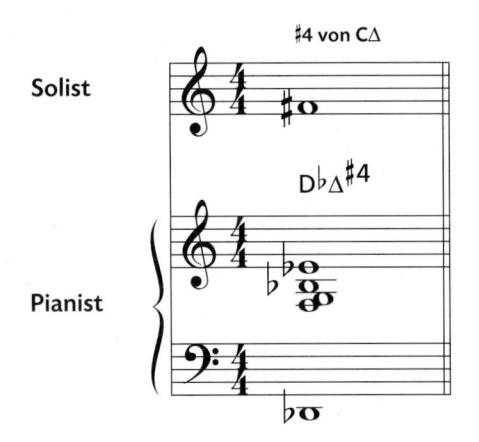

Bei einer Zahl von mindestens vier Musikern (Bläser oder Sänger, Pianist, Gitarrist, Bassist), sind die Chancen, daß etwas schiefgeht, ziemlich groß. Hat der Solist Vertrauen in die Fähigkeiten seiner Rhythmusgruppe, ist es manchmal besser, den ursprünglich notierten Ton zu spielen. Entscheidet er sich anders, kann es zu einem »Train Wreck« kommen. Hier ein Beispiel: Anstatt des notierten Tons spielt der Solist über den Schlußakkord C∆ ein F♯ (die ♯4), während sich der Pianist für den Akkord D♭∆♯4 entschieden hat (**Beispiel 13.96**).

Spielen oder singen Sie einen anderen Schlußton als den, der dasteht, geben Sie Ihrer Rhythmusgruppe Zeit. Spielen oder singen Sie den Schlußton, warten Sie ein oder zwei Sekunden, bis der Rest der Band gehört hat, um welchen Ton es sich handelt, und nicken Sie dann als Zeichen für den Schlußakkord mit dem Kopf.

Reharmonisation während der Soli

Eine Reharmonisation während der Soli geschieht fast immer ohne vorherige Absprache. Sperren Sie die Ohren auf, wenn spontane Reharmonisationen funktionieren sollen. Spielt man häufig mit demselben Musiker, sind dessen Alterationen bis zu einem gewissen Grad zu erahnen. Jazz ist trotzdem von Natur aus unberechenbar. Da alle mehr oder weniger frei über ein Skelett von Changes improvisieren, muß man auf alles gefaßt sein.

Diese Unberechenbarkeit ist der Grund, warum Jazz auch, wie jemand einmal sagte, »der Klang der Überraschung« ist. Obwohl McCoy Tyner üblicherweise mit denselben Akkorden begleitete, über die Coltrane improvisierte, konnte es passieren, daß McCoy C7♭9 spielte und Coltrane C7alt. Natürlich ist es keine schlechte Idee, im Prinzip über dieselben Akkorde zu spielen. Geht man jedoch zu sehr ins Detail, leidet darunter die Spontaneität der Musik. Warum klangen Coltrane und McCoy so gut, auch wenn der eine C7♭9 und der andere C7alt spielte? Sowohl McCoy als auch 'Trane spielten harmonisch sehr klar und rhythmisch sehr präzise. Wenn Sie für eine gewisse Zeit nicht über dieselben Changes spielten, entstand *Bitonalität*, zwei verschiedene Harmonien zur selben Zeit. Die besten Musiker spielen die richtigen Changes, ohne sich jedoch von ihnen einschränken zu lassen. Das ist ein wünschenswertes Ziel. Um an diesen Punkt zu gelangen, müssen Sie erst einmal »richtig« über die Changes spielen können.

Für welche Akkordvarianten sollten sich nun Pianisten und Gitarristen beim Begleiten entscheiden? Sogar die besten Musiker mit jahrelanger Erfahrung begleiten ungefähr die ersten beiden Chorusse so einfach wie möglich, bis sie sich auf den Stil des Solisten eingestellt haben.

GRUNDLAGEN DER REHARMONISATION

©1990 Tom Copy – San Francisco. All Rights Reserved.

McCoy Tyner

Beispiel 13.97

I HEAR A RHAPSODY

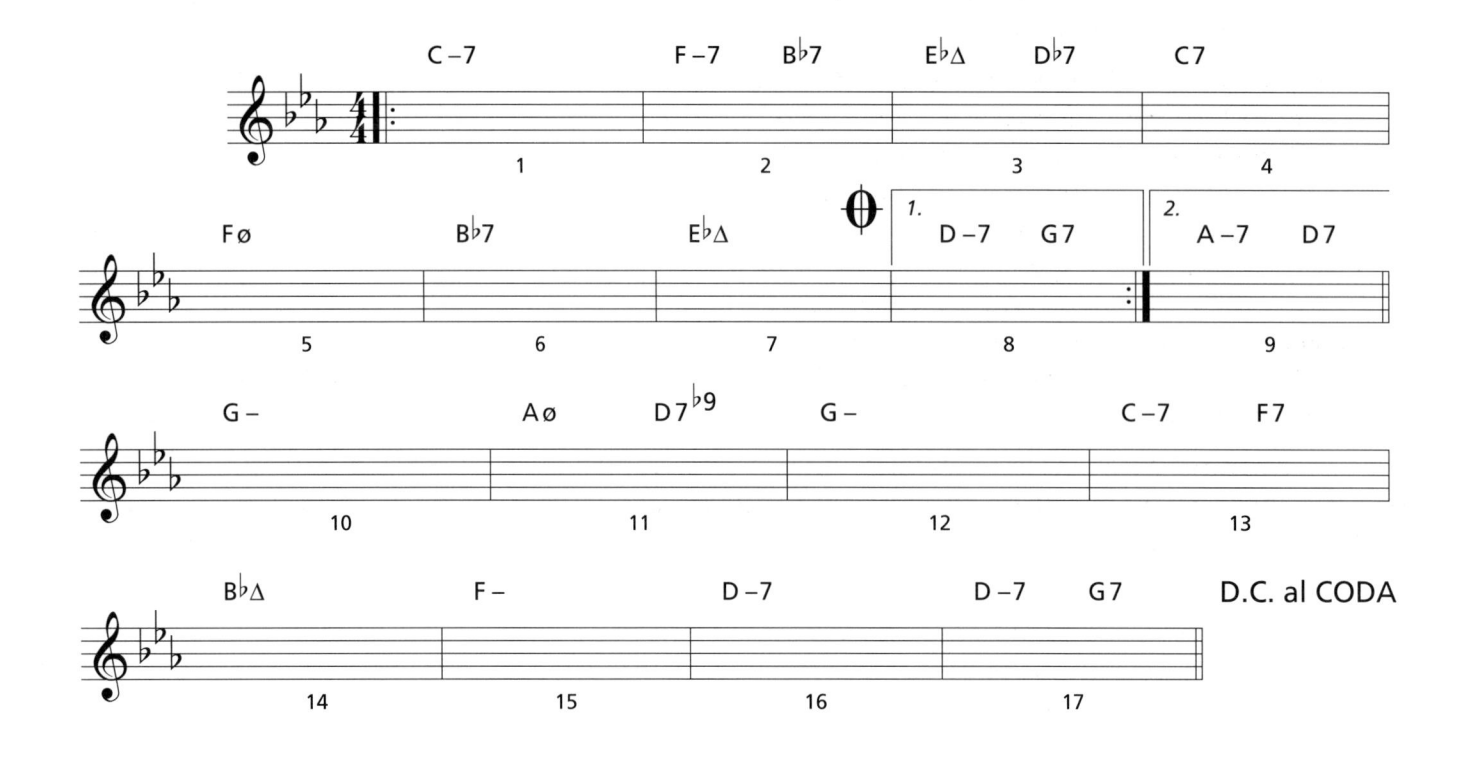

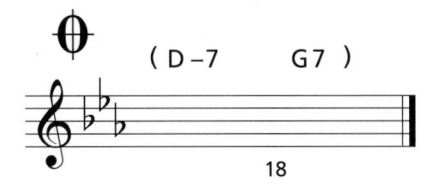

[Lead sheet notation:]

Takt 1: C–7 | Takt 2: F–7 B♭7 | Takt 3: E♭Δ D♭7 | Takt 4: C7

Takt 5: Fø | Takt 6: B♭7 | Takt 7: E♭Δ | Takt 8 (1. Volta): D–7 G7 | Takt 9 (2. Volta): A–7 D7

Takt 10: G– | Takt 11: Aø D7♭9 | Takt 12: G– | Takt 13: C–7 F7

Takt 14: B♭Δ | Takt 15: F– | Takt 16: D–7 | Takt 17: D–7 G7   D.C. al CODA

Takt 18 (Coda): (D–7   G7)

Reharmonisation von »I Hear A Rhapsody«

Sehen wir uns nun die Changes von »I Hear A Rhapsody« an (**Beispiel 13.97**). Wie können wir die II, V und I Akkorde *während eines Solos* reharmonisieren? Das Thema wurde in diesem Beispiel ausgelassen, da uns hier nur die Changes interessieren, außer, man benutzt das Thema als Basis für die Improvisation. Die dargestellten Changes sind bis auf die bereits für das Thema alterierten Akkorde (wie bei dem Fø in Takt 5, wo der Melodieton C♭ die ♭5 von F–7 wäre) nicht alteriert. Beim Improvisieren haben Sie wesentlich mehr Freiraum als bei der Reharmonisation des Themas, aber Sie müssen dennoch die harmonischen Tendenzen jedes einzelnen Akkordes erkennen. Pianisten, Gitarristen oder Bassisten müssen beim Begleiten zuhören und sich auf den jeweiligen Solisten einstellen. Häufig muß man darüberhinaus die Dinge auch erraten.

Der C–7 Akkord im ersten Takt fungiert als Mollakkord der Tonika (er ist nicht Teil einer II-V), weshalb Sie ihn wie notiert spielen oder als C–6 oder C–Δ reharmonisieren können. Falls Sie gerade begleiten und nicht wissen, ob der Solist C–7 oder C–Δ spielen wird, wäre C–6 die beste Wahl, weil die Töne von C–6 sowohl zur dorischen Skala (C–7) als auch zu C melodisch Moll (C–Δ) passen.

F–7, B♭7, die II-V in Takt 2, könnte als II-V in Moll reharmonisiert werden, aber Fø statt F–7 würde den Fø in Takt 5 vorwegnehmen und ihm seinen Überraschungseffekt rauben. Das soll nicht heißen, daß Sie Fø nicht spielen können – vergessen Sie nicht, daß wir es hier mit Richtlinien und nicht mit Regeln zu tun haben – aber bleiben Sie wachsam und denken Sie nicht nur an den Akkord, den Sie gerade spielen.

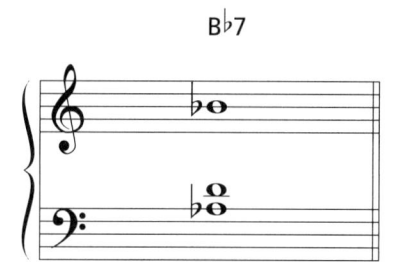

B♭7 in Takt 2 ist Teil einer II-V und löst sich auch eine Quinte abwärts auf. Das bedeutet, daß ♭9 oder alt eine gute Wahl wären, man den Akkord aber auch als B♭7 belassen kann. Welchen B♭7 sollte man also nun beim Begleiten spielen? Den nicht alterierten B♭7? B♭7♭9? B♭7alt? Achten Sie auf den Solisten und versuchen Sie herauszuhören, für welche Harmonien er oder sie sich entscheidet. Einige Strategien erhöhen Ihre Chancen, die richtige Wahl zu treffen. Wie wäre es z. B., wenn Sie den ersten B♭7 so neutral wie in dem Piano-Voicing in **Beispiel 13.98** spielen? Grundton, Terz und Septime gestatten dem Solisten, B♭7, B♭7♭9 und B♭7alt zu spielen, denn Grundton, Terz und Septime sind in allen drei Skalen enthalten.

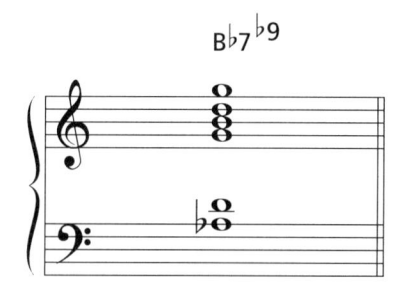

Spielt der Solist in Takt 2 B♭7♭9, dann wäre der Akkord aus **Beispiel 13.99** eine gute Wahl für die zweiten acht Takte. Viele Musiker neigen dazu, an der gleichen Stelle dieselben Alterationen zu spielen. Aber Vorsicht: je besser der Solist, desto unberechenbarer sein Spiel.

Spielen Sie in Takt 2 das B♭7♭9 Voicing aus **Beispiel 13.99** und der Solist aber B♭7alt, dann spielen Sie in den zweiten acht Takten eben den B♭7alt Akkord aus **Beispiel 13.100**. Kommt der Solist aber mit einem unerwarteten B♭7♭9 daher, verlieren Sie nicht den Mut! Beim nächsten Mal spielen Sie das Voicing aus **Beispiel 13.101**. Dieses Voicing besteht aus Tönen beider Skalen, sowohl der verminderten wie auch der alterierten, und paßt sowohl zu B♭7♭9 als auch zu B♭7alt.

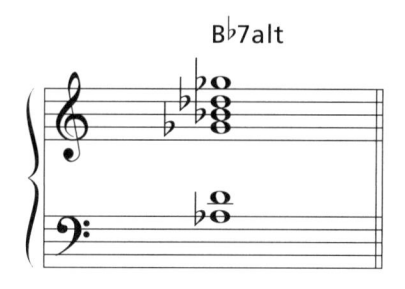

Machen Sie sich keine Sorgen, falls Ihnen das alles zu kopflastig erscheint. Mit zunehmender Spielpraxis verinnerlichen Sie das Geben und Nehmen zwischen den Musikern, und Sie müssen beim Spielen immer weniger nachdenken. Und warum soll es nicht gut klingen, wenn der Solist B♭7alt spielt, während Pianist oder Gitarrist mit B♭7♭9 begleiten? Wenn beide Musiker harmonisch klar und rhythmisch präzise spielen, klingen gelegentliche harmonische Differenzen nicht falsch, sondern bitonal.

Mit E♭Δ, dem ersten Akkord in Takt 3, können Sie das gleiche wie mit allen anderen Durakkorden in »I Hear A Rhapsody« machen, nämlich als Δ♯4 reharmonisieren. E♭Δ♯5 wäre eine Möglichkeit, aber der Akkord hat nur die Dauer von zwei Zählzeiten, und Δ♯5 Akkorde sind effektiver, wenn man sie länger nachklingen lassen kann. Das bedeutet nicht, daß Sie grundsätzlich E♭Δ♯5 nicht spielen sollten, wenn Sie nur zwei Zählzeiten dafür zur Verfügung haben. Ein guter Musiker kann diesen Akkord auf einer Zählzeit spielen und es klingt trotzdem phantastisch.

Der D♭7 Akkord in Takt 3 ist nicht Teil einer II-V und löst sich auch nicht eine Quinte abwärts auf, weshalb D♭7♯11 gut klingt. C7, der Akkord in Takt 4, löst sich eine Quinte abwärts auf, weshalb ♭9 oder alt zu empfehlen wäre.

Beispiel 13.98

Beispiel 13.99

Beispiel 13.100

Beispiel 13.101

Beispiel 13.102

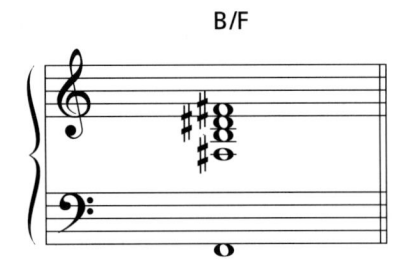

B/F

Fø, der Akkord in Takt 5, ist bereits alteriert, da der Melodieton C♭ die ♭5 von F–7 ist. Beim Improvisieren könnten Sie zwar durchaus F–7 spielen, aber die meisten Musiker würden sich wohl eher für den interessanteren Fø entscheiden. Sie müssen diesen Akkord auch nicht jedesmal in der gleichen Form spielen. Vergessen Sie nicht, daß wir es mit einer A A B A Form zu tun haben. Geht das Stück über 10 Chorusse, dann spielen Sie diesen Akkord dreißigmal! Eine Reharmonisation als B/F liefert da einen willkommenen Kontrast (**Beispiel 13.102**).

Die B♭7, E♭∆ V-I Verbindung in Takt 6-7 bietet dieselben Auswahlmöglichkeiten wie Takt 2-3.

Was bei D–7, G7 II-V in Haus 1 (Takt 8) sofort auffällt, ist, daß sich diese Verbindung in den C Mollakkord von Takt 1 auflöst. Daraus ergibt sich die Möglichkeit, sie als II-V in Moll (Dø, G7alt oder ♭9) zu spielen. Sie müssen aber keine II-V in Moll spielen. Ein nichtalteriertes D–7, G7 löst sich genauso gut nach C– auf, aber viele Musiker bevorzugen vor der Auflösung in eine Molltonika den Klang einer II-V in Moll.

Dasselbe passiert in Takt 9, dem zweiten Haus. Die II-V Verbindung A–7, D7 löst sich in einen G– Akkord auf, so daß man eine II-V-I in Moll spielen könnte (Aø, D7alt oder D7♭9, G–).

Der G– Akkord in Takt 10 und 12 ist eine Molltonika, weshalb G–∆ oder G–6 vielleicht interessanter klingen als G–7.

Die Aø, D7♭9 II-V Verbindung in Takt 11 ist bereits alteriert, da der Melodieton E♭ die ♭5 von Aø und die ♭9 von D7♭9 ist. Beim Improvisieren müssen Sie diese II-V in Moll nicht unbedingt spielen, aber da der nächste Akkord G– ist, würden die meisten Musiker diese Alternative vorziehen (D7alt geht ebenso gut wie D7♭9).

In Takt 13-14 haben wir eine II-V-I. F7 kann mit der ♭9 oder alt gespielt werden.

Der F– Akkord in Takt 15 ist eine Molltonika, weshalb F–∆ oder F–6 unter Umständen besser als F–7 klingen.

Die II-V D–7, G7 in Takt 17 löst sich zum C– von Takt 1 auf, weshalb eine II-V in Moll gut klingt (Dø, G7♭9 oder G7alt).

Dieselbe Situation, mit der Möglichkeit einer II-V in Moll, taucht erneut in Takt 18, dem letzten Turnaround, auf.

Damit haben wir einige Grundlagen der Reharmonisation behandelt. Im nächsten Kapitel beschäftigen wir uns mit etwas komplizierteren Techniken.

Kapitel Vierzehn
Reharmonisation für Fortgeschrittene

- *Gegenbewegung*
- *Parallelbewegung*
- *Slash-Akkorde*
- *Auf- und absteigende Baßlinien*
- *Einen Akkord auf irgendeinem Grundton bilden*
- *sus und sus♭9 Akkorde*
- *Scheinkadenzen*
- *Das chromatische Verfahren*
- *Vorwegnahme eines Akkords durch seinen V Akkord*
- *Der Gebrauch des verminderten Akkords*
- *Verändern der Melodie*
- *Verändern des Akkords*
- *Gemeinsame Töne*
- *Pedaltöne*
- *Kombinationstechniken*

Dieses Kapitel beschäftigt sich mit fortgeschrittenen Techniken der Reharmonisation – also Techniken, die Sie zur völligen Umgestaltung von Standards verwenden können.

Gegenbewegung

Eine *Gegenbewegung* entsteht, wenn zwei Töne oder Akkorde sich in die entgegengesetzte Richtung bewegen, also entweder nach innen bzw aufeinander zu oder nach außen, d. h. voneinander weg. **Beispiel 14.1** zeigt Takt 5-8 von Jerome Kerns »Yesterdays«. **Beispiel 14.2** zeigt die Melodie zusammen mit einer chromatisch absteigenden Linie über Takt 5 und 6. Hier haben wir ein Beispiel für Gegenbewegung: die Melodie geht in die eine Richtung (nach oben), die Baßlinie dagegen in die andere (nach unten). Das Verwenden einer Gegenbewegung eröffnet ungeahnte harmonische Möglichkeiten, was **Beispiel 14.3** verdeutlicht. Jeder Ton von Kerns Thema wird nun als separater Akkord reharmonisiert.

Beispiel 14.1

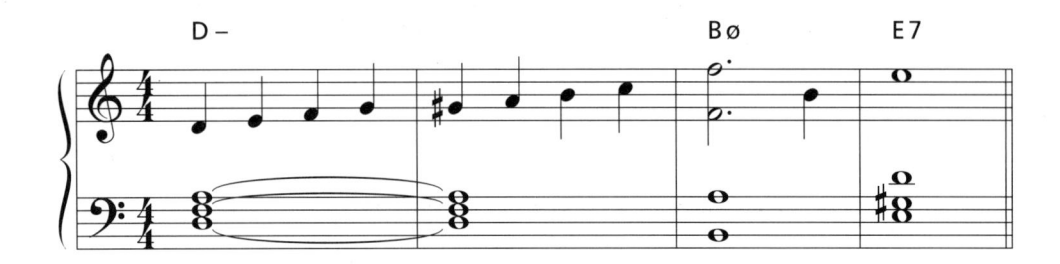

Beispiel 14.2

Beispiel 14.3

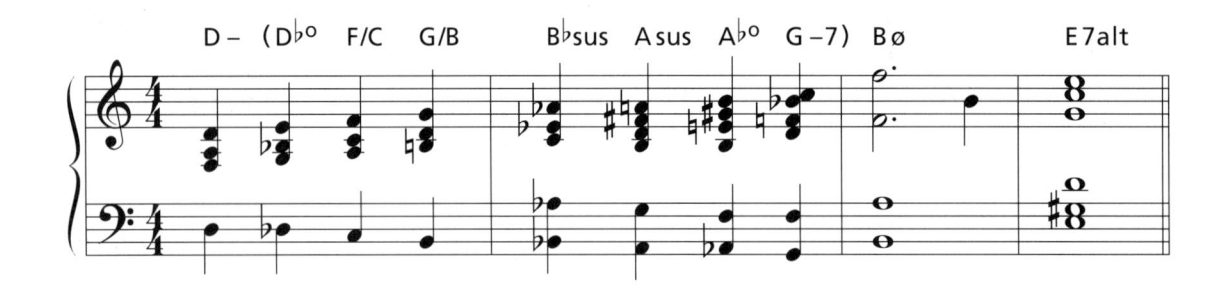

Struktur ist ein wesentliches Element in der Popularität jeder Musikrichtung. Menschen sind für hochstrukturierte Musik empfänglich, und Gegenbewegung erhöht die Wirkung der Struktur. Zum einen klingt die Gegenbewegung wegen ihrer harmonischen Fülle gut, zum anderen spricht sie aufgrund des Vorhandenseins einer Struktur auch den Intellekt an.

Joe Henderson und Chick Corea spielen über Chicks Stück »Mirror, Mirror«[1] zwei verschiedene Arten der Gegenbewegung. **Beispiel 14.4** zeigt eine Gegenbewegung nach innen, mit absteigender Melodie und aufsteigender Baßlinie. **Beispiel 14.5** zeigt eine auswärts gerichtete Gegenbewegung mit aufsteigender Melodie und absteigenden Baßtönen.

Beispiel 14.4

Chick Coreas Piano-Voicings vereinfacht

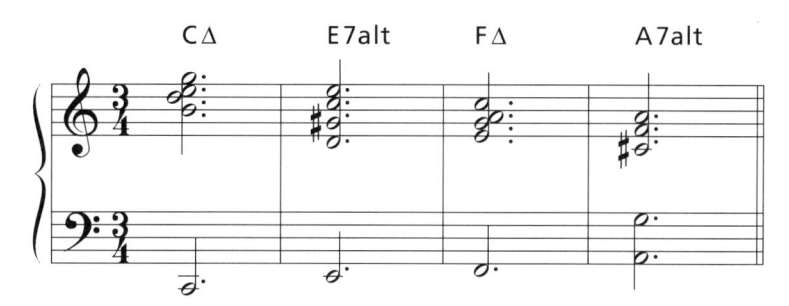

Beispiel 14.5

Chick Coreas Piano-Voicings vereinfacht

Beispiel 14.6 zeigt, wie Herbie Hancock in seinem Stück »Dolphin Dance«[2] eine Gegenbewegung verwendet. Die Melodie ist aufsteigend und die Akkorde sind absteigend.

Beispiel 14.6

Herbie Hancocks Piano-Voicings vereinfacht

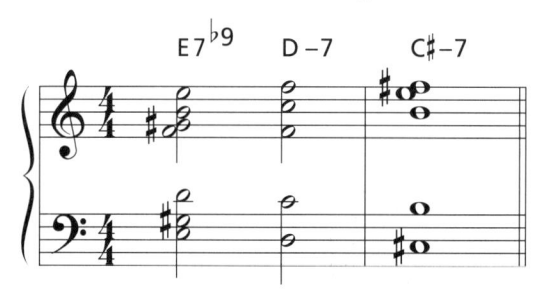

Parallelbewegung

Spielen Sie **Beispiel 14.7** und hören Sie sich den Klang einer *Parallelbewegung* bzw. von identischen, sich in einer Richtung bewegenden Akkorden an. Es handelt sich um McCoy Tyners Intro zu seinem Stück »Peresina«.[3] Wie die Gegenbewegung, so verstärkt auch die Parallelbewegung den Effekt der Struktur.

Beispiel 14.7

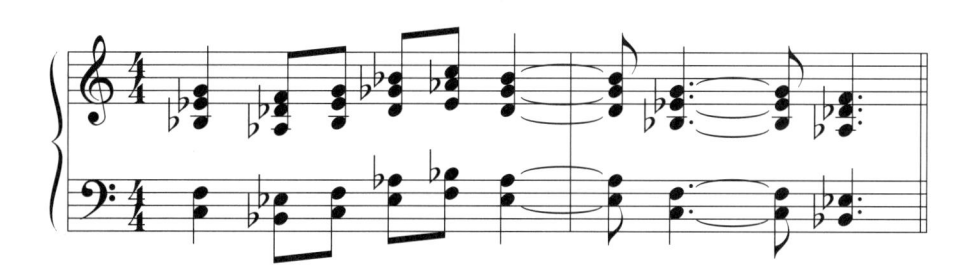

[1] Joe Henderson, *Mirror, Mirror*, Verve, 1980.
[2] Herbie Hancock, *Maiden Voyage*, Blue Note, 1965.
[3] McCoy Tyner, *Expansions*, Blue Note, 1968.

Beispiel 14.8 zeigt Takt 5-8 von Burt Bacharachs »What The World Needs Now Is Love«. **Beispiel 14.9** zeigt, wie Joe Henderson und Mulgrew Miller[4] den ersten Takt mit einer Parallelbewegung reharmonisieren: vier Slash-Akkorde mit identischen Voicings bewegen sich in dieselbe Richtung. Obwohl die Slash-Akkorde der nächsten beiden Akkorde (E♭/A und C∆/B) anders konstruiert sind, setzt sich dennoch die gesamte Phrase aus Slash-Akkorden zusammen, was eine Fortsetzung der Parallelbewegung bedeutet. Die Reharmonisation mit Slash-Akkorden wird im nächsten Abschnitt behandelt.

Beispiel 14.8

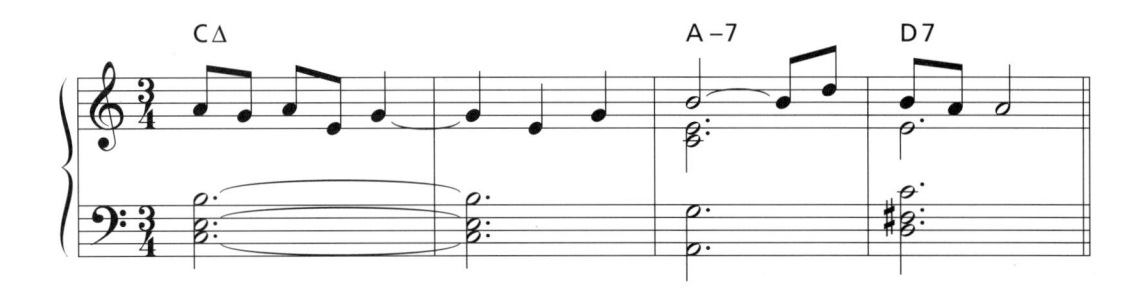

Beispiel 14.9

Mulgrew Millers Piano-Voicings vereinfacht

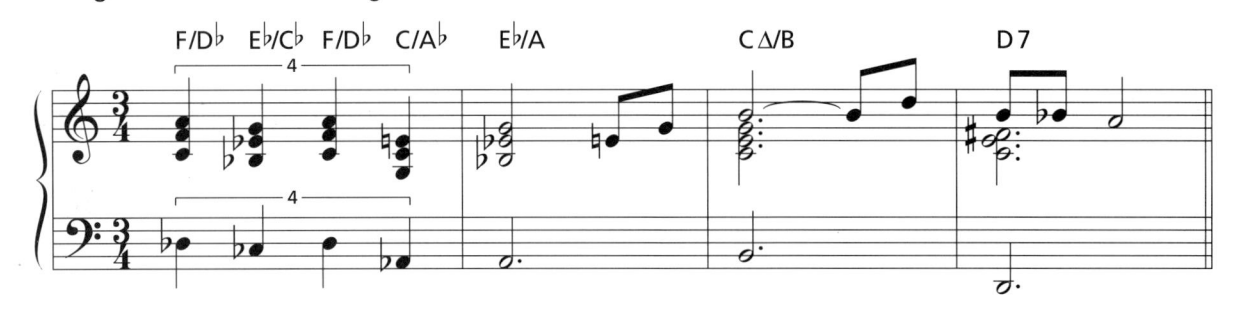

Beispiel 14.10 zeigt die letzten beiden Akkorde von Chick Coreas »Mirror, Mirror«.[5] Achten Sie auf die vier aufeinanderfolgenden, chromatisch absteigenden Melodietöne. Chromatische Melodien eignen sich ganz besonders für die Verwendung einer Parallelbewegung.

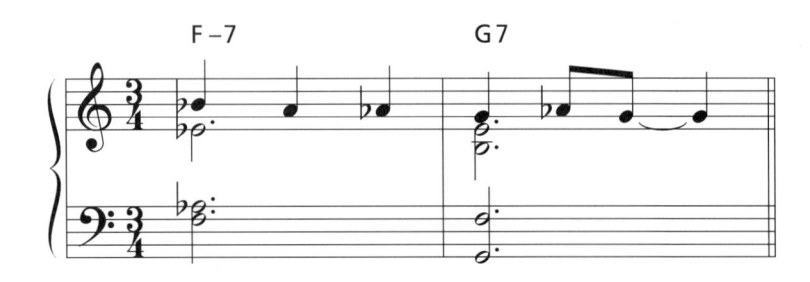

Beispiel 14.10

---

[4] Mulgrew Miller, *The Countdown*, Landmark, 1988.
[5] Joe Henderson, *Mirror, Mirror*, Verve, 1980.

Spielen Sie **Beispiel 14.11** und hören Sie sich die Reharmonisation mit parallelen Mollseptakkorden an. Ich habe die Parallelbewegung bis in den letzten Takt ausgedehnt, weil D–7 zusammen mit G7 eine II-V Verbindung erzeugt (D–7, G7). Da die beiden letzten Melodietöne ebenfalls chromatisch sind, setzen wir die Parallelbewegung mit A♭ nach G7 fort.

Beispiel 14.11

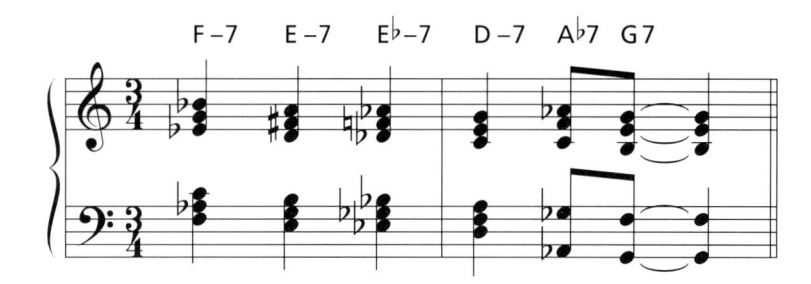

Beispiel 14.12 zeigt fünf Takte von Herbie Hancocks »Dolphin Dance«.[6] Die darauffolgenden Beispiele zeigen den reharmonisierten ersten Akkord, der über die gesamten fünf Takte in Parallelbewegung weitergespielt wird.

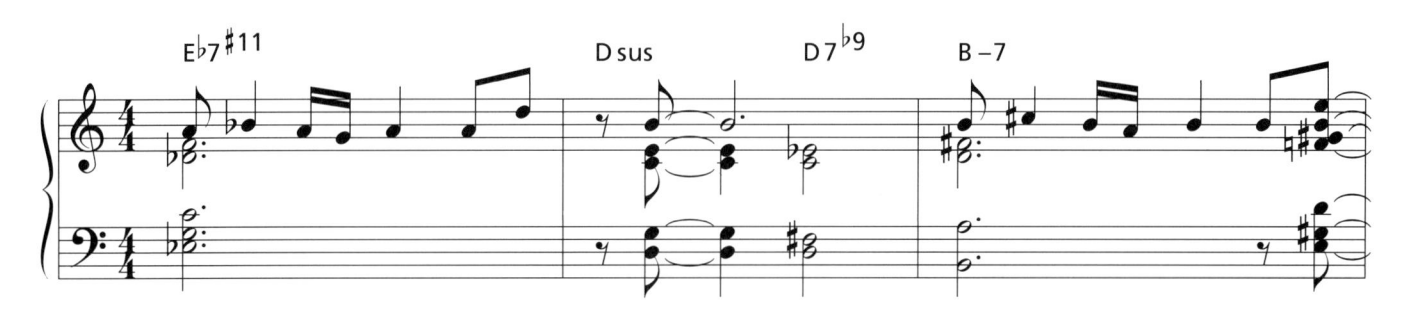

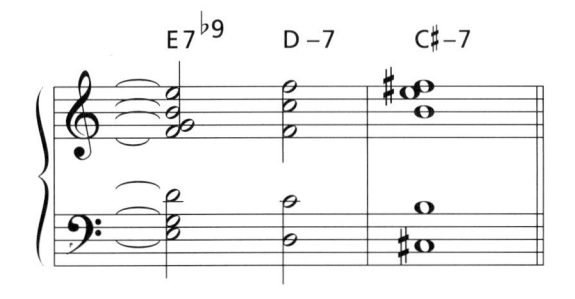

Beispiel 14.12

[6] Herbie Hancock, *Maiden Voyage*, Blue Note, 1965.

- In **Beispiel 14.13** wurde der erste Akkord als F#7#9 Voicing ohne Grundton reharmonisiert. Das Voicing wird in Parallelbewegung über alle fünf Takte beibehalten.

Beispiel 14.13

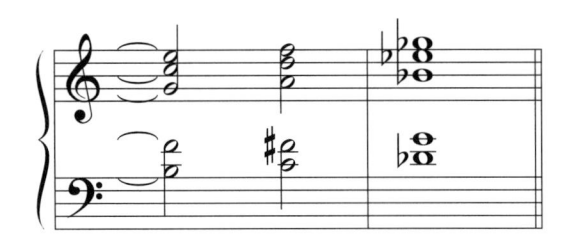

- In **Beispiel 14.14** wurde der erste Akkord als Gsus Voicing reharmonisiert und in Parallelbewegung über alle fünf Takte gespielt.

Beispiel 14.14

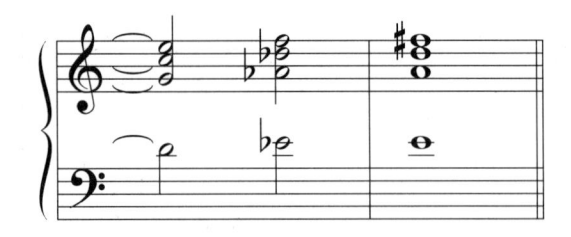

- In **Beispiel 14.15** wurde der erste Akkord als F/F♯ reharmonisiert und in Parallelbewegung über alle fünf Takte gespielt.

Beispiel 14.15

Gefällt Ihnen der Klang einer dieser Reharmonisationen? Und wenn ja, von welcher? Und warum habe ich gerade F♯7♯9, Gsus und F/F♯ ausgewählt? Nun, weil mir ganz einfach der Klang dieser Akkorde gefällt. Ihre Funktion (II, V oder I) spielt eigentlich keine Rolle, da sich identische Akkorde in Parallelbewegung nicht gegenseitig auflösen.

Beispiel 14.16 zeigt die letzten beiden Akkorde von Billy Strayhorns wunderbarer Ballade »Lush Life«. Billys Originalakkorde sind kaum zu übertreffen (achten Sie bei den ersten drei Akkorden auf die Gegenbewegung zwischen Melodie und Akkorden), aber John Coltrane und McCoy Tyner spielten in den letzten beiden Takten die in **Beispiel 14.17**[7] dargestellten, parallelen Akkorde.

Beispiel 14.16

[7] *John Coltrane And Johnny Hartman*, MCA/Impulse, 1963.

Beispiel 14.17

McCoy Tyners Piano-Voicings vereinfacht

Auch die Harmonik der verminderten Skala, in der sich alles im Abstand einer kleinen Terz wiederholt, eignet sich hervorragend für Parallelbewegungen. Suchen Sie nach melodischen Fragmenten in kleinen Terzen. **Beispiel 14.18** zeigt die ersten drei Takte von Antonio Carlos Jobims »Wave«. Über dem B♭° Akkord liegt eine Melodie in kleinen Terzen. Spielen Sie jetzt **Beispiel 14.19** und hören Sie sich den Klang der in Parallelbewegung aufsteigenden Slash-Akkorde an.

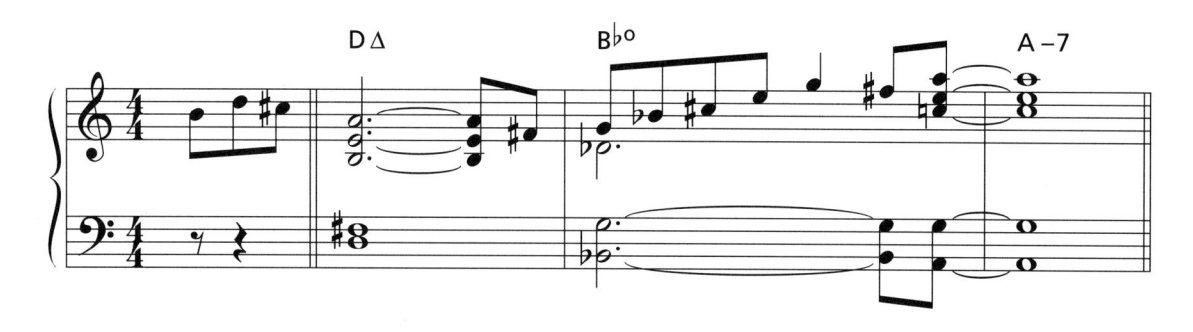

Beispiel 14.18

Beispiel 14.19

Slash-Akkorde

Wie wir bereits in Mulgrew Millers Version von »What The World Needs Now Is Love« (**Beispiel 14.9**) gesehen haben, eignen sich Slash-Akkorde sehr gut zum Reharmonisieren.

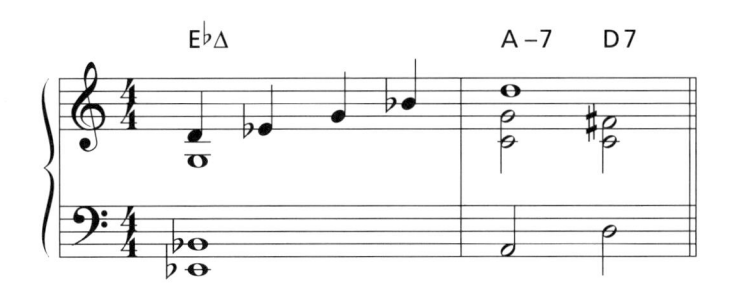

Beispiel 14.20 zeigt die ersten beiden Takte von George Bassmans »I'm Gettin' Sentimental Over You«. Kenny Barron reharmonisierte den E♭∆ Akkord als D/E♭ (**Beispiel 14.21**).[8] In **Beispiel 14.22** können Sie hören, wie John Coltrane (mit McCoy Tyner am Piano) in Takt 11-12 von Henry Warrens »I Wish I Knew«[9] als Vorhalt zu einem G Durakkord F♯/G spielt. Spielen Sie **Beispiel 14.23**, Takt 5-8 von Kenny Dorhams »Blue Bossa«.

Beispiel 14.20

Beispiel 14.21

Kenny Barrons Piano-Voicings vereinfacht

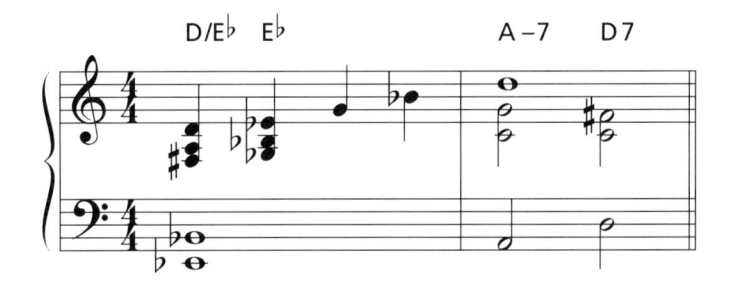

Beispiel 14.22

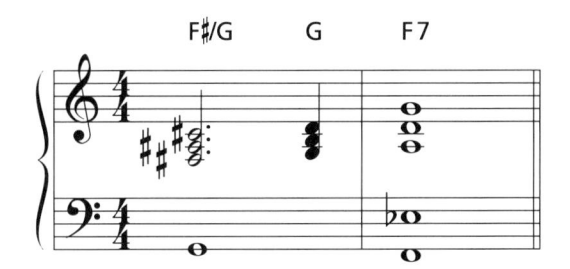

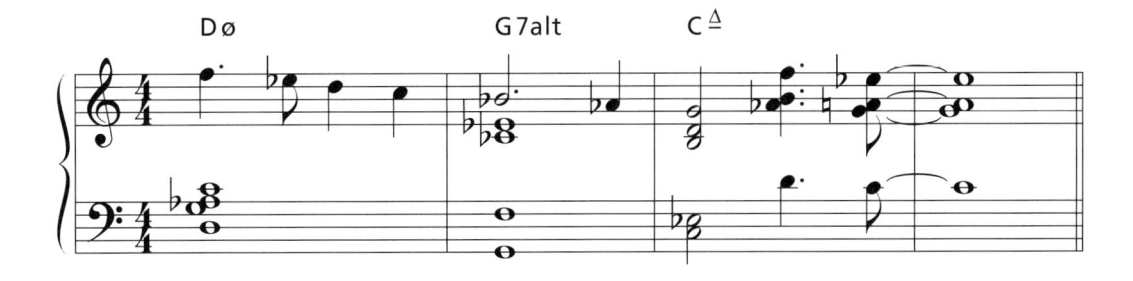

Beispiel 14.23

[8] Kenny Barron, *Maybeck Recital Hall Series*, Concord 1990.
[9] John Coltrane, *Ballads*, MCA/Impulse, 1961.

In **Beispiel 14.24** hören Sie eine Reharmonisation von Kennys Klassiker mit diversen Slash-Akkorden.

Beispiel 14.24

Nicht immer ist ein Slash-Akkord ein Dreiklang über einem Baßton: es kann auch ein Septakkord über einem Baßton sein. **Beispiel 14.25** zeigt Takt 3-4 von Anthony Newleys »Who Can I Turn To«. **Beispiel 14.26** zeigt, wie Mulgrew Miller den B♭7 Akkord mit C♭∆♯5/B♭ reharmonisierte.[10]

Beispiel 14.25

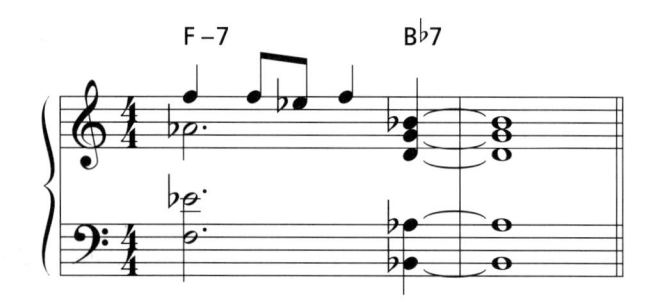

Beispiel 14.26

Mulgrew Millers Piano-Voicings vereinfacht

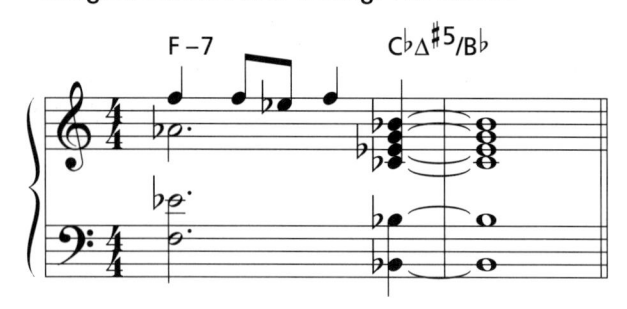

---

[10] Mulgrew Miller, *Time And Again,* Landmark, 1991.

Auf- und absteigende Baßlinien

Eine zum Thema kontrastierende Gegenmelodie entsteht dadurch, daß Akkorde auf einer auf- oder absteigenden Baßlinie basieren. Jeder Ton dieser Baßlinie kann mit einem neuen Akkord reharmonisiert werden. Diese Technik wurde bereits im Abschnitt ›Gegenbewegung‹ besprochen, aber in den dortigen Beispielen bewegte sich die Melodie in die entgegengesetzte Richtung der Baßlinie. Die folgenden Beispiele zeigen auf- oder absteigende Baßlinien mit Melodien, die nicht immer entgegengesetzt zur Baßlinie verlaufen. **Beispiel 14.27** zeigt Takt 9-12 von Jimmy Van Heusens »All The Way«. In **Beispiel 14.28** hören Sie, wie Cedar Walton über jedem Ton der absteigenden Baßlinie G♭, F, E♭, D♭, C einen anderen Akkord spielt.[11]

Beispiel 14.27

Beispiel 14.28

Cedar Waltons Piano-Voicings vereinfacht

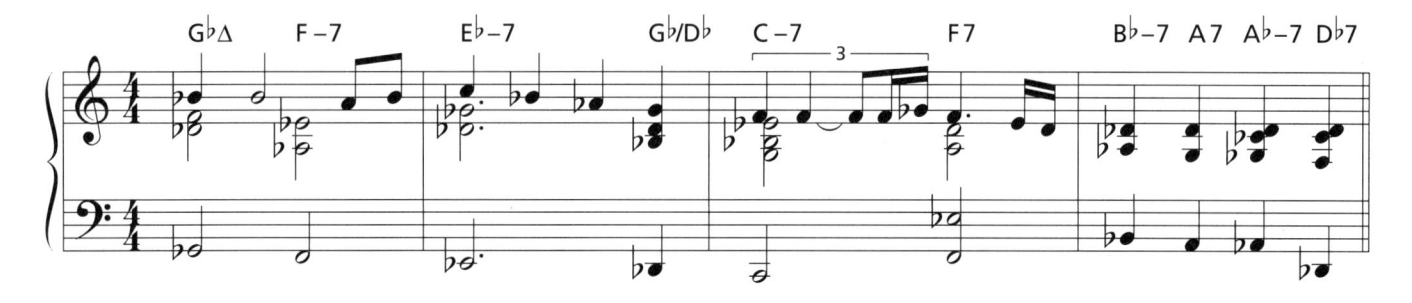

[11] Woody Shaw, *Setting Standards*, Muse, 1983.

In **Beispiel 14.29** können Sie hören, wie John Coltrane (mit Kenny Drew am Piano) Jerome Kerns »I'm Old Fashioned« über einer aufsteigenden Baßlinie mit unterschiedlichen Akkorden über jeden einzelnen Baßton spielt.[12] Spielen Sie **Beispiel 14.30**. Der Pianist Dick Whittington[13] aus der Bay Area* spielt diese Reharmonisation derselben vier Takte von »I'm Old Fashioned«, in der jeder zweite Akkord ein V7$^{\sharp11}$ ist. Jeder V7$^{\sharp11}$ liegt im Abstand eines Tritonus unter dem vorhergehenden Akkord.

Beispiel 14.29

Kenny Drews Piano-Voicings vereinfacht

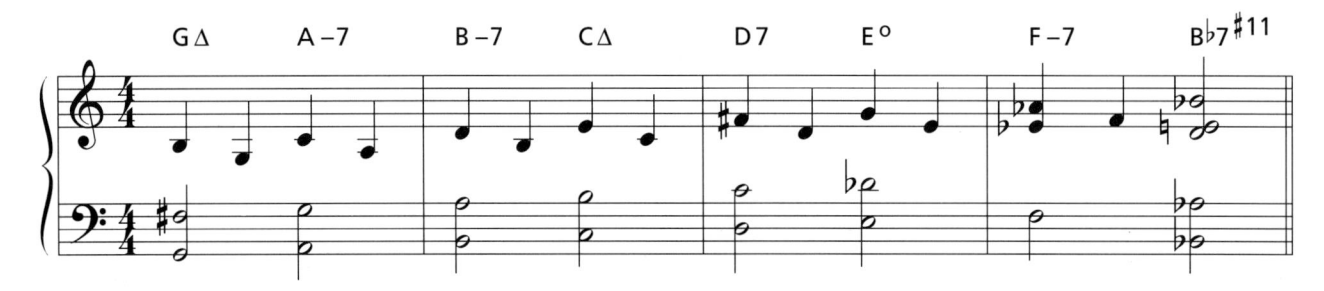

Beispiel 14.30

Dick Whittingtons Piano-Voicings vereinfacht

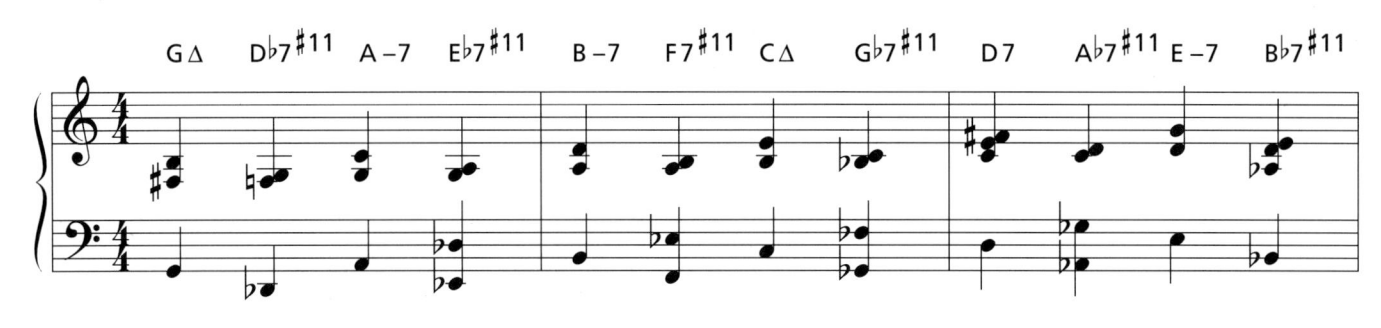

---

* Anm. d. Herausg.: Umgebung von San Francisco.
[12] John Coltrane, *Blue Train,* Blue Note, 1957.
[13] Der Eigentümer der Maybeck Recital Hall in Berkeley, Kalifornien, und Sprecher der Maybeck Recital Hall Series der Plattenfirma Concord.

Kenny Barron reharmonisierte einen Takt von George Bassmans »I'm Gettin' Sentimental Over You« (**Beispiel 14.31**) mit chromatisch aufsteigenden Akkorden (**Beispiel 14.32**).[14]

Beispiel 14.31

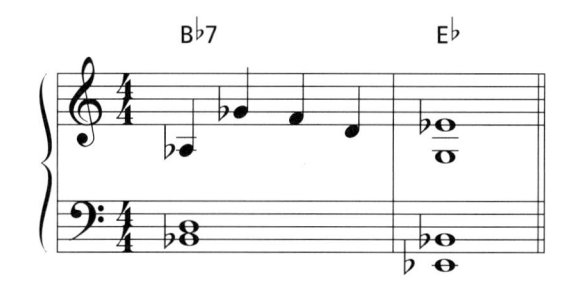

Beispiel 14.32

Kenny Barrons Piano-Voicings vereinfacht

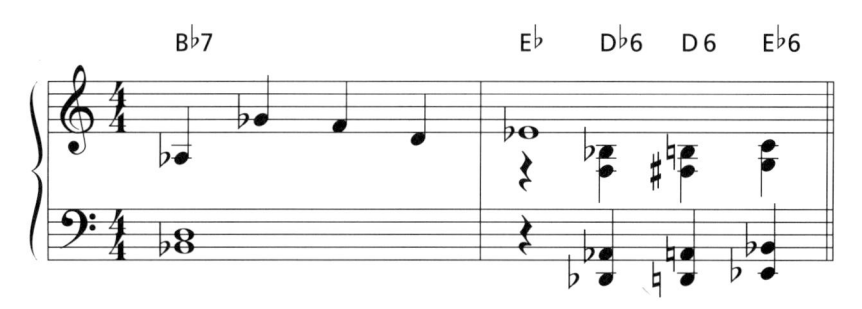

Bobby Hutcherson (und der Pianist McCoy Tyner) reharmonisierten in Takt 15-16 von Victor Youngs »My Foolish Heart« einen simplen II-V Turnaround (C–7, F7) mit vier aufsteigenden Septakkorden (**Beispiel 14.33**).[15] Die Grundtöne der Akkorde (C, D, E♭, F) bilden die ersten vier Töne von C dorisch.

Beispiel 14.33

McCoy Tyners Piano-Voicings vereinfacht

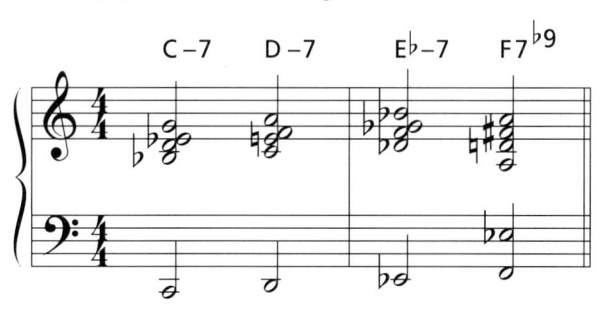

[14] Kenny Barron, *Maybeck Recital Hall Series,* Concord, 1990.
[15] Bobby Hutcherson, *Solo/Quartet,* Fantasy, 1981.

Beispiel 14.34 zeigt, was die meisten Jazzmusiker in Takt 29-30 von George Gershwins »Embraceable You« spielen. **Beispiel 14.35** zeigt Donald Browns Reharmonisation der absteigenden Baßlinie in diesen beiden Takten.[16] Achten Sie auch auf die Gegenbewegung zwischen Melodie und Baßlinie.

Beispiel 14.34

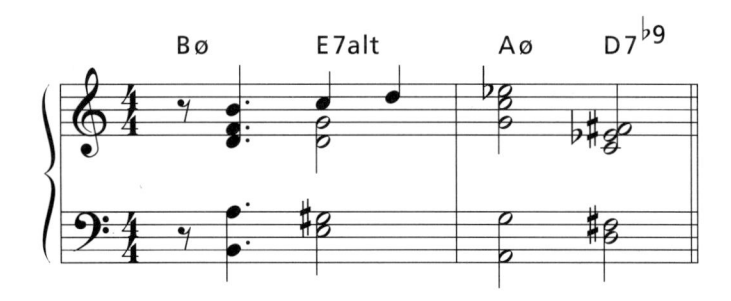

Beispiel 14.35

Donald Browns Piano-Voicings vereinfacht

Spielen Sie **Beispiel 14.36** und **14.37**, zwei Beispiele dafür, wie Duke Pearson (McCoy Tyner am Piano) eine absteigende Baßlinie bei seinem Stück »You Know I Care«[17] verwendet.

Beispiel 14.36

McCoy Tyners Piano-Voicings vereinfacht

[16] Donald Brown, *Sources Of Inspiration*, Muse, 1989.
[17] Joe Henderson, *Inner Urge*, Blue Note, 1964.

Beispiel 14.37

McCoy Tyners Piano-Voicings vereinfacht

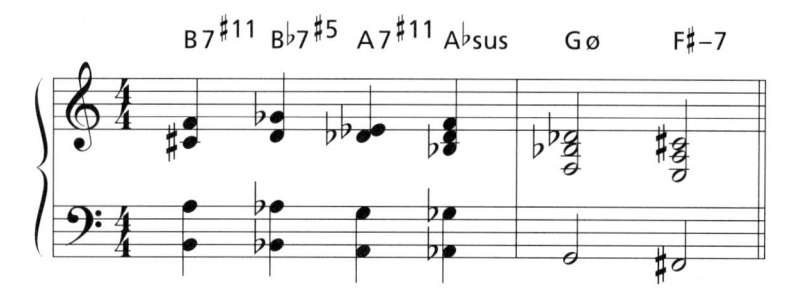

Beispiel 14.38 zeigt die ersten vier Takte von Harry Warrens »You're My Everything«. In **Beispiel 14.39** hören Sie, wie Freddie Hubbard und der Pianist Herbie Hancock den ersten Akkord (CΔ) in den Akkord der Mollparallele (A–7) umänderten und dann über eine II-V (G–7, C7) zum F#–7 Akkord überleiteten.[18]

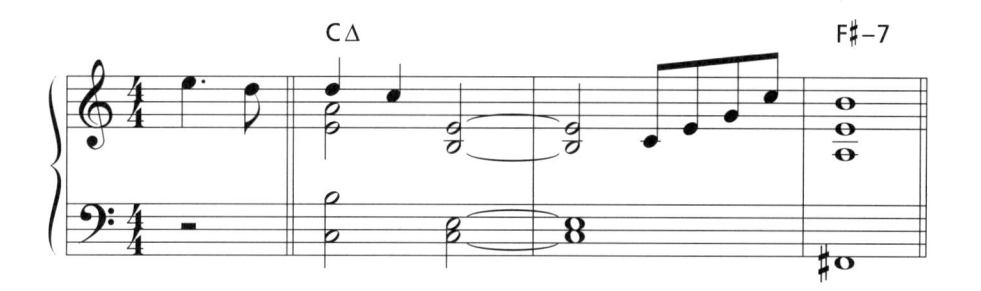

Beispiel 14.38

Beispiel 14.39

Herbie Hancocks Piano-Voicings vereinfacht

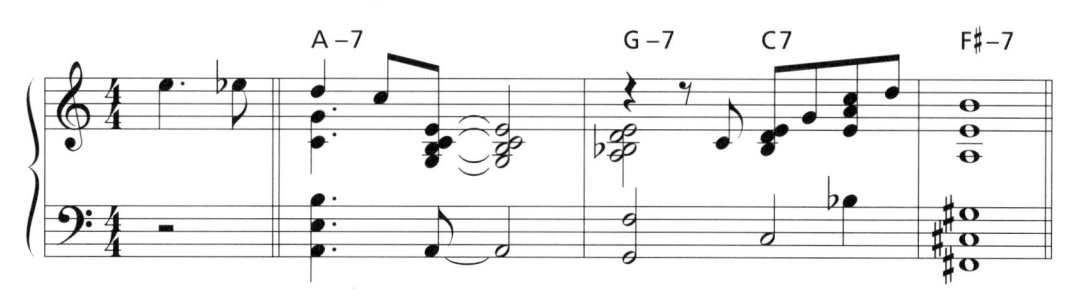

[18] Freddie Hubbard, *Hub Tones*, Blue Note, 1962.

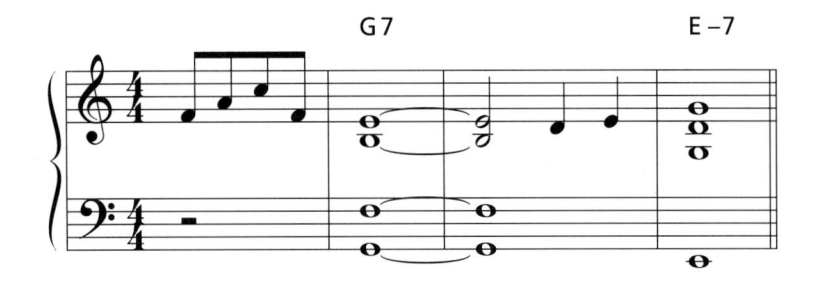

Beispiel 14.40 zeigt vier weitere Takte von »You're My Everything«. In **Beispiel 14.41** hören Sie, wie Freddie und Herbie durch Einfügen eines F–Δ Akkords zwischen G7 und E–7 eine absteigende Baßlinie erzeugen.

Beispiel 14.42 zeigt Takt 4-8 von Richard Rodgers' »Bewitched, Bothered And Bewildered«. In **Beispiel 14.43** hören Sie Ralph Moores[19] Reharmonisation (mit Benny Green am Piano) mit zwei absteigenden Baßlinien: über die ersten drei Takte von B♭ nach D und in den letzten beiden Takten chromatisch von B♭ nach G. Benny erzeugt einen zusätzlichen harmonischen Fluß, indem er den letzten Akkord von G7alt in G7♭9 umändert.

Beispiel 14.40

Beispiel 14.41

Herbie Hancocks Piano-Voicings vereinfacht

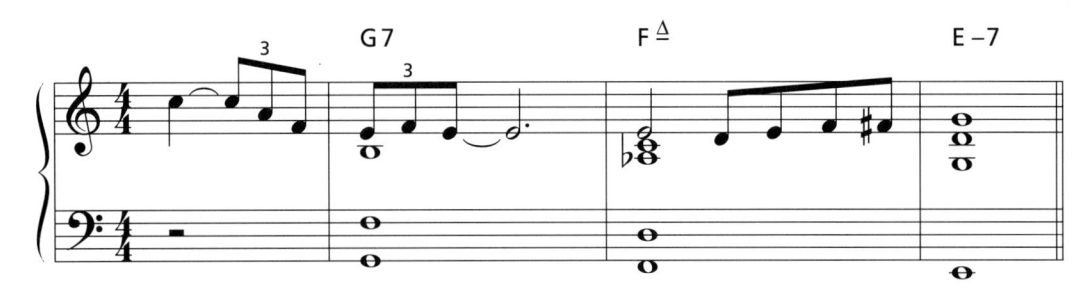

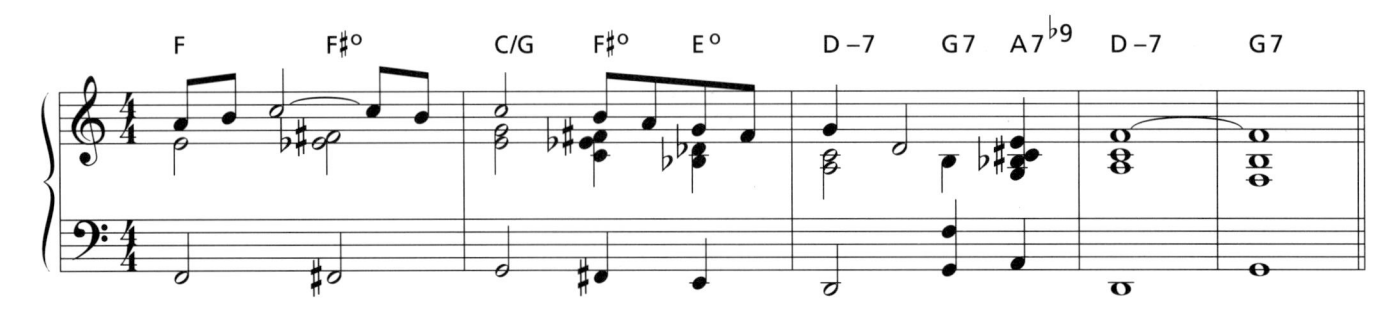

Beispiel 14.42

---

[19] Ralph Moore, *Round Trip*, Reservoir, 1985.

Das E im A♭° Akkord des ersten Takts von **Beispiel 14.43** ist kein Fehler.[20] Verminderte Akkorde in Reinform klingen ziemlich zahm, weshalb Jazzpianisten und -gitarristen oft einen Ton um einen Ganztonschritt erhöhen, um dem verminderten Akkord mehr ›Biß‹ zu geben. *Ein im verminderten Akkord um einen Ganztonschritt erhöhter Ton stammt immer noch aus derselben Skala.* **Beispiel 14.44** zeigt im ersten Takt einen reinen A♭° Akkord; im zweiten Takt wurden sämtliche Töne dieses A♭° Akkords um einen Ganztonschritt erhöht, wodurch man B♭° erhält; der dritte Takt zeigt die gesamte verminderte A♭ Ganzton/Halbtonskala, die beide Akkorde, A♭° und B♭°, enthält.

Beispiel 14.43

Benny Greens Piano-Voicings vereinfacht

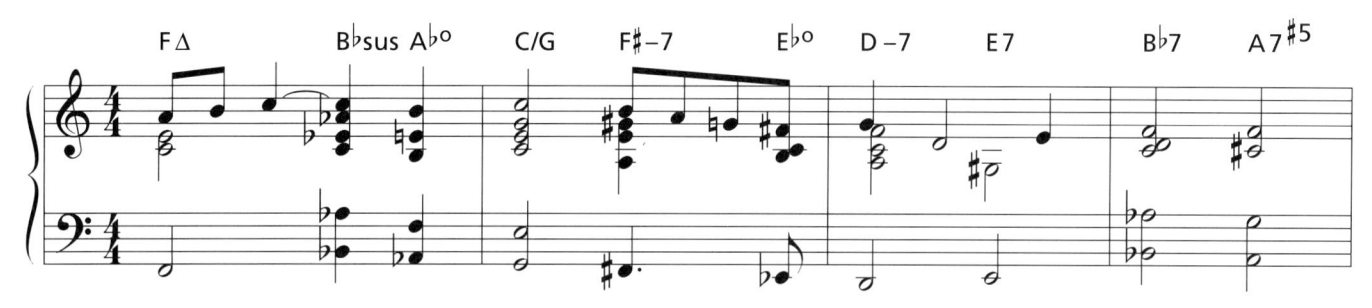

Beispiel 14.44

verminderte A♭ Ganzton/Halbtonskala

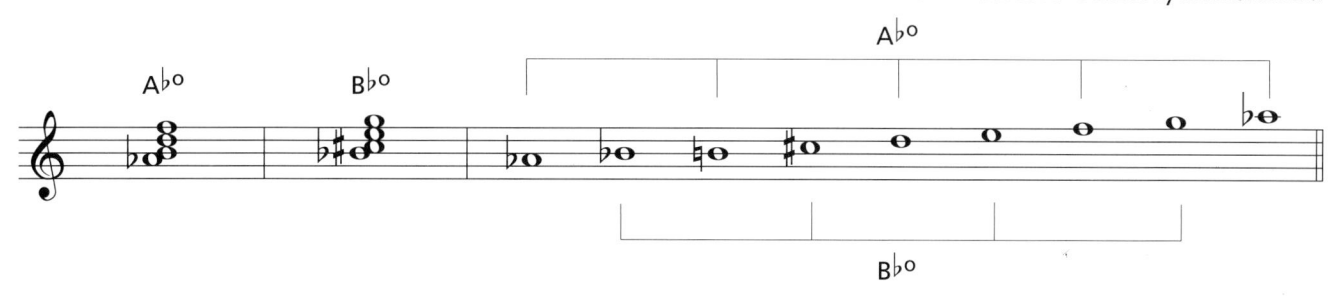

[20] Das trifft auch auf das B im E♭° Akkord des zweiten Takts zu.

Einen Akkord auf einem beliebigen Grundton bilden

Sie können einen Melodieton auch mit einem Akkord reharmonisieren, der auf einem beliebigen Baßton aufgebaut ist, also auf jedem der zwölf Töne der chromatischen Tonleiter. Diese Technik eröffnet unbegrenzte Möglichkeiten. Ist der Melodieton C, gibt es einen auf C, D♭, D, E♭, E, F, G♭, G, A♭, A, B♭ oder B aufgebauten Akkord, der dazu paßt. *Diese Art der Reharmonisation funktioniert besonders gut mit einer chromatisch auf- oder absteigenden Baßlinie.* Versuchen wir es einmal mit den ersten acht Takten von »I Hear A Rhapsody« (**Beispiel 14.45**).

Beispiel 14.45

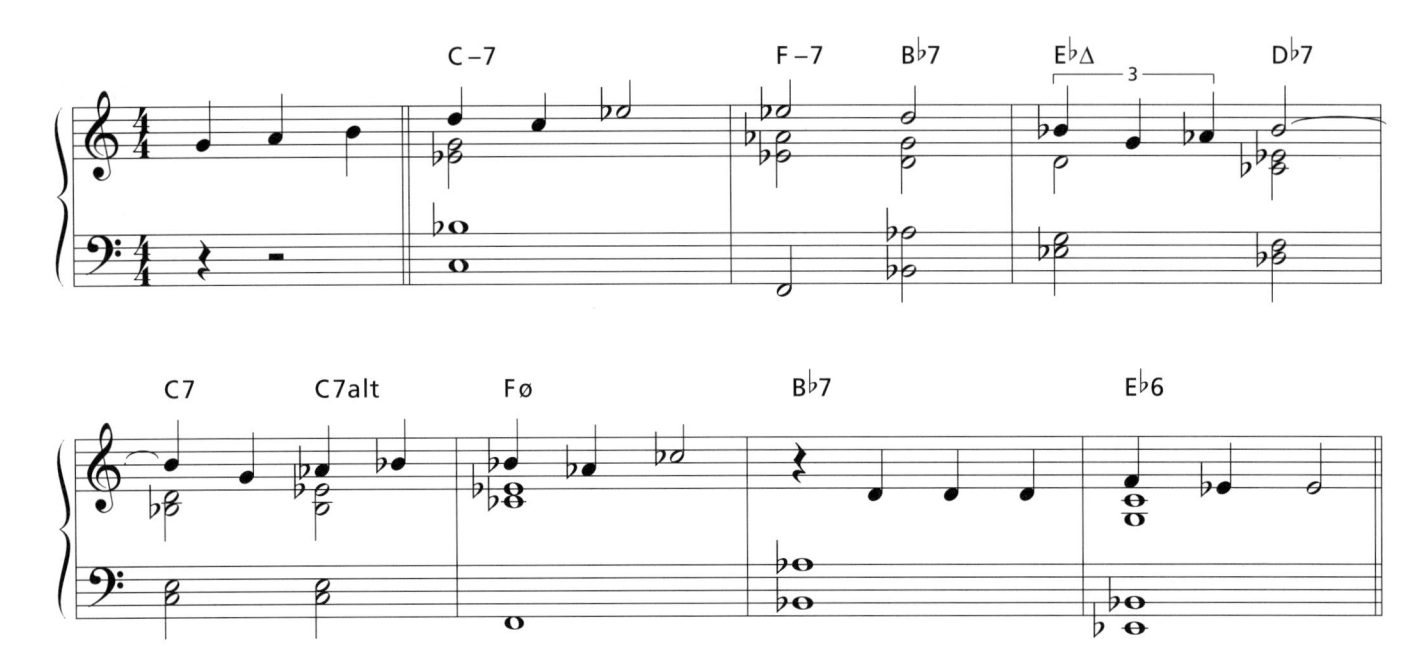

©1940 Broadcast Music Inc., USA, Campbell Connelly & Co. Ltd., 8/9 Frith St., London W1.
Used by Permission of Music Scales Ltd. All Rights Reserved. International Copyright Secured.

Spielen Sie nun **Beispiel 14.46**. Ich habe willkürlich mit einem auf E im Baß aufgebauten Akkord begonnen und bin chromatisch abwärts gegangen. Da der Melodieton D ist, die kleine Septime eines jeden E Akkords, könnte ich also jeden E–7, E7 oder Esus Akkord spielen, da sie alle eine kleine Septime haben. Warum ich mich für E7#9 entschieden habe? Weil mir der Klang gefällt. Da wir chromatisch abwärts gehen, wäre der Akkord nach E7#9 irgendein Akkord über E♭. Da der Melodieton ebenfalls E♭ ist, steht mir die gesamte Palette von E♭ Akkorden zur Verfügung: E♭∆, E♭∆#4, E♭∆#5, E♭–7, E♭ø, E♭–∆, E♭7, E♭7♭9, E♭7#11, E♭7#9, E♭7alt, E♭7#5, E♭sus, E♭sus♭9 und E♭°. Wegen des schwebenden Klangs und den verschiedenen Auflösungsmöglichkeiten von sus Akkorden entschied ich mich für E♭sus. Die Akkorde gehen weiter chromatisch abwärts, nach D7alt, D♭7alt usw. Die Wahl des jeweiligen Akkords und seiner Alterationen hängt dabei eher von meinem persönlichen Geschmack als der Auflösungstendenz bestimmter Verbindungen ab.

Beispiel 14.46

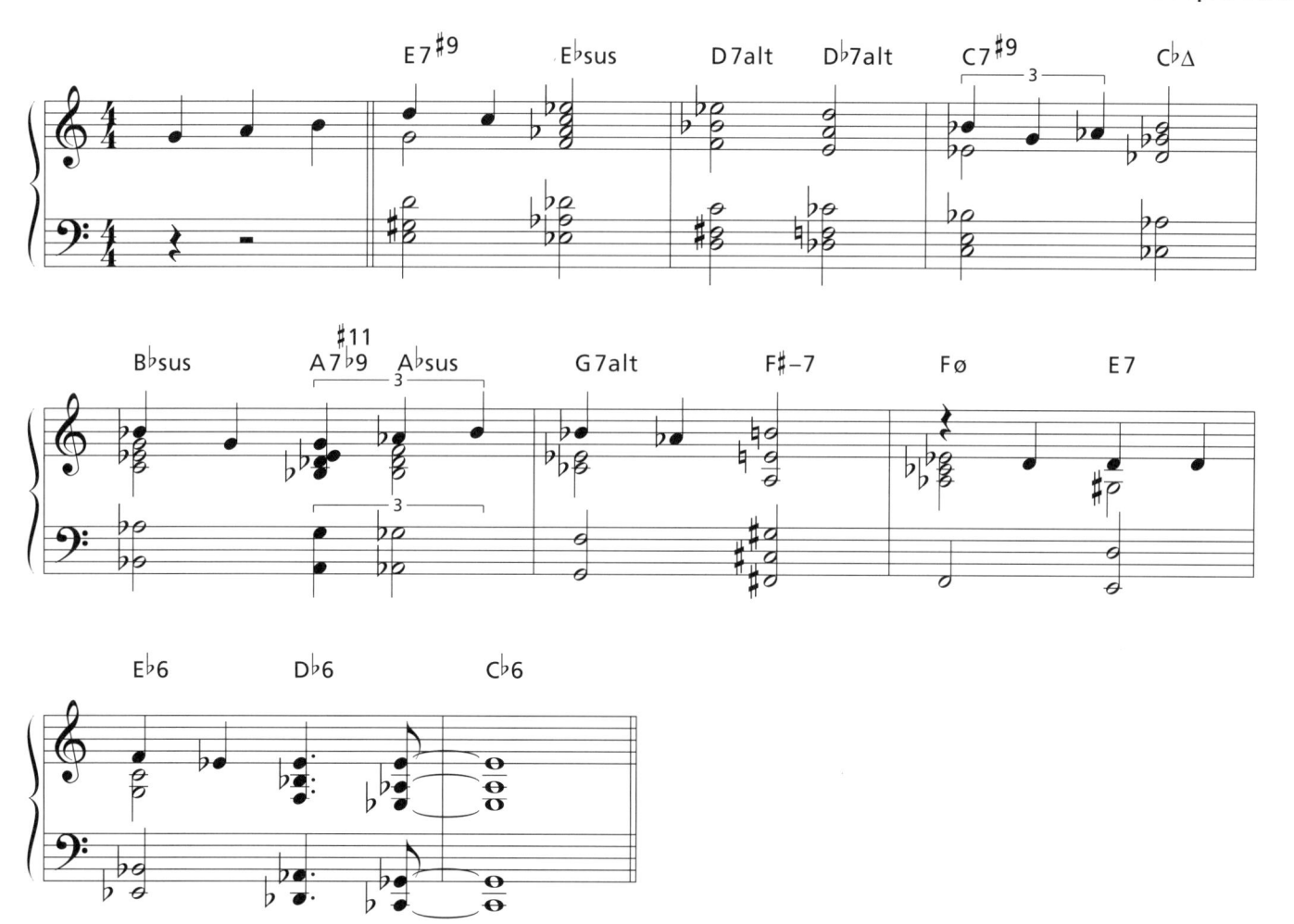

Eine Sache wird aber schnell langweilig, wenn man sie übertreibt, weshalb ich die letzten drei Akkorde in Ganztonschritten abwärts geführt habe. Vergleichen Sie die beiden Versionen miteinander, **Beispiel 14.45** und **14.46**. Gefällt Ihnen die neue Version? Oder nur ein Teil davon? Oder etwa alles? Vergessen Sie nicht, daß ich willkürlich mit E im Baß begonnen habe. Sie können auch einen der 11 anderen Grundtöne als Ausgangspunkt wählen.

Spielen Sie nun **Beispiel 14.47**. Diesmal hören Sie eine chromatisch aufsteigende Baßlinie, die willkürlich mit einem auf A im Baß aufgebauten Akkord beginnt. Der Melodieton D ist die 11 eines A Akkords. Das schließt I und V Akkorde aus, da sie keine Undezime enthalten. Somit stehen zur Verfügung: A–7, Aø, Asus oder Asus♭9. Beginnen wir mit A–7.

Beispiel 14.47

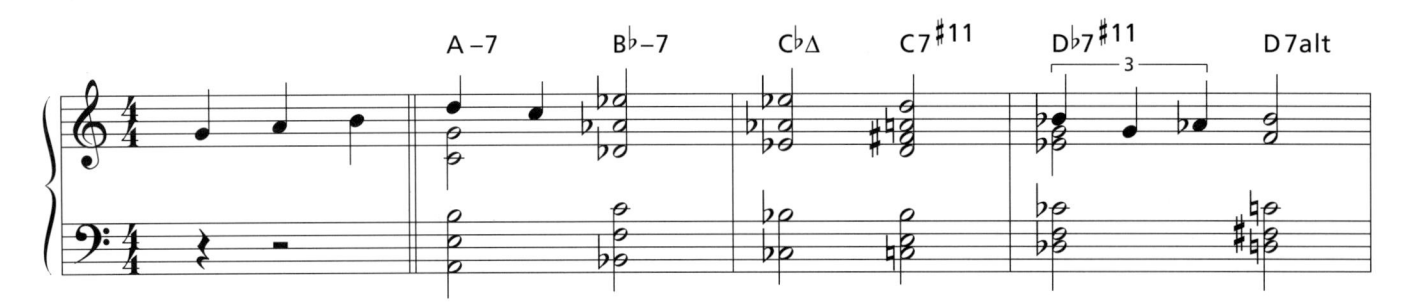

Spielen Sie nun **Beispiel 14.48**. Auf E7♭9 beginnend, bewegt sich die Baßlinie anstatt chromatisch diesmal im Quintenzirkel.

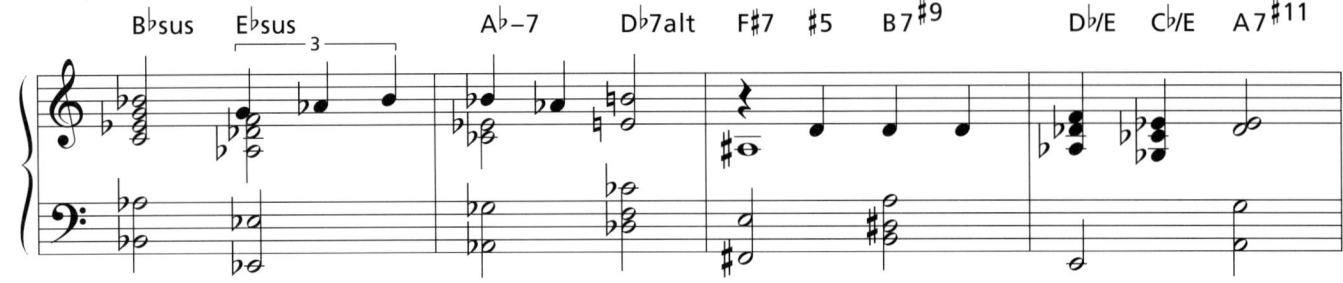

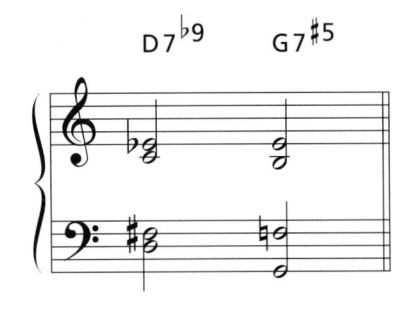

Beispiel 14.48

REHARMONISATION FÜR FORTGESCHRITTENE

Diese Technik ist nicht nur auf eine längere Folge von Akkorden beschränkt. Sie funktioniert auch gut mit einzelnen Akkorden, solange Sie einen Akkord wählen, der gut paßt. Spielen Sie **Beispiel 14.49**, Takt 30-31 von Harry Warrens »You're My Everything«, das mit V-I in C endet. In **Beispiel 14.50** hören Sie, wie Freddie Hubbard (mit Herbie Hancock am Piano)[21] den C∆ Akkord in einen unerwarteten A♭7 Akkord umändert.

Beispiel 14.49

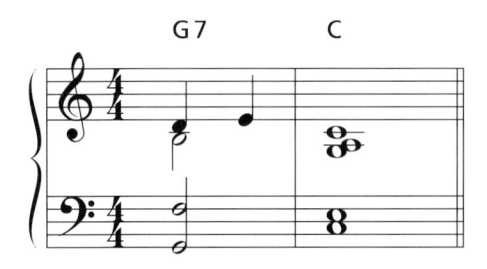

Beispiel 14.50

Herbie Hancocks Piano-Voicings vereinfacht

Sus und sus♭9 Akkorde

Sus und sus♭9 Akkorde werden häufig zur Reharmonisation von II Akkorden, V Akkorden und II-V Verbindungen verwendet. Spielen Sie **Beispiel 14.51**, die ersten vier Takte von Victor Youngs »Stella By Starlight«. E–7, A7 und C–7, F7 sind II-V Verbindungen. Spielen Sie nun **Beispiel 14.52**. E–7, A7 wurde mit Asus♭9 reharmonisiert, und aus C–7, F7 wurde Fsus. Der jeweilige sus oder sus♭9 Akkord hat denselben Grundton wie der reharmonisierte V Akkord.

Beispiel 14.51

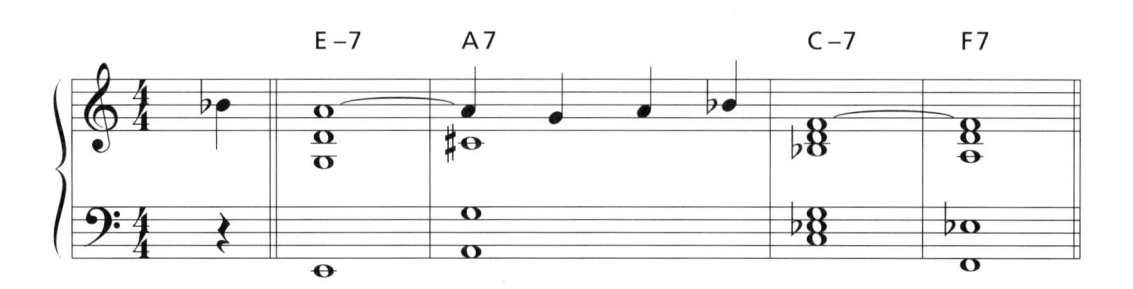

Beispiel 14.52

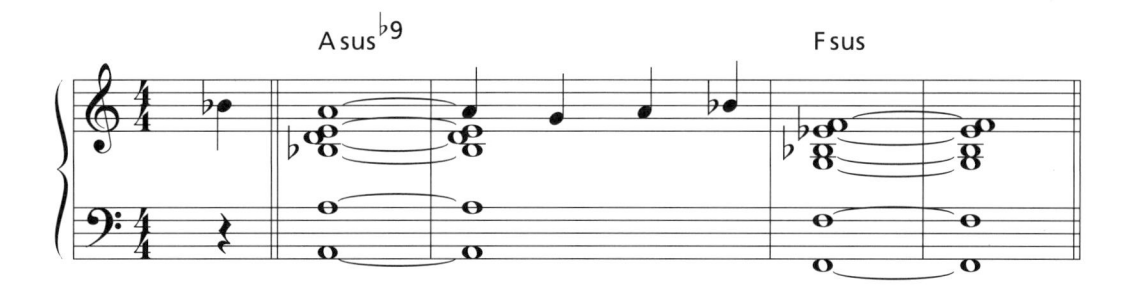

[21] Freddie Hubbard, *Hub Tones*, Blue Note, 1962.

Beispiel 14.53

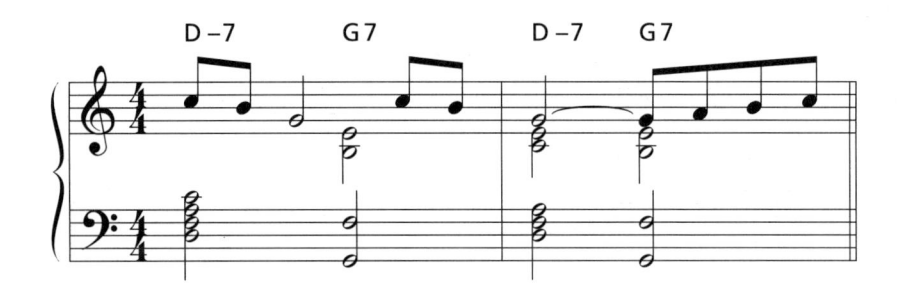

Beispiel 14.54

Benny Greens Piano-Voicings vereinfacht

Beispiel 14.53 zeigt Takt 5-6 des Mittelteils von Richard Rodgers »Bewitched, Bothered And Bewildered«. In **Beispiel 14.54** hören Sie, wie Ralph Moore (mit dem Pianisten Benny Green) beide D–7, G7 II-V Verbindungen durch einen Gsus Akkord ersetzt.[22] **Beispiel 14.55** zeigt die ersten vier Takte von Miles Davis' »Tune Up«. Spielen Sie nun **Beispiel 14.56**. Der ursprüngliche II Akkord wurde durch Asus♭9 ersetzt.

Beispiel 14.57 zeigt drei Takte von Cy Colemans »Witchcraft«. In **Beispiel 14.58** hören Sie, wie Kenny Barron den B♭–7 Akkord durch E♭sus ersetzt und ihn nach A♭△ auflöst, der Durparallele des ursprünglichen F–7 Akkords.[23] Einige Takte später reharmonisiert Kenny die ursprünglichen Takte 16-18 (**Beispiel 14.59**), indem er den Pedalton C unter den F△ Akkord legt und anschließend den Klang des ursprünglichen Csus Akkords durch Spielen eines Csus♭9 verdunkelt (**Beispiel 14.60**).

Beispiel 14.55

Beispiel 14.56

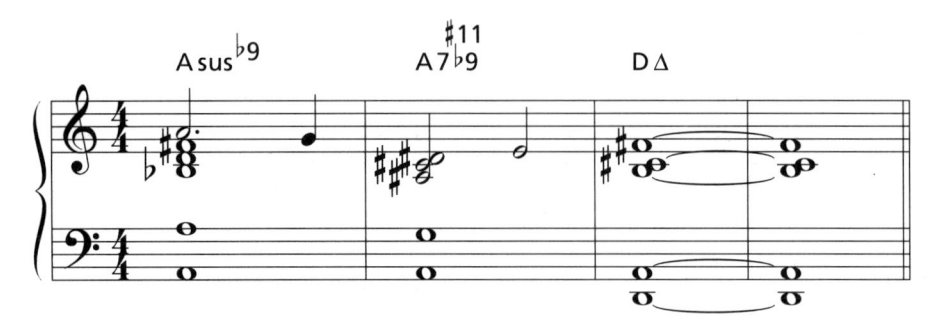

---

[22] Ralph Moore, *Round Trip*, Reservoir, 1985.
[23] Kenny Barron, *Maybeck Recital Hall Series*, Concord, 1990.

Beispiel 14.57

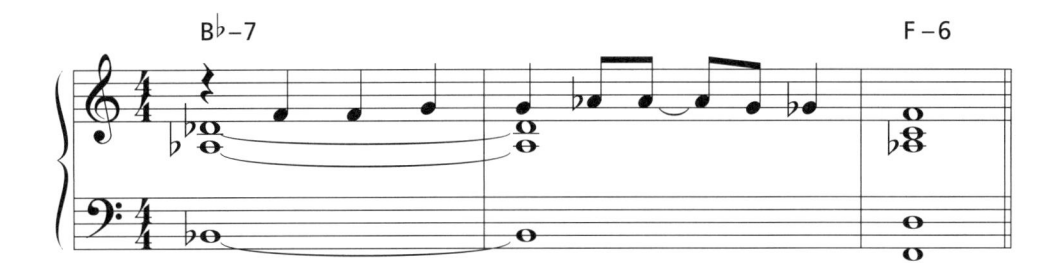

Beispiel 14.58

Kenny Barrons Piano-Voicings vereinfacht

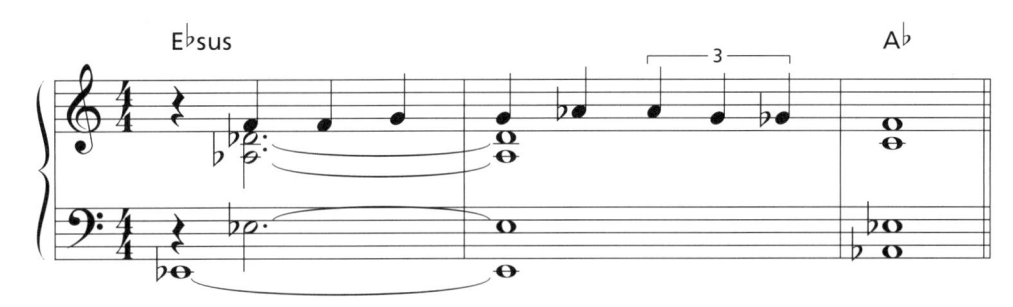

Beispiel 14.59

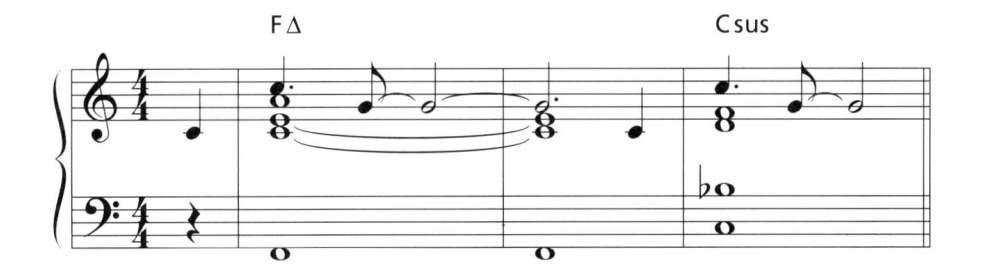

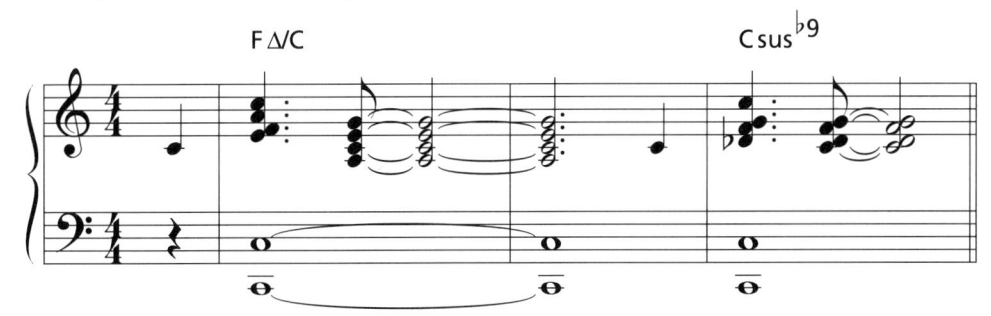

Beispiel 14.60

Kenny Barrons Piano-Voicings vereinfacht

Beispiel 14.61

Beispiel 14.62

Cedar Waltons Piano-Voicings vereinfacht

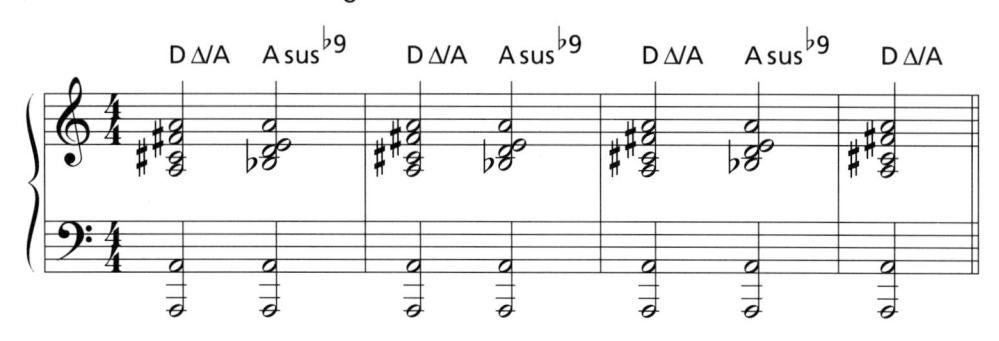

Beispiel 14.63

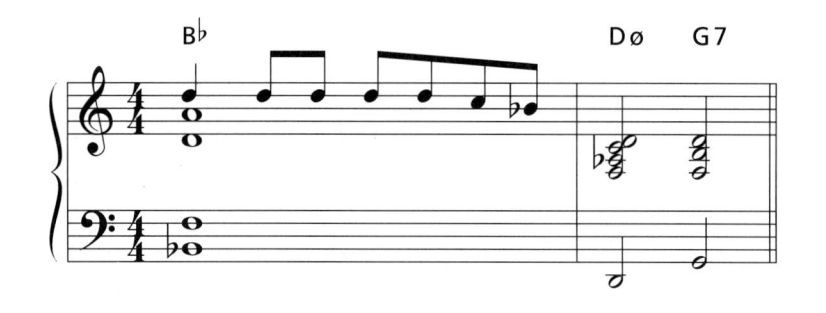

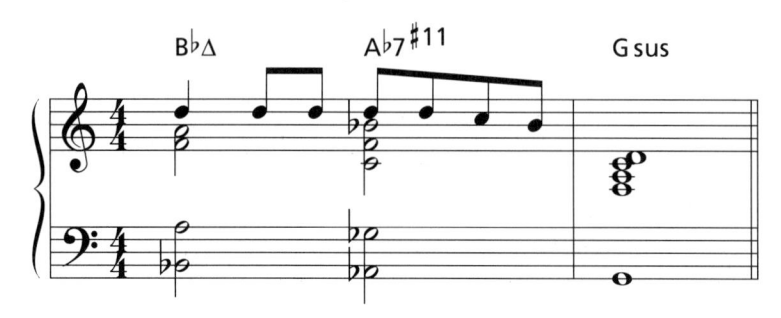

Beispiel 14.61 zeigt die ersten vier Takte des Mittelteils von Johnny Greens »Body And Soul«. In **Beispiel 14.62** hören Sie die D∆/A und Asus♭9 Akkorde, die Cedar Walton über Freddie Hubbards Reharmonisation derselben vier Takte spielt.[24]

Beispiel 14.63 zeigt zwei Takte aus Victor Youngs »My Foolish Heart«. Spielen Sie **Beispiel 14.64** und hören Sie sich an, wie Bobby Hutcherson (und Pianist McCoy Tyner) Dø, G7 durch einen Gsus Akkord ersetzen.[25] Diesem Akkord geht A♭7♯11 als chromatischer Vorhalt voraus. Der chromatische Vorhalt wird etwas später in diesem Kapitel behandelt.

Beispiel 14.64

McCoy Tyners Piano-Voicings vereinfacht

---

[24] Freddie Hubbard, *Here To Stay,* Blue Note, 1962.
[25] Bobby Hutcherson, *Solo/Quartet,* Fantasy, 1981.

Scheinkadenzen

Jazzstücke und Standards enthalten eine Menge *Scheinkadenzen.* Eine Scheinkadenz entsteht, wenn sich ein V Akkord nicht wie erwartet eine Quinte abwärts auflöst. Spielen Sie **Beispiel 14.65**, Takt 2-5 von John Klenners »Just Friends«. F7 nach G∆ ist eine Scheinkadenz, da sich F7 normalerweise in einen B♭ Akkord auflöst. (F7, B♭ ist V-I in B♭ Dur).

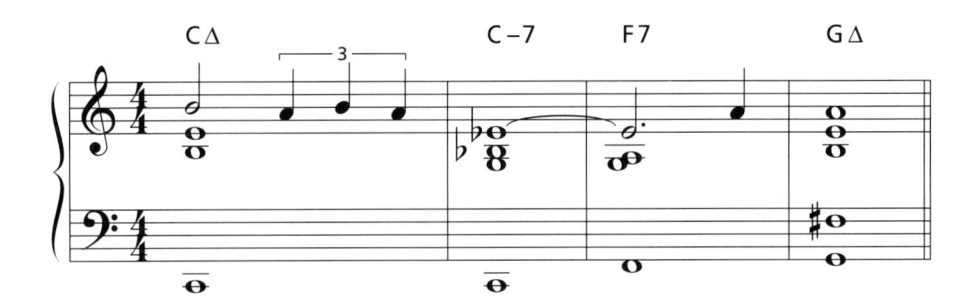

Spielen Sie **Beispiel 14.66**, die Takte 3-5 aus Benny Golsons »Stablemates«.[26] C7alt nach A♭–7 ist eine Scheinkadenz, weil sich C7 eigentlich eine Quinte abwärts in einen F Akkord auflösen würde.

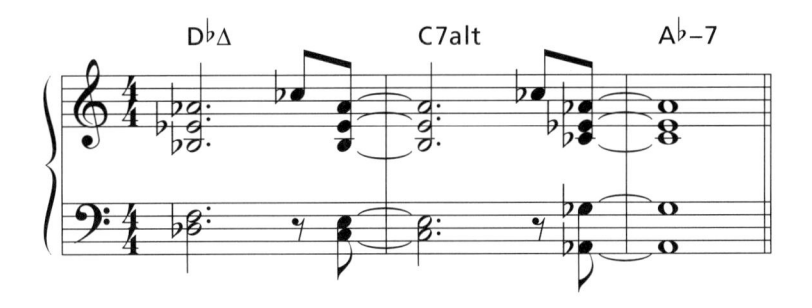

Beispiel 14.67 zeigt die Takte 7-9 von Billy Strayhorns »Chelsea Bridge«. B7 nach D♭ ist eine Scheinkadenz, weil man vom B7 Akkord erwartet, daß er sich eine Quinte abwärts zu einem E Akkord auflöst.

Beispiel 14.65

Beispiel 14.66

Beispiel 14.67

[26] *The New Miles Davis Quintet*, Fantasy, 1955.

KAPITEL VIERZEHN

Bobby Hutcherson ©Michael Handler. All Rights Reserved.

Joe Henderson geht in seiner Version von »Chelsea Bridge« noch einen Schritt weiter[27] (**Beispiel 14.68**). Joe (und Pianist Kenny Barron) lösen B7 nach A∆ auf, was ebenfalls eine Scheinkadenz ist, aber eine andere als in Strayhorns Originalfassung.

Beispiel 14.68

Kenny Barrons Piano-Voicings vereinfacht

| D♭∆ | B7 | A∆ | B7 | B♭∆ |

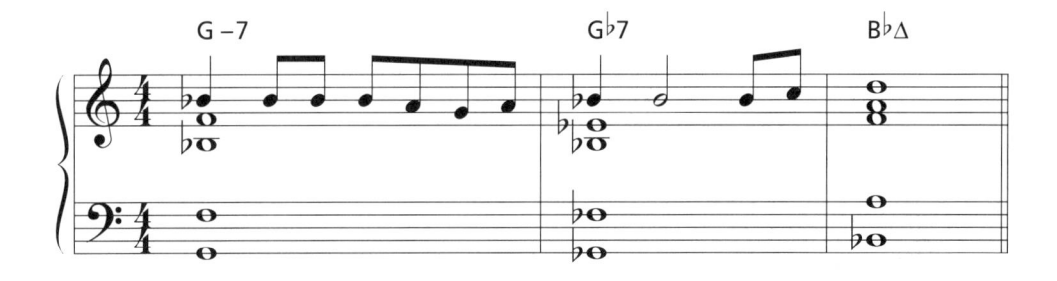

Beispiel 14.69 zeigt Takt 25-27 von Victor Youngs »My Foolish Heart«. Dem B♭∆ geht G♭7 voraus, eine Scheinkadenz. In **Beispiel 14.70** hören Sie, wie Bobby Hutcherson[28] (mit McCoy Tyner am Piano) dem B♭∆ Akkord E♭–7, A♭7 voranstellen, wodurch eine Scheinkadenz ensteht, die nicht im Original enthalten ist.

Beispiel 14.69

| G–7 | G♭7 | B♭∆ |

Beispiel 14.70

McCoy Tyners Piano-Voicings vereinfacht

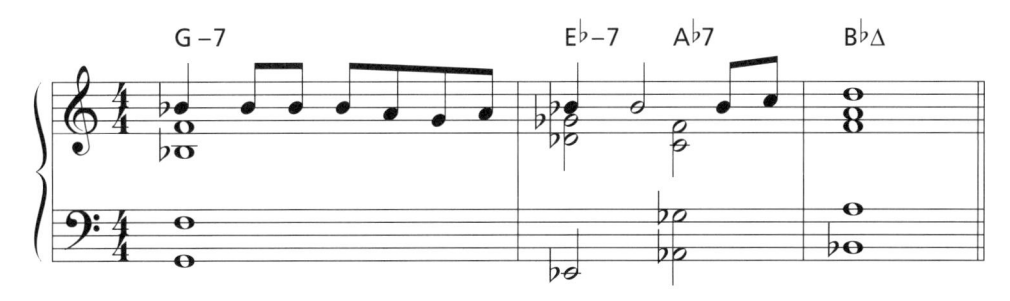

| G–7 | E♭–7 | A♭7 | B♭∆ |

---

[27] Joe Henderson, *The Kicker*, Blue Note, 1967.
[28] Bobby Hutcherson, *Solo/Quartet*, Fantasy, 1981.

Spielen Sie **Beispiel 14.71**, die letzten vier Takte von Billy Strayhorns »Upper Manhattan Medical Group« (auch unter dem Titel »U.M.M.G.« bekannt).[29] Dieses Beispiel enthält eine ungewöhnliche Scheinkadenz: dem I Akkord geht ein V Akkord eine große Terz tiefer voraus.[30] **Beispiel 14.72** zeigt, daß A7/D♭, der erste Akkord in **Beispiel 14.71**, nichts anderes als ein seltsam notierter A7 ist, mit D♭ im Baß (D♭ ist enharmonisch C♯, die Terz von A7). A, der Grundton des V Akkords, liegt eine kleine Terz unter D♭, dem Grundton des I Akkords. D♭ (enharmonisch C♯) ist der gemeinsame Ton, der die Akkorde der Verbindung fließend ineinander übergehen läßt. Das Thema ›gemeinsame Töne‹ behandeln wir etwas später.

Beispiel 14.71

Beispiel 14.72

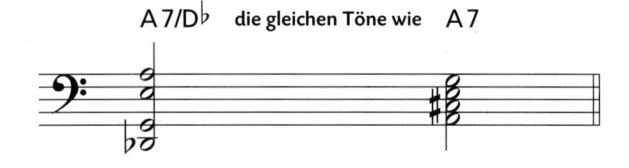

Beispiel 14.73

Beispiel 14.74

---

[29] Joe Henderson, *Lush Life,* Verve, 1992.
[30] Nichtpianisten können die obere Note im Baßschlüssel auch mit der rechten Hand spielen.

Das Voranstellen eines V Akkords eine große Terz unter dem I Akkord, wie Strayhorn es in »U.M.M.G« machte, ist sehr effektiv, wenn die None Melodieton des I Akkords ist. Spielen Sie **Beispiel 14.73** und hören Sie sich den ersten Takt von Don Raye und Gene DePauls »Star Eyes« an. **Beispiel 14.74** reharmonisiert den ersten Takt, indem dem Eb∆ Akkord B7, der V Akkord eine große Terz tiefer, vorangestellt wird. **Beispiel 14.75** zeigt, daß die unteren vier Töne einen B7 Akkord ergeben, wobei D# enharmonisch als Eb notiert wurde. Der Melodieton F wird zur #11 von B7.

Beispiel 14.75

Beispiel 14.76 zeigt den ersten Takt von Jimmy Van Heusens »But Beautiful«. **Beispiel 14.77** reharmonisiert den ersten Takt, indem dem G∆ Akkord Eb7, der V Akkord eine große Terz unter G, vorangestellt wird. **Beispiel 14.78** demonstriert, daß die unteren vier Töne, anders angeordnet, einen Eb7 Akkord mit enharmonischer Verwechslung ergeben.

Beispiel 14.76

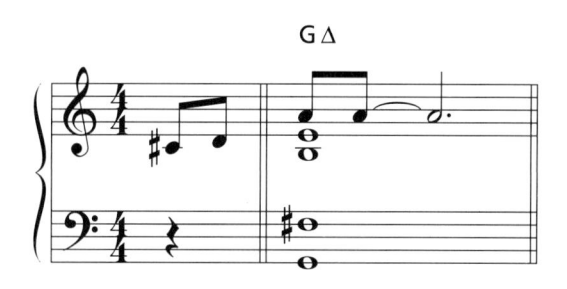

Beispiel 14.77

Beispiel 14.78

Aus einer Scheinkadenz eine Kadenz machen

Eine überraschende Reharmonisation erzielt man durch Auflösung einer Scheinkadenz eine Quinte abwärts, wodurch eine normale Kadenz entsteht. Spielen Sie **Beispiel 14.79**, Takt 5-8 von Victor Schertzingers »I Remember You«. Im Unterschied zu einer normalen Kadenz löst sich A♭–7, D♭7 nicht eine Quinte abwärts zu G♭ auf, sondern geht chromatisch in G–7, C7 über. Mulgrew Miller[31] löst A♭–7, D♭7 unerwarteterweise nach G♭∆ auf, wodurch eine ganz normale II-V-I entsteht (**Beispiel 14.80**). Das Umändern einer Scheinkadenz in eine normale Kadenz funktioniert jedoch nur bei bekannten Stücken, da sonst das Überraschungselement fehlt.

Beispiel 14.79

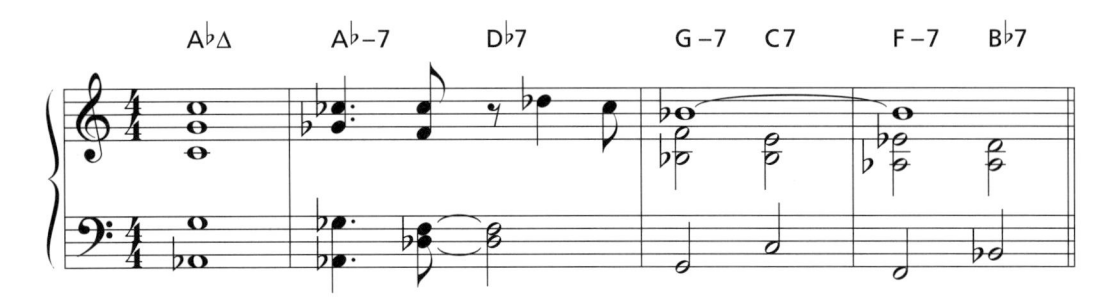

Beispiel 14.80

Mulgrew Millers Piano-Voicings vereinfacht

Der chromatische Vorhalt

Unter einem *chromatischem Vorhalt* versteht man das Voranstellen eines Akkordes einen Halbton über oder unter dem nachfolgenden Akkord. Der vorangestellte Akkord kann dieselbe Eigenschaft haben wie der Akkord, zu dem er hinführt (B–7, C–7) oder eine andere (B7alt, C–7). **Beispiel 14.81** zeigt die ersten drei Takte von Victor Youngs »My Foolish Heart«. **Beispiel 14.82** zeigt Bobby Hutchersons Reharmonisation (mit McCoy Tyner am Piano), in der D♭7#11 als chromatischer Vorhalt zu C–7 fungiert.[32] In Takt 6-7 von »My Foolish Heart« (**Beispiel 14.83**) wiederholen die beiden dieses Verfahren (**Beispiel 14.84**). Und in Takt 15-16 (**Beispiel 14.85**) spielen Bobby und McCoy G♭7#11 als chromatischen Vorhalt zu F7 (**Beispiel 14.86**).

---

[31] Mulgrew Miller, *Wingspan*, Landmark, 1987.
[32] Bobby Hutcherson, *Solo/Quartet*, Fantasy, 1981.

REHARMONISATION FÜR FORTGESCHRITTENE

Beispiel 14.81

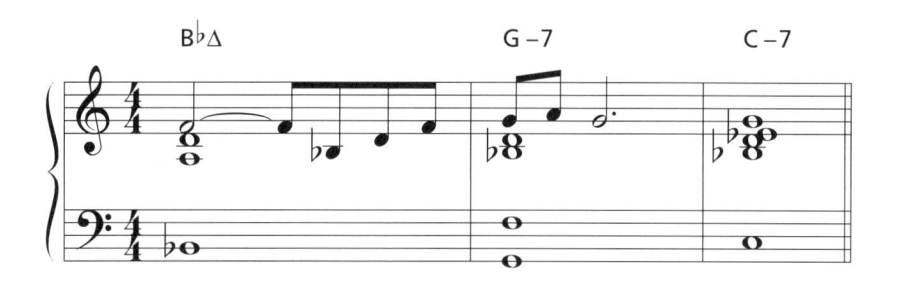

Beispiel 14.82

McCoy Tyners Piano-Voicings vereinfacht

Beispiel 14.83

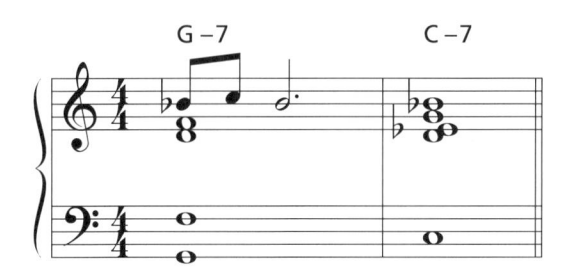

Beispiel 14.84

McCoy Tyners Piano-Voicings vereinfacht

Beispiel 14.85

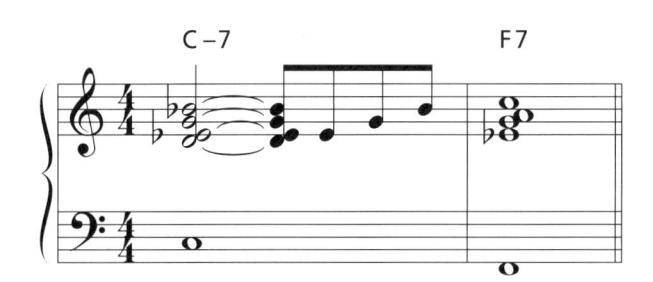

Beispiel 14.86

McCoy Tyners Piano-Voicings vereinfacht

Beispiel 14.87

Beispiel 14.88

Cedar Waltons Piano-Voicings vereinfacht

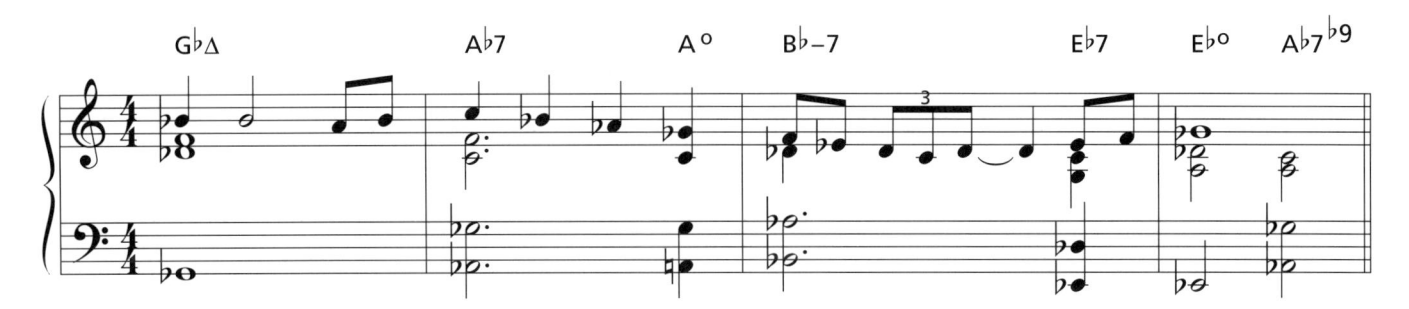

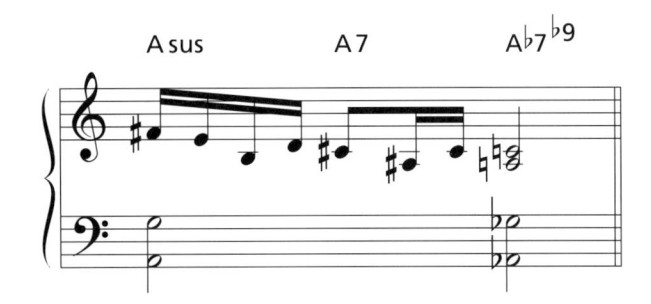

Für einen chromatischen Vorhalt können Sie auch mehr als nur einen Akkord verwenden. **Beispiel 14.87** zeigt Takt 13-16 von Jimmy Van Heusens »All The Way«. In **Beispiel 14.88** hören Sie, wie Woody Shaw (mit Cedar Walton am Piano) A♭7 und B♭–7 mit A∆ und A° verbindet, also Akkorden, die einen Halbtonschritt unter B♭–7 liegen.[33] Achten Sie auch auf die wunderschöne Phrase, die Woody im letzten Takt über die chromatischen Vorhaltakkorde (Asus, A7, A♭7♭9) spielt.

Beispiel 14.89 zeigt Takt 17-20 von Harry Warrens »You're My Everything«. In **Beispiel 14.90** hören Sie, wie Freddie Hubbard (mit Herbie Hancock am Piano) G♭7#11 und F7#11 als Vorhalt zu E–7 spielt.[34] **Beispiel 14.91** zeigt Takt 25-28 desselben Stücks. In **Beispiel 14.92** hören Sie, wie Freddie und Herbie A♭7 als chromatischen Vorhalt zu G–7 spielen. Auffällig ist auch, daß F–∆ durch B♭7#11 ersetzt wird; diese beiden Akkorde sind im wesentlichen identisch, da sie derselben Tonalität, nämlich F melodisch Moll, entstammen.

---

[33] Woody Shaw, *Setting Standards*, Muse, 1983.
[34] Freddie Hubbard, *Hub Tones*, Blue Note, 1962.

REHARMONISATION FÜR FORTGESCHRITTENE

Beispiel 14.89

Beispiel 14.90

Herbie Hancocks Piano-Voicings vereinfacht

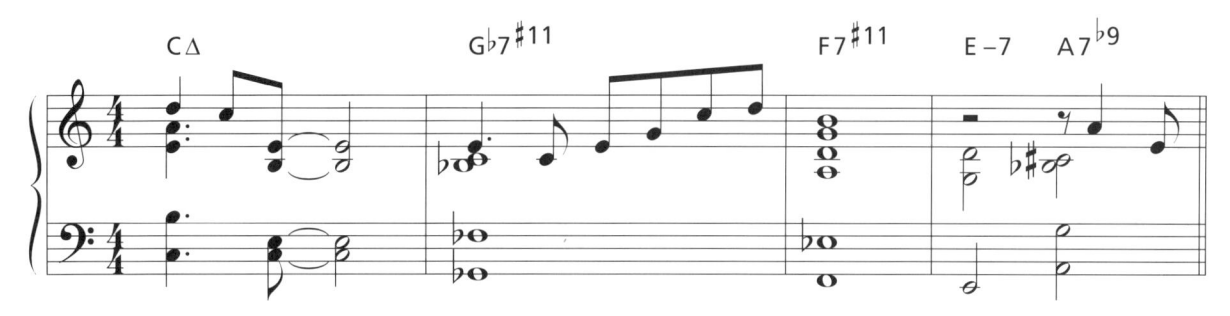

Beispiel 14.91

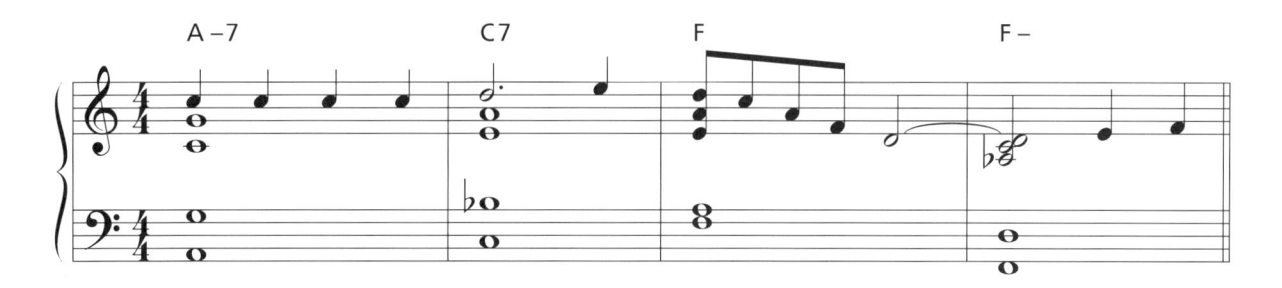

Beispiel 14.92

Herbie Hancocks Piano-Voicings vereinfacht

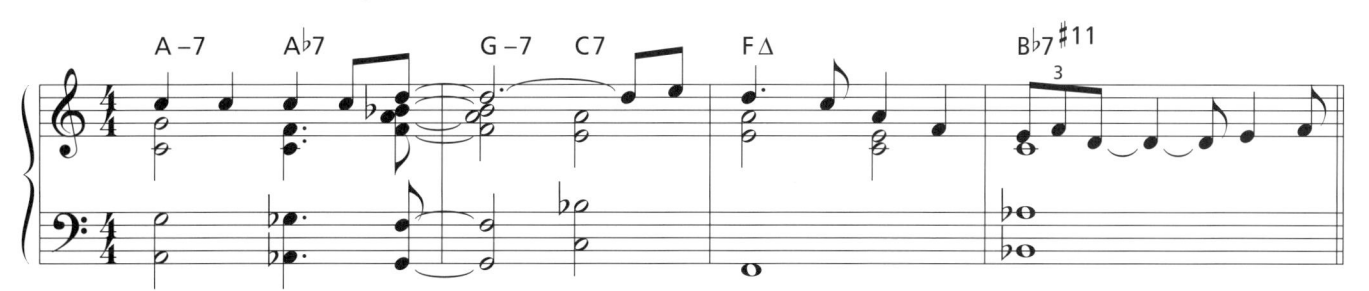

Beispiel 14.93

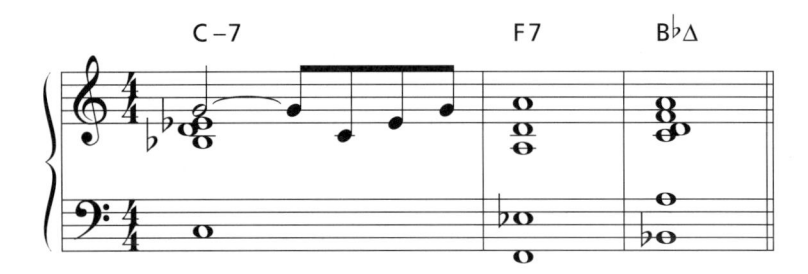

Beispiel 14.94

McCoy Tyners Piano-Voicings vereinfacht

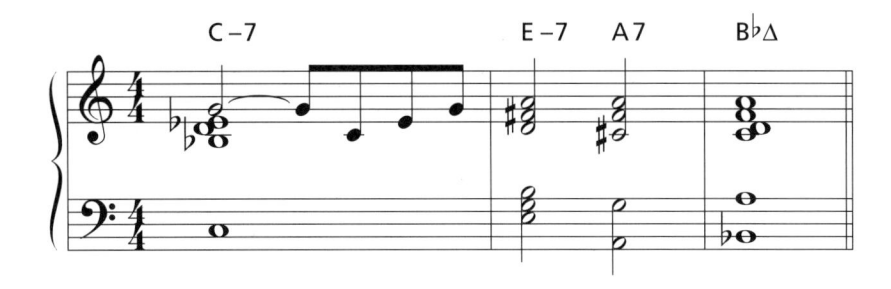

Beispiel 14.95

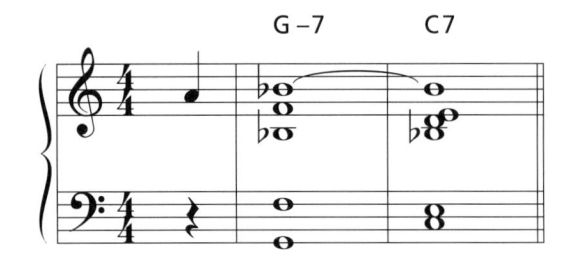

Ebenso kann eine II-V Verbindung als chromatischer Vorhalt gespielt werden. **Beispiel 14.93** zeigt Takt 3-5 von Victor Youngs »My Foolish Heart«. Bobby Hutcherson und McCoy Tyner spielen die II-V E–7, A7 als chromatischen Vorhalt zu B♭∆ (**Beispiel 14.94**).[35] **Beispiel 14.95** zeigt Takt 7-8 von Richard Rodgers »Have You Met Miss Jones«. **Beispiel 14.96** zeigt, wie Kenny Garrett (mit Mulgrew Miller am Piano) A♭–7, D♭7 als chromatischen Vorhalt zu G–7, C7 spielen.[36] **Beispiel 14.97** zeigt die Changes der letzten vier Takte von Victor Youngs »Stella By Starlight«. Viele Musiker spielen an dieser Stelle gerne C♯–7, F♯7 als chromatischen Vorhalt zu Cø, F7♭9 (**Beispiel 14.98**).

Beispiel 14.96

Mulgrew Millers Piano-Voicings vereinfacht

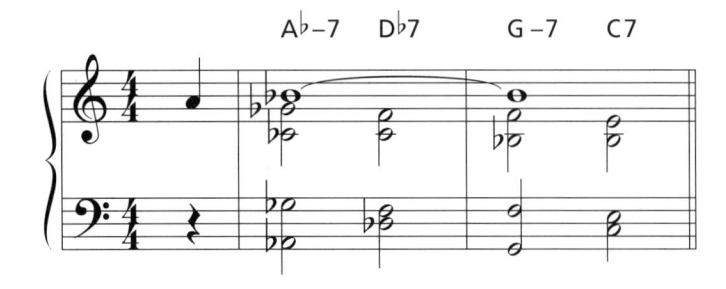

---

[35] Bobby Hutcherson, *Solo/Quartet*, Fantasy, 1981.
[36] Kenny Garrett, *Introducing Kenny Garrett*, Criss Cross, 1984.

REHARMONISATION FÜR FORTGESCHRITTENE

Beispiel 14.97

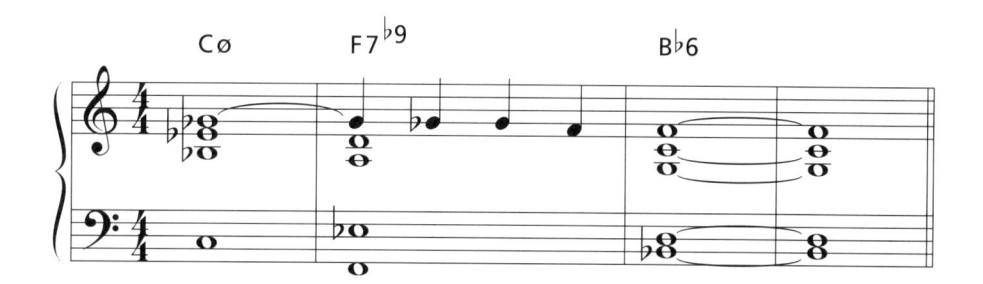

Beispiel 14.98

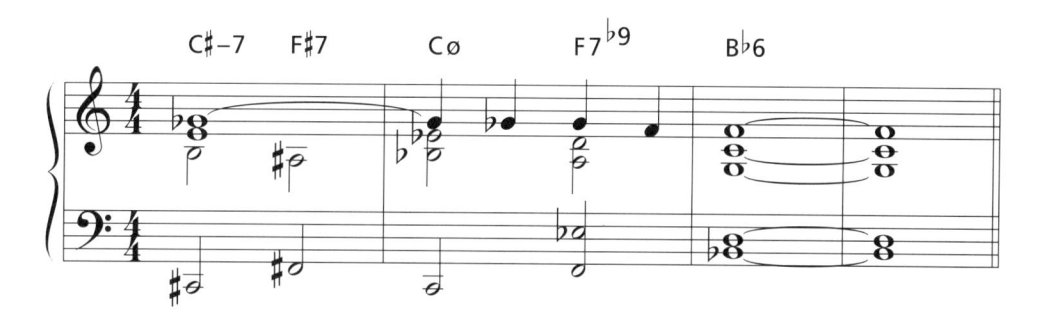

Ein chromatischer Vorhalt kann auch mit zwei Akkorden eingeleitet werden, wobei einer einen Halbton über und der andere einen Halbtonschritt unter dem Zielakkord liegt. In **Beispiel 14.99** hören Sie, wie Ralph Moore (mit Benny Green am Piano) in seiner Version von Richard Rodgers »Bewitched, Bothered And Bewildered«[37] Ab7#11 (einen Halbton über Gsus) und Gb7#11 (einen Halbton unter Gsus) als chromatischen Vorhalt zu Gsus spielt.

Beispiel 14.99

Benny Greens Piano-Voicings vereinfacht

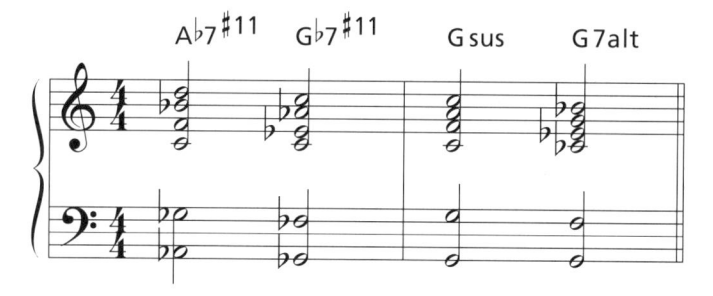

Pianisten und Gitarristen können häufig von einem Akkord zum anderen chromatisch auf- oder abwärts »hinübergleiten«, was die beiden **Beispiele 14.100** und **14.101** verdeutlichen. Hören Sie beim Begleiten aber sorgfältig zu, um nicht mit dem Solisten in Widerspruch zu geraten.

Beispiel 14.100

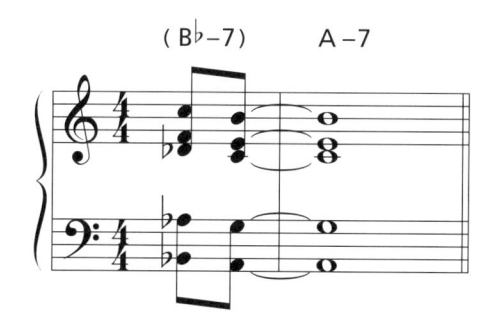

Beispiel 14.101

[37] Ralph Moore, *Round Trip*, Reservoir, 1985.

Beispiel 14.102

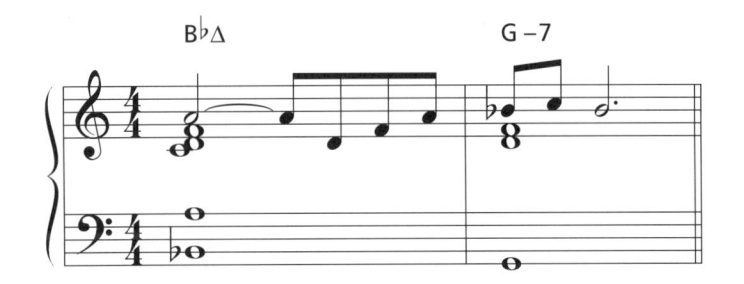

Die Zwischendominante

Ein Akkord kann auch durch seine jeweilige Dominante angespielt werden. Z.B. können Sie jeden G Akkord – G∆, G7, G–7, Gsus usw. – mit einem D7 Akkord anspielen. **Beispiel 14.102** zeigt Takt 5-6 von Victor Youngs »My Foolish Heart«. In **Beispiel 14.103** hören Sie, wie Bobby Hutcherson und McCoy Tyner G–7 mit einem D7♯9 Akkord anspielen.[38]

Beispiel 14.103

McCoy Tyners Piano-Voicings vereinfacht

Der Gebrauch des verminderten Akkords

In Kapitel Drei wurde erklärt, daß verminderte Akkorde oft als versteckte V7♭9 Akkorde fungieren, da die vier Töne eines verminderten Septakkords zugleich Terz, Quinte, Septime und ♭9 eines V7♭9 Akkords sind. Da sich in der Harmonik der verminderten Skala alles im Abstand einer kleinen Terz wiederholt, kann ein verminderter Akkord als einer von vier versteckten V7♭9 Akkorden fungieren und sich demnach auch in vier verschiedene Richtungen auflösen. Nehmen wir einmal F♯°7 als Beispiel (**Beispiel 14.104**).

- F♯° ist Terz, Quinte, Septime und ♭9 von D7♭9, der sich normalerweise eine Quinte abwärts in einen G Akkord auflöst.

- F♯° ist Quinte, Septime, ♭9 und Terz von B7♭9, der sich normalerweise eine Quinte abwärts in einen E Akkord auflöst.

- F♯° ist Septime, ♭9, Terz und Quinte von A♭7♭9, (enharmonisch G♯7♭9), der sich normalerweise eine Quinte abwärts in einen D♭ Akkord auflöst.

- F♯° ist ♭9, Terz, Quinte und Septime von F7♭9, der sich normalerweise eine Quinte abwärts in einen B♭ Akkord auflöst.

---

[38] Bobby Hutcherson, *Solo/Quartet*, Fantasy, 1981.

Beispiel 14.104

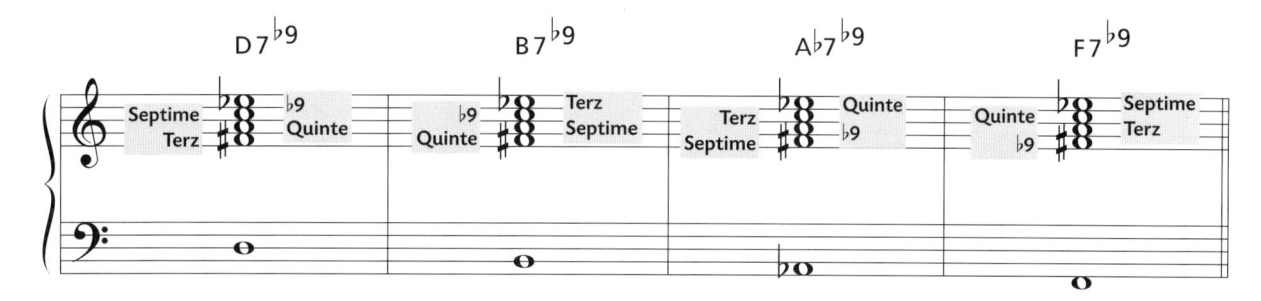

Donald Brown verwendete diese Technik, um in seiner wundervollen Version von George Gershwins »Embraceable You«[39] überraschend in eine andere Tonart zu modulieren. **Beispiel 14.105** zeigt die ersten drei Takte von Gershwins Originalmelodie in E♭ mit den dazugehörigen Akkorden. »Embraceable You« wird normalerweise in E♭ oder G gespielt, und Donald Browns kunstvolle Verwendung des F♯o Akkords im zweiten Takt gestattet ihm, in den ersten beiden Takten des Stücks von E♭ nach G zu modulieren. Die Töne des F♯o Akkords im zweiten Takt sind die Terz, Quinte, Septime und ♭9 eines D7♭9 Akkords, wie Sie bereits in **Beispiel 14.104** sehen konnten. D7♭9 löst sich üblicherweise nach G△ auf, und das ist genau das, was Donald in **Beispiel 14.106** macht. Donald gibt sich aber mit zwei Tonarten (G und E♭) noch immer nicht zufrieden und spielt im dritten Takt E–7, den II Akkord aus D Dur.

Beispiel 14.105

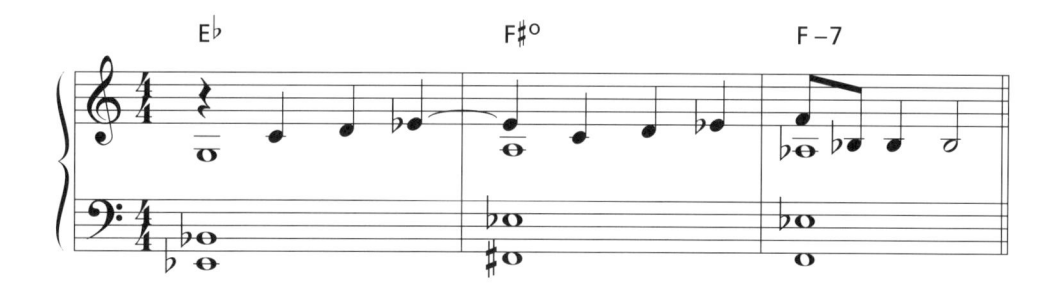

Beispiel 14.106

Donald Browns Piano-Voicings vereinfacht

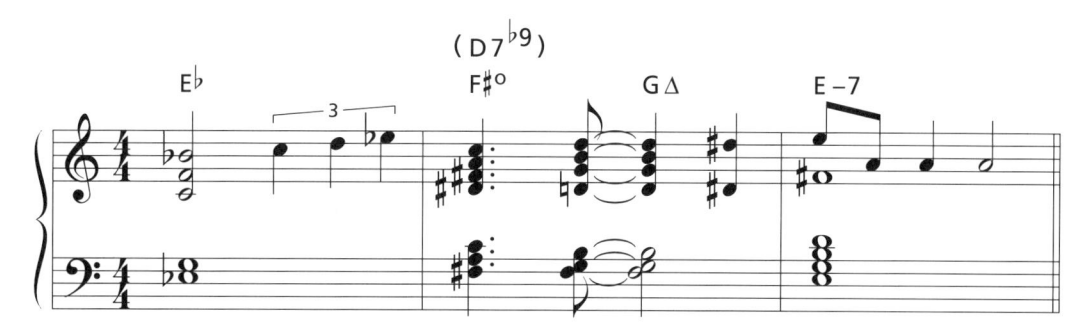

[39] Donald Brown, *Sources Of Inspiration*, Muse, 1989. Eine der besten Aufnahmen der achtziger Jahre.

Das Verändern der Melodie

Fällt Ihnen ein hipper Akkord oder eine ungewöhnliche Akkordverbindung ein und die Melodie paßt nicht dazu, dann *verändern Sie doch einfach die Melodie*. **Beispiel 14.107** zeigt die ersten fünf Takte von Vincent Youmans »Without A Song«. Joe Henderson reharmonisierte diese fünf Takte[40] zusammen mit Kenny Barron am Piano und spielt sie durch die Tonarten Eb∆, Ab∆ und B∆ (**Beispiel 14.108**). Da der Melodieton G über der ursprünglichen Bb-7, Eb7 Verbindung nicht zum neuen F#7 Akkord paßt, macht Joe aus dem G ein F#. Achten Sie außerdem darauf, daß der Melodieton über jedem Durseptakkord die große Septime ist – der gemeinsame Ton, der alles zusammenhält. Zum Thema ›gemeinsame Töne‹ kommen wir in Kürze.

Beispiel 14.107

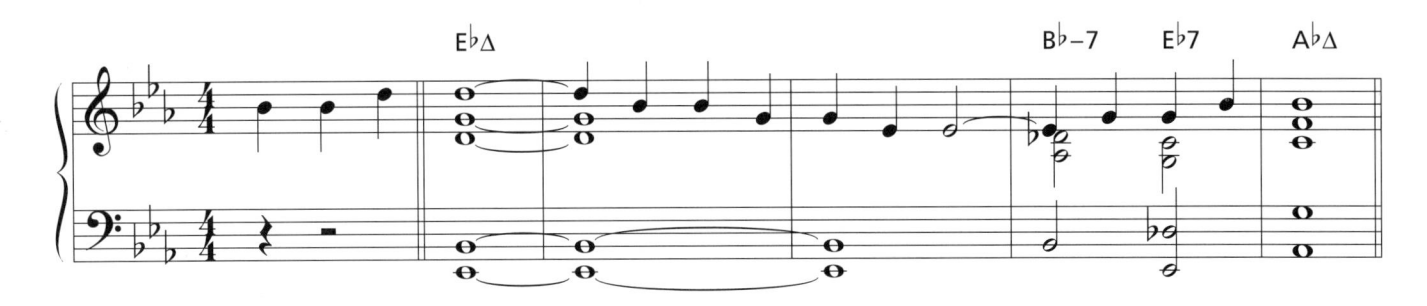

Beispiel 14.108

Kenny Barrons Piano-Voicings vereinfacht

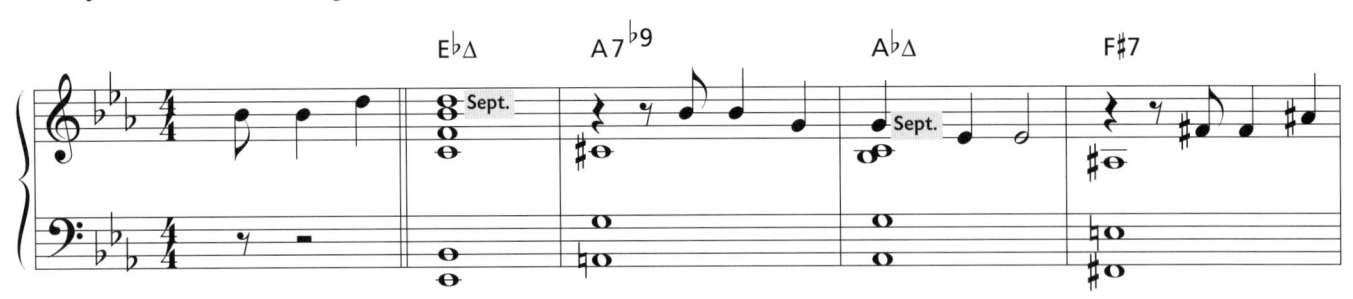

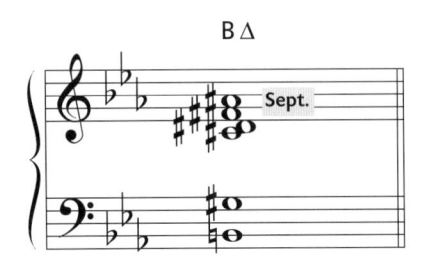

[40] Joe Henderson, *The Kicker*, Milestone, 1967.

REHARMONISATION FÜR FORTGESCHRITTENE

Beispiel 14.109 zeigt Takt 25-28 von Duke Ellingtons »Satin Doll«. McCoy Tyner reharmonisierte diese vier Takte mit chromatisch aufsteigenden II-V Verbindungen.[41] Natürlich paßte Dukes Originalmelodie nicht zu diesen neuen Changes, weshalb McCoy sowohl die Melodie als auch die Akkorde chromatisch aufwärts bewegte (**Beispiel 14.110**) und so die Melodie an die neuen Changes anpaßte.

Beispiel 14.109

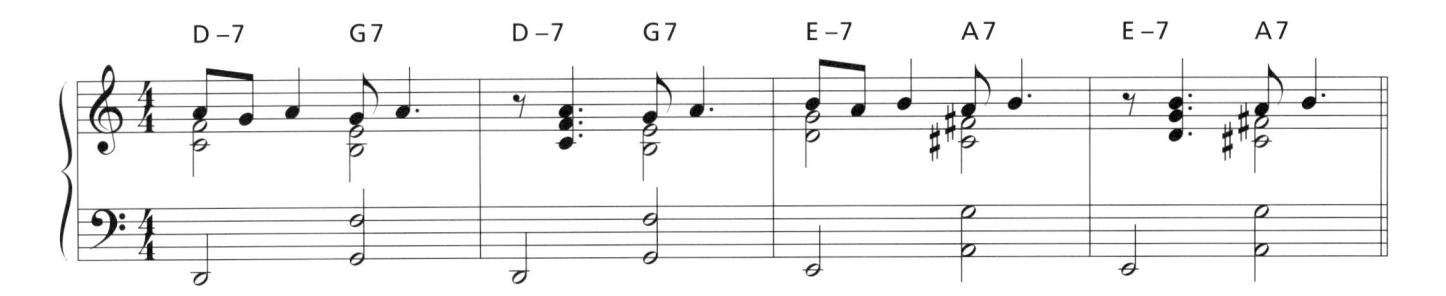

Beispiel 14.110

McCoy Tyners Piano-Voicings vereinfacht

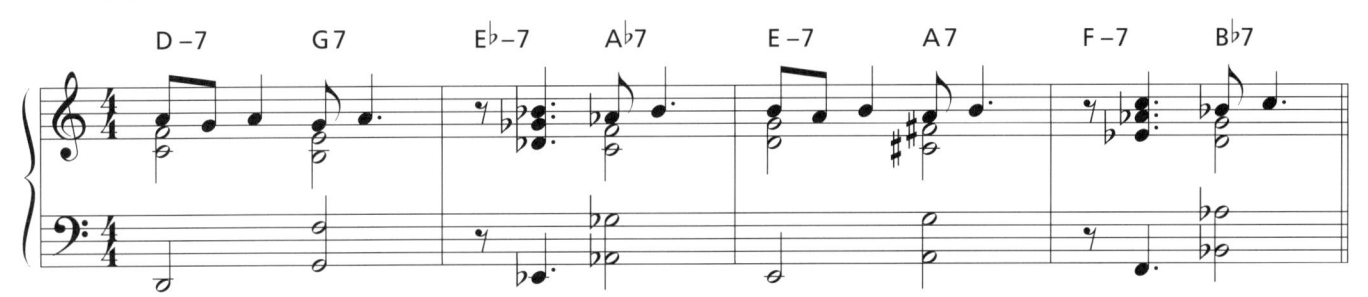

Das Verändern des Akkords

Der Melodieton eines Akkords kann bisweilen etwas nüchtern klingen – vor allem, wenn es sich dabei um den Grundton oder die Quinte handelt. Das Verändern des Originalakkords unter Beibehaltung der Melodie kann einen müden Ton wieder lebendig machen. Spielen Sie **Beispiel 14.111**, die letzten vier Takte von Jerome Kerns »All The Things You Are«. Der letzte Melodieton ist A♭, der Grundton des A♭ Akkords. Spielen Sie jetzt **Beispiel 14.112** und hören Sie, wie G♭sus an die Stelle von A♭ tritt. Nicht nur, daß G♭sus interessanter als A♭ klingt (vor allem als Schlußakkord), auch der Melodieton A♭ wird interessanter, weil er statt Grundton in A♭ jetzt None über G♭sus ist.

Beispiel 14.113 zeigt Takt 5-8 von George Gershwins »Summertime«. Der Melodieton C ist der Grundton des C–7 Akkords. Spielen Sie jetzt **Beispiel 14.114**, Freddie Hubbards phantastische 6/8-Version von »Summertime«[42] mit Tommy Flanagan am Piano. Freddie beginnt mit einer II-V (B♭–7, E♭7), die den Melodieton C zur None von B♭–7 und zur 13 in E♭7 macht. Und der E–7 Akkord verändert den Melodieton A vom Grundton in A∅ zur Undezime in E–7, wodurch er wesentlich schöner klingt.

[41] McCoy Tyner, *Double Trios*, Denon, 1986.
[42] Freddie Hubbard, *The Artistry Of Freddie Hubbard*, MCA/Impulse, 1963.

Beispiel 14.111

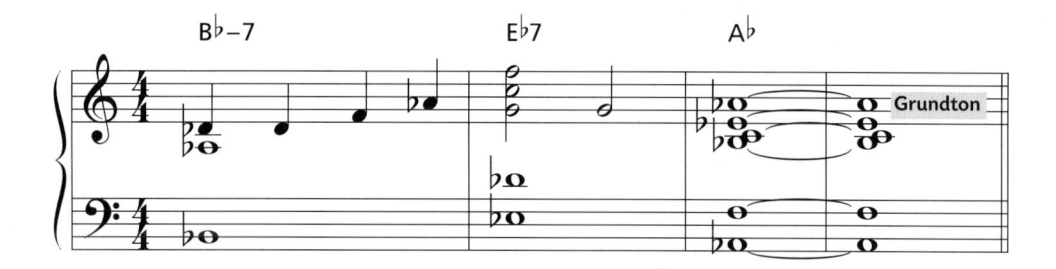

Beispiel 14.112

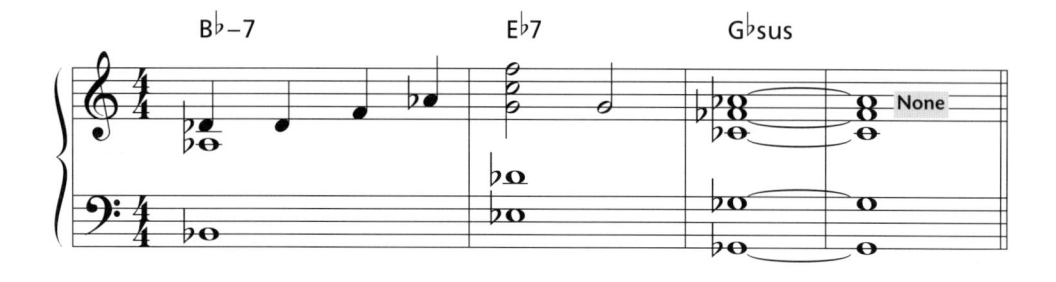

Beispiel 14.113

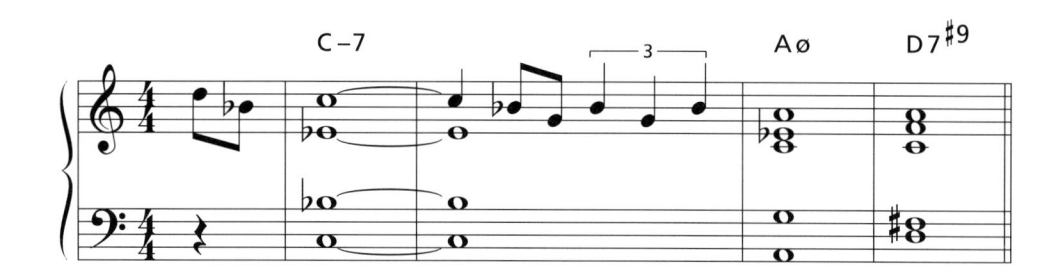

Beispiel 14.114

Tommy Flanagans Piano-Voicings vereinfacht

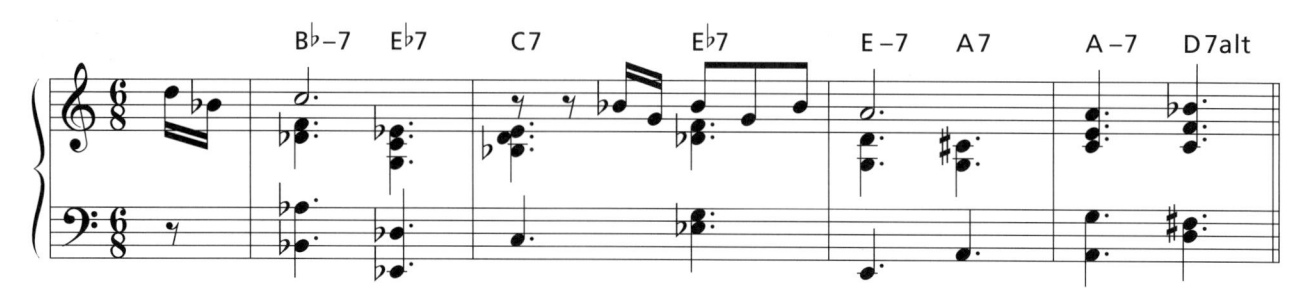

Gemeinsame Töne

Gleiche Töne, die in aufeinanderfolgenden Akkorden oder Skalen enthalten sind, nennt man *gemeinsame Töne*. Die Skalen von C7 und Ab∆ haben z. B. vier gemeinsame Töne: C, F, G und Bb (**Beispiel 14.115**). Wird ein Melodieton öfter wiederholt und dabei jedesmal mit einem neuen Akkord unterlegt, entsteht ein sehr wirkungsvoller Effekt, vorausgesetzt, es handelt sich um einen Ton, der in sämtlichen Skalen dieser Akkorde enthalten ist. Spielen Sie **Beispiel 14.116**, die ersten vier Takte von Jerome Kerns »All The Things You Are«. Der Ton G, der gleich viermal hintereinander über Eb7 auftaucht, bietet die Möglichkeit, vier verschiedene Akkorde mit G als gemeinsamem Ton zu spielen. Hören Sie sich die vier chromatisch absteigenden V Akkorde in **Beispiel 14.117** an, die Eb7 ersetzen. Der Melodieton G ist die Quinte von C7, die #5 von B7#5, die 13 von Bb7 und die Septime von A7. Bei vier aufeinanderfolgenden V7 Akkorden ergibt sich durch die vielen denkbaren Alterationen eine große Auswahl harmonischer Möglichkeiten. Einige davon hören Sie in **Beispiel 14.118**.

Beispiel 14.115

Beispiel 14.116

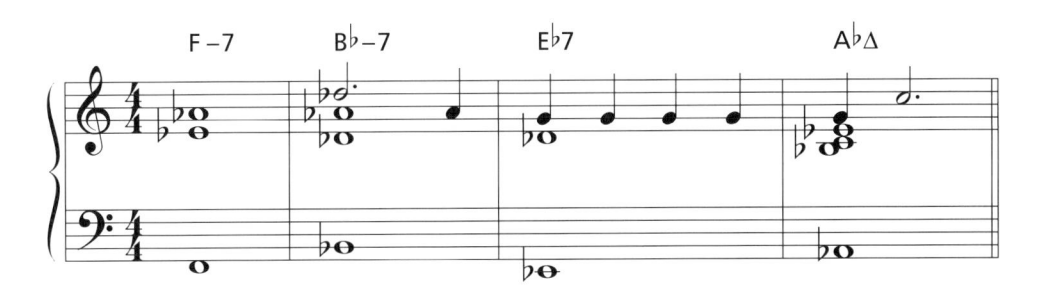

Beispiel 14.117

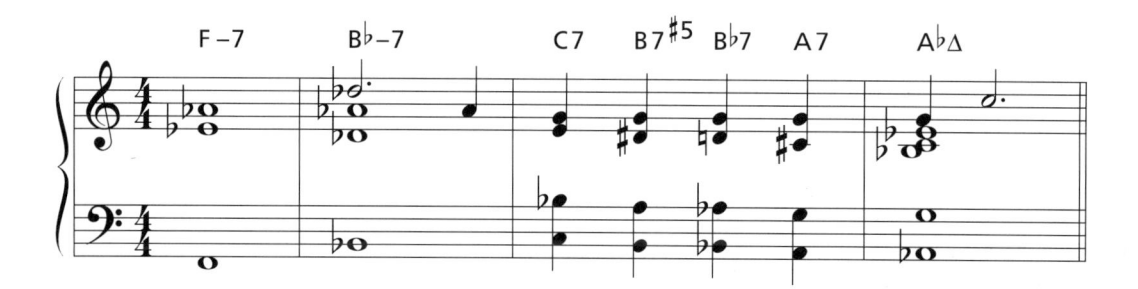

Beispiel 14.118

Spielen Sie **Beispiel 14.119**. Hören Sie, was McCoy Tyner über die Coda von John Coltranes Aufnahme von Richard Rodgers »It's Easy To Remember«[43] spielt. Der Melodieton E♭ ist in sämtlichen Akkorden enthalten.[44]

Beispiel 14.119

McCoy Tyners Piano-Voicings vereinfacht

---

[43] John Coltrane, *Ballads,* MCA/Impulse, 1961. Diese Art von Schluß, bei dem der letzte Melodieton über einer Reihe von rubato gespielten Akkorden wiederholt wird, war in den frühen Tagen des Bebop sehr gebräuchlich. Ein weiteres, großartiges Beispiel findet sich auf Bud Powells erster Version von Hoagy Carmichaels »Heart And Soul«, *The Complete Bud Powell On Verve,* 1955.

[44] Die Grundtöne der ersten drei Akkorde steigen in kleinen Terzen auf: E♭ nach G♭ nach A. Die letzten beiden Akkorde von McCoy, von E nach D♭, liegen ebenfalls eine kleine Terz auseinander.

Pedaltöne

Der Begriff *Pedalton*, oft auch zu *Pedal* verkürzt, bezeichnet eine Serie von Akkorden über dieselbe Baßnote. Hören Sie sich in **Beispiel 14.120** die Akkorde über den Pedalton E♭ aus den ersten acht Takten von Bronislav Kapers »Green Dolphin Street« an.

Spielen Sie zuerst **Beispiel 14.121**, Takt 13-16 von Richard Rodgers »Spring Is Here«, dann **Beispiel 14.122**, Kenny Barrons Reharmonisation derselben vier Takte unter Verwendung verschiedener Akkorde über dem Pedalton G.[45] Eine vollständige Analyse von Kennys Version von »Spring Is Here«, das von Anfang bis Ende über das Pedal G gespielt wird, erfolgt in Kapitel 16.

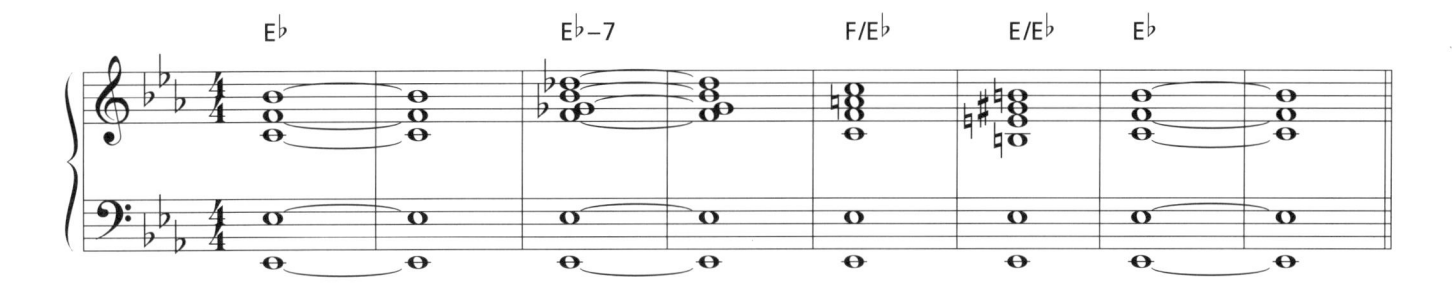

Beispiel 14.120

Beispiel 14.121

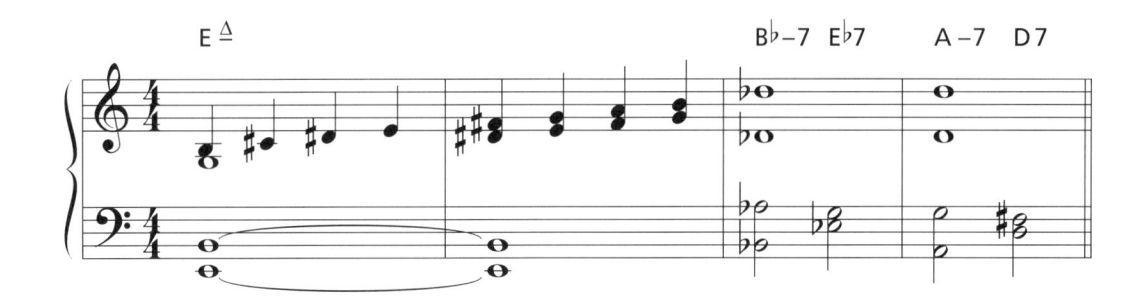

Beispiel 14.122

[45] Kenny Barron, *Maybeck Recital Hall Series*, Concord, 1990.

Kombination verschiedener Techniken

Bei der Reharmonisation eines Akkords, einer Phrase oder eines gesamten Stücks können Sie viele der bisher besprochenen Techniken auch miteinander kombinieren. **Beispiel 14.123** zeigt Takt 5-8 von Harry Warrens »There Will Never Be Another You«. Spielen Sie **Beispiel 14.124** und hören Sie sich eine Reharmonisation mit parallelen Slash-Akkorden, chromatischem Vorhalt (E7$^{\sharp 11}$ zu E♭sus) und sus Akkorden (E♭sus ersetzt B♭–7) an.

Beispiel 14.123

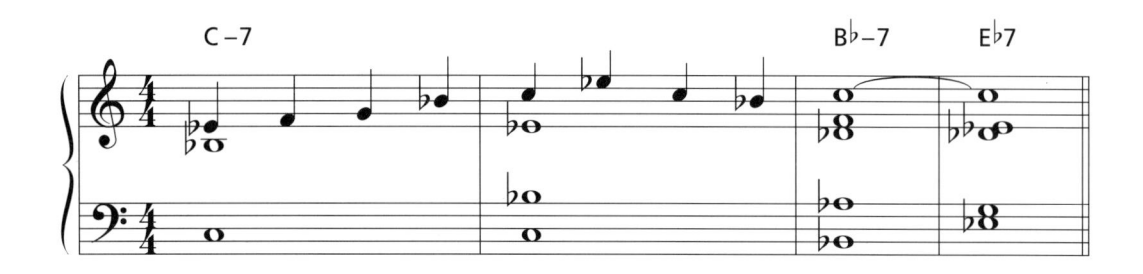

Beispiel 14.124

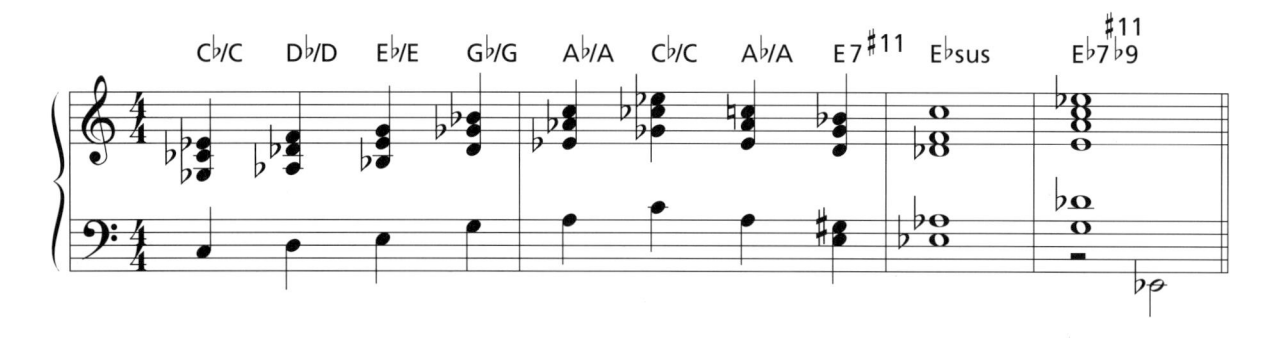

Beispiel 14.125 zeigt die letzten vier Takte von Jerome Kerns »Yesterdays«.

Beispiel 14.125

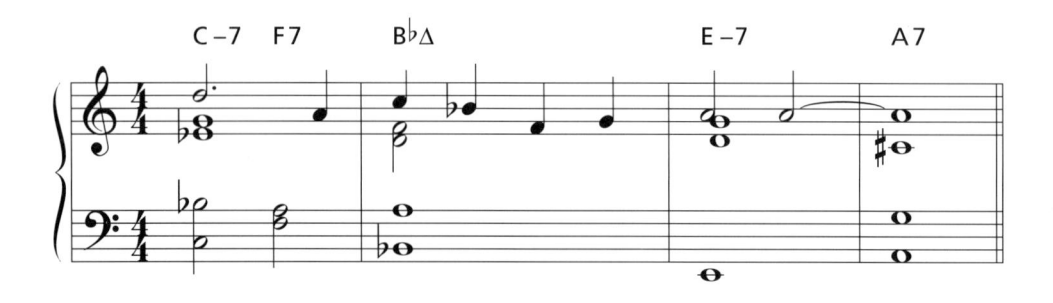

Beispiel 14.126 zeigt dieselben vier Takte, mit verschiedenen Techniken reharmonisiert:

- Im ersten Takt wird C–7 durch Fsus ersetzt.
- Der F#7/B♭ Akkord, der im zweiten Takt als Vorhalt zu B♭ verwendet wird, ist der »V Akkord eine große Terz tiefer«, den Billy Strayhorn in »U.M.M.G.« benutzte (**Beispiel 14.71**).
- Ebenso wird im zweiten Takt eine Parallelbewegung (E♭sus, Fsus) verwendet.
- Chromatischer Vorhalt im dritten Takt (Fsus zu E–7 zu F7).
- Gegenbewegung zwischen Melodie und Grundton bei Fsus nach E–7.
- Reharmonisation der letzten beiden Takte mit *Coltrane Changes*. Sie werden im nächsten Kapitel behandelt.

Beispiel 14.126

Beispiel 14.127

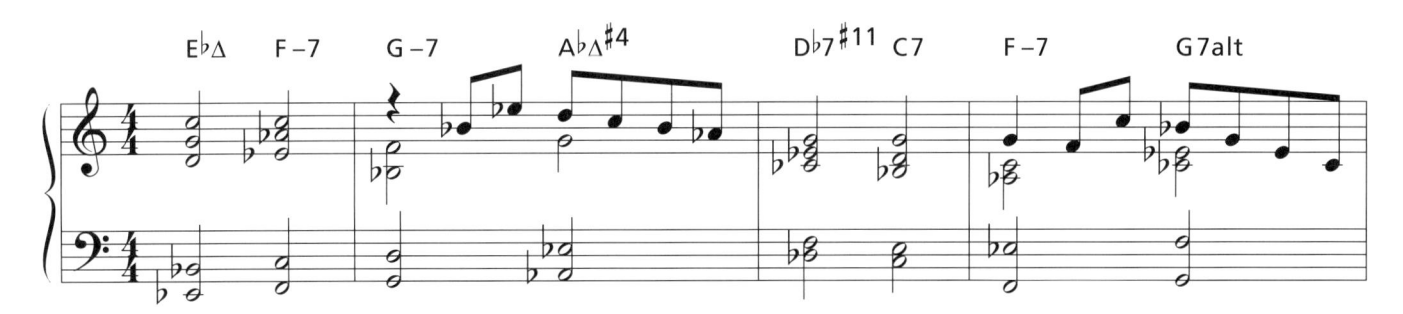

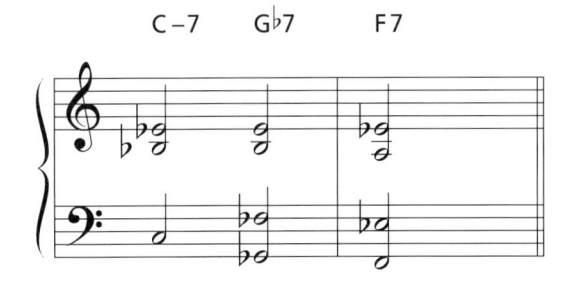

Beispiel 14.128

Cedar Waltons Piano-Voicings vereinfacht

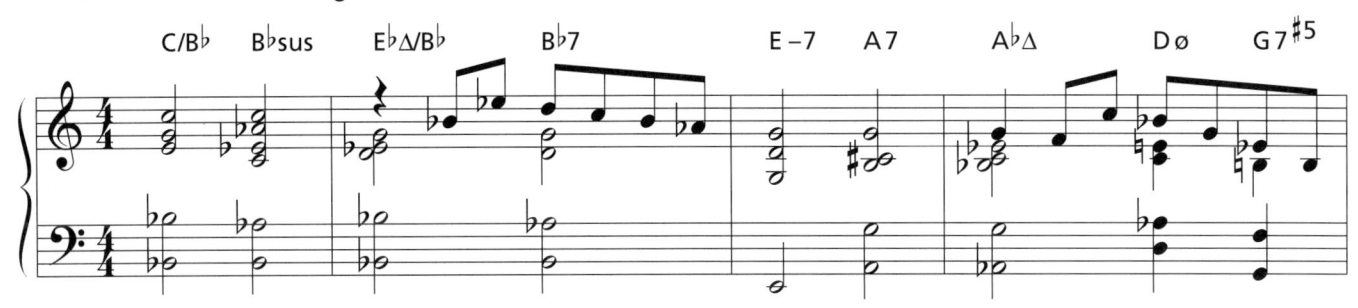

[Notenbeispiel: Akkordfolge C/B♭, B♭sus, E♭△/B♭, B♭7 | E–7, A7, A♭△ | D ø, G7♯5 | C–, B7, B♭–7, A7♯11, A♭△]

Beispiel 14.127 zeigt die ersten Takte von Hoagy Carmichaels »Skylark«, ein Stück aus dem Jahre 1942, das seitdem von Jazzmusikern immer wieder gerne gespielt wird. **Beispiel 14.128** zeigt die Version von Art Blakey And The Jazzmessengers[46] (mit Cedar Walton am Piano), die mit einer Vielzahl von Techniken reharmonisiert wurde:

- Pedalton B♭ in den ersten beiden Takten.
- Der erste und der dritte Akkord (C/B♭ und E♭△/B♭) sind Slash-Akkorde.
- Reharmonisation mit sus Akkorden (B♭sus ersetzt F–7) im ersten Takt.
- Chromatischer II-V Vorhalt (E–7, A7) zu A♭△ im dritten Takt.
- Die letzten fünf Akkorde (mit E♭ als gemeinsamem Melodieton) wurden über einer chromatisch absteigenden Baßlinie konstruiert.

Johnny Greens »Body And Soul«[47] wird auch gerne von Jazzmusikern reharmonisiert. **Beispiel 14.129** zeigt die ursprünglichen Changes in Takt 4-8. Beispiel **14.130** zeigt Freddie Hubbards wunderschöne Reharmonisation.[48] Nach dem ursprünglichen F–7 Akkord verwenden Freddie und Cedar Walton am Piano die folgenden Techniken:

- II-V-I in eine neue Tonart (E–7, A7, D△) und eine veränderte, an die Akkorde angepaßte Melodie.
- Parallelbewegung (D△ nach B△) im zweiten Takt.
- Eine chromatisch aufsteigende Baßlinie (A♭7, A7♯5, B♭7) unter F, dem gemeinsamen Melodieton im dritten Takt.
- B♭7 wird von E7 gefolgt, dem Tritonusstellvertreter, der als chromatischer Vorhalt zu E♭–7 dient.

---

[46] Art Blakey And The Jazz Messengers, *Caravan*, Fantasy, 1962.
[47] John Coltranes Reharmonisation von »Body And Soul« wird in Kapitel 16 analysiert.
[48] Freddie Hubbard, *Here To Stay*, Blue Note, 1962.

Beispiel 14.129

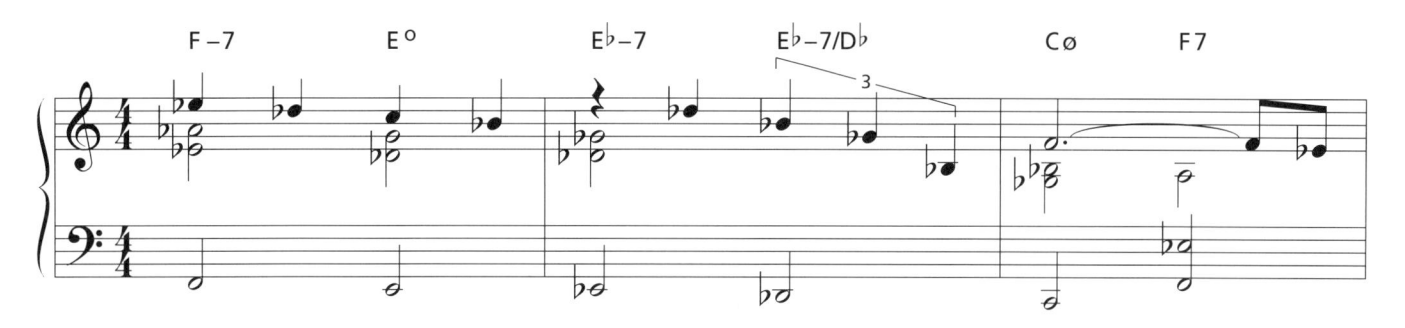

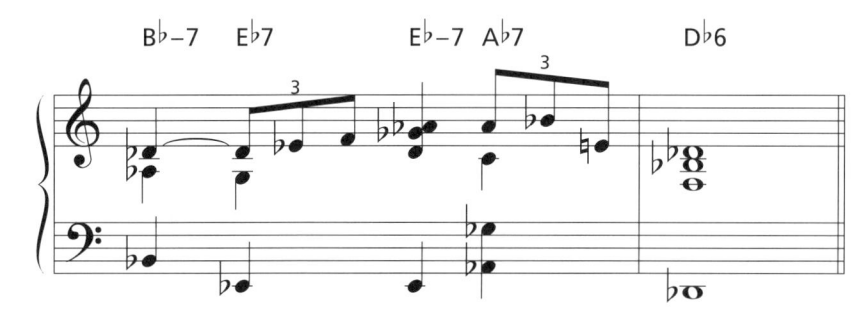

Beispiel 14.130

Cedar Waltons Piano-Voicings vereinfacht

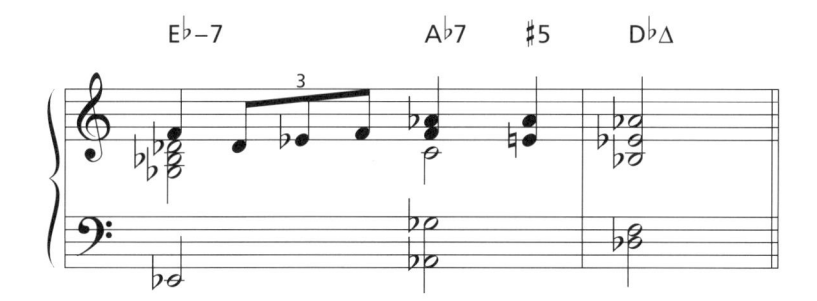

Beispiel 14.131 zeigt Takt 5 und 6 von Jimmy Van Heusens »All The Way«. In **Beispiel 14.132** hören Sie, wie Woody Shaw zusammen mit Cedar Walton am Piano die folgenden Techniken verwendet:[49]

- Ersetzen von E♭–7, A♭7 durch A♭sus.
- Abrupte Modulation nach E Dur vor der Rückkehr zur ursprünglichen E♭–7, A♭7 II-V Verbindung.

Beispiel 14.131

Beispiel 14.132

Cedar Waltons Piano-Voicings vereinfacht

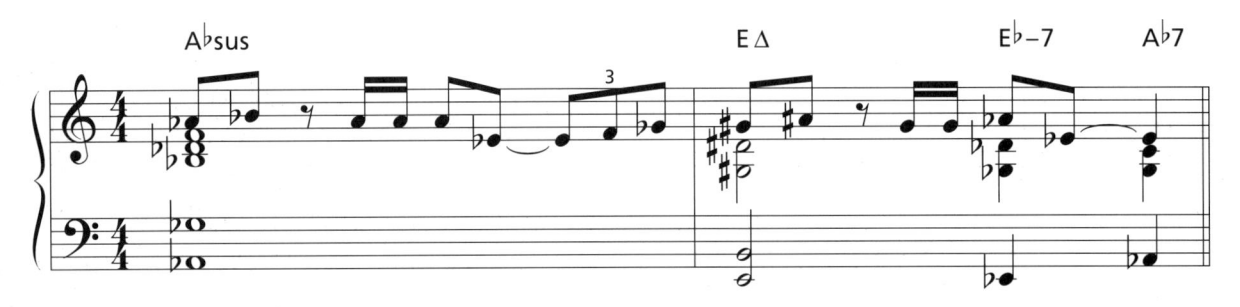

> *In den letzten beiden Kapiteln haben wir eine Vielzahl verschiedenster Reharmonisationstechniken behandelt. Sehen wir uns jetzt eine Art der Reharmonisation an, die größtenteils auf John Coltrane zurückgeht und deshalb ›Coltrane Changes‹ genannt wird.*

---

[49] Woody Shaw, *Setting Standards,* Muse, 1983.

Kapitel Fünfzehn
Coltrane Changes

- *»Giant Steps« Changes*
- *Vorläufer von »Giant Steps«*
- *Stimmführung*
- *»Countdown« und »Tune Up«*
- *Coltrane Changes über Standards gespielt*
- *Tonale Zentren in kleinen Terzen*
- *McCoy Tyners lokrischer V Akkord*

John Coltrane

©Lee Tanner/The Jazz Image. All Rights Reserved.

Beispiel 15.1

»Giant Steps« Changes

Mit seinem Stück »Giant Steps«[1] revolutionierte John Coltrane die Jazzharmonik. Spielen Sie **Beispiel 15.1**, die Changes von »Giant Steps« (ohne Melodie). »Giant Steps« ist zwar ein sehr schweres Stück, aber seine 26 Akkorde sind V-I und II-V-I Verbindungen aus nur drei Tonarten: B, G und E♭.

Sehen Sie sich die V-I, II-V-I und Tonartbezeichnungen unterhalb der Notensysteme von **Beispiel 15.1** an. Jede Gruppe von Akkorden derselben Tonart gehören zu einem gemeinsamen *tonalen Zentrum*.[2] Die V-I (D7, G∆) in Takt 1 und 2 hat als tonales Zentrum G Dur. Die II-V-I (F–7, B♭7, E♭∆) in Takt 8-9 hat als tonales Zentrum E♭ Dur. Jedes neue tonale Zentrum ist eine große Terz (aufwärts oder abwärts) vom vorhergehenden tonalen Zentrum entfernt. In **Beispiel 15.2** finden Sie eine anschauliche Darstellung dieser Bewegung, wobei die ganzen Noten die tonalen Zentren von »Giant Steps« repräsentieren. Die Verschiebung tonaler Zentren in großen Terzen unterteilt die Oktave in drei gleiche Teile (**Beispiel 15.3**).

Beispiel 15.2

Tonale Zentren für »Giant Steps«

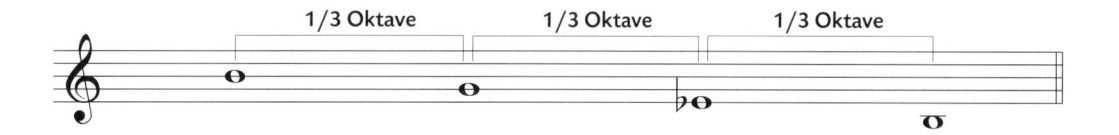

Beispiel 15.3

[1] John Coltrane, *Giant Steps*, Atlantic, 1959.
[2] Im Englischen gibt es die Begriffe ›key center‹ und ›tonal center‹.

Vorgänger von »Giant Steps«

Das Verschieben tonaler Zentren in großen Terzen über eine ganze Komposition hinweg war ein revolutionärer Schritt nach vorne. Vor »Giant Steps« bewegten sich in Standards und Jazzkompositionen die tonalen Zentren

- im Quintenzirkel, wie in den II-V-I Verbindungen in C und F aus **Beispiel 15.4**
- in Ganztonschritten abwärts, wie in den II-V-I Verbindungen in C und B♭ aus **Beispiel 15.5**
- in Halbtonschritten abwärts, wie in den II-V-I Verbindungen in C und B aus **Beispiel 15.6**

Coltrane war der erste Jazzmusiker, der Stücke schrieb, bei denen sich die tonalen Zentren ausnahmslos in Abständen von großen Terzen bewegen. Einige anspruchsvollere Songschreiber der zwanziger, dreißiger und vierziger Jahre schrieben Stücke, in denen gelegentlich eine Tonartverschiebung in großen Terzen vorkam. **Beispiel 15.7** zeigt die ersten drei Takte von Cole Porters »Night And Day« (1932 geschrieben), mit einem B∆ Akkord, der sich eine große Terz aufwärts zu E♭∆ bewegt. Weitere frühe Beispiele sind:

> »Always«, Irving Berlin, 1925
>
> »Smoke Gets In Your Eyes«, Jerome Kern, 1933
>
> »In A Sentimental Mood«, Duke Ellington, 1935
>
> »Have You Met Miss Jones«, Richard Rodgers, 1937
>
> »I Let A Song Go Out Of My Heart«, Duke Ellington, 1938
>
> »Darn That Dream«, Jimmy Van Heusen, 1939
>
> »What's New«, Bob Haggart, 1939
>
> »I Remember You«, Victor Schertzinger, 1942
>
> »The More I See You«, Harry Warren, 1945
>
> »If You Could See Me Now«, Tadd Dameron, 1946
>
> »The Best Thing For You«, Irving Berlin, 1949

Diese Songschreiber verwendeten eine für damalige Zeiten äußerst fortgeschrittene Technik.[3] Da diese Musikbeispiele aber immer nur sehr kurz waren – nie länger als ein oder zwei Takte – stellten sie, mit einer Ausnahme, für den improvisierenden Musiker keine große Herausforderung dar.

---

[3] Es ist keine schlechte Idee, sich von den Stücken, die Sie gerne spielen, auch die Namen der Komponisten zu merken.

COLTRANE CHANGES

Beispiel 15.4

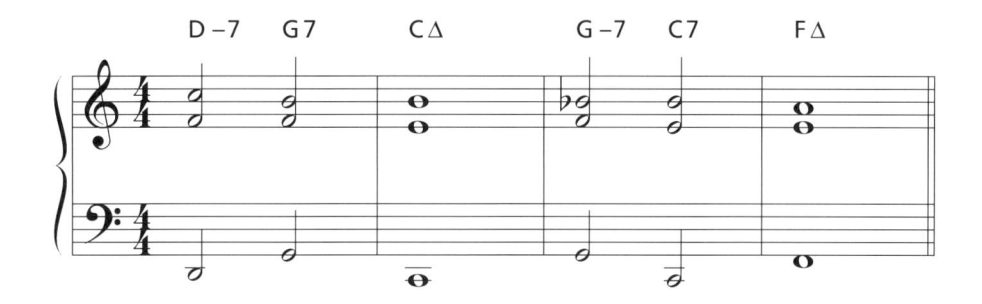

Beispiel 15.5

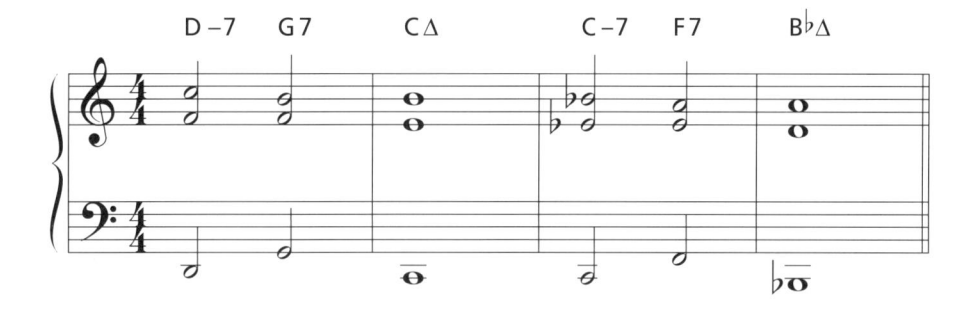

Beispiel 15.6

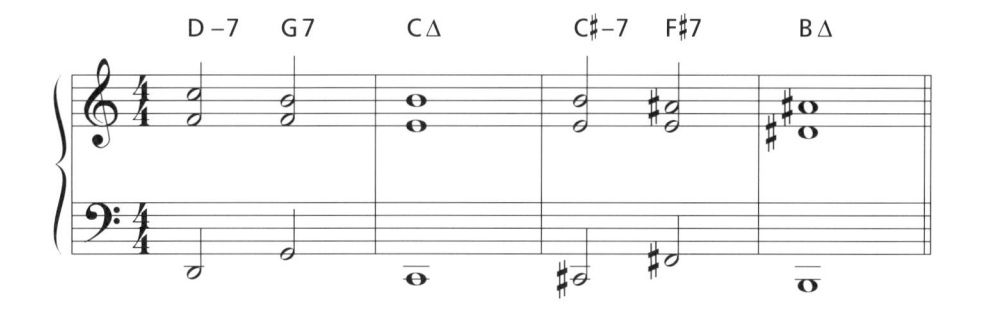

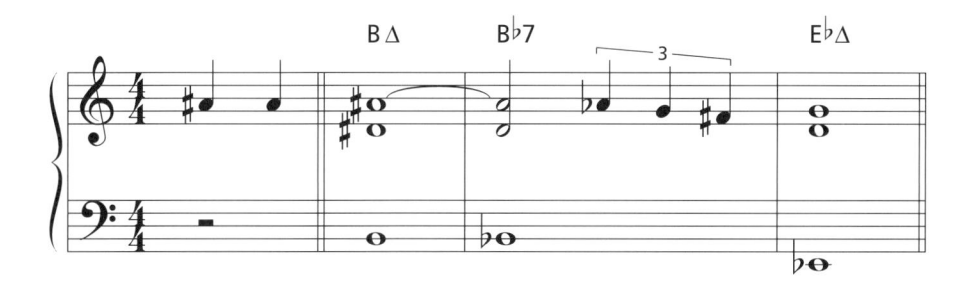

Beispiel 15.7

Die Ausnahme ist Richard Rodgers' Komposition »Have You Met Miss Jones«, deren achttaktiger Mittelteil mehrere tonale Zentren im Abstand einer großen Terz aufweist (**Beispiel 15.8**). »Miss Jones« galt als extrem schwieriges Stück, zumindest bis das Erscheinen von Coltranes »Giant Steps« die Definition von ›schwierig‹ zurechtrückte. Als die Aufnahme von »Giant Steps« 1960 herausgebracht wurde, konnte niemand außer 'Trane derartige Changes über ein ganzes Stück spielen. Auf der Originalaufnahme hatte der Pianist Tommy Flanagan bei seinem Solo einige Probleme, wobei man fairerweise sagen muß, daß es anderen Pianisten damals nicht besser ergangen wäre.[4]

Beispiel 15.8

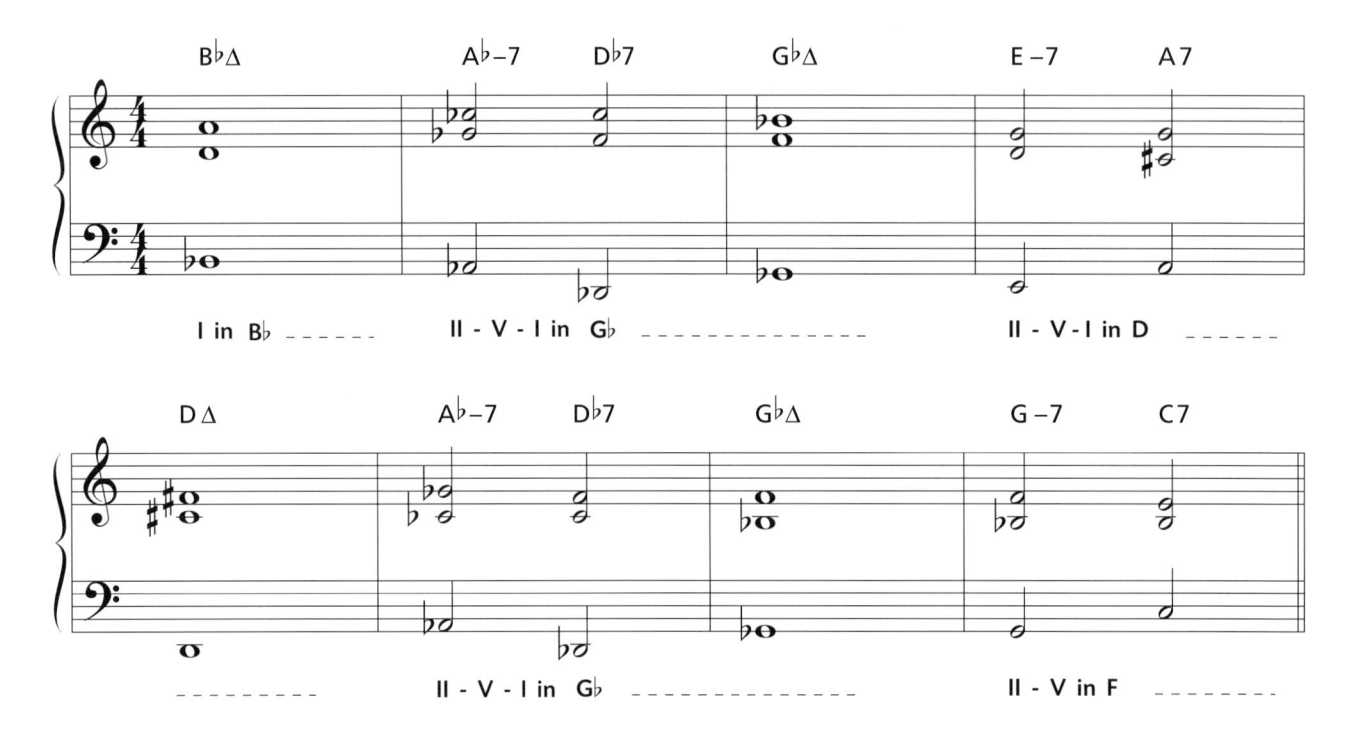

Beispiel 15.9

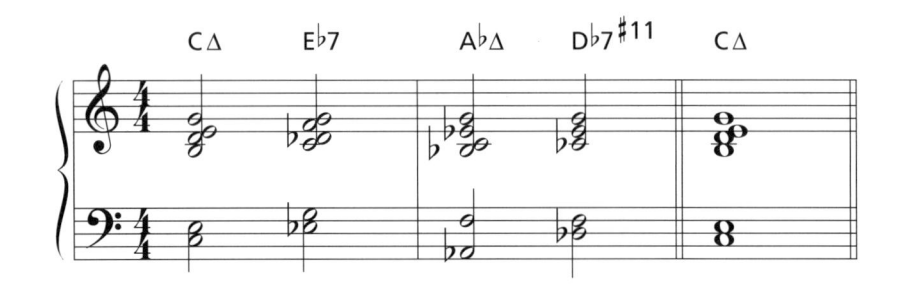

Tadd Dameron verwendete bei Turnarounds Tonartverschiebungen in großen Terzen, wie **Beispiel 15.9**, die letzten beiden Takte und der erste Takt von Tadds »Lady Bird«[5], zeigt. Statt eines konventionellen I-VI-II-V-I Turnarounds in C (C∆, A7, D-7, G7, C∆) schrieb Tadd C∆, E♭7, A♭∆, D♭7, C∆. Das tonale Zentrum bewegt sich von C eine große Terz abwärts nach A♭ und dann wieder eine große Terz aufwärts zurück nach C.

---

[4] Auf seinem 1985 erschienenen, gleichnamigen Enja-Album nahm Tommy eine großartige Version von »Giant Steps« auf, womit er bewies, daß er sehr wohl über diese Changes spielen konnte.
[5] *Miles Davis With Jimmy Forrest*, Jazz Showcase, 1952.

Eine sehr gebräuchliche Variation dieses Turnarounds ersetzt den C∆ Akkord durch E–7 (**Beispiel 15.10**).

Beispiel 15.10

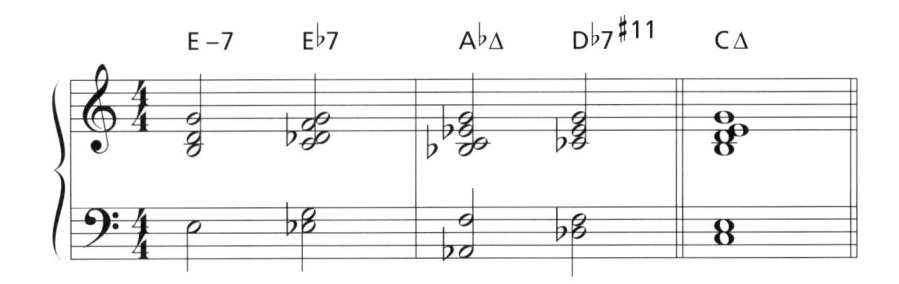

Kenny Barron spielt in seiner Version von »All God's Chillun Got Rhythm«[6] einen ähnlichen Turnaround. **Beispiel 15.11** zeigt die ersten fünf Takte des Stücks. **Beispiel 15.12** zeigt Kennys Reharmonisation mit derselben Idee, die Tadd bei »Lady Bird« verwendete.

Beispiel 15.11

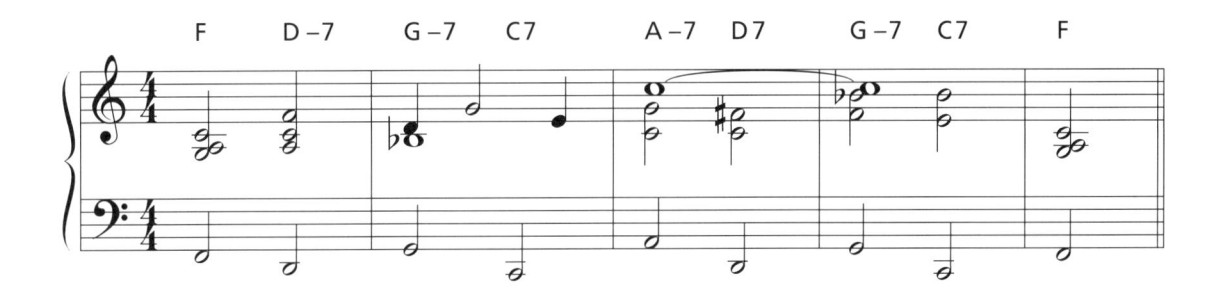

Beispiel 15.12

Kenny Barrons Piano-Voicings vereinfacht

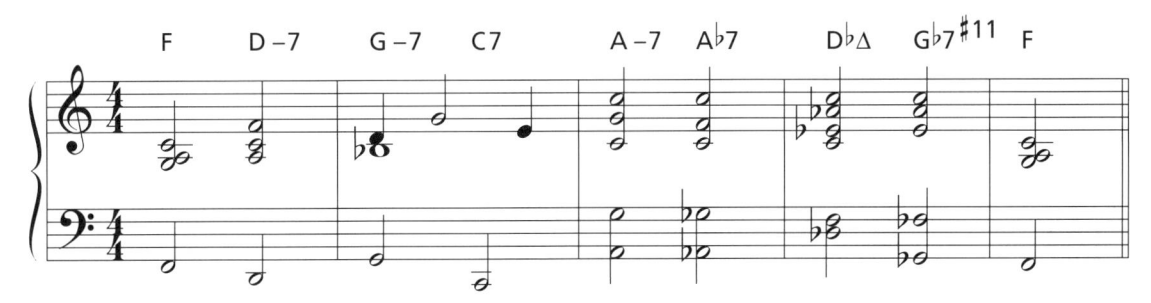

[6] Kenny Barron, *The Only One*, Reservoire, 1990.

Die vorhergehenden Beispiele zeigen Turnarounds, die sich eine große Terz abwärts bewegen. Turnarounds können sich aber auch eine große Terz aufwärts bewegen (**Beispiel 15.13**). Das tonale Zentrum geht von C Dur eine große Terz aufwärts nach E Dur und anschließend wieder eine große Terz abwärts nach C.

Beispiel 15.13

Beispiel 15.14

Beispiel 15.15

Red Garlands Piano-Voicings vereinfacht

Beispiel 15.14 zeigt ein frühes Beispiel einer Tonartverschiebung in großen Terzen aufwärts. Es handelt sich um die ersten drei Takte von Lucky Thompsons »Dancing Sunbeam«[7] aus dem Jahre 1956. Lucky moduliert von E♭∆ eine große Terz aufwärts nach G∆.

John Coltrane hatte bereits ein oder zwei Jahre vor dem Erscheinen von »Giant Steps« mit dem Pianisten Red Garland am Ende von Arthur Schwartz' »If There Is Someone Lovelier Than You«[8] mit Tonartverschiebungen in großen Terzen experimentiert. Das Stück endet mit vier Durseptakkorden – C∆, A♭∆, E∆, C∆ – die sich in großen Terzen abwärts bewegen und so die Oktave in drei gleiche Teile unterteilen (**Beispiel 15.15**).

[7] Lucky Thompson, *Tricotism*, Impulse, 1956.
[8] John Coltrane, *Settin' The Pace*, Fantasy, 1958.

»Countdown« und »Tune Up«

Tonartwechsel in großen Terzen sowie die Changes von Miles Davis' »Tune Up«[9] dienten John Coltrane als Basis für sein Stück »Countdown«.[10] Spielen Sie **Beispiel 15.16**, die Changes (eine II-V-I in D Dur) der ersten vier Takte von »Tune Up«. Spielen Sie nun **Beispiel 15.17**. Coltrane verändert in seiner Reharmonisation den ersten Akkord (E–7), den II Akkord in D Dur, nicht. Im zweiten Takt bewegt er das tonale Zentrum eine große Terz abwärts (von D nach B♭), im dritten Takt eine weitere große Terz abwärts (B♭ nach G♭) und schließlich im vierten Takt nochmals eine große Terz abwärts (G♭ nach D). Jeder neue I Akkord – B♭∆, G♭∆ und D∆ – wird durch seinen jeweiligen V Akkord eingeleitet. Das Resultat sind die Changes der ersten vier Takte von »Countdown«.

Beispiel 15.16

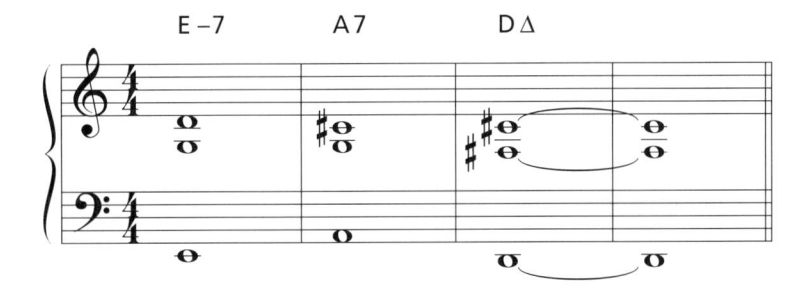

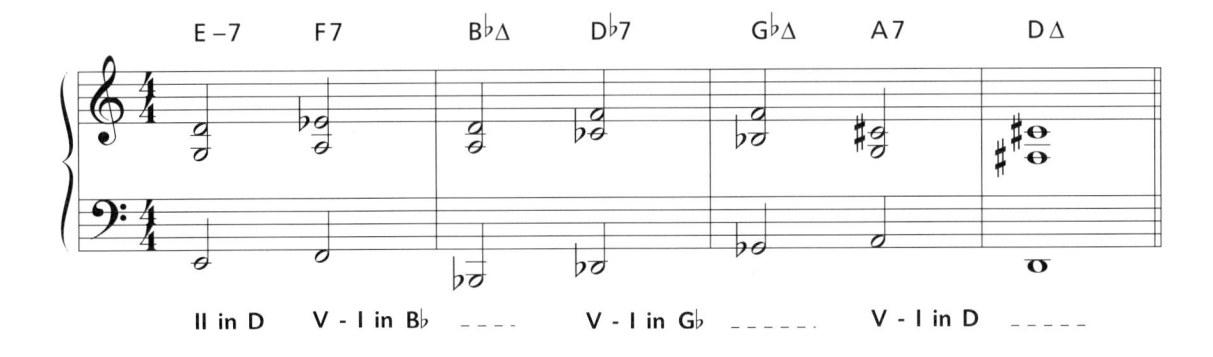

Beispiel 15.17

[9] Miles Davis, *Relaxin'*, Fantasy, 1956.
[10] John Coltrane, *Giant Steps*, Atlantic, 1959.

Beispiel 15.18

»Tune Up«
| E –7 | A7 | D △ |

»Countdown«
| E –7 | F7 | B♭△ | D♭7 | G♭△ | A7 | D △ |

| D –7 | G7 | C △ |

| D –7 | E♭7 | A♭△ | B7 | E △ | G7 | C △ |

| C –7 | F7 | B♭△ |

| C –7 | D♭7 | G♭△ | A7 | D △ | F7 | B♭△ |

| E –7 | F7 | B♭△ | E♭7 |

| E –7 | F7 | B♭△ | E♭7 |

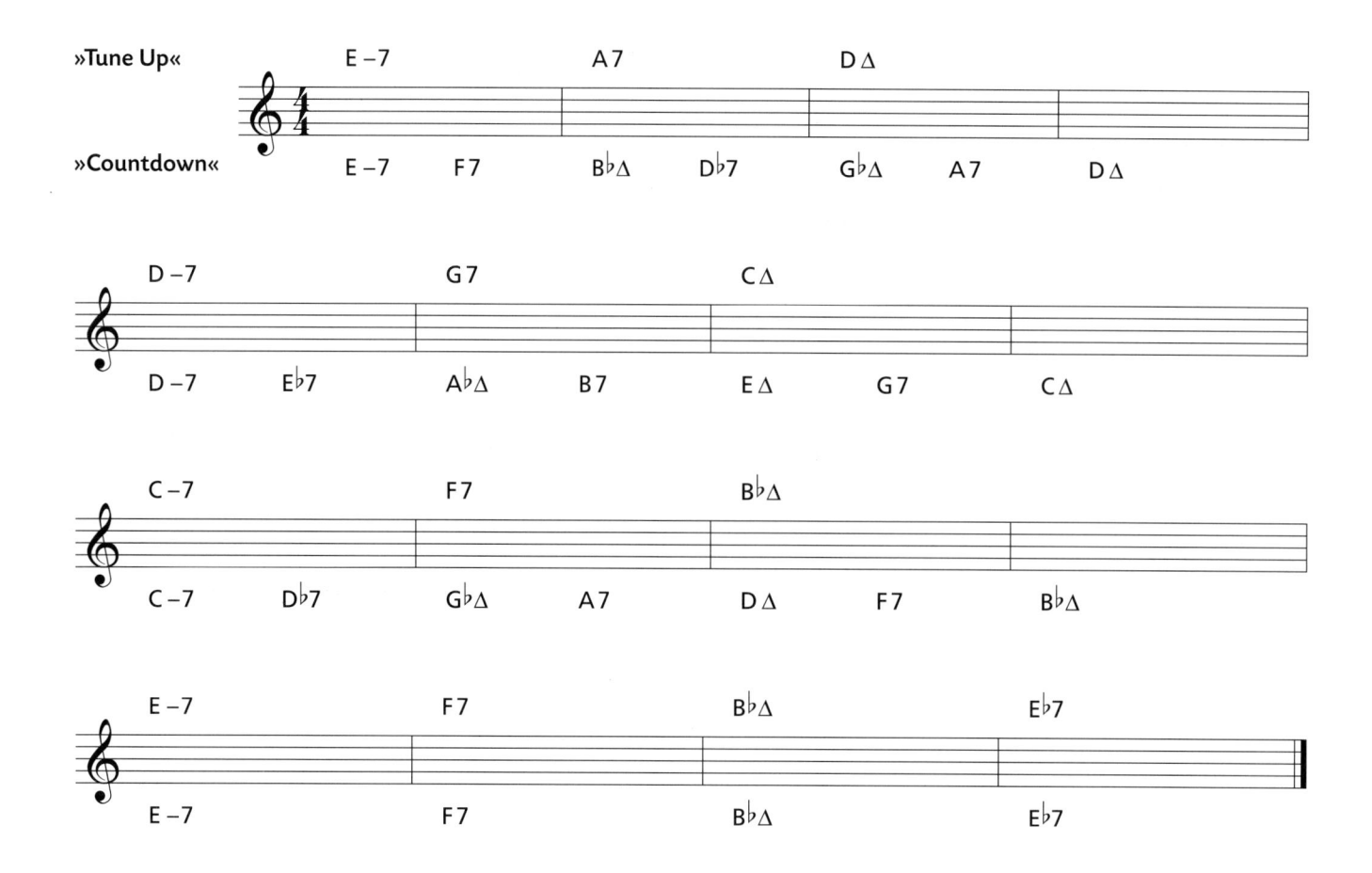

Beispiel 15.18 zeigt die Changes von »Tune Up« über dem Notensystem und die Changes von »Countdown« darunter. Coltrane reharmonisierte Takt 5-8 und 9-12 von »Tune Up« entsprechend der Reharmonisation von Takt 1-4. In den letzten vier Takten gestattet er dem Solisten eine Verschnaufpause, indem er die ursprünglichen Changes von »Tune Up« beibehält.

Coltrane Changes über Standards gespielt

Coltrane verwendete diese Technik auch zur Reharmonisation von Standards. **Beispiel 15.19** zeigt die ersten vier Takte des Mittelteils von Jerry Brainins »The Night Has A Thousand Eyes«. In **Beispiel 15.20** hören Sie, wie Coltrane die ursprüngliche V-I (F7alt, B♭Δ) durch eine ›falsche‹ Kadenz (F7alt, DΔ) ersetzt und anschließend eine große Terz abwärts auflöst (F7, B♭Δ).[11]

Beispiel 15.19

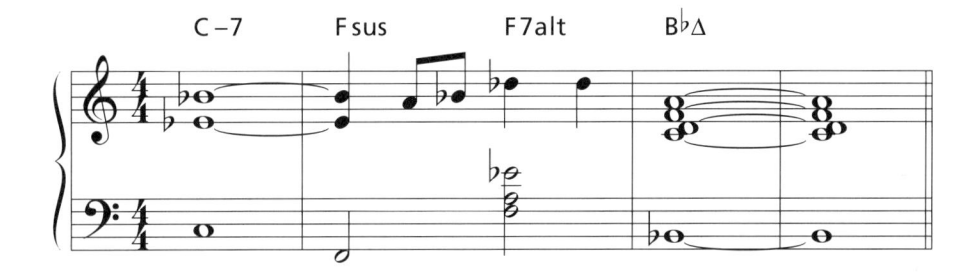

Beispiel 15.20

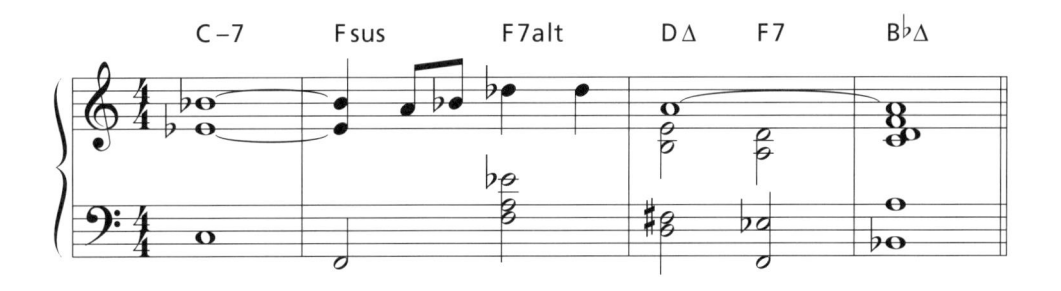

---

[11] John Coltrane, *Coltrane's Sound,* Atlantic, 1960.

In der zweiten Hälfte des Mittelteils (**Beispiel 15.21**) verwendet Coltrane dieselbe Technik. Er spielt zunächst wieder eine ›falsche‹ Kadenz (E♭7alt, C∆) und löst sie dann eine große Terz abwärts (E♭7, A♭∆) auf (**Beispiel 15.22**).

Beispiel 15.21

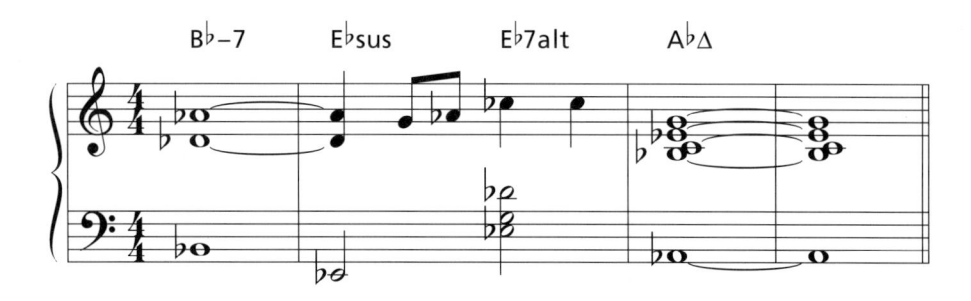

Beispiel 15.22

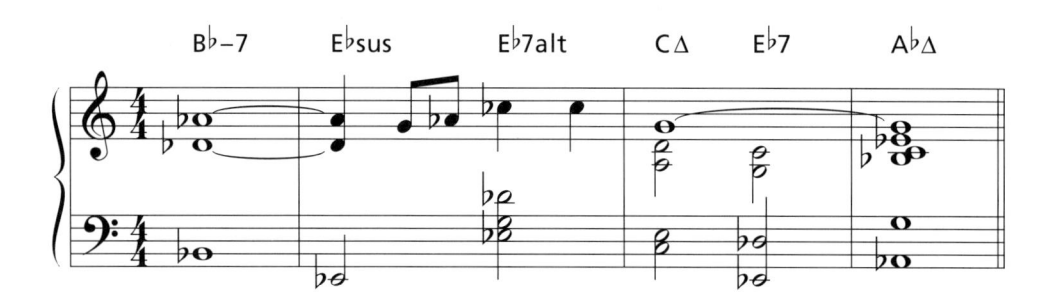

Spielen Sie zuerst **Beispiel 15.23**, die Changes der ersten vier Takte des Mittelteils von »Body And Soul«. Spielen Sie nun das **Beispiel 15.24**, 'Tranes Reharmonisation[12]. Coltrane unterteilt die Oktave in drei gleiche Teile, so daß sich die tonalen Zentren in Takt 3 und 4 in großen Terzen abwärts von D∆ über B♭∆ und G♭∆ wieder zurück nach D∆ bewegen.[13]

Mehrere von John Coltranes Eigenkompositionen sind Standards, die mit Tonartverschiebungen in großen Terzen reharmonisiert wurden. 'Tranes »Satellite«[14] basiert auf Morgan Lewis' »How High The Moon«, und sein Stück »26-2«[15] auf Charlie Parkers »Confirmation«.[16]

Um Standards mit Coltrane Changes zu reharmonisieren, suchen Sie nach Stücken mit:

- II-V-I Verbindungen über mindestens vier Takte
- I-VI-II-V oder III-VI-II-V Turnarounds

Beispiel 15.23

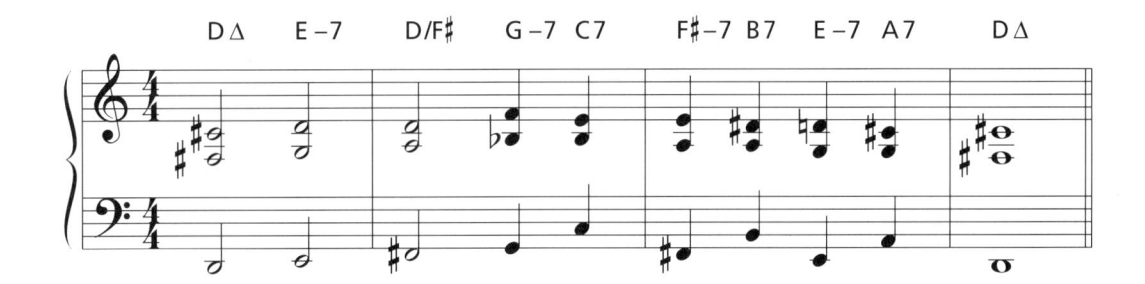

Beispiel 15.24

McCoy Tyners Piano-Voicings vereinfacht

---

[12] ebd.
[13] Die vollständige Reharmonisation Coltranes von »Body And Soul« wird in Kapitel 16 besprochen.
[14] John Coltrane, *Coltrane's Sound,* Atlantic, 1960.
[15] ebd.
[16] Charlie Parker, *Bird At St. Nick's,* Fantasy, 1950.

Beim Reharmonisieren mit Coltrane Changes schreiben die meisten Musiker die Akkorde auf und geben den Mitmusikern eine Kopie mit den neuen Changes. Die besten Musiker können jedoch während eines Solos Coltrane Changes aus dem Stegreif spielen. Spielen Sie die ersten vier Takte von **Beispiel 15.25**, aus George Colemans Solo über Cole Porters »All Of You«.[17] George spielt einen langen I-VI-II-V Turnaround in E♭ (E♭△, C7alt, F–7, B♭7♭9) und wechselt dann abrupt zu Coltrane Changes (E♭△, F♯7, B△, B♭7♭9), den zweiten vier Takten in **Beispiel 15.25**. Pianist Herbie Hancock und Bassist Ron Carter reagieren sofort, ohne auch nur einen einzigen Takt zu verfehlen.[18]

Beispiel 15.25

Herbie Hancocks Piano-Voicings vereinfacht

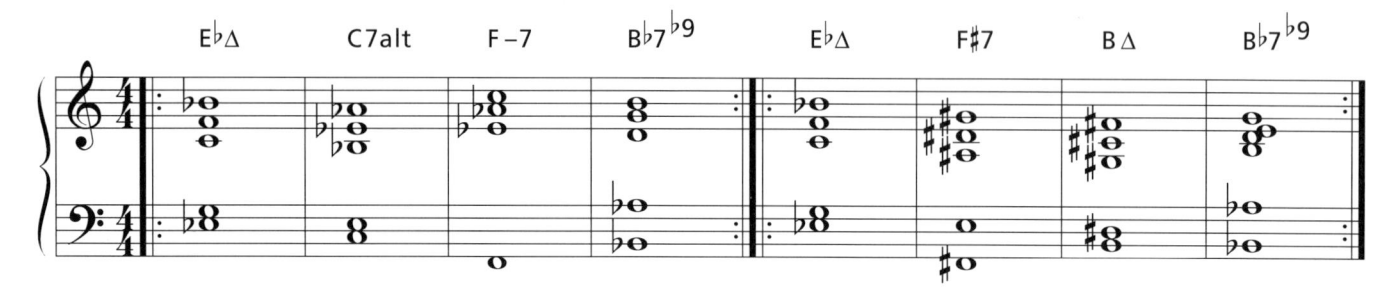

Das Üben von Coltrane Changes

Sie können »Giant Steps« tausendmal spielen und spielen Coltrane Changes dennoch nur in drei Tonarten – B, G und E♭. Und wenn Sie »Countdown« tausendmal spielen, spielen Sie ebenfalls nur in drei Tonarten – D, C und B♭. Eine bessere Methode zum Meistern der Coltrane Changes ist das langsame Improvisieren über die ersten vier Takte von »Countdown« in allen 12 Tonarten (**Beispiel 15.26**). Steigern Sie die Geschwindigkeit erst, wenn Sie sich sicherer fühlen und alles genau hören. Lassen Sie sich Zeit. Und nicht vergessen: *Schnelligkeit basiert auf Exaktheit*.

---

[17] Miles Davis, *The Complete Concert,1964,* Columbia, ursprünglich unter dem Titel *My Funny Valentine* veröffentlicht.
[18] Da die Band von Miles dieses Stück sehr oft gespielt hat, wurde der Wechsel möglicherweise auf Zeichen gemacht.

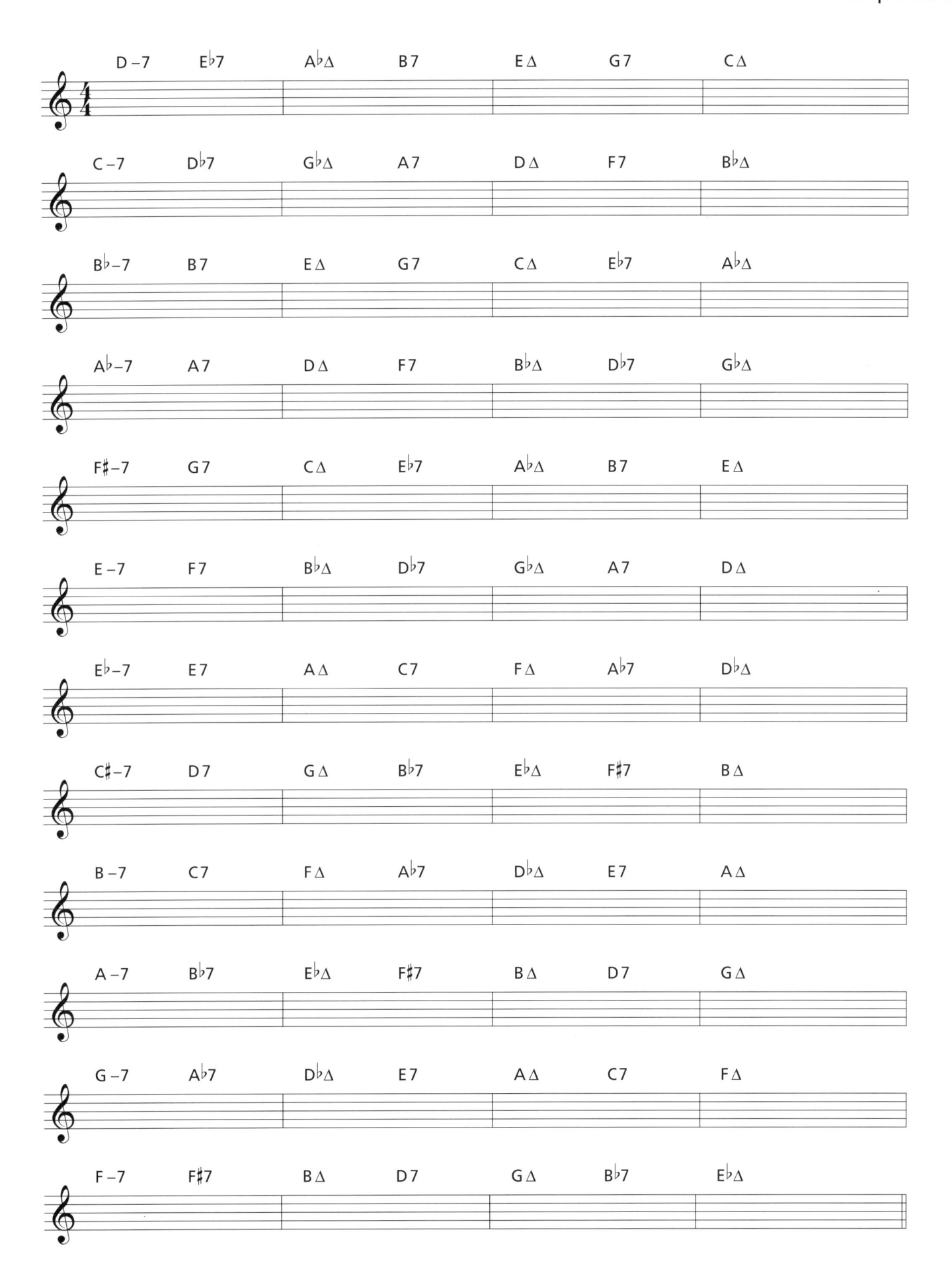

Beispiel 15.26

| D–7 | E♭7 | A♭Δ | B7 | EΔ | G7 | CΔ |

| C–7 | D♭7 | G♭Δ | A7 | DΔ | F7 | B♭Δ |

| B♭–7 | B7 | EΔ | G7 | CΔ | E♭7 | A♭Δ |

| A♭–7 | A7 | DΔ | F7 | B♭Δ | D♭7 | G♭Δ |

| F#–7 | G7 | CΔ | E♭7 | A♭Δ | B7 | EΔ |

| E–7 | F7 | B♭Δ | D♭7 | G♭Δ | A7 | DΔ |

| E♭–7 | E7 | AΔ | C7 | FΔ | A♭7 | D♭Δ |

| C#–7 | D7 | GΔ | B♭7 | E♭Δ | F#7 | BΔ |

| B–7 | C7 | FΔ | A♭7 | D♭Δ | E7 | AΔ |

| A–7 | B♭7 | E♭Δ | F#7 | BΔ | D7 | GΔ |

| G–7 | A♭7 | D♭Δ | E7 | AΔ | C7 | FΔ |

| F–7 | F#7 | BΔ | D7 | GΔ | B♭7 | E♭Δ |

Tonale Zentren in kleinen Terzen

In den sechziger Jahren experimentierten viele Musiker mit einer Variation von Coltrane Changes und verschoben die tonalen Zentren in *kleinen Terzen*. Coltrane wandte diese Technik ebenfalls in seinem Stück »Central Park West«[19] an (**Beispiel 15.27**). Die Verlagerung der tonalen Zentren erfolgt entweder in kleinen Terzen (B∆ nach D∆ und A♭∆ nach F) bzw. im Tritonus, also zwei kleinen Terzen (D∆ nach A♭∆ und F∆ nach B∆). **Beispiel 15.28** zeigt die Verlagerung der tonalen Zentren in »Countdown«.

Beispiel 15.27

Beispiel 15.28

[19] John Coltrane, *Coltrane's Sound*, Atlantic, 1960.

Auch in Donald Byrds »Fly Little Bird Fly«[20] verlagern sich die tonalen Zentren in kleinen Terzen. **Beispiel 15.29** zeigt die Changes zu Donalds Stück. Die I Akkorde bewegen sich in kleinen Terzen abwärts – F∆, D∆, B∆, A♭∆, F∆. In den letzten acht Takten verwendet Donald Coltrane Changes und geht in großen Terzen aufwärts – F∆, A♭∆, D♭∆. Den Schluß bildet G–7, C7, die II-V, die zurück zu F∆ im ersten Takt führt. Den meisten I Akkorden wird nicht die zugehörige V vorangestellt, sondern deren Tritonusstellvertreter. Z.B. geht dem D∆ Akkord im dritten Takt nicht A7, der entsprechende Substitut V Akkord, voraus, sondern E♭7, der Tritonussubstitut von A7. **Beispiel 15.30** zeigt die Verschiebung der tonalen Zentren in »Fly Little Bird Fly«.[21]

Beispiel 15.29

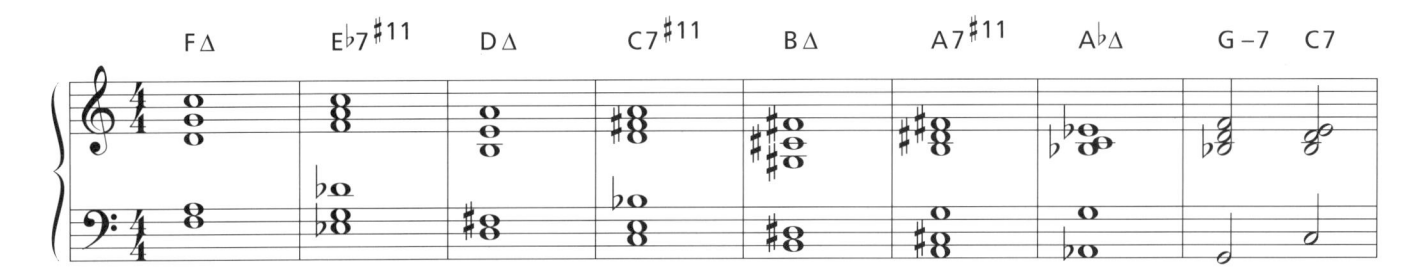

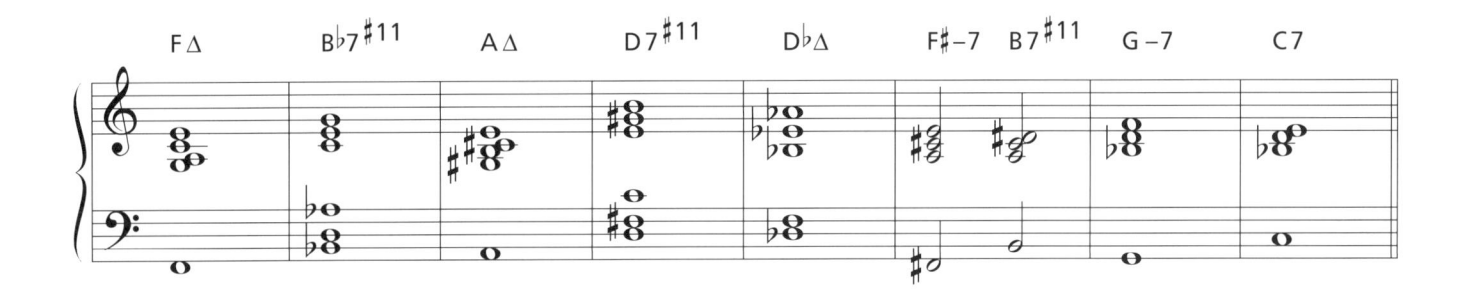

Beispiel 15.30

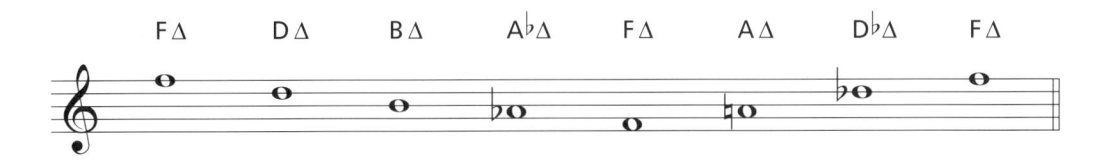

---

[20] Donald Byrd, *Mustang*, Blue Note, 1966. Auf »Fly Little Bird Fly« spielt McCoy Tyner eines seiner besten Solis.

[21] Ein weiteres Stück, dessen tonale Zentren sich in kleinen Terzen verschieben, ist Victor Lewis' »Hey, That's Me You're Talkin' To« aus seinem 1992 erschienenen Album *Know It Today, Know It Tomorrow*, Red Records.

McCoy Tyners lokrischer V Akkord

Lokrisch als V Akkord? Jazzmusiker assoziieren normalerweise den lokrischen Modus mit halbverminderten Akkorden, aber McCoy Tyner spielt einen lokrischen Akkord häufig auch als Dominantseptakkord bzw. V Akkord. McCoy wird ihn wahrscheinlich auch gar nicht ›lokrischer V Akkord‹ nennen. Ich selbst verwende diese Bezeichnung lediglich deshalb, weil sich der Akkord aus dem lokrischen Modus ableitet und als V Akkord fungiert. McCoy spielt den lokrischen Akkord häufig an Stelle des notierten V Akkords. Dieser Substitutakkord stammt aus der eine große Terz unter dem Originalakkord liegenden Tonart. Ich weiß nicht, ob McCoy diese Idee entwickelte, als er noch mit Coltrane spielte, aber sie paßt zu Coltranes Technik der »tonalen Zentren in großen Terzen«, weshalb sie als eine Form der Coltrane-Reharmonisierung gelten kann.

Beispiel 15.31 zeigt eine einfache V-I (D7, G) in G Dur, wie sie auf dem Piano in der linken Hand gespielt wird. Der G Durdreiklang wird wegen der besseren Auflösung in der zweiten Umkehrung gespielt. **Beispiel 15.32** zeigt, was McCoy oft anstelle des D7 spielt: einen A♭/D Slash-Akkord, der sich nach G Dur auflöst.[22] Sämtliche Töne des A♭/D Akkords stammen aus E♭ Dur, das eine große Terz unter G Dur liegt, der ursprünglichen Tonart der Verbindung. Da dieser Akkord aus E♭ Dur ein D im Baß hat, ist es ein lokrischer Akkord – D ist der siebte bzw. lokrische Ton der E♭ Durskala. Über diesen Akkord in der linken Hand improvisiert McCoy häufig mit Skalen und Modi aus E♭ Dur, wie z. B. E♭ pentatonisch (**Beispiel 15.33**), A♭ pentatonisch (**Beispiel 15.34**), B♭ pentatonisch (**Beispiel 15.35**), der F Moll 6 Skala[23] (**Beispiel 15.36**) und der In-sen Skala (**Beispiel 15.37**).

Beispiel 15.31

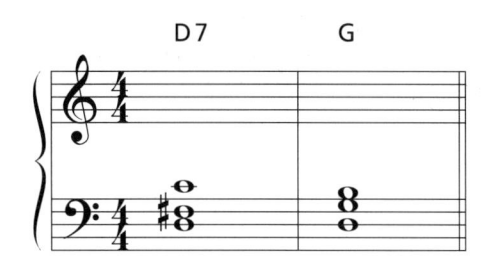

Beispiel 15.32

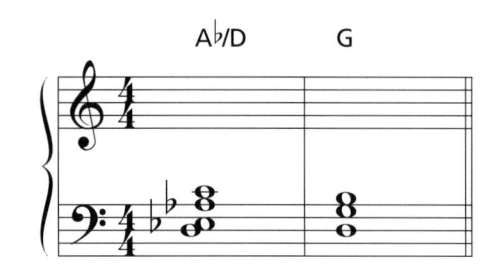

Beispiel 15.33

---

[22] Häufig spielt McCoy diesen Akkord mit einem dreistimmigen Voicing: D, A♭, C (von unten nach oben).
[23] Mollsextskalen werden in Kapitel 23 behandelt.

Beispiel 15.34

Beispiel 15.35

Beispiel 15.36

Beispiel 15.37

McCoys Solo über Bobby Hutchersons »La Alhambra«[24] enthält verschiedene Beispiele seiner Verwendung des lokrischen V Akkords. Eines davon ist in **Beispiel 15.38** abgebildet. Sämtliche Töne McCoys – von der Improvisation mit der rechten Hand bis zum C♭/F Akkord in der linken – stammen aus F lokrisch der Tonart G♭ Dur.

Beispiel 15.38

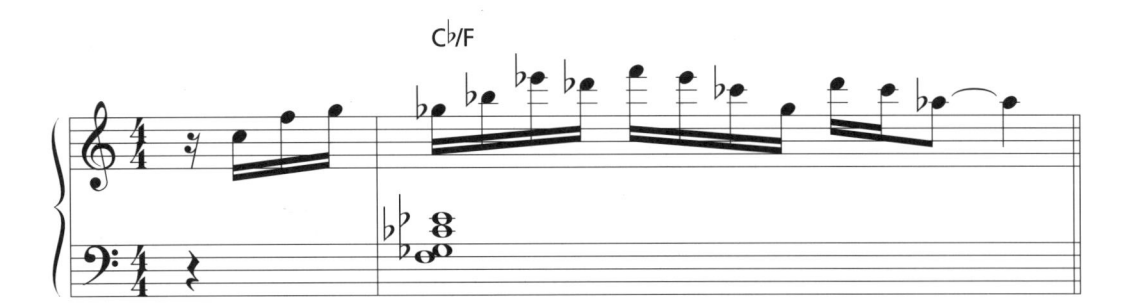

Im nächsten Kapitel besprechen wir drei vollständige Reharmonisationen von Standards, zwei von John Coltrane und eine von Kenny Barron.

---

[24] Bobby Hutcherson, *Solo/Quartet,* Fantasy, 1981.

Kapitel Sechzehn
Drei Reharmonisationen

> - *John Coltranes Reharmonisation von »Spring Is Here«*
> - *Kenny Barrons Reharmonisation von »Spring Is Here«*
> - *John Coltranes Reharmonisation von »Body And Soul«*

In Kapitel 13, 14 und 15 wurden die verschiedensten Reharmonisationstechniken behandelt; in diesem Kapitel besprechen wir drei ganz spezifische Reharmonisationen, zwei von John Coltrane und eine von Kenny Barron.

John Coltranes Reharmonisation von »Spring Is Here«

Beispiel 16.1 zeigt ein einfaches Arrangement von Richard Rodgers' »Spring Is Here« aus dem Jahre 1938. **Beispiel 16.2** zeigt John Coltranes reharmonisierte Version von »Spring Is Here«.[1] Coltrane nahm dieses Stück in A♭ Dur auf, aber um es besser mit **Beispiel 16.1** vergleichen zu können, ist es ebenfalls in G notiert. Die Voicings, die Red Garland auf der Coltrane-Aufnahme spielt, sind in diesem Beispiel vereinfacht.

---

[1] John Coltrane, *The Stardust Session*, Prestige, 1958.

Beispiel 16.1

SPRING IS HERE

Richard Rodgers & Lorenz Hart

©1938 (renewed) EMI Robbins Catalogue, Inc. All Rights Reserved. Used By Permission. WARNER BROS. PUBLICATIONS, Miami, FL 33014

DREI REHARMONISATIONEN

Beispiel 16.2

SPRING IS HERE

Reharmonisation von John Coltrane
Red Garlands Piano-Voicings vereinfacht

Richard Rodgers & Lorenz Hart

©1938 (renewed) EMI Robbins Catalogue, Inc. All Rights Reserved. Used By Permission. WARNER BROS. PUBLICATIONS, Miami, FL 33014

Vergleichen wir nun die beiden Versionen. Coltranes Reharmonisationen sind wie folgt:

- Anstatt in den ersten vier Takten den Pedalton G beizubehalten, stellt Coltrane beiden G∆ Akkorden jeweils C7♯11 voran, den V Akkord eine Quarte über G. F♯, der Melodieton in Takt 1 und 3, wird von der großen Septime von G∆ in der Originalversion zur ♯11 von C7.
- In Takt 8-9 ersetzt Coltrane den D7 Akkord der II-V-I Verbindung in G durch F7 und steuert auf diese Weise G∆ einen Ganztonschritt von unten an (F7, G∆).
- In Takt 11-12 ändert Coltrane die ursprünglichen C∆, B7alt Akkorde in eine II-V in Moll um (F♯ø, B7♭9).
- In Takt 15-16 spielt er einen chromatischen II-V Vorhalt (B♭–7, E♭7) zu A–7, D7.
- Im zweiten Haus erzeugt Coltrane durch zweimalige Wiederholung der III-VI-II-V (B–7, E7, A–7, D7) eine viertaktige Verlängerung.

Diese Version von »Spring Is Here« aus dem Jahre 1958 ist eine relativ frühe Aufnahme Coltranes. Seine Reharmonisation ist geschickt und kreativ, läßt aber noch nicht die Revolution erahnen, die er bereits ein oder zwei Jahre später mit seinen neuen Ideen entfachte. Bevor wir uns aber mit einem Beispiel aus Coltranes späterer Schaffensperiode beschäftigen, sehen wir uns einmal an, was ein anderer, großartiger Musiker, nämlich Kenny Barron, mit »Spring Is Here« machte.

Kenny Barrons Reharmonisation von »Spring Is Here«

Kenny Barrons Version von »Spring Is Here«[2] ist wesentlich radikaler als die Coltranes. Sein Arrangement ist ein Paradebeispiel für den Gebrauch des Pedaltons. Wie **Beispiel 16.3** zeigt, spielt er den Pedalton G das ganze Stück hindurch. Kenny spielt das Stück mit einem frei gestalteten, geraden Achtelnotenfeeling, rhythmisch ziemlich komplex, deshalb hier in einer vereinfachten Version. An persönlicher Aussagekraft steht seine Reharmonisation dieses Standards der Originalversion von Richard Rodgers in nichts nach.

Kenny Barron ©1990 K. Gypsy Zaboroskie. All Rights Reserved.

[2] Kenny Barron, *Maybeck Recital Hall Series,* Concord, 1990.

DREI REHARMONISATIONEN

Beispiel 16.3

SPRING IS HERE

Reharmonisation von Kenny Barron
Piano-Voicings und Rhythmus vereinfacht

Richard Rodgers & Lorenz Hart

©1938 (renewed) EMI Robbins Catalogue, Inc. All Rights Reserved. Used By Permission. WARNER BROS. PUBLICATIONS, Miami, FL 33014

Hier einige Höhepunkte aus Kennys Reharmonisation:

- Melodieton in sämtlichen G$\Delta^{\sharp 5}$ Akkorden ist entweder D♯ (die übermäßige Quinte) oder F♯ (die große Septime). Durseptakkorde mit der großen Septime in der Melodiestimme eignen sich gut für die Verwendung von lydisch-übermäßigen ($\Delta^{\sharp 5}$) Akkorden.

- Hören Sie sich die Kadenzen in den ersten acht Takten an. Sowohl die G$\Delta^{\sharp 5}$ als auch die Gsus$^{\flat 9}$ Akkorde lösen sich nach C/G auf, der anstelle von GΔ vorübergehend Tonika wird. Obwohl das Stück in G Dur ist, spielt Kenny bis Takt 9 keinen einzigen, nichtalterierten GΔ Akkord.

- Hören Sie sich die vier-Akkorde-pro-Takt Bewegung in Takt 9-10 an. Der F♯o/G Akkord in Takt 10 ist ein versteckter D7$^{\flat 9}$ Akkord, der sich nach G auflöst.

- Achten Sie auf die sich plötzlich verdunkelnde Harmonik, wenn Kenny von dem sehr hellen A/G Akkord in Takt 15 zu C–Δ/G in Takt 16 geht. Diesen Effekt mit abwechselnd hellen (GΔ) und dunklen (C–Δ) Akkorden verwendet Kenny auch in den letzten acht Takten.

- Kenny wiederholt die Kadenz (GΔ, C–Δ/G aus Takt 19-20) noch zweimal, sodaß dieselbe viertaktige Verlängerung entsteht, die Coltrane bereits in seiner Version von »Spring Is Here« spielte.

Auf der Aufnahme spielt Kenny in Takt 1 und 3 des Themas bisweilen G°, G$\Delta^{\sharp 5}$ (**Beispiel 16.4**), aber während des Solos bleibt er bei G$\Delta^{\sharp 5}$.

Beispiel 16.4

Kenny Barrons Piano-Voicings vereinfacht

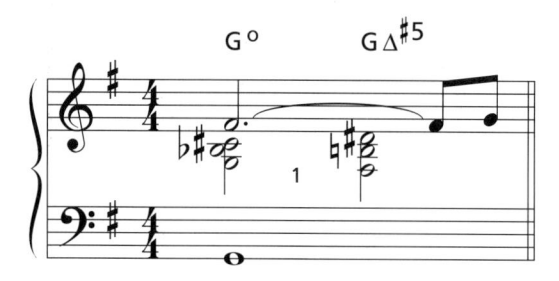

John Coltranes Reharmonisation von »Body And Soul«

Beispiel 16.5 ist ein einfaches Piano-Arrangement von Johnny Greens »Body And Soul« in D♭ Dur. Dieses Stück war für seine Zeit harmonisch äußerst modern (der Mittelteil geht einen Halbtonschritt aufwärts von D♭ nach D, eine sehr ungewöhnliche Modulation). »Body And Soul« wurde 1930 komponiert und war bei Jazzmusikern längere Zeit sehr beliebt.[3]

---

[3] Die berühmteste Version von »Body And Soul« aus der Zeit vor Coltrane stammte von Coleman Hawkins und findet sich auf *Body And Soul*, Bluebird, 1939.

DREI REHARMONISATIONEN

Beispiel 16.5

BODY AND SOUL

Edward Heyman, Robert Sour,
Frank Eaton & Johnny Green

©1930 (renewed) WB Music Corp., Range Road Music, Inc., and Druropetal Music. All Rights Reserved.
Used By Permission. WARNER BROS. PUBLICATIONS, Miami, FL 33014

Beispiel 16.6

Reharmonisation von John Coltrane
McCoy Tyners Piano-Voicings vereinfacht

Beispiel 16.6

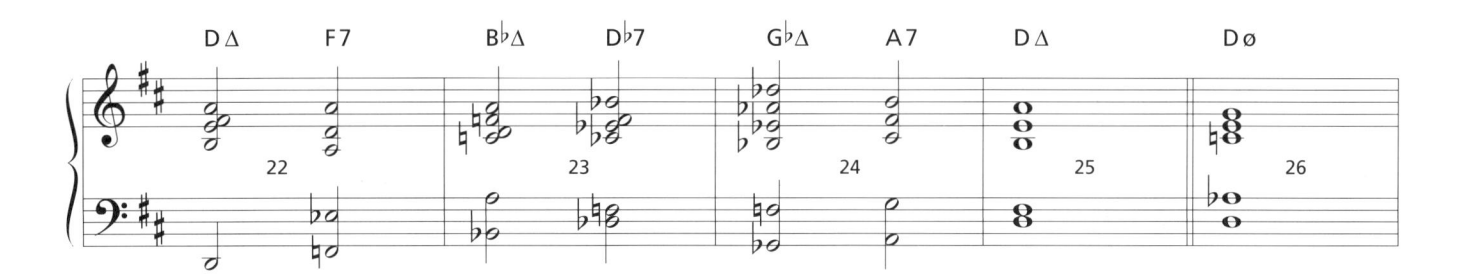

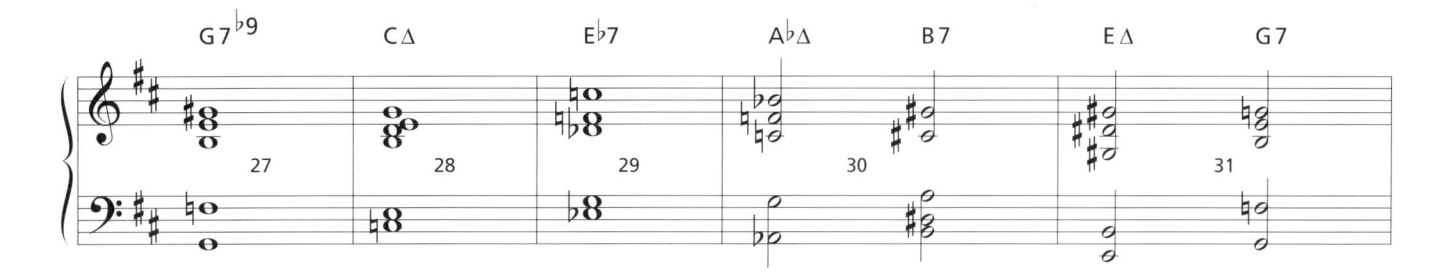

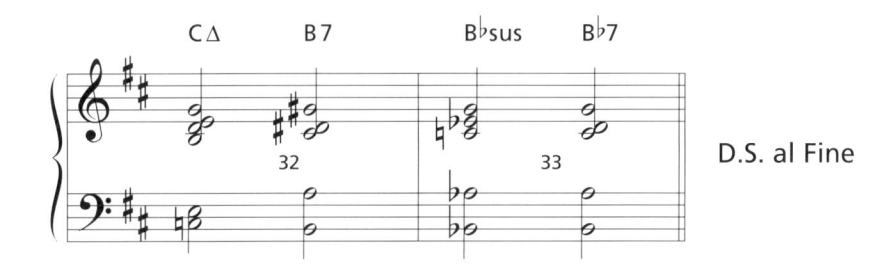

Spielen Sie nun **Beispiel 16.6**, eine vereinfachte Version von McCoy Tyners Piano- und Steve Davis' Baßstimme aus der 1960 erschienenen Coltrane-Aufnahme von »Body And Soul«.[4] 'Tranes Reharmonisation zeigt, wie sehr er sich in den zwei Jahren seit seiner Aufnahme von »Spring Is Here« weiterentwickelt hatte.

Hier einige Höhepunkte von Coltranes »Body And Soul«:

- Coltrane verlängert das Stück von 32 auf 64 Takte. Darüber spielt er in *Half Time*.

- McCoy Tyner spielt über den Vamp der Intro und die ersten vier Takte des Themas innerhalb der Akkorde eine chromatisch absteigende Linie. Durch diese Melodielinie (E♭, D, D♭, C) entstehen die Akkorde E♭–, E♭–∆, E♭–7 und A♭7.

- McCoy und Steve spielen sowohl in der Intro als auch in den Takten 1-7, 9-11 und 13-15 der A-Teile den Pedalton A♭. Akkorde mit anderen Tönen im Baß als A♭ (Takt 8, 12 und 16) sorgen für Abwechslung und lockern das konstante Pedal A♭ auf.

[4] John Coltrane, *Coltrane's Sound*, Atlantic, 1960.

- E–7, A7 in Takt 8 ist ein chromatischer II-V Vorhalt zu A♭sus in Takt 9.

- B7 in Takt 12 hat eine ♯11. Denken Sie daran, daß die ♯11 normalerweise zu V Akkorden gespielt wird, die nicht Teil einer II-V Verbindung sind und sich auch nicht eine Quinte abwärts auflösen. Beides trifft hier zu.

- Achten Sie auf die sehr dunklen F+/A♭ Akkorde in Takt 6 und Takt 13-15.

- Der Mittelteil ist vielleicht der bekannteste Teil von Coltranes Bearbeitung von »Body And Soul«. Im fünften Takt des Mittelteils (Takt 22 in **Beispiel 16.6**) verläßt Coltrane die vorgegebene Melodie und improvisiert über Changes, die »Giant Steps« und »Countdown« ähneln, indem er die tonalen Zentren in großen Terzen abwärts verschiebt (von D Dur über B♭ Dur nach G♭ Dur und wieder zurück nach D Dur). Die zweite Hälfte des Mittelteils (Takt 26) beginnt er mit Dø anstelle des ursprünglichen D–7 und verschiebt erneut die tonalen Zentren in großen Terzen abwärts durch die Tonarten C Dur, A♭ Dur, E Dur und zurück zu C Dur. Am Ende des Mittelteils fallen die Akkorde chromatisch abwärts zum ursprünglichen B♭7 zurück.

Wie Kenny Barrons Version von »Spring Is Here«, so verfügt auch Coltranes »Body And Soul« über eine ebenso persönliche Aussagekraft wie die Originalfassung von Johnny Green.

> *Bis jetzt haben wir die Themen Harmonik, Theorie, Skalen, Improvisation, Übetechniken, Blues, Rhythm Changes und Reharmonisation besprochen. Es folgt nun eine Analyse des urprünglichen Quellenmaterials für Jazzmusiker: gemeint ist das Repertoire bzw. die Stücke.*

Teil IV
Das Repertoire

Kapitel 17 Songform und Komposition

Bestimmende Faktoren der Songform 359
- A A B A 361
- A B A C 363
- A B C D 363
- A A B C 364
- A B 364
- A B C 364
- A B A 365
- A A B 365
- Spezifische Songformen einzelner Stücke 365

Intro, Interlude, spezieller Schluß, Shout Chorus und Verse 366
Stücke mit improvisierten Teilen...368
Keine Tabus..368
Stücke, bei denen das Thema vom Baß gespielt wird..369
Jazzkomposition und Songform..369
- Billy Strayhorns »My Little Brown Book« 370
- Sam Rivers' »Beatrice« 372

Kapitel 18 Ein Lead Sheet lesen

Tonartbezeichnung...375
Thema...376
Changes 376
Rhythmus und Phrasierung...378
Akkordsymbole: richtig, falsch oder optional 378

Kapitel 19 Ein Stück auswendig lernen

Form 383
Thema...385
Changes 385

Kapitel 20 ›Heads‹..387

Kapitel 21 Das Repertoire 391

Kapitel Siebzehn
Songform und Komposition

- **Bestimmende Faktoren der Songform**
- **Intro, Interlude, Coda, Shout Chorus und Verse**
- **Stücke mit improvisierten Teilen**
- **Keine Tabus**
- **Stücke, bei denen das Thema vom Baß gespielt wird**
- **Jazzkomposition und Songform**
  - *Billy Strayhorns »My Little Brown Book«*
  - *Sam Rivers' »Beatrice«*

Sobald Sie anfangen, Standards und Jazzstücke zu spielen, werden Sie Begriffe wie ›A A B A‹, ›A B A C‹ und ›A B C D‹ hören. Diese Buchstaben beziehen sich auf verschiedene *Songformen*. Mit Ausnahme des Blues, der normalerweise 12 Takte hat, bestehen Jazzstücke und Standards größtenteils aus achttaktigen Phrasen. Jeder Phrase kann ein Buchstabe wie ›A‹, ›B‹, ›C‹ oder ›D‹ zugeordnet werden. In diesem Kapitel werden verschiedene Songformen besprochen und repräsentative Stücke der jeweiligen Formen aufgelistet. Empfehlenswerte Aufnahmen der einzelnen Stücke finden Sie in Kapitel 21, »Das Repertoire«.

Jeder Komponist, der zum Standardrepertoire des Jazz gehörige Stücke geschrieben hat, besitzt einen ganz individuellen Kompositionsstil, den Sie erkennen sollten. Cole Porter z.B. spezialisierte sich auf sehr lange Stücke wie »Begin The Beguine« (108 Takte), »Love For Sale« (64 Takte) und »Night And Day« (48 Takte). Thelonious Monk war ein Meister im Komponieren kurzer Stücke, wie z.B. »Bemsha Swing« (16 Takte) und »Light Blue« (8 Takte). Wayne Shorter schreibt viele Stücke mit ungewöhnlichen Taktzahlen wie »Infant Eyes« (27 Takte), »Miyako« (28 Takte), »Speak No Evil« (50 Takte) und »Yes Or No« (58 Takte). Benny Golson zeichnet sich durch Stücke mit ›Verses‹ wie »I Remember Clifford« und Shout Chorussen wie »Whisper Not« und »Along Came Betty« aus.

Bestimmende Faktoren der Songform

Beim ersten Durchspielen eines Stückes sollten Sie anhand von Melodie und Akkorden versuchen, die Form herauszufinden. Sehen Sie sich **Beispiel 17.1** an, ein Lead Sheet von »I Hear A Rhapsody«. Das Wiederholungszeichen an Beginn und Ende der ersten acht Takte bedeutet, daß der erste Teil (A) wiederholt wird. Das bedeutet wiederum, daß man die ersten 16 Takte von »I Hear A Rhapsody« mit A A bezeichnen kann. Obwohl sich die erste Klammer von der zweiten unterscheidet, besitzen beide Teile genügend Übereinstimmungen, um mit demselben Buchstaben bezeichnet zu werden. Der nächste achttaktige Teil unterscheidet sich melodisch und harmonisch komplett von den ersten beiden achttaktigen Teilen, weshalb er mit B bezeichnet wird.[1] Der letzte achttaktige Teil hat dieselbe Melodie wie die ersten acht Takte, weshalb er ebenfalls mit A bezeichnet wird.

Und hier noch einmal eine Zusammenfassung der Form von »I Hear A Rhapsody«:

- Der erste achttaktige Teil des Themas wird mit A bezeichnet.
- Der zweite achttaktige Teil mit derselben Melodie wird ebenfalls mit A bezeichnet.
- Der dritte achttaktige Teil mit einer völlig anderen Melodie wird mit B bezeichnet.
- Der vierte achttaktige Teil mit derselben Melodie wie der erste und der zweite wird ebenfalls mit A bezeichnet.

Mit anderen Worten, die Form von »I Hear A Rhapsody« ist A A B A.

Die Form eines Stücks zu kennen, ist von unschätzbarem Wert:

- Sie verlieren nicht so leicht die Orientierung.
- Sie können sich die Stücke leichter einprägen. Im Fall von »I Hear A Rhapsody« müssen Sie statt vollständiger 32 Takte nur zwei achttaktige Teile, A und B, lernen.

---

[1] Der B-Teil wird auch Mittelteil oder Bridge genannt, aber nicht alle Stücke haben Mittelteile, und Mittelteile müssen nicht unbedingt B-Teile sein.

Beispiel 17.1

I HEAR A RHAPSODY

©1940 Broadcast Music Inc., USA, Campbell Connelly & Co. Ltd., 8/9 Frith St., London W1.
Used by Permission of Music Scales Ltd. All Rights Reserved. International Copyright Secured.

A A B A

Es gibt Hunderte von 32taktigen A A B A Jazzstücken und Standards, darunter viele der besten Stücke:

Clifford Browns »Daahoud«

Benny Carters »When Lights Are Low«

John Coltranes »Impressions«

Miles Davis' »Nardis«

Duke Ellingtons »Satin Doll«

Dizzy Gillespies »Woody 'n' You«

Benny Golsons »Killer Joe«

Johnny Greens »Body And Soul«

Herbie Hancocks »Maiden Voyage«

Isham Jones' »There Is No Greater Love«

Duke Jordans »Jordu«

Billy Strayhorns »Take The 'A' Train«

Juan Tizols »Perdido«

George Gershwins »I've Got Rhythm« war ursprünglich ein 34taktiges A A B A Stück mit vier achttaktigen Teilen und einem zweitaktigen *Tag* (Anhängsel) am Ende (8-8-8-10). Der *Tag* wird seit langer Zeit weggelassen, und »Heads«, die auf »I've Got Rhythm« basieren – wie Sonny Rollins' »Oleo« und Charlie Parkers »Anthropology« – haben eine Länge von 32 Takten.[2]

Thelonious Monk war ein absoluter Meister der 32-taktigen A A B A Form. Von ihm stammen

»Ask Me Now«

»Bye-Ya«

»Evidence«

»In Walked Bud«

»Little Rootie Tootie«

»Monk's Dream«

»Monk's Mood«

»Off Minor«

»Reflections«

»Rhythm-A-Ning«

»Ruby My Dear«

»Well, You Needn't«

A A B A Stücke haben nicht immer eine Länge von 32 Takten. Oft sind sie 64 Takte lang (16-16-16-16). Hier einige Beispiele:

Sam Jones' »Del Sasser«

Ray Nobles »Cherokee«

Cole Porters »Love For Sale«

Wayne Shorters »Lester Left Town«

Horace Silvers »Nica's Dream«

Es existiert auch eine verlängerte A A B A Form mit einem viertaktigen *Tag* am Ende des letzten A Teils, so daß das Stück letztendlich 36 Takte hat (8-8-8-12). Hier einige Beispiele:

Hoagy Carmichaels »The Nearness Of You«

Thelonious Monks »Introspection«

Victor Schertzingers »I Remember You«

---

[2] In Kapitel 20 finden Sie eine vollständigere Liste mit auf »I've Got Rhythm« basierenden »Heads«.

Eine 56taktige Version von A A B A hat einen Mittelteil, der halb so lang ist wie die A-Teile (16-16-8-16). Beispiele sind:

Freddie Hubbards »Up Jumped Spring« und »Crisis«

Duke Pearsons »Jeannine«

Woody Shaws »In A Capricornian Way«

Horace Silvers »Gregory Is Here«

Obwohl 12-12-8-12 die übliche Form eines *Blues mit Mittelteil* ist, gibt es einige Stücke mit dieser Form, deren A-Teile kein Blues sind. Einige Beispiele dafür sind:

Irving Berlins »The Best Thing For You«

Victor Feldmans »Joshua«,
bei dem die ersten vier Takte des Mittelteils im 3/4-Takt sind.

Gigi Gryces »Nica's Tempo«

Antonio Carlos Jobims »Wave«

George Shearings »Conception«

Weitere A A B A Stücke von ungewöhnlicher Länge sind:

John Coltranes »Straight Street« (12-12-12-12)

Miles Davis' Version des schwedischen Volkslieds »Dear Old Stockholm« (12-12-4-15)

Thelonious Monks »Pannonica« (8-8-8-9)

Richard Rodgers »Little Girl Blue« (12-12-8-4)

Woody Shaws »Katrina Ballerina« (8-8-16-8)

Manning Sherwins »A Nightingale Sang In Berkeley Square« (10-10-8-10)

Wayne Shorters »Speak No Evil« (14-14-8-14) und »Yes Or No« (14-14-16-14)

Cedar Waltons »A Shade Of Jade« (12-12-16-12)

A A B A Stücke können aber auch kürzer als 32 Takte sein. Zwei gute Beispiele dafür sind:

Wayne Shorters »Mahjong« (8-8-4-8)

Karl Suessdorffs »Moonlight In Vermont« (6-6-8-8)

Und manchmal sind A A B A Stücke sogar sehr kurz:

John Coltranes »Naima« (4-4-8-4)

Thelonious Monks »Bemsha Swing« (4-4-4-4)

A B A C

A A B A ist zwar die populärste Songform, aber es gibt noch einige andere gängige Songformen, zu denen u. a. A B A C gehört. Die drei verschiedenen Buchstaben lassen bereits darauf schließen, daß ein A B A C Stück drei melodisch unterschiedliche Teile hat. Der Buchstabe ›B‹ bezeichnet nicht automatisch einen Mittelteil, da A B A C-Songs keinen Mittelteil haben. 32taktige A B A C Stücke sind z. B.:

Eden Ahbez' »Nature Boy«
Nacio Herb Browns »You Stepped Out Of A Dream«
Frank Churchills »Someday My Prince Will Come«
Miles Davis' »Dig« und »Four«
Jerome Kerns »Dearly Beloved«
Frank Loessers »If I Were A Bell«

Wayne Shorters »E. S. P.«
Horace Silvers »Strollin'«
Jule Stynes »It's You Or No One«
Jimmy Van Heusens »I Thought About You«
Mal Waldrons »Soul Eyes«

Aber nicht alle A B A C Stücke haben eine Länge von 32 Takten. Länger sind z. B.:

John Coltranes »Moment's Notice« (8-8-8-14)[3]
Antonio Carlos Jobims »Desafinado« (16-16-16-20)

Sonny Rollins' »Airegin« (8-12-8-8)
Wayne Shorters »Dance Cadaverous« (16-16-16-16)

A B C D

A B C D mit vier melodisch unterschiedlichen Teilen ist ebenfalls eine populäre Form. Einige 32taktige Beispiele (8-8-8-8) sind:

Harold Arlens »Come Rain Or Come Shine« und »My Shining Hour«

Luis Bonfas »Manha De Carnaval«
Ray Hendersons »Bye Bye Blackbird«

Nicht alle A B C D Stücke sind 32 Takte lang. Benny Golsons »Along Came Betty« hat 34 Takte (8-8-8-10). Thelonious Monks »Played Twice« ist ein 16taktiges A B C D Stück (4-4-4-4). Wie der Titel bereits verrät, wird es immer zweimal gespielt. Ein weiteres 16taktiges Stück ist Sam Rivers' »Beatrice« (4-4-4-4). Fast möchte man meinen, »Beatrice« wäre ein A B Stück (8-8), aber jeder viertaktige Teil enthält eindeutig unterschiedliches melodisches Material. Wir haben es also mit einer Miniaturausgabe einer A B C D Form zu tun. Eine genaue Analyse von »Beatrice« folgt weiter hinten in diesem Kapitel. Ein ungewöhnliches 18taktiges A B C D Stück ist Joe Hendersons »Punjab« (6-4-4-4).

---

[3] Wie es zu dem Titel »Moment's Notice« kam, erzählt die folgende Geschichte: während der Aufnahmesession des Albums *Blue Train* verteilte Coltrane die einzelnen Stimmen des bis dato namenlosen Stücks. Curtis Fuller sah sich die Changes an und sagte zu 'Trane: »Erwartest Du etwa, daß ich diese Changes auf Anhieb (»at a moment's notice«) spielen kann?«

A A B C

A A B C ist vor allem deshalb eine ungewöhnliche Form, weil sich der Teil nach dem Mittelteil vom A-Teil unterscheidet. A A B C Stücke haben selten eine Länge von 32 Takten. Hier einige Beispiele:

- John Coltranes »Lonnies Lament« (4-4-4-4)
- Bill Evans' »Very Early« (16-16-8-8)
- Jerome Kerns »The Song Is You« (16-16-16-16)
- Cole Porters »I Concentrate On You« (16-16-16-16)
- Richard Rodgers' »Where Or When« (10-10-8-12)
- Arthur Schwartz' »Alone Together« (14-14-8-8)
- Woody Shaws »Organ Grinder« (8-8-12-8)

Ein extrem langes A A B C Stück ist Tommy Wolfs Stück »Spring Can Really Hang You Up The Most«. Normalerweise wird es wiederholt, weshalb die eigentliche Form A A B C A A B C ist. Bei der Wiederholung wird auch noch der C-Teil verlängert, so daß man die unglaubliche Form von 8-8-8-10-8-8-8-16, also 74 Takten, erhält. Falls Ihnen das noch nicht lange genug erscheint: dem Stück geht auch noch ein zwölftaktiger Verse voran. Es sollte also nicht das Stück sein, das Sie sich als erstes zum Auswendiglernen heraussuchen!

A B

Eine kürzere Form (normalerweise 16 Takte) ist A B. Stücke von weniger als 32 Takten Länge werden üblicherweise zweimal gespielt, bevor die Solos anfangen, weshalb die Form eigentlich A B A B ist. Hier wiederum einige Beispiele:

- John Coltranes »Giant Steps« und »Crescent«
- Tadd Damerons »Lady Bird«
- Miles Davis' »Tune Up«
- Kenny Dorhams »Blue Bossa«
- Eddie Harris' »Freedom Jazz Dance«
- Joe Hendersons »No Me Escueca«
- Sonny Rollins' »Pent-Up House« und »St. Thomas«
- Wayne Shorters »Nefertiti« und »Night Dreamer«
- Horace Silvers »Silver's Serenade«
- McCoy Tyners »Peresina«

Ein längeres A B Stück ist George Cables' »Think On Me« (8-10). Ein A B Stück, das normalerweise nicht wiederholt wird, ist Kenny Dorhams wunderschöne Ballade »La Mesha« (8-12). Ein extrem kurzes A B Stück ist Thelonious Monks »Light Blue« (4-4), das normalerweise viermal gespielt wird.

A B C

Eine weitere, sehr gebräuchliche Form mit drei unterschiedlichen Melodieteilen ist A B C. Beispiele hierfür sind:

- John Coltranes »Resolution« (8-8-8)
- Joe Hendersons »Afro-Centric« (10-10-6) und »Black Narcissus« (8-8-8)
- Duke Pearsons »Gaslight« (8-6-8)
- Wayne Shorters »Miyako« (8-8-12)
- Horace Silvers »Nutville« (8-8-8)
- Joe Zawinuls »Mercy, Mery, Mercy« (8-8-4)

A B A

Eine weitere gängige Form ist A B A. Beispiele dafür sind:

> John Coltranes »Like Sonny« (8-8-8)
>
> Benny Golsons »Stablemates« (14-8-14)
>
> Wayne Shorters »Infant Eyes« (9-9-9)

Ein höchst ungewöhnliches A B A Stück ist Thelonious Monks »Brilliant Corners« (8-7-7). Das Thema wird zweimal gespielt: zunächst langsam, dann doppelt so schnell. Die Soli folgen derselben Form. Klingt interessant, oder? Hören Sie sich die Aufnahme an.

Ist Ihnen aufgefallen, wie häufig Thelonious Monk und Wayne Shorter erwähnt wurden? Beide sind Meister der Songformen.

A A B

Eine weitere, ungewöhnliche Form ist A A B. Der Mittelteil befindet sich hier am Ende des Stücks. Einige Beispiele sind:

> Antonio Carlos Jobims »Once I Loved« (16-20-8)
>
> Cole Porters »Night And Day« (16-16-16)
>
> Horace Silvers »Song For My Father« (8-8-8)

Spezifische Songformen einzelner Stücke

Einige Songformen kommen nur in bestimmten Stücken vor. Hier einige Beispiele:

> Chick Coreas »Windows«, A B C D E (8-8-8-8-16)
>
> Thelonious Monks »Epistrophy«, A B C B (8-8-8-8)
>
> Woody Shaws außergewöhnliches, 77taktiges »Rosewood« A B C D E A B C D F (8-8-8-8-5-8-8-8-8-8)
>
> Horace Silvers 76taktiger Walzer »Barbara«, A B A C D E (16-16-16-8-12-8)
>
> Wayne Shorters »Children Of The Night«, A B C A B (8-12-8-8-12)
>
> Cole Porters kaum zu kategorisierendes, 108taktiges »Begin The Beguine«, A A B C D E (16-16-16-16-16-28). Die Form ist hier etwas willkürlich dargestellt. Die beiden A-Teile unterscheiden sich etwas in der Melodie, und der E-Teil ist eine Wiederholung des D-Teils mit zwölftaktigem *Tag*.
>
> Kurt Weills »My Ship«, A A B A C (8-8-8-8-6)

Herbie Hancocks »Dolphin Dance«, A B C D E (8-8-8-10-4) ist deshalb ungewöhnlich, weil in allen Chorussen nach dem Thema der viertaktige E-Teil die ersten vier Takte von A ersetzt.

Vor allem Anfänger haben mit der Form von Freddie Hubbards »Little Sunflower«, A A B B A A (8-8-8-8-8-8) Probleme. Manche Musiker spielen das Stück auch in einer A A B B A Form (8-8-8-8-8) und lassen die letzten acht Takte einfach weg. Wenn das Stück gespielt werden soll, kommt sofort die unvermeidliche Frage nach der Form. Auch mit Miles Davis' »Milestones«, A A B A (8-8-8-8-8), haben Anfänger häufig Probleme.

Manche Stücke sind sehr kurz und bestehen aus Melodien mit derart glatten Übergängen, daß eine Unterteilung unmöglich ist. Man kann ihre Form bestenfalls als A bezeichnen. Fünf gute Beispiele sind:

Miles Davis' zehntaktiges »Blue In Green«

Joe Hendersons 14taktiges »Serenity«

Freddie Hubbards elftaktiges »Prophet Jennings«

Bud Powells achttaktiges »Borderick«

Horace Silvers zehntaktiges »Peace«

Der Ausdruck ›Form‹ bezieht sich aber nicht nur auf die Buchstabenverteilung in einem Stück. Beim Spielen eines Jazzstücks improvisieren normalerweise zunächst die Bläser, während die Rhythmusgruppe ständig die Changes wiederholt. Miles Davis stellte dieses Verfahren auf den Kopf, indem bei seiner Version von Wayne Shorters »Nefertiti« die Rhythmusgruppe kollektiv über das von den Bläsern ständig wiederholte Thema improvisierte.

Intro, Interlude, Coda, Shout Chorus und Verse

Jazzmusiker sind in Bezug auf Intros, Interludes, Special Endings, Shout Chorussen und Versen äußerst erfindungsreich. Diese Elemente sind wichtige Bestandteile vieler Stücke, und sie werden fast immer als Teil des Arrangements gespielt. Sie müssen sie genauso gut kennen wie den eigentlichen Kern des Stücks. Wenn jemand »I Remember Clifford« ansagt, wollen Sie schließlich nicht der einzige auf der Bühne sein, der den Verse nicht kennt. Im allgemeinen gehören diese zusätzlichen Teile aber nicht zur Soloform.

Intro ist eine Kurzform des englischen *Introduction* (Einleitung), und bezeichnet einen speziell komponierten Anfang eines Stücks. Stücke mit Intros sind z. B.:

John Coltranes »Equinox« mit einer 14taktigen Intro

Coltranes »Moment's Notice« mit einer Intro, die aus den letzten 22 Takten des Stücks besteht.

Duke Ellingtons »Satin Doll« mit einer viertaktigen Intro, die häufig wiederholt wird.

Victor Feldmans »Joshua« mit einer achttaktigen Intro.

Dizzy Gillespies »Night In Tunisia« mit einem viertaktigen Vamp der Rhythmusgruppe, der so oft wiederholt wird, bis auf Zeichen das Thema gespielt wird.

Herbie Hancocks »Maiden Voyage« mit einer 16taktigen Vamp-Intro der Rhythmusgruppe.

Joe Hendersons »No Me Escueca« mit einer 20taktigen Intro.

Joes »Punjab« mit einer achttaktigen Intro.

Freddie Hubbards Arrangement von Clare Fischers »Pensativa« mit einer achttaktigen Intro.

Sam Jones' »Del Sasser« mit einer achttaktigen Intro

Frank Loessers »If I Were A Bell« mit einer von Miles Davis hinzugefügten, achttaktigen Intro, in der der Pianist den Klang einer Glocke nachahmt.

Sonny Rollins' »Airegin« mit einer achttaktigen Intro.

Sonnys »Valse Hot« mit einer achttaktigen Intro.

Woody Shaws »The Moontrane« mit einer zwölftaktigen Intro.

Wayne Shorters »Witch Hunt« mit einer 13taktigen Intro.

Billy Strayhorns »Take The ›A‹ Train« mit einer viertaktigen Intro, die öfter wiederholt wird.

Ein *Interlude* ist ein speziell komponierter Teil, der üblicherweise zwischen den Soli gespielt wird. Beispiele sind:

Dizzy Gillespies »A Night In Tunisia« mit einem 16taktigen Interlude.

Horace Silvers »Nica's Dream« mit einem achttaktigen Interlude.

Eine Coda ist ein speziell komponierter Schlußteil am Ende eines Songs. Beispiele hierfür sind:

Clifford Browns »Daahoud« mit einem speziellen, viertaktigen Schluß.

George Cables' »Think On Me« mit einem speziellen, sechstaktigen Schluß.

Beim Schlußthema von Victor Schertzingers »I Remember You« wiederholen die meisten Jazzmusiker die Takte 25-26 entweder einen Ganzton oder eine kleine Terz höher, bevor sie zur Originalmelodie zurückgehen. Lernen Sie beide Fassungen und reagieren sie schnell, da nur selten angekündigt wird, welche von beiden gespielt wird.

Horace Silvers »Strollin'« mit einem speziellen, viertaktigen Schluß, der die ursprünglichen zwei Schlußtakte ersetzt.

Horace Silvers »Nutville« mit einem speziellen, viertaktigen Schluß.

Viele Stücke haben die verschiedensten Kombinationen von Intros, Interludes und Schlüssen. Hier einige Beispiele:

Dizzy Gillespies »Groovin' High« hat eine sechstaktige Intro und einen achttaktigen, in Half Time gespielten Schluß.

Thelonious Monks »'Round Midnight« hat eine sechstaktige Intro und einen achttaktigen Schluß.

Bud Powells »Bouncin' With Bud« hat eine achttaktige Intro und ein achttaktiges Interlude.

Bei manchen Stücken sind Intro, Interlude und Coda gleich. Einige Beispiele hierfür sind:

Victor Feldmans »Seven Steps To Heaven« mit gleichem, achttaktigem Interlude und Schluß.

Dizzy Gillespies »Bebop«. Zehntaktige Intro und Schluß sind gleich.

Jerome Kerns »All The Things You Are« wird normalerweise mit einer achttaktigen, nicht von Jerome Kern, sondern von Charlie Parker stammenden Intro und identischem Schluß gespielt.

Thelonious Monks »I Mean You« hat eine viertaktige Intro, die, beginnend in der Mitte des Schlußtakts, sowohl als Interlude wie auch als Schluß gespielt wird. Das bedeutet, daß Anfangs- und Schlußthema jeweils 35 1/2 Takte lang sind (31 1/2 plus 4), die Chorusse der Improvisation aber nur 32 Takte. Klingt das verwirrend? Hören Sie sich eine Aufnahme des Stücks an.

Cole Porters »What Is This Thing Called Love«. Manchmal wird im Schluß die Vamp-Intro wiederholt.

Horace Silvers »Nica's Dream« hat eine achttaktige Vamp-Intro und ein achttaktiges Interlude, das auch als Schluß gespielt wird.

McCoy Tyners »Peresina« hat einen von der Rhythmusgruppe gespielten, achttaktigen Vamp, der sowohl als Intro wie auch als Interlude vor dem ersten Solo gespielt wird.

Fats Wallers »Jitterbug Waltz« hat ein 16taktiges Interlude, das manchmal auch als Schluß gespielt wird.

Ein *Shout Chorus* ist ein eigens komponierter Chorus, der zwischen dem letzten Solo und dem Schlußthema gespielt wird. Stücke mit Shout Chorussen sind u. a.:

Kenny Dorhams »Blue Bossa«

Dizzy Gillespies »Woody 'n' You«

Benny Golsons »Whisper Not« und »Along Came Betty«

Joe Hendersons »No Me Escueca«

Duke Pearsons »Gaslight«

Unter der Bezeichnung *Verse* (dt. Vers) versteht man eine spezielle, häufig auch *rubato* gespielte Intro. Verse sind vor allem in der Vokalmusik sehr verbreitet, während sie im instrumentalen Jazz eher selten vorkommen. Drei wichtige Ausnahmen sind:

der 28taktige *Verse* zu Billy Strayhorns »Lush Life«

der sechstaktige *Verse* zu Benny Golsons »I Remember Clifford«

der 16-taktige Verse zu Hoagy Carmichaels »Stardust«

Stücke mit improvisierten Teilen

Manche Stücke haben improvisierte Teile, in denen lediglich die Changes, aber keine Melodie angegeben sind. Hier einige Beispiele:

Miles Davis' Version des schwedischen Volkslieds »Dear Old Stockholm« hat einen improvisierten, viertaktigen Mittelteil.

Die letzten sechs Takte von Joe Hendersons »Afro-Centric« sind improvisiert.

Jackie McLeans »Little Melonae« hat einen improvisierten Mittelteil.

Charlie Parkers »Ah-Leu-Cha« hat als Mittelteil ein Schlagzeugsolo. Sein »Dewey Square« hat ebenfalls einen improvisierten Mittelteil.

Sonny Rollins' »Oleo« hat einen improvisierten Mittelteil.

Woody Shaws »The Green Street Caper« hat zwei improvisierte Teile, von denen einer acht, der andere vier Takte lang ist.

In Woodys Blues »To Kill A Brick« sind nur die ersten vier Takte ausgeschrieben; die letzten acht Takte sind improvisiert.

Keine Tabus

Bisweilen verändern Jazzmusiker Stücke anderer Musiker ganz beträchtlich. Miles Davis ersetzte in zwei Stücken den originalen Mittelteil durch einen eigenen: in Thelonious Monks »Well, You Needn't« und in Benny Carters »When Lights Are Low«. Stanley Turrentine ignorierte in seiner Version von Coltranes A A B A Stück »Impressions« ganz einfach den Mittelteil und wiederholte im Mittelteil lediglich den A-Teil einen Halbton höher. Da Coltranes Mittelteil aber sehr schön ist, spielen die meistem Musiker »Impressions« in der Originalfassung.[4]

Thad Jones' »A Child Is Born« hat eine Länge von 32 Takten. Bei den Soli lassen die Musiker meistens die letzten beiden Takte weg und improvisieren über eine Form von 30 Takten. Dasselbe gilt für Antonio Carlos Jobims »Corcovado«. »Corcovado« hat eine Länge von 36 Takten, aber Jazzmusiker lassen normalerweise beim Improvisieren die letzten beiden Takte weg.

---

[4] John Coltrane, *Impressions*, MCA/Impulse, 1961. Die Melodie des A-Teils von »Impressions« ist praktisch mit dem »Pavanne«-Thema des zweiten Satzes von Morton Goulds »2nd American Symphonette«, Copyright 1938, identisch. Hatte Coltrane »Pavanne« gehört, bevor er »Impressions« schrieb? Gut möglich, da »Pavanne« in den vierziger und fünfziger Jahren sehr populär war und häufig im Radio gespielt wurde. Bei Coltranes künstlerischer Integrität darf man annehmen, daß er »Pavanne« unbewußt kopierte.

Stücke, bei denen das Thema vom Baß gespielt wird

Bei einigen Stücken wird die Melodie vom Bassisten gespielt – entweder alleine oder unisono mit anderen Instrumenten. Einige Beispiele hierfür sind:

- Paul Chambers' »Visitation«
- Miles Davis' »So What«
- Die Intro von Joe Hendersons »No Me Escueca«
- Sam Jones' »Bittersweet«
- Charlie Parkers »Dexterity«
- Oscar Pettifords »Tricotism«

Jazzkomposition und Songform

Die meisten großen Jazzmusiker waren auch großartige Komponisten. Die Kompositionen von Duke, Bird, Monk, Dizzy, Miles, Bud Powell, Horace Silver, Herbie Hancock, John Coltrane, McCoy Tyner, Joe Henderson, Wayne Shorter, Bobby Hutcherson, Charles Mingus, Mulgrew Miller und vielen anderen sind ebenso von Bestand wie ihre Solos. Nur wenige meisterhafte Jazzmusiker haben sich nicht als Komponisten hervorgetan: Art Tatum ist einer von ihnen.

Über Jazzkomposition oder das Komponieren von Stücken egal welchen Bereichs könnte man ein gesondertes Buch schreiben. Dieser Abschnitt bietet einige Hinweise, die hauptsächlich mit dem Thema Songform zu tun haben.

Wie in jeder Kunstform wird auch im Jazz ein ausgewogenes Verhältnis zwischen Bekanntem (›Berechenbarkeit‹) und Neuem (›Überraschungsmoment‹) angestrebt. »Stella By Starlight« gefällt uns, egal wie oft wir es hören, weil Melodie und Akkordfolge eingängig sind. Wenn wir »Stella« zum soundsovielten Mal hören, erwarten wir mehr oder weniger dieselbe Melodie und dieselben Akkorde – womit wir bei der *Berechenbarkeit* sind. Aber die Melodie von »Stella« kann anders phrasiert werden, und die Akkordfolgen reharmonisiert – und schon sind wir beim *Überraschungsmoment*.[5] Diese Ausgewogenheit zwischen Berechenbarkeit und Überraschungsmoment ist das Markenzeichen großer Kompositionen, seien es nun Jazzstücke, Standards oder Stücke irgendeiner anderen Musikrichtung. Achten Sie bei der Analyse eines Stücks immer darauf, an welchen Stellen der Komponist auf Bekanntes zurückgreift und, falls es ein gutes Stück ist, wo das Überraschungsmoment auftaucht.

Wayne Shorter ©Lee Tanner/The Jazz Image. All Rights Reserved.

---

[5] Apropos Berechenbarkeit und Überraschungsmoment. Duke Ellington sagte einmal (frei wiedergegeben): »Jazz zu spielen heißt, so viele Licks wie nur möglich zu lernen«. Das ist gar nicht mal so zynisch wie es klingt. Das Spielen von Licks in unterschiedlicher Reihenfolge und mit einer starken, rhythmischen Vielfalt bringt Sie ein großes Stück weiter auf dem Weg zu jener so schwer zu erringenden Originalität, nach der wir alle streben.

Billy Strayhorns »My Little Brown Book«

»My Little Brown Book« ist ein sehr liebenswertes Stück von Billy Strayhorn. Es wurde durch John Coltrane und Duke Ellington unsterblich.[6]

Beispiel 17.2 zeigt ein einfaches Piano-Arrangement von »My Little Brown Book«. Versuchen Sie, die Form des Stücks zu bestimmen. Die Wiederholungszeichen am Anfang und am Ende von Takt 8 sagen Ihnen sofort, daß das Stück mit zwei A-Teilen beginnt. Der B-Teil hat eine Länge von acht Takten und auch ein D. S. al Coda. Die Coda ist vier Takte lang, zwei Takte länger als die Takte, die sie ersetzt. »My Little Brown Book« hat damit die Form A A B A (8-8-8-10). A A B A Stücke mit drei A-Teilen haben einen hohen Grad an Berechenbarkeit. Aber wie die meisten Stücke von Billy Strayhorn hält auch »My Little Brown Book« einige Überraschungsmomente bereit. Bei den meisten A A B A Stücken sorgt der B-Teil für harmonische Abwechslung. Im Prinzip hält sich auch Billy an diese Formel. Die größte Überraschung kommt jedoch an einer völlig unerwarteten Stelle.

»My Little Brown Book« ist in B♭ Dur und moduliert in einige andere Durtonarten. Der melancholische Cø Akkord im vierten Takt des A-Teils deutet auf einen Wechsel nach Moll, der aber nicht kommt. Der Mittelteil moduliert nach D♭ und erhält so den für einen in einem A A B A Stück so notwendigen Kontrast. Die große Überraschung kommt in der Coda, wo das Stück plötzlich einen Halbtonschritt nach oben zu einer II-V-I in B Dur macht. Diese helle, neue Tonart dauert aber nur sechs Takte lang an, bevor der melancholische Cø Akkord zurückkehrt und man erneut einen Wechsel nach Moll erwartet. Das Stück endet jedoch mit einer II-V-I zurück nach B♭ Dur.

---

[6] *John Coltrane & Duke Ellington,* Impulse, 1962.

Beispiel 17.2

MY LITTLE BROWN BOOK

Billy Strayhorn

Beispiel 17.3

BEATRICE

Sam Rivers

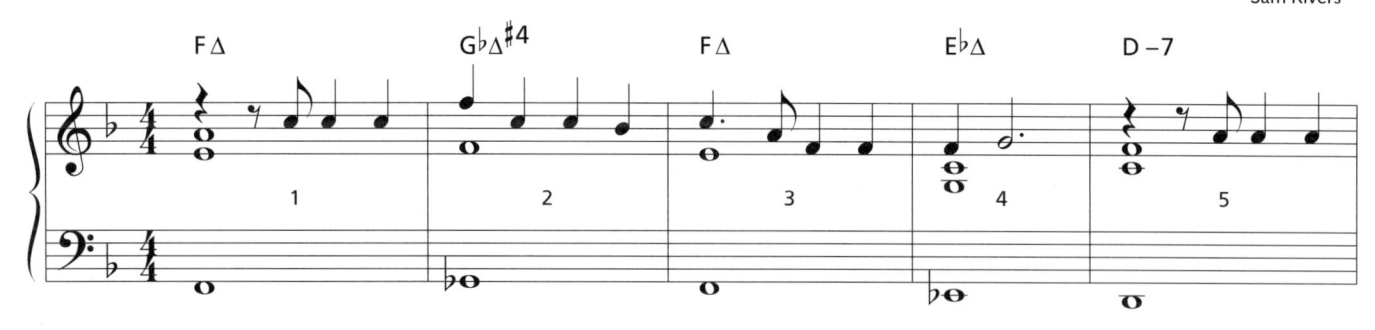

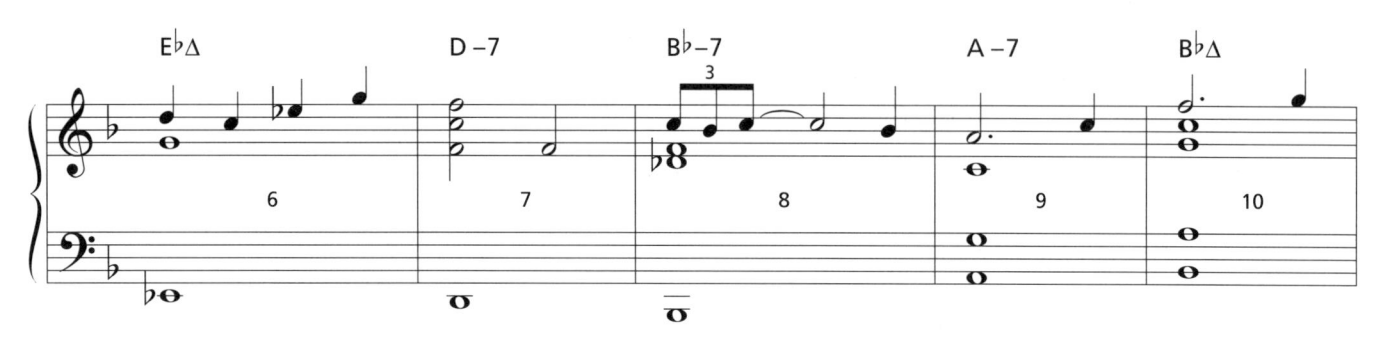

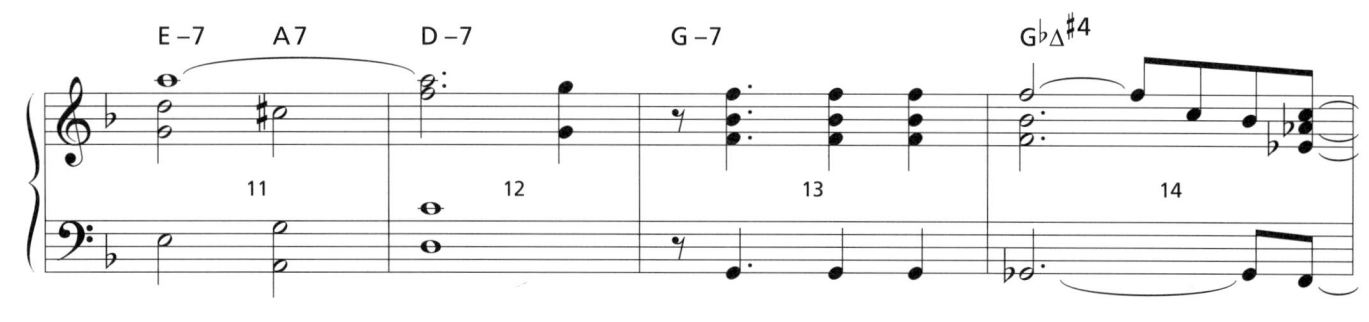

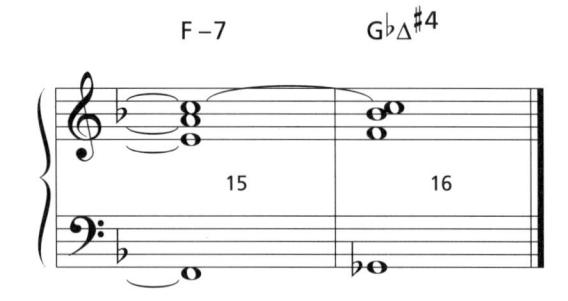

Sam Rivers' »Beatrice«

Sam Rivers' 16-taktiges Stück »Beatrice« ist in seiner Ausgewogenheit von Berechenbarkeit und Überraschungsmoment ein kleines Meisterwerk.

Beispiel 17.3 zeigt ein einfaches Piano-Arrangement von »Beatrice«. Sam nahm das Stück in den sechziger Jahren auf.[7] Joe Henderson[8] hat es zweimal aufgenommen, und in der Zwischenzeit gehört es zu den Lieblingsstücken vieler Jazzmusiker.

Copyright 1964 Rivbea Music. Used By Permission.

[7] Sam Rivers, *Fuchsia Swing Song,* Blue Note, 1965.
[8] Joe Henderson, *State Of The Tenor,* Blue Note, 1985, und *An Evening With Joe Henderson,* Red Record, 1987.

Trotz der geringen Länge von nur 16 Takten verfügt »Beatrice« über eine äußerst dichte Struktur und einen klaren Aufbau. Die meisten 16-taktigen Stücke haben die Form A B, aber bei »Beatrice« ist jeder viertaktige Teil eine separat entwickelte musikalische Idee, also eine A B C D Form im Kleinformat. Der Mittelteil bzw. C-Teil ist der Abschnitt mit der größten Vielfalt, aber die große Überraschung kommt im D-Teil.

Bis auf eine Ausnahme bewegen sich die Grundtöne der Akkorde in den ersten 10 Takten in Halb- oder Ganztonschritten auf und ab, so daß ein angenehmer Schaukeleffekt entsteht. In Takt 7-8 bewegt sich der Baßton von D nach B♭ (eine kleine Sexte aufwärts in diesem vereinfachten Piano-Arrangement, aber der Bassist wird eher eine große Terz abwärts gehen). Im C-Teil (Takt 9-12) tauchen in der Baßstimme plötzlich Sprünge auf (ein Tritonus zwischen B♭∆ und E–7 und eine Quinte zwischen A7 und D–7). Die einzige II-V-I des Stücks erscheint in Takt 11-12. Erst im D-Teil kehrt die schrittweise Bewegung der Grundtöne zurück. In den Teilen A und B bleibt die Baßstimme berechenbar, während im C-Teil der Kontrast einsetzt. Im D-Teil (Takt 13-16) ist die Baßstimme wieder berechenbar.

Die Akkorde und Skalen von »Beatrice« haben viele gemeinsame Töne. Bis auf A–7, E–7 und A7 aus dem C-Teil sind die Töne F und C allen Akkorden und Skalen gemeinsam. Achten Sie auch darauf, welche Skalen das A und welche das A♭ enthalten (**Beispiel 17.4**). In den Takten mit E♭∆ erscheint der Ton A, da A♭ über E♭∆ Avoid-Ton ist, was aber nicht heißen soll, daß Sie überhaupt kein A♭ über E♭∆ spielen können. Nur im C-Teil paßt der Ton A zu allen Akkorden.

Beispiel 17.4

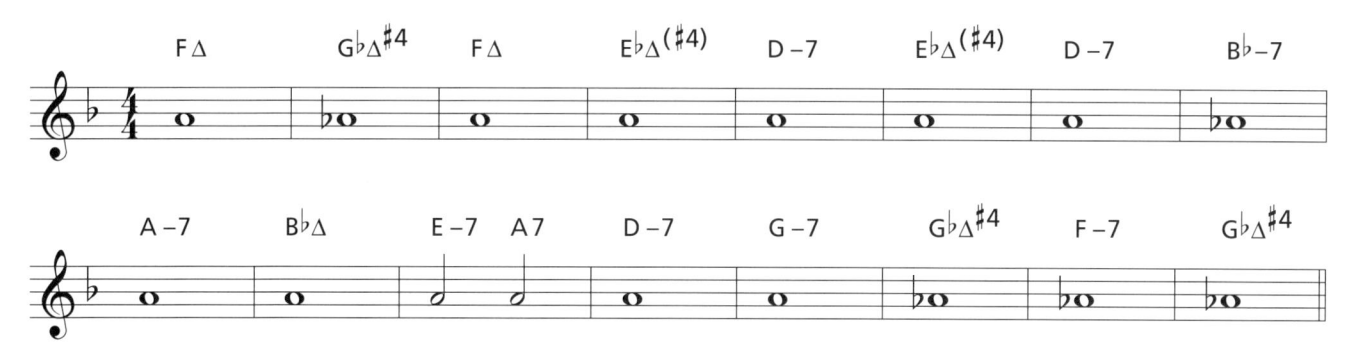

Harmonisch dreht sich alles um F Dur, die Mollparallele D–7 und die Subdominante B♭∆. Aber im vorletzten Takt[9] taucht plötzlich ein F–7 Akkord auf, der die Tonalität von »Beatrice« von F Dur nach F Moll rückt – das *Überraschungsmoment*. Wie in »My Little Brown Book« sorgt der Mittelteil für viel Abwechslung, aber die große Überraschung kommt am Ende des Stücks.

Weitere Elemente im Aufbau von »Beatrice«:

- Der einzige Takt mit zwei Akkorden ist der dritte Takt des C-Teils.
- Auch der höchste Ton des Stücks erscheint im dritten Takt des C-Teils.
- A♭ ist nur in den letzten drei Akkorden gemeinsamer Ton von drei aufeinanderfolgenden Akkorden, was den Übergang von F Dur nach F Moll festigt.

Hat Sam das alles bewußt geplant? Diese Frage würde er wahrscheinlich mit ›nein‹ beantworten. Man sagt, großartige Musiker verfügten eben über den entsprechenden ›Instinkt‹. Bis zu einem gewissen Grad stimmt das auch, aber Erfahrung und Reife schärfen die Instinkte, mit denen wir geboren werden.

In diesem Kapitel haben wir uns Lead Sheets der Stücke »I Hear A Rhapsody«, »My Little Brown Book« und »Beatrice« angesehen. Ein Lead Sheet ist ein Stück Papier, das eine Menge verschlüsselter Informationen enthält. Diese Informationen untersuchen wir im nächsten Kapitel.

---

[9] Häufig ist der Akkord im letzten Takt eines Stücks nicht die Tonika, sondern der zum Beginn des Stücks zurückführende Turnaround.

Kapitel Achtzehn
Ein Lead Sheet lesen

- *Die Tonartbezeichnung*
- *Das Thema*
- *Die Changes*
- *Rhythmus und Phrasierung*
- *Akkordsymbole: richtig, falsch oder optional*

Ein *Lead Sheet* ist ein Notenblatt, das die Melodielinie, die Akkordsymbole und manchmal auch den Text eines Stücks enthält. Bisweilen enthalten Lead Sheets auch Intros, Voicings, rhythmische Akzente, Schlüsse etc. Normalerweise bieten sie aber nur ein Minimum an Information, von der ein Großteil (die Akkordsymbole z.B.) auch noch verschlüsselt ist. Mit diesen wenigen Symbolen schaffen es Jazzmusiker, eine unglaubliche Magie zu entfachen. Die Interpretation eines Lead Sheets ist deshalb Thema dieses Kapitels.

Die Tonartbezeichnung

Beim Betrachten des Lead Sheets eines unbekannten Stücks sollten Sie als erstes einen Blick auf die Tonartbezeichnung werfen. *Die Tonartbezeichnung betrifft lediglich die Melodie eines Stücks, nicht aber die Akkordsymbole.* Oft meinen Anfänger, sie könnten einen Ton wie F♯ nicht über einen G∆ Akkord spielen, wenn ein Stück in F Dur ist oder ein ♭ vorgezeichnet hat. Sie können aber, weil die Tonartbezeichnung mit einem ♭ lediglich die Melodielinie betrifft, nicht aber die Akkorde. Im Gegensatz zur üblichen Notationsweise mit den Vorzeichen in jeder Zeile zeigen Lead Sheets die Tonartbezeichnung nur am Anfang des Stücks. Das Überprüfen der Tonartbezeichnung ist nicht zuletzt deshalb so wichtig, weil das Akkordsymbol im ersten Takt unter Umständen auf eine ganz andere Tonart schließen lassen könnte. Cole Porters »Night And Day« z. B. ist in E♭, aber der erste Akkord ist B∆.

Das Thema

Das Thema wird in einem Lead Sheet normalerweise im mittleren Register des Violinschlüssels notiert, *aber nur aus Gründen der Lesbarkeit.* Das erspart unnötige Hilfslinien, die das Lesen nur erschweren würden. Sie können die Melodie aber trotzdem in jedem beliebigen Register spielen. Tatsächlich sind Oktavwechsel während des Themas ein großartiger Effekt. Die Phrasen klingen dadurch wesentlich natürlicher. **Beispiel 18.1** zeigt die ersten vier Takte des Lead Sheets von Victor Youngs »Stella By Starlight«. **Beispiel 18.2** zeigt, wie ein Pianist die Melodie im zweiten Takt eine Oktave nach oben transponieren könnte. Wenn Sie nicht wie ein Jo-Jo klingen wollen, sollten Sie es aber mit den Oktavsprüngen nicht übertreiben. Das Thema völlig neu zu phrasieren ist ebenfalls sehr effektvoll. Achten Sie darauf, wie unser imaginärer Pianist in **Beispiel 18.2** das Thema neu phrasiert.

Beispiel 18.1

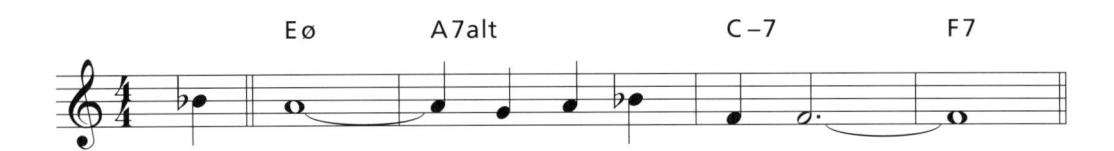

Beispiel 18.2

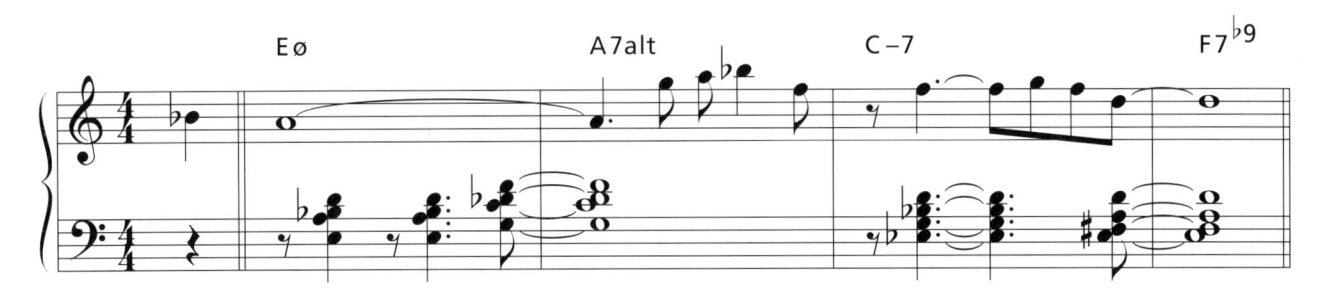

Melodie wie notiert gespielt...   Melodie eine Oktave höher als notiert gespielt...

Die Changes

Akkordsymbole sind keine in Stein gehauene Gesetze. Die Changes, die Jazzmusiker über einen Standard spielen, sind das Ergebnis eines langen Entwicklungsprozesses. Nehmen wir ein hypothetisches Stück aus den zwanziger oder dreißiger Jahren, das auch noch heute gespielt wird – etwa »Bye Bye Blackbird«, »Body And Soul« oder »Love For Sale« – und untersuchen wir die Entwicklung seiner Akkorde.

1) Songschreiber schreibt Stück.

2) Songschreiber gibt Stück zu einem Verlag.

3) Verlag akzeptiert Stück, gibt Stück zu einem sog. *Hack,* einem Pianisten, der eine leicht lesbare, populäre Version des Stücks, ›Sheet Music‹ genannt, für den Verkauf erstellt.

4) Sänger, Band usw. nehmen Stück auf.

5) Aufnahme wird populär; Leute kaufen Notenausgaben (»Sheet Music«).

6) Stück gefällt Jazzmusikern, die Akkorde ändern.

7) Berühmter Jazzmusiker nimmt Stück auf, verändert Akkorde[1], fügt charakteristische Intro[2] Interlude[3], und/oder Schluß[4] hinzu.

8) Aufnahme verbreitet sich unter Jazzmusikern und wird zur ›neuen‹ Standardversion des Stücks.

Diese Chronologie zeigt, warum es fast unmöglich ist, die »Originalakkorde« eines Standards zu bestimmen, es sei denn, Sie haben das Originalmanuskript des Songschreibers zur Hand. Bei Jazzkompositionen von Komponisten wie z. B. Coltrane, Wayne Shorter, Steve Nelson oder Kenny Garrett, kommt die von uns gespielte Version des Stücks dem ›Original‹ viel näher, und zwar aus zwei Gründen:

- Da das Stück von einem Jazzmusiker geschrieben wurde, sind die Akkorde bereits für die Verwendung seitens der Jazzmusiker ›alteriert‹.

- Jazzmusiker haben das Stück von der *Originalaufnahme* (Coltranes, Wayne Shorters, etc.) transkribiert, weshalb es zum Zeitpunkt, da Sie es spielen, wesentlich weniger Entwicklungsphasen durchgemacht hat als ein normaler Tin-Pan-Alley Standard.

Was aber kann man gegen die Zweifelhaftigkeit der Changes von Standards tun? *Transkribieren Sie das Stück von der Platte oder CD.* Fake Books sind nützliche Hilfsmittel, vorausgesetzt, sie sind verläßlich[5]. Aber nur das Transkribieren gibt Ihnen Gewißheit. Kapitel 12 enthält einige Tips für das Transkribieren von Stücken.

---

[1] John Coltranes Version von Johnny Greens »Body And Soul«, *Coltrane's Sound,* Atlantic, 1960.
[2] Miles Davis' Version von Ray Hendersons »Bye Bye Blackbird«, *'Round About Midnight,* Columbia, 1955.
[3] Miles Davis' Version von Dave Brubecks »In Your Own Sweet Way«, *Workin',* Prestige, 1956.
[4] Charlie Parkers Version von Victor Youngs »All The Things You Are«, *Swedish Schnapps,* Verve, 1949.
[5] Das berüchtigte »Real Book« ist eine großartige Sammlung von Stücken, allerding mit fehlerhaften Themen und Changes. Viel genauer ist die Serie »The New Real Book«, die bei Sher Music herausgekommen ist.

Aber auch das Transkribieren von der Platte ist keine endgültige Garantie, daß Sie die Originalakkorde spielen. Miles Davis nahm am Mittelteil von Thelonious Monks »Well, You Needn't«[6] und Benny Carters »When Lights Are Low«[7] beträchtliche Veränderungen vor. Wenn jemand eines dieser Stücke vorschlägt, ensteht auf der Bühne normalerweise ein kurzer Dialog:

Erster Musiker: »Spielen wir ›Well, You Needn't‹ (oder ›When Lights Are Low‹).«

Zweiter Musiker: »Mit welchem Mittelteil?«

Manchmal müssen Sie erst eine Weile nachforschen, bis Sie die ›Originalakkorde‹ eines Stücks finden, und oft müssen Sie verschiedene Fassungen eines Stücks kennen.

Rhythmus und Phrasierung

Rhythmus und Phrasierung sind Elemente, die ein Lead Sheet nur unter Vorbehalt vermitteln kann. Falls Sie bereits eine Aufnahme des Stücks kennen, können Sie sich leichter eine Vorstellung davon machen, wie es klingen soll. Falls nicht, müssen Sie nach Anhaltspunkten suchen. Wie ist das Tempo? Im Gegensatz zu klassischen Noten enthalten Lead Sheets keine Tempoangaben. Ein Hinweis findet sich lediglich über dem ersten Takt, aber nur in sehr schwammigen Begriffen wie *ballad, fast* oder *medium walk*. Diese Ausdrücke geben aber zumindest einen ungefähren Hinweis auf das Tempo des Stücks. Soll das Stück mit einem Triolenfeeling oder geraden Achteln gespielt werden? Die Bezeichnungen ›Bossa‹, ›Samba‹, ›Latin Jazz‹ und ›Jazzrock‹ weisen darauf hin, daß das Stück in geraden Achteln (binär) gespielt werden muß. Ansonsten können Sie von einem Triolenfeeling (ternär) ausgehen.

Akkordsymbole: richtig, falsch oder optional

Beim Betrachten eines Lead Sheets sollten Sie immer ein gesundes Maß an Skepsis an den Tag legen, vor allem, was die Erweiterungen (None, Undezime und Terzdezime) und Alterationen (♭9, ♯9, ♯11, ♭5, ♯5, ♭13) betrifft. Auch bei der Septime von Mollakkorden ist Vorsicht geboten, denn diese können sowohl mit einer großen Septime (C–Δ) als auch mit einer kleinen Septime (C–7) gespielt werden. Denken Sie bei der Interpretation von Akkordsymbolen auf einem Lead Sheet immer daran, daß Erweiterungen, Alterationen und die Septime von Mollakkorden entweder

- richtig
- falsch oder
- optional sind

[6] Miles Davis, *Steamin'*, Prestige, 1956.
[7] Miles Davis, *Cookin'*, Prestige, 1956.

Sehen Sie sich **Beispiel 18.3** an, ein Lead Sheet von »I Hear A Rhapsody«. Ich sage bewußt ansehen, nicht spielen.

> *Vorsicht!*
> *Spielen Sie **Beispiel 18.3** nicht,*
> *es steckt voller Fehler!*

Beispiel 18.3

I HEAR A RHAPSODY

©1940 Broadcast Music Inc., USA, Campbell Connelly & Co. Ltd.,
8/9 Frith St., London W1. Used by Permission of Music Scales Ltd.
All Rights Reserved. International Copyright Secured.

Wir überprüfen nun, ob die Erweiterungen und Alterationen dieser Changes von »I Hear A Rhapsody« *zur Melodie passen*. Bei den Soli haben Sie einen größeren, harmonischen Freiraum. Wir gehen einmal davon aus, daß sowohl die Grundtöne wie auch die Akkordqualität (Dur, Moll oder Dominant) stimmen. Alles andere erscheint uns verdächtig. Gehen Sie in der Art eines Detektivs vor: suchen Sie nach Anhaltspunkten.

Der Akkord im ersten Takt ist C–7. Ist er Teil einer II-V (wird er von F7 gefolgt)? Nein, er ist nicht Teil einer II-V, und keiner der Melodietöne von Takt 1 ist B♭, die kleine Septime von C–7. Es handelt sich hier um einen Mollakkord der Tonika, bzw. einen Moll I Akkord. Man könnte z. B. C–6 oder C–∆ spielen. C–7 ist nicht falsch, sondern *optional*.

Ist der Melodieton in Takt 2 die ♭5 von Fø? Nein, sondern die Septime. *Fø ist optional*. Ein nichtalterierter F–7 klingt ebenfalls gut.

Wie steht's mit dem B♭7♭9 Akkord in Takt 2? Ist der Melodieton D die ♭9 des Akkords? Nein, D ist die Terz. Die ♭9 ist *optional*. Sie klingt aber gut, weil, wie Sie in Kapitel 13 gelernt haben, die ♭9 bei V Akkorden gut klingt, die sich eine Quinte abwärts auflösen, und B♭7 löst sich eine Quinte abwärts nach E♭∆ auf.

Die ♯4 des E♭∆ Akkords von Takt 3 ist keine gute Wahl, da einer der Melodietöne über dem Akkord ein A♭ ist. Der ♯4 Teil des Akkordsymbols ist *falsch*. Das heißt aber nicht, daß eine ♯4 an dieser Stelle unbedingt schlecht klingt. Cedar Walton könnte wahrscheinlich eine E♭∆♯4 spielen und es würde trotzdem großartig klingen, auch wenn der Bläser ein A♭ spielt. Geht man jedoch von den Gegebenheiten aus (A♭ in der Melodie über einem E♭∆♯4), dann ist die ♯4 sehr wahrscheinlich keine gute Wahl.

Melodieton des D♭7alt Akkords in Takt 3 ist B♭, die 13 des Akkords. Alterierte Akkorde haben jedoch eine ♭13, weshalb der Zusatz »alt« im Akkordsymbol *falsch* ist. Da D♭7 weder Teil einer II-V ist noch sich eine Quinte abwärts auflöst, wäre D♭7♯11 die wesentlich bessere Alternative.

Der erste Melodieton des C7alt Akkords in Takt 4 ist G, die Quinte. Alterierte Akkorde haben keine reine Quinte, weshalb C7alt *falsch* ist. A♭ und B♭, die nächsten beiden Melodietöne, sind die ♭13 und die Septime von C7alt, deshalb ist C7alt auf der dritten und vierten Zählzeit *richtig*. Was macht man also? Eine Lösung wäre, über die ersten beiden Zählzeiten von Takt 4 C7 zu spielen und über die beiden nächsten Zählzeiten C7alt.

Der Melodieton C♭ über dem Fø Akkord in Takt 5 ist die ♭5 des Akkords, weshalb das Akkordsymbol *richtig* ist.

Der B♭7♯11 Akkord in Takt 6 ist zwar nicht falsch, aber er ist keine gute Wahl. Wie Sie bereits in Kapitel 13 gelernt haben, sind V7♯11 Akkorde normalerweise nicht Teil einer II-V Verbindung und lösen sich nur selten eine Quinte abwärts auf. B♭7 ist hier aber Teil einer II-V (Fø, B♭7) und löst sich auch eine Quinte abwärts auf (nach E♭∆). In einer solchen Situation klingt ♭9 viel besser. Die ♯11 ist *optional*, aber eine schlechte Wahl.

Die Melodietöne über E♭∆ in Takt 7 sind die None und der Grundton. E♭∆ ist daher *richtig*.

D–7, der erste Akkord in Klammer 1 (Takt 8) ist *richtig*. Man könnte auch Dø spielen, aber innerhalb einer II-V Verbindung folgt auf einen halbverminderten Akkord normalerweise ein V Akkord, der entweder ♭9 oder alt ist. Der nächste Akkord ist G7♭9, aber ♭9 ist *falsch*, da ein Melodieton über dem G7 Akkord A ist, die None.

In Klammer 2 (Takt 9) gibt es keine Melodie, weshalb die Alterationen – die ♭5 in Aø und die ♭9 in D7♭9 – *optional* sind. Sie sind zugleich eine gute Wahl, da sich eine Moll II-V gut eine Quinte abwärts in einen Mollakkord auflöst, und Aø und D7♭9 lösen sich eine Quinte abwärts nach G–7 auf.

Ist der G–7 Akkord in Takt 10 Teil einer II-V? Nein, er ist ein Mollakkord der

Tonika, bzw. Moll I Akkord. G–7 ist aber nicht falsch, sondern *optional*. G–6 oder G–∆ klingen vielleicht besser.

E♭, der Melodieton über dem Aø Akkord in Takt 11, ist die ♭5 von Aø und die ♭9 von D7♭9. Die Symbole sind also *richtig*.

Der G–6 Akkord in Takt 12 gehört zu keiner II-V Verbindung, weshalb er ein Mollakkord der Tonika sein könnte. Aber das E♭ in der Melodie wäre die ♭6 eines G Mollakkords und würde nicht zur nichtalterierten Sexte von G–6 passen. Die Dissonanz würde zwar nur eine Zählzeit dauern und man würde es wahrscheinlich nicht einmal merken. Besser wäre jedoch, den D7♭9 Akkord des vorhergehenden Takts zwei weitere Zählzeiten lang auszuhalten, und, die Auflösung nach G–6 bis zur dritten Zählzeit in Takt 12 hinauszuzögern.

Der Melodieton D über dem C–9 Akkord in Takt 13 ist die None des Akkords, weshalb das Akkordsymbol *richtig* ist. Aber das D wird bis zum F7alt Akkord gehalten, wo es überhaupt nicht gut klingt: D ist die 13 von F7, und alterierte Akkorde haben eine ♭13. Der Zusatz ›alt‹ im Akkordsymbol ist *falsch*. F7♭9 wäre besser, da seine Skala – die verminderte Halbton/Ganztonskala – D, die 13 von F7, enthält.

Das Akkordsymbol B♭∆ in Takt 14, mit der Quinte in der Melodie, ist *richtig*.

Das Akkordsymbol F–7 in Takt 15 ist richtig, aber da der Akkord eine Molltonika ist (zu keiner II-V gehört), klingen F–6 oder F–∆ eventuell besser. Die kleine Septime im F–7 Akkord ist *optional*.

Einer der Melodietöne über dem Dø Akkord in Takt 16 ist das B (die Sexte eines D Mollakkords). Keine der beiden Skalen, die normalerweise über Dø gespielt werden (D lokrisch aus E♭ Dur oder der sechste Modus aus F melodisch Moll) enthält ein B, wohl aber die Skala für D–7 (D dorisch). D–7 *könnte* also besser klingen, da aber Pianisten und Gitarristen über Mollseptakkorde keine Voicings mit der Sexte oder der ♭6 spielen, ginge Dø und auch D–7.

Einer der Melodietöne über dem G7alt Akkord in Takt 17 ist A (die None). Sie ist in G7alt nicht enthalten, weshalb der Zusatz ›alt‹ im Akkordsymbol *falsch* ist.

Beispiel 18.4 zeigt ein einfaches Piano-Arrangement von »I Hear A Rhapsody« mit den korrigierten Akkorden. Diese Version können Sie getrost spielen!

KAPITEL ACHTZEHN

Beispiel 18.4

I HEAR A RHAPSODY

©1940 Broadcast Music Inc., USA, Campbell Connelly & Co. Ltd., 8/9 Frith St., London W1. Used by Permission of Music Scales Ltd. All Rights Reserved. International Copyright Secured.

Jetzt, da Sie gelernt haben, wie man ein Lead Sheet liest und interpretiert, möchte ich Ihnen einige Tips zum Auswendiglernen von Stücken geben.

Kapitel Neunzehn
Ein Stück auswendig lernen

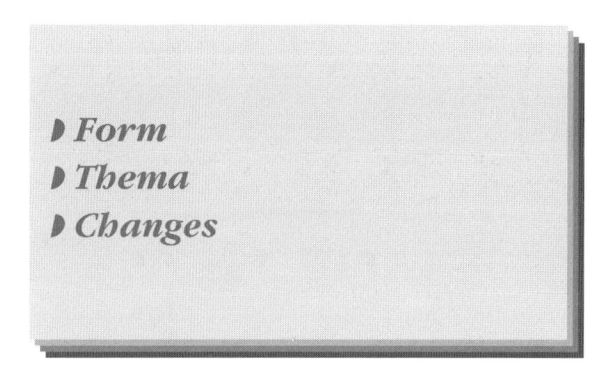

> ▶ *Form*
> ▶ *Thema*
> ▶ *Changes*

Drei Dinge sind beim Auswendiglernen eines Stücks mit Hilfe eines Lead Sheets zu berücksichtigen:

- Form
- Thema
- Changes

Form

Sehen Sie sich **Beispiel 19.1** an, ein Lead Sheet von Bob Haggarts »What's New«.[1] Dieses Stück mit seinen 32 Takten (plus Auftakt) und 47 Akkorden werden Sie auswendig lernen. Klingt nach viel Arbeit, oder? Um sich selbst diese Aufgabe zu erleichtern, müssen Sie wie ein Detektiv vorgehen und nach Anhaltspunkten suchen. Bestimmen Sie zunächst einmal die Form des Stücks. Sehen Sie sich in **Beispiel 19.1** jeden der achttaktigen Teile genau an. Gleichen sich einige davon? Sie werden schnell herausfinden, daß der erste, zweite und letzte achttaktige Teil praktisch identisch sind. Die einzelnen Teile unterscheiden sich nur in ihrem jeweils letzten Takt. Nur der dritte achttaktige Teil scheint völlig anders zu sein. Mit anderen Worten, es handelt sich um eine A B A Form. Sie läßt sich mit Wiederholungszeichen und einem D.S. al Coda wesentlich einfacher notieren (**Beispiel 19.2**). Statt 32 Takten sind es jetzt nur noch 18, und statt 47 Akkorden nur noch 27.

---

[1] Hier nur einige der vielen, großartigen Aufnahmen von »What's New?«:
John Coltrane, *Ballads*, MCA/ Impulse, 1962.
Joe Henderson, *Mirror, Mirror*, Verve, 1980.
Woody Shaw, *Setting Standards*, Muse, 1983.
Steve Nelson, *Communications*, Criss Cross, 1989.
Wynton Kelly und Wes Montgomery, *Smokin' At The Half Note*, Verve, 1965.
Steve Grossman, *Love Is The Thing*, Red Records, 1985.

Beispiel 19.1

WHAT'S NEW?

Bob Haggard & Johnny Burke

©1939 (renewed) WARNER BROS., Inc. (ASCAP), Marke Music Publishing Co., Reganesque Music, and Time-Co Music. All Rights Reserved. Used by Permission. WARNER BROS. PUBLICATIONS INC., Miami, FL 33014.

Thema

Spielen Sie das Thema von »What's New« einige Male auf Ihrem Instrument und *singen* Sie es. Unterteilen Sie es in einzelne Phrasen. Lernen Sie zunächst die erste Phrase, dann die zweite usw., bis Sie das ganze Thema auswendig kennen. Das ist gar nicht so schwer, weil sich das Thema von »What's New?« wiederholt. Achten Sie auf die Gestalt der melodischen Phrasen, d. h. umreißt die Melodie die Akkorde bzw. werden Akkordtöne chromatisch angesteuert?

Den Text zu lernen wäre auch keine schlechte Idee. Er hilft Ihnen dabei, sich an die Melodie zu erinnern und sagt Ihnen, worum es in dem Stück geht.[2] Johnny Burks Text wird an dieser Stelle nicht zitiert, aber Sie finden Ihn in *The New Real Book, Volume 1*. Falls Sie eine gute Aufnahme des Stücks haben, spielen Sie sie immer wieder und singen Sie die Melodie dazu – auch zu den einzelnen Soli.

Changes

Nun zu den 27 Akkorden. »What's New?« besteht natürlich nicht aus einem Haufen zusammengewürfelter Akkorde, sondern besitzt einen klaren Aufbau.

- Der A-Teil besteht ausschließlich aus II-V-I Verbindungen in C Dur, A♭ Dur, C Moll und erneut C Dur. *Wie bei Coltrane Changes bewegt sich das tonale Zentrum in großen Terzen zunächst abwärts und dann wieder aufwärts (C, A♭, C).*

- Der Mittelteil besteht ausschließlich aus II-V-I Verbindungen in F Dur, D♭ Dur, F Moll und F Dur. *Wie im A-Teil bewegt sich das tonale Zentrum in großen Terzen zunächst abwärts und dann wieder aufwärts (F, D♭, F).*

- Jeder ungerade Takt enthält eine Tonika.

- Jeder gerade Takt enthält eine II-V Verbindung.

- Die Tonart des Mittelteils liegt eine Quarte höher (C nach F). Das ist eines der ältesten Klischees der Popularmusik.[3]

Haggart variiert die Eigenschaft der I Akkorde in A- und B-Teil auf äußerst geschickte und subtile Weise. In den A-Teilen wechselt er von C Dur über A♭ Dur und C Moll zurück zu C Dur. *Dur-Dur-Moll-Dur*. Das spiegelt die A A B A Form wider und wirkt sich positiv auf die Gesamtstruktur aus. Im Mittelteil, der harmonisch und melodisch dem A-Teil entspricht und lediglich eine Quarte höher liegt, passiert genau dasselbe: F Dur über D♭ Dur und F Moll zurück nach F Dur. *Dur–Dur–Moll–Dur*. Der Wechsel von Dur nach Moll und wieder zurück verleiht dem Stück eine solche Prägnanz, daß es bereits seit fünfzig Jahren zu den von Jazzmusikern meistgespielten Stücken gehört.

Erscheint Ihnen das Auswendiglernen von »What's New?« jetzt leichter? Hoffentlich, denn:

- Man muß sich weniger Takte merken.

- Die Akkorde gruppieren sich in II-V, V-I und II-V-I Verbindungen.

- Die Logik des Stücks ist jetzt offensichtlich.

Unglücklicherweise kann man nicht jedes Stück so leicht auswendig lernen wie »What's New?«. Die soeben beschriebene Methode ist aber, unabhängig vom Schwierigkeitsgrad, für alle Stücke geeignet.

---

[2] Dexter Gordon las manchmal den Text eines Standards vor, während die Rhythmusgruppe die Changes dazu spielte.
[3] Weitere Stücke, die im Mittelteil eine Quarte aufwärts modulieren, sind Thelonious Monks »Bemsha Swing«, Tadd Damerons und Count Basies »Good Bait«, Billy Strayhorns »Take The ›A‹ Train« und Victor Schertzingers »I Remember You«.

Beispiel 19.2

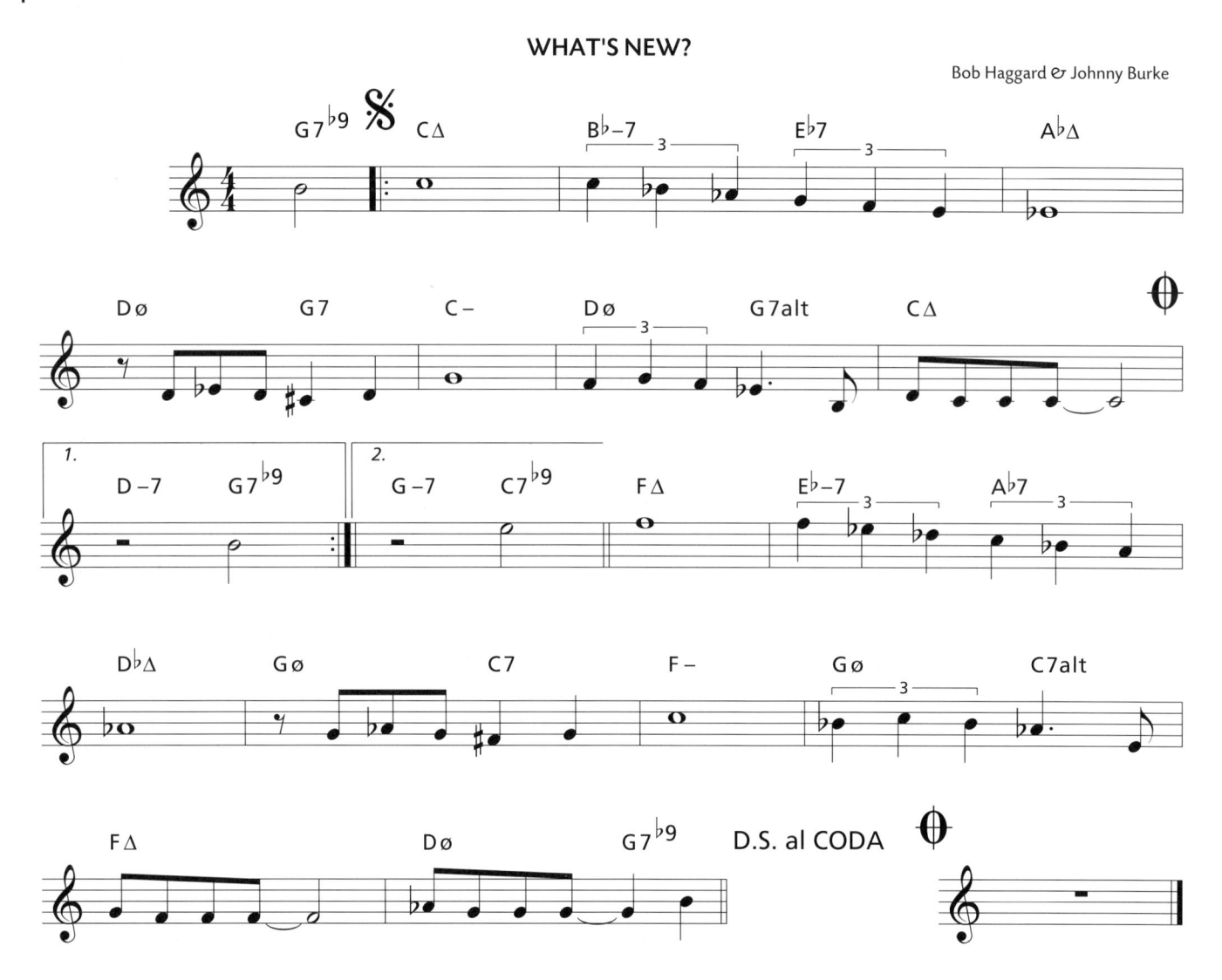

WHAT'S NEW?

Bob Haggard & Johnny Burke

(Notenbeispiel mit Akkordsymbolen: G7♭9, C△, B♭−7, E♭7, A♭△, Dø, G7, C−, Dø, G7alt, C△, D−7, G7♭9, G−7, C7♭9, F△, E♭−7, A♭7, D♭△, Gø, C7, F−, Gø, C7alt, F△, Dø, G7♭9, D.S. al CODA)

©1939 (renewed) Warner Bros., Inc. (ASCAP), Marke Music Publishing Co., Reganesque Music, and Time-Co Music. All Rights Reserved. Used by Permission. WARNER BROS. PUBLICATIONS INC., Miami, FL 33014.

> *Wie ich bereits sagte, begnügen sich Jazzmusiker selten mit einer Sache allein. Oft legen Sie das Thema eines Stücks ad acta und behalten lediglich die Changes, die sie wiederum als Basis für ein neues Thema verwenden, das man ›Head‹ nennt. Um diese ›Heads‹ geht es im nächsten Kapitel.*

Kapitel Zwanzig
›Heads‹

In der klassischen Musik nennt man eine Melodie, die auf der Harmonik eines bereits existierenden Stücks basiert, ein *Kontrafakt*. Im Jazz nennt man neue Themen, die auf den Changes bereits existierender Standards basieren, *Heads*.[1] Manche Heads halten sich exakt an die Originalakkorde. Das gilt z. B. für Miles Davis' »Dig«, das auf »Sweet Georgia Brown« basiert. Andere Heads wiederum haben nur noch eine entfernte Ähnlichkeit zum ursprünglichen Stück. Ein Beispiel dafür wäre John Coltranes »Exotica«, das auf »I Can't Get Started« basiert. Oftmals setzen sich Heads auch aus den Changes zweier verschiedener Stücke zusammen. »Ah-Leu-Cha« ist z. B. ein A A B A Stück, dessen A-Teil sich aus »Honeysuckle Rose« ableitet, währen der B-Teil auf »I've Got Rhythm« zurückgeht. Es gibt sogar Heads, die auf Heads basieren: Coltranes »Fifth House« basiert auf Tadd Damerons »Hot House«, das wiederum auf Cole Porters »What Is This Thing Called Love« basiert.

Nachfolgend eine Liste von Heads, zusammen mit dem jeweiligen Originalstück und den Komponisten des Heads. Beachten Sie, wieviele Heads auf George Gershwins »I've Got Rhythm« basieren.

[1] Der Ausdruck ›Head‹ kann auch gleichbedeutend mit ›Thema‹ sein.

›Head‹	Urfassung	›Head‹-Komponist
Ablution	All The Things You Are	Lennie Tristano
Ah-Leu-Cha[2]	Honeysuckle Rose	Charlie Parker
All The Things You Could Be If Sigmund Freud's Wife Was Your Mother	All The Things You Are	Charles Mingus
Anthropology	I've Got Rhythm	Charlie Parker
Background Music	All Of Me	Warne Marsh
Barry's Bop	What Is This Thing Called Love	Fats Navarro
Bean And The Boys[3]	Lover Come Back To Me	Coleman Hawkins
Bebop Romp	Fine And Dandy	Fats Navarro
Bird Gets The Worm	Love Come Back To Me	Charlie Parker
Bird Of Paradise	All The Things You Are	Charlie Parker
Blue Serge	Cherokee	Serge Chaloff
Blue Silver	Peace	Blue Mitchell
Blue's Theme	I've Got Rhythm	Blue Mitchell
Bright Mississippi	Sweet Georgia Brown	Thelonious Monk
Bud's Bubble	I've Got Rhythm	Bud Powell
Casbah	Out Of Nowhere	Tadd Dameron
Celerity	I've Got Rhythm	Charlie Parker
Celia	I've Got Rhythm	Bud Powell
Chasing The Bird	I've Got Rhythm	Charlie Parker
Chick's Tune	You Stepped Out of A Dream	Chick Corea
Coffee Pot	All God's Chillun	J. J. Johnson
Constellation	I've Got Rhythm	Charlie Parker
Cottontail	I've Got Rhythm	Duke Ellington
Countdown	Tune Up	John Coltrane
Crazeology	I've Got Rhythm	Benny Harris
C. T. A.[4]	I've Got Rhythm	Jimmy Heath
Dear John	Giant Steps	Freddie Hubbard
Dig	Sweet Georgia Brown	Miles Davis
Dizzy Atmosphere	I've Got Rhythm	Dizzy Gillespie
Donna Lee	(Back Home In) Indiana	Charlie Parker
E. T. A.	Lazy Bird	Bobby Watson
The Eternal Triangle	I've Got Rhythm	Sonny Stitt
Evidence	Just You, Just Me	Thelonious Monk
Exotica	I Can't Get Started	John Coltrane
Fifth House	Hot House (siehe Hot House)	John Coltrane
52nd St. Theme[5]	I've Got Rhythm	Thelonious Monk
Freight Train	Blues For Alice	Tommy Flanagan
Fungi Mama	I've Got Rhythm (in F)	Blue Mitchell

[2] Der Mittelteil basiert auf »I've Got Rhythm«.
[3] Auch als »Burt Covers Bud« bekannt.
[4] Nur der A-Teil basiert auf »I've Got Rhythm«.
[5] Der Mittelteil basiert auf »Honeysuckle Rose«.

›Head‹	Urfassung	›Head‹-Komponist
Good Bait[6]	I've Got Rhythm	Dizzy Gillespie
Green St. Caper	Green Dolphin Street	Woody Shaw
Groovin' High	Whispering	Dizzy Gillespie
Hackensack	Lady Be Good	Thelonious Monk
Hot House	What Is This Thing Called Love	Tadd Dameron
I Hate You	I Love You	Tete Montoliu
Impressions	So What	John Coltrane
The Injuns	Cherokee	Donald Byrd
In Walked Bud[7]	Blue Skies	Thelonious Monk
Jack Sprat	Blues For Alice	Sonny Stitt
Juicy Lucy	Confirmation	Horace Silver
Kary's Trance	Play, Fiddle, Play	Lee Konitz
Kim	I've Got Rhythm	Charlie Parker
Ko-Ko	Cherokee	Charlie Parker
Lennie's Pennies	Pennies From Heaven	Lennie Tristano
Lester Leaps In	I've Got Rhythm	Count Basie
Let's Call This	Sweet Sue	Thelonious Monk
Little Willie Leaps	All God's Chillun Got Rhythm	Miles Davis
Lullaby Of Birdland	Love Me Or Leave Me	George Shearing
Marmaduke	Honeysuckle Rose	Charlie Parker
Marshmallow	Cherokee	Warne Marsh
Mayreh	All God's Chillun	Horace Silver
Meet The Flintstones	I've Got Rhythm	Hannah-Barbera
Minor March	Love Me Or Leave Me	Jackie McLean
Minor's Holiday	Love Me Or Leave Me	Kenny Dorham
Moose The Mooch	I've Got Rhythm	Charlie Parker
Move[8]	I've Got Rhythm	Denzil Best
Never Felt That Way Before	All God's Chillun	Sonny Stitt
New Wheels	I've Got Rhythm	Mulgrew Miller
Nostalgia	Out Of Nowhere	Fats Navarro
Oleo	I've Got Rhythm	Sonny Rollins
Ornithology	How High The Moon	Charlie Parker
An Oscar For Treadwell	I've Got Rhythm	Charlie Parker
Ow!	I've Got Rhythm	Dizzy Gillespie
Passport	I've Got Rhythm	Charlie Parker
Perdido	Candy	Juan Tizol
Plain Jane	Honeysuckle Rose	Sonny Rollins
Prince Albert	All The Things You Are	Kenny Dorham

[6] Der Mittelteil entspricht dem A-Teil von »I've Got Rhythm«, wurde aber eine Quarte nach oben transponiert.
[7] Nur der A-Teil basiert auf »Blue Skies«.
[8] Nur der A-Teil basiert auf »I've Got Rhythm«.

›Head‹	Urfassung	›Head‹-Komponist
Quasimodo	Embraceable You	Charlie Parker
Quicksilver	Lover Come Back To Me	Horace Silver
Red Cross	I've Got Rhythm	Charlie Parker
Rhythm-A-Ning	I've Got Rhythm	Thelonious Monk
Room 608[9]	I've Got Rhythm	Horace Silver
Salt Peanuts[10]	I've Got Rhythm	Dizzy Gillespie
Salute To The Bandbox	I'll Remember April	Gigi Gryce
Sans Souci	Out Of Nowhere	Gigi Gryce
Satellite	How High The Moon	John Coltrane
Scrapple From The Apple[11]	Honeysuckle Rose	Charlie Parker
Second Balcony Jump	I've Got Rhythm	Jerry Valentine
The Serpent's Tooth	I've Got Rhythm	Miles Davis
Shaw Nuff	I've Got Rhythm	Parker and Gillespie
Split Kick	There Will Never Be Another You	Horace Silver
Steeplechase	I've Got Rhythm	Charlie Parker
Straight Ahead	I've Got Rhythm	Kenny Dorham
Striver's Row	Confirmation	Sonny Rollins
Subconsious-Lee	What Is This Thing Called Love	Lee Konitz
Suburban Eyes	All God's Chillun	Ike Quebec
Sweet Clifford	Sweet Georgia Brown	Clifford Brown
Sweet Smiley Winters	Sweet Georgia Brown	Blue Mitchell
Tadd's Delight	But Not For Me	Tadd Dameron
Take The »A« Train[12]	Exactly Like You	Billy Strayhorn
The Theme	I've Got Rhythm	Miles Davis
317 East 32nd St.	Out Of Nowhere	Lennie Tristano
Thriving From A Riff	I've Got Rhythm	Charlie Parker
Tour De Force	Jeepers Creepers	Dizzy Gillespie
Turnpike	I've Got Rhythm	J. J. Johnson
26-2	Confirmation	John Coltrane
Two Not One	I Can't Believe That You're In Love With Me	Lennie Tristano
Wail	I've Got Rhythm	Bud Powell
Warming Up A Riff	Cherokee	Charlie Parker
Yardbird Suite	Rosetta	Charlie Parker
Yellow Dolphin Street	Green Dolphin Steet	Tete Montoliu

---

[9] Nur der A-Teil basiert auf »I've Got Rhythm«.
[10] Nur der A-Teil basiert auf »I've Got Rhythm«.
[11] Der Mittelteil basiert auf »I've Got Rhythm«.
[12] Nur der A-Teil basiert auf »Exactly Like You«.

Kapitel Einundzwanzig
Das Repertoire

Keine Angst, Sie müssen nicht alle der hier aufgelisteten, 965 Stücke auswendig lernen.[1] Aber Sie sollten möglichst viele Stücke lernen. Jazz ist keine Augenmusik, sondern Ohrenmusik. Die Musiker improvisieren besser, wenn Sie nicht vom Blatt lesen müssen. Können Sie ein Stück pro Woche lernen? Oder alle zwei Wochen? Sollte das der Fall sein, können Sie in nur wenigen Monaten den Grundstock zu einem umfangreichen Repertoire legen.

In diesem Kapitel werden nur die besten oder am häufigsten gespielten Standards und Originalkompositionen aufgelistet. Stücke, die mit • gekennzeichnet sind, sind ein absolutes Muß. Gehen Sie nicht nach New York, ohne die meisten von ihnen zu kennen.

Ein Wort zur Auswahl der Stücke. Sie gefallen mir alle ausnahmslos, und ich habe sie alle schon irgendwann einmal gespielt. Meine Liste vergrößert sich ständig, und immer wenn ich einen Blick darauf werfe, möchte ich Stücke hinzufügen, die mir wichtig und gut erscheinen. Die Liste der Lieblingsstücke eines Jazzmusikers erweitert sich von Mal zu Mal. Sollte ich eines Ihrer Lieblingsstücke ausgelassen haben, nehmen Sie es einfach mit in die Liste auf.

Coltranes »Crescent«, »Wise One« und »Lonnie's Lament« sind ein Muß, wenn Sie lernen wollen, wie man eine schöne Melodie entstehen läßt. Herbie Hancocks »Tell Me A Bedtime Story« und Donald Browns »Overtaken By A Moment« sagen viel über das Komponieren mit erweiterten Formen aus. Bobby Hutchersons »La Alhambra« zeigt, wie man Spannung erzeugt und wieder auflöst. Charles Mingus' »Goodbye Pork Pie Hat« ist ein großartiges Beispiel dafür, wieviel Musik man in 12 Takte packen kann. Hoagy Carmichaels »Stardust« ist ein Stück, das Sie eines Tages, wer weiß, wo und in welcher Situation, spielen werden müssen, also lernen Sie es am besten gleich. Noch in den sechziger Jahren wurde es in einer jährlichen Umfrage regelmäßig zu *America's All-Time Favorite Song* gewählt. Das Stück hat einen großartigen Verse, und Coltranes Aufnahme ist wirklich ein Hammer.

Ich hielt »Nancy With The Laughing Face« und »Too Young To Go Steady« immer für ziemlich alberne Stücke, bis ich Coltranes Versionen davon hörte. »Someday My Prince Will Come« galt lange Zeit als zickiges Stück, bis es von Miles aufgenommen wurde. Sie glauben, Sie werden niemals »Tea For Two« spielen? Hören Sie sich Monks Version an. Auch wenn Sie diese Stücke niemals spielen werden, sind sie es wert, daß man sich mit ihnen befaßt. Hören Sie sich die entsprechenden Aufnahmen an und studieren Sie sie.

•

Die Stücke werden in diesem Kapitel alphabetisch nach ihrem geläufigsten Titel aufgelistet. Z. B. wird »On Green Dolphin Street« auf der Bühne immer »Green Dolphin Street« genannt, weshalb es hier unter ›G‹ und nicht unter ›O‹ steht.

Von manchen Stücken gibt es mehrere Versionen, mit denen Sie vertraut sein sollten. Vergleichen Sie Thelonious Monks »'Round Midnight« mit der Version von Miles Davis. Oder die Originalakkorde von Vincent Youmans »Tea For Two« mit den Changes von Monk. Miles' Version von Monks »Well, You Needn't« unterscheidet sich stark von der Originalfassung. Dasselbe gilt für Miles' Aufnahme von Benny Carters »When Lights Are Low«. Dies sind nur einige Beispiele einer langen Liste von Stücken.

---

[1] Der Autor muß zugeben, selbst nicht alle 965 Stücke auswendig spielen zu können.

Manche Stücke werden mal in dieser, mal in jener Tonart gespielt, sodaß Sie zwei Versionen lernen müssen. »Green Dolphin Street« wird sowohl in E♭ als auch in C gespielt, »Just Friends« in B♭ und G, »Night And Day« in E♭ und C, »Embraceable You« in E♭ und G, »Easy Living« in E♭ und F, »Take The ›A‹ Train« in A♭ und C und »Spring Is Here« in A♭ und G. »You're A Weaver Of Dreams« müssen Sie gleich in mehreren Tonarten spielen können. Mir ist es schon passiert, daß es in G, in F, in C oder E♭ angesagt wurde. Das gleiche gilt für »My Shining Hour«. John Coltranes »Equinox« wird üblicherweise als Mollblues in C gespielt, aber die besten Instrumentalisten spielen es in C♯ Moll, der Originaltonart.

Manche Stücke haben verschiedene Titel. In diesem Fall habe ich den gängigsten Titel aufgelistet und den anderen Titel in Klammern (unter alias) angegeben, wie z. B. bei Joe Hendersons »Recordame« (auch »No Me Esqueca«) und Kenny Dorhams »Lotus Blossom« (alias »Asiatic Raes«).

Vergessen Sie nicht, daß viele der aufgelisteten Stücke 12taktige Blues sind. Andere Stücke wiederum haben vergleichbare oder sogar identische Akkordfolgen (z. B. alle Stücke, die auf »I've Got Rhythm« basieren).

Auf der rechten Seite des jeweiligen Titels steht eine Abkürzung des Fake Books, in dem Sie das Stück finden, und noch weiter rechts, falls vorhanden, die jeweilige Aebersold Play-Along Aufnahme (bis Vol. 65). Unter jedem Titel ist eine Aufnahme dieses Titels aufgelistet, die mir persönlich gefällt. Die Fake Books und Aebersold-Aufnahmen sind in den meisten Musikgeschäften oder bei Advance Music erhältlich.

Abkürzungen der Fake Books[2]:

- NRB 1 steht für *The New Real Book, Volume 1*
- NRB 2 steht für *The New Real Book, Volume 2*
- NRB 3 steht für *The New Real Book, Volume 3*
- WGFB steht für *The World's Greatest Fake Book*
- LRB steht für *The Latin Real Book*

Wenn Sie nach Aufnahmen suchen, vergessen Sie nicht, daß bestimmte Platten als CDs neu aufgelegt werden und dann unter einem anderen Titel herauskommen. Z. B. wurde Bud Powells *Inner Fires* als *Birdland '53* wiederaufgelegt. Bisweilen ändern sich auch die Namen der Labels bzw. Plattenfirmen. Labels geben das Geschäft auf, fusionieren und kaufen und verkaufen sich gegenseitig. Eine ursprünglich auf Riverside Records erschienene Aufnahme kann ein paar Jahre später auf Fantasy, Milestone, OJC oder Prestige neu aufgelegt worden sein. Eine Aufnahme von United Artists kann Jahre später wieder auf Mobile Fidelity auftauchen.

---

[2] Die aufgelisteten Fake Books sind bei Sher Music erschienen und über Advance Music zu beziehen.

Titel	Fake Book	Aebersold
Adam's Apple Wayne Shorter, *Adam's Apple*, Blue Note, 1967.		33
Afro Blue John Coltrane, *Live At Birdland*, MCA/Impulse, 1962.	LRB	64
Afro-Centric Joe Henderson, *Power To The People*, Milestone, 1969.	NRB 2	
After Hours Dizzy Gillespie, Sonny Stitt, Sonny Rollins, *Sonny Side Up*, Verve, 1957.		
Afternoon In Paris *The Piano Artistry Of Phineas Newborn, Jr.*, Atlantic, 1956.		43
After The Rain John Coltrane, *Impressions*, MCA/Impulse, 1962.	NRB 2	
After You've Gone Art Tatum, *The Complete Pablo Solo Masterpieces*, Pablo, 1954.	NRB 2	44
• Ah-Leu-Cha Miles Davis, *'Round About Midnight*, Columbia, 1955.		
Ain't Misbehavin' Art Tatum, *The Complete Pablo Solo Masterpieces*, Pablo, 1953.	NRB 2	
• Airegin Miles Davis, *Cookin'*, Prestige, 1956.	NRB 1	8
Aisha John Coltrane, *Olé Coltrane*, Atlantic, 1961.	WGFB	
Alice In Wonderland Bill Evans, *Sunday At The Village Vanguard*, Riverside, 1961.		
• All Blues Miles Davis, *Kind Of Blue*, Columbia, 1959.		50
• All God's Chillun Barry Harris, *Maybeck Recital Hall Series*, Concord, 1990.		
All Of Me Errol Garner, *Closeup In Swing*, ABC Paramount, 1961.	NRB 1	
• All Of You Miles Davis, *The Complete Concert*, Columbia, 1964.		
All Or Nothing At All John Coltrane, *Ballads*, MCA/Impulse, 1961.	NRB 1	44
• All The Things You Are Sonny Rollins, *A Night At The Village Vanguard, Volume II*, Blue Note, 1957.	NRB 1	16, 36, 43, 55
All The Way Woody Shaw, *Setting Standards*, Muse, 1983.		
All Too Soon Duke Ellington, *Piano Reflections*, Capitol, 1953.		
Almost Like Being In Love *Red Garland's Piano*, Fantasy, 1957.	NRB 3	
• Alone Together Steve Lacy, *Soprano Sax*, Fantasy, 1957.		41
• Along Came Betty Art Blakey And The Jazz Messengers, *Moanin'*, Blue Note, 1958.	NRB 2	14, 65
Ambrosia Kenny Barron, *Other Places*, Verve, 1993.		
Amor Em Paz Joe Henderson, *The Kicker*, Blue Note, 1967.	NRB 1	
Ana Maria Wayne Shorter, *Native Dancer*, Columbia, 1974.	NRB 1	
Angel Eyes John Coltrane, *Like Sonny*, Blue Note, 1959.	NRB 1	23
Angola Wayne Shorter, *The Soothsayer*, Blue Note, 1965.		
• Anthropology Charlie Parker, *Bird At The Roost*, Savoy, 1949.	NRB 1	
Apex Woody Shaw, *Night Music*, Elektra/Musician, 1982.		
April In Paris *The Genius Of Bud Powell*, Verve, 1949.		
Are You Real? *The Other Side Of Benny Golson*, Fantasy, 1958.		14
Arietis Freddie Hubbard, *Ready For Freddie*, Blue Note, 1961.	NRB 3	
• Ask Me Now Thelonious Monk, *Solo Monk*, Columbia, 1965.		
• Au Privave Clifford Jordan, *Spellbound*, Riverside, 1960.		
• Autumn In New York Dexter Gordon, *Daddy Plays The Horn*, Bethlehem, 1955.		40
• Autumn Leaves McCoy Tyner, *Today And Tomorrow*, Impulse, 1963.	NRB 1	20, 44, 54
Autumn Nocturne Cassandra Wilson, *Blue Skies*, JMT, 1988.		

Titel	Fake Book	Aebersold
Autumn Serenade
John Coltrane And Johnny Hartman, MCA/Impulse, 1963.	NRB 3	
Avalon
Red Garland, *Rediscovered Masters*, Prestige, 1960.		39
Azure
Hal Galper, *Portrait*, Concord, 1989.		
Backstage Sally
Art Blakey, *Buhaina's Delight*, Blue Note, 1961.	NRB 3	
• Bag's Groove
Miles Davis And The Modern Jazz Giants, Prestige, 1954.		
Ba-lue Bolivar Ba-lues-are
(alias Bolivar Blues)
Thelonious Monk, *Monk's Dream*, Columbia, 1962.		
Barbados
The Piano Artistry Of Phineas Newborn, Jr., Atlantic, 1956.		
Barbara
Horace Silver, *Silver And Brass*, Blue Note, 1975.		18
Barracudas (alias General Assembly)
Wayne Shorter, *Etcetera*, Blue Note, 1965.		
Basin Street Blues
Miles Davis, *Seven Steps To Heaven*, Columbia, 1963.	NRB 1	46
Bass Blues
John Coltrane With The Red Garland Trio, *Traneing In*, Fantasy, 1957.	NRB 2	
Bean And The Boys
(alias Burt Covers Bud)
Barry Harris, *Magnificent!*, Prestige, 1969.		
• Beatrice
Sam Rivers, *Fuscia Swing Song*, Blue Note, 1965.		
A Beautiful Friendship
Sphere On Tour, Red Records, 1985.		
• Beautiful Love
Bill Evans, *Explorations*, Riverside, 1961.	NRB 1	
Bebop
Sonny Clark Trio, Blue Note, 1957.	WGFB	
Begin The Beguine
Art Tatum, *The Complete Pablo Solo Masterpieces*, Pablo, 1953.		
• Bemsha Swing
Thelonious Monk, *Brilliant Corners*, Fantasy, 1956.		
Be My Love
Kenny Drew Trio, Fantasy, 1956.		
Besame Mucho
Jaki Byard, *There'll Be Some Changes Made*, Muse, 1972.	LRB	
• Bessie's Blues
John Coltrane, *Crescent*, MCA/Impulse, 1964.	NRB 2	
Bess, You Is My Woman
Miles Davis, *Porgy And Bess*, Columbia, 1958.		
The Best Thing For You
Bud Powell, *Bouncing With Bud*, Delmark, 1962.		
The Best Things In Life Are Free
Hank Mobley, *Workout*, Blue Note, 1960.		
Between The Devil And The Deep Blue Sea
Willie "The Lion" Smith, *Harlem Piano*, Good Time Jazz, 1958.		
Bewitched, Bothered, And Bewildered
Ralph Moore, *Round Trip*, Reservoir, 1985.		
Beyond All Limits
Larry Young, *Unity*, Blue Note, 1965.		9
Big Foot
Roy Haynes, *True Or False*, Free Lance, 1986.		
Big Nick
Duke Ellington And John Coltrane, MCA/Impulse, 1962.		
The Big Push
Wayne Shorter, *The Soothsayer*, Blue Note, 1965.		
Bill
Kenny Dorham, *Showboat*, Bainbridge, 1960.		
• Billie's Bounce
The Red Garland Quintet With John Coltrane, *Dig It!*, Prestige, 1957.		6
Billy Boy
Miles Davis, *Milestones*, Columbia, 1958.		
Birdlike
Freddie Hubbard, *Ready For Freddie*, Blue Note, 1961.		60
Birk's Works
Red Garland, *Soul Junction*, Prestige, 1957.		
Bittersweet
Cedar Walton, *Eastern Rebellion*, Impulse, 1975.		
Black And Tan Fantasy
Thelonious Monk Plays Ellington, Riverside, 1955.		

Titel	Fake Book	Aebersold
• Black Narcissus Joe Henderson, *Power To The People*, Milestone, 1969.	NRB 1	
• Black Nile Wayne Shorter, *Night Dreamer*, Blue Note, 1964.	NRB 3	33
The Blessing Ornette Coleman, *Something Else!*, Fantasy, 1959.	WGFB	
Blood Count Duke Ellington, *And His Mother Called Him Bill*, Bluebird, 1967.		
Bloomdido Charlie Parker And Dizzy Gillespie, *Bird And Diz*, Verve, 1950.		
Blue And Sentimental Ike Quebec, *Blue And Sentimental*, Blue Note, 1961.		
Bluebird Bobby Hutcherson, *Mirage*, Landmark, 1991.		
• Blue Bossa Joe Henderson, *Page One*, Blue Note, 1963.	NRB 1	38, 54
Blue Daniel Phineas Newborn, Jr., *The Newborn Touch*, Contemporary, 1964.	NRB 1	
• Blue In Green Miles Davis, *Kind Of Blue*, Columbia, 1959.		50
• Blue Monk McCoy Tyner, *Nights Of Ballads And Blues*, Impulse, 1963.		
Blue Moon Art Blakey And The Jazz Messengers, *Three Blind Mice, Volume I*, Blue Note, 1962.	NRB 3	34
Blue 'N Boogie Wes Montgomery, *Full House*, Fantasy, 1962.		
Blue Room Ella Fitzgerald, *The Rodgers And Hart Songbook, Volume I*, Verve, 1956.		39
Blues By Five Miles Davis, *Cookin'*, Prestige, 1956.		
Bluesette Hank Jones, *Maybeck Recital Hall Series*, Concord, 1992.		43
Blue Seven Sonny Rollins, *Saxophone Colossus*, Prestige, 1956.		8
• Blues For Alice Charlie Parker, *Swedish Schnapps*, Verve, 1951.	NRB 2	65
Blues For Wood Woody Shaw, *United*, Columbia, 1981.		9
Blue Silver Harold Land And Blue Mitchell, *Mapenzi*, Concord, 1977.		
Blues In The Closet (alias Collard Greens and Black Eyed Peas) *The Amazing Bud Powell*, Blue Note, 1953.		
Blue Skies Cassandra Wilson, *Blue Skies*, JMT, 1988.		
Blues March[3] *Meet The Jazztet*, Argo, 1960.		14
Blues Minor John Coltrane, *Africa Brass*, MCA/Impulse, 1961.		27
Blues On The Corner McCoy Tyner, *The Real McCoy*, Blue Note, 1967.	NRB 1	
Blue Spirits Freddie Hubbard, *Blue Spirits*, Blue Note, 1965.	NRB 3	
• The Blues Walk Clifford Brown And Max Roach, *Compact Jazz*, Verve, 1955.		53
Blue Train John Coltrane, *Blue Train*, Blue Note, 1957.		38
• Body And Soul John Coltrane, *Coltrane's Sound*, Atlantic, 1960.	NRB 3	41
Bohemia After Dark *Cannonball Adderley In San Francisco*, Fantasy, 1959.		
• Bolivia Cedar Walton, *Eastern Rebellion*, Impulse, 1975.	NRB 2	35
Book's Bossa Donald Byrd, *Slow Drag*, Blue Note, 1967.		13
Boplicity Miles Davis, *Birth Of The Cool*, Columbia, 1949.	WGFB	
Born To Be Blue Grant Green, *Born To Be Blue*, Blue Note, 1962.		
Bouncin' With Bud *The Amazing Bud Powell, Volume I*, Blue Note, 1949.	NRB 1	

---

[3] Angeblich soll Art Blakey Benny Golson einmal gefragt haben, warum er schon lange nichts mehr für Blakeys Jazzmessengers geschrieben habe. Benny antwortete: »Ich habe Blues, schnelle Stücke, Stücke in mittlerem Tempo, Balladen und Walzer für dich geschrieben. Das einzige, was ich noch nicht geschrieben habe, ist ein Marsch.« »Dann schreibe eben einen Marsch«, antwortete Bu.

Titel	Fake Book	Aebersold
The Boy Next Door Ahmad Jamal, *Heat Wave,* Cadet, 1966.	NRB 2	
Bright Mississippi Thelonious Monk, *Monk's Dream,* Columbia, 1962.		
Brilliant Corners Thelonious Monk, *Brilliant Corners,* Fantasy, 1956.		
Brite Piece Elvin Jones, *Merry Go Round,* Blue Note, 1971.	WGFB	19
Brownskin Girl Sonny Rollins, *What's New?,* Bluebird, 1962.		
• But Beautiful Kenny Dorham, *Jazz Contrasts,* Fantasy, 1957.	NRB 1	23
• But Not For Me John Coltrane, *My Favorite Things,* Atlantic, 1960.		65
Buzzy *The Immortal Charlie Parker,* Savoy Jazz, 1947.		
• Bye Bye Blackbird Miles Davis, *'Round About Midnight,* Columbia, 1955.	NRB 2	39, 65
Bye Bye Blues Charlie Mariano, *Boston All Stars,* Prestige, 1951.		
Bye-Ya Thelonious Monk, *Monk's Dream,* Columbia, 1962.		
Canteloupe Island Herbie Hancock, *Empyrean Isles,* Blue Note, 1964.		11, 54
Can't Help Lovin' That Man Kenny Dorham, *Showboat,* Bainbridge, 1960.		
Can't We Be Friends Art Tatum, *The Complete Pablo Solo Masterpieces,* Pablo, 1953.		
Capetown Ambush Donald Brown, *Sources Of Inspiration,* Muse, 1989.		
• Caravan Freddie Hubbard, *The Artistry Of Freddie Hubbard,* MCA/Impulse, 1963.	NRB 3	59
Celia *The Great Jazz Piano Of Phineas Newborn,* Contemporary, 1962.		
Central Park West John Coltrane, *Coltrane's Sound,* Atlantic, 1960.	NRB 2	
• Ceora Lee Morgan, *Cornbread,* Blue Note, 1965.	NRB 3	38, 59
Cheese Cake Dexter Gordon, *Go!,* Blue Note, 1962.		
• Chelsea Bridge Joe Henderson, *The Kicker,* Blue Note, 1967.	NRB 1	32
• Cherokee Barry Harris, *Maybeck Recital Hall Series,* Concord, 1990.	NRB 2	15, 61
• Cheryl Phineas Newborn, Jr., *A World Of Piano,* Contemporary, 1961.		
Chicago Oscar Peterson, *The Trio,* Verve, 1961.		
Chi Chi Charlie Parker, *Now's The Time,* Verve, 1953.		
Chick's Tune Blue Mitchell, *The Thing To Do,* Blue Note, 1964.	NRB 3	38
A Child Is Born Bill Evans And Tony Bennett, *Together Again,* DRG, 1978.	NRB 2	
• Children Of The Night Art Blakey And The Jazz Messengers, *Three Blind Mice, Volume I,* Blue Note, 1962.	WGFB	33
Choose Now *Clifford Brown Memorial,* Prestige, 1953.		
Chronic Blues John Coltrane, *Coltrane,* Prestige, 1957.		
• C Jam Blues Duke Ellington And Billy Strayhorn, *Piano Duets: Great Times!,* Riverside, 1958.		48
Close Your Eyes Gene Ammons, *Boss Tenor,* Prestige, 1960.	NRB 3	
• Come Rain Or Come Shine Bobby Timmons, *This Here Is,* Riverside, 1960.		25
Come Sunday Stanley Cowell, *Back To The Beautiful,* Concord, 1989.	NRB 1	
• Con Alma Wallace Roney, *The Standard Bearer,* Muse, 1989.		
Conception *Miles Davis All Stars,* Prestige, 1951.		
• Confirmation Charlie Parker, *Bird At The Roost,* Savoy, 1949.		6, 65
Constellation Sonny Stitt, *Constellation,* Muse, 1972.		

Titel	Fake Book	Aebersold
Contemplation McCoy Tyner, *The Real McCoy,* Blue Note, 1967.		
Cool Blues Grant Green, *Born To Be Blue,* Blue Note, 1962.		
Corcovado (alias Quiet Nights Of Quiet Stars) Miles Davis With The Gil Evans Orchestra, *Quiet Nights,* Columbia, 1962.		31
Cottontail Duke Ellington And Billy Strayhorn, *Piano Duets: Great Times!,* Riverside, 1958.		48
• Countdown John Coltrane, *Giant Steps,* Atlantic, 1959.		28
Count Every Star Ike Quebec, *Blue And Sentimental,* Blue Note, 1961.		
Count Your Blessings *Sonny Rollins Plus Four,* Prestige, 1956.		
• Cousin Mary John Coltrane, *Giant Steps,* Atlantic, 1959.		
Crazeology Hank Mobley, *Messages,* Blue Note, 1956.		
Crazy He Calls Me Abbey Lincoln, *Abbey Sings Billie,* Enja, 1987.		
Crazy Rhythm The Red Garland Quintet With John Coltrane, *Dig It!,* Prestige, 1957.		
Crepuscule With Nellie Thelonious Monk, *Criss Cross,* Columbia, 1963.		
Crescent John Coltrane, *Crescent,* MCA/Impulse, 1964.		27
• Crisis Art Blakey And The Jazz Messengers, *Caravan,* Fantasy, 1962.		38, 60
Criss Cross Thelonious Monk, *Criss Cross,* Columbia, 1963.	NRB 2	
C. R. M. Ralph Moore, *Rejuvenate!,* Criss Cross, 1988.		
• C.T.A. The Red Garland Quintet With John Coltrane, *Dig It!,* Prestige, 1957.		
Cyclic Episode Sam Rivers, *Fuscia Swing Song,* Blue Note, 1965.		
• Daahoud Clifford Brown, *Pure Genius,* Elektra/Musician, 1956.	WGFB	53
Dance Cadaverous Wayne Shorter, *Speak No Evil,* Blue Note, 1964.		
Dance Of The Infidels Bud Powell, *The Amazing Bud Powell, Volume I,* Blue Note, 1949.		
Dancing In The Dark Cannonball Adderley, *Somethin' Else,* Blue Note, 1958.		
Darn That Dream Cedar Walton, *Maybeck Recital Hall Series,* Concord, 1992.	NRB 1	
Dat Dere Bobby Timmons, *This Here Is,* Riverside, 1960.		
Day By Day Ella Fitzgerald, *Montreaux '77,* Pablo, 1977.	NRB 2	59
Daydream Duke Ellington, *And His Mother Called Him Bill,* Bluebird, 1967.	NRB 3	
• Days Of Wine And Roses McCoy Tyner, *Nights Of Ballads And Blues,* Impulse, 1963.		40
• Dearly Beloved Sonny Rollins, *The Sound Of Sonny,* Riverside, 1957.	NRB 1	55
Dear Old Stockholm Miles Davis, *'Round About Midnight,* Columbia, 1955.		
Dedicated To You John Coltrane And Johnny Hartman, MCA/Impulse, 1963.		
Deep Purple Art Tatum, *The Complete Pablo Solo Masterpieces,* Pablo, 1954.		
Delilah *Clifford Brown And Max Roach,* Emarcy, 1954.		
Del Sasser Cannonball Adderley, *Them Dirty Blues,* Riverside, 1960.	WGFB	13
Deluge Wayne Shorter, *Juju,* Blue Note, 1964.		
Desafinado Stan Getz And Joao Gilberto, *Getz/Gilberto,* Verve, 1963.	NRB 1, LRB	31
Detour Ahead Bill Evans, *Waltz For Debby,* Fantasy, 1961.	NRB 2	

Titel	Fake Book	Aebersold
Dewey Square *Charlie Parker Quintet,* Dial, 1947.		6
Dexterity Paul Chambers, *Chambers'* *Music,* Blue Note, 1956.		
Diane Miles Davis, *Steamin',* Prestige, 1956.		
• Dig *Miles Davis All-Stars,* Prestige, 1954.	NRB 1	7
Dinah Thelonious Monk, *Solo* *Monk,* Columbia, 1965.		
Dindi Charlie Byrd, *The Bossa Nova* *Years,* Concord, 1991.	NRB 1	
Dizzy Atmosphere Charlie Parker, *Bird On 52nd* *St.,* Fantasy, 1948.		
Django Grant Green, *Idle Moments,* Blue Note, 1963.	NRB 2	
Dr. Jekyll (alias Dr. Jackle) Miles Davis, *Milestones,* Columbia, 1958.		
• Dolphin Dance Herbie Hancock, *Maiden* *Voyage,* Blue Note, 1965.	NRB 3	11
• Donna Lee Wallace Roney, *Obsession,* Muse, 1990.		6
Do Nothing 'Til You Hear From Me Art Tatum, *The Complete* *Pablo Solo Masterpieces,* Pablo, 1955.	NRB 1	48
Don't Blame Me McCoy Tyner, *Revelations,* Blue Note, 1988.	NRB 3	34
Don't Explain Dexter Gordon, *A Swingin'* *Affair,* Blue Note, 1962.		
Don't Get Around Much Anymore Abdullah Ibrahim (Dollar Brand), *Reflections,* Black Lion, 1965.	NRB 1	48
Don't Take Your Love From Me Ike Quebec, *Blue And* *Sentimental,* Blue Note, 1961.		
Don't Worry About Me Art Tatum, *The Complete* *Pablo Solo Masterpieces,* Pablo, 1955.		
Don't You Know I Care Clifford Jordan, *Starting Time,* Jazzland, 1961.		
• Doxy Miles Davis, *Bag's Groove,* Prestige, 1954.		8, 54
Driftin' Herbie Hancock, *Takin' Off,* Blue Note, 1962.	WGFB	
Eastern Joy Dance Woody Shaw, *Lotus Flower,* Enja, 1982.	LRB	
East Of The Sun Red Garland, *Rediscovered* *Masters,* Prestige, 1960.		
• Easy Living Ike Quebec, *Easy Living,* Blue Note, 1962.		22, 52, 59
Easy To Love Steve Lacy, *Soprano Sax,* Fantasy, 1957.		
Ecaroh *The Horace Silver Trio,* Blue Note, 1952.	NRB 2	18
Effendi McCoy Tyner, *Inception,* Impulse, 1962.		
• Eighty One Miles Davis, *E.S.P.,* Columbia, 1965.	NRB 1	50
El Gaucho Wayne Shorter, *Adam's* *Apple,* Blue Note, 1967.	NRB 3	33
Elm Richie Beirach, *Maybeck* *Recital Hall Series,* Concord, 1992.	NRB 1	
• Embraceable You Donald Brown, *Sources Of* *Inspiration,* Muse, 1989.		51
Emily Bill Evans, *Re: Person I Knew,* Fantasy, 1974.	NRB 3	52
The End Of A Love Affair Kenny Dorham, *Quartet: Two* *Horns, Two Rhythm,* Fantasy, 1957.		
Episode From A Village Dance Ralph Moore, *Images,* Landmark, 1988.		
• Epistrophy *Thelonious Monk And John* *Coltrane,* Fantasy, 1957.		56
• Equinox John Coltrane, *Coltrane's* *Sound,* Atlantic, 1960.	NRB 2	
Eronel Thelonious Monk, *Criss* *Cross,* Columbia, 1963.		
Escapade Joe Henderson, *Our Thing,* Blue Note, 1963.		
• E.S.P. Miles Davis, *E.S.P.,* Columbia, 1965.	NRB 1	33
The Eternal Triangle Dizzy Gillespie, Sonny Stitt, Sonny Rollins, *Sonny Side Up,* Verve, 1957.		61
Everything Happens To Me Thelonious Monk, *Solo* *Monk,* Columbia, 1965.	NRB 1	23

Titel	Fake Book	Aebersold
Everything I Have Is Yours Art Tatum, *The Complete Pablo Solo Masterpieces*, Pablo, 1955.	NRB 3	
Everything I Love Enrico Pieranunzi, *Deep Down*, Soul Note, 1986.		
Every Time We Say Goodbye Mulgrew Miller, *Keys To The City*, Landmark, 1985.		
• Evidence (alias Justice) Thelonious Monk, *Thelonious In Action*, Fantasy, 1958.		
Exact Change Ralph Moore, *Rejuvenate!*, Criss Cross, 1988.		
Exactly Like You Errol Garner, *The Original Misty*, Mercury, 1954.	NRB 2	
The Eye Of The Hurricane Herbie Hancock, *Maiden Voyage*, Blue Note, 1965.		11
Fall Miles Davis, *Nefertiti*, Columbia, 1967.	NRB 1	
• Falling In Love With Love Kenny Dorham, *Jazz Contrasts*, Fantasy, 1957.		
• Fee-Fi-Fo-Fum Wayne Shorter, *Speak No Evil*, Blue Note, 1964.		33
Felicidade Joe Henderson, *Double Rainbow*, Verve, 1994.		
Fifth House John Coltrane, *Coltrane Jazz*, Atlantic, 1959.		
52nd St. Theme *The Amazing Bud Powell, Volume I*, Blue Note, 1949.		
Fine And Dandy Art Tatum, *The Complete Pablo Solo Masterpieces*, Pablo, 1953.		
Fine And Mellow *The Essential Billie Holiday*, Verve, 1956.		
Firewater Herbie Hancock, *The Prisoner*, Blue Note, 1969.		
Firm Roots Cedar Walton, *Firm Roots*, Muse, 1974.		35
First Trip Herbie Hancock, *Speak Like A Child*, Blue Note, 1968.		
502 Blues (alias Drinkin' And Drivin') Wayne Shorter, *Adam's Apple*, Blue Note, 1967.		
Five Spot After Dark McCoy Tyner, *Today And Tomorrow*, Impulse, 1963.		
Flamingo Duke Ellington And Billy Strayhorn, *Piano Duets: Great Times!*, Riverside, 1958.	NRB 2	49
(Meet) The Flintstones Barry Harris, *Maybeck Recital Hall Series*, Concord, 1990.		
A Flower Is A Lovesome Thing Joe Henderson, *Lush Life*, Verve, 1992.		
Fly Little Bird Fly Donald Byrd, *Mustang*, Blue Note, 1966.		
Fly Me To The Moon Hampton Hawes, *Here And Now*, Contemporary, 1965.	NRB 2	
A Foggy Day Red Garland, *A Garland Of Red*, Prestige, 1956.		25
Folks Who Live On The Hill Blue Mitchell, *Heads Up*, Blue Note, 1967.		
Fools Rush In Zoot Sims, *Zoot At Eason*, Prestige, 1957.		41
• Footprints Wayne Shorter, *Adam's Apple*, Blue Note, 1967.	NRB 1	33, 54
For All We Know Cedar Walton, *Among Friends*, Evidence, 1982.	NRB 3	
Forest Flower Charles Lloyd, *Forest Flower*, Atlantic, 1966.		
For Heaven's Sake McCoy Tyner, *Nights Of Ballads And Blues*, Impulse, 1963.		
• Four Miles Davis, *Workin'*, Prestige, 1956.	NRB 1	7, 65
Four By Five McCoy Tyner, *The Real McCoy*, Blue Note, 1967.		
Four In One Thelonious Monk, *The Genius Of Modern Music, Volume II*, Blue Note, 1951.		
Four On Six Wynton Kelly And Wes Montgomery, *Smokin' At The Half Note*, Verve, 1965.	NRB 1	62
• Freddie Freeloader Miles Davis, *Kind Of Blue*, Columbia, 1959.		50

Titel	Fake Book	Aebersold
• Freedom Jazz Dance Miles Davis, *Miles Smiles,* Columbia, 1966.	NRB 2	
Freeway Ralph Moore, *Images,* Landmark, 1988.		
Friday The Thirteenth Joe Henderson, *State Of The Tenor, Volume I,* Blue Note, 1985.		
The Fruit Bud Powell, *The Genius Of Bud Powell,* Verve, 1949.		
Fuchsia Swing Song Sam Rivers, *Fuchsia Swing Song,* Blue Note, 1965.		
Fungi Mama Blue Mitchell, *The Thing To Do,* Blue Note, 1964.		
Gaslight Duke Pearson, *Sweet Honey Bee,* Blue Note, 1966.		
Gee Baby, Ain't I Good To You Cassandra Wilson, *Blue Skies,* JMT, 1988.	NRB 1	
The Gentle Rain Charlie Byrd, *Sugarloaf Suite,* Concord, 1979.	NRB 3	
• Georgia On My Mind Elmo Hope, *Hope Meets Foster,* Prestige, 1955.		49
Gertrude's Bounce Clifford Brown And Max Roach, *At Basin Street,* Emarcy, 1956.	NRB 2	
Get Happy Sonny Rollins, *A Night At The Village Vanguard, Volume II,* Blue Note, 1957.	NRB 2	
Getting To Know You Wayne Shorter, *Second Genesis,* Vee Jay, 1959.		
Ghost Of A Chance Art Tatum, *The Complete Pablo Solo Masterpieces,* Pablo, 1953.	NRB 3	52
• Giant Steps John Coltrane, *Giant Steps,* Atlantic, 1959.	NRB 2	28, 65
Gingerbread Boy Miles Davis, *Miles Smiles,* Columbia, 1966.		
The Girl From Ipanema Stan Getz And Joao Gilberto, *Getz/Gilberto,* Verve, 1963.		31
Girl Talk Ralph Moore, *Furthermore,* Landmark, 1990.		
Glass Enclosure Bud Powell, *The Amazing Bud Powell, Volume II,* Blue Note, 1953.		
Gloria's Step Bill Evans, *Sunday At The Village Vanguard,* Prestige, 1961.	NRB 1	
Gnid Tadd Dameron, *Mating Call,* Fantasy, 1956.		
God Bless The Child Sonny Rollins, *The Bridge,* Bluebird, 1962.		
Gone Again Barry Harris, *Maybeck Recital Hall Series,* Concord, 1990.		
Gone With The Wind Jackie McLean, *McLean's Scene,* Prestige, 1957.	NRB 1	58
• Good Bait John Coltrane, *Soultrane,* Prestige, 1958.		
Goodbye McCoy Tyner, *Reaching Fourth,* MCA/Impulse, 1963.		
Goodbye Pork Pie Hat Charles Mingus, *Mingus Ah Um,* Columbia, 1959.		
The Good Life Hank Mobley, *Straight No Filter,* Blue Note, 1966.		
Good Morning Heartache McCoy Tyner, *Remembering John,* Enja, 1991.	NRB 1	
Grand Central Cannonball Adderley And John Coltrane, *Cannonball And Coltrane,* Emarcy, 1959.	NRB 3	
Granted Joe Henderson, *Mode For Joe,* Blue Note, 1966.		
• Green Dolphin Street Miles Davis, *Live At The Plugged Nickel, Volume I,* Columbia, 1965.	NRB 3	34, 59
Greensleeves *The John Coltrane Quintet,* Impulse, 1965.		
Green St. Caper Woody Shaw, *United,* Columbia, 1981.	WGFB	
Gregory Is Here Horace Silver, *In Pursuit Of The 27th Man,* Blue Note, 1972.	NRB 2	17
• Groovin' High Tommy Flanagan, *Something Borrowed, Something Blue,* Fantasy, 1978.		43

Titel	Fake Book	Aebersold
The Gypsy In My Soul Oscar Peterson, *At The Stratford Shakespearean Festival,* Verve, 1956.		
Gypsy Without A Song *McCoy Tyner Plays Duke Ellington,* MCA/Impulse, 1964.		
• Hackensack (alias Rifftide) Thelonious Monk, *Criss Cross,* Columbia, 1963.		
• Half Nelson Miles Davis, *Workin',* Prestige, 1956.		5
Hallelujah Red Garland, *Soul Junction,* Prestige, 1957.		
Hallucinations (alias Budo) *The Genius Of Bud Powell,* Verve, 1949.	NRB 1	
Happy Times Freddie Hubbard, *The Artistry Of Freddie Hubbard,* MCA/Impulse, 1963.		
• Have You Met Miss Jones *Introducing Kenny Garrett,* Criss Cross, 1984.		25
Heat Wave Art Tatum, *The Complete Pablo Solo Masterpieces,* Pablo, 1954.		
Hello, Young Lovers Hank Mobley, *Another Workout,* Blue Note, 1961.		
• Here's That Rainy Day McCoy Tyner, *Things Ain't What They Used To Be,* Blue Note, 1990.	NRB 1	23
Hey There Grant Green, *Born To Be Blue,* Blue Note, 1962.		
• Hi-Fly Cannonball Adderley, *In San Francisco,* Fantasy, 1959.	NRB 2	43
The Holy Land Cedar Walton, *A Night At Boomers, Volume I,* Muse, 1973.		
Homestretch (alias Joe's Blues) Joe Henderson, *Page One,* Blue Note, 1963.		2
Honeysuckle Rose Thelonious Monk, *The Unique Thelonious Monk,* Riverside, 1956.	NRB 2	
• Hot House Charlie Parker, *Jazz At Massey Hall,* Fantasy, 1953.		
Household Of Saud Charles Tolliver, *Music, Inc.,* Strata-East, 1970.		
House Of Jade Wayne Shorter, *Juju,* Blue Note, 1964.		
How About You *The Horace Silver Trio, Volume II,* Blue Note, 1953.		20
How Am I To Know? *The New Miles Davis Quintet,* Fantasy, 1955.		
How Are Things In Glocca Morra? Sonny Rollins, *Volume I,* Blue Note, 1956.		
How Could You Do A Thing Like That To Me Errol Garner, *Concert By The Sea,* Columbia, 1955.		
• How Deep Is The Ocean McCoy Tyner, *Revelations,* Blue Note, 1988.		
• How High The Moon Art Tatum, *The Tatum Group Masterpieces,* Pablo, 1955.		6
How Insensitive (alias Insensatez) Luis Bonfa, *Jazz Samba,* Verve, 1963.		31
How Long Has This Been Going On? Bruce Forman, *Forman On The Job,* Kamei, 1992.		51
Hub-Tones Freddie Hubbard, *Hub-Tones,* Blue Note, 1962.		
• I Can't Get Started Sonny Rollins, *A Night At The Village Vanguard, Volume II,* Blue Note, 1957.		25
I Can't Give You Anything But Love Art Tatum, *The Complete Pablo Solo Masterpieces,* Pablo, 1955.		
I Concentrate On You Grant Green, *Nigeria,* Blue Note, 1962.		
• I Could Write A Book Miles Davis, *Relaxin',* Prestige, 1956.		25
I Cover The Waterfront Art Tatum, *The Complete Pablo Solo Masterpieces,* Pablo, 1953.		40
• I Didn't Know What Time It Was McCoy Tyner, *Time For Tyner,* Blue Note, 1968.		
I Don't Wanna Be Kissed Miles Davis, *Miles Ahead,* Columbia, 1957.		
If Joe Henderson, *The Kicker,* Milestone, 1967.		
I Fall In Love Too Easily Miles Davis, *Seven Steps To Heaven,* Columbia, 1963.	NRB 3	59

Titel	Fake Book	Aebersold

If Ever I Would Leave You
Benny Green, *Lineage*,
Blue Note, 1990.

If I Could Be With You
Art Tatum, *Gene Norman Presents*, GNP, early 1950s.

If I Had You
Art Tatum, *The Complete Pablo Solo Masterpieces*, Pablo, 1955.

• If I Should Lose You   22
Hank Mobley, *Soul Station*,
Blue Note, 1960.

• If I Were A Bell   NRB 1   46
Miles Davis, *Cookin' At The Plugged Nickel*, Columbia, 1965.

If There Is Someone Lovelier Than You
John Coltrane, *Settin' The Pace*, Prestige, 1958.

If This Isn't Love
Gary Bartz, *Harlem's Children*, Candid, 1990.

• If You Could See Me Now   NRB 3
Wynton Kelly And Wes Montgomery, *Smokin' At The Half Note*, Verve, 1965.

I Get A Kick Out Of You   51
Ernie Henry, *Seven Standards And A Blues*, Fantasy, 1957.

• I Got It Bad And That Ain't Good   NRB 3   48
Red Garland, *Soul Junction*, Prestige, 1957.

I Gotta Right To Sing The Blues
Art Tatum, *The Complete Pablo Solo Masterpieces*, Pablo, 1955.

I Guess I'll Hang My Tears Out To Dry
Dexter Gordon, *Go!*, Blue Note, 1962.

I Guess I'll Have To Change My Plans
Art Tatum, *Gene Norman Presents*, GNP, early 1950s.

I Hadn't Anyone Till You   NRB 2   58
Thelonious Monk, *Solo Monk*, Columbia, 1965.

I Had The Craziest Dream
Kenny Dorham, *Quiet Kenny*, Prestige, 1959.

• I Hear A Rhapsody   NRB 3
John Coltrane, *Lush Life*, Prestige, 1957.

I Know That You Know
Dizzy Gillespie, Sonny Stitt, Sonny Rollins, *Sonny Side Up*, Verve, 1957.

I Let A Song Go Out Of My Heart   12
Thelonious Monk Plays Ellington, Riverside, 1955.

I'll Be Around   NRB 2
Art Farmer, *Blame It On My Youth*, Contemporary, 1988.

I'll Be Seeing You
Hal Galper, *Portrait*, Concord, 1989.

I'll Close My Eyes
Blue Mitchell, *Blue's Moods*, Fantasy, 1960.

I'll Get By   NRB 2
John Coltrane, *The Stardust Session*, Prestige, 1958.

I'll Keep Loving You
The Genius Of Bud Powell, Verve, 1949.

I'll Never Be The Same
Art Tatum, Lionel Hampton und Buddy Rich, *Tatum • Hampton • Rich*, Pablo, 1955.

• I'll Remember April   15, 43
Clifford Brown And Max Roach, *At Basin Street*, Emarcy, 1956.

I'll Take Romance   NRB 1   58
Max Roach, *Jazz in 3/4 Time*, Emarcy, 1958.

I'll Wait And Pray
John Coltrane, *Coltrane Jazz*, Prestige, 1959.

Ill Wind   NRB 2   46
Lee Morgan, *Cornbread*, Blue Note, 1965.

I Love Lucy   NRB 1
Jerry Gonzalez, *Ya Yo Me Curé*, Pangea, 1979.

• I Love You   25
John Coltrane, *Lush Life*, Prestige, 1957.

Imagination   NRB 1   23, 58
Woody Shaw, *Imagination*, Muse, 1987.

I'm An Old Cowhand   41
Grant Green, *Talkin' About*, Blue Note, 1964.

I'm Beginning To See The Light
The Artistry Of Phineas Newborn, Jr., Atlantic, 1956.

I'm Confessin'   58
Thelonious Monk, *Solo Monk*, Columbia, 1965.

• I Mean You   NRB 1   36, 56
McCoy Tyner, *Things Ain't What They Used To Be*, Blue Note, 1990.

• I'm Getting Sentimental Over You   NRB 3   52
Kenny Barron, *Maybeck Recital Hall Series*, Concord, 1990.

I'm Glad There Is You   NRB 2   46
Chet Baker, *My Funny Valentine*, Pacific Jazz, 1981.

Titel	Fake Book	Aebersold
I'm Gonna Sit Right Down And Write Myself A Letter Art Tatum, *Gene Norman Presents*, GNP, early 1950s.		
I'm In The Mood For Love Art Tatum, *The Complete Pablo Solo Masterpieces*, Pablo, 1953.		
• I'm Old Fashioned John Coltrane, *Blue Train*, Blue Note, 1957.	NRB 1	55
• Impressions John Coltrane, *Impressions*, MCA/Impulse, 1962.	NRB 2	28, 54
I'm So Excited By You Donald Byrd, *Mustang*, Blue Note, 1966.		
In A Capricornian Way Woody Shaw, *Stepping Stones*, Columbia, 1978.		
• In A Mellow Tone McCoy Tyner, *Revelations*, Blue Note, 1988.	NRB 3	48
In A Mist Freddie Hubbard, *Sky Dive*, CTI/CBS, 1972.		
• In A Sentimental Mood Duke Ellington And John Coltrane, MCA/Impulse, 1962.	NRB 3	12
In Case You Haven't Heard Woody Shaw, *Little Red's Fantasy*, Muse, 1976.		9
• Indiana Bud Powell, *The Complete Blue Note And Roost Recordings*, Blue Note, 1947.		6, 61
Indian Summer Dave McKenna, *My Friend The Piano*, Concord, 1986.		39
• Infant Eyes Wayne Shorter, *Speak No Evil*, Blue Note, 1964.	WGFB	33
In My Solitude (alias Solitude) *Thelonious Monk Plays Ellington*, Riverside, 1955.	NRB 3	12
• Inner Urge Joe Henderson, *Inner Urge*, Blue Note, 1964.	NRB 3	38
In The Wee Small Hours Of The Morning Oscar Peterson, *The Trio*, Verve, 1961.	NRB 2	58
Intrepid Fox Freddie Hubbard, *Red Clay*, CTI/CBS, 1970.		
Introspection Thelonious Monk, *Solo Monk*, Columbia, 1965.		56
• Invitation Joe Henderson, *Tetragon*, Milestone, 1967.	NRB 3	34, 59
• In Walked Bud Thelonious Monk, *Genius Of Modern Music, Volume I*, Blue Note, 1947.	NRB 1	56
• In Your Own Sweet Way Miles Davis, *Workin'*, Prestige, 1956.	NRB 2	
I Only Have Eyes For You Art Tatum, *The Complete Pablo Solo Masterpieces*, Pablo, 1956.		
• I Remember Clifford Donald Byrd And Gigi Gryce, *Jazz Lab*, Fantasy, 1957.		14
• I Remember You Mulgrew Miller, *Wingspan*, Landmark, 1987.		22
I See Your Face Before Me John Coltrane, *Settin' The Pace*, Prestige, 1958.		
Isfahan (alias Elf) Joe Henderson, *Lush Life*, Verve, 1992.	NRB 2	
• I Should Care Hank Mobley, *Messages*, Blue Note, 1956.	NRB 1	23
Isn't It Romantic Art Tatum, *The Complete Pablo Solo Masterpieces*, Pablo, 1954.		
• Isotope Joe Henderson, *Inner Urge*, Blue Note, 1964.	NRB 3	38
• Israel Bobby Hutcherson, *Good Bait*, Landmark, 1984.		
Is That So Lee Morgan, *The Rajah*, Blue Note, 1966.		
I Surrender Dear Thelonious Monk, *Solo Monk*, Columbia, 1965.		
It Ain't Necessarily So Miles Davis, *Porgy And Bess*, Columbia, 1958.		
• It Could Happen To You Miles Davis, *Relaxin'*, Prestige, 1956.		22
It Don't Mean A Thing *Thelonious Monk Plays Ellington*, Riverside, 1955.	NRB 2	59
It Had To Be You Art Tatum, *Standards*, Black Lion, 1938.		
I Think You're Wonderful Charlie Parker, *The Happy Bird*, Parker Records, 1951.		
• I Thought About You Miles Davis, *Someday My Prince Will Come*, Columbia, 1961.	NRB 1	41

Titel	Fake Book	Aebersold
I Thought I'd Let You Know McCoy Tyner, *Expansions*, Blue Note, 1968.		
It Might As Well Be Spring Woody Shaw, *Solid*, Muse, 1987.		25
It Never Entered My Mind Miles Davis, *Workin'*, Prestige, 1956.		
It's A Lazy Afternoon Grant Green, *Street Of Dreams*, Blue Note, 1964.		
It's All Right With Me Errol Garner, *Concert By The Sea*, Columbia, 1955.		
It's Easy To Remember John Coltrane, *Ballads*, MCA/Impulse, 1961.		
It's Only A Paper Moon Art Blakey And The Jazz Messengers, *The Big Beat*, Blue Note, 1960.	NRB 2	
It's The Talk Of The Town Barry Harris, *Preminando*, Riverside, 1960.	NRB 2	
It's Too Late Now Wynton Marsalis, *Standard Time, Volume III*, Columbia, 1986.		
• It's You Or No One McCoy Tyner, *Quartets 4x4*, Milestone, 1980.		15, 61
I've Got A Crush On You Ike Quebec, *Easy Living*, Blue Note, 1962.		
• I've Got Rhythm Teddy Wilson, *Mr. Wilson And Mr. Gershwin*, Sony, 1959.		51
I've Got The World On A String Art Tatum, *The Complete Pablo Solo Masterpieces*, Pablo, 1953.	NRB 2	
I've Got You Under My Skin Sonny Rollins, *A Night At The Village Vanguard, Volume I*, Blue Note, 1957.		
I've Grown Accustomed To Your Face McCoy Tyner, *Time For Tyner*, Blue Note, 1968.		25
I've Never Been In Love Before Oscar Peterson, *The Trio*, Verve, 1961.	NRB 2	
I've Told Ev'ry Little Star Sonny Rollins And The Contem- porary Leaders, CTP, 1959.		55
I Waited For You Art Blakey And The Jazz Messengers, *At The Café Bohemia*, Blue Note, 1955.		
I Want To Be Happy Bud Powell, *The Amazing Bud Powell, Volume II*, Blue Note, 1953.		
• I Want To Talk About You John Coltrane, *Live At Bird- land*, MCA/Impulse, 1962.		
I Wish I Knew John Coltrane, *Ballads*, MCA/Impulse, 1961.		
I Wish You Love Grant Green, *Street Of Dreams*, Blue Note, 1964.		
Jackie-ing Thelonious Monk, *The London Collection, Volume I*, Black Lion, 1970.		
Jayne Ornette Coleman, *Something Else!*, Fantasy, 1959.		
Jeannine Cannonball Adderley, *Them Dirty Blues*, Riverside, 1960.	WGFB	13, 65
The Jeep Is Jumpin' Duke Ellington Meets Coleman Hawkins, MCA/Impulse, 1962.		
• The Jitterbug Waltz Stanley Cowell, *Maybeck Recital Hall Series*, Concord, 1990.	NRB 3	
The Jody Grind Horace Silver, *The Jody Grind*, Blue Note, 1966.		17
Johnny Come Lately (alias Stomp) Duke Ellington And Billy Strayhorn, *Piano Duets: Great Times!*, Riverside, 1958.		
• Jordu Clifford Brown, *Remember Clifford*, Mercury, 1954.	NRB 2	53
• Joshua Miles Davis, *Seven Steps To Heaven*, Columbia, 1963.	NRB 1	50
• Joy Spring McCoy Tyner, *Things Ain't What They Used To Be*, Blue Note, 1990.		16, 53
• Juju Wayne Shorter, *Juju*, Blue Note, 1964.		33
Jumpin' With Symphony Sid Charlie Parker, *Bird At The Roost*, Savoy, 1949.		
Just A Gigolo Thelonious Monk, *Monk's Dream*, Columbia, 1962.		
• Just Friends Sonny Rollins, *Sonny Meets Hawk*, RCA, 1963.	NRB 3	20, 34, 59

Titel	Fake Book	Aebersold
Just In Time McCoy Tyner, *Dimensions*, Elektra, 1983.		
Just One More Chance Ernestine Anderson, *Just One More Chance*, Concord, 1980.		
• Just One Of Those Things *The Genius Of Bud Powell*, Verve, 1950.		51
Just Squeeze Me *The New Miles Davis Quintet*, Prestige, 1955.	NRB 3	48
Just You, Just Me Thelonious Monk, *The Unique Thelonious Monk*, Fantasy, 1956.	NRB 3	
• Katrina Ballerina Woody Shaw, *United*, Columbia, 1981.		9
K. C. Blues Charlie Parker, *Swedish Schnapps*, Verve, 1951.		
The Kicker Joe Henderson, *The Kicker*, Blue Note, 1967.		
• Killer Joe The Jazztet, *Meet The Jazztet*, Argo, 1960.	NRB 2	14
Kim Charlie Parker, *Now's The Time*, Verve, 1952.		
Knucklebean Bobby Hutcherson, *Knucklebean*, Blue Note, 1977.		
La Alhambra Bobby Hutcherson, *Solo/Quartet*, Fantasy, 1981.		
Lady Be Good Teddy Wilson, *Mr. Wilson And Mr. Gershwin*, Sony, 1959.		39
• Lady Bird Miles Davis With Jimmy Forrest, *Jazz Showcase*, 1952.	NRB 1	36
The Lady Is A Tramp Kenny Drew, *The Riverside Collection*, Riverside, 1957.		
La Fiesta Chick Corea, *Return To Forever*, ECM, 1972.		
Laird Baird Charlie Parker, *Now's The Time*, Verve, 1952.		
Lament Miles Davis, *At Carnegie Hall*, Columbia, 1961.		
Lament For Booker Freddie Hubbard, *Hub-Tones*, Blue Note, 1962.		60
La Mesha Joe Henderson, *Page One*, Blue Note, 1963.		
Last Night When We Were Young Clifford Jordan, *Spellbound*, Riverside, 1960.		
• Laura Charlie Parker, *Night And Day*, Verve, 1950.	NRB 3	34
• Lazy Bird John Coltrane, *Blue Train*, Blue Note, 1957.		38
Lester Leaps In *Count Basie At Newport With Lester Young And Jo Jones*, Verve, 1957.		
Lester Left Town Art Blakey, *The Big Beat*, Blue Note, 1960.	WGFB	
Let Me Try Lewis Nash, *Rhythm Is My Business*, Evidence, 1989.		
Let's Call This Tommy Flanagan, *The Super Jazz Trio*, RCA, 1978.		
Let's Cool One Gary Bartz, *Reflections On Monk*, Steeplechase, 1988.		
Let's Fall In Love Oscar Peterson, *Compact Jazz*, Mercury, 1966.	NRB 2	58
Light Blue Thelonious Monk, *Thelonious In Action*, Fantasy, 1958.		
• Like Someone In Love John Coltrane, *Lush Life*, Prestige, 1957.	NRB 1	20, 23, 58
Like Sonny (alias Simple Like) John Coltrane, *Like Sonny*, Blue Note, 1959.	NRB 2	27
Li'l Darlin' Benny Green, *Lineage*, Blue Note, 1990.		
Lil's Paradise *Charles Tolliver And His All- Stars*, Black Lion, 1968.		
Limehouse Blues Cannonball Adderley And John Coltrane, *Cannonball And Coltrane*, Emarcy, 1959.		
Litha Stan Getz, *Sweet Rain*, Verve, 1967.	NRB 3	
Little B's Poem Bobby Hutcherson, *Knuckle- bean*, Blue Note, 1977.		
Little Dancer John McNeil und Tom Harrell, *Look To The Sky*, Steeplechase, 1979.		63

Titel	Fake Book	Aebersold
Little Girl Blue Phineas Newborn, Jr., *Harlem Blues*, Contemporary, 1969.		
Little Melonae John Coltrane, *Settin' The Pace*, Prestige, 1958.		
Little Niles Bobby Hutcherson, *In The Vanguard*, Landmark, 1986.		
Little Old Lady John Coltrane, *Coltrane Jazz*, Atlantic, 1959.		
Little One Herbie Hancock, *Maiden Voyage*, Blue Note, 1965.	WGFB	
Little Red's Fantasy Woody Shaw, *Little Red's Fantasy*, Muse, 1976.		9
Little Rootie Tootie Thelonious Monk, *The London Collection, Volume I*, Black Lion, 1970.		
• Little Sunflower Freddie Hubbard, *Backlash*, Atlantic, 1966.	NRB 1	60
Little Willie Leaps Bud Powell, *Birdland '53*, Fresh Sound, 1953.		
Liza Thelonious Monk, *The Unique Thelonious Monk*, Riverside, 1956.		
Locomotion John Coltrane, *Blue Train*, Blue Note, 1957.		38
Lonely Woman Horace Silver, *Song For My Father*, Blue Note, 1963.	NRB 3	
Long Ago And Far Away Paul Bley With Gary Peacock, ECM.	NRB 1	55
Lonnie's Lament John Coltrane, *Crescent*, MCA/Impulse, 1964.		
Lookout Farm Dave Liebman, *Lookout Farm*, ECM, 1973.		19
Lost Wayne Shorter, *The Soothsayer*, Blue Note, 1965.		
Lotus Blossom (alias Asiatic Raes) Kenny Dorham, *Quiet Kenny*, Prestige, 1959.		
• Love For Sale Kenny Barron, *The Only One*, Reservoir, 1990.		40
Love Is A Many Splendored Thing Clifford Brown And Max Roach, *At Basin Street*, Emarcy, 1956.		
Love Letters Bobby Hutcherson, *Mirage*, Landmark, 1991.		
Love Me Or Leave Me Art Tatum, *The Complete Pablo Solo Masterpieces*, Pablo, 1954.		
Lover Sonny Clark, *Cool Struttin*, Blue Note, 1958.		22, 61
• Lover Come Back To Me John Coltrane, *Black Pearls*, Prestige, 1958.		41, 61
• Lover Man Thelonious Monk, *The London Collection, Volume I*, Black Lion, 1970.		32
Lucky Day Barry Harris, *Maybeck Recital Hall Series*, Concord, 1990.		
Lullaby In Rhythm Art Tatum, *The Complete Pablo Solo Masterpieces*, Pablo, 1955.	NRB 3	
Lullaby Of Birdland Bud Powell, *Birdland '53*, Fresh Sound, 1953.		40
Luny Tune Grant Green, *Talkin' About*, Blue Note, 1964.		
• Lush Life John Coltrane And Johnny Hartman, MCA/Impulse, 1963.	NRB 1	32
• Mack The Knife Kenny Dorham, *Quiet Kenny*, Prestige, 1959.		
The Maestro Cedar Walton, *Eastern Rebellion*, Impulse, 1975.		35
• Mahjong Wayne Shorter, *Juju*, Blue Note, 1964.	NRB 2	
• Maiden Voyage Herbie Hancock, *Maiden Voyage*, Blue Note, 1965.	NRB 3	11, 54
Make Believe Kenny Dorham, *Showboat*, Bainbridge, 1960.		
Makin' Whoopee Red Garland, *A Garland Of Red*, Prestige, 1956.		
Mamacita Joe Henderson, *The Kicker*, Blue Note, 1967.	NRB 3	
• Manha De Carnaval (alias Morning Of The Carnival, The Theme From Black Orpheus, and A Day In The Life Of A Fool) McCoy Tyner, *Quartets 4x4*, Milestone, 1980.	NRB 2	

Titel	Fake Book	Aebersold
The Man I Love Teddy Wilson, *Mr. Wilson And Mr. Gershwin*, Sony, 1959.		51
• Manteca Phineas Newborn, Jr., *A World Of Piano*, Contemporary, 1961.	LRB	64
The Masquerade Is Over Keith Jarrett, *Standards, Volume I*, ECM, 1983.	NRB 2	
Mating Call Tadd Dameron, *Mating Call*, Fantasy, 1956.		
Matrix Chick Corea, *Now He Sings, Now He Sobs*, Blue Note, 1968.		
Mayreh Art Blakey, *A Night At Birdland*, Blue Note, 1954.		18
The Meaning Of The Blues Cedar Walton, *Maybeck Recital Hall Series*, Concord, 1992.		
Mean To Me Jackie McLean, *McLean's Scene*, Prestige, 1957.	NRB 2	65
Meditation George Coleman And Tete Montoliu, *Timeless*, 1977.		31
Melancholia Duke Ellington, *Piano Reflections*, Capitol, 1953.		
Memories Of You Art Tatum, *The Complete Pablo Solo Masterpieces*, Pablo, 1953.	NRB 2	
Mercy, Mercy, Mercy Cannonball Adderley, *Live At ›The Club‹*, Capitol, 1966.	NRB 1	
Miles' Mode *The John Coltrane Quartet Plays*, MCA/Impulse, 1965.		
• Milestones (neu) (alias Miles) Miles Davis, *Milestones*, Columbia, 1958.		50
Milestones (alt) Mulgrew Miller, *Keys To The City*, Landmark, 1985.		7
• Minority Gigi Gryce/Clifford Brown Sextet, Blue Note, 1953.		
Mirror, Mirror Joe Henderson, *Mirror, Mirror*, Verve, 1980.		
• Mr. Clean Jack McDuff And Gene Ammons, *Brother Jack Meets The Boss*, Prestige, 1962.	NRB 1	
Mr. Day (alias One And Four) John Coltrane, *Coltrane Plays The Blues*, Atlantic, 1960.		28
• Misterioso Sonny Rollins, *Volume II*, Blue Note, 1957.		
• Mr. P. C. John Coltrane, *Giant Steps*, Atlantic, 1959.	NRB 2	27
Mr. Syms John Coltrane, *Coltrane Plays The Blues*, Atlantic, 1960.		
• Misty Errol Garner, *The Original Misty*, Mercury, 1954.	NRB 1	41, 49
Miyako Wayne Shorter, *Schizophrenia*, Blue Note, 1967.		33
Moanin' Bobby Timmons, *This Here Is*, Riverside, 1960.		
Mode For Joe Joe Henderson, *Mode For Joe*, Blue Note, 1966.		
Mohawk Charlie Parker And Dizzy Gillespie, *Bird And Diz*, Verve, 1950.		
Mo' Joe Joe Henderson, *The Kicker*, Blue Note, 1967.	NRB 2	
• Moment's Notice John Coltrane, *Blue Train*, Blue Note, 1957.	NRB 2	38
Monk's Dream Larry Young, *Unity*, Blue Note, 1965.		
• Monk's Mood Thelonious Monk, *Genius Of Modern Music, Volume I*, Blue Note, 1947.	NRB 1	56
Mood Indigo *Duke Ellington Meets Coleman Hawkins*, MCA/Impulse, 1962.	NRB 2	12
Moon Alley Tom Harrell, *Moon Alley*, Criss Cross, 1985.		63
Moonglow Art Tatum, *The Complete Pablo Solo Masterpieces*, Pablo, 1955.	NRB 3	59
Moonlight In Vermont Sonny Stitt, *Moonlight In Vermont*, Denon, 1977.	NRB 1	65
Moon Rays *Further Explorations Of The Horace Silver Quintet*, Blue Note, 1958.	NRB 2	

Titel	Fake Book	Aebersold
Moon River Art Blakey And The Jazz Messengers, *Buhaina's Delight,* Blue Note, 1961.		
Moon Song Art Tatum, *The Complete Pablo Solo Masterpieces,* Pablo, 1955.		
The Moontrane Larry Young, *Unity,* Blue Note, 1965.		9
Moose The Mooche Barry Harris, *At The Jazz Workshop,* Riverside, 1960.		
The More I See You Hank Mobley, *Roll Call,* Blue Note, 1960.		
More Than You Know Mulgrew Miller, *From Day To Day,* Landmark, 1990.	NRB 2	
Morning Cal Tjader, *Soul Burst,* Verve, 1966.	WGFB, LRB	
Morning Star Ralph Moore, *Images,* Landmark, 1988.		
Mosaic Art Blakey And The Jazz Messengers, *Mosaic,* Blue Note, 1961.		
The Most Beautiful Girl In The World Max Roach, *Jazz In 3/4 Time,* Emarcy, 1958.		
My Blue Heaven Red Garland, *Groovy,* Prestige, 1956.		
My Favorite Things John Coltrane, *My Favorite Things,* Atlantic, 1960.		25
• My Foolish Heart Bobby Hutcherson, *Solo/Quartet,* Fantasy, 1981.		25
• My Funny Valentine Miles Davis, *The Complete Concert, 1964,* Columbia.		25
My Heart Belongs To Daddy Ella Fitzgerald, *Dream Dancing,* Pablo, 1978.		
My Heart Stood Still Barry Harris, *Preminando,* Riverside, 1960.		
My Ideal Kenny Dorham, *Quiet Kenny,* Prestige, 1959.		22
My Little Brown Book Duke Ellington And John Coltrane, MCA/Impulse, 1962.		
My Little Suede Shoes Charlie Parker, *Fiesta,* Verve, 1951.		6
My Man's Gone Now Miles Davis, *Porgy And Bess,* Columbia, 1958.		
(Come To Me) My Melancholy Baby Thelonious Monk, *The London Collection, Volume I,* Black Lion, 1970.		
My Old Flame Cedar Walton, *Mosaic,* MusicMasters, 1990.		22
• My One And Only Love John Coltrane And Johnny Hartman, MCA/Impulse, 1963.		51
My Reverie Sonny Rollins, *Tenor Madness,* Prestige, 1956.		
• My Romance Red Garland, *A Garland Of Red,* Fantasy, 1956.	NRB 1	
• My Shining Hour Lewis Nash, *Rhythm Is My Business,* Evidence, 1989.	NRB 1	44, 61
My Ship Miles Davis, *Miles Ahead,* Columbia, 1957.	NRB 2	
• Naima John Coltrane, *Giant Steps,* Atlantic, 1959.	NRB 2	27
Namely You Sonny Rollins, *Newk's Time,* Blue Note, 1958.		40
Nancy With The Laughing Face John Coltrane, *Ballads,* MCA/Impulse, 1961.		40
• Nardis Joe Henderson, *The Kicker,* Blue Note, 1967.		50
Nature Boy The John Coltrane Quartet Plays, MCA/Impulse, 1965.	NRB 1	
The Nearness Of You, Joe Albany And Warne Marsh, *The Right Connection,* Prestige, 1957.		22, 59
• Nefertiti Miles Davis, *Nefertiti,* Columbia, 1967.	NRB 1	33
Never Let Me Go Bobby Hutcherson, *Color Schemes,* Landmark, 1985.		
New York Donald Brown, *Sources Of Inspiration,* Muse, 1989.		
• Nica's Dream Horace Silver, *Horace-Scope,* Blue Note, 1960.	NRB 2	18, 65
Nica's Tempo Donald Byrd And Gigi Gryce, *Jazz Lab,* Fantasy, 1957.		

Titel	Fake Book	Aebersold
Nice Work If You Can Get It Thelonious Monk, *The London Collection, Volume I*, Black Lion, 1970.		
• Night And Day Joe Henderson, *Inner Urge*, Blue Note, 1964.		51
• Night Dreamer Wayne Shorter, *Night Dreamer*, Blue Note, 1964.	NRB 2	33
• The Night Has A Thousand Eyes John Coltrane, *Coltrane's Sound*, Atlantic, 1960.		52
A Nightingale Sang In Berkeley Square Stanley Cowell, *Back To The Beautiful*, Concord, 1989.	NRB 2	
• A Night In Tunisia Bud Powell, *The Amazing Bud Powell, Volume II*, Blue Note, 1951.		43
The Night We Called It A Day James Williams, *Magical Trio 1*, EmArcy, 1987.		
• No Blues (alias Pfrancing) Miles Davis, *Someday My Prince Will Come*, Columbia, 1961.		
Nobody Else But Me Kenny Dorham, *Showboat*, Bainbridge, 1960.		
No Moon At All Phineas Newborn, Jr., *While My Lady Sleeps*, Bluebird, 1958.	NRB 2	
Nostalgia In Times Square Charles Mingus, *Mingus In Wonderland*, Blue Note, 1959.		
• Now's The Time Charlie Parker, *Now's The Time*, Verve, 1953.		6
Nutty Jerry Gonzalez, *Rumba Para Monk*, Sunnyside, 1988.		
Nutville Horace Silver, *The Cape Verdean Blues*, Blue Note, 1965.	NRB 2	17
Oblivion *The Amazing Bud Powell*, Verve, 1951.		
Off Minor Thelonious Monk, *Genius Of Modern Music, Volume I*, Blue Note, 1947.	NRB 1	56
O Grande Amor Stan Getz, *Sweet Rain*, Verve, 1967.		
Ojos De Rojo Cedar Walton, *Eastern Rebellion*, Muse, 1975.		35
• Old Folks Miles Davis, *Someday My Prince Will Come*, Columbia, 1961.		
• Oleo Miles Davis, *Relaxin'*, Prestige, 1956.	NRB 1	8, 65
Oliloqui Valley Herbie Hancock, *Empyrean Isles*, Blue Note, 1964.	WGFB	
Ol' Man River Kenny Dorham, *Showboat*, Bainbridge, 1960.		
On A Clear Day Eddie Palmieri And Cal Tjader, *El Sonido Nuevo*, Verve, 1966.		
On A Misty Night Tadd Dameron, *Mating Call*, Fantasy, 1956.		
On A Slow Boat To China Charlie Parker, *Bird At The Roost*, Savoy, 1949.		
• Once I Loved (alias O Amor Em Paz) Joe Henderson, *The Kicker*, Fantasy, 1967.	NRB 1	31
One By One Art Blakey And The Jazz Messengers, *Ugetsu*, Blue Note, 1963.	WGFB	
One Down, One Up John Coltrane, *New Thing At Newport*, GRP/Impulse, 1965.		
One Finger Snap Herbie Hancock, *Empyrean Isles*, Blue Note, 1964.	NRB 3	
One Note Samba Stan Getz, *Getz Au Go-Go*, Verve, 1964.		31
One's Own Room Mulgrew Miller, *Wingspan*, Landmark, 1987.		
On The Nile Charles Tolliver, *Music, Inc.*, Strata-East, 1970.		
On The Sunny Side Of The Street Dizzy Gillespie, Sonny Stitt, Sonny Rollins, *Sonny Side Up*, Verve, 1957.	NRB 2	49
On The Trail Donald Byrd, *Mustang*, Blue Note, 1966.		34
Opus De Funk *The Horace Silver Trio, Volume II*, Blue Note, 1953.	NRB 3	
Organ Grinder Woody Shaw, *Woody Three*, Columbia, 1979.		
Oriental Folk Song Wayne Shorter, *Night Dreamer*, Blue Note, 1964.		

Titel	Fake Book	Aebersold
• Ornithology Charlie Parker, *Bird At The Roost Volume I*, Savoy, 1949.		6
An Oscar For Treadwell Charlie Parker und Dizzy Gillespie, *Bird And Diz*, Verve, 1950.		
• Our Delight Phineas Newborn, Jr., Paul Chambers und Roy Haynes, *We Three*, Prestige, 1958.		
Our Love Is Here To Stay Jackie McLean, *McLean's Scene*, Prestige, 1957.		25
Our Man Higgins Lee Morgan, *Cornbread*, Blue Note, 1965.		
Our Waltz Rahsaan Roland Kirk, *Introducing Roland Kirk*, Chess, 1960.		
• Out Of Nowhere Art Tatum, *The Complete Pablo Solo Masterpieces*, Pablo, 1955.		22, 59
Out Of This World The John Coltrane Quartet Plays, MCA/Impulse, 1965.	NRB 1	46
Overtaken By A Moment Donald Brown, *Sources Of Inspiration*, Muse, 1989.		
• Over The Rainbow *The Amazing Bud Powell, Volume I*, Blue Note, 1951.	NRB 3	34
Ow! Dizzy Gillespie, *The Complete RCA Victor Recordings*, Bluebird, 1947.		
Pannonica Thelonious Monk, *Criss Cross*, Columbia, 1963.		
Paris Eyes Larry Young, *Into Somethin'*, Blue Note, 1964.		
• Parisian Thoroughfare *The Amazing Bud Powell, Volume II*, Blue Note, 1951.		
Parker's Mood Barry Harris, *Maybeck Recital Hall Series*, Concord, 1990.		
The Party's Over Bobby Timmons, *This Here Is*, Riverside, 1960.		25
• Passion Dance McCoy Tyner, *The Real McCoy*, Blue Note, 1967.		
Passion Flower Duke Ellington, *Piano Reflections*, Capitol, 1953.		
Paul's Pal Sonny Rollins, *Tenor Madness*, Prestige, 1956.		
• Peace Horace Silver, *Blowin' The Blues Away*, Blue Note, 1959.	NRB 2	17
Peace Piece *Everybody Digs Bill Evans*, Fantasy, 1958.		
Penelope Wayne Shorter, *Etcetera*, Blue Note, 1965.		
Pennies From Heaven Stan Getz And The Oscar Peterson Trio, Verve, 1957.		
• Pensativa Art Blakey And The Jazz Messengers, *Free For All*, Blue Note, 1964.	WGFB, LRB	60
• Pent-Up House Sonny Rollins Plus Four, Prestige, 1956.	NRB 1	8
People Wallace Roney, *A Breath Of Seth Air*, Muse, 1991.		
• Perdido Duke Ellington und Billy Strayhorn, *Piano Duets: Great Times!*, Riverside, 1958.	NRB 2	12, 65
Peresina McCoy Tyner, *Expansions*, Blue Note, 1968.	WGFB	
Picadilly Lilly Dave Liebman, *Pendulum*, Artists House, 1978.		19
Pinocchio Miles Davis, *Nefertiti*, Columbia, 1967.	WGFB	
Played Twice Roy Haynes, *True Or False*, Free Lance, 1986.		
Poinciana Ahmad Jamal, *Poinciana*, MCA, 1958.		
• Polka Dots And Moonbeams Blue Mitchell, *Blue Soul*, Riverside, 1959.	NRB I	23, 58
Poor Butterfly Art Tatum, *The Genius*, Black Lion, 1945.		39
Poor People's March Bobby Hutcherson, *Spiral*, Blue Note, 1965.		
A Portrait Of Jenny Red Garland, *Manteca*, Prestige, 1958.		
Power To The People Joe Henderson, *Power To The People*, Milestone, 1969.		

Titel	Fake Book	Aebersold
The Preacher *Horace Silver Quintet, Volume II,* Blue Note, 1955.		17
• Prelude To A Kiss Duke Ellington, *Piano Reflections,* Capitol, 1953.	NRB 3	12
Pretty Eyes Horace Silver, *The Cape Verdean Blues,* Blue Note, 1965.		
Prince Albert Art Blakey And The Jazz Messengers, *At The Café Bohemia,* Blue Note, 1955.		36
Prisoner Of Love Art Tatum, *The Complete Pablo Solo Masterpieces,* Pablo, 1955.		46
Punjab Joe Henderson, *In 'n Out,* Blue Note, 1964.	NRB 3	
Pursuance John Coltrane, *A Love Supreme,* MCA/Impulse, 1964.	WGFB	
Put Your Little Foot Right Out Miles Davis, *Live At The Blackhawk,* Columbia, 1961.		
Quasimodo Clifford Jordan, *The Adventurer,* Muse, 1978.	WGFB	
Quicksilver *The Horace Silver Trio, Volume II,* Blue Note, 1953.	NRB 2	18
Rahsaan's Run Woody Shaw, *Lotus Flower,* Enja, 1982.		
Rain Check Duke Ellington, *And His Mother Called Him Bill,* Bluebird, 1967.		
Ramblin' Ornette Coleman, *Change Of The Century,* Atlantic, 1960.		
Rapture Harold Land und Blue Mitchell, *Mapenzi,* Concord, 1977.	NRB 1	
Ray's Idea Phineas Newborn, Jr., *Harlem Blues,* Contemporary, 1969.		36
• Recordame (alias No Me Esqueca) Joe Henderson, *Page One,* Blue Note, 1963.	NRB 1	38
Red Clay Freddie Hubbard, *Red Clay,* CTI, 1970.		60
Red Cross Charlie Parker, *The Bird On Savoy, Part I,* BYG, 1944.		
Red Top Errol Garner, *Concert By The Sea,* Columbia, 1955.		
Reflections Sonny Rollins, *Volume II,* Blue Note, 1957.		
Reflections In D Duke Ellington, *Piano Reflections,* Capitol, 1953.		
Relaxin' At Camarillo Joe Henderson, *Relaxin' At Camarillo,* Contemporary, 1979.		
Remember Hank Mobley, *Soul Station,* Blue Note, 1960.		
Resolution John Coltrane, *A Love Supreme,* MCA/Impulse, 1964.	WGFB	
• Rhythm-A-Ning Thelonious Monk, *Criss Cross,* Columbia, 1963.		
Right Now Jackie McLean, *Right Now,* Blue Note, 1965.		
Riot Herbie Hancock, *Speak Like A Child,* Blue Note, 1968.		
Rise 'n Shine John Coltrane, *Settin' The Pace,* Prestige, 1958.		
Robbin's Nest John Coltrane, *Wheelin' And Dealin',* Prestige, 1957.	NRB 1	36
Rockin' In Rhythm Steve Lacy, *Soprano Sax,* Fantasy, 1957.		
Room 608 Horace Silver, *Silver's Serenade,* Blue Note, 1963.		18
Rose Room Charlie Christian, *The Genius Of The Electric Guitar,* Columbia, 1940.		
Rosewood Woody Shaw, *Rosewood,* Columbia, 1977.	WGFB	
• 'Round Midnight Thelonious Monk, *Genius Of Modern Music, Volume I,* Blue Note, 1947.		40, 56
• Ruby My Dear Thelonious Monk, *Solo Monk,* Columbia, 1965.	NRB 1	36, 56
Russian Lullaby John Coltrane, *Soultrane,* Prestige, 1958.		
Sail Away Tom Harrell, *Sail Away,* Contemporary, 1989.	NRB3	63

Titel	Fake Book	Aebersold
St. Louis Blues Red Garland, *Red In Bluesville*, Fantasy, 1959.		
• St. Thomas Sonny Rollins, *Saxophone Colossus*, Prestige, 1956.	NRB 1	8
• Salt Peanuts Miles Davis, *Steamin'*, Prestige, 1956.		
Samba De Orpheus Sonny Stitt, *Made For Each Other*, Delmark, 1972.		
Same Shame Bobby Hutcherson, *Total Eclipse*, Blue Note, 1968.		
• Sandu Freddie Hubbard And Woody Shaw, *Double Take*, Blue Note, 1985.	NRB 1	53
Sans Souci Donald Byrd und Gigi Gryce, *Jazz Lab*, Fantasy, 1957.		
Satellite John Coltrane, *Coltrane's Sound*, Atlantic, 1960.		
• Satin Doll McCoy Tyner, *Bon Voyage*, Timeless, 1987.	NRB 1	12, 54
Say It (Over And Over Again) John Coltrane, *Ballads*, MCA/Impulse, 1961.		
The Scene Is Clean Clifford Brown und Max Roach, *At Basin Street*, Emarcy, 1956.		
• Scrapple From The Apple Charlie Parker, *Bird At The Roost*, Savoy, 1949.		6
• Search For Peace McCoy Tyner, *The Real McCoy*, Blue Note, 1967.	NRB 1	
Second Balcony Jump Dexter Gordon, *Go!*, Blue Note, 1962.		
• Secret Love Donald Byrd, *Slow Drag*, Blue Note, 1967.		34, 61
Señor Blues Horace Silver, *Six Pieces Of Silver*, Blue Note, 1956.	NRB 2	
September In The Rain Red Garland, *A Garland Of Red*, Prestige, 1956.		40
September Song Art Tatum, *The Complete Pablo Solo Masterpieces*, Pablo, 1953.	NRB 2	25
Serenata Meet The Jazztet, Argo, 1960.	NRB 3	52
• Serenity Joe Henderson, *In 'n Out*, Blue Note, 1964.		
The Serpent's Tooth Miles Davis, *Collector's Items*, Fantasy, 1953.		7
• Seven Steps To Heaven Miles Davis, *Seven Steps To Heaven*, Columbia, 1963.	NRB 2	50
A Shade Of Jade Joe Henderson, *Mode For Joe*, Blue Note, 1966.		
• The Shadow Of Your Smile Errol Garner, *That's My Kick*, Verve, 1967.	NRB 3	34, 59
Shall We Dance Cassandra Wilson, *Blue Skies*, JMT, 1988.		
Shaw Kenny Garrett, *African Exchange Student*, Atlantic, 1990.		
She Barry Harris, *Maybeck Recital Hall Series*, Concord, 1990.		
She's Funny That Way Art Tatum, *The Complete Pablo Solo Masterpieces*, Pablo, 1954.		
Shiny Stockings Jaki Byard, *Parisian Solos*, Futura, 1971.		
Short Story Joe Henderson, *In 'n Out*, Blue Note, 1964.	NRB 3	
The Sidewinder Lee Morgan, *The Sidewinder*, Blue Note, 1963.		
Silver's Serenade Horace Silver, *Silver's Serenade*, Blue Note, 1963.	NRB 2	17
Sippin' At Bells Sonny Clark, *Cool Struttin'*, Blue Note, 1958.		
Sister Sadie Horace Silver, *Blowin' The Blues Away*, Blue Note, 1959.		17
Sky Dive Freddie Hubbard, *Sky Dive*, CTI/CBS, 1972.		60
• Skylark Art Blakey And The Jazz Messengers, *Caravan*, Fantasy, 1962.	NRB 1	32
A Sleepin' Bee Bill Evans, *At The Montreux Jazz Festival*, Verve, 1968.	NRB 1	
Smile Dexter Gordon, *Dexter Calling*, Blue Note, 1961.		
• Smoke Gets In Your Eyes Art Tatum, *The Complete Pablo Solo Masterpieces*, Pablo, 1953.		55

DAS REPERTOIRE

Titel	Fake Book	Aebersold
So Beats My Heart For You Art Tatum, *The Complete Pablo Solo Masterpieces*, Pablo, 1955.		
Social Call Art Farmer und Gigi Gryce, *When Farmer Met Gryce*, Prestige, 1955.		
• Softly As In A Morning Sunrise John Coltrane, *Live At The Village Vanguard*, MCA/Impulse, 1961.		40
So In Love *Cedar Walton Plays*, Delos, 1986.		
• Solar Miles Davis All-Stars, Prestige, 1954.	NRB 1	7
Solid Woody Shaw, *Solid*, Muse, 1987.		8
Somebody Loves Me Bud Powell, *The Complete Blue Note And Roost Recordings*, Blue Note, 1947.		
• Someday My Prince Will Come Miles Davis, *Someday My Prince Will Come*, Columbia, 1961.	NRB 1	58
• Someone To Watch Over Me McCoy Tyner, *Revelations*, Blue Note, 1988.		
• Some Other Blues John Coltrane, *Coltrane Jazz*, Atlantic, 1959.	NRB 2	27
Some Other Spring Jaki Byard, *There'll Be Some Changes Made*, Muse, 1972.		
Some Other Time *Bill Evans And Tony Bennett*, Fantasy, 1975.		
Sometime Ago Bill Evans, *You Must Believe In Spring*, Warner Bros, 1977.		
Sometimes I'm Happy Oscar Peterson, *The Trio*, Verve, 1961.		
So Near So Far Miles Davis, *Seven Steps To Heaven*, Columbia, 1963.	NRB 3	
• Song For My Father Horace Silver, *Song For My Father*, Blue Note, 1963.	NRB 2	17, 54
• The Song Is You Grant Green, *Nigeria*, Blue Note, 1962.	NRB 1	15, 55
• Sonnymoon For Two Sonny Rollins, *A Night At The Village Vanguard, Volume II*, Blue Note, 1957.		
• Sophisticated Lady *Thelonious Monk Plays Ellington*, Riverside, 1955.	NRB 2	12
• Soul Eyes John Coltrane, *Coltrane*, MCA/Impulse, 1965.	WGFB	32
Soul-Leo Mulgrew Miller, *Wingspan*, Landmark, 1987.		
Soultrane Tadd Dameron, *Mating Call*, Fantasy, 1956.		
• So What Miles Davis, *Kind Of Blue*, Columbia, 1959.		50
• Speak Low McCoy Tyner, *Inception*, Impulse, 1962.	NRB 1	25, 65
• Speak No Evil Wayne Shorter, *Speak No Evil*, Blue Note, 1964.	NRB 1	33
Spiral John Coltrane, *Giant Steps*, Atlantic, 1959.		
S'posin' *The New Miles Davis Quintet*, Fantasy, 1955.		44
Spring Can Really Hang You Up The Most Kenny Burrell, *Groovin' High*, Muse, 1981.	NRB 2	
• Spring Is Here Kenny Barron, *Maybeck Recital Hall Series*, Concord, 1990.	NRB 3	34
• Stablemates *The New Miles Davis Quintet*, Fantasy, 1955.	NRB 2	14, 65
Stairway To The Stars John Coltrane, *The Coltrane Legacy*, Atlantic, 1959.	NRB 3	
• Stardust John Coltrane, *The Stardust Session*, Prestige, 1958.	NRB 2	52
• Star Eyes McCoy Tyner, *Nights Of Ballads And Blues*, Impulse, 1963.	NRB 3	34, 59
Stars Fell On Alabama Cannonball Adderley und John Coltrane, *Cannonball And Coltrane*, Emarcy, 1959.	NRB 3	52
Stay As Sweet As You Are McCoy Tyner, *Quartets 4x4*, Milestone, 1980.		
Steeplechase *Charlie Parker All Stars*, Savoy Jazz, 1948.		
• Stella By Starlight Miles Davis, *Cookin' At The Plugged Nickel*, Columbia, 1965.		15, 22, 59

Titel	Fake Book	Aebersold
Step Lightly Blue Mitchell, *The Thing To Do*, Blue Note, 1964.	NRB 3	
Stolen Moments Oliver Nelson, *Blues And The Abstract Truth*, MCA/Impulse, 1961.		
• Stompin' At The Savoy Stanley Cowell, *Maybeck Recital Hall Series*, Concord, 1990.	NRB 3	34
Stop Start Lee Morgan, *The Procrastinator*, Blue Note, 1967.		
Stormy Weather Woody Shaw, *Imagination*, Muse, 1987.	NRB 1	44
Straight Ahead Kenny Dorham, *Una Mas*, Blue Note, 1963.		
• Straight No Chaser Miles Davis, *Milestones*, Columbia, 1958.		
Straight Street John Coltrane, *Coltrane*, Prestige, 1957.	WGFB	
Straight Up And Down Chick Corea, *Inner Space*, Atlantic, 1966.	WGFB	
Street Of Dreams Grant Green, *Street Of Dreams*, Blue Note, 1964.	NRB 3	
Strictly Confidential *The Genius Of Bud Powell*, Verve, 1949.		
• Strollin' Horace Silver, *Horace-Scope*, Blue Note, 1960.	NRB 2	18
• Sugar Stanley Turrentine, *Sugar*, CTI/CBS, 1970.	NRB 3	49
Summer In Central Park Horace Silver, *In Pursuit Of The 27th Man*, Blue Note, 1972.	NRB 2	18
Summer Night Miles Davis With The Gil Evans Orchestra, *Quiet Nights*, Columbia, 1962.		
• Summertime Freddie Hubbard, *The Artistry Of Freddie Hubbard*, MCA/Impulse, 1963.		25, 54
Sunday Art Blakey Quartet, *A Jazz Message*, MCA/Impulse, 1963.		
Sunrise, Sunset Lee Morgan, *Delightfulee*, Blue Note, 1966.		
Sunshower Kenny Barron, *Maybeck Recital Hall Series*, Concord, 1990.		
Super Jet Tadd Dameron, *Mating Call*, Fantasy, 1956.		
The Surrey With The Fringe On Top McCoy Tyner, *Time For Tyner*, Blue Note, 1968.		
Sweet And Lovely Thelonious Monk, *Solo Monk*, Columbia, 1965.	NRB 2	59
Sweet Georgia Brown *The Genius Of Bud Powell*, Verve, 1949.		39
Sweet Lorraine Cedar Walton, *Maybeck Recital Hall Series*, Concord, 1992.	NRB 3	52
'S Wonderful Art Pepper With The Sonny Clark Trio, Volume I, TIS, 1953.		
Syeeda's Song Flute John Coltrane, *Giant Steps*, Atlantic, 1959.		
Tadd's Delight Sonny Clark Trio, *Sonny Clark Trio*, Blue Note, 1957.		
• Take The "A" Train Duke Ellington And Billy Strayhorn, *Piano Duets: Great Times!*, Riverside, 1958.	NRB 1	12, 65
Take The Coltrane Duke Ellington And John Coltrane, MCA/Impulse, 1962.		
Taking A Chance On Love Sonny Stitt, Bud Powell, J.J. Johnson, Prestige, 1949.	NRB 3	
• Tangerine Coleman Hawkins Encounters Ben Webster, Verve, 1959.		22
Teach Me Tonight Errol Garner, *Concert By The Sea*, Columbia, 1955.		41
Tea For Two Thelonious Monk, *Criss Cross*, Columbia, 1963.		51
Tell Me A Bedtime Story Herbie Hancock, *Fat Albert Rotunda*, Warner Bros, 1970.	WGFB	
Tempus Fugit *The Genius Of Bud Powell*, Verve, 1949.		
Tenderly Phineas Newborn, Jr., *Harlem Blues*, Contemporary, 1969.	NRB 1	44
• Tenor Madness Sonny Rollins, *Tenor Madness*, Prestige, 1956.		8

Titel	Fake Book	Aebersold
Tetragon Joe Henderson, *Tetragon*, Milestone, 1968.		
That Old Black Magic Ike Quebec, *Blue And Sentimental*, Blue Note, 1961.		
That Old Devil Moon Sonny Rollins, *A Night At The Village Vanguard, Volume II*, Blue Note, 1957.		25
That Old Feeling Art Blakey And The Jazz Messengers, *Three Blind Mice, Volume I*, Blue Note, 1962.	NRB 3	
That's All Donald Byrd, *Chant*, Blue Note, 1961.	NRB 2	41
Thelonious Thelonious Monk, *Underground*, Columbia, 1967.		56
• The Theme Miles Davis, *Workin'*, Prestige, 1956.		7
Theme For Ernie John Coltrane, *Soultrane*, Prestige, 1958.	NRB 1	36
Theme For Maxine Woody Shaw, *Rosewood*, Columbia, 1977.		
• There Is No Greater Love Miles Davis, *The Complete Concert, 1964*, Columbia.	NRB 2	34
There's A Small Hotel Art Tatum, *The Complete Pablo Solo Masterpieces*, Pablo, 1954.		20
• There Will Never Be Another You Woody Shaw, *Solid*, Muse, 1987.	NRB 1	15, 44
These Foolish Things Thelonious Monk, *Solo Monk*, Columbia, 1965.	NRB 1	
They Can't Take That Away From Me Red Garland, *All Mornin' Long*, Fantasy, 1957.		
They Say That Falling In Love Is Wonderful John Coltrane And Johnny Hartman, MCA/Impulse, 1963.		
• Things Ain't What They Used To Be Duke Ellington, *Piano Reflections*, Capitol, 1953.		
The Things We Did Last Summer Grant Green, *Nigeria*, Blue Note, 1962.		
Think Of One Thelonious Monk, *Criss Cross*, Columbia, 1963.		
• Think On Me Woody Shaw, *The Blackstone Legacy*, Contemporary, 1970.	WGFB	
This Can't Be Love Ahmad Jamal, *Poinciana*, MCA, 1958.		
This Here Bobby Timmons, *This Here Is*, Riverside, 1960.		13
This I Dig Of You Hank Mobley, *Soul Station*, Blue Note, 1960.		38, 59
This Is Always Dave McKenna, *My Friend The Piano*, Concord, 1986.		
This Is For Albert Art Blakey And The Jazz Messengers, *Caravan*, Fantasy, 1962.	WGFB	33
This Is New Kenny Drew, *The Riverside Collection*, Fantasy, 1957.	NRB 3	
This Love Of Mine Kenny Dorham, Bainbridge.		
This Time The Dream's On Me Steve Grossman, *Way Out East, Volume I*, Red Record, 1984.		
Thou Swell The Horace Silver Trio, Blue Note, 1952.		
Three Flowers McCoy Tyner, *Today And Tomorrow*, Impulse, 1963.		
Three Little Words Sonny Rollins, *Reevaluation: The Impulse Years*, Impulse, 1965.	NRB 2	51
Time After Time Curtis Counce, *Landslide*, Contemporary, 1957.		41
A Time For Love Bill Evans, *Alone*, Verve, 1969.		40
Time On My Hands Art Tatum, *The Complete Capitol Masterpieces, Volume I*, Capitol, 1949.		
Time Was John Coltrane, *Coltrane*, Prestige, 1957.		
Tiny Capers Clifford Brown, EMI, 1954.	NRB 3	53
To Kill A Brick Woody Shaw, *Woody Three*, Columbia, 1979.		
Tomorrow's Destiny Woody Shaw, *Little Red's Fantasy*, Muse, 1976.		9
Tom Thumb Wayne Shorter, *Schizophrenia*, Blue Note, 1967.		

Titel	Fake Book	Aebersold
Tones For Joan's Bones Chick Corea, *Inner Space*, Atlantic, 1966.	WGFB	
Too Marvelous For Words Art Tatum, *The Complete Pablo Solo Masterpieces*, Pablo, 1953.		39
Too Young To Go Steady John Coltrane, *Ballads*, MCA/Impulse, 1961.		52
The Touch Of Your Lips Woody Shaw, *Setting Standards*, Muse, 1983.		
Tour De Force Dizzy Gillespie, *Tour De Force*, Verve, 1955.		
Toy Tune Wayne Shorter, *Etcetera*, Blue Note, 1965.	NRB 3	
Tricotism Lucky Thompson, *Tricotism*, Impulse, 1956.		
Trinkle Tinkle Thelonious Monk, *The London Collection, Volume I*, Black Lion, 1970.		
Triste Joe Henderson, *Double Rainbow*, Verve, 1994.	NRB 1, LRB	
• Tune Up Miles Davis, *Cookin'*, Prestige, 1956.	NRB 1	7, 65
26-2 John Coltrane, *Coltrane's Sound*, Atlantic, 1960.	NRB 2	28
Two Bass Hit Sonny Clark Trio, *Sonny Clark Trio*, Blue Note, 1957.		
Tyrone Larry Young, *Into Somethin'*, Blue Note, 1964.		
Ugetsu (alias Fantasy In D) Art Blakey And The Jazz Messengers, *Ugetsu*, Blue Note, 1963.		35
Una Mas Kenny Dorham, *Una Mas*, Blue Note, 1963.		
Una Muy Bonita Ornette Coleman, *Change Of The Century*, Atlantic, 1960.	WGFB	
Undecided Red Garland, *High Pressure*, Fantasy, 1957.		
Unforgettable Pepper Adams Quintet, VSOP, 1957.	NRB 2	58
United Woody Shaw, *United*, Columbia, 1981.		
• Unit Seven Wynton Kelly And Wes Montgomery, *Smokin' At The Half Note*, Verve, 1965.	NRB 1	13
Un Poco Loco *The Amazing Bud Powell, Volume I*, Blue Note, 1951.		
Until The Real Thing Comes Along Dexter Gordon, *A Swingin' Affair*, Blue Note, 1962.		
Up 'gainst The Wall John Coltrane, *Impressions*, MCA/Impulse, 1962.		28
• Up Jumped Spring Art Blakey And The Jazz Messengers, *Three Blind Mice, Volume I*, Blue Note, 1962.	NRB 1	60
• Upper Manhattan Medical Group (alias UMMG) Duke Ellington, *And His Mother Called Him Bill*, Bluebird, 1967.		
• Valse Hot Max Roach, *Jazz In 3/4 Time*, Emarcy, 1958.		8
Valse Triste Wayne Shorter, *The Sooth- sayer*, Blue Note, 1965.		
Very Early Bill Evans, *Re: Person I Knew*, Fantasy, 1974.	NRB 1	45
The Very Thought Of You Art Tatum, *The Complete Pablo Solo Masterpieces*, Pablo, 1953.		41
Vierd Blues Miles Davis, *Collector's Items*, Prestige, 1953.		7
Violets For Your Furs John Coltrane, *Coltrane*, Prestige, 1957.		23
Virgo Wayne Shorter, *Night Dreamer*, Blue Note, 1964.		33
Voyage Benny Golson Quartet, LRC, 1990.	NRB 1	
Wabash Cannonball Adderley And John Coltrane, *Cannonball And Coltrane*, Emarcy, 1959.		
Wail *The Amazing Bud Powell, Volume I*, Blue Note, 1949.		
• Walkin' Miles Davis, *Cookin' At The Plugged Nickel*, Columbia, 1965.		

Titel	Fake Book	Aebersold
Waltz For Debby Bill Evans, *Waltz For Debby*, Fantasy, 1961.	NRB 1	45
Warm Valley Kenny Barron, *The Only One*, Reservoir, 1990.	NRB 3	48
Watch What Happens Phineas Newborn, Jr., *Back Home*, Contemporary, 1976.	NRB 1	
Watermelon Man Herbie Hancock, *Takin' Off*, Blue Note, 1962.		11, 54
The Water's Edge Tom Harrell, *Visions*, Contemporary, 1987.		63
• Wave McCoy Tyner, *Supertrios*, Milestone, 1977.	NRB 1, LRB	31
• The Way You Look Tonight Wallace Roney, *The Standard Bearer*, Muse, 1989.	NRB 1	55, 61
• (You're A) Weaver Of Dreams Cannonball Adderley And John Coltrane, *Cannonball And Coltrane*, Emarcy, 1959.	NRB 1	46
We'll Be Together Again McCoy Tyner, *Nights Of Ballads And Blues*, Impulse, 1963.	NRB 1	
• Well, You Needn't Thelonious Monk, *Genius Of Modern Music, Volume I*, Blue Note, 1947.	NRB 1	56
West Coast Blues Tommy Flanagan, *Something Borrowed, Something Blue*, Fantasy, 1978.	NRB 1	43, 62
What A Difference A Day Made Mulgrew Miller, *From Day To Day*, Landmark, 1990.	NRB 2	
What Am I Here For? Clifford Brown And Max Roach, Emarcy, 1954.		
What Is There To Say? Benny Green, *In This Direction*, Criss Cross, 1988.		
• What Is This Thing Called Love Clifford Brown And Max Roach, *At Basin Street*, Emarcy, 1956.		15, 41
• What's New? John Coltrane, *Ballads*, MCA/Impulse, 1961.	NRB 1	41
What The World Needs Now Is Love Mulgrew Miller, *The Countdown*, Landmark, 1988.		
When I Fall In Love Miles Davis, *Steamin'*, Prestige, 1956.		
• When Lights Are Low Miles Davis, *Cookin'*, Prestige, 1956.	NRB 3	52
• When Sunny Gets Blue McCoy Tyner, *Today And Tomorrow*, Impulse, 1963.		49
When The Saints Go Marchin' In Blue Mitchell, *Out Of The Blue*, Fantasy, 1958.		
When Will The Blues Leave? Ornette Coleman, *Something Else!*, Fantasy, 1959.		
When You're Smiling Yusef Lateef, *Into Something*, Prestige/New Jazz, 1961.		
When Your Lover Has Gone Sonny Rollins, *Tenor Madness*, Prestige, 1956.		41
When You Wish Upon A Star Sonny Rollins, *Alternatives*, Bluebird, 1964.		58
Where Are You? Dexter Gordon, *Go!*, Blue Note, 1962.	NRB 3	
Where Or When Errol Garner, *Concert By The Sea*, Columbia, 1955.		
While My Lady Sleeps John Coltrane, *Coltrane*, Prestige, 1957.		
Whispering Miles Davis And Horns, Prestige, 1953.		
• Whisper Not Benny Golson's New York Scene, Contemporary, 1957.	NRB 2	14
Who Can I Turn To? Mulgrew Miller, *Time And Again*, Landmark, 1991.	NRB 1	
Who Cares? Geoff Keezer, *Waiting In The Wings*, Sunnyside, 1988.		
Why Do I Love You? Kenny Dorham, *Showboat*, Bainbridge, 1960.		55
Why Was I Born? Red Garland, *The PC Blues*, Prestige, 1957.		
• Wild Flower Wayne Shorter, *Speak No Evil*, Blue Note, 1964.	NRB 1	33
Willow Weep For Me Red Garland, *Groovy*, Prestige, 1956.	NRB 1	
Will You Still Be Mine? Red Garland, *Groovy*, Prestige, 1956.	NRB 2	23
• Windows Stan Getz, *Sweet Rain*, Verve, 1967.	NRB 2	
Wingspan Mulgrew Miller, *Wingspan*, Landmark, 1987.		

Titel	Fake Book	Aebersold
Wise One John Coltrane, *Crescent*, MCA/Impulse, 1964.	NRB 2	
• Witchcraft Kenny Barron, *Maybeck Recital Hall Series*, Concord, 1990.	NRB 1	44
• Witch Hunt Wayne Shorter, *Speak No Evil*, Blue Note, 1964.	WGFB	33
With A Song In My Heart Sonny Clark, *Sonny's Crib*, Blue Note, 1957.		51
• Without A Song Joe Henderson, *The Kicker*, Blue Note, 1967.	NRB 2	34
Wives And Lovers Grant Green, *Matador*, Blue Note, 1965.		22
Wonderful, Wonderful Sonny Rollins, *Newk's Time*, Blue Note, 1958.		
• Woody'n You (alias Algo Bueno) Miles Davis, *Relaxin'*, Prestige, 1956.	NRB 2	65
Work Steve Lacy, *Soprano Sax*, Fantasy, 1957.		
Work Song Cannonball Adderley, *Them Dirty Blues*, Riverside, 1960.		13
Worry Later (alias San Francisco Holiday) Thelonious Monk, *Evidence*, Milestone, 1959.		
Wrap Your Troubles In Dreams Art Tatum, *The Complete Pablo Solo Masterpieces*, Pablo, 1953.	NRB 2	
• Yardbird Suite Max Roach Plays Charlie Parker, Emarcy, 1958.		6
• Yes Or No Wayne Shorter, *Juju*, Blue Note, 1964.	NRB 1	33
• Yesterdays Art Tatum, *The Complete Pablo Solo Masterpieces*, Pablo, 1953.	NRB 1	55
You And The Night And The Music Mulgrew Miller, *Time And Again*, Landmark, 1991.		41
You Are Too Beautiful John Coltrane And Johnny Hartman, MCA/Impulse, 1963.		
You'd Be So Nice To Come Home To McCoy Tyner, *Today And Tomorrow*, Impulse, 1963.		
• You Don't Know What Love Is John Coltrane, *Ballads*, MCA/Impulse, 1961.		32
You Go To My Head The Amazing Bud Powell, *Volume I*, Blue Note, 1949.		40
• You Know I Care Joe Henderson, *Inner Urge*, Blue Note, 1964.		
You Leave Me Breathless John Coltrane With The Red Garland Trio, *Traneing In*, Prestige, 1957.		
Young And Foolish Bill Evans And Tony Bennett, Fantasy, 1975.		
You're Blasé Art Tatum, *The Complete Pablo Solo Masterpieces*, Pablo, 1954.		
You're Driving Me Crazy Art Tatum, *The Complete Pablo Solo Masterpieces*, Pablo, 1953.		
You're Mine You Benny Golson, *New York Scene*, Fantasy, 1957.		
• You're My Everything Freddie Hubbard, *Hub-Tones*, Blue Note, 1962.	NRB 2	41
• You Say You Care John Coltrane, *Soultrane*, Prestige, 1958.	NRB 2	23
• You Stepped Out Of A Dream Dexter Gordon, *A Swingin' Affair*, Blue Note, 1962.	NRB 3	34, 59
You Taught My Heart To Sing McCoy Tyner, *Revelations*, Blue Note, 1988.		
You Took Advantage Of Me Art Tatum, *The Complete Capitol Recordings, Volume II*, Capitol, 1949.		
• You've Changed Yusef Lateef, *Into Something*, Fantasy, 1961.	NRB 3	32
Y Todavia La Quiero Joe Henderson, *Relaxin' At Camarillo*, Fantasy, 1979.		

Teil V
Sonstiges

Kapitel 22 **Salsa und Latin Jazz**
    Was versteht man unter ›lateinamerikanischer Musik‹? 420
    Die Clave 421
    Der unsichtbare Taktstrich 427
    Historischer Rückblick 428

Kapitel 23 **›Loose Ends‹**
    Die vier Mythen 431
    Die harmonische Mollskala 433
    Die harmonische Durskala 436
    4 Ton-Skalen 438
    Die Grenzen der traditionellen Musiktheorie 440
    Falsche Töne 441
    Kritik 441
    Lesenswerte Bücher 442

Kapitel 24 **Hörbeispiele** 443
    Register 457

Kapitel Zweiundzwanzig
Salsa und Latin Jazz

- **Was versteht man unter ›lateinamerikanischer Musik‹?**
- **Die Clave**
- **Der unsichtbare Taktstrich**
- **Historischer Rückblick**

Die Thematik der lateinamerikanischen Musik ist so umfangreich, daß zu ihrer Bewältigung mehrere Bücher notwendig wären. Dieses Kapitel beschränkt sich daher auf diejenigen Fertigkeiten, die ein Jazzmusiker zur Bearbeitung von Jazzstücken mit afrokubanischen Rhythmen benötigt. Zunächst aber einige Gedanken zur lateinamerikanischen Musik im allgemeinen.

Was versteht man unter ›lateinamerikanischer Musik‹?

Nordamerikaner verwenden den Begriff »lateinamerikanische Musik« sehr undifferenziert, als handle es sich um einen homogenen Musikstil und nicht um das unglaublich komplexe Mosaik, das sie tatsächlich darstellt. Die Musik zwischen Rio Grande und Feuerland wurde von Afrika, Spanien, Portugal, Britannien, Frankreich, den Niederlanden, Italien, Deutschland, dem Mittleren Osten, Indien sowie Tausenden einheimischer, amerikanischer Kulturen geprägt. Altiplano-Musik aus dem Hochland der Anden hat mit mexikanischer Mariachi-Musik ungefähr so viel gemeinsam wie Mozart mit B. B. King. Natürlich gibt es eine Verbindung, aber sie ist sehr lose.

Brasilianische und afrokubanische Musik waren stets die beiden Haupteinflüsse lateinamerikanischer Musik auf den Jazz. Die brasilianische Musik würde den Rahmen dieses Buchs sprengen. Um afrokubanische Rhythmen zusammen mit Jazzstücken zu verwenden, müssen Sie ein ganz bestimmtes, rhythmisches Pattern namens *Clave* kennen, und genau darum geht es in diesem Kapitel.

Die Clave

Bei der afrokubanischen Musik, auch *Salsa* genannt, liegt ein besonderer Aspekt in ihrer strikten Bindung an eine rhythmische Figur namens *Clave*. In einer Salsa-Band spielt jedes Instrument der Rhythmusgruppe – Piano, Baß, Timbales, Congas, Bongos, Guiro, Cowbell – einen anderen Rhythmus. All diese Rhythmen passen wie die Stücke eines Puzzlespiels zusammen. Was sie miteinander verbindet und zusammenhält, ist die Clave.

Die Clave ist ein zweitaktiges, rhythmisches Pattern, das in zwei Formen vorkommt: ›3 & 2‹ Clave (**Beispiel 22.1**) und ›2 & 3‹ Clave (**Beispiel 22.2**). In der 3 & 2 Clave fallen die Akzente auf die Zählzeiten ›1‹, ›2und‹ sowie ›4‹ des ersten Takts sowie die Zählzeiten ›2‹ und ›3‹ des zweiten Takts. In 2 & 3 Clave wird das Pattern umgekehrt. Es gibt noch eine weitere Clave, die *Rumba Clave* bzw. *Afrikanische Clave* genannt wird (**Beispiel 22.3**). In dieser Clave wird im Takt mit drei Schlägen statt dem vierten Schlag die ›4und‹ betont. Alle Bestandteile der afrokubanischen Rhythmik – Schlagzeug-Patterns, Piano-Montuno, Baß-Tumbao, Phrasierung der Melodie, Bläsersätze – müssen auf diesen Clave-Rhythmus abgestimmt sein.

Beispiel 22.1

3 & 2 Clave

Beispiel 22.2

2 & 3 Clave

Beispiel 22.3

Afrikanische (oder ›Rumba‹) Clave

Fast die gesamte afrokubanische Musik beruht auf der 3 & 2 oder 2 & 3 Clave.[1] **Beispiel 22.4** zeigt die ersten Takte von »Ave Maria Morena«, einem traditionellen kubanischen Lied, das in 3 & 2 Clave geschrieben wurde. Wie Sie sehen, kommt im Rhythmus der Melodie die Clave deutlich zum Ausdruck. In den ersten drei Takten fallen Melodie und Clave an acht Stellen (die mit ›x‹ markiert sind) zusammen. Die wichtigste Regel ist, daß *die Clave nicht wechselt.*

Beispiel 22.4

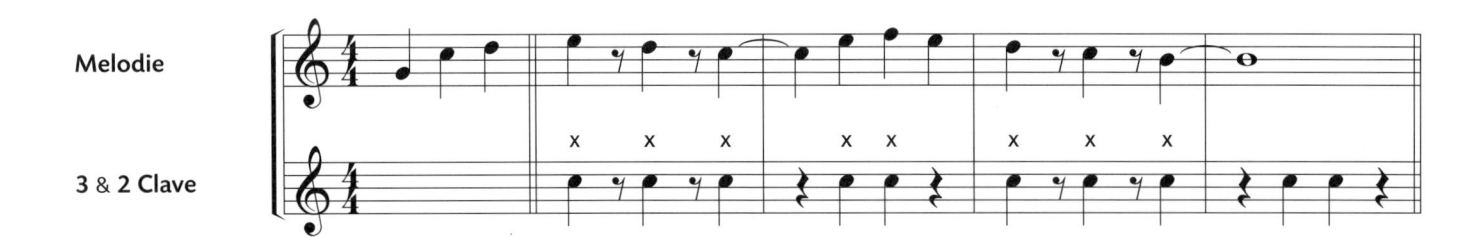

Bei der Bearbeitung von Jazzstücken mit afrokubanischen Rhythmen kann diese Regel eine Menge Probleme verursachen. Sie müssen sich entscheiden, ob das Stück in 3 & 2 oder 2 & 3 Clave gespielt werden soll. Sehr oft bestimmt dabei der Rythmus der Melodie die Wahl, wie in dem 2 & 3 Pattern der ersten vier Takte der Intro von Freddie Hubbards Stück »Birdlike«[2] (**Beispiel 22.5**). In den ersten vier Takten von Freddies Intro fallen die Melodietöne an neun von zehn möglichen Stellen mit der Clave zusammen.

Beispiel 22.5

Ein weiteres Stück, dem ganz deutlich eine Clave-Figur zugrunde liegt, ist Cedar Waltons »Ojos De Rojo«.[3] In den ersten vier Takten fällt die Melodie der Intro von Cedars Stück an zehn von zehn möglichen Stellen zusammen (**Beispiel 22.6**).

---

[1] Eine Ausnahme bildet die *Bomba* aus Puerto Rico, die auf einem eintaktigen Rhythmuspattern basiert.
[2] Freddie Hubbard, *Ready For Freddie*, Blue Note, 1961.
[3] Cedar Walton, *Eastern Rebellion 2*, Timeless, 1975.

Beispiel 22.6

Da sich Jazzkomponisten im allgemeinen nicht mit dem Clave-Rhythmus beschäftigen, kann man viele Jazzstücke teils dem 3 & 2, teils dem 2 & 3, jedenfalls aber keinem bestimmten Clave-Rhythmus zuordnen. Es ist schwierig, solche Stücke mit afrokubanischen Rhythmen zu bearbeiten, es sei denn, man verändert den Rhythmus der Melodie, fügt Takte hinzu oder läßt Takte weg. Aus diesem Grunde schlagen viele Versuche, die in dieser Richtung unternommen werden, fehl (»Hey, spielen wir doch mal ›Inner Urge‹ zur Abwechslung als Mambo«). Ein Stück muß für eine wirklich gut klingende Bearbeitung ausschließlich einem der beiden Clave-Rhythmen zugeordnet werden können.

Beispiel 22.7 zeigt die ersten vier Takte von Miles Davis' »Tune Up«. Die Notensysteme unter der Melodielinie demonstrieren, in welchem Maß der melodische Rhythmus von »Tune Up« mit 3 & 2 bzw. 2 & 3 Clave übereinstimmt. Wie Sie sehen, fällt die Melodie nur einmal mit einer 2 & 3 Clave zusammen, aber viermal mit 3 & 2. Das bedeutet aber nicht, daß Sie »Tune Up« unbedingt in 3 & 2 spielen müssen.

Beispiel 22.7

Wenn Sie im zweiten Takt den Rhythmus der Melodie verändern (**Beispiel 22.8**), fällt »Tune Up« dreimal in diesem Takt mit der 2 & 3 Clave zusammen. Und was noch wichtiger ist, zwei der drei nun mit der Clave zusammenfallenden Töne liegen auf den Schlägen ›3und‹ und ›4‹, den betonten Zählzeiten der Clave. Da alle drei Melodietöne im selben Takt mit der Clave zusammenfallen, wird das Clave-Feeling enorm verstärkt.

Beispiel 22.8

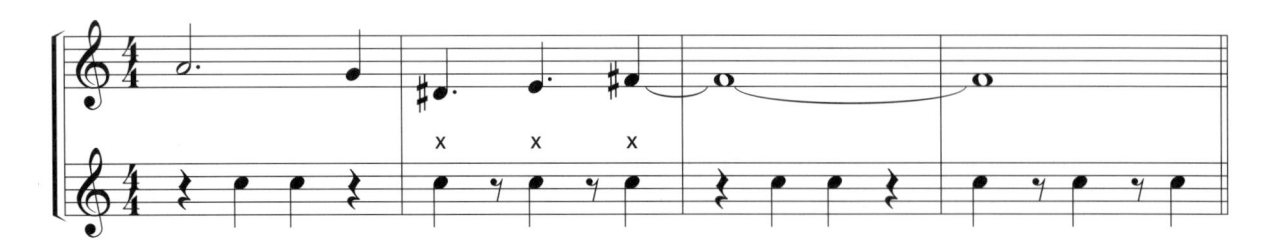

Melodie verändert

2 & 3 Clave

Beispiel 22.9 zeigt die ersten beiden Takte von Thelonious Monks »Bye-Ya«[4], zu dem die 2 & 3 Clave zu passen scheint. Die Melodietöne im achten Takt – drei Viertelnoten – stimmen aber nicht mit den drei Schlägen des 2 & 3 Patterns überein (**Beispiel 22.10**). Schreibt man aber die Melodie in Takt 8 als zwei punktierte Viertelnoten gefolgt von einer Viertelnote um, paßt sie zur 2 & 3 Clave (**Beispiel 22.11**).

Beispiel 22.9

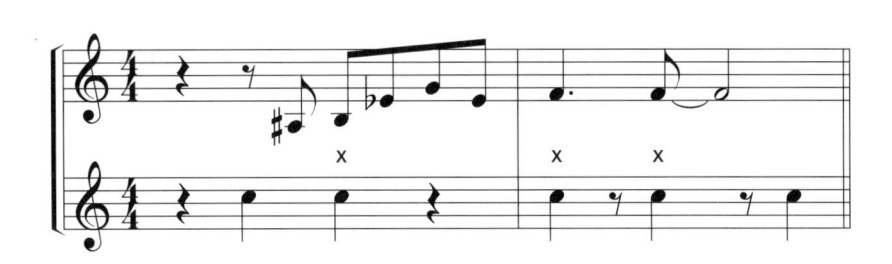

Melodie

2 & 3 Clave

Beispiel 22.10

Original-Melodie

2 & 3 Clave

[4] Thelonious Monk, *Monk's Dream*, Columbia, 1962.

Beispiel 22.11

Melodie verändert

2 & 3 Clave

Um ein Stück an die Clave anzupassen, müssen Sie oft nur ein oder zwei Töne verändern. Und manche Stücke passen sogar ohne große Veränderungen mehr oder weniger zu beiden Clave–Patterns. Einmal arbeitete ich mit einer Band zusammen, die Thelonious Monks »Straight, No Chaser« als Mambo in 2 & 3 Clave spielte. Ab und zu wechselten wir auf 3 & 2 Clave, ohne etwas zu verändern, und es klappte auch.

Das beste Beispiel für einen Jazzmusiker, der eine Clave-Bearbeitung an einem bereits bestehenden Stück vornimmt, ist Max Roach, der auf den drei Aufnahmen von Bud Powells »Un Poco Loco« seinen Cowbell-Part entsprechend entwickelt. Glücklicherweise brachte Blue Note alle drei Aufnahmen heraus, die Bud, Max und der Bassist Curly Russel an jenem Tag im Jahre 1951 machten, und die Entwicklung des Cowbellparts von Max ist ein Paradebeispiel für die Bearbeitung eines Jazzstücks im Clave-Rhythmus. **Beispiel 22.12** zeigt die ersten vier Takte von Buds Melodie, die ganz offensichtlich auf das 3 & 2 Pattern des unteren Notensystems schließen läßt. **Beispiel 22.13** zeigt die ersten beiden Takte der ersten Aufnahme, bei der das Cowbell-Pattern von Max innerhalb der zweitaktigen Phrase nur zweimal mit der Clave zusammenfällt. Aus Unzufriedenheit über sein eigenes Spielen wechselte Max auf der zweiten und dritten Aufnahme auf das Pattern in **Beispiel 22.14.** Wie Sie sehen, fällt sein neues Cowbell-Pattern innerhalb der zweitaktigen Phrase dreimal mit der Clave zusammen und unterstützt vor allem im ersten Takt den Rhythmus von Buds Melodie.[5]

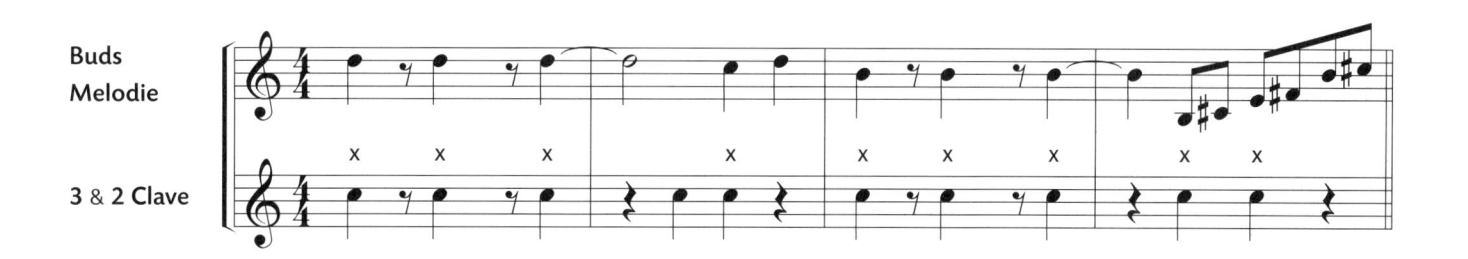

Beispiel 22.12

Buds Melodie

3 & 2 Clave

[5] *The Amazing Bud Powell,* Blue Note, 1951. Innerhalb der Jazzgemeinschaft gehen die Meinungen darüber auseinander, ob Plattenfirmen sog. alternate takes, d.h. mehrere Aufnahmen desselben Stücks, herausbringen sollen. Viele Musiker sind dagegen. Maler und Schriftsteller können die Werke, die sie selbst für minderwertig halten, zerstören. Eine Plattenfirma kann dagegen jede Aufnahme veröffentlichen, egal, wie schlecht sie ist, es sei denn, im Vertrag ist ausdrücklich festgelegt, daß die künstlerische Leitung beim Musiker liegt. Die zufällige Veröffentlichung aller drei Aufnahmen von »Un Poco Loco« seitens Blue Note ist allerdings ein gutes Gegenargument, nämlich daß der historische Wert selbst minderwertiger Aufnahmen von meisterhaften Musikern wie Bud, Bird und Coltrane alles andere aufwiegt.

Beispiel 22.13

Buds Melodie

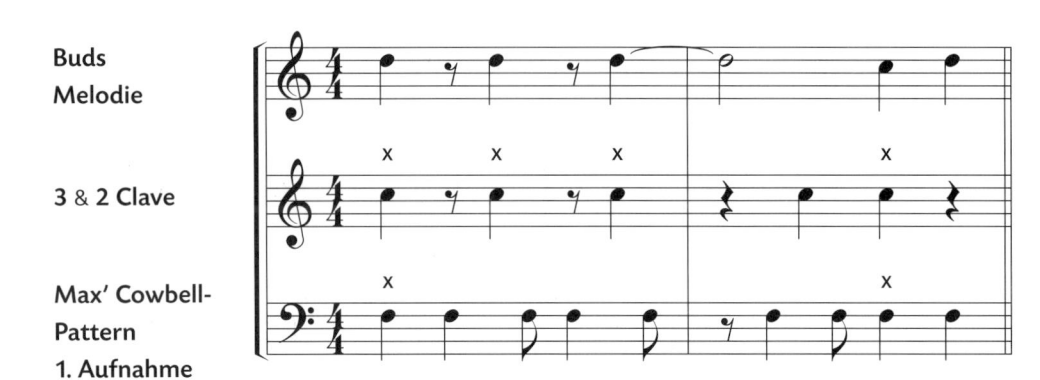

3 & 2 Clave

**Max' Cowbell-Pattern
1. Aufnahme**

Beispiel 22.14

Buds Melodie

3 & 2 Clave

**Max' Cowbell-Pattern
1. u. 2. Aufnahme**

Mulgrew Millers großartiges Stück »One's Own Room«[6] verdeutlicht, wie problematisch die Wahl der richtigen Clave für ein Jazzstück sein kann. In **Beispiel 22.15** läßt der Rhythmus der Melodie im vierten Takt auf ein 2 & 3 Pattern schließen. Der Schlagzeuger Tony Reedus geht darauf ein und spielt mit den Besen ein Cáscara-Pattern auf 2 & 3 (**Beispiel 22.15**, unteres System). Die Melodie im C-Teil des Stücks läßt jedoch eindeutig auf 3 & 2 schließen (**Beispiel 22.16**). Eine richtige Latin-Jazz Band müßte diese Differenz durch Hinzufügen bzw. Auslassen eines Takts oder eine Veränderung der Melodie beseitigen, so wie wir es bereits am Beispiel von »Tune Up« und »Bye-Ya« demonstriert haben. Weil Sie aber keine Latin-Jazz Band ist, muß sich eine Band wie das Contemporary Piano Ensemble, das diese Aufnahme von »One's Own Room« machte, nicht den strengen rhythmischen Regeln der afrokubanischen Musik unterwerfen. Würden jedoch Tito Puente oder das Orquestra Libre Mulgrews Stück spielen, müßten sie einige Veränderungen vornehmen.

---

[6] The Contemporary Piano Ensemble, *The Key Players*, Columbia, 1992.
[7] Ein Rhythmuspattern, das üblicherweise auf dem Gehäuse der Timbales gespielt wird.

Beispiel 22.15

Melodie

2 & 3 Clave

Tony Reedus'
Besen-Pattern

Beispiel 22.16

Melodie

3 & 2 Clave

Der unsichtbare Taktstrich

Aufgrund der Vielfalt sich überkreuzender Rhythmen entstehen in der lateinamerikanischen Musik häufig Probleme mit der Notation. In der Notenschrift westlicher Musik gilt die allgemeine Regel, daß ›der unsichtbare Taktstrich‹[8], der einen 4/4-Takt in zwei Hälften unterteilt, nicht überschrieben werden darf. In westlicher Musik ist diese Regel durchaus sinnvoll, aber lateinamerikanische Musik wird dadurch sehr schwer lesbar. **Beispiel 22.17** zeigt einen typischen Piano-Montuno (eine sich wiederholende, vamp-artige Figur), in traditioneller, westlicher Notation. Er enthält 15 Informationseinheiten (12 Noten und 3 Bindebögen). **Beispiel 22.18** zeigt dasselbe Pattern, wie es lateinamerikanische Musiker notieren (und lesen) würden. Der ›unsichtbare Taktstrich‹ wird ignoriert. Diese Version enthält nur 11 Informationseinheiten (10 Noten und 1 Bindebogen). Das Ignorieren des unsichtbaren Taktstrichs erzeugt ein Notenbild mit wesentlich weniger Achtelnoten und Bindebögen. Weil jeder Takt weniger Informationseinheiten enthält, ist das Notenbild leichter zu lesen. Sobald Sie sich einmal daran gewöhnt haben, werden Sie die lateinamerikanische Notation der konventionellen Schreibweise vorziehen.

Beispiel 22.17

Beispiel 22.18

[8] Auch ›imaginärer Taktstrich‹ genannt.

Historischer Rückblick

Die Begriffe ›afrokubanische Musik‹ und ›Salsa‹ sind etwas irreführend. Die Musik von Tito Puente, Jerry González, Mongo Santamaría, Emiliano Salvador, Eddie Palmieri und Cal Tjader ist eine Mixtur aus afrikanischen Rhythmen, der Musik Kubas, Puerto Ricos, der Dominikanischen Republik und amerikanischem Jazz. Der Begriff ›Salsa‹ (das spanische Wort für ›Sauce‹) ist eine Erfindung New Yorker Musikproduzenten und wird von vielen lateinamerikanischen Musikern ebenso abgelehnt wie der Begriff Jazz von vielen afro-amerikanischen Musikern abgelehnt wird.

Puerto Rico verknüpfte die afrokubanische Musik mit seinen eigenen Traditionen und entwickelte einen eigenen Stil. Seit den fünfziger Jahren sind zahlreiche Puertoricaner in die Vereinigten Staaten übersiedelt, darunter einige tausend Musiker, die sich in ›Nueva York‹ niedergelassen haben. Die Zentren der Salsa-Musik liegen heute hauptsächlich in New York, Miami, Havanna und San Juan, obwohl Havanna durch das von den USA verhängte Handelsembargo und Reiseverbot (das 1995, dem Erscheinungsjahr dieses Buchs, immer noch gültig ist) stark eingeschränkt ist. Salsa ist aber auch in anderen spanischsprachigen Ländern mit schwarzer Bevölkerung sehr populär, so z. B. in der Dominikanischen Republik, Panama, Nicaragua, Kolumbien und Venezuela.

Afrikanische Sklaven brachten Trommeln, ihre rhythmische Spielweise und ihren Gesang, der eine Frage-Antwort-Struktur aufweist, mit nach Kuba. Die Vermischung dieser Elemente mit der Harmonik, Melodik und den Lied- und Tanzformen der Spanier führte schließlich zur Entstehung der afrokubanischen Musik. Seit dem späten 19. Jahrhundert wurde die afrokubanische Musik auch vom Jazz beeinflußt. Dieser Einfluß wurde durch die geringe Entfernung zwischen Kuba und den Vereinigten Staaten noch gefördert. Der kulturelle Austausch fand jedoch in beiden Richtungen statt. Vor der kubanischen Revolution reisten zahlreiche Bands zwischen beiden Ländern hin und her. Von Anfang an war dem Jazz ein, wie man damals sagte, ›spanisches Flair‹ eigen, dessen Ursprung in den Handelsverbindungen lag, die zwischen Miami, New Orleans, Havanna und anderen karibischen Hafenstädten bestanden. Die Popularität der Latin Bands wie die von Xavier Cugat[9] in den dreißiger Jahren in den USA ebnete in den vierziger und fünfziger Jahren den Weg für die jazzbeeinflußten Big Bands von Machito[10] und Tito Puente.[11] Weitere Musiker, die Jazz mit afrokubanischer Musik verschmolzen, waren Mario Bauza[12], Juan Tizol (der Komponist von »Caravan« und ein langjähriges Mitglied der Band von Duke Ellington) und Chano Pozo, der in den vierziger Jahren mit Dizzy Gillespie[13] zusammenarbeitete. Wichtige Persönlichkeiten waren auch Peruchín (Pedro Justiz)[14], Cal Tjader[15], Mongo Santamaría[16], Willie Bobo[17], Jerry González[18] und vor allem Eddie Palmieri.[19] Tito Puente[20] verkleinerte in den achtziger Jahren seine Big Band zu einem Latin Jazz Sextett. Seine Band und Manny Oquendos Libre[21] sind zwei der besten Latin Jazz Formationen der neunziger Jahre.

---

[9] *Xavier Cugat & His Orchestra*, Tumbao, 1940-42.
[10] Machito, *Tremendo Cumban*, Tumbao, 1949-52.
[11] Tito Puente, *Cuban Carnival*, RCA.
[12] *Mario Bauza & Graciela*, Caimán.
[13] Dizzy Gillespie, *Pleyel 48*, Vogue, 1948.
[14] *Peruchín And His Rhythm*, Puchito.
[15] Cal Tjader, *Soul Burst*, Verve, 1966.
[16] Mongo Santamaría, *Mongo At The Village Gate*, Riverside, 1963.
[17] Willie Bobo, *Uno, Dos, Tres*, Verve, 1966.
[18] Jerry González, *Ya Yo Me Curé*, Pangea, 1979.
[19] Eddie Palmieri, *El Sonido Nuevo*, Verve, 1966.
[20] Tito Puente, *El Rey*, Concord Picante, 1984.
[21] Manny Oquendos Libre, *Mejor Que Nunca*, Milestone, 1994.

Eddie Palmieri ©David Belove. All Rights Reserved.

Viele amerikanische Jazzmusiker spielten mit Latin Bands, studierten ihre Musik und integrierten den Clave-Rhythmus in ihr Spiel. Dazu gehören die Pianisten Bud Powell[22], Chick Corea[23] und Herbie Hancock.[24] Viele Stücke von Thelonious Monk haben einen eindeutigen Bezug zur Clave, obwohl ich nicht weiß, ob Monk in jungen Jahren mit einer Latin Band gespielt oder sich jemals mit afrokubanischer Musik auseinandergesetzt hat. Jerry González[25] hat ein ganzes Album mit Monk-Stücken aufgenommen.

[22] Hören Sie sich Bud Powells bereits erwähntes »Un Poco Loco« an, auf *The Amazing Bud Powell,* Blue Note, 1951.
[23] Chick klingt besonders überzeugend auf »Descarga Cubana« auf Cal Tjaders Album *Soul Burst,* Verve, 1966; »Viva Peraza« auf Armando Perazas Album *Wild Thing,* Skye, 1968 sowie Joe Hendersons »Ya Todavia La Quiero« auf Joes Album *Relaxin' At Camarillo,* Contemporary, 1979.
[24] Herbie Hancock, *Inventions And Dimensions,* Blue Note, 1963.
[25] Jerry González, *Rumba Para Monk,* Sunnyside, 1988.

Die meisten Latin Jazz Bands gehen gewisse Kompromisse ein. Die Jazzmusiker in diesen Bands haben in ihrer Jugend ausschließlich Jazz gehört und verfügen nur über geringe Kenntnisse der lateinamerikanischen Musik. Dasselbe gilt in umgekehrter Weise für die lateinamerikanischen Musiker. Nur eine kleine Anzahl von Musikern, von denen die meisten aus New York kommen, sind mit beiden Musikstilen aufgewachsen und fühlen sich in beiden Stilen gleichermaßen zu Hause. Diese Gruppe übte einen immensen Einfluß auf die Entwicklung des Latin Jazz aus. Zu ihr gehören der verstorbene Posaunist Barry Rogers, der in Eddie Palmieris großartigen Bands der sechziger und siebziger Jahre spielte und auch die Arrangements schrieb, der Saxophonist Mario Rivera (er spielte die letzten Jahre in der Band von Tito Puente), der Pianist Hilton Ruiz (der Aufnahmen mit George Coleman macht) sowie der Trompeter und Perkussionist Jerry González (der über mehrere Jahre hinweg immer wieder mit McCoy Tyner zusammenarbeitete). Mario, Hilton und Jerry sind auf Jerrys Album *Ya Yo Me Curé*[26] zu hören, einem der großartigsten Latin Jazz Alben, das jemals aufgenommen wurde. Eine weitere, hervorragende Latin Jazz Produktion ist das Eddie Palmieri Album *El Sonido Nuevo*.[27] Eddies Spiel auf dieser Aufnahme hat die Bedeutung des Latin Jazz neu definiert.

Für ein gründlicheres Studium des Clave-Rhythmus sowie der Geschichte der afrokubanischen Musik empfehle ich das Buch *The Salsa Guidebook* von Rebeca Mauleón.[28]

Im nächsten Kapitel befassen wir uns mit einzelnen Teilbereichen der Jazztheorie, die sich in keine der bisher besprochenen Kategorien einordnen lassen, und fassen sie in einem Kapitel zusammen.

---

[26] Pangea Records, 1979.
[27] Verve records, 1966.
[28] Sher Music Co., PO Box 445, Petaluma, CA 94953.

Kapitel Dreiundzwanzig
›Loose Ends‹

- *Die vier Mythen*
- *Die harmonische Mollskala*
- *Die harmonische Durskala*
- *4 Ton-Skalen*
- *Die Grenzen der traditionellen Musiktheorie*
- *Falsche Töne*
- *Kritik*
- *Lesenswerte Bücher*

Dieses Kapitel beschäftigt sich mit Themenbereichen, die nicht so richtig zu den anderen Kapiteln passen, sowie Ideen, die mir erst nach der Fertigstellung des Buchs kamen. Daher der Titel ›Loose Ends‹.

Die vier Mythen

Hier sind vier Thesen, die Sie vielleicht schon einmal aus dem Munde wohlmeinender Musiklehrer vernommen haben. Dabei handelt es sich jedoch um Mythen, die ganz einfach *unwahr* sind.

- Pianisten sollten, wenn sie mit einem Bassisten zusammenspielen, keine Akkorde in Grundstellung verwenden.
- Ein Dominantseptakkord muß sowohl die Septime als auch die Terz enthalten.
- In einem sus Akkord tritt die Quarte an die Stelle der Terz.
- Manche Töne eines Akkords sind von Natur aus besser zu spielen als andere.

Mythos Nummer eins ist schnell entlarvt. Bud Powell und Thelonious Monk spielten zu 99 % Akkorde in Grundstellung. Auch McCoy Tyner, Kenny Barron, Cedar Walton und Mulgrew Miller spielen häufig Akkorde in Grundstellung. Dieser Mythos entstand vermutlich so: Red Garland, Wynton Kelly und Bill Evans popularisierten in den späten fünfziger Jahren Left-Hand Voicings ohne Grundton. Als Jazzpiano-Lehrer diese Voicings lernten, erzählten sie ihren Schülern, daß »Left-Hand Voicings ohne Grundton dem Bassisten mehr Freiraum geben«, was natürlich stimmt. Diese Tatsache entartete schließlich zu der These »spiele keine Akkorde in Grundstellung, das engt den Bassisten ein«. Obwohl ich selbst sehr häufig Akkorde in Grundstellung spiele, hat mir noch nie ein Bassist gesagt, daß er sich dadurch eingeschränkt fühlte. Für einen jungen Pianisten in einer Schülerband, der schon mit einem C∆ Voicing in Grundstellung seine Schwierigkeiten hat, ist es ziemlich hart, wenn ihm der wohlmeinende, aber völlig falsch informierte Lehrer sagt, er solle »keine Akkorde in Grundstellung« spielen.

Beispiel 23.1

Nun zu Mythos Nummer zwei. Bud Powell spielte bereits in den vierziger Jahren ein Voicing ohne Terz (**Beispiel 23.1**), das noch heute von den besten Jazzpianisten gespielt wird. In **Beispiel 23.2** hören Sie eines der vielen Left-Hand Voicings für V Akkorde, das in den frühen sechziger Jahren von Herbie Hancock und anderen Pianisten entwickelt wurde. Mit diesem Voicing wird sowohl G7♯11 als auch C♯7alt aus D melodisch Moll gespielt. In beiden Fällen fehlt die Terz.[1] Um als V Akkorde zu fungieren, benötigen nichtalterierte Akkorde für gewöhnlich Terz und Septime. Sobald jedoch an einem V Akkord eine Alteration vorgenommen wurde – ♭9, ♯9, ♯11, ♭13 usw. – verlieren Terz und Septime an Bedeutung. Mit anderen Worten, Terz und Septime eines Dominantseptakkords sind keineswegs heilig.

Beispiel 23.2

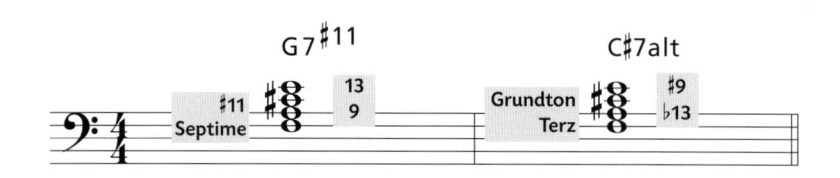

Beispiel 23.3

Mythos Nummer drei. **Beispiel 23.3** zeigt den Fsus Akkord (mit der Terz A als oberstem Ton), den Wynton Kelly zu Beginn von Miles Davis' Version von »Someday My Prince Will Come«[2] spielte. Die Terz ist vielleicht der am besten klingende Ton, den man über einen sus Akkord spielen kann.

---

[1] Falls Sie die Harmonik der melodischen Mollskala mittlerweile beherrschen, werden Sie dieses Voicing als die »charakteristischen« Töne von D melodisch Moll erkennen – Terz, Quinte, Septime und None – was bedeutet, daß Sie sie auch als D–∆, Esus♭9, F∆♯5 und Bø spielen können.
[2] Miles Davis, *Someday My Prince Will Come,* Columbia, 1961.

Mythos Nummer vier. Der Gedanke, daß manche Töne eines Akkords besser klingen als andere, enthält wenigstens ein Gramm Wahrheit. Der Mythos manifestiert sich üblicherweise in folgenden Äußerungen: »None, Undezime und Terzdezime sind interessantere Töne«; »alterierte Töne klingen interessanter als nichtalterierte Töne«; »Grundton und Quinte klingen langweilig«. Oberflächlich betrachtet könnte man durchaus meinen, daß eine None besser klingt als ein Grundton oder eine Quinte, oder daß die ♭13 interessanter klingt als die normale 13. Beim Zusammenspiel mit anderen Musikern ist der von Ihnen gespielte Ton Teil eines Mosaiks, das auch die Töne Ihrer Mitmusiker beinhaltet. Je nachdem, was die anderen Bandmitglieder gerade spielen, kann der Grundton die intensivste Note sein, die Sie in diesem Moment spielen können. Der Grundton eines Durakkords kann der dunkelste oder auch schönste Ton sein, den ein Bläser spielen oder ein Sänger singen kann. Spielen oder singen Sie **Beispiel 23.4** mit einem Freund, und Sie werden hören, was ich meine.

Der Grundton ist aber nur ein willkürlich ausgewähltes Beispiel. Vergessen Sie nicht: *der Erfolg jedes von Ihnen gespielten Tons hängt zumindest teilweise von dem, was Ihre Mitmusiker spielen, ab.* Erschrecken Sie nicht, dieses Zufallselement macht einen Teil des Zaubers, den improvisierte Musik ausübt, aus. Falls Sie selbst Bandleader sind, versuchen Sie nicht, Ihren Mitmusikern vorzuschreiben, was sie zu spielen haben. *Jazz ist kollektive Improvisation.* Die besten Bands[3] zeichnen sich durch eine ungeheure Sensibilität aus, so daß jeder Ton eines Musikers die Töne seiner Mitmusiker unterstützt. Wenn Ihnen das gelingt, passieren magische Momente.

Beispiel 23.4

Die harmonische Mollskala

In der Harmonik der Durskala ist eine einzelne Skala die Quelle der über einer II-V-I Verbindung gespielten Modi. D dorisch, G mixolydisch und C ionisch – die über D–7, G7, CΔ gespielten Modi – stammen alle aus C Dur. Wäre es nicht schön, wenn auch über alle drei Akkorde einer II-V-I in Moll eine einzige Skala passen würde?[4] Natürlich, aber eine solche Skala gibt es nicht. Häufig wird in Theoriebüchern die in klassischer Musik und Volksmusik so vorherrschende harmonische Mollskala als »die Skala, die man über II-V-I in Moll spielt«, erwähnt. Sollte dies der Wahrheit entsprechen, würden großartige Musiker diese Skala sicher sehr häufig über II-V-I Verbindungen spielen, aber sie tun es nicht. Sie spielen Fragmente davon, aber nur selten die gesamte Skala.

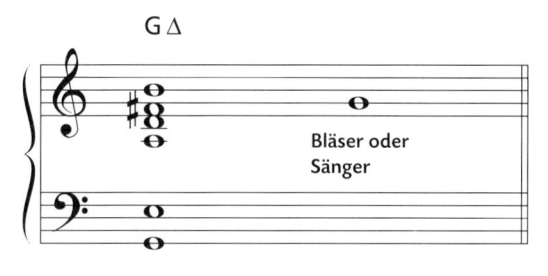

---

[3] Hier einige davon: Miles Davis' frühes Quintett (John Coltrane, Red Garland, Paul Chambers und Philly Joe Jones) der 50er Jahre; Miles' Quintett der 60er Jahre (Wayne Shorter, Herbie Hancock, Ron Carter und Tony Williams); die Quartette von John Coltrane (McCoy Tyner, Reggie Workman oder Jimmy Garrison und Elvin Jones); Art Blakeys Sextett mit Freddie Hubbard, Wayne Shorter, Curtis Fuller, Cedar Walton und Reggie Workman.

[4] Eine II-V-I in C Moll kann entweder Dø, G7alt, C–Δ oder Dø, G7♭9, C–Δ sein.

Beispiel 23.5 zeigt die die harmonische C Mollskala. Achten Sie auf das charakteristische Intervall einer kleinen Terz zwischen dem sechsten und siebten Ton (A♭ auf B) der Skala. In konventionelleren Skalen wie der Durskala, der melodischen Mollskala, der verminderten Skala sowie der Ganztonskala findet sich keine kleine Terz zwischen nebeneinanderliegenden Tönen. Manche Instrumentalisten wie Booker Ervin und Bud Powell haben häufig Patterns aus der harmonischen Mollskala gespielt, andere wiederum überhaupt nicht. **Beispiel 23.6** zeigt, wie Bud über Takt 2-3 seines Stücks »Tempus Fugit«[5] sechs Töne der harmonischen Mollskala spielt. Das Lick wird über zwei Akkorde gespielt, A7♭9 und D−6. Wie in Buds Lick wird die harmonische Mollskala am häufigsten über V7♭9 Akkorde gespielt, die sich eine Quinte abwärts in einen Mollakkord auflösen.

Beispiel 23.5

Beispiel 23.6

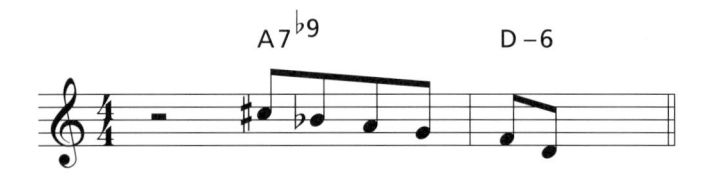

Beispiel 23.7 zeigt, wie Joe Henderson in Duke Pearsons »Idle Moments«[6] über einen G7♭9 Akkord ein Lick mit der C harmonisch Mollskala spielt, das sich nach C−Δ auflöst.

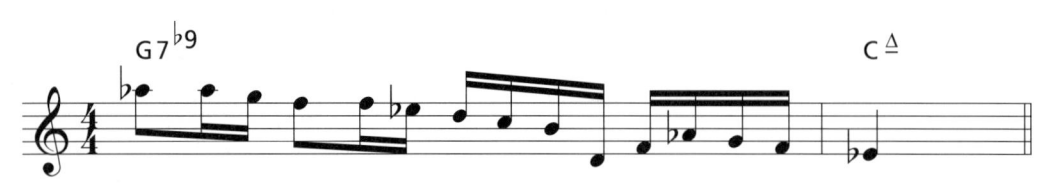

Beispiel 23.7

[5] *The Amazing Bud Powell*, Verve, 1949.
[6] Grant Green, *Idle Moments*, Blue Note, 1963.

Ein Grund, weshalb die harmonische Mollskala selten in ihrer Gesamtheit gespielt wird, ist, daß *sie zu keinem bestimmten Akkord paßt*. Egal, zu welchem Akkord sie gespielt wird, mindestens ein Ton, über dem Akkord ausgehalten, klingt immer wie ein Avoid-Ton. **Beispiel 23.8** zeigt die vollständige harmonische Mollskala in C, als Lick über die II-V-I in C Moll, Dø, G7♭9, C–Δ, gespielt. Dieses Lick klingt gut und wurde von vielen großartigen Musikern gespielt. E♭, über Dø gespielt, und C, über G7♭9 gespielt, sind Avoid-Töne. Da sie aber Achtelnoten sind und schnell vorbeigehen, klingen sie nicht allzu dissonant und werden von unserem Gehör akzeptiert. Halten Sie jedoch ein E♭ über Dø aus, oder C über G7♭9, dann werden Sie schnell hören, warum diese Töne von Jazzmusikern Avoid-Töne genannt werden.[7]

Beispiel 23.8

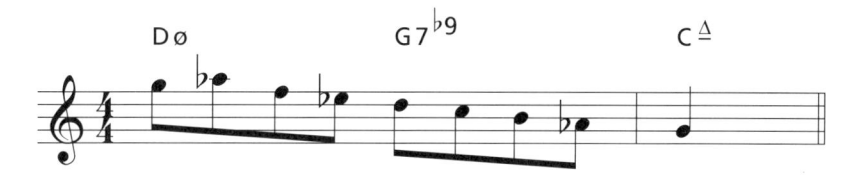

Sehen wir uns die eben erwähnten Avoid-Töne einmal an. In **Beispiel 23.9** wird C harmonisch Moll über die drei Akkorde der II-V-I Verbindung in C Moll gespielt. Die ganzen Noten klingen, wenn sie über dem Akkord ausgehalten werden, extrem dissonant. Spielen Sie zunächst die Skala über jedes der drei Akkordvoicings, dann halten Sie über jedem Akkord die ganzen Noten aus. Über Dø klingen sowohl E♭ als auch B extrem dissonant. Über G7♭9 sind es die Töne C und E♭. Und über C–Δ ausgehalten, klingt A♭ dissonant. Obwohl die meisten Töne der harmonischen Mollskala konsonant sind, wenn sie über die drei Akkorde einer II-V-I in Moll gespielt werden, so paßt doch die gesamte Skala zu keinem einzelnen dieser drei Akkorde.

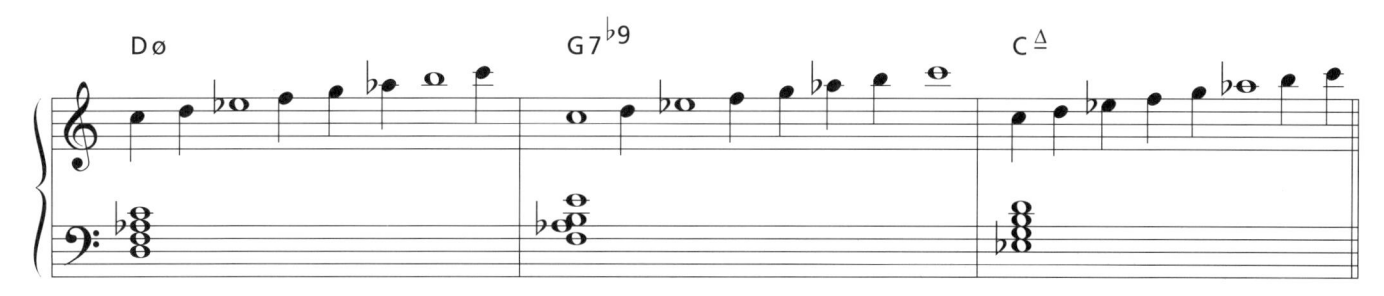

Beispiel 23.9

[7] Bedenken Sie, daß der Ausdruck »Avoid-Ton« sehr unpräzise ist. Für eine ganze Generation von Instrumentalisten bedeutet er einfach »einen Ton, der in der Skala enthalten ist, aber dissonant klingt«.

Das bedeutet aber nicht, daß Sie die harmonische Mollskala nicht spielen sollen! Schließlich handelt es sich um eine äußerst reizvolle Tonfolge, die an die Musik Osteuropas und des Mittleren Ostens erinnert. Aber nehmen Sie nicht gleich alles, was in Theoriebüchern steht (dieses eingeschlossen), für bare Münze. **Beispiel 23.10** zeigt einen Akkord, der geradezu nach der harmonischen Mollskala schreit. Die beiden aufeinandergestapelten, als Slash-Akkorde notierten Dreiklänge lassen auf die harmonische F Mollskala schließen, die rechts neben dem Akkord steht. C/D♭ enthält sechs der sieben Töne von F harmonisch Moll. Der einzige Skalenton, der im Akkord fehlt, ist B♭. Die harmonische Mollskala würde zu diesem Akkord hervorragend passen.

Beispiel 23.10

Die harmonische Durskala

Beispiel 23.11 zeigt die harmonische E♭ Durskala. Diese Skala hat zwischen dem sechsten und siebten Ton dasselbe charakteristische Intervall einer kleinen Terz wie die harmonische Mollskala. Das Intervall zwischen Grundton und drittem Ton ist jedoch eine große Terz.

Beispiel 23.11

Beispiel 23.12

Spielen Sie **Beispiel 23.12**. Herbie Hancock spielt diesen mysteriösen und schwermütig wirkenden Akkord, der auf der harmonischen E♭ Durskala basiert, in Takt 36 seines Stücks »Dolphin Dance«.[8] Das Akkordsymbol E♭∆♭6 stellt nur eine von verschiedenen Möglichkeiten dar, Herbies Akkord zu notieren und ist nicht allgemein üblich. Machen Sie sich auf einige Fragen gefaßt, falls Sie es dennoch so notieren wollen.

[8] Herbie Hancock, *Maiden Voyage*, Blue Note, 1965.

Häufig werden harmonische Durakkorde als Ersatz für Durseptakkorde verwendet. **Beispiel 23.13** zeigt Takt 9-10 von Harry Warrens »There Will Never Be Another You«, wobei der ursprüngliche A♭∆ Akkord in A♭∆♭6 umgeändert wurde, einen harmonischen Durakkord. **Beispiel 23.14** zeigt die ersten beiden Takte von Arthur Johnstons »Just One More Chance«. **Beispiel 23.15** zeigt dieselben beiden Takte, wobei der ursprüngliche Akkord A♭∆ durch A♭∆♭6 ersetzt wurde. In **Beispiel 23.16** hören Sie, wie Kenny Werner in Takt 10 seines Stücks »Compensation« einen E♭∆♭6 Akkord spielt.

Beispiel 23.13

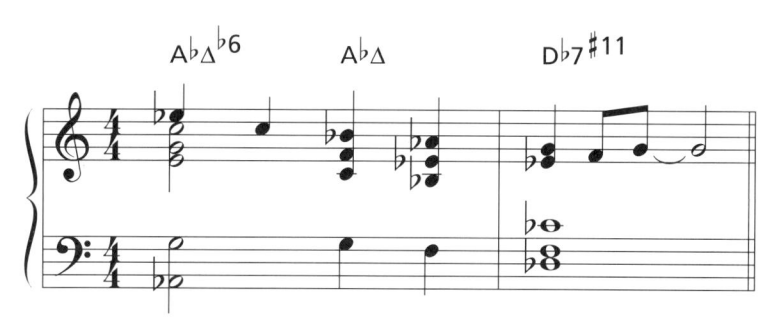

Beispiel 23.14

Beispiel 23.15

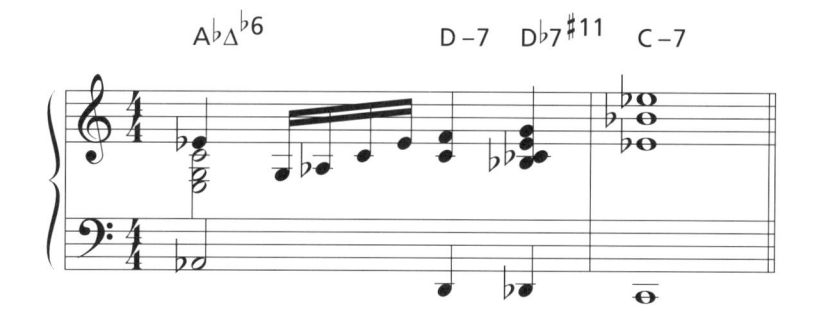

Beispiel 23.16

Kenny Werners Piano-Voicings vereinfacht

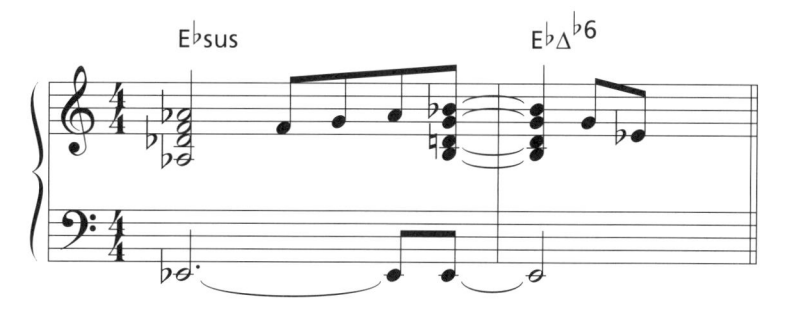

[9] Joe Lovano, *Tones, Shapes, And Colors,* Soul Note, 1985.

4Ton-Skalen

Spielen Sie **Beispiel 23.17**, eine Linie, die auf einer Reihe von IIø-V7alt Verbindungen basiert. Die gesamte Melodielinie setzt sich aus Mollsextskalen zusammen, 4Ton-Skalen, die Mollsextakkorde umreißen. **Beispiel 23.18** zeigt die Mollsextskalen für alle Akkorde des vorigen Beispiels. Jede dieser Skalen enthält den Grundton, die Terz, die Quinte und die Sexte der melodischen Molltonleiter, von welcher der betreffende Akkord abgeleitet wird. Mollsextskalen können aber auch noch über Akkorde der Durskala und der verminderten Skala gespielt werden.

Beispiel 23.17

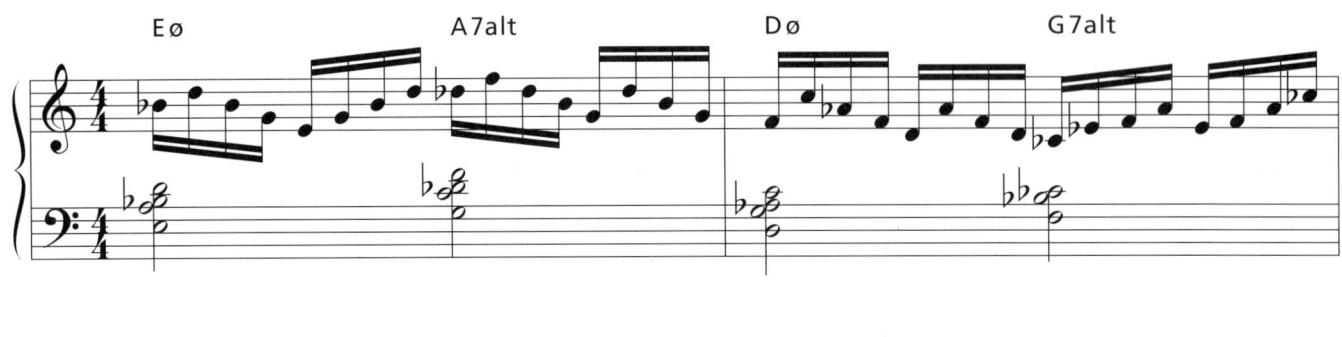

Beispiel 23.18

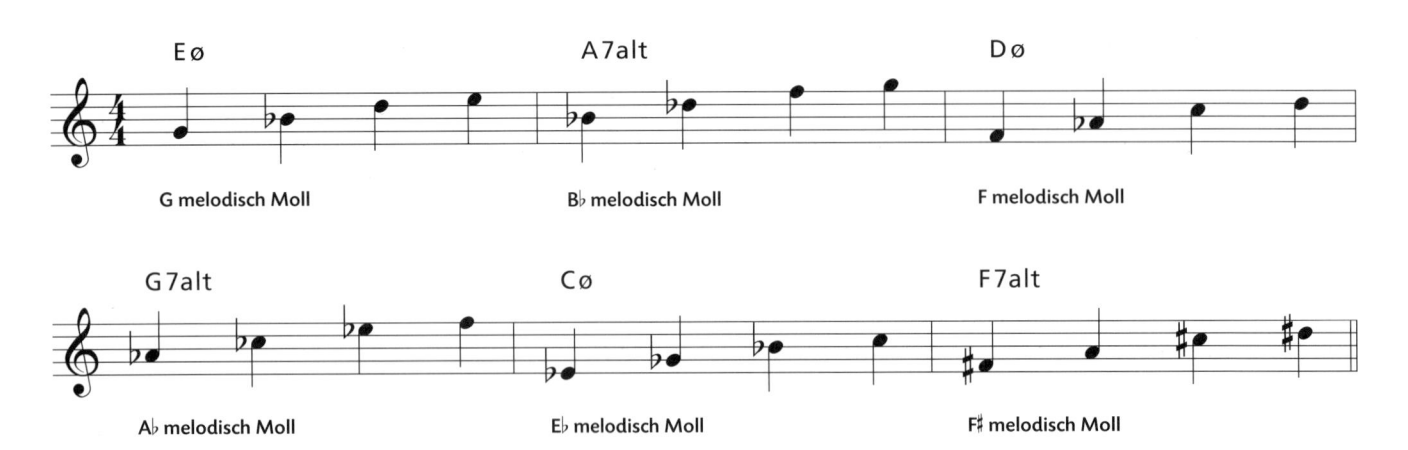

Beispiel 23.19

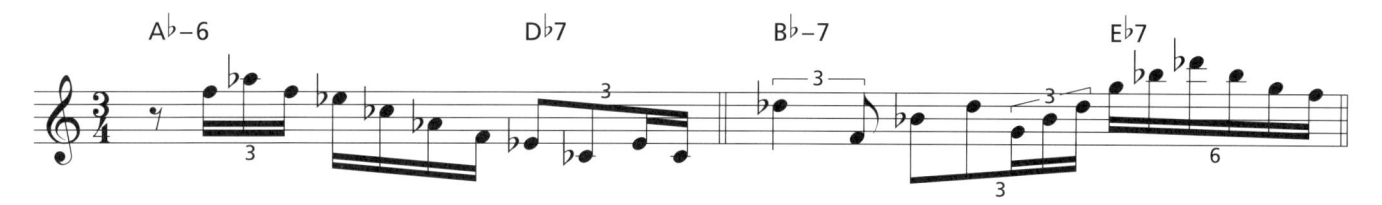

Mollsextskalen sind zeitlos. Alle Musiker, von Lester Young bis McCoy Tyner und Mulgrew Miller[10], haben sie gespielt. **Beispiel 23.19** zeigt, wie ein Pianist aus der Swing-Ära, Herman Chittison, auf seiner Aufnahme von »Flamingo«[11] Mollsextskalen verwendet.

Die C Mollsextskala enthält vier Töne: C, E♭, G und A. Die einzige Durtonart, die diese vier Töne enthält, ist B♭ Dur. Die C Mollsextskala paßt daher zu vielen Akkorden der B♭ Durskala: C–7, Dsus♭9, E♭Δ♯4, F7 und Fsus. Über B♭Δ selbst klingt sie nicht konsonant, da sie ein E♭ enthält, den Avoid-Ton über dem B♭Δ Akkord.

Die Töne der C Mollsextskala kommen auch in B♭ melodisch Moll vor. Sie können daher über sämtliche Akkorde von B♭ melodisch Moll gespielt werden: B♭–Δ, Csus♭9, D♭Δ♯5, E♭7♯11, Gø, A7alt.

Die Töne der C Mollsextskala sind ebenso in der verminderten C Halbton/Ganztonskala enthalten, weshalb sie auch über C7♭9, E♭7♭9, F♯7♭9 und A7♭9 gespielt werden können. Sie sind aber auch noch in der verminderten B♭ Ganzton/Halbtonskala enthalten, weshalb sie auch zu B♭°, D♭°, E° und G° passen.

Wie aus **Beispiel 23.20** ersichtlich ist, ähnelt die C Mollsextskala zwei anderen Tonleitern: der C Moll Pentatonik und der C Bluesskala. Alle drei Skalen – C Mollsext, C Mollpentatonik und C Blues – haben einen ähnlich bluesigen Klang. In der heutigen Musik werden diese Skalen oft abwechselnd verwendet.

Beispiel 23.20

Da sie eine kleine Terz enthalten, werden Mollsextskalen normalerweise nicht über Ganztonakkorde gespielt, denn die Harmonik der Ganztonskala enthält keine kleinen Terzen.

[10] Hören Sie sich an, wie Mulgrew Miller in seinem Solo auf dem Titelstück von Monty Crofts *A Higher Fire*, Columbia, 1988, Mollsextskalen verwendet.
[11] *Hermann Chittison*, Bluebird, 1941.

Neben den Mollsextskalen gibt es noch viele andere 4Ton-Skalen. Die Symmetrie der verminderten Skala bietet zahlreiche Möglichkeiten. **Beispiel 23.21** zeigt eine solche Skala über einem C7♭9 Piano-Voicing.

Beispiel 23.21

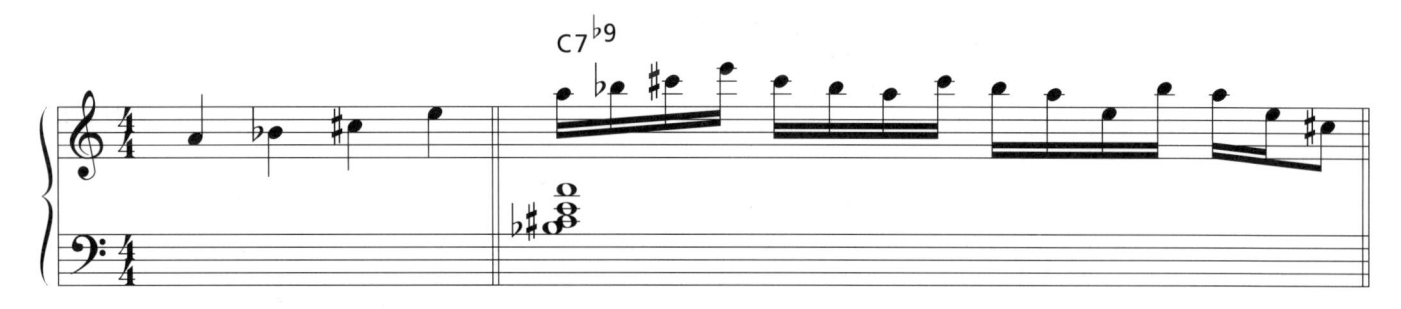

Die Grenzen der traditionellen Musiktheorie

Zu Beginn dieses Buchs habe ich behauptete, es gäbe einen Grund, »warum dieses Gebiet Musik*theorie* und nicht Musik*wahrheit* genannt wird«. Die Theorie bemüht sich, rationell zu erklären, was im wesentlichen auf nichtrationaler Erfahrung basiert. Aufgrund dessen kann sich eine Terminologie, besonders im Zusammenhang mit Akkordsymbolen, nur im Ansatz dem nähern, was wir als Musik erfahren. Spielen Sie z. B. den Akkord in **Beispiel 23.22**. Herbie Hancock verwendet diesen dunklen, klangvollen Akkord im ersten Takt der Intro zu Wayne Shorters »Fee-Fi-Fo-Fum«.[12] Das Akkordsymbol dieser hybriden Struktur verdeutlicht, daß die oberen fünf Töne wie ein E♭7♭9 Voicing, das über dem Pedalton F gespielt wird, klingen und aussehen. Der Ton F ist aber nicht in der Skala, die zu E♭7♭9 paßt, enthalten (gemeint ist die verminderte E♭ Halbton/Ganztonskala). Obendrein enthält der Akkord mit den Tönen E♭, E und F drei aufeinanderfolgende chromatische Töne (die rechts neben dem Akkord notiert sind) – was sonst nur in der chromatischen Skala vorkommt. Mit anderen Worten, das Akkordsymbol vermittelt nur eine ungenaue Vorstellung der Töne, die man über diesen Akkord spielen kann.

Beispiel 23.22

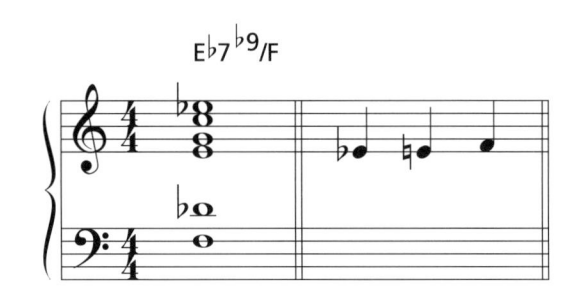

Dieses Beispiel soll uns daran erinnern, daß die Theorie, so nützlich sie auch sein mag, ihre Grenzen hat. Sie stellt lediglich ein intellektuelles Spiel dar, das wir mit der Musik vollführen. Wir versuchen dabei, auf objektive und rationale Weise etwas zu erklären, was im wesentlichen auf einer subjektiven, nichtrationalen Erfahrung basiert. Lassen Sie sich von der Theorie leiten, aber nicht in eine Zwangsjacke stecken. Und verlassen Sie sich vor allem auf Ihr Gehör.

---

[12] Wayne Shorter, *Speak No Evil*, Blue Note, 1964.

Traditionellerweise betrachtet man Grundton, Terz, Quinte und Septime eines Akkords als *Akkordtöne* – Töne, die die Eigenschaft des Akkords bestimmen – also Dur, Moll oder Dominant. Diese Definition der Akkorde funktioniert ganz gut im Hinblick auf mehrere Jahrhunderte klassischer Musik und Jazz bis zu den vierziger Jahren. Aber bei einigen der im heutigen Jazz gespielten Akkorde ist die traditionelle Bedeutung der »Akkordtöne« völlig irrelevant. Die Töne, die z. B. die Eigenschaft eines sus Akkords bestimmen, sind Grundton, Quarte und Septime (**Beispiel 23.23**). Oft spielen Pianisten und Gitarristen als Voicing für Csus nur diese drei Töne. Die Töne, die die Eigenschaft eines sus♭9 Akkords bestimmen, sind Grundton, ♭9 und Quarte (**Beispiel 23.24**). Wiederum spielen Gitarristen und Pianisten oft nur diese drei Töne als C sus♭9 Voicing. Moderne Akkorde wie sus, sus♭9 und Slash-Akkorde haben natürlich »Akkordtöne«, aber es muß sich dabei nicht unbedingt um Grundton, Terz, Quinte und Septime handeln.

Beispiel 23.23

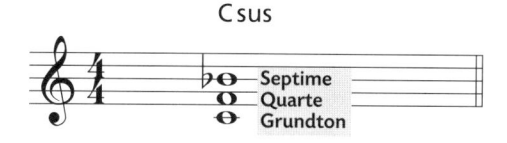

Beispiel 23.24

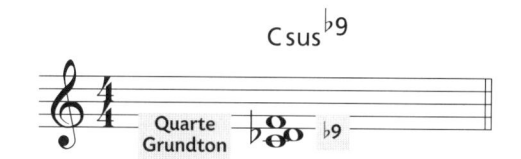

Falsche Töne

Obwohl Sie als Künstler nach Perfektion streben sollten, dürfen Sie sich durch Ihre Fehler nicht entmutigen lassen. Improvisierte Musik ist von Natur aus voller Fehler. Art Blakey sagte einmal: »Irgendjemand hat einen falschen Ton gespielt, und der Jazz war geboren.« Hören Sie sich Joe Hendersons ›falschen‹ Einstieg in den letzten Chorus von MyCoy Tyners »Four By Five«[13] an. Alle Musiker spielen in diesem Stück und auf dem gesamten Album so großartig, daß sich niemand an diesem ›Fehler‹ stört. Obwohl es wie ein Klischee klingt: Eine gute Art mit schlechten Noten umzugehen, besteht darin, daß man den darauffolgenden Ton als ersten Ton des restlichen Solos auffaßt.

Kritik

Als Schüler öffnen Sie sich ganz bewußt der Kritik und den Ratschlägen Ihres Lehrers. Akzeptieren Sie aber nicht jede Kritik vorbehaltslos. Auch Lehrer, egal wie gut sie spielen oder unterrichten, sind nicht unfehlbar. Ein Lehrer hält vielleicht Ihr Timing für gut, ein anderer sagt möglicherweise, Sie werden schneller oder langsamer. Sowohl gute Ratschläge als auch Kritiken sind an nichts gebunden. Sie müssen nicht von vorneherein richtig sein. Ihr bester Kritiker sind Sie selbst. Nehmen Sie sich selbst öfters auf und seien Sie beim Anhören kritisch.

Vielleicht ist es ganz gut, einige Formen der Kritik, wie zum Beispiel Platten- und CD-Besprechungen, ganz zu ignorieren. Natürlich ist es schön, eine gute Kritik zu erhalten, aber der Standard der professionellen Kritik im Jazz ist, vorsichtig ausgedrückt, mehr als unausgeglichen. Chick Coreas Album *Now He Sings, Now He Sobs*[14], eine der besten Trioaufnahmen, die je gemacht wurden, bekam von einem führenden amerikanischen Jazzmagazin die niedrigste Wertung. Ein bekannter Jazzkritiker sagte über John Coltrane: »Er bläst die meiste Zeit in sein Tenorsaxophon, als wolle er es zum Bersten bringen, seine verzweifelten Attacken führen aber fast ausnahmslos ins Nichts«. Ein anderer Kritiker, der Miles Davis' großartiges Album *'Round Midnight* besprach, bezeichnete John Coltrane als »schlecht intonierenden Tenorsaxophonisten« und Red Garland als »»Cocktailpianisten«. Ein weiterer berühmter Kritiker nannte Miles einen »zweitrangigen Trompeter«. Wenn Kritiker so über solche Musiker sprechen, *was werden sie dann über Sie sagen?* Legen Sie sich ein dickes Fell zu.

---

[13] McCoy Tyner, *The Real McCoy,* Blue Note, 1967.
[14] Blue Note, 1968.
[15] Columbia, 1955-56.

Lesenswerte Bücher

Über Jazz und das Leben von Jazzmusikern wurden bereits Hunderte von Büchern geschrieben. Davon sind vier sehr gut und drei sogar hervorragend, *weil sie von Jazzmusikern geschrieben wurden*, also aus dem Blickwinkel des Insiders. Es handelt sich um die folgenden Titel:

- *Notes And Tones*[16] des Schlagzeugers Arthur Taylor enthält Interviews mit 30 Jazzmusikern, darunter Miles Davis, Dexter Gordon, Ornette Coleman, Max Roach, Dizzy Gillespie, Sonny Rollins, Freddie Hubbard, Elvin Jones, Art Blakey, Thelonious Monk und Kenny Clarke. Das Buch porträtiert sowohl die Musik als auch die Rassenkonflikte der damaligen Zeit (der späten 60er Jahre) aus der Sicht der Afro-Amerikaner. Wegen seiner Offenheit ist es bei Jazzmusikern sehr beliebt.

- *Self Portrait Of A Jazz Artist*[17] des Saxophonisten Dave Liebman ist die intime Autobiographie eines Jazzmusikerlebens.

- Ein phantastisches Buch, das genauestens untersucht, was sich so alles im Kopf eines Jazzmusikers abspielt, ist das Werk des Ethno-Musikwissenschaftlers Paul Berliner, *Thinking In Jazz: The Infinite Art Of Improvisation*.[18]

- Obwohl es nicht von einem Jazzmusiker geschrieben wurde, ist A. B. Spellmans Buch *Four Lives In The Bebop Business*[19] durchaus glaubwürdig, vor allem das Kapitel über Ornette Coleman.

Hören Sie, üben Sie und erleben Sie Musik mit Freude!

---

[16] Da Capo Press, New York, 1977.
[17] Advance Music, Rottenburg, Deutschland.
[18] University Of Chicago Press, 1994.
[19] Limelight Editions, New York, 1985.

Kapitel Vierundzwanzig
Hörbeispiele

In diesem Kapitel sind einige der, meiner Meinung nach, wichtigsten Jazz Aufnahmen aufgelistet. Wie meine Lieblingsstücke, die ich in Kapitel 21 angeführt habe, wechseln meine Lieblingsaufnahmen täglich, da ich neue Aufnahmen höre und ältere wieder höre. Sollte ich Ihre Lieblingsaufnahmen nicht angeführt haben, fügen Sie sie einfach der Liste bei.

Die Bedeutung eines Musikers ist nicht davon abhängig wie oft er oder sie als Bandleader erscheint. Wynton Kelly ist zweimal als Bandleader aufgeführt, aber auf über 25 Platten als Begleitmusiker. Arthur Taylor machte ein paar Platten unter seinem Namen, erscheint aber auf über 20 Veröffentlichungen als Begleitmusiker.

Alle Platten der Künstler sind chronologisch aufgelistet. Die meisten dieser Platten sind als CD erhältlich, jedoch sind einige vergriffen und nicht mehr zu bekommen. Um eine gute Plattensammlung zusammenzustellen, sollten Sie *regelmäßig* Platten/CD-›Second Hand‹ Läden besuchen.

Cannonball Adderley

- *Presenting Cannonball*, Savoy, 1955, mit Nat Adderley, Hank Jones, Paul Chambers und Kenny Clarke.
- *Things Are Getting Better,* Riverside, 1958, mit Milt Jackson, Wynton Kelly, Percy Heath und Art Blakey.
- *Somethin' Else*, Blue Note, 1958, mit Miles Davis, Hank Jones, Sam Jones und Art Blakey.
- *The Cannonball Adderley Quintet In San Francisco*, Riverside, 1959, mit Nat Adderley, Bobby Timmons, Sam Jones und Louis Hayes.

Cannonball Adderley und John Coltrane

- *Cannonball And Coltrane*, Emarcy, 1959, mit Wynton Kelly, Paul Chambers und Jimmy Cobb.

Geri Allen

- *Shades Of Change,* Enja, 1986, mit David Friedman, Anthony Cox und Ronnie Burrage.
- *In The Year Of The Dragon*, JMT, 1989, mit Charlie Haden und Paul Motian.
- *The Nurturer,* Blue Note, 1990, mit Marcus Belgrave, Kenny Garrett, Robert Hurst, Jeff Watts und Eli Fountain. Niemand kann eine Melodie so ›seelenvoll‹ spielen wie Kenny Garrett, bei seinem Stück »Lullaby Of Isfahan«.
- *Maroons,* Blue Note, 1992, mit Marcus Belgrave, Wallace Roney, Anthony Cox, Dwayne Dolphin, Pheeroan Aklaff und Tani Taball. Hören Sie Geri und Wallace in Geris Stück »Laila's House«.

Kenny Barron

- *Green Chimneys*, Criss Cross, 1983, mit Buster Williams und Ben Riley.
- *Autumn In New York*, Uptown, 1984, mit Rufus Reid und Freddie Waits. Hören Sie Kennys »New York Attitude«.
- *Landscape*, Limetree, 1984, mit Cecil McBee und Al Foster. Hören Sie Kennys Version von Rodgers und Harts »Spring Is Here«.
- *1 + 1 + 1,* Blackhawk, 1984, mit Ron Carter und Michael Moore.
- *Scratch*, Enja, 1985, solo. Hören Sie Kennys »Song For Abdullah«.
- *What If?,* Enja, 1986, mit Wallace Roney, John Stubblefield, Cecil McBee und Victor Lewis. Hören Sie Kennys »Phantoms«.
- *Maybeck Recital Hall Series,* Concord, 1990, solo. Hören Sie Kennys »Sunshower« und sein Arrangement von »Spring Is Here«.
- *Invitation,* Criss Cross, 1990, mit Ralph Moore, David Williams und Lewis Nash.
- *The Only One,* Reservoir, 1990, mit Ray Drummond und Ben Riley. Hören Sie Kennys schöne Version von Benny Carters »The Courtship« auf einer seiner besten Aufnahmen.
- *Other Places,* Verve, 1993, mit Bobby Hutcherson, Ralph Moore, Rufus Reid, Victor Lewis und Mino Cinelu. Eine der besten Aufnahmen der the 1990s. Hören Sie Kenny's großartiges Stück »Ambrosia.«

Gary Bartz

- *Reflections On Monk*, SteepleChase, 1988, mit Eddie Henderson, Bob Butta, Geoff Harper und Billy Hart.
- *There Goes The Neighborhood,* Candid, 1990, mit Kenny Barron, Ray Drummond und Ben Riley.

Richie Beirach

- *The Duo Live,* mit David Liebman, Advance Music 1985.
- *Convergence,* Triloka, 1990, mit George Coleman.
- *Maybeck Recital Hall Series,* Concord, 1992.

Art Blakey

- *A Jazz Message,* Impulse, 1963, mit Sonny Stitt, McCoy Tyner und Art Davis.

Art Blakey And The Jazz Messengers

- *A Night At Birdland, Volumes I & II,* Blue Note, 1954, mit Clifford Brown, Lou Donaldson, Horace Silver und Curly Russell.
- *A Night At The Cafe Bohemia, Volumes I & II,* Blue Note, 1955, mit Kenny Dorham, Hank Mobley, Horace Silver und Doug Watkins.
- *Like Someone In Love,* Blue Note, 1960, mit Lee Morgan, Wayne Shorter, Bobby Timmons und Jymie Merritt.
- *The Big Beat,* Blue Note, 1960, mit Lee Morgan, Wayne Shorter, Bobby Timmons und Jymie Merritt.
- *A Night In Tunisia,* Blue Note, 1960, mit Lee Morgan, Wayne Shorter, Bobby Timmons und Jymie Merritt.
- *Meet You At The Jazz Corner Of The World, Volumes I & II,* Blue Note, 1960, mit Lee Morgan, Wayne Shorter, Bobby Timmons und Jymie Merritt.
- *The Freedom Rider,* Blue Note, 1960, mit Lee Morgan, Wayne Shorter, Bobby Timmons und Jymie Merritt.
- *The Witch Doctor,* Blue Note, 1960, mit Lee Morgan, Wayne Shorter, Bobby Timmons und Jymie Merritt.
- *Roots And Herbs,* Blue Note, 1960, mit Lee Morgan, Wayne Shorter, Bobby Timmons und Jymie Merritt.
- *Pisces,* Blue Note, 1960, mit Lee Morgan, Wayne Shorter, Bobby Timmons und Jymie Merritt.
- *Buhaina's Delight,* Blue Note, 1961, mit Freddie Hubbard, Wayne Shorter, Curtis Fuller, Cedar Walton und Jymie Merritt.
- *Mosaic,* Blue Note, 1961, mit Freddie Hubbard, Wayne Shorter, Curtis Fuller, Cedar Walton und Jymie Merritt. Eine der besten von ›Bu‹. Dieses Album enthält Klassiker wie Waynes »Children Of The Night«, Curtis' »Arabia« und Freddies »Crisis«.
- *Art Blakey And The Jazz Messengers,* MCA/Impulse, 1961, mit Freddie Hubbard, Wayne Shorter, Curtis Fuller, Cedar Walton und Reggie Workman.
- *Caravan,* Fantasy, 1962, mit Freddie Hubbard, Wayne Shorter, Curtis Fuller, Cedar Walton und Jymie Merritt.
- *Three Blind Mice, Volumes I & II,* Blue Note, 1962, mit Freddie Hubbard, Wayne Shorter, Curtis Fuller, Cedar Walton und Jymie Merritt.
- *Ugetsu,* Riverside, 1963, mit Freddie Hubbard, Wayne Shorter, Curtis Fuller, Cedar Walton und Jymie Merritt.
- *Free For All*, Blue Note, 1964, mit Freddie Hubbard, Wayne Shorter, Curtis Fuller, Cedar Walton und Jymie Merritt.
- *Kyoto,* Riverside Fantasy OJC, 1964, mit Freddie Hubbard, Wayne Shorter, Curtis Fuller, Cedar Walton und Jymie Merritt.
- *Indestructible!,* Blue Note, 1964, mit Freddie Hubbard, Wayne Shorter, Curtis Fuller, Cedar Walton und Jymie Merritt.

Joe Bonner

- *Parade,* SteepleChase, 1979, mit John Dyani und Billy Higgins.

Cecil Brooks III

- *The Collective,* Muse, mit Greg Osby, Gary Thomas, Geri Allen und Lonnie Plaxico.

Tina Brooks

- *True Blue,* Blue Note, 1959, mit Freddie Hubbard, Duke Jordan, Sam Jones und Arthur Taylor.
- *Back To The Tracks,* Blue Note, 1960, mit Blue Mitchell, Jackie McLean, Kenny Drew, Paul Chambers und Arthur Taylor.

Clifford Brown

- *Clifford Brown Memorial Album,* Blue Note, 1953, mit Lou Donaldson, Gigi Gryce, Charlie Rouse, Elmo Hope, John Lewis, Percy Heath, Art Blakey und Philly Joe Jones.

Clifford Brown & Max Roach *(siehe auch Max Roach)*

- *Clifford Brown And Max Roach*, Emarcy, 1954, mit Harold Land, Richie Powell und George Morrow.
- *Daahoud,* MFCD, 1954, mit Harold Land, Richie Powell und George Morrow.
- *At Basin Street*, Emarcy, 1956, mit Sonny Rollins, Richie Powell und George Morrow.
- *Brownie Lives!,* Fresh Sound, 1956, mit Sonny Rollins, Richie Powell und George Morrow.

Donald Brown

- *Sources Of Inspiration,* Muse, 1989, mit Eddie Henderson, Gary Bartz, Buster Williams und Carl Allen. Hören Sie Donalds »Capetown Ambush«, »New York«, »Overtaken By A Moment« und seine Reharmonisation von »Embraceable You«. Eine der besten Aufnahmen der 80er Jahre.
- *People Music,* Muse, 1990, mit Tom Harrell, Steve Nelson, Vincent Herring, Bob Hurst, Eric Walker, Daniel Sadownick und Lenora Helm.

Ray Bryant

- *Through The Years, Volumes I & II,* Emarcy, 1992, mit Rufus Reid und Grady Tate.

Jaki Byard

Einer der eklektischsten Pianisten in der Geschichte des Jazz; die Einflüsse reichen von James P. Johnson bis Cecil Taylor.

- *Blues For Smoke,* Candid, 1960, solo.
- *Here's Jaki,* Prestige, 1961, mit Ron Carter und Roy Haynes. Hören Sie Jakis Stück »Cinco Y Cuatro« und seine Version von »Giant Steps«.
- *Hi-Fly,* New Jazz, 1962, mit Ron Carter und Pete La Roca. Hören Sie Jakis Version von James P. Johnsons »Excerpts from Yamecraw« und Jakis »Here to Hear«.
- *Solo Piano,* Prestige, 1969.
- *Parisian Solos,* Futura, 1971, solo. Hören Sie Jakis Version von Gershwins »Our Love Is Here To Stay« und »Bugle Call Rag«.

Donald Byrd

- *Byrd In Hand,* Blue Note, 1959, mit Charlie Rouse, Pepper Adams, Walter Davis, Jr., Sam Jones und Arthur Taylor.
- *Free Form,* Blue Note, 1961, mit Wayne Shorter, Herbie Hancock, Butch Warren und Billy Higgins.
- *Mustang,* Blue Note, 1966, mit Sonny Red, Hank Mobley, McCoy Tyner, Walter Booker und Freddie Waits. Spüren Sie die Energie der Rhythmusgruppe auf einem der besten Alben von Donald. McCoys Solo auf Donalds »Fly Little Bird Fly« ist eines seiner besten.
- *Blackjack,* Blue Note, 1967, mit Sonny Red, Hank Mobley, Cedar Walton, Walter Booker und Billy Higgins.

- *Slow Drag,* Blue Note, 1967, mit Sonny Red, Cedar Walton, Walter Booker und Billy Higgins.
- *The Creeper,* Blue Note, 1967, mit Sonny Red, Pepper Adams, Chick Corea, Miroslav Vitous und Mickey Roker.

Paul Chambers

- *Chambers' Music,* Blue Note, 1956, mit John Coltrane, Kenny Dorham, Donald Byrd, Kenny Burrell, Horace Silver, Kenny Drew und Philly Joe Jones. Dieses Album wurde in verschiedenen Konfigurationen jeweils unter Chambers und Coltranes Namen veröffentlicht und wiederveröffentlicht. Es wurde auf Blue Note und Jazz:West herausgegeben unter Hinzunahme der Titel »A Jazz Delegation From The East« und »High Step«. Einige Titel wurden dafür weggelassen.
- *Paul Chambers Quintet,* Blue Note, 1957, mit Donald Byrd, Clifford Jordan, Tommy Flanagan und Elvin Jones.
- *Go,* Vee-Jay, 1959, mit Cannonball Adderley, Freddie Hubbard, Wynton Kelly, Philly Joe Jones und Jimmy Cobb.

Sonny Clark *(siehe auch Grant Green und Sonny Clark)*

- *The Sonny Clark Memorial Album,* Xanadu, 1954, mit Simon Brehm und Bobby White.
- *Sonny Clark Trio,* Blue Note, 1957, mit Paul Chambers und Philly Joe Jones. Eine der besten Trioaufnahmen der 50er Jahre.
- *Cool Struttin',* Blue Note, 1958, mit Art Farmer, Jackie McLean, Paul Chambers und Philly Joe Jones.
- *Leapin' And Lopin',* Blue Note, 1961, mit Tommy Turrentine, Charlie Rouse, Ike Quebec, Butch Warren und Billy Higgins.

Nat King Cole

- *The Best Of The Nat King Cole Trio,* Capitol, 1943-1949, mit Oscar Moore, Irving Ashby, Johnny Miller und Joe Comfort. Obwohl sie historisch gesehen nicht in den Rahmen dieses Buchs passen, waren Nats Trioaufnahmen eine Quelle, aus der sich Pianisten wie Bud Powell, Wynton Kelly, Oscar Peterson, Tommy Flanagan und Hank Jones herauskristallisierten.

George Coleman und Tete Montoliu

- *Duo,* Muse, 1977.

Ornette Coleman

- *Something Else!,* OJC, 1958, mit Don Cherry, Walter Norris, Charlie Haden und Billy Higgins.
- *The Shape Of Jazz To Come,* Atlantic, 1959-1960, mit Don Cherry, Charlie Haden und Billy Higgins.
- *Change Of The Century,* Atlantic, 1960, mit Don Cherry, Charlie Haden und Billy Higgins.

Johnny Coles und Frank Wess

- *Two At The Top,* Uptown, 1982, mit Kenny Barron, Reggie Johnson und Kenny Washington.

John Coltrane *(siehe auch Cannonball Adderley und John Coltrane; Duke Ellington und John Coltrane; Thelonious Monk und John Coltrane)*

- *Dakar,* Prestige, 1957, mit Cecil Payne, Pepper Adams, Mal Waldron, Doug Watkins und Arthur Taylor.
- *Blue Trane,* Blue Note, 1957, mit Lee Morgan, Curtis Fuller, Kenny Drew, Paul Chambers und Philly Joe Jones. Dies ist eine der besten Platten der 50er Jahre.
- *Coltrane,* Fantasy, 1957, mit Johnny Splawn, Sahib Shihab, Red Garland, Mal Waldron, Paul Chambers und Albert Heath.
- *Traneing In,* Prestige, 1957, mit Red Garland, Paul Chambers und Arthur Taylor.
- *Lush Life*, Fantasy, 1957, mit Donald Byrd, Earl May, Red Garland, Paul Chambers, Albert Heath, Arthur Taylor und Louis Hayes.
- *Soultrane,* Prestige, 1958, mit Red Garland, Paul Chambers und Arthur Taylor. Eine von 'Tranes besten Platten.
- *Settin' The Pace,* Prestige, 1958, mit Red Garland, Paul Chambers und Arthur Taylor.
- *The Stardust Session*, Prestige, 1958, mit Wilbur Hardin, Red Garland, Paul Chambers und Jimmy Cobb.
- *Black Pearls*, Prestige, 1958, mit Donald Byrd, Red Garland, Paul Chambers und Arthur Taylor.
- *The Believer,* Prestige, 1958, mit Freddie Hubbard, Red Garland, Paul Chambers und Louis Hayes.
- *Giant Steps,* Atlantic, 1959, mit Tommy Flanagan, Paul Chambers und Arthur Taylor. Eine der besten und maßgeblichsten Platten der Jazzgeschichte.
- *Coltrane Jazz,* Atlantic, 1959, mit McCoy Tyner, Wynton Kelly, Steve Davis, Paul Chambers, Jimmy Cobb und Elvin Jones.
- *Coltrane's Sound,* Atlantic, 1960, mit McCoy Tyner, Steve Davis und Elvin Jones.
- *Coltrane Plays The Blues,* Atlantic, 1960, mit McCoy Tyner, Steve Davis und Elvin Jones.
- *My Favorite Things*, Atlantic, 1960, mit McCoy Tyner, Steve Davis und Elvin Jones.
- *Ballads,* MCA/Impulse, 1961, mit McCoy Tyner, Jimmy Garrison und Elvin Jones.
- *The John Coltrane Group With Eric Dolphy,* Beppo, 1961, mit McCoy Tyner, Reggie Workman, Jimmy Garrison und Elvin Jones.
- *Coltrane Live At Birdland,* Impulse, 1962, mit McCoy Tyner, Jimmy Garrison und Elvin Jones.
- *Impressions,* MCA/Impulse, 1962, mit Eric Dolphy, McCoy Tyner, Reggie Workman, Jimmy Garrison und Elvin Jones.
- *Afro Blue Impressions*, Pablo, 1963, mit McCoy Tyner, Jimmy Garrison und Elvin Jones.
- *Crescent,* MCA/Impulse, 1964, mit McCoy Tyner, Jimmy Garrison und Elvin Jones. Eine von Coltranes großartigsten und lyrischsten Platten.
- *Live At The Village Vanguard*, MCA/Impulse, 1964, mit Eric Dolphy, McCoy Tyner, Reggie Workman und Elvin Jones.
- *A Love Supreme,* MCA/Impulse, 1964, mit McCoy Tyner, Jimmy Garrison und Elvin Jones.
- *Coltrane,* MCA/Impulse, 1965, mit McCoy Tyner, Jimmy Garrison und Elvin Jones.
- *The John Coltrane Quartet Plays,* MCA/Impulse, 1965, mit McCoy Tyner, Jimmy Garrison, Art Davis und Elvin Jones.

John Coltrane und Johnny Hartman

- *John Coltrane und Johnny Hartman,* MCA/Impulse, 1963, mit McCoy Tyner, Jimmy Garrison und Elvin Jones. Eine der großartigsten Vokalplatten aller Zeiten.

Chick Corea

- *Now He Sings, Now He Sobs*, Blue Note, 1968, mit Miroslav Vitous und Roy Haynes. Eine der besten Trioaufnahmen der 60er Jahre.
- *Piano Improvisations, Volumes I & II,* ECM, 1971, solo.

Stanley Cowell

- *Brilliant Circles,* Arista-Freedom, 1969, mit Woody Shaw, Tyrone Washington, Bobby Hutcherson, Reggie Workman und Joe Chambers.
- *Musa Ancestral Streams*, Strata East, 1973, solo.
- *Equipoise,* Galaxy, 1979, mit Cecil McBee und Roy Haynes.
- *Sienna,* SteepleChase, 1989, mit Ron McClure und Keith Copeland. Hören Sie Stanleys Version von Monks »Evidence«.
- *Back To The Beautiful,* Concord, 1989, mit Steve Coleman, Santi Debriano und Joe Chambers.
- *Maybeck Recital Hall Series,* Concord, 1990, solo. Hören Sie Stanleys »Cal Massey«, das dem großen Komponisten aus Philadelphia gewidmet ist.

Tadd Dameron

- *Mating Call,* OJC, 1956, mit John Coltrane, John Simmons und Philly Joe Jones.
- *Fontainbleau,* Fantasy, 1956, mit Kenny Dorham, Sahib Shihab, Joe Alexander, Cecil Payne, John Simmons und Shadow Wilson. Eines der besten Alben von einem der größten Jazzkomponisten.

Miles Davis

- *Miles Davis Sextet,* Prestige, 1951, mit Jackie McLean, Sonny Rollins, Walter Bishop, Tommy Potter und Art Blakey.
- *Collector's Items,* Prestige, 1953 und 1956, mit Charlie Parker, Sonny Rollins, Tommy Flanagan, Paul Chambers und Arthur Taylor.
- *Miles Davis And The Modern Jazz Giants,* Prestige, 1954, mit Thelonious Monk, Milt Jackson, Percy Heath und Kenny Clarke.
- *The Musings Of Miles,* Prestige, 1955, mit Red Garland, Oscar Pettiford und Philly Joe Jones.
- *Miles,* Prestige, 1955, mit John Coltrane, Red Garland und Philly Joe Jones.
- *'Round About Midnight,* Columbia, 1955, mit John Coltrane, Red Garland, Paul Chambers und Philly Joe Jones.
- *The New Miles Davis Quintet,* Fantasy/OJC, 1955, mit John Coltrane, Red Garland, Paul Chambers und Philly Joe Jones.
- *Cookin',* Prestige, 1956, mit John Coltrane, Red Garland, Paul Chambers und Philly Joe Jones.
- *Workin',* Prestige, 1956, mit John Coltrane, Red Garland, Paul Chambers und Philly Joe Jones. Diese Platte enthält eine großartige Trioaufnahme, Red Garlands Version von Ahmad Jamals »Ahmad's Blues«.
- *Relaxin',* Prestige, 1956, mit John Coltrane, Red Garland, Paul Chambers und Philly Joe Jones.
- *Steamin',* Prestige, 1956, mit John Coltrane, Red Garland, Paul Chambers und Philly Joe Jones.
- *Milestones,* Columbia, 1958, mit Cannonball Adderley, John Coltrane, Red Garland, Paul Chambers und Philly Joe Jones. Hören Sie Reds großartige Triointerpretation von »Billy Boy«.
- *Miles At Newport,* Columbia, 1958, mit John Coltrane, Cannonball Adderley, Bill Evans, Paul Chambers und Jimmy Cobb.
- *Jazz At The Plaza,* Columbia, 1958, mit John Coltrane, Cannonball Adderley, Bill Evans, Paul Chambers und Jimmy Cobb.
- *Kind Of Blue,* Columbia, 1959, mit John Coltrane, Cannonball Adderley, Bill Evans, Wynton Kelly, Paul Chambers und Jimmy Cobb. Eine der maßgeblichsten Platten der 60er Jahre. Die ersten Aufnahmen von »So What«, »Freddie Freeloader«, »Blue In Green« und »All Blues«.
- *Miles Davis & Sonny Stitt*, Dragon, 1960, mit Wynton Kelly, Paul Chambers und Jimmy Cobb. Eine der besten Platten von Sonny.
- *The Miles Davis Quintet in Stockholm,* Dragon, 1960, mit John Coltrane, Wynton Kelly, Paul Chambers und Jimmy Cobb.
- *Green Dolphin Street,* Natasha Imports, 1960, mit John Coltrane, Wynton Kelly, Paul Chambers und Jimmy Cobb.
- *Fran-Dance,* Village, 1960, mit John Coltrane, Wynton Kelly, Paul Chambers und Jimmy Cobb.
- *Someday My Prince Will Come*, Columbia, 1961, mit John Coltrane, Hank Mobley, Wynton Kelly, Paul Chambers und Jimmy Cobb.
- *In Person, Friday und Saturday Night, Volumes I & II*, Columbia, 1961, mit Hank Mobley, Wynton Kelly, Paul Chambers und Jimmy Cobb. Eine der besten Live-Aufnahmen von Miles.
- *Seven Steps To Heaven,* Columbia, 1963, mit George Coleman, Herbie Hancock, Victor Feldman, Ron Carter, Tony Williams und Frank Butler.
- *Miles In St. Louis,* VGM, 1963, mit Wayne Shorter, Herbie Hancock, Ron Carter und Tony Williams.
- *The Complete Concert, 1964,* Columbia, ursprünglich in zwei Alben erschienen – *My Funny Valentine* und *Four And More* – mit George Coleman, Herbie Hancock, Ron Carter und Tony Williams. *My Funny Valentine* ist eine der schönsten Platten der sechziger Jahre.
- *Davisiana,* Moon, 1964, mit Wayne Shorter, Herbie Hancock, Ron Carter und Tony Williams. Obwohl schlecht aufgenommen, sind auf diesem Album einige der besten, je aufgenommenen Soli von Herbie und Wayne.
- *Miles in Berlin,* Columbia, 1964, mit Wayne Shorter, Herbie Hancock, Ron Carter und Tony Williams.
- *E. S. P.,* Columbia, 1965, mit Wayne Shorter, Herbie Hancock, Ron Carter und Tony Williams.
- *At The Plugged Nickel*, *Volumes I & II*, Columbia, 1965, mit Wayne Shorter, Herbie Hancock, Ron Carter und Tony Williams. *(Miles' Plugged Nickel Aufnahmen sind vielleicht die großartigsten Live-Aufnahmen, die je gemacht wurden.)*
- *Miles Smiles,* Columbia, 1966, mit Wayne Shorter, Herbie Hancock, Ron Carter und Tony Williams.
- *Nefertiti,* Columbia, 1967, mit Wayne Shorter, Herbie Hancock, Ron Carter und Tony Williams.
- *Sorcerer,* Columbia, 1967, mit Wayne Shorter, Herbie Hancock, Ron Carter und Tony Williams.
- *No Blues,* JMY, 1967, mit Wayne Shorter, Herbie Hancock, Ron Carter und Tony Williams.
- *Filles De Kilimanjaro,* Columbia, 1968, mit Wayne Shorter, Herbie Hancock, Chick Corea, Dave Holland, Ron Carter und Tony Williams.

Miles Davis und The Gil Evans Orchestra

- *Miles Ahead,* Columbia, 1957.
- *Porgy And Bess,* Columbia, 1958.
- *Sketches Of Spain,* Columbia, 1959-1960.

Eric Dolphy

- *Out To Lunch,* Blue Note, 1964, mit Freddie Hubbard, Bobby Hutcherson, Richard Davis und Tony Williams.

Kenny Dorham

- *Jazz Contrasts,* Fantasy, 1957, mit Sonny Rollins, Hank Jones, Oscar Pettiford und Max Roach.

- *Quiet Kenny,* New Jazz, 1959, mit Tommy Flanagan, Paul Chambers und Arthur Taylor.
- *Showboat,* Bainbridge, 1960, mit Jimmy Heath, Kenny Drew, Jimmy Garrison und Arthur Taylor.
- *Whistle Stop,* Blue Note, 1961, mit Hank Mobley, Kenny Drew, Paul Chambers und Philly Joe Jones.
- *Una Mas,* Blue Note, 1963, mit Joe Henderson, Herbie Hancock, Butch Warren und Tony Williams.

Kenny Drew

- *Introducing The Kenny Drew Trio,* Blue Note, 1953, mit Curly Russell und Art Blakey. Hören Sie Kennys up-tempo Versionen von »Be My Love« und »It Might As Well Be Spring«.
- *Kenny Drew Trio*, Fantasy, 1956, mit Paul Chambers und Philly Joe Jones. Hören Sie Kennys Version von Juan Tizols »Caravan«.
- *The Riverside Collection,* Riverside, 1957, mit Paul Chambers, Wilbur Ware und Philly Joe Jones. Dieses Album enthält vier Triotitel von Aufnahmen aus den 50er Jahren, die schon lange nicht mehr erhältlich sind. Die zweite Seite enthält bisher unveröffentlichte Quartett- und Quintettaufnahmen mit Donald Byrd, Hank Mobley, Wilbur Ware und G. T. Hogan.
- *Home Is Where The Soul Is,* Xanadu, 1978, mit Leroy Vinnegar und Frank Butler. Hören Sie wie Kenny seinen »Three And Four Blues« spielt, sowie seine unglaublich schnelle Version von »It Could Happen To You«.
- *Recollections,* Timeless, 1989, mit Niels-Henning Ørsted-Pederson und Alvin Queen.

Duke Ellington *(small Band recordings only)*

- *Great Times!,* Riverside, 1950, mit Billy Strayhorn, Oscar Pettiford, Joe Shulman, Lloyd Trotman und Jo Jones. Hören Sie Oscars großartige Cellosoli über »Perdido« und »Oscalypso«.
- *Piano Reflections*, Capitol, 1953, mit Wendell Marshall, Butch Ballard, Dave Black und Ralph Collier.
- *Money Jungle*, Blue Note, 1962, mit Charles Mingus und Max Roach.

Duke Ellington und Ray Brown

- *This One's For Blanton*, Pablo, 1973.

Duke Ellington und John Coltrane

- *Duke Ellington und John Coltrane,* MCA/Impulse, 1962, mit Jimmy Garrison, Aaron Bell, Sam Woodyard und Elvin Jones. Eines der schönsten Alben.

Booker Ervin

- *Back From The Gig,* Blue Note, 1968, mit Woody Shaw, Kenny Barron, Jan Arnett und Billy Higgins.

Bill Evans

- *Everybody Digs Bill Evans,* Fantasy, 1958, mit Sam Jones und Philly Joe Jones. Hören Sie Bills »Peace Piece«.
- *Spring Leaves*, Milestone, 1959, mit Scott La Faro und Paul Motian.
- *Sunday At The The Village Vanguard*, Riverside, 1961, mit Scott La Faro und Paul Motian.
- *Waltz For Debby,* Fantasy, 1961, mit Scott La Faro und Paul Motian.
- *Conversations With Myself,* Verve, 1963, solo.
- *Intuition*, Fantasy, 1974, mit Eddie Gomez.

Bill Evans und Tony Bennett

- *Bill Evans und Tony Bennett,* Fantasy, 1975. Eines der besten Vokalalben der 70er Jahre.

Tommy Flanagan

- *Eclypso*, Enja, 1977, mit George Mraz und Elvin Jones. Hören Sie Tommys Version des Titelstücks.
- *The Super Jazz Trio*, RCA, 1978, mit Reggie Workman und Joe Chambers.
- *Ballads & Blues*, Enja, 1978, mit George Mraz und Connie Kay.
- *Tommy Flanagan Plays The Music Of Harold Arlen*, Inner City, 1980, mit George Mraz und Connie Kay.

Hal Galper

- *Portrait*, Concord, 1989, mit Ray Drummond und Billy Hart. Hal ist ein beinahe so eklektischer Pianist wie Jaki Byard oder Chick Corea. Hören Sie auf Einflüsse von Bud Powell, Bill Evans, Red Garland (die linke Hand bei »After You've Gone«) und Ahmad Jamal (Form und Freiraum).

Red Garland

- *A Garland Of Red*, Prestige, 1956, mit Sam Jones und Arthur Taylor.
- *Groovy*, Prestige, 1956, mit Sam Jones und Arthur Taylor.
- *Red Garland's Piano*, Fantasy, 1957, mit Paul Chambers und Arthur Taylor. Hören Sie Reds Version von »Almost Like Being In Love«.
- *Soul Junction*, Prestige, 1957, mit John Coltrane, Paul Chambers und Arthur Taylor.
- *High Pressure,* Prestige, 1957, mit John Coltrane, Donald Byrd, George Joyner und Arthur Taylor.
- *The P. C. Blues*, Prestige, 1957, mit Paul Chambers, Arthur Taylor und Philly Joe Jones. Hören Sie Reds klassische Version von Ahmad Jamals »Ahmad's Blues« und die Groove der Rhythmusgruppe, insbesondere Philly Joes Besentechnik bei »Tweedle Dee Dee«.
- *Dig It*, Prestige, 1957, mit John Coltrane, Donald Byrd, George Joyner, Paul Chambers und Arthur Taylor.
- *All Morning Long*, Fantasy, 1957, mit John Coltrane, Donald Byrd, Paul Chambers und Arthur Taylor.
- *All Kinds Of Weather*, 1958, mit Sam Jones und Arthur Taylor.
- *Red In Bluesville,* Prestige, 1959, mit Sam Jones und Arthur Taylor.
- *Red Alone*, Moodsville, 1960, solo.

Errol Garner

- *Errol Garner*, Columbia, mit Wyatt Ruther und J. C. Heard. Die beste Platte von ›Elf‹, mit großartigen Versionen von »Caravan«, »Avalon« und »Will You Still Be Mine?«.
- *Soliloquy*, Columbia, 1952 und 1957, solo.
- *Concert By The Sea*, Columbia, 1955, mit Eddie Calhoun und Denzil Best. Hören Sie Errols Version of Cole Porters ›It's All Right With Me«.
- *That's My Kick*, Verve, 1967, mit Wally Richardson, Art Ryerson, Herbert Lovelle, George Jenkins, Johnny Pacheco und Milt Hinton. Errol wurde nie dem Mainstream des Jazzpianos zugeordnet, mit keinerlei offensichtlicher Verbindung zu früheren oder späteren Pianisten, mit Ausnahme von Jaki Byard. Dem ist nicht so. Hören Sie »Ain't Necessarily So« und Sie werden Stellen hören, die Horace Silver beeinflußt haben. Und die letzten Takte von Errols Einleitung zu »More« sind astreiner Bud Powell.

Kenny Garrett
- *Introducing Kenny Garrett,* Criss Cross, 1984, mit Woody Shaw, Mulgrew Miller, Nat Reeves und Tony Reedus.
- *Garrett 5,* Bellaphon, 1988, mit Wallace Roney, Mulgrew Miller, Charnett Moffett, Tony Reedus und Rudy Bird.
- *African Exchange Student,* Atlantic, 1990, mit Charnett Moffett, Ron Carter, Elvin Jones, Tony Reedus, Steve Thornton, Rudy Bird und Tito Ocasio. Hören Sie auf Kennys ›seelenvolles‹ Spiel bei »Lullaby Of Isfahan.« Eine der besten Aufnahmen der 90er Jahre.

Stan Getz
- *Sweet Rain,* Verve, 1967, mit Chick Corea, Ron Carter und Grady Tate.

Dizzy Gillespie
- *Groovin High,* Savoy, 1945-1946, Dizzys erste Big Band Aufnahmen mit Kenny Dorham, Bird, Sonny Stitt, Dexter Gordon, James Moody, Al Haig, John Lewis, Milt Jackson, Ray Brown, Kenny Clarke und Shelly Manne u.a.
- *In The Beginning,* Prestige, 1945-1950, mit Charlie Parker, Al Haig, Clyde Hart, Sonny Stitt, Milt Jackson, Ray Brown, und Kenny Clarke u.a.
- *School Days,* Savoy, 1951-1952, mit J. J. Johnson, John Coltrane, Bill Graham, Budd Johnson, Milt Jackson, Wynton Kelly, Kenny Burrell, Percy Heath, Bernie Griggs, Al Jones, Kansas Fields, Art Blakey, Joe Carroll, Freddy Strong und Melvin Moore.
- *Diz And Getz,* Verve, 1953, mit Stan Getz, Oscar Peterson, Herb Ellis, Ray Brown und Max Roach.

Dizzy Gillespie, Sonny Stitt und Sonny Rollins
- *Sonny Side Up,* Verve, 1957, mit Ray Bryant, Tommy Bryant und Charlie Persip. Eines der besten Alben der 50er Jahre, oder jeder Dekade. Hören Sie Sonny Rollins' ›stop-time‹ Solo über Vincent Youmans »I Know That You Know« und Rays definitives 12/8 Bluessolo über Avery Parrishs »After Hours«.

Benny Golson
- *The Modern Touch,* Riverside, 1957, mit Kenny Dorham, J. J. Johnson, Wynton Kelly, Paul Chambers und Max Roach.
- *The Other Side Of Benny Golson,* Riverside, 1958, mit Curtis Fuller, Barry Harris, Jymie Merritt und Philly Joe Jones.
- *Benny Golson Quartet,* LRC, 1990, mit Mulgrew Miller, Rufus Reid und Tony Reedus.

Dexter Gordon
- *Daddy Plays The Horn*, Bethlehem, 1955, mit Kenny Drew, Leroy Vinnegar und Lawrence Marable.
- *Dexter Calling,* Blue Note, 1961, mit Kenny Drew, Paul Chambers und Philly Joe Jones.
- *Doin' Alright,* Blue Note, 1961, mit Freddie Hubbard, Horace Parlan, George Tucker und Al Harewood.
- *A Swinging Affair,* Blue Note, 1962, mit Sonny Clark, Butch Warren und Billy Higgins.
- *Go,* Blue Note, 1962, mit Sonny Clark, Butch Warren und Billy Higgins.
- *Clubhouse,* Blue Note, 1965, mit Freddie Hubbard, Barry Harris, Bob Cranshaw und Billy Higgins
- *The Jumpin' Blues,* Prestige, 1970, mit Wynton Kelly, Sam Jones und Roy Brooks.
- *Generation,* Prestige, 1972, mit Freddie Hubbard, Cedar Walton, Buster Williams und Billy Higgins.

Benny Green
- *In This Direction,* Criss Cross, 1988, mit Buster Williams und Lewis Nash. Hören Sie Bennys Versionen von Monks »Trinkle Tinkle« und Bud Powells »The Fruit«. Eine der besten Trioaufnahmen der 80er Jahre.
- *Lineage,* Blue Note, 1990, mit Ray Drummond und Victor Lewis.

Grant Green
- *Gooden's Corner,* Blue Note, 1961, mit Sonny Clark, Sam Jones und Louis Hayes.
- *Nigeria,* Blue Note, 1962, mit Sonny Clark, Sam Jones und Art Blakey.
- *Oleo,* Blue Note, 1962, mit Sonny Clark, Sam Jones und Louis Hayes.
- *Born To Be Blue,* Blue Note, 1962, mit Ike Quebec, Sonny Clark, Sam Jones und Louis Hayes.
- *Idle Moments,* Blue Note, 1963, mit Joe Henderson, Bobby Hutcherson, Duke Pearson, Bob Cranshaw und Al Harewood.
- *Talkin' About,* Blue Note, 1964, mit Larry Young und Elvin Jones.
- *Street Of Dreams,* Blue Note, 1964, mit Bobby Hutcherson, Larry Young und Elvin Jones.
- *Matador*, Blue Note, 1965, mit McCoy Tyner, Bob Cranshaw und Elvin Jones.
- *I Want To Hold Your Hand,* Blue Note, 1965, mit Hank Mobley, Larry Young und Elvin Jones.

Johnny Griffin
- *Johnny Griffin Sextet,* OJC, 1958, mit Donald Byrd, Pepper Adams, Kenny Drew, Wilbur Ware und Philly Joe Jones.

Steve Grossman
- *Way Out East,* Red Record, 1984, mit Junie Booth und Joe Chambers.
- *Love Is The Thing,* Red Record, 1985, mit Cedar Walton, David Williams und Billy Higgins.
- *Do It,* Dreyfus, 1991, mit Barry Harris, Reggie Johnson und Arthur Taylor.

Herbie Hancock
- *Takin' Off,* Blue Note, 1962, mit Freddie Hubbard, Dexter Gordon, Butch Warren und Billy Higgins.
- *Inventions And Dimensions,* Blue Note, 1963, mit Paul Chambers, Willie Bobo und Osvaldo Martinez. Herbies superbes Latin-Jazz Album. Eine der besten Pianoaufnahmen der 60er Jahre. Wurde einmal unter dem Titel *Succotash* wiederveröffentlicht.
- *My Point Of View,* Blue Note, 1963, mit Donald Byrd, Grachan Moncur, Hank Mobley, Grant Green, Chuck Israels und Tony Williams.
- *Empyrean Isles,* Blue Note, 1964, mit Freddie Hubbard, Ron Carter und Tony Williams.
- *Maiden Voyage,* Blue Note, 1965, mit Freddie Hubbard, George Coleman, Ron Carter und Tony Williams. Eine der besten Aufnahmen der 60er Jahre.
- *Speak Like A Child*, Blue Note, 1968, mit Thad Jones, Jerry Dodgian, Peter Phillips, Ron Carter und Mickey Roker. Hören Sie Herbies großartige Trioversion von Rons »First Trip«. Eine von Herbies besten Aufnahmen.
- *The Prisoner*, Blue Note, 1969, mit Joe Henderson, Johnny Coles, Garnett Brown, Buster Williams und Albert Heath.

Dieses Album enthält einige von Herbies besten Arrangements, einschließlich »I Have A Dream«.
- *The Piano,* CBS Sony, 1978, solo. Hören Sie Herbies ›finstere‹ Version von Bronislau Kapers »On Green Dolphin Street«.

Roy Hargrove
- *Diamond In The Rough,* Novus, 1989, mit Antonio Hart, Ralph Moore, Geoff Keezer, Charles Fambrough, Ralph Peterson, John Hicks, Scott Colley und Al Foster.

Tom Harrell
- *Moon Alley,* Criss Cross, 1985, mit Kenny Garrett, Kenny Barron, Ray Drummond und Ralph Peterson.

Barry Harris
- *Breakin' It Up,* Argo, 1958, mit William Austin und Frank Gant. Hören Sie, wie Barry bei seinem Stück »Bluesy« den Blues spielt, und achten Sie auf Frank Gants Besenarbeit.
- *Barry Harris At The Jazz Workshop,* Riverside, 1960, mit Sam Jones und Louis Hayes. Hören Sie auf Barrys Time Feeling bei Louis Jordans »Is You Is Or Is You Ain't My Baby«. Hören Sie auch Barrys »Curtain Call«.
- *Preminado,* Riverside, 1960, mit Joe Benjamin und Elvin Jones.
- *Bull's Eye!,* Prestige, 1968, mit Kenny Dorham, Charles McPherson, Pepper Adams, Barry Harris, Paul Chambers und Billy Higgins.
- *Magnificent!,* Prestige, 1969, mit Ron Carter und Leroy Williams. Hören Sie Barrys Version von Charlie Parkers »Ah-Leu-Cha«.
- *Barry Harris Plays Tadd Dameron,* Xanadu, 1975, mit Gene Taylor und Leroy Williams.
- *Live In Concert,* Xanadu, 1976, mit Sam Jones und Leroy Williams (Frank Butler bei einem Titel).
- *Maybeck Recital Hall Series,* Concord, 1990, solo. Eine von Barrys besten Aufnahmen. Hören Sie seine Version von »All God's Chillun Got Rhythm«.

Hampton Hawes
- *The Trio,* OJC, 1955, mit Red Mitchell und Chuck Thompson.
- *For Real!,* OJC, 1958, mit Harold Land, Scott La Faro und Frank Butler.

Roy Haynes
- *True Or False,* Free Lance, 1986, mit Ralph Moore, Dave Kikoski und Ed Howard.

Eddie Henderson
- *Phantoms,* SteepleChase, 1989, mit Joe Locke, Kenny Barron, Wayne Dockery und Victor Lewis. Hören Sie Kenny Barrons Stück »Phantoms«.

Joe Henderson
- *Page One*, Blue Note, 1963, mit Kenny Dorham, McCoy Tyner Butch Warren und Pete La Roca. Eine der besten Aufnahmen der 60er Jahre, mit den Originalversionen von »Blue Bossa« und »Recordame«.
- *In 'n Out,* Blue Note, 1964, mit Kenny Dorham, McCoy Tyner, Richard Davis und Elvin Jones.
- *Inner Urge,* Blue Note, 1964, mit McCoy Tyner, Ron Carter und Elvin Jones. Eine der besten Aufnahmen der 60er Jahre.
- *Mode For Joe,* Blue Note, 1966, mit Lee Morgan, Curtis Fuller, Bobby Hutcherson, Cedar Walton, Ron Carter und Joe Chambers.
- *The Kicker,* Milestone, 1967, mit Mike Lawrence, Grachan Moncur, Kenny Barron, Ron Carter und Louis Hayes.
- *Four!,* Verve, mit Wynton Kelly, Paul Chambers und Jimmy Cobb. Der Vamp, den Wynton am Anfang von Ferde Grofés »On The Trail« spielt, ist aus »Pavanne«, dem 2. Satz von Morton Goulds »2nd American Symphonette«, von dem auch Coltranes »Impressions« stammt.
- *Power To The People,* Milestone, 1969, mit Mike Lawrence, Herbie Hancock, Ron Carter und Jack DeJohnette.
- *Mirror, Mirror,* Verve, 1980, mit Chick Corea, Ron Carter und Billy Higgins.
- *Lush Life,* Verve, 1992, mit Wynton Marsalis, Stephen Scott, Christian McBride und Gregory Hutchinson.

Ernie Henry
- *Seven Standards And A Blues,* OJC, 1957, mit Wynton Kelly, Wilbur Ware und Philly Joe Jones.

Vincent Herring
- *American Experience,* Musicmasters, 1986 und 1989, mit Dave Douglas, Tex Allen, James Genus, Bruce Barth, John Hicks, Marc Johnson, Clifford Adams, Marcus McLauren, Rodney Jones und Monty Croft.

John Hicks
- *John Hicks*, Theresa, 1982, mit Bobby Hutcherson und Walter Booker. Hören Sie Johns »Steadfast«.
- *Power Trio,* Novus, 1990, mit Cecil McBee und Elvin Jones.

Andrew Hill
- *Black Fire,* Blue Note, 1963, mit Joe Henderson, Richard Davis und Roy Haynes.
- *Point Of Departure,* Blue Note, 1964, mit Kenny Dorham, Eric Dolphy, Joe Henderson, Richard Davis und Tony Williams.

Freddie Hubbard
- *Open Sesame,* Blue Note, 1960, mit Tina Brooks, McCoy Tyner, Sam Jones und Clifford Jarvis.
- *Hub Cap,* Blue Note, 1961, mit Jimmy Heath, Julian Priester, Cedar Walton, Larry Ridley und Philly Joe Jones. Dieses Album enthält viele großartige Stücke, einschließlich Randy Westons »Cry Me Not«, Freddies »Luana« und Cedars »Plexus«.
- *Ready For Freddie,* Blue Note, 1961, mit Bernard McKinney, Wayne Shorter, McCoy Tyner, Art Davis und Elvin Jones.
- *Goin' Up,* Blue Note, 1961, mit Hank Mobley, McCoy Tyner, Paul Chambers und Philly Joe Jones.
- *Here To Stay*, Blue Note, 1962, mit Wayne Shorter, Jimmy Heath, Julian Priester, Cedar Walton, Reggie Workman, Larry Ridley und Philly Joe Jones.
- *Hub-Tones,* Blue Note, 1962, mit James Spaulding, Herbie Hancock, Reggie Workman und Clifford Jarvis.
- *The Artistry Of Freddie Hubbard,* Impulse, 1963, mit Curtis Fuller, John Gilmore, Tommy Flanagan, Art Davis und Louis Hayes. Eine von Freddies besten Aufnahmen, mit großartigen Stücken wie »Bob's Place«, »Happy Times« und Freddies Arrangement von George Gershwins »Summertime«.
- *Blue Spirits,* Blue Note, 1965, mit James Spaulding, Joe Henderson, McCoy Tyner, Kiane Ziwadi, Harold Mabern Jr., Larry Ridley, Clifford Jarvis und Big Black.

Freddie Hubbard *(Fortsetzung)*
- *Red Clay,* CTI, 1970, mit Joe Henderson, Herbie Hancock, Ron Carter und Lenny White.

Freddie Hubbard und Woody Shaw
- *The Eternal Triangle,* Blue Note, 1987, mit Kenny Garrett, Mulgrew Miller, Ray Drummond und Carl Allen.

Bobby Hutcherson
- *Spiral,* Blue Note, 1965, mit Harold Land, Stanley Cowell, Reggie Johnson und Joe Chambers. Eine der besten Aufnahmen der 60er Jahre.
- *Stick-Up!,* Blue Note, 1966, mit Joe Henderson, McCoy Tyner, Herbie Lewis und Billy Higgins. Hören Sie Joes Solo über Bobbys »Verse«. Es ist eines seiner besten, auf einem der besten Alben der 60er Jahre.
- *Happenings,* Blue Note, 1966, mit Herbie Hancock, Bob Cranshaw und Joe Chambers.
- *Oblique,* Blue Note, 1967, mit Herbie Hancock, Albert Stinson und Joe Chambers. Eines von Bobbys besten Alben.
- *Total Eclipse,* Blue Note, 1968, mit Harold Land, Chick Corea, Reggie Johnson und Joe Chambers.
- *Solo/Quartet,* Fantasy, 1981, mit McCoy Tyner, Herbie Lewis und Billy Higgins. Eine der besten Aufnahmen der 80er Jahre.
- *Four Seasons,* Timeless, 1983, mit George Cables, Herbie Lewis und Philly Joe Jones.
- *Color Schemes,* Landmark, 1985, mit Mulgrew Miller, John Heard, Billy Higgins und Airto Moreira.
- *In The Vanguard,* Landmark, 1986, mit Kenny Barron, Buster Williams und Al Foster. Eine der besten Aufnahmen der 80er Jahre.

Abdullah Ibrahim
- *African Dawn,* Enja, 1982, solo. Hören Sie Abdullahs Version of Billy Strayhorns »A Flower Is A Lovesome Thing«.

Milt Jackson
- *The Jazz Skyline,* Savoy, 1956, mit Lucky Thompson, Hank Jones, Wendell Marshall und Kenny Clarke.
- *Bags Meets Wes,* OJC, 1961, mit Wes Montgomery, Wynton Kelly, Sam Jones und Philly Joe Jones.

Ahmad Jamal
- *Ahmad Jamal At The Pershing, Volumes I & II,* MCA-Chess, 1958, mit Israel Crosby und Vernell Fournier. Hören Sie während der gesamten Aufnahme auf Ahmads Sinn für Vorwärtsbewegung in der Begleitung der linken Hand.
- *Heat Wave,* Cadet, 1966, mit Jamil Nasser und Frank Gant. Hören Sie Ahmads großartige Version von Ralph Blanes »The Boy Next Door«.

Keith Jarrett
- *Standards, Volumes I & II,* ECM, 1983 und 1985, mit Gary Peacock und Jack DeJohnette. Hören Sie Keiths lyrische Version von »All The Things You Are«.

J. J. Johnson
- *The Eminent Jay Jay Johnson, Volumes I & II,* Blue Note, 1953 und 1955, mit Clifford Brown, Hank Mobley, Jimmy Heath, Wynton Kelly, John Lewis, Horace Silver, Paul Chambers, Percy Heath, Charles Mingus, Kenny Clarke und Sabu Martinez.

Elvin Jones
- *Earth Jones,* Palo Alto Jazz, 1982, mit Terumasa Hino, Dave Liebman, Kenny Kirkland und George Mraz.

Hank Jones
- *Love For Sale,* Inner City, 1976, mit Buster Williams und Tony Williams.
- *Tiptoe Tapdance,* Galaxy, 1978, solo. Hören Sie Hanks Version von Johnny Mandels »Emily«.
- *The Oracle,* Emarcy, 1989, mit Dave Holland und Billy Higgins.

Sam Jones
- *The Bassist!,* Discovery, 1979, mit Kenny Barron und Keith Copeland.

Clifford Jordan
- *Spellbound,* Riverside, 1960, mit Cedar Walton, Spanky DeBrest und Albert Heath. Hören Sie Cliffords Version von Birds »Au Privave«.
- *Highest Mountain,* Muse, 1975, mit Cedar Walton, Sam Jones und Billy Higgins.
- *Firm Roots,* Muse, 1975, mit Cedar Walton, Sam Jones und Billy Higgins.

Wynton Kelly
- *Someday My Prince Will Come,* Vee-Jay, mit Lee Morgan, Wayne Shorter, Paul Chambers und Philly Joe Jones. Hören Sie Wyntons Arrangement von »Come Rain Or Come Shine«, seine Begleitung für Wayne bei »Wrinkles«, und wie er bei »Sassy« den Blues spielt.
- *Wynton Kelly,* Riverside, 1958, mit Kenny Burrell, Paul Chambers und Philly Joe Jones.
- *Kelly At Midnight,* Vee-Jay, 1960, mit Paul Chambers und Philly Joe Jones.
- *Blues On Purpose,* Xanadu, 1965, mit Paul Chambers und Jimmy Cobb. Wyntons beste Trioaufnahme.
- *Wynton Kelly,* Epitaph, 1968, mit Lee Morgan, Wayne Shorter, Paul Chambers und Philly Joe Jones.

Wynton Kelly und George Coleman *(siehe auch George Coleman und Tete Montoliu)*
- *Wynton Kelly And George Coleman In Concert,* Affinity, 1968, mit Ron McClure und Jimmy Cobb. Eine der besten Live-Aufnahmen der 60er Jahre.

Wynton Kelly und Wes Montgomery *(siehe auch Wes Montgomery)*
- *Smokin' At The Half Note,* Verve, 1965, mit Paul Chambers und Jimmy Cobb.

Rahsaan Roland Kirk
- *Rip, Rig And Panic,* Emarcy, 1965, 1967, mit Lonnie Liston Smith, Jaki Byard, Ronnie Boykins, Richard Davis, Elvin Jones und Grady Tate.
- *The Inflated Tear,* Atlantic, 1968, mit Ron Burton, Steve Novosel und Jimmy Hopps.

Steve Lacy
- *Soprano Sax,* Fantasy, 1957, mit Wynton Kelly, Buell Neidlinger und Dennis Charles.
- *Evidence,* New Jazz, 1961, mit Don Cherry, Carl Brown und Billy Higgins.

Yusef Lateef

- *Into Something,* Prestige, 1961, mit Barry Harris, Herman Wright und Elvin Jones.
- *Eastern Sounds,* OJC, 1961, mit Barry Harris, Ernie Farrow und Lex Humphries.

Dave Liebman *(siehe auch Quest)*

- *First Visit,* West Wind, 1973, mit Richie Beirach, Dave Holland und Jack DeJohnette.
- *Doin' It Again,* Timeless, 1980, mit Terumasa Hino, John Scofield, Ron McClure und Adam Nussbaum.
- *Double Edge,* Storyville, 1985, mit Richie Beirach.
- *Setting The Standard,* Red Records, 1992, mit Mulgrew Miller, Rufus Reid und Victor Lewis.

Kirk Lightsey

- *Lightsey I,* Sunnyside, 1982, solo. Hören Sie Kirks Version von Monks »Trinkle, Tinkle«.

Booker Little

- *Booker Little,* Time, 1960, mit Tommy Flanagan, Wynton Kelly, Scott La Faro und Roy Haynes.

Joe Lovano

- *Tones, Shapes, And Colors,* Soul Note, 1985, mit Kenny Werner, Dennis Irwin und Mel Lewis.
- *Sounds Of Joy,* Enja, 1991, mit Anthony Cox und Ed Blackwell.

Junior Mance

- *The Soulful Piano Of Junior Mance,* Jazzland, 1960, mit Ben Tucker und Bobby Thomas.

Branford Marsalis

- *Rennaisance,* Columbia, 1986, mit Kenny Kirkland, Herbie Hancock, Bob Hurst, Buster Williams und Tony Williams.

Eddie Marshall

- *Dance Of The Sun,* Timeless, 1977, mit Bobby Hutcherson, Manny Boyd, George Cables und James Leary.

Jackie McLean

- *McLean's Scene,* Prestige, 1957, mit Bill Hardman, Red Garland, Mal Waldron, Paul Chambers, Arthur Phipps und Arthur Taylor. Eine von Bill Hardmans besten Aufnahmen. Hören Sie wie Jackie und Bill beim Titelstück den Blues spielen.
- *Bluesnik*, Blue Note, 1961, mit Freddie Hubbard, Kenny Drew, Doug Watkins und Pete La Roca. Eine der besten Aufnahmen der 60er Jahre.
- *A Fickle Sonance,* Blue Note, 1961, mit Tommy Turrentine, Sonny Clark, Butch Warren und Billy Higgins.
- *Hipnosis,* Blue Note, 1962 und 1967, mit Kenny Dorham, Grachan Moncur, Lamont Johnson, Sonny Clark, Butch Warren, Scotty Holt und Billy Higgins.
- *Let Freedom Ring,* Blue Note, 1963, mit Walter Davis Jr., Herbie Lewis und Billy Higgins.
- *Right Now,* Blue Note, 1965, mit Larry Willis, Bob Cranshaw und Clifford Jarvis. Eine von Larry Willis' und Clifford Jarvis' besten Aufnahmen.
- *Consequences,* Blue Note, 1965, mit Lee Morgan, Harold Mabern, Herbie Lewis und Billy Higgins.
- *Jacknife,* Blue Note, 1965-1966, mit Lee Morgan, Charles Tolliver, Larry Willis, Larry Ridley, Don Moore und Jack DeJohnette.

Mulgrew Miller

- *Keys To The City,* Landmark, 1985, mit Ira Coleman und Marvin »Smitty« Smith. Eine der besten Trioaufnahmen der 80er Jahre.
- *Work!,* Landmark, 1986, mit Charnett Moffett und Terri Lyne Carrington.
- *Wingspan,* Landmark, 1987, mit Kenny Garrett, Steve Nelson, Charnett Moffett, Tony Reedus und Rudy Bird. Hören Sie Mulgrews großartiges Solo über das Titelstück. Eine der besten Aufnahmen der 80er Jahre.
- *The Countdown,* Landmark, 1988, mit Joe Henderson, Ron Carter und Tony Williams.
- *From Day To Day,* Landmark, 1990, mit Robert Hurst und Kenny Washington. Hören Sie Mulgrews verträumtes Intro zu »What A Difference A Day Made«. Eine der besten Trioaufnahmen der 90er Jahre.
- *Hand In Hand,* Landmark, 1992, mit Eddie Henderson, Kenny Garrett, Joe Henderson, Steve Nelson, Christian McBride und Lewis Nash.

Charles Mingus

- *Pithecanthropus Erectus,* Atlantic, 1956, mit Jackie Mclean, J. R. Montrose, Mal Waldron und Willie Jones.
- *The Clown,* Atlantic, 1957, mit Jimmy Knepper, Shafi Hadi, Wade Legge, Dannie Richmond und Jean Shepherd.
- *Tijuana Moods,* Bluebird, 1957, mit Clarence Shaw, Jimmy Knepper, Shafi Hadi, Bill Triglia, Dannie Richmond, Frankie Dunlop und Ysabel Morel.
- *New York Sketchbook,* Charly, 1957, mit Clarence Shaw, Jimmy Knepper, Shafi Hadi, Bill Evans und Dannie Richmond.
- *Mingus Ah Um,* Columbia, 1959, mit John Handy, Booker Ervin, Shafi Hadi, Willie Dennis, Jimmy Knepper, Horace Parlan und Dannie Richmond. Eine der besten Aufnahmen der 50er Jahre.
- *Mingus In Wonderland,* Blue Note, 1959, mit John Handy, Booker Ervin, Richard Wyands und Dannie Richmond.
- *The Black Saint And The Sinner Lady,* MCA, 1963, mit Rolf Ericson, Richard Williams, Quentin Jackson, Don Butterfield, Jerome Richardson, Booker Ervin, Dick Hafer, Charlie Mariano, Jaki Byard und Dannie Richmond.

Blue Mitchell

Blue war der lyrischste Trompeter von allen, und sein ›warmer‹ Klang reflektierte seine Persönlichkeit – er war einer der nettesten Menschen auf der Welt.

- *Out Of The Blue,* Riverside, 1958, mit Wynton Kelly, Sam Jones, Paul Chambers und Art Blakey.
- *Blue's Moods,* Fantasy, 1960, mit Wynton Kelly, Sam Jones und Roy Brooks.
- *The Thing To Do,* Blue Note, 1964, mit Junior Cook, Chick Corea, Gene Taylor und Al Foster. Eine von Chicks frühesten und besten Aufnahmen. Hören Sie auf die eklektische Vielfalt der Einflüsse (McCoy, Horace, Bud u.s.w.), ganz besonders in seinem Solo über Joe Hendersons »Step Lightly«. Erstaufnahmen von drei großartigen Stücken: »Step Lightly«, Blues »Funji Mama« und Chicks »Chick's Tune« (basiert auf der Akkordfolge zu »You Stepped Out of A Dream«.)

Hank Mobley

- *Messages,* Prestige, 1956, mit Donald Byrd, Kenny Dorham, Jackie McLean, Barry Harris, Walter Bishop, Doug Watkins und Arthur Taylor.
- *Peckin' Time,* Blue Note, 1958, mit Lee Morgan, Wynton Kelly, Paul Chambers und Charlie Persip.
- *Roll Call,* Blue Note, 1960, mit Freddie Hubbard, Wynton Kelly, Paul Chambers und Art Blakey.
- *Soul Station*, Blue Note, 1960, mit Wynton Kelly, Paul Chambers und Art Blakey. Hören Sie Hanks »This I Dig Of You«. Eine der besten Aufnahmen der 60er Jahre.
- *Workout,* Blue Note, 1960, mit Wynton Kelly, Paul Chambers und Philly Joe Jones. Eine der besten Aufnahmen der 60er Jahre.
- *Another Workout,* Blue Note, 1961, mit Wynton Kelly, Paul Chambers und Philly Joe Jones.
- *No Room For Squares,* Blue Note, 1963, mit Lee Morgan, Andrew Hill, John Ore und Philly Joe Jones.
- *The Turnaround,* Blue Note, 1965, mit Freddie Hubbard, Barry Harris, Paul Chambers und Billy Higgins.
- *Straight No Filter,* Blue Note, 1966, mit Donald Byrd, Herbie Hancock, McCoy Tyner, Butch Warren und Philly Joe Jones. Hören Sie McCoys Solo über Hanks »Chain Reaction«, eines seiner besten.

The Modern Jazz Quartet *(siehe auch Sonny Rollins und The Modern Jazz Quartet)*

- *Django,* Prestige, 1955, mit Milt Jackson, John Lewis, Percy Heath und Kenny Clarke.
- *European Concert,* Atlantic, 1960, mit Milt Jackson, John Lewis, Percy Heath und Connie Kay.

Thelonious Monk

- *Genius Of Modern Music, Volume I,* Blue Note, 1947-1952, zu viele Musiker, um sie hier zu erwähnen.
- *Thelonious Monk Plays Duke Ellington,* Riverside, 1955, mit Oscar Pettiford und Kenny Clarke.
- *The Unique Thelonious Monk,* Riverside, 1956, mit Oscar Pettiford und Art Blakey.
- *Brilliant Corners,* Riverside, 1956, mit Sonny Rollins, Clark Terry, Ernie Henry, Oscar Pettiford, Paul Chambers und Max Roach.
- *Thelonious In Action,* Fantasy, 1958, mit Johnny Griffin, Ahmed Abdul-Malik und Roy Haynes.
- *Monk's Dream,* Columbia, 1962, mit Charlie Rouse, John Ore und Frankie Dunlop.
- *Criss Cross,* Columbia, 1963, mit Charlie Rouse, John Ore und Frankie Dunlop.
- *Tokyo Concerts,* Columbia, 1963, mit Charlie Rouse, Butch Warren und Frankie Dunlop. Monk und Charlie spielen sehr schrullig. Hören Sie Monks Solo über »I'm Gettin' Sentimental Over You«.
- *It's Monk's Time,* Columbia, 1964, mit Charlie Rouse, Butch Warren und Ben Riley.
- *Solo Monk,* Columbia, 1965. Hören Sie Monks Stride-Versionen von »Dinah« und »I'm Confessin'«. Eine der besten Solopiano Aufnahmen der 60er Jahre.
- *The London Collection, Volumes I & II,* Black Lion, 1971, solo. Monk spielt großartiges Stride-Piano bei einer seiner letzten Aufnahmen.

Thelonious Monk und John Coltrane *(siehe auch John Coltrane)*

- *Thelonious Monk And John Coltrane,* Fantasy, 1957, mit Wilbur Ware, Shadow Wilson und Art Blakey. Eine der besten Aufnahmen der 50er Jahre.
- *Thelonious Monk And John Coltrane, Live At The Five Spot,* Blue Note, 1957, mit Ahmed Abdul-Malik und Roy Haynes. Wurde von 'Tranes Frau auf einem Amateurgerät aufgenommen; die bessere der beiden Monk-Coltrane Aufnahmen.

Wes Montgomery *(siehe auch Wynton Kelly und Wes Montgomery)*

- *The Incredible Jazz Guitar Of Wes Montgomery,* Riverside, 1960, mit Tommy Flanagan, Percy Heath, Ron Carter, Albert Heath, Lex Humphries und Ray Barretto.
- *So Much Guitar!,* Riverside, 1961, mit Hank Jones, Percy Heath und Albert Heath.
- *Full House,* Riverside, 1962, mit Johnny Griffin, Wynton Kelly, Paul Chambers und Jimmy Cobb.

Tete Montoliu *(siehe auch George Coleman und Tete Montoliu)*

- *Yellow Dolphin Street,* Timeless, 1977, solo. Hören Sie Tetes »Napoleon« und seine Walking Bass Lines beim Titelstück.

Ralph Moore

- *Images,* Landmark, 1988, mit Terence Blanchard, Benny Green, Peter Washington und Kenny Washington. Eine der besten Aufnahmen der 80er Jahre.
- *Rejuvenate!,* Criss Cross, 1988, mit Steve Turre, Mulgrew Miller, Peter Washington und Marvin »Smitty« Smith. Hören Sie Mulgrews »Exact Change« und sein Solo über »It Might As Well Be Spring«. Eine der besten Aufnahmen der 80er Jahre.
- *Furthermore,* Landmark, 1990, mit Roy Hargrove, Benny Green, Peter Washington, Kenny Washington und Victor Lewis.

Lee Morgan

- *The Sidewinder*, Blue Note, 1963, mit Joe Henderson, Barry Harris, Bob Cranshaw und Billy Higgins. Diese Aufnahme enthält einige von Lees besten Stücken und Joes beste Soli.
- *Search For The New Land,* Blue Note, 1964, mit Wayne Shorter, Grant Green, Herbie Hancock, Reggie Workman und Billy Higgins.
- *Tom Cat,* Blue Note, 1964, mit Jackie McLean, Curtis Fuller, McCoy Tyner, Bob Cranshaw und Art Blakey.
- *Cornbread*, Blue Note, 1965, mit Jackie McLean, Hank Mobley, Larry Ridley und Billy Higgins. Hören Sie Herbies wunderschönes Spiel bei Lees »Ceora«.
- *Delightfulee,* Blue Note, 1966, mit Joe Henderson, McCoy Tyner, Bob Cranshaw, Billy Higgins und Philly Joe Jones. Hören Sie Joes Solo über Lees »Ca-lee-so« und Waynes Solo über Paul McCartneys »Yesterday«. Eine von Lees besten Aufnahmen.

Lewis Nash

- *Rhythm Is My Business,* Evidence, 1989, mit Steve Nelson, Mulgrew Miller, Peter Washington, Ron Carter, Steve Kroon und Teresa Nash.

Fats Navarro

- *Memorial,* Savoy, 1946-1947, mit Kenny Dorham, Ernie Henry, Sonny Stitt, Morris Lane, Eddie De Verteuil, Bud Powell, Al Hall, Curley Russell, Kenny Clarke und Gil Fullers Arrangements.

Steve Nelson

- *Communications,* Criss Cross, 1987, mit Mulgrew Miller, Ray Drummond und Tony Reedus. Hören Sie Mulgrews polyrhythmisches Solo über Steves Stück »Aten Hymn«.

Phineas Newborn, Jr.

- *The Piano Artistry of Phineas Newborn, Jr.,* Atlantic, 1956, mit Oscar Pettiford und Kenny Clarke. Hören Sie Phineas' Version von Bud Powells »Celia«.
- *We Three,* New Jazz, 1958, mit Paul Chambers und Roy Haynes. Hören Sie Phineas' klassische Version von Avery Parrishs »After Hours«.
- *A World Of Piano,* Fantasy, 1961, mit Paul Chambers und Philly Joe Jones.
- *The Great Jazz Piano Of Phineas Newborn, Jr.,* Contemporary, 1962, mit Leroy Vinnegar, Milt Turner, Sam Jones und Louis Hayes. Hören Sie Phineas' Vortrag von Bud Powells »Celia« und Benny Golsons »Domingo«.
- *The Newborn Touch,* Contemporary, 1964, mit Leroy Vinnegar und Frank Butler.
- *Harlem Blues,* Contemporary, 1969, mit Ray Brown und Elvin Jones. Meine Lieblingsaufnahme von Phineas Newborn. Hören Sie auf Elvins Besenarbeit bei dieser großartigen Aufnahme.
- *Back Home,* Contemporary, 1976, mit Ray Brown und Elvin Jones. Hören Sie Phineas' Errol Garner-Wurzeln bei »No Moon At All«.

Eddie Palmieri und Cal Tjader

- *El Sonido Nuevo,* Verve, 1966. Die ersten acht Titel dieser CD stammen von der Aufnahme aus den 60er Jahren, die die weitere Entwicklung des Latin-Jazz veränderte. Hören Sie Eddies Montunos und Soli über »Picadillo«, »Unidos«, »Ritmo Uni« und dem Titelstück.

Charlie Parker

Sie können sich fast alles anhören, was Bird aufgenommen hat. Da ich nicht alle Aufnahmen hier listen kann, habe ich mich auf eine Auswahl beschränkt, mit dem Schwerpunkt auf CD-Samplern:

- *The Immortal Charlie Parker,* Savoy, 1944-1948, mit Miles Davis, Dizzy Gillespie, Clyde Hart, John Lewis, Bud Powell, Tiny Grimes, Nelson Boyd, Jimmy Butts, Tommy Potter, Curley Russell, Max Roach und Harold West.
- *The Charlie Parker Story,* Savoy, 1945, mit Miles Davis, Dizzy Gillespie, Bud Powell und Max Roach.
- *The Complete Dial Sessions,* Spotlite, 1946-1947. Zuviele Musiker, um sie alle zu listen: Miles Davis, Dizzy Gillespie, Lucky Thompson, Wardell Gray, Dodo Marmarosa, Duke Jordan, Teddy Wilson, Errol Garner, Barney Kessel, Ray Brown und Max Roach.
- *The Complete Charlie Parker On Verve,* Verve, 1946-1954. Zuviele Musiker, um sie alle zu listen: Kenny Dorham, Dizzy Gillespie, Coleman Hawkins, Ben Webster, Lester Young, Walter Bishop, Jr., Al Haig, Hank Jones, John Lewis, Thelonious Monk, Oscar Peterson, Ray Brown, Percy Heath, Charles Mingus, Tommy Potter, Curly Russell, Kenny Clarke, Max Roach, Roy Haynes, Buddy Rich, Arthur Taylor und Chano Pozo.
- *The Complete Dean Benedetti Recordings,* Mosaic, 1947-1948, mit Howard McGhee, Miles Davis, Thelonious Monk, Hampton Hawes, Max Roach u.a. Mit einem primitiven Bandgerät aufgenommen; mehr als 40 Jahre verschollen (die Kumran-Schriften des Jazz).
- *Bird And Fats,* Cool & Blue, 1950, mit Fats Navarro, Walter Bishop, Jr., Bud Powell, Curley Russell, Tommy Potter, Roy Haynes und Art Blakey.
- *Jazz At Massey Hall,* Prestige, 1953, mit Dizzy Gillespie, Bud Powell, Charles Mingus und Max Roach.

Horace Parlan

- *No Blues,* Inner City, 1975, mit Niels-Henning Ørsted-Pedersen und Tony Inzalaco. Hören Sie Horaces Version von Randy Westons »Hi-Fly«.
- *Blue Parlan,* Steeplechase, 1978, mit Wilbur Little und Dannie Richmond.

Duke Pearson

- *Sweet Honey Bee,* Blue Note, 1966, mit Freddie Hubbard, Joe Henderson, James Spaulding, Ron Carter und Mickey Roker. Großartige Stücke von Duke und eine von Joes besten Aufnahmen.

Oscar Peterson

- *The Trio,* Verve, 1961, mit Ray Brown und Ed Thigpen.
- *Night Train*, Verve, 1962, mit Ray Brown und Ed Thigpen.

Enrico Pieranunzi

- *No Man's Land,* Soul Note, 1989, mit Marc Johnson und Steve Houghton. Hören Sie, wie Enrico »My Funny Valentine« spielt.

Bud Powell

- *The Complete Blue Note And Roost Recordings Of Bud Powell,* Blue Note, 1947-1963. Wenn Sie sich dieses 4CD-Set nicht leisten können, dann kaufen Sie sich *The Amazing Bud Powell,* Blue Note, eine der großartigsten Jazzpiano-Aufnahmen, die es gibt.
- *The Genius of Bud Powell,* Verve, 1949-1956. Wenn Sie sich dieses 4CD-Set nicht leisten können, dann kaufen Sie sich *The Genius of Bud Powell, Volumes I & II,* Verve, eine der großartigsten Jazzpiano-Aufnahmen, die es gibt.
- *Birdland '53,* Fresh Sound, 1953, mit Charles Mingus und Roy Haynes. Ursprünglich unter dem Titel *Inner Fires* erschienen.

Ike Quebec

- *Blue And Sentimental,* Blue Note, mit Grant Green, Paul Chambers und Philly Joe Jones.

Quest *(siehe auch Dave Liebman)*

- *Quest II,* Storyville, 1986, mit Richie Beirach, Ron McClure und Billy Hart.
- *New York Nights,* Pan, 1988, mit Dave Liebman, Richie Beirach, Ron McClure und Billy Hart.

Sonny Red

- *Out Of The Blue*, Blue Note, 1959-1960, mit Wynton Kelly, Paul Chambers, Roy Brooks und Jimmy Cobb.

Sam Rivers

- *Fuchsia Swing Song,* Blue Note, 1965, mit Jaki Byard, Ron Carter und Tony Williams.

Max Roach *(siehe auch Clifford Brown und Max Roach)*

- *Jazz in 3/4 Time,* Emarcy, 1956-1957, mit Sonny Rollins, Kenny Dorham, Billy Wallace und George Morrow.

Max Roach (Fortsetzung)

- *Max Roach + 4*, Emarcy, 1956-1957, mit Sonny Rollins, Kenny Dorham, Billy Wallace, Ray Bryant und George Morrow.

Sonny Rollins (siehe auch Dizzy Gillespie, Sonny Stitt und Sonny Rollins)

- *Sonny Rollins Quartet*, Prestige, 1951, mit Kenny Drew, Percy Heath und Art Blakey.
- *Sonny Rollins Quintet*, Prestige, 1954, mit Kenny Dorham, Elmo Hope, Percy Heath und Art Blakey.
- *Work Time*, Prestige, 1955, mit Ray Bryant, George Morrow und Max Roach.
- *Tour De Force*, Prestige, 1956, mit Kenny Drew, George Morrow, Earl Coleman und Max Roach. Ein großartiger Sonny. Dieses Album enthält zwei der schnellsten Stücke, die jemals aufgenommen wurden: »B. Quick« (basiert auf der Akkordfolge zu »Cherokee«) und »B. Swift« (basiert auf der Akkordfolge zu »Lover«).
- *Sonny Rollins Plus Four*, Prestige, 1956, mit Clifford Brown, Richie Powell, George Morrow und Max Roach.
- *Tenor Madness*, Prestige, 1956, mit John Coltrane, Red Garland, Paul Chambers und Philly Joe Jones. Coltrane spielt nur beim Titelstück mit.
- *Volume One*, Blue Note, 1956, mit Donald Byrd, Wynton Kelly, Gene Ramey und Max Roach. Eine von Sonnys besten Aufnahmen. Hören Sie die Interaktion zwischen Sonny und Max bei »Sonnysphere«.
- *Saxophone Colossus*, Prestige, 1956, mit Tommy Flanagan, Doug Watkins und Max Roach.
- *Way Out West*, Fantasy, 1957, mit Ray Brown und Shelly Manne.
- *A Night At The Village Vanguard, Vol. I & II*, Blue Note, 1957, mit Wilbur Ware und Elvin Jones. Eine der besten Aufnahmen der 50er Jahre.
- *Newk's Time*, Blue Note, 1958, mit Wynton Kelly, Doug Watkins und Philly Joe Jones.
- *In Sweden*, Bird Notes, 1959, mit Henry Grimes und Pete La Roca.
- *The Bridge*, Bluebird, 1962, mit Jim Hall, Bob Cranshaw und Ben Riley.

Sonny Rollins und Coleman Hawkins

- *Sonny Meets Hawk*, RCA, 1963, mit Paul Bley, Bob Cranshaw, Henry Grimes und Roy McCurdy.

Sonny Rollins und The Modern Jazz Quartet (siehe auch The Modern Jazz Quartet)

- *Sonny Rollins With The Modern Jazz Quartet*, Prestige, 1953, mit John Lewis, Milt Jackson, Percy Heath und Kenny Clarke.

Wallace Roney

- *Verses*, Muse, 1987, mit Gary Thomas, Mulgrew Miller, Charnett Moffett und Tony Williams. Eine der besten Aufnahmen der 80er Jahre.
- *Intuition*, Muse, 1988, mit Kenny Garrett, Gary Thomas, Mulgrew Miller, Ron Carter und Cindy Blackman.
- *The Standard Bearer*, Muse, 1989, mit Gary Thomas, Mulgrew Miller, Charnett Moffett und Cindy Blackman.
- *Obsession*, Muse, 1990, mit Gary Thomas, Donald Brown, Christian McBride und Cindy Blackman.
- *A Breath Of Seth Air*, Muse, 1991, mit Antoine Roney, Jacky Terasson, Peter Washington und Eric Allen. Wallace spielt gegen Ende von Jule Stynes »People« einen Ton, bei dem man glauben könnte, Miles würde noch leben.

John Scofield

- *Time On My Hands*, Blue Note, 1989, mit Joe Lovano, Charlie Haden und Jack DeJohnette.

Woody Shaw

- *Cassandrite*, Muse, 1965, 1971, mit Joe Henderson, Larry Young (piano), Herbie Hancock, Ron Carter, Joe Chambers, Paul Chambers, Garnett Brown, Harold Vick, George Cables und Cecil McBee.
- *Little Red's Fantasy*, Muse, 1976, mit Frank Strozier, Ronnie Matthews, Stafford James und Eddie Moore. Eine der besten Aufnahmen der 70er Jahre.
- *Stepping Stones*, Columbia, 1978, mit Carter Jefferson, Onaje Allan Gumbs, Clint Houston und Victor Lewis. Eine der besten Aufnahmen der 70er Jahre.
- *United*, Columbia, 1981, mit Gary Bartz, Steve Turre, Mulgrew Miller, Stafford James und Tony Reedus. Hören Sie Gary Bartz' Solo über »Blues For Wood«. Eine der besten Aufnahmen der 80er Jahre.
- *Master Of The Art*, Elektra Musician, 1982, mit Bobby Hutcherson, Steve Turre, Mulgrew Miller, Stafford James und Tony Reedus.
- *Lotus Flower*, Enja, 1982, mit Steve Turre, Mulgrew Miller, Stafford James und Tony Reedus.
- *Night Music*, Elektra Musician, 1982, mit Steve Turre, Mulgrew Miller, Stafford James und Tony Reedus.
- *Setting Standards*, Muse, 1983, mit Cedar Walton, Buster Williams und Victor Jones.
- *Imagination*, Muse, 1987, mit Steve Turre, Kirk Lightsey, Ray Drummond und Carl Allen. Eine von Woodys letzten und besten Aufnahmen.
- *Solid*, Muse, 1987, mit Kenny Garrett, Kenny Barron, Peter Leitch, Neil Swainson und Victor Lewis.

Wayne Shorter

In nur vier Jahren, 1964-1967, nahm Wayne Shorter sieben der großartigsten Alben in der Geschichte des Jazz auf:

- *Speak No Evil*, Blue Note, 1964, mit Freddie Hubbard, Herbie Hancock, Ron Carter und Elvin Jones.
- *Night Dreamer*, Blue Note, 1964, mit Lee Morgan, McCoy Tyner, Reggie Workman und Elvin Jones.
- *Ju Ju*, Blue Note, 1964, mit McCoy Tyner, Reggie Workman und Elvin Jones.
- *Etcetera*, Blue Note, 1965, mit Herbie Hancock, Cecil McBee und Joe Chambers.
- *The Soothsayer*, Blue Note, 1965, mit James Spaulding, Freddie Hubbard, McCoy Tyner, Ron Carter und Tony Williams. Einige von Freddies besten Soli, einschließlich einiger ›burning double-time‹ Passagen.
- *Adam's Apple*, Blue Note, 1967, mit Herbie Hancock, Reggie Workman und Joe Chambers.
- *Schizophrenia*, Blue Note, 1967, mit Curtis Fuller, James Spaulding, Herbie Hancock, Ron Carter und Joe Chambers.

Horace Silver

- *Horace Silver Trio*, Blue Note, 1952, mit Gene Ramey, Curly Russell, Percy Heath und Art Blakey.

- *Six Pieces Of Silver*, Blue Note, 1956, mit Doug Watkins und Ed Thigpen.
- *Blowin' The Blues Away,* Blue Note, 1959, mit Blue Mitchell, Junior Cook, Gene Taylor und Louis Hayes.
- *Doin' The Thing At The Village Gate,* Blue Note, 1961, mit Blue Mitchell, Junior Cook, Gene Taylor und Roy Brooks.
- *Song For My Father*, Blue Note, 1963, mit Carmell Jones, Blue Mitchell, Joe Henderson, Junior Cook, Teddy Smith, Gene Taylor, Roy Brooks und Roger Humphries.
- *The Cape Verdean Blues*, Blue Note, 1965, mit Woody Shaw, Joe Henderson, J. J. Johnson, Bob Cranshaw und Roger Humphries. Horaces großartigste Band und eine der besten Aufnahmen der 60er Jahre.
- *The Jody Grind*, Blue Note, 1966, mit Woody Shaw, James Spaulding, Tyrone Washington, Larry Ridley und Roger Humphries.

Louis Smith

- *Smithville,* Blue Note, 1958, mit Charlie Rouse, Sonny Clark, Paul Chambers und Arthur Taylor.

Marvin »Smitty« Smith

- *Keeper Of The Drums,* Concord, 1987, mit Steve Coleman, Robin Eubanks, Ralph Moore, Wallace Roney, Mulgrew Miller und Lonnie Plaxico.

Sphere

- *Sphere On Tour,* Red Record, 1985, mit Charlie Rouse, Kenny Barron, Buster Williams und Ben Riley.

Sonny Stitt (siehe auch Dizzy Gillespie, Sonny Stitt und Sonny Rollins)

- *Sonny Stitt, Bud Powell, And J. J. Johnson,* Prestige, 1949, mit Curly Russell und Max Roach.
- *Sonny Stitt Quartet,* Prestige, 1950, mit Kenny Drew, Tommy Potter und Art Blakey.
- *Constellation*, Muse, 1972, mit Barry Harris, Sam Jones und Roy Brooks.
- *12!*, Muse, 1972, mit Barry Harris, Sam Jones und Louis Hayes.

Billy Strayhorn

- *The Peaceful Side Of Billy Strayhorn,* Solid State, 1963, mit Michel Gaudry; andere Musiker nicht zu identifizieren.

John Stubblefield

- *Countin' The Blues,* Enja, 1987, mit Hamiet Bluiett, Mulgrew Miller, Charnett Moffett und Victor Lewis.

Art Tatum

Mit Art Tatums Aufnahmen auf dem Laufenden zu sein, kann in ›Hausarbeit‹ ausarten, da die Begriffe ›Genius‹ und ›Masterpiece‹ bei Erst-, Neu- und Wiederveröffentlichungen immer wieder verwendet wurden. Ich bin versucht zu sagen »alles von Tatum«. Ich tu's nicht, hier ist eine Auswahl:

- *The Standard Transcriptions,* Music & Arts, 1935-1943, solo.
- *Art Tatum Solos 1937,* Almanac, solo.
- *Solos,* MCA, 1940, solo.
- *Art Tatum Masterpieces, 1941 und 1944,* Onyx, solo. Hören Sie Arts sensationelle Version von Cole Porters »Begin The Beguine«.
- *Piano Solos,* Jazz Archive, 1944-1948, solo.
- *The Genius*, Black Lion, 1945, solo.
- *Piano Starts Here*, Columbia, 1949, solo. Eine von Arts besten Aufnahmen, mit einem ›kochenden‹ »I Know That You Know«, das manchmal klingt als ob das Band im Schnell-Lauf vorwärts gespult werden würde.
- *Gene Norman Presents Art Tatum, Volume I,* GNP, early 1950s, solo.
- *The Complete Capitol Recordings, Volumes I & II*, Capitol, 1949 und 1952, solo.
- *20th Century Piano Genius,* Emarcy, 1950 und 1955, solo.
- *The Complete Pablo Solo Masterpieces,* Pablo, 1953-1955, solo. Ein Set mit sieben CDs.
- *Tatum/Hampton/Rich*, Pablo, 1955, mit Lionel Hampton und Buddy Rich. Tatum war am besten bei seinen Soloaufnahmen; dieses Treffen von drei Giganten ist eine Ausnahme.

Arthur Taylor

- *Taylor's Wailers,* Prestige, 1957, mit John Coltrane, Donald Byrd, Jackie McLean, Charlie Rouse, Frank Foster, Walter Davis, Jr., Ray Bryant, Red Garland, Paul Chambers, Sam Jones und Wendell Marshall. Eine von Charlie Rouses besten Aufnahmen.

Lucky Thompson

- *Tricotism*, Impulse, 1956, mit Oscar Pettiford, Skeeter Best, Jimmy Cleveland, Hank Jones, Don Abney und Osie Johnson. Die Triotitel, mit Oscar und Skeeter, gehören zu den besten Aufnahmen der 50er Jahre.

Bobby Timmons

- *This Here*, Riverside, 1960, mit Sam Jones und Jimmy Cobb. Hören Sie Bobbys Stücke »This Here«, »Moanin'« und »Dat Dere«.

Charles Tolliver

- *Charles Tolliver And The All-Stars,* Black Lion, 1968, mit Gary Bartz, Herbie Hancock, Ron Carter und Joe Chambers. Reissued as *Paper Man.* Hören Sie Charles' großartige Stücke »Lil's Paradise« und »Household Of Saud«.
- *Music, Inc.,* Strata East, 1970, mit einer 17köpfigen Big Band, einschließlich Stanley Cowell, Cecil McBee und Jimmy Hopps. Großartige Stücke, wie z.B. Charles' »On The Nile« und Stanleys »Abscretions« und »Departure«. Eine der besten Aufnahmen der 70er Jahre.

Lennie Tristano

- *Lennie Tristano*, Atlantic, 1955-1961, mit Lee Konitz, Gene Ramey, Peter Ind, Jeff Morton und Arthur Taylor. Hören Sie Lennies Stück »Turkish Mambo«.

McCoy Tyner

- *Inception*, MCA/Impulse, 1962, mit Art Davis und Elvin Jones.
- *Nights Of Ballads & Blues*, MCA/Impulse, 1963, mit Steve Davis und Lex Humphries.
- *Reaching Fourth*, Impulse, 1963, mit Henry Grimes und Roy Haynes.
- *Plays Duke Ellington,* MCA/Impulse, 1964, mit Jimmy Garrison, Elvin Jones, Willie Rodriguez und Johnny Pacheco.
- *The Real McCoy*, Blue Note, 1967, mit Joe Henderson, Ron Carter und Elvin Jones. Eine der besten Aufnahmen der 60er Jahre.

McCoy Tyner *(Fortsetzung)*

- *Tender Moments*, Blue Note, 1967, mit Lee Morgan, Julian Priester, Bennie Maupin, James Spaulding, Howard Johnson, Herbie Lewis und Joe Chambers. Eine der besten Aufnahmen der 60er Jahre.
- *Expansions*, Blue Note, 1968, mit Woody Shaw, Gary Bartz, Wayne Shorter, Ron Carter, Herbie Lewis und Freddie Waits. Diese Aufnahme enthält einige von McCoys und Waynes besten Soli, plus zwei schöne Stücke, McCoys »Peresina« und Cal Masseys »I Thought I'd Let You Know«. Eine der besten Aufnahmen der 60er Jahre.
- *Time For Tyner*, Blue Note, 1968, mit Bobby Hutcherson, Herbie Lewis und Freddie Waits. Eine von McCoys besten Aufnahmen.
- *Cosmos*, Blue Note, 1969, mit Gary Bartz, Harold Vick, Andrew White, Al Gibbons, Hubert Laws, Herbie Lewis, Freddie Waits und eine Streichergruppe bei einigen Titeln.
- *Echoes Of A Friend*, Milestone, 1972. dies ist McCoys Solo-Tribut an John Coltrane und Cal Massey, und eine der besten Aufnahmen der 70er Jahre. Hören Sie McCoys rhapsodisches Tribut an Cal Massey, »Just Folks«.
- *Horizon*, Milestone, 1979, mit John Blake, Joe Ford, George Adams, Charles Fambrough, Al Foster und Guillermo Franco. Dieses Album enthält einige von McCoys besten Aufnahmen der 70er Jahre.
- *Revelations*, Blue Note, 1988. Eine der besten Soloaufnahmen der 80er Jahre.
- *Things Ain't What They Used To Be*, Blue Note, 1990. Dieses Aufnahme enthält Duos mit John Scofield und George Adams, sowie acht Solotitel. Hören Sie McCoys Version von Billy Strayhorns »Lush Life«, seine Stride-Anklänge bei »Sweet And Lovely« und »What's New?«, und seine Wiederaufnahme von zwei seiner besten Songs der 70er Jahre, »The Greeting« und »Song For My Lady«. Eine der besten Pianoaufnahmen der 90er Jahre.
- *Warsaw Concert*, Fresh Sound, 1991, solo.
- *Soliloquy*, Blue Note, 1991. Eine der besten Soloaufnahmen der 90er Jahre.
- *New York Reunion*, Chesky, 1991, mit Joe Henderson, Ron Carter und Al Foster. Eine der besten Aufnahmen der 90er Jahre.

Cedar Walton

Cedar spielt harmonisch sehr klar, sein Anschlag ist sehr präzise. Dadurch kann seine Musik relativ einfach transkribiert werden.

- *Cedar!*, Prestige, 1967, mit Kenny Dorham, Junior Cook, Leroy Vinnegar und Billy Higgins.
- *Firm Roots*, Muse, 1974, mit Sam Jones und Louis Hayes.
- *Eastern Rebellion*, Timeless, 1975, mit George Coleman, Sam Jones und Billy Higgins. Eine von Cedars besten, mit seinem »Bolivia« und Sam Jones' »Bittersweet«.
- *Eastern Rebellion 2*, Timeless, 1977, mit Bob Berg, Sam Jones und Billy Higgins.
- *The Maestro*, Muse, 1980, mit Abbey Lincoln, Bob Berg, David Williams und Billy Higgins.
- *Piano Solos,* Clean Cuts, 1981. Viel Glück beim Aufspüren dieser Aufnahme. Die Platte ist schon lange vergriffen, und zudem bei einem obskuren Label erschienen. Cedars seltene Solopiano-Aufnahmen sind es wert, in ›Second Hand‹ Geschäften danach zu stöbern. Hören Sie seine Stücke »The Sunday Suite« und »Clockwise«.
- *Among Friends,* Theresa, 1982, mit Bobby Hutcherson, Buster Williams und Billy Higgins.
- *Ironclad; The Cedar Walton Trio Live At Yoshi's,* Monarch, 1989, mit David Williams und Billy Higgins.

Tyrone Washington

- *Natural Essence*, Blue Note, 1967, mit Woody Shaw, James Spaulding, Kenny Barron, Reggie Workman und Joe Chambers.

Randy Weston

- *Blues To Africa*, Arista Freedom, 1974, solo. Hören Sie Randys »Kasbah Kids.«

James Williams

- *Magical Trio 1,* Emarcy, 1987, mit Ray Brown und Art Blakey.
- *Magical Trio 2,* Emarcy, 1987, mit Ray Brown und Elvin Jones.

Mary Lou Williams

- *Free Spirits*, SteepleChase, 1975, mit Buster Williams und Mickey Roker.

Tony Williams

- *Native Heart,* Blue Note, 1989, mit Wallace Roney, Billy Pierce, Mulgrew Miller, Ira Coleman und Bob Hurst.

Larry Willis

- *Just In Time,* SteepleChase, 1989, mit Bob Cranshaw und Kenny Washington.

Cassandra Wilson

- *Blues Skies*, JMT, 1988, mit Mulgrew Miller, Lonnie Plaxico und Terri Lyne Carrington. Hören Sie Mulgrews Solo über »I Didn't Know What Time It Was« und Terri Lynes Besenarbeit während dieser Aufnahme. Eine der besten Vokalaufnahmen der 80er Jahre.

Teddy Wilson

- *Mr. Wilson And Mr. Gershwin*, Columbia, 1959, mit Arvell Shaw und Bert Dahlander. Mehr als nur ein Hinweis woher Bud Powell, Wynton Kelly, Oscar Peterson, Tommy Flanagan und Hank Jones kommen.

Larry Young *(Khalid Yasin)*

- *Into Somethin'*, Blue Note, 1964, mit Sam Rivers, Grant Green und Elvin Jones.
- *Unity*, Blue Note, 1965, mit Woody Shaw, Joe Henderson und Elvin Jones. Eine der großartigsten Aufnahmen in der Jazzgeschichte. Enthält einen Duo-Track mit Larry und Elvin, "Monk's Dream", einer der großartigsten Einzeltitel in der Musikgeschichte.

Register

Kapitel 21 »Das Repertoire«, Kapitel 24 »Hörbeispiele« sowie die Seiten vor Kapitel 1 sind nicht in das Register aufgenommen worden. Die Stücke in Kapitel 21 sind mit den dazugehörenden empfohlenen Aufnahmen alphabetisch geordnet. Das Gleiche gilt für Kapitel 24, das nach Künstlern geordnet ist. Begriffe, die nicht im Register stehen, finden Sie möglicherweise im Glossar oder in den ausführlichen Inhaltsangaben.

A

»Ablution«, 388
»Adam's Apple«, 207
Adamson, Harold, 263
»A Child Is Born«, 368
»A Foggy Day«, 217
Aebersold, Jamey, 50, 156, 180, 185, 205, 231
»African Queen«, 212, 215
»Afro-Centric«, 364, 368
»After The Rain«, 45
Ahbez, Eden, 363
»Ah-Leu-Cha«, 368, 387, 388
»Ain't Misbehavin'«, 49
»Airegin«, 363, 366
»Aisha«, 7
Akkordfolge(n), (Akkordverbindungen):
   I-II-III-IV, 25-26
   I-IV, 26
   I-VI-II-V, 23-24, 48, 204, 267
   II-V-I, 18-20, 22, 28, 41, 47, 56, 70, 71, 82, 89, 159-160, 165, 183, 186, 204-205, 210, 220, 225, 238-239, 241, 243, 245, 249-251, 253-257, 278-279, 283, 299, 312
   III-VI-II-V, 24, 44, 48, 64, 125, 257, 267
   V von V, 22, 25, 256-257
   Stimmführung bei II-V-I
Akkordqualität, 15, 17
Akkord/Skalentheorie, 29-88
»All Blues«, 7, 207
»All God's Chillun Got Rhythm«, 333, 388-390

»All Of Me«, 388
»All Of You«, 125-126, 132, 138, 340
»All The Things You Are«, 19, 21, 23, 25, 27, 86, 225, 239, 242, 268, 317, 319, 367, 388, 389
»All The Things You Could Be If Sigmund Freud's Wife Was Your Mother«, 388
»All The Way«, 289, 310, 326
»Alone Together«, 224, 250, 364
»Along Came Betty«, 358, 361, 363, 368
Alteration, 23, 32
   Alteriert, 51, 104, 113, 118, 196, 259
Alterierter Dominantseptakkord, 65-66
Alterierte pentatonische Skala, 197
»Always«, 330
»Angola«, 130, 133
»Anthropology«, 217, 361, 388
Äolisch, 14, 23-24, 31, 48-49
Arlen, Harold, 363
Armstrong, Louis, 112, 158
»Ask Me Now«, 361
Auf- und absteigende Baßlinien, 289
Aus einer Scheinkadenz eine Kadenz machen, 308
Austauschbarkeit von melodischen Mollakkorden, 67
»Autumn In New York«, 102
»Autumn Leaves«, 171, 223
»Ave Maria Morena«, 422
Avoid-Ton, 31, 33, 49, 61, 64, 67-69, 71, 76, 78-79, 83, 85, 114, 118, 191, 259

B

Bacharach, Burt, 96, 282
»Background Music«, 388
»(Back Home In) Indiana«, 388
»Bag's Groove«, 6
Baker, David, 159
»Barbara«, 365
Barron, Kenny, 26, 43, 45, 48, 62, 82, 102, 181, 191, 196-197,
    215, 231, 237, 270, 287, 291, 301, 305, 316, 321, 332, 346,
    347, 350, 352, 356, 432
»Barry's Bop«, 388
Bártok, Béla, 70
Bartz, Gary, 199, 226
Basie, Count, 389
Bassman, George, 102, 287, 291
Bauza, Mario, 428
»Bean And The Boys« (alias »Burt Covers Bud«), 388
»Beatrice«, 142-143, 363, 372-374
»Bebop«, 217
»Bebop Romp«, 388
Bebopskalen, 157-166
    Anwendung in einem Arrangement, 166-168
    Bebop Dominantskala, 158-159
    Bebop Durskala, 161
    Bebop-melodisch Mollskala, 161
    Bebopskalen-Licks, 162-165
»Begin The Beguine«, 358, 365
Beiderbeck, Bix, 86
Beirach, Richie, 231
»Bemsha Swing«, 358, 362
Bennett, Tony, 41
Benny Harris, 217
Berlin, Irving, 252, 330, 362
Berliner, Paul, 442
Bernstein, Leonard, 40
Best, Denzil, 389, 399
»Best Thing For You, The«, 330, 362
»Bewitched, Bothered And Bewildered«, 294, 300, 313
»Big Bertha«, 212
»Big Push, The«, 330, 362
Bird (siehe Parker, Charlie)
»Bird Gets The Worm«, 388
»Birdlike«, 422
»Bird Of Paradise«, 388
Bitonalität, 170, 175, 274
»Bittersweet«, 369
»Black Narcissus«, 35, 199, 364
Blakey, Art, 98, 324, 441-442
»Blue Bossa«, 168, 255, 287, 364, 368
»Blue In Green«, 366
»Blue Monk«, 4, 203
»Blue Serge«, 388
»Blue Silver«, 388
»Blue Skies«, 251, 389
»Blue's Theme«, 388

Blues, 202-222
    Blues Changes, 203-205
    Blues mit Mittelteil, 209
    Bluesschema, 205
    Bluesskala, 198, 202, 211-212, 214-216
    Descending Blues, 210
    3/4 Blues, 207
    Mollblues, 205-208
    Pentatonik, Mollpentatonik und Bluesskala, 216
    Pentatonische Mollskala und die Bluesskala, 215
»Blues By Five«, 203
»Blues For Alice«, 210, 388, 389
»Bluesette«, 207
»Blues For Liebestraum«, 203
»Blue Train«, 212
Bobo, Willie, 428
»Body And Soul«, 89, 231, 302, 324, 339, 352, 355, 356, 361
    John Coltranes Reharmonisation, 376
»Bolivia«, 4
Bonfa, Luis, 363
»Bonita«, 119
»Borderick«, 366
»Bouncin' With Bud«, 38, 367
Brainin, Jerry, 41, 337
Braxton, Anthony, 169
»Bremond's Blues«, 203
»Bright Mississippi«, 388
»Brilliant Corners«, 365
Brown, Clifford, 361, 367, 390
Brown, Donald, 102, 292, 315
Brubeck, Dave, 42
»Bud's Bubble«, 388
»Burt Covers Bud«, 388
»But Beautiful«, 100, 307
»But Not For Me«, 390
Byard, Jaki, 232
»Bye Bye Blues«, 203
»Bye Bye Blackbird«, 363, 376
»Bye-Ya«, 361, 424, 426
Byrd, Donald, 20, 22, 343, 389

C

Cables, George, 364, 367
»Ca-Lee-So«, 123
Cahn, Sammy, 50
»Candy«, 389
»Cape Verdean Blues, The«, 212
»Caravan«, 428
Carmichael, Hoagy, 82, 98, 324, 361, 368
Carter, Benny, 361, 368, 378
Carter, Ron, 99, 111, 128, 147, 211, 231, 340
»Casbah«, 388
Cáscara, 426
»Celerity«, 388
»Celia«, 388
»Central Park West«, 225, 342

Chaloff, Serge, 388
Chambers, Paul, 232
Changes (siehe auch Akkordfolgen), 385
   – Dehnen, 148-156
»Chasing The Bird«, 388
»Chelsea Bridge«, 7, 9, 54, 256, 303, 305
»Cherokee«, 361, 388,-390
»Chick's Tune«, 388
»Children Of The Night«, 225, 365
»Child's Dance«, 182
Chittison, Herman, 439
Chromatische Baßbewegung, 245, 248-249
Chromatische Tonleiter, 176
Chromatischer Vorhalt, 302, 308, 312-313, 323
Churchill, Frank, 131, 363
Clarke, Kenny, 442
Clave, 232, 420-425, 429
»Coffe Pot«, 388
Coleman, Cy, 300
Coleman, George, 119, 129, 340, 430
Coleman, Ornette, 442
Coltrane Changes, 327-346
   – üben, 340-341
   – über Standards, 337-340
   »Countdown« und »Tune Up«, 335-36
   »Giant Steps«, 328-329 (siehe auch Kapitel Neun, 186-190)
   McCoy Tyners lokrischer V Akkord, 344-346
   Verschieben von tonalen Zentren in kl. Terzen, 342-343
   Vorgänger von Giant Steps, 330-334
Coltrane, John, 15, 25, 27, 28, 30-31, 41-45, 65, 85, 89, 102, 119, 129, 162, 164, 178, 186, 196, 206, 208, 209, 211-212, 224, 225, 228, 231, 232, 263, 274, 285, 287, 290, 320, 326, 327, 329, 330, 332, 334-339, 342, 344, 346, 347, 350, 352, 355, 356, 361-370, 377, 387-390, 441
»Come Rain Or Come Shine«, 363
»Compensation«, 437
»Conception«, 362
»Confirmation«, 4, 339, 389, 390
»Constellation«, 388
»Corcovado«, 368
Corea, Chick, 80, 99, 203, 262, 281-282, 388, 429, 441
»Cotton Tail«, 388
»Countdown«, 335, 336, 340, 342, 356, 388
»Crazeology«, 217, 388
»Crescent«, 45, 346
»Crisis«, 225, 362
»CTA«, 221, 388
Cugat, Xavier, 428

D

»Daahoud«, 361, 367
Dameron, Tadd, 59, 205, 262, 330, 332, 333, 364, 387-390
»Dance Cadaverous«, 54, 57, 363
»Dance Of The Infidels«, 211, 244
»Dancing Sunbeam«, 334
Daniel, Eliot, 263

»Darn That Dream«, 330
Davis, Miles, 15, 27-30, 31-42, 45, 47-48, 100, 103, 107, 125, 131, 138, 203, 207, 211, 217, 225, 231-232, 300, 335, 361-366, 368, 369, 378, 387-390, 423, 432, 441-442
Davis, Steve, 355
»Dear John«, 388
»Dearly Beloved«, 363
»Dear Old Stockholm«, 362, 368
»Delightfulee«, 35
»Del Sasser«, 8, 361, 366
DePaul, Gene, 307
»Desafinado«, 363
»Dewey Square«, 368
»Dexterity«, 369
»Dig«, 363, 387, 388
»Disco Lucy«, 263
Dissonanz, 170, 172, 176
Dixon, Mort, 81
»Dizzy Atmosphere«, 199, 388
»Django«, 11
»Dolphin Dance«, 45, 83, 109-111, 146, 281, 283, 365, 436
Dominantseptakkord, 16-18, 22, 30, 33
Dominantskala, 37
»Donna Lee«, 388
Doppeltverminderter Akkord, 83
Dorham, Kenny, 43-44, 55, 168, 222, 224, 255, 287, 288, 364, 368, 389, 390
Dorisch, 14, 16, 18, 25-26, 30-33, 50, 62, 89, 104, 114, 158, 160, 206, 249, 276
Dorische Bebopskala, 160
Down Beat Magazin, 34
Dreiklänge, 11-12
   – der Durskala, 133
   – der Ganztonskala, 136
   – der melodischen Mollskala, 134
   – der verminderten Halbton/Ganztonskala, 135
   Improvisieren mit Dreiklängen, 131-137
Drew, Kenny, 212, 290
Drop 2, 167-168
Durdreiklänge, 86, 132
Durseptakkord, 15-18, 32
Durskala (siehe auch ›ionisch‹), 14, 15, 29-50

E

»Easy Living«, 81
»Eighty-One«, 99, 211
Einen Akkord auf einem beliebigen Grundton bilden, 296
Ellington, Duke, 29, 39, 42, 44, 80, 225, 231, 259, 317, 330, 361, 366, 370, 388
»El Sonido Nuevo«, 430
»Embraceable You«, 292, 315, 390
»Empathy«, 120
»Epistrophy«, 365
»Equinox«, 206, 366
Ervin, Booker, 32, 183, 434
»E.S.P.«, 5, 262, 363

»E.T.A«, 388
»Eternal Triangle, The«, 165, 217, 388
Evans, Bill, 41, 364, 432
»Evidence«, 88, 361, 388
»Exactly Like You«, 390
»Exotica«, 387, 388
»Eye Of The Hurricane, The«, 125

F

Fakebook, (siehe auch › New Real Book‹ und ›World's Greatest Fake Book‹, 18, 35
»Fee-Fi-Fo-Fum«, 144, 440
Feldman, Victor, 362, 366, 367
»Fifth House«, 387, 388
»52nd Street«, 388
Fischer, Clare, 89, 225, 366
»Flamenco Sketches«, 41-42, 47
»Flamingo«, 439
Flanagan, Tommy, 317, 318, 332, 388
»Fly Little Bird Fly«, 343
»Foggy Day, A«, 217
»Footprints«, 207
»For Spee's Sake«, 164, 211
Form, 234, 358-374, 383
Fortlaufende Skalenübung, 113
Foster, Al, 231
»Four«, 103, 107, 363
»Four By Five«, 441
Four Lives In The Bebop Business, 442
Four-way close, 166-167
Fours, 233
»Freddie Freeloader«, 211
»Freedom Jazz Dance«, 364
»Freight Train«, 388
Fuller, Curtis, 212
»Funji Mama«, 388

G

Galper, Hal, 231
Ganzton/Halbtonskala, 73, 104
Ganztonakkord, 86, 88
Ganztonskala(leiter), 30, 61, 66, 72, 83-86, 92, 104, 136, 211, 266
Garland, Red, 103, 334, 347, 432, 441
Garrett, Kenny, 272, 312, 377
»Gary's Notebook«, 121, 208
»Gaslight«, 84, 128, 193, 225, 364, 368
Gegenbewegung, 280-281, 285, 289, 292, 323
Gemeinsame Töne, 142-147, 319
Gershwin, George, 22, 24-25, 36, 54, 216, 217, 230, 234, 238, 251-252, 292, 315, 317, 361, 387
Gettin' It Together, 156, 180, 231
»Giant Steps«, 5, 13, 15, 89, 186-188, 225, 329, 332, 334, 340, 356, 364
»Gichi«, 45, 181, 191, 215
Gillespie, Dizzy, 64, 199, 361, 366-369, 388-390, 428, 442

»Glass Enclosure«, 58, 97, 100, 103
»Golden Lotus«, 43, 196
Golson, Benny, 67, 263, 303, 358, 361, 363, 365, 368
González, Jerry, 428-430
»Good Bait«, 389
»Goodbye Pork Pie Hat«, 211
Gordon, Dexter, 442
Gould, Morton, 28
»Granted«, 211
»Green Dolphin Street (On)«, 98-99, 321, 389, 390
Green, Benny, 294, 295, 300, 313
Green, Johnny, 89, 302, 324, 356, 361
»Green Street Caper«, 368, 389
»Gregory Is Here«, 362
»Groovin' High«, 5, 367, 389
Gryce, Gigi, 53, 362, 390
»Gymnopédies«, 41

H

»Hackensack« (alias »Rifftide«), 389
Haggart, Bob, 20, 71, 255, 330, 383
Hague, Albert, 22
Halbton/Ganztonskala, 73-75, 81, 83
Halbtonrückungen, 172
Halbvermindert, 27, 51, 64
Halbverminderter Septakkord, 27, 49, 62
Hancock, Herbie, 41, 61, 78, 83, 99, 100, 109-112, 119, 124, 125, 128-129, 132, 138, 146, 147, 243, 256, 281, 283, 293, 294, 299, 310, 311, 340, 361, 365, 366, 369, 429, 432, 436, 440
Hannah-Barbera, 389
Hanon Fingersätze, 89
»Happy Birthday«, 36
Hardin, Lil, 112, 158
Harmonische Durskala, 436
Harmonische Mollskala, 433-436
Harold Adamson, 263
Harris, Barry, 233
Harris, Benny, 388
Harris, Eddie, 364
Hart, Billy, 231
»Have You Met Miss Jones«, 225, 262, 271, 312, 330, 332
Hawkins, Coleman, 29, 388
Hayes, Louis, 231
Head, 387
Heads, 217, 361, 387-390
Heath, Jimmy, 221, 388
Henderson, Joe, 32, 35, 73, 89, 112, 119-124, 126, 128, 129, 148, 162, 169, 71, 173, 192, 193, 199, 201, 215, 281, 282, 305, 316, 363, 364, 366, 368, 369, 372, 373, 434, 441
Henderson, Ray, 363
»Here's That Rainy Day«, 73, 78
Higgins, Billy, 231-232
»Hocus Pocus«, 32
»Holy Land, The«, 211
»Homestretch«, 211

»Honeysuckle Rose«, 387-390
Hörtraining, 10
»Hot House«, 387-389
»Hotter Than That"«, 112, 158
»How Deep Is The Ocean«, 252, 254
»How High The Moon«, 339, 389, 390
Hubbard, Freddie, 19, 30, 45, 64, 84, 89, 109, 112, 119, 124-125, 128, 133, 145-146, 162-164, 173, 176, 211-212, 225, 243-245, 256, 293, 294, 299, 302, 310, 317, 324, 362, 365, 366, 388, 422, 442
»Hub Tones«, 146, 164, 173, 176, 212, 243
Hutcherson, Bobby, 26, 28, 61, 168, 169, 271, 291, 302, 304, 305, 308, 312, 314, 346, 369

I

»I Can't Believe That You're In Love With Me«, 390
»I Can't Get Started«, 387, 388
»I Concentrate On You«, 364
»I Didn't Know What Time It Was«, 18, 20, 225
»Idle Moments«, 73, 122, 434
»If«, 211
»If I Were A Bell«, 103, 363, 366
»If There Is Someone Lovelier Than You«, 334
»If You Could See Me Now«, 330
»I Hate You«, 389
»I Hear A Rhapsody«, 245, 248, 276, 277, 296, 359-360, 374, 379, 381
»I Let A Song Go Out Of My Heart«, 330
»I'll Remember April«, 390
»I Love You«, 389
»I Mean You«, 367
»I'm Gettin' Sentimental Over You«, 102, 287, 291
»I'm Old Fashioned«, 25, 27, 290
»Impressions«, 28, 30, 176, 361, 368, 389
Improvisieren mit Dreiklängen, 131
»In A Capricorn Way«, 6, 362
»In A Mist«, 86
»In A Sentimental Mood«, 330
»In Case You Haven't Heard«, 174, 177, 193
»Infant Eyes«, 45, 358, 365
»Injuns, The«, 389
»Inner Urge«, 9
»In 'n Out«, 211
In-sen Skala, 196-197
Interlude, 366-367
Intervalle, 3-12
    Intervallumkehrungen, 10
Intro, 366-368
»Introspection«, 361
»In Walked Bud«, 361, 389
»In Your Own Sweet Way«, 42
Ionisch, 14, 15, 31-33, 50, 89, 158
»I Remember Clifford«, 9, 358, 366, 368
»I Remember You«, 238, 308, 330, 361, 367
»I Should Care«, 50
»Isotope«, 6, 211

»I Thought About You«, 19, 21, 67, 265, 363
»It's Easy To Remember«, 320
»It's You Or No One«, 363
»I've Got Rhythm«, 22-25, 209, 216-218, 222, 238, 361, 387-390
»I Wish I Knew«, 102, 224, 287

J

»Jack Sprat«, 210, 389
»Jeanine«, 362
»Jeepers Creepers«, 390
»Jitterbug Waltz, The«, 367
»Jody Grind, The«, 211
Jobim, Antonio Carlos, 82, 286, 362, 363, 365, 368
Johnson, J.J., 34, 388, 390
Johnston, Arthur, 437
Jones, Elvin, 442
Jones, Isham, 361
Jones, Philly Joe, 17, 232
Jones, Sam, 209, 231, 361, 366, 369
Jones, Thad, 368
Jordan, Duke, 361
»Jordu«, 5, 361
»Joshua«, 362, 366
»Juicy Lucy«, 389
»JuJu«, 84, 86
»Just Friends«, 18-19, 187, 303
»Just Like A Butterfly Caught In The Rain«, 81
»Just One More Chance«, 437
»Just You, Just Me«, 388

K

Kadenz, 308
Kaper, Bronislav, 98, 321
»Kary's Trance«, 389
»Katrina Ballerina«, 6, 35, 362
Kelly, Wynton, 42, 45, 100, 131, 232, 432
Kenny Drew, 290
Kern, Jerome, 21, 25, 39, 239, 242, 268, 280, 290, 317, 319, 323, 330, 363, 364, 367
»Kicker, The«, 211
»Killer Joe«, 361
»Kim«, 389
Kind Of Blue, 27
King, B. B., 203
Klenner, John, 303
»Ko-Ko«, 389
Konitz, Lee, 389, 390
Kontrafakt, 387

L

»La Alhambra«, 346
Lacy, Fred, 259
»Lady Be Good (Oh)«, 389
»Lady Bird«, 332, 333, 364
»Lady Day«, 8, 109

»Laird Baird«, 210
»Lament For Booker«, 125
»La Mesha«, 43, 55, 364
Land, Harold, 261
Lane, Burton, 61
Lateinamerikanische Musik, 420-431
»Lazy Bird«, 165, 388
Lead Sheet, 229, 239, 250-251, 267, 359
»Lennie's Pennies«, 389
»Lester Leaps In«, 389
»Lester Left Town«, 361
»Let's Call This«, 389
Lewis, Herbie, 61
Lewis, Morgan, 339
Licks und Patterns, 228
Liebman, Dave, 57, 168, 169, 442
»Light Blue«, 358, 364
»Like Sonny« (alias »Simple Like«), 365
»Limehouse Blues«, 203
»Little Girl Blue«, 60, 362
»Little Melonae«, 368
»Little One«, 128-129, 146
»Little Rootie Tootie«, 361
»Little Sunflower«, 28, 30, 176, 365
«Little Willie Leaps«, 389
»Locomotion«, 129, 130, 209, 212, 366
Loesser, Frank, 103, 363
»Lonnie's Lament«, 364
Lokrisch, 13-14, 29, 31, 49, 63, 104
Lokrisch #2, 62-63
»Love For Sale«, 361, 376
»Love Me Or Leave Me«, 389, 390
»Lover Come Back To Me«, 388
»Low Life«, 20
»Lullaby Of Birdland«, 389
»Lush Life«, 89, 264, 285, 368
Lydisch, 14, 25, 31, 35-36, 89, 98, 104, 193-194, 268
Lydisch-dominant, 59
Lydisch-übermäßig, 58, 99, 104
Lydischer Dominantseptakkord, 59-60
»Lynn's Tune«, 32, 183

M

Machito, 428
»Mahjong«, 362
»Maiden Voyage«, 41, 43, 125, 361
»Mamacita«, 211
Mandel, Johnny, 199
»Manha De Carnaval« (alias »Morning Of The Carnival«, »The Theme From Black Orpheus« und »A Day In The Life Of A Fool«), 363
»Marmaduke«, 389
Marsh, Warne, 388, 389
»Marshmallow«, 389
Matthews, Ronnie, 231
Mauleón, Rebeca, 430

»Mayreh«, 389
McHugh, Jimmy, 26, 237, 270
McLean, Jackie, 20, 85, 368, 389
»Meet The Flintsones«, 389
»Melancholia«, 44
Melodische Mollskala, 30, 38, 50-72
Melodische Sequenz, 107, 109, 111-112, 119
»Mercy, Mercy, Mercy«, 364
Mikrokosmos, 70
»Milestones«, 28, 30, 48, 138, 365
Miller, Mulgrew, 57, 96, 101, 107-109, 131, 134, 136, 148, 150, 169-172, 182, 183, 195, 231, 272-273, 282, 287-288, 308, 312, 369, 389, 426, 432, 439
Mingus, Charles, 32, 211, 369, 388
Minor-Major, 51
Minor-Major Akkord, 53-55, 61
»Minority«, 53
»Minor March«, 389
»Minor's Holiday«, 389
»Mirror, Mirror«, 80, 99, 262, 281-282
»Misterioso«, 7, 203
Mitchell, Blue, 388, 390
Mixolydisch, 14, 16-17, 31, 33, 37-38, 50, 59, 104, 158-159
»Miyako«, 358, 364
Mobley, Hank, 42
Modaler Jazz, 13, 27
Modi der Durskala, 13, 14
Mollpentatonische Skala, 179, 198, 216
Mollseptakkord, 16-18
Mollsextskalen, 438-440
»Moment's Notice«, 26, 65, 164, 263, 363, 366
Monk, Thelonious, 20, 34, 43, 86, 88, 203, 217, 232, 252, 358, 361, 362-365, 367-369, 378, 388-390, 424, 425, 429, 432, 442
»Monk's Dream«, 5, 361
»Monk's Mood«, 361
Montoliu, Tete, 389, 390
»Moonlight In Vermont«, 362
»Moontrane, The«, 366
Moore, Ralph, 294, 300, 313
»Moose The Mooche«, 217, 389
»More I See You, The«, 330
»More Than You Know«, 101, 273
Morgan, Lee, 32, 35, 85, 119, 121, 123, 130, 162, 182-183, 208
Morris, Ramon, 182
»Move«, 389
»Mr. Day«, 42, 211
»Mr. PC«, 206
»My Favorite Things«, 28, 30
»My Foolish Heart«, 26, 271, 291, 302, 305, 308, 312, 314
»My Little Brown Book«, 370, 374
»My Shining Hour«, 363
»My Ship«, 365

N

»Naima«, 41, 362
»Nancy With The Laughing Face«, 224
»Nardis«, 361
»Nature Boy«, 363
Navarro, Fats, 388, 389
»Nearness Of You, The«, 361
»Nefertiti«, 364, 366
Nelson, Oliver, 35
Nelson, Steve, 377
»Never Felt That Way Before«, 389
»New Wheels«, 389
»New York«, 102
Newley, Anthony, 57, 288
New Real Books, 115, 385
»Nica's Dream«, 54, 60, 264, 361, 367
»Nica's Tempo«, 362
»Night And Day«, 330, 358, 365, 375
»Night Dreamer«, 364
»Night Has A Thousand Eyes, The«, 337
»Nightingale Sang In Berkeley Square, A«, 362
»Night In Tunisia«, 366, 367
Noble, Ray, 361
»No Me Escueca« (alias »Recordame«), 9, 364, 366, 368, 369
»Nostalgia«, 389
»Nostalgia In Times Square«, 211
Notes And Tones, 442
Nothin' But Blues, 205, 231
»Nutville«, 120, 173, 207, 364, 367
»Now He Sings, Now He Sobs«, 441

O

»Off Minor«, 361
»Ojos De Rojo«, 422
»Old Devil Moon«, 61
»Old Folks«, 26
»Oleo«, 217, 221, 361, 368, 389
»Oliloqui Valley«, 78
»Once I Loved« (alias »O Amor Em Paz«), 365
»One Down, One Up«, 85-86
»One's Own Room, 426
»On The Sunny Side Of The Street«, 24, 237, 270
Oquendo, Manny, 428
»Organ Grinder«, 185, 364
»Ornithology«, 389
Orquestra Libre, 426
»Oscar For Treadwell, An«, 389
»Our Delight«, 59, 262
»Our Man Higgins«, 85-86
»Out Of Nowere«, 388, 390
›Outside‹-spielen, 169-170, 172-173, 175-176
»Ow!«, 389

P

Palmieri, Eddie, 428-430
»Pannonica«,
Parallelbewegung, 71, 281-286, 323-324
Parker, Charlie, 31, 34, 92, 174, 210, 217, 231, 339, 361, 367-369, 388-390
»Passion Dance«, 176
»Passport«, 389
»Pavanne«, 28
»Peace«, 366, 388
»Peace Piece«, 41
Pearson, Duke, 58, 73, 84, 99, 103, 120, 122, 128, 193, 212, 225, 244, 292, 362, 364, 368, 434
Pedalton, 47, 321, 324
»Penelope«, 45, 61
»Pennies From Heaven«, 389
»Pennywhistle Blues, The«, 199
»Pensativa«, 89, 225, 366
»Pent-Up House«, 17
Pentatonische Skalen, 177-210
    Andere Fünftonskalen, 196-197, 196-197
    In-sen Skala, 196-197
    Modi und die pentatonische Mollskala, 179
    Mollpentatonik und Bluesskala, 198, 215
    Pentatonische Skalen der I., IV. und V. Stufe über die II-V-I Verbindung, 179-185
    Pentatonische Skala der II. Stufe über Durseptakkorde, 193-195
    Pentatonische Skala der IV. Stufe über melodische Mollakkorde, 195196
    Pentatonische Skalen über »Giant Steps«, 186-190
    Pentatonische Skalen und Avoid-Töne, 191
    Pentatonische Mollskala, 179
    Stücke mit pentatonischen Skalen, 199
    Üben pentatonischer Skalen, 200
»Pent-Up House«, 364
»Perdido«, 19, 361, 389
»Peresina«, 281, 364, 367
»Peruchín (Pedro Justiz)«, 428
Pettiford, Oscar, 369
»Philly Mignon«, 8, 17
Phrygisch, 1424, 31, 43-46, 56, 89, 104
Piano und Arrangement, 166
»Picadilly Lilly«, 57
»Plain Jane«, 389
Plaxico, Lonnie, 231
Play-Along Aufnahmen, 231-232
»Played Twice«, 363
»Play, Fiddle Play«, 389
»Polka Dots And Moonbeams«, 24, 257-258
Porter, Cole, 125, 132, 234, 330, 340, 361, 364-367, 375, 387
Powell, Bud, 34, 38, 49, 58, 97, 100, 103, 178, 211, 244, 366, 367, 369, 388, 389, 425, 429, 432, 434
Pozo, Chano, 428
»Pretty Eyes«, 148, 192
»Prince Albert«, 389

»Prophet Jennings«, 124, 366
Puente, Tito, 426, 428, 430
»Punjab«, 363, 366
»Put Your Little Foot Right Out«, 100

Q

Quartenzirkel, 21
»Quasimodo«, 390
Quebec, Ike, 390
»Quicksilver«, 390
Quintenzirkel, 13, 21

R

»Rahsaan's Run«, 175, 181
Rainger, Ralph, 81
»Rapture«, 261
Raye, Don, 307
»Ready Rudy«, 244
Reedus, Tony, 426, 427
»Reflections«, 361
»Reflections In D«, 225
Reharmonisation, 237-374
    – mit Akkorden auf einem beliebigen Grundton, 296-299
    – mit halbverminderten Akkorden, 254-255
    – mit Slash-Akkorden, 287-289
    – mit sus und sus^{b9} Akkorden, 299-302
    – von Akkorden mit auf- oder absteig. Baßlinie, 289-295
    – von I Akkorden, 267-274
    – von II Akkorden mit Slash-Akkorden, 255-256
    – von II-V mit V von V, 256-257
    – von »I Hear A Rhapsody«, 247
    – von Mollakkorden, 250
    – von V Akkorden, 258-267
    – von V als II-V, 238
    – von VI Akkorden als V Akkorde, 267
    – während der Soli, 274
    Anwendung von verminderten Akkorden, 314-315
    Auf- und absteigende Linien über Mollakkorde, 251-254
    Aus einer Scheinkadenz eine Kadenz machen, 308-313
    Barrons Reharmonisation von »Spring Is Here«, 350-352
    Colranes Reharmonisation von »Body And Soul«, 352-356
    Coltranes Reharmonisation von »Spring Is Here«, 348-350
    Gegenbewegung, 280-281
    Gemeinsame Töne, 319-320
    Kombination verschiedener Techniken, 322-326
    McCoy Tyners lokrischer V Akkord, 344-346
    Parallelbewegung, 281-286
    Pedaltöne, 321
    Scheinkadenzen, 303-308
    Tonale Zentren in kleinen Terzen, 342-343
    Tritonussubstitution, 239-245
    Verändern der Melodie, 316-317
    Verändern des Akkordes, 316-317
    Zwischendominante, 314
Reid, Rufus, 231
»Resolution«, 364

»Rhythm-A-Ning«, 217, 361
Rhythm Changes, 217-222
Rhythmische Sequenz, 107, 109, 112, 120-122, 125, 129
Riley, Ben, 231
Rivera, Mario, 430
Rivers, Sam, 142, 363, 372, 374
Roach, Max, 425, 442
Robison, Willard, 26
Rodgers, Richard, 18, 28, 60, 62, 262, 270-271, 292, 294, 300, 312-313, 320-321, 330, 332, 347, 350, 362, 364
Rogers, Barry, 430
Rollins, Sonny, 17, 199, 217, 231, 253, 361, 363, 364, 366, 368, 389, 390, 442
Roney, Wallace, 101
»Room 608«, 390
»Rosetta«, 390
»Rosewood«, 170, 183, 185, 192, 365
»Round Midnight«, 20, 252, 367, 441
Ruby, Harry, 178
»Ruby My Dear«, 361
Ruiz, Hilton, 430
Russel, Curly, 425

S

Salsa, 421, 428
Salsa Guidebook, The, 430
»Salt Peanuts«, 390
»Salute To The Bandbox«, 390
Salvador, Emiliano, 428
Sampson, Edgar, 89
»Sans Souci«, 390
Santamaría, Mongo, 428
»Satellite«, 339
Satie, Eric, 41
»Satin Doll«, 18-19, 317, 361, 366
»Say It Over And Over Again«, 224
Scheinkadenz, 303, 305-306, 308
Schertzinger, Victor, 238, 308, 330, 361, 367
Schwartz, Arthur, 250, 334, 364
»Scrapple From The Apple«, 390
»Search For Peace«, 45, 62, 224
»Second American Symphonette«, 28
»Second Balcony Jump«, 390
»Self-Portrait In Three Colours«, 32
Self Portrait Of A Jazz Artist, 442
Septakkorde, 15-18, 138-141
Sequenzen, 29, 71, 107-110, 112-113, 116, 118-119, 121, 128-130, 132, 138-141, 146, 148, 170-171
»Serenity«, 7, 8, 366
»Serpent's Tooth«, 217
»Seven Steps To Heaven«, 367
»Shade Of Jade, A«, 362
»Shaky Jake«, 209
»Shaw Nuff«, 390
Shaw, Woody, 32, 35, 112, 168-170, 174, 175, 177, 181-185, 191-194, 215, 310, 326, 362, 364-366, 368, 389

Shearing George, 362, 389
Shorter, Wayne, 44-45, 54, 57, 61, 84, 109, 112, 119, 130, 133, 138, 144, 194, 207, 211, 225, 231, 262, 361-366, 369, 377, 440
Shout-Chorus, 358, 366, 368
Sidestepping, 172
Silver, Horace, 54, 60, 119-120, 148, 173, 192, 207, 211-212, 213, 215, 229, 231, 262, 264, 361-366
»Silver's Serenade«, 364
Skalen (siehe auch Modi, pentatonische Skalen, Bebopskalen und Bluesskala)
   Chromatische Tonleiter, 176
   Harmonik der Durskala, 31-50
   Harmonik der Ganztonskala, 84-88
   Harmonik der melodischen Mollskala, 50-72
   Harmonik der verminderten Skala, 73-83
   Harmonische Durskala, 436-437
   Harmonische Mollskala, 433-436
   Mollsextskala, 439-440
   ›Outside‹-Skalen, 174-175
   Üben von Skalen, 89-95
   Vierton-Skalen, 438-440
»Skylark«, 82, 98, 324
Slash-Akkorde, 41, 58, 96-99, 255, 273, 282, 286-288, 322, 324
»Smoke Gets In Your Eyes«, 330
»Solar«, 211
»Someday My Prince Will Come«, 42, 45, 131, 363, 432
»Someone To Watch Over Me«, 36
»Some Other Blues«, 211
»Some Other Time«, 40, 41
Songform (siehe auch Form), 358-374
»Song For My Father«, 365
»Song Is You, The«, 364
»Sonnymoon For Two«, 199
»Sophisticated Lady«, 6, 80, 259
»So Sorry, Please«, 178
»Soul Eyes«, 19, 261, 363
»So What«, 27, 28, 176, 369, 389
»Speak No Evil«, 194, 358, 362
Spezieller Schluß, 366-367
Spellman, A. B., 442
»Split Kick«, 390
»Spring Can Really Hang You Up The Most«, 364
»Spring Is Here«, 62, 263, 321, 347, 350, 352, 355
   John Coltrane Reharmonisation, 349
   Kenny Barron Reharmonisation, 351
»Stablemates«, 67, 263, 303, 365
»Stardust«, 368
»Star Eyes«, 307
»Steeplechase«, 217
»Stella By Starlight«, 26, 34, 37, 59, 64, 71, 86, 113-115, 117, 137, 231, 242, 254, 263, 266, 272, 299, 312, 367, 369
Stimmführung, 13, 20
Stitt, Sonny, 162, 165, 210, 217, 221, 388, 389
»Stompin' At The Savoy«, 89
»Straight Ahead«, 222
»Straight No Chaser«, 232, 425
Strayhorn, Billy, 54, 89, 256, 264, 285, 303, 306, 307, 323, 361, 366, 36, 370, 390
»Striver's Row«, 390
»Strollin'«, 363, 387
Styne, Jule, 264, 363
»Subconsious-Lee«, 390
Substitutakkord, 239
»Suburban Eyes«, 390
Suessdorf, Karl, 362
»Summertime«, 54, 217, 251-252, 254, 317
»Sunshower«, 48
»Surrey With The Fringe On Top, The«, 270
Sus Akkord, 38-43, 211, 299
Sus$^{\flat9}$ Akkord, 43-47, 55-57, 197, 299, 302
»Sweet Clifford«, 390
»Sweet Georgia Brown«, 387-390
»Sweet Smiley Winters«, 390
»Sweet Sue«, 389

T

»Tadd's Delight«, 390
»Take The A-Train«, 264, 361, 366, 390
Tatum, Art, 27, 29, 39, 81, 178, 369
Taylor, Arthur, 442
Taylor, Cecil, 169
»Tetragon«, 211
»Tempus Fugit«, 434
»Tenor Madness«, 253
»Tetragon«, 211
»Theme, The«, 217
»Theme For Earny«, 259
»There Is No Greater Love«, 361
»There Will Never Be Another You«, 168, 322, 390, 437
Thieleman, Toots, 207
Thinking In Jazz: The Infinite Art Of Improvisation, 442
»Think On Me«, 364, 367
»This I Dig Of You«, 42
Thompson, Luckey, 334
»317 East 32nd St.«, 370
»Three Little Words«, 178
»Thriving From A Riff«, 390
Tizol, Juan, 361, 389, 428
Tjader, Cal, 428
»To Kill A Brick«, 368
Tonartbezeichnungen, 375
»Totem Pole«, 121, 162, 182, 183
»Tour De Force«, 390
Transkribieren, 229-230
Transponieren, 10
»Tricotism«, 369
Tristano, Lennie, 388-390
Tritonus, 10, 52, 100
Tritonusrückung, 173-174

Tritonussubstitution (-vertreter), 83, 173, 195, 204-205, 239-240, 242-245, 248-250, 259, 261-263, 266
»Tune Up«, 4, 13, 18-19, 187, 225, 300, 335, 336, 364, 388, 423, 426
Turnaround, 19, 24, 204, 231, 258
»Turnpike«, 390
Turrentine, Stanley, 368
»Twelve More Bars To Go«, 211
»26-2«, 339, 390
»Two Not One«, 390
Tyner, McCoy, 44-45, 61-62, 84, 102-103, 109, 112, 168, 169, 178, 196, 224, 226, 271, 274, 275, 281, 285-287, 291-293, 302, 305, 308, 309, 312, 314, 317, 320, 344, 346, 355, 364, 367, 369, 430, 432, 439, 441
»Tyrone«, 209

U

Umkehrung (siehe auch ›Intervallumkehrung‹), 10, 99
»U.M.M.G«, 307, 323, 306
»Un Poco Loco«, 425
»Unit Seven«, 209
Unsichtbarer Taktstrich, 427
»Up Jumped Spring«, 362
»Upper Manhattan Medical Group« (siehe auch »U.M.M.G.«), 306

V

Valentine, Jerry, 390
»Valse Hot«, 366
Van Heusen, Jimmy, 24, 67, 73, 78, 100, 257, 265, 289, 307, 310, 326, 330, 363
Verändern der Melodie, 316
Verändern des Akkords, 317
Verminderte Akkorde, 86, 295, 314
Verminderte Dreiklänge, 117, 135
Verminderte Ganzton/Halbtonskala, 79
Verminderte Ganztonskala, 66
Verminderte Halbton/Ganztonskala, 76, 92, 135, 259
Verminderte Skala, 72-74, 77, 79, 83
Verse, 366, 368
»Very Early«, 364
4Ton-Skalen, 438, 440
»Visitation«, 369

W

»Wail«, 390
Waldron, Mal, 261, 363
Waller, Fats, 49, 367
Walton, Cedar, 22, 203, 209, 211, 231, 289, 302, 310, 324-326, 362, 422, 432
»Warming Up A Riff«, 390
Warren, Harry, 102, 109, 124, 145, 164, 256, 293, 299, 310, 322, 330, 437
Warren, Henry, 168, 287
Watson, Bobby, 388
»Wave«, 82, 286, 362

Weill, Kurt, 365
»Well, You Needn't«, 361, 368, 378
Werner, Kenny, 437
»What Is This Thing Called Love«, 367, 387-390
»What's New«, 18, 71, 255, 330, 383-386
»What The World Needs Now Is Love«, 96, 282, 287
»When Lights Are Low«, 361, 368, 378
»Where Or When«, 364
»Whispering«, 389
»Whisper Not, 358, 368
Whittington, Dick, 290
»Who Can I Turn To«, 57, 288
»Why Was I Born«, 39
»Wild Flower«, 8
Williams, James, 231
Williams, Tony, 128
Wilson, Teddy, 178
»Windows«, 365
»Wingspan«, 109, 131, 148, 150, 170, 182-183, 195
 Lead Sheet, 149
 Mulgrew Millers Solo, 150
»Witchcraft«, 300
»Witch Hunt«, 366
»Without A Song«, 316
Wolf, Tommy, 364
Wood, Harry, 81
»Woody 'n' You«, 64, 361, 368
World's Greatest Fake Book, 115

Y

»Yardbird Suite«, 390
»Yellow Dolphin Street«, 390
»Y Todavia La Quiero«, 89
»Yes Or No«, 358, 362
»Yesterday«, 35
»Yesterdays, 280, 323
»You Are There«, 199
»You Know I Care«, 58, 99, 103, 292
Youmans, Vincent, 101, 273, 314, 361,
»Young and Foolish«, 22, 24
Young, Larry, 207
Young, Lester, 27, 29, 178, 439
Young, Victor, 13, 26, 34, 59, 64, 71, 113, 242, 254, 263, 266, 272, 291, 299, 302, 305, 308, 312, 314, 376
»You're My Everything«, 109, 124, 145, 164, 256, 293-294, 299, 310
»You Say You Care«, 264
»You Stepped Out Of A Dream«, 363, 388

Z

Zawinul, Joe, 364
Zwischendominante, 314

Ausführlicher Privatunterricht von Sammy Nestico! Leicht verständlich geschrieben, wendet sich dieses Buch sowohl an den Schüler, der sein erstes Arrangement schreibt, als auch an den fortgeschrittenen/professionellen Arrangeur, mit einer Vielzahl von Themen, erstklassigen Musikbeispielen und Partituren, von denen die meisten auf der dazugehörigen CD zu hören sind.

Bestell-Nr. 11370 (340seitiges Buch mit CD)

DER PROFESSIONELLE ARRANGEUR

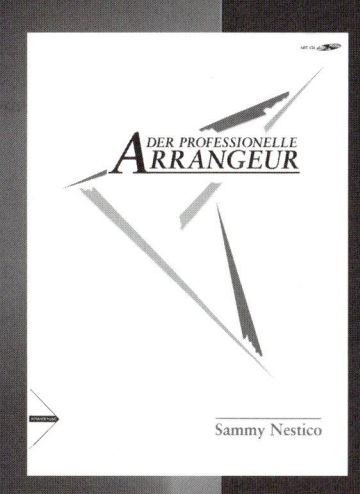

Rhythmus, Melodie, Harmonie, Form und Klang als wesentliche Bestandteile einer Jazzimprovisation stehen in Wechselwirkungen zueinander. Die verschiedenen Elemente bilden ein offenes und dynamisches System, welches ein umfassenderes und tiefergreifendes Verständnis für das Phänomen Jazzimprovisation ermöglicht. Unabhängig von stilistischen Vorlieben, werden sowohl im elementaren als auch im fortgeschrittenen Bereich verschiedenste Wege zum Erwerb vielfältiger Erfahrungen ermöglicht.

Bestell-Nr. 14405 (118seitiges Buch)

IMPROVISATION IM JAZZ

DAS JAZZ PIANO BUCH

Mark Levine

»Das Jazz Piano Buch« behandelt fundamentale Techniken und fortgeschrittene Spielweisen der Zeitspanne von Bud Powell bis zur Gegenwart. Musiktheoretische Fragen werden immer anhand von Transkriptionen und Stücken erläutert, die von Jazzmusikern häufig gespielt werden. Die Auswahl reicht von Standards wie »Just Friends« bis zu Wayne Shorters ungewöhnlicher und wunderschöner Ballade »Infant Eyes«.

Bestell-Nr. 09022 (272seitiges Buch)